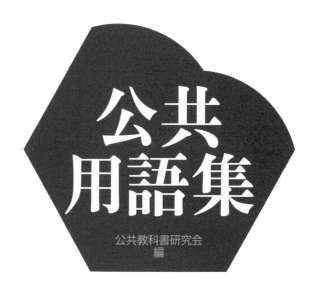

公共用語集

公共教科書研究会
編

山川出版社

まえがき

「公共」という科目は、「人間と社会の在り方についての見方・考え方を働かせ、現代の諸課題を追究したり解決したりする活動を通して、広い視野に立ち、グローバル化する国際社会に主体的に生きる平和で民主的な国家及び社会の有為な形成者に必要な公民としての資質・能力を育成すること」を目標としています。つまり、「公共」とは、現代の社会という「大きな書物」を読み解き、あわせて個々人の生き方やあり方を考えつつ、社会形成に主体的に関わっていけるような知識と技能を身に着けていくという内容をもっているのです。このため、「公共」で学ぶ内容は、実に多岐にわたります。あるべき公共的空間をつくり出すにあたり協働的なプロセスを経た合意形成や社会参画の実現をめざすという科目のもつ目的から、授業の形態も多様なものとなっていくことでしょう。

いつの時代も、わたしたちは、与えられた条件のもとでそれぞれの「今」を生き抜いてきました。しかし、現代の社会は、かつての人類が経験したことがないほどの、複雑で深刻な問題をはらんでいるといわざるをえません。消えることのない戦争、民族紛争や内戦、テロリズムの拡大、貧困と繁栄の両極端をつらぬいて進展していくグローバル化、格差の拡大と社会の分断化、差別や人権抑圧に苦しむ人々、地球環境の危機などなど、枚挙にいとまがありません。激動する社会の変化のなかで、わたしたちは何を得て何を失ってきたのか、果たしてわたしたち人間はどのように生きていけばよいのだろうか、確信が得られないままに不安な気持ちで生きる人々も多いのではないでしょうか。現代に生きるわたしたちは、この社会を持続可能なものとしてつくり上げてきたのだろうか、という深い反省に直面しているといえましょう。

このような時代だからこそ、わたしたちには世界のできごとや身のまわりにおきているできごとについての、公正で真摯な理解が求められているのです。先哲の言葉に耳を傾け、人間としてのあり方生き方について考えを深めることも必要でしょう。そのための第一歩として、この用語集におさめられている基礎的・基本的な用語を理解し、使いこなすことによって、わたしたちの生きる社会について考えていけるようにしていただきたいと思います。

本用語集は、全教科書から用語収録・頻度数調査をして、用語の精選をおこない、使いやすく充実した内容の用語集となるよう工夫をしました。

本書が諸先生方ならびに高校生諸君に役立つことを心より願っています。

2023年１月

公共教科書研究会

本書の特色と使用上の留意点

特色

1. 本書は、高等学校公民科「公共」の教科書(2022年度使用、全12冊)に記載されている用語から、学習に必要と思われる用語を選び、体系的に理解できるように配列し、適切な解説を加えた。
2. 巻末には、五十音順と欧文略語の「索引」をつけているので、簡潔な用語辞典としても使用できる。
3. 本書で取り上げた用語の数は、約5500である。
4. 図版を適宜配置して、用語の理解を体系的に深められるようにしてある。

使用上の留意点

本項目 ― **葛藤(コンフリクト)** conflict ⑪ ― ❶
2つ以上の欲求が同じ強さで並び、そのどちらを選んで行動したらよいか決定できない状態のこと。精神的に不安定な状態におちいる。レヴィンは、葛藤の3つの型を示した。

関連項目 ― **：接近－接近** ⑥ 好ましい(接近したい)対象のいずれかを選択しなければならない時におこる葛藤。(例)同じ日に、行きたかったコンサートと、受験したい学校の入試が重なっている。

❷

アレテー(徳) arete ⑨ ギリシア語で実践的な能力・善さ・徳のこと。たとえば、「はさみのアレテーとはよく切れること」などという意味で使われる。人間としての善さを表す言葉。 **卓越性** ①

羅列項目 ― **卓越性**

❸

金融緩和〔政策〕 ⑦ 市中の貨幣量を増加させるために、中央銀行がおこなう政策。不況の際におこなわれるが、内需拡大のためにもおこなわれる。

❹

ロールズ Rawls ⑫ 1921～2002 アメリカの政治哲学者・道徳哲学者。主著『正義論』のなかで、人間が守るべき「正義」の根拠を探り、その正当性を論じた。

◆用語のうち、：印のあるもの(**関連項目**)は、前出用語の内容ととくに関連するもので、説明文のあとに用語名と頻度数のみを示したもの(**羅列項目**)は、前の説明文を読めば内容がわかり、改めて説明する必要がないと判断したものである。

❶頻度数　高等学校公民科「公共」教科書全12冊のうち、何冊の教科書にその用語が出ているかを示すもの。頻度数が⑦以上の用語は、見出し語を色刷りとした。頻度の多さが、重要度をそのまま示すとはいえないが、学習上の目安になるものと考えられる。ただし、同一教科書については、その用語が何回出てきても頻度数は1回と算出してある。

❷教科書によって用語の表記が違う場合は、なるべくより多くの教科書で使用されている表記を採用し、必要に応じて他の表記を副見出し項目として、(　　)内に示した。ただし、「索引」では双方を取り上げてある。

❸省略する部分があっても同じ意味の用語については、省略できる部分を〔　　〕で囲んである。

❹人物の生没年は頻度数の次に記した。

＊書名は『　　』を、引用句は「　　」を付した。

＊年代は原則として西暦で示し、必要に応じて元号を付した。

＊1つの用語が2カ所以上で出てくる場合は、とくに必要なものを除いて説明は1カ所だけでおこなうことにしてある。

目 次

第Ⅱ部 自立した主体としてよりよい社会の形成に参画するわたしたち

第Ⅰ部 公共の扉

第1章 公共的な空間をつくるわたしたち

1 現代社会に生きる青年

1 青年期と自己形成の課題

エリクソン Erikson ⑫ 1902～94 ドイツで生まれ、アメリカで活躍した精神分析・心理学者。精神分析の手法でアイデンティティの理論を展開し、社会科学にも大きな影響を与えた。精神分析に社会的な対人関係の考えを取り入れて、生涯人格発達段階(ライフサイクル)の図式を示す。主著に『幼児期と社会』『アイデンティティとライフサイクル』などがある。

ライフサイクル(人生の周期) life cycle ⑨ いくつかの段階をもった人生の流れ。周期のわけ方には、学校への入学・結婚などいくつかの重要な人生の節目・通過儀礼でわける方法と、エリクソンのように乳児期・幼児期・児童期・学童期・青年期・前成人期・成人期・老年期と発達段階にもとづいてわける方法とがある。

幼児期 ③ ライフサイクルにおいて、1～6歳頃までの就学前の時期を幼児期という。2～3歳頃に第一反抗期を迎える。なお、生後1年くらいまでを乳児期と呼び、2つの時期をあわせて乳幼児期という。

児童期 ③ 低年齢の未成年者で、おもに6～12歳くらいを指す。遊び仲間を中心にして排他的な集団形成を求める児童期(小学生頃)はギャングエイジ(gang age)とも呼ばれる。

青年期 ⑫「子ども」と「大人」の中間にあたる時期を指していう。一般に、「大人・子ども」という区分に加えて、「青年期」という概念ができ上がったのは18世紀に始まる産業革命以降の社会変化によるという。それは、近代社会においては、職業を選択し、必要な知識技能を身につけるために一定の学習期間が必要となったため、その期間が青年期ととらえられるようになったというのである。かつては、おもに14～15歳くらいから24～25歳くらいの若者を指していたが、近年では「30歳成人説」といって、30代までの青年期の延長が指摘されている。これは現代の若者を取り巻く環境の変化によるものであり、ここからも、青年期という概念が歴史的な、変化し得るものであることがわかる。アメリカの心理学者ホール(Hall、1844～1924)は著書『青年期』のなかで、青年期とは古い調和が破れていく「新しい誕生」の時期であり、「疾風怒濤(しっぷうどとう)の時代」であると述べた。しかし現在では、このような青年期危機説は疑問視されている。 **青年期の延長 ③** **危機の時代 ①** **青年期平穏説 ①**

思春期 ⑥ 一般に青年期のうち、第二次性徴(せいちょう)がみられる10代前半から20歳前後を指す。

マーガレット＝ミード Margaret Mead ① 1901～78 アメリカの文化人類学者。サモア島での調査により、サモアの青年に精神的不安と葛藤(かっとう)をもたらす思春期がみられないことを報告し、文明社会の青年の葛藤・緊張には、文化的要因が強く作用していることを指摘した。

アリエス Ariès ① 1914～84 フランスの歴史学者。著書『「子供」の誕生』のなかで、近代以前(18～19世紀より前)の社会においては、子どもは保護され、きちんとした教育を受けるべきだという考え方がなく、したがって学校教育という概念も子ども期という概念もなかったと指摘した。青年期という考え方もない時代で、子どもはまさに「小さな大人」にすぎなかったという。 **『「子供」の誕生』①**

モラトリアム moratorium ⑦ 猶予(ゆうよ)期間。もともとは経済用語で「支払猶予」のこと。心理学者のエリクソンは、青年期とは、青年がいわば見習い期間として、大人としての責任や義務を果たすことを社会から猶予されている時期であるととらえた(心理社会的モラトリアム)。このため、青年期は一人前の社会人になるまでの不安定な時期であり、自己のアイデンティティを確立するために、その社会が許容する役割実験をおこない、試行錯誤(しこうさくご)を繰り返す時期であるとした。現代では高学歴化や青年期の延長にともない、若者が精神的にも経済的にも親に依存する傾向が強まっており、本来の学びの期間として位置づけられてきたモラトリアムの意味が変化してきているとされる。 **心理社会的モラトリアム** ⑤ **試行錯誤** ③

モラトリアム人間 ③ 心理学者の小此木啓吾おこのぎけいご(1930〜2003)が著書『モラトリアム人間の時代』で指摘した、現代社会の青年のあり方を指す言葉。古典的なモラトリアム心理が急速に変化し、現代では消費社会の発展と若者文化の隆盛を通し、商業化された新しいモラトリアム心理がみられるようになったと指摘した。それは、古典的なモラトリアム人間の半人前の意識に対し、何でもできるという万能感・全能感に満ちた意識をもち、社会に対する当事者意識をもてず(お客様意識)、修行感覚から遊び感覚への、また禁欲から解放への変化を特徴とする新たなモラトリアム人間の出現であるという。 **小此木啓吾** ③

第二次性徴せいちょう ⑧ 生まれた時にみられる男女の性差を第一次性徴と呼ぶのに対し、青年期に入り男子では声がわりや髭ひげがはえたり、筋肉質の体になったりし、女子では乳房ちぶさが大きくなったり、月経が始まったりする身体的変化がみられることをいう。 **第一次性徴** ③

第二反抗期 ⑩ 青年期に、親や周囲から精神的に独立するためにおこす反抗の状態。幼児が親のいうことに従わず、反抗するのを第一反抗期と呼ぶのに対していう。 **第一反抗期** ④

マージナル・マン(境界人、周辺人) marginal man ⑪ ある領域に十分に属さず、その周辺領域にいる存在のこと。ドイツの心理学者レヴィンは、青年期が子どもと大人の時期に挟まれた、どちらにも属さない中間的な存在であることから、青年を境界人(周辺人)と呼んだ。マージナル・マンとして青年は子ども集団にも大人集団にも帰属意識をもつことができず、このため青年期は不安と動揺に襲われる時期となるというのである。

レヴィン Lewin ⑩ 1890〜1947 プロイセン(現在はポーランド領)で生まれ、アメリカで活躍したドイツの心理学者。心理現象の全体性を強調するゲシュタルト心理学の影響を受け、人間行動を人と環境とがつくり出す心理学的「場」によって説明した。また、社会現象を心理的集団の行動から分析するグループダイナミクス(集団力学)を提唱した。

第二の誕生 ⑫ フランスの思想家ルソーがその著『エミール』のなかで述べた青年期の特徴を指す。「われわれは、いわば2度この世に生まれる。1度目は存在するために、2度目は生きるために。つまり最初は、人間として、次には男性か女性として生まれる」とルソーは述べた。ルソーによると、青年期は自我にめざめ、自立して一人前になろうとする新しい誕生の時期であるという。 **自我のめざめ** ⑥

ルソー Rousseau ⑫ 1712〜78 スイスのジュネーヴに生まれた、フランスの啓蒙けいもう時代の思想家。政治・社会・文化・教育などの広い領域にわたって、独創的な思想を展開した。著書に、のちの教育学に大きな影響をおよぼした『エミール』、人間の自由意志による約束(契約)から社会が生まれると述べる『社会契約論』(→ p.61)などがある。 **『エミール』** ⑧

心理的離乳 ⑧ 幼児期が母親から肉体的に離乳する時期であるとすれば、青年期は親から精神的に離れて独立する時期であることをたとえていう。心理学者ホリングワース(Hollingworth、1886〜1939)による語。一般に親離れともいう。心理的発達段階の1つ。 **ホリングワース** ②

ムンク Munch ① 1863〜1944 ノルウェーの画家・版画家。病気と死のイメージに満ちた独特な作風で、悲しみや強迫観念にいろどられた苦悩と心の不安を表現した。代表作に「叫び」「思春期」「桟橋さんばしの少女たち」などがある。 **「思春期」** ②

自己形成 ⑥ ほかのだれでもない独立した自分をつくること。青年期の課題の1つ。自己とは、おのれ自身、人格をもったおのれの存在を指し、心理学では客体としてとらえられた自分自身をいう。また、哲学的には個体としてのほかと区別されるわれ(ego)を指す。このような自分自身をどのように感じ、とらえているかによって、自己意識が生まれる。そして、他人との関係により自分という存在が確立していき、正しい自己イメージをもつことによって、理想的な自己のイメージと現実の自己とが調和し、自己形成がなされていくのである。

『君たちはどう生きるか』 ② ジャーナリストの吉野源三郎よしのげんざぶろう(1899〜1981)の小説。主人公の15歳の少年「コペル君」が、学校生活・日常生活のなかで経験する様々なできごとを通じて、ものの見方や人間関係、社会構造などについて観察し、みずからの力で考えを深めていく姿が描かれている。コペル君の成長を見守る「おじさん」のノートをまじえながら、人間としてのあるべき姿が探求されている。

自我 ⑧ 自己意識・自意識。エゴ(ego)。ほかと区別された自分自身を指す。青年期に、自我は自分自身と向きあっていくなかで形成されていく。また、パーソナリティや人格を指す側面もある。フロイトの用語では、快を求めようとする欲求の行動を現実の原則にあわせコントロールする、パーソナリティの1つの領域をいう。

鏡に映った自我 ① アメリカの社会学者クーリー(Cooley、1864〜1929)は、人間は、他者がどのように自己を評価しているかを他者との相互作用を通じて知ることになるとして、このことを説明するために「鏡に映った自我」という考え方を示した。彼は他者を自己を映し出している鏡ととらえ、この他者との相互作用とそこに映し出された反応としての他者の振る舞いを考慮することによって形成される自我を社会的自我(social self)と呼んだ。

アイデンティティ(自我同一性) identity ⑫ 自己の存在証明、自分を自分たらしめているもの。ほかと区別する自分らしさのこと。エリクソンは、アイデンティティには、自分が過去から現在、そして未来に向かって連続しているという連続性の自覚(一貫性)と、どのような場所にいても自分は自分であり、ほかの人から区別されるという感覚(斉一性)とがあるとし、そのような自分らしさが、自分だけでなく、周囲からも肯定的に受け入れられていること(帰属性)が重要であると論じた。

エゴ・アイデンティティ ①

アイデンティティの確立 ⑪ エリクソンは、人間の一生をそれぞれの発達段階にわけてとらえ、各発達段階で達成すべき発達課題があると主張した。そして、青年期に達成されるべき発達課題はアイデンティティの確立であるとした。

アイデンティティの拡散 ⑨ アイデンティティの確立に失敗した状態。たとえば、自意識のみが過剰となり、自分に首尾一貫性がなく、進むべき道を見失ってしまうような状態を指す。反社会的な行動に走ったり、何事にも意欲を失うアパシーの状態におちいったりするケースも生じる。近年のモラトリアム時代の長期化は、自分らしさ探し(「自分探し」)に夢中になるあまり、ありのままの等身大の自分を見失ってしまう危険性をはらんでいるとの指摘がある。

アイデンティティの危機 ②

自尊感情 ① 今ある自分を肯定的に受け入れている状態。自分自身を価値ある存在としてとらえている感覚。自己肯定感。

劣等感 ⑤ 他人と比べて、自分の身体・能力・性格などが劣っていると思い悩むこと。他人の目を気にしすぎた、さしたる根拠のない思い込みである場合も多い。劣等感が正しく克服されていくことで、自我は確立されていく。

コンプレックス ②「劣等感」のこと。また、嫌な体験・苦痛なできごとがトラウマ(心的外傷)となり、これが中心となって形成されるものをいう。

アドラー Adler ② 1870〜1937 オーストリアの精神科医、心理学者。アドラーは、人間とは目的に向かって生きる存在であるとした。それゆえに自分が他の人と比べて劣っていると感じる劣等感をもつのであり、劣等感はだれもがもつ、人間にとって普遍的なものであるととらえた。そして、自分が他者とともにあるという共同体感覚をもつことのできる人は、自分自身を勇気づけ、劣等感を補償することができる(前向きに克服していくことができる)と説いた。

共同体感覚 ②

補償 ② 身体的な弱点や心理的な劣等感など、自分の短所を、ほかの部分でおぎなおうとする心の働き。

人生観 ① ある個人の人生に対する価値意識。いかに生きるべきか、どう行動すればよいのかなどの、個人が生きるうえでの判断を支えるバックボーン。

世界観 ③ ある個人の世界に対するまとまったものの見方。人生観も含む、ものの見方・考え方。

共感 ④ 他人と感情を共有すること。友人との人間関係でみられるように、他人の心の波長に自分の心の波長をあわせること。ただし、相手とのまったくの同一化ではなく、自己を保ったうえでの人との関わりをもてること(親密性)が大切である。

性のめざめ ② 青年期は、異性を意識しはじめ、異性を性の対象として考えるようになる時期であるとともに、自己の性と向かいあう時期でもあり、このことを指している。

自律 ④ みずからをコントロールする(律す

る)こと。自分の立てた、自分のなかにあるルールに従って行動できること。ドイツの哲学者カント(→ p.37)は、人間の自由とは意志の自由であり、意志の自律のうちに実現されると考えた。

他者 ⑤ 自分以外のもの、存在。人間に限らず広く用いられる。自分が知りえない、理解ができない存在を指して他者という場合もある。また、世代間倫理で「未来への他者」という時の他者とは、わたしたちがまだみぬ次世代の人々を意味している。

発達課題 ⑪ 子どもから大人へと成長していく過程の発達段階において現れる、つぎの段階へと発達していくために達成すべき課題のこと。この課題をうまく達成できないと、スムーズにつぎの発達段階に移行できず、幸福感の欠如や行動の不適応、社会からの否認などの困難な状況をもたらす。発達課題のなかには普遍的なもの(たとえば、身体的成熟に関する発達課題など)と、それぞれの文化内において異なるものとがある。さらに、課題のなかにも、特定の段階のみにあるもの、つまり、もっとも適切な時に果たすべきものがある。ハヴィガーストは、発達課題が身体的成熟、社会の文化的圧力、個人的動機や価値を要因として生じると考えた。 **発達段階** ⑤

ハヴィガースト Havighurst ⑪ 1900～91 アメリカの教育学者。物理学を志すが、顕微鏡より社会のなかに生きる人間の研究に魅(み)せられて方向転換する。発達心理学・教育学・社会学・老年学など、多方面で活躍する。青年期の発達課題として、(1)同世代との同性・異性の友人と洗練された人間関係をつくること、(2)社会的な役割を理解すること、(3)自分の身体的変化について理解し、有効に使うこと、(4)両親やほかの大人から情緒的に自立すること、(5)経済的独立の目安をつけること、(6)職業を選択しその準備をすること、(7)結婚と家庭生活の準備をすること、(8)市民として必要な知識や態度を発達させること、(9)社会的責任ある行動を求め、成し遂げること、(10)価値や論理の体系を学習し、適切な科学的世界像を形成すること、の10項目をあげた。主著に『人間の発達課題と教育』がある。

オルポート Allport ② 1897～1967 アメリカの心理学者。特性論(個人のパーソナリティを、その人がもつ優勢な特性から論じる立場)を中心にした人格理論を展開した。

■**青年期の発達課題**(ハヴィガーストによる)

1. 同世代の男女と新しい成熟した関係を結ぶ
2. 男性あるいは女性の社会的役割を身につける
3. 自分の体格を受け入れ、身体を効率的に使う
4. 親やほかの大人たちから情緒面で自立する
5. 結婚と家庭生活の準備をする
6. 職業につく準備をする
7. 行動の指針としての価値観や倫理体系を身につける
8. 社会的に責任ある行動をとりたいと思い、またそれを実行する

(児玉他訳『ハヴィガーストの発達課題と教育』川島書店より)

成熟した人格 ① アメリカの心理学者オルポートによる。彼は、成熟した人格の特徴として、(1)自己意識が拡大されていること、(2)他人とのあたたかい関係をつくり上げていること、(3)情緒が安定していること、(4)現実的認知と問題解決のための技能をもつようになること、(5)自己を客観化できること、(6)無理のない人生観をもち、それと調和した生活を送ることができること、をあげた。

発達加速現象 ① 現代の子どもの身体的な発達が、速くなってきている現象。身長・体重などの成長加速現象、身体の成熟(初潮・精通など)の低年齢化を示す成熟前傾現象の二面がある。青年期の延長の一因ともされる。

マズロー Maslow ⑪ 1908～70 アメリカの心理学者。「動機づけ理論」を基礎におく「自己実現」理論を展開した。また、欲求は一度には働かず、一定の階層があるとする欲求階層説を主張した。

欲求階層説 ⑨ 欲求には段階に応じた階層性があり、各段階の欲求がある程度満たされると、より高次の欲求が生じ、最終的には人間の欲求は自己実現欲求へと向かうとする説。マズローがとなえた。彼によると、人間には自己を実現させることに喜びを感じる「成長欲求」があり、これが追求されるには、より基本的な欲求である「欠乏(けつぼう)欲求」が満たされていることが必要であるという。そして、欲求階層は基本的なものから、生理的欲求→安全の欲求→親和の欲求

(所属と愛情の欲求)→自我の欲求(承認と自尊の欲求)の過程を経て、より高次な自己実現欲求(成長欲求)に至るとされた。
基本的欲求(欠乏欲求) ③
安全の欲求 ⑧　**所属と愛の欲求** ⑧
自尊の欲求 ④　**承認欲求** ⑥
成長欲求 ③　**自己実現欲求** ⑩
自己実現[マズロー] ④

欲求 ⑩ 行動の原動力となる内的な状態・原因のこと。人間のもつ欲求のうち、食欲・睡眠欲・性欲などの生理的欲求を一次的欲求といい、名誉欲・金銭欲などの社会的欲求や自己実現などの精神的欲求を二次的欲求という。
生理的欲求 ⑨
社会的欲求 ④　**一次的欲求** ④
二次的欲求 ④　**精神的欲求** ①

欲求不満(フラストレーション) frustration ⑨ 欲求が満たされない状況のこと。これにより、イライラしたり、強い不満をもったり、緊張状態になる。欲求不満の原因には、内的なものと外的なものとがある。また、個人のもつ欲求水準の違いから、様々なレベル・かたちをもつ。

フラストレーション・トレランス(欲求不満耐性) ③ 適応に失敗することなく、欲求不満にたえる力。フラストレーションを乗り越えていく力のこと。アメリカの心理学者ローゼンツヴァイク(Rosenzweig、1907～2004)が提起した概念である。

葛藤(かっとう)(コンフリクト) conflict ⑪ 2つ以上の欲求が同じ強さで並び、そのどちらを選んで行動したらよいか決定できない状態のこと。精神的に不安定な状態におちいる。レヴィンは、葛藤の3つの型を示した。

:**接近ー接近** ⑥ 好ましい(接近したい)対象のいずれかを選択しなければならない時におこる葛藤。(例)同じ日に、行きたかったコンサートと、受験したい学校の入試が重なっている。

:**回避ー回避** ⑥ 好ましくない(避けたい)対象のいずれかを選択しなければならない時におこる葛藤。(例)テスト勉強はしたくないが、その結果で友人に馬鹿にされるのも嫌だ。

:**接近ー回避** ⑥ 好ましい(接近したい)対象に好ましくない(避けたい)対象が併存する時におこる葛藤。(例)ケーキをお腹いっぱい食べたいが、太るのは嫌だ。

ヤマアラシのジレンマ ⑤ 2者がたがいに「近づきたい、離れたい」という、両立しない矛盾した欲求により、葛藤状態におちいること。2匹のヤマアラシが、とても寒いのでたがいの身体を寄せてあたためあおうとするが、たがいの体の針が邪魔(じゃま)で、痛くてたまらず離れてしまい、今度は寒くていられない、という寓話(ぐうわ)から精神分析家のベラック(Bellak、1916～2002)が名づけた。現代人の人間関係の希薄(きはく)さを表す。

適応〔行動〕 ⑨ その状況に、うまく対応できること。その状況が要求していることに対応できているだけでなく、自分の欲求もその状況のなかである程度満たされている状態を指す。心理学上の概念で、問題にぶつかった時に解決して、安定する状態。
不適応〔行動〕 ①

合理的解決 ⑧ 合理的な手立てによって欲求不満を解消すること。自分の要求水準の見直しや、今は無理でも近い将来に計画的にしよう、といった行為も合理的解決にあたる。

成功体験 ① 適応の過程で、自分の努力・行為が成功する体験。成功体験の積み重ねは自信を生み、また等身大の自分を知るたすけともなる。

近道反応 ⑧ 欲求不満による緊張を、ほかへの八つ当たりや、かんしゃくを爆発させることで回避しようとする衝動的な行動。失敗反応・攻撃行動ともいう。
失敗反応 ⑤　**攻撃行動** ③

防衛機制(防衛反応) ⑨ 生きるうえで問題にぶつかり、欲求が満たされない時、その緊張状態から自分自身を守り、フラストレーションを解消しようとして自我がとる無意識の働きのこと。精神分析学者のフロイトが示した考え。

:**合理化** ⑨ 理屈づけをして、自分自身を正当化したり、納得させること。たとえば、『イソップ物語』(ギリシアの奴隷による物語)のなかで、ブドウをとれないキツネが、あのブドウはどうせ酸(す)っぱいのだから、と自分の失敗を正当化したようなたとえ話が有名である。　**『イソップ物語』** ②

:**昇華(しょうか)** ⑨ 満たされない欲求を、さらにほかの価値のある、社会的に認められた行為に向けることで解決をはかること。たとえば、性のエネルギーをスポーツに振り向けるような場合をいう。

:**退行(たいこう)** ⑧ 困難な問題にぶつかった時、幼児化することで問題解決を避けること。また、発達段階を幼児期などの以前の段階に戻り、その段階での欲求充足を求めること。

:逃避(とうひ) ⑧ 困難な問題にぶつかった時、その事態に直面することを避けて、空想のなかなどに逃げ込むこと。

:代償(だいしょう) ⑧ ある欲求を別の類似した欲求によって満たそうとすること。たとえば、犬を飼うことを禁じられた子どもが、犬の人形をかわいがることなど。

:置きかえ ⑥ 自分の態度や感情を、別の無害なものに置きかえることで、満足を得ようとすること。たとえば、だれかにいじめられた腹いせに、子犬をいじめたりすること。

:反動形成 ⑧ 抑圧した欲求と正反対の行動をとること。たとえば、好きな相手に対して、わざと意地悪く対応するようなこと。

:抑圧 ⑨ 欲求不満の原因を無意識のうちに抑え込み、意識のうえにのぼるのを防ぐこと。抑圧が不完全だと、抑圧された感情・態度などが、様々に変装して現れることになる。

:同一視 ⑧ ほかのものを自分のなかに取り入れ、それと同じように行動し、考え、感じること。たとえば、好きなタレントの生き方やファッションをまねて、同一感を味わったりすること。 **取り入れ** ①

:投射(とうしゃ) ⑦ 欲求不満の原因を、他人や社会のせいにしたりして、責任転嫁(てんか)すること。たとえば、無意識に他人へ敵意をもつ人が、反対に他人が自分に危害を加えようとしていると思い込むような場合。

レジリエンス ① トラブルや強い緊張に対してうまく適応する能力。適応していく過程や適応の結果により得られた状態を指す場合もある。レジリエンスは回復力、順応性を表す語である。

個性 ⑥ その人らしさ、ほかとは違うその人を表すもの。個性とは、たんにほかと違うというだけではなく、自分自身の性格・能力がはっきりと自覚され、これと意欲とが自我同一性によってまとめられたものをいう。そのため、たとえば、流行に追われてほかと違う自分をつくり出したとしても、それは個性とはいえないだろう。

能力 ③

適性 ① その状態によくあてはまる性質や、ある分野の問題解決の能力をもつこと。

性格 ② その人らしさ。ある人が考え、判断し、行動するもととなるその人独自の気質。英語の character は「刻み込まれたもの」という語源をもち、これがその人の特性を表す言葉となった。性格は、先天的な遺伝的特性(生まれながらの気質など)と後天的な環境的要因(経験や社会的環境)の双方から形成されると考えられる。

パーソナリティ personality ⑥ 知性や感情、意思することの側面をあわせもった人間全体としての特徴のこと。「個性」「性格」「人格」といった意味でも使われる。パーソナリティは、ラテン語の persona(ペルソナ、劇の時に使用する仮面)に由来する。日本語では、訳語である「人格」に強い価値観が込められる傾向がある(「あの人は人格者だ」など)。 **仮面(ペルソナ)** ①

気質 ③ 個人の性格の基礎となる遺伝的・生物学的な要素。ドイツの精神医学者であるクレッチマー(Kretschmer、1888〜1964)による気質と体型の3類型が有名。

個性化 ② 自我の目覚めとともに、自己が他者と違うユニークな存在でありたいと願い、またそのようになること。スイスの精神分析学者ユング(→ p. 8)は、個人が自己のなかにある可能性を実現して人格を完成させていくことを指して、個性化と呼んだ。

社会化 ③ それまで自分と身のまわりしか目を向けることのなかった青年が、視野を社会に広げ、みずからを社会の一部として意識し、行動していくこと。

フロイト Freud ⑨ 1856〜1939 オーストリアの精神医学者。人間の心理や行動は無意識下に眠っている性の衝動(リビドー)によって支配されているとし、治療のための精神分析をおこなった。著書に『夢判断』『精神分析学入門』などがある。

『夢判断』 ①

無意識 ⑧ 自我の意識活動にのぼらず、自覚されていない心の奥底の部分。フロイトは、人間が意識的にコントロールすることができない行動をとる時、そこに意識されない欲動が作用していると考え、無意識の存在を発見した。そして、自我が意識的にコン

クレッチマーの類型(気質と体型)

気質	体型	特徴
躁うつ気質	肥満型	社交的、愉快な時と憂うつな時が周期的にくる、物事にこだわらない
分裂気質	細長型	非社交的、無口、心に内と外がある
てんかん気質	闘士型	几帳面、きれい好き、義理がたい

トロールできるのは欲動の一部にすぎず、多くの部分はイド(エス)といわれる無意識にとどまっていると主張した。

アンナ＝フロイト Anna Freud ① 1895～1982 フロイトの娘で、幼児の防衛機制の研究などをおこなった。

リビドー libido ② 精神分析学、とくにフロイトでは、心の無意識(エス、イド)の領域に蓄えられた、性的衝動のもととなるエネルギーのこと。理性や意志の力ではコントロールするのが困難であり、これが人間の心や行動を支配する心的エネルギーとされた。ユングにおいては、広く行動の根底にある心的エネルギーを指していう。

イド ②

超自我(スーパーエゴ) ② 精神分析学の用語で、無意識の衝動や自我の働きを抑制する道徳・良心。子どもが親からしつけを受けるうちに心のなかに形成されていく。フロイトは、自我とは、無意識から発する衝動を超自我による統制に従わせ、現実の環境に適応させるように働く機能をもつものとしてとらえた。

ユング Jung ③ 1875～1961 スイスの心理学者・精神分析学者。心には、自我が抑圧した個人的無意識と、神話・民話にみられるような、人類に共通の元型をもつ集団的(集合的)無意識があると考え、分析心理学を確立した。また、心のエネルギーが外に向かう外向型とこれが内に向かう内向型とに類型化して人間をとらえるタイプ論を展開した。著書に『元型論』『タイプ論』『心理学と錬金術』などがある。

外向 ③ **内向** ③

シュプランガー Spranger ① 1882～1963 ドイツの心理学者・教育学者。文化に対する人間の関わりあいを分析し、人が何について価値を求めるかによって、人間の基本的類型を理論型・経済型・審美型・宗教型・権力型・社会型の６つに分類した。

ジョハリの窓 ② 開放(自分にも他人にもわかっている自分のこと)、秘密(自分にわかっているが他人にはわかっていない自分のこと)、盲点(自分にはわかっていないが、他人にはわかっている自分のこと)、未知(自分も他人もわかっていない自分のこと)をそれぞれ「窓」と表現し、どの窓にどのような自分の性格が示されているのか分析する心理テストのこと。一般に、「開放の窓」の部分が拡大していけば、それだけ自分の可能性が広がっていく、ととらえる。

学校教育法 ① 憲法および教育基本法の理念にもとづいて、幼稚園から大学までの学校教育の基本を総合的に規定する法律。1947(昭和22)年、教育基本法とともに、第二次世界大戦後の民主主義社会の形成に向けて公布・施行された。

いじめ ④ 精神的なものであれ、肉体的なものであれ、一定期間継続して特定の個人が繰り返し標的となり、その人が深刻な苦痛を受けるような行為。いじめられる者の心や体の痛みをわかろうとしない思いやりのなさ、想像力の欠落、また周囲の無関心などが、本来は防げるはずのいじめを大きな社会問題としている。近年では、いじめという行為そのものが、友人関係のなかに組み込まれているケースもあり、いじめの発見と問題解決を困難にしているといわれる。2022(令和４)年度の小中高校、特別支援学校におけるいじめ認知件数は、681,948

ユングの類型（外向型と内向型）		
	外向型	内向型
感情的側面	こだわりがない、あきらめが早い、陽気	ひかえめ、内気、気難かしい
意志的側面	精力的、統率的、決断力がある、あきやすい	思慮深い、実行力に乏しい、適応性に乏しい
思想的側面	常識的、折衷的	懐疑的、自説に固執する
社会的側面	交際好き、開放的	つきあい下手、他人を批判する

シュプランガーの類型（文化的価値からみた性格）	
類型	特徴
理論型	理論追求に関心を示す（学者）
経済型	利益・富・金の追求に関心を示す（実業家・経済人）
審美型	美を求めることに関心を示す（芸術家）
宗教型	いかに生きるか、死の問題に関心を示す（宗教家）
権力型	政治・支配欲に関心を示す（政治家）
社会型	福祉・奉仕などに関心を示す（福祉士・教師・医師）

件(文部科学省による)。

いじめ防止対策推進法 ④ 2012(平成24)年7月に滋賀県大津市でおきた自殺事件をきっかけに、2013(平成25)年に成立した。「いじめ」を「児童等に対して、当該児童等が在籍する学校に在籍している等当該児童等と一定の人的関係にある他の児童等が行う心理的又は物理的な影響を与える行為(インターネットを通じて行われるものを含む。)であって、当該行為の対象となった児童等が心身の苦痛を感じているもの」と定義し、いじめを社会全体で取り組むべき問題であるとしたうえで、国、地方公共団体および学校に「いじめの防止等のための対策に関する基本的な方針」を定めることを義務づけた。

拒食症 ② 摂食(せっしょく)障害の1つで、その割合をみると30歳以下の女性に圧倒的に多くみられる。やせる体質上の原因もなく、標準体重の20%以上もやせてしまう。体重増加に対する極端で病的な意識をもち、このことから不食や、正反対の大食に移行したりする。女性の場合、ダイエットがきっかけとなる場合が多く、そのほかに原因として心の成長上のつまずきなども指摘されている。

過食症 ② 摂食障害の1つ。単純には大食だが、過食症の人にも体重へのこだわり(やせ願望など)が強く、過食とその後の自己嫌悪からおこす嘔吐(おうと)、また過食、という悪循環をたどるという。拒食症からの移行もある。

ひきこもり ④ 社会的ひきこもりともいう。20代後半までに問題化し、6カ月以上自宅(自室)にひきこもって社会参加をしない状態が続くことを指していう。ひきこもりとなるきっかけとして、対人恐怖症・強迫(きょうはく)神経症(ノイローゼ)・うつ病などがあげられる。家族・社会との接点がなくなることで、ひきこもり自体が心の傷(心的外傷)となり、さらにひきこもりが続くという悪循環におちいりやすい。

パラサイト・シングル parasite single ② 学校卒業後も親と同居を続け、親に衣食住の基本的生活条件を経済的に依存している未婚者をいう。社会学者の山田昌弘(やまだまさひろ)(1957～)が取り上げて有名になった。パラサイト(parasite)は「寄生する」という意味。金銭的・時間的にも余裕があり、本来は不可能な消費生活も「独身貴族」として享受できる。原因として、若者の晩婚化・フリーター化の進展のほか、子離れを望まないといった親サイドの問題も指摘される。

アパシー apathy ③ 外の世界に対する無関心・無気力の状態。とくに、現代の若者の意欲減退や無気力の実態を指していう。社会に対する不安・恐怖心から、アパシーになっていく例が増えているという。

スチューデント・アパシー student apathy ② 学生が勉強への意欲がなくなり、無感動・無関心・無感情の状態になること。

2 自己形成と社会への参画

職業 ⑦ 自分の生計を立てるための労働・仕事のこと。また、職業には経済的自立のほかに、精神的な自立、自分の能力の発揮、生きがいと自己実現の追求、社会における役割を果たすことなどといった重要な意味が含まれている。これに宗教的な意味づけや使命感が加わったものが「天職」と呼ばれるものである。

経済的自立 ⑤

ニート(NEET) ⑨ 学校に行かず、就職もせず、職業につくための準備や訓練もおこなわない人を指していう。イギリスで “Not in Education, Employment or Training” の頭文字をとってつくられた造語。定義が定まらず、実態も様々であるため、有効な支援策が展開しにくいと指摘されている。

フリーター freeter ⑥ フリーアルバイターの略で和製英語。年齢が15～34歳で、男性は学校卒業者、女性は卒業者で未婚の者のうち、⑴勤め先での呼称がパート・アルバイトの者、⑵探している仕事の形態がパート・アルバイトの者、⑶非労働力人口で、家事も通学もしていないその他の者のうち、就職内定しておらず、希望する仕事の形態がパート・アルバイトの者、という定義がある(総務省)。1990年代に増加したフリーターであるが、2003(平成15)年以降は減少し、2020(令和2)年で約136万人のフリーターが存在する(総務省、労働力調査)。フリーターには、定職につかず、アルバイトをして自由な生活をするというイメージがあるが、このような若者の職業観の変化とともに、フリーター増加の原因は実際のところ、長引く不況下での正社員需要の低下にある。また、フリーターの8割が家族と同居していることも特徴の1つで、パラサイト・シングルと関連づけて取り上げられることもある。

アルバイト ⑦

ミスマッチ ② 労働市場において、仕事を探す労働者と選ぶことのできる仕事との不一致を指す。情報化の波に乗れない労働者・高齢者雇用など、雇用機会の均等という観点からも問題視される。結果として、フリーター増大の原因となっている。

地域若者サポートステーション ① 働くことに踏み出したいと願う15歳〜49歳までの未就業者や就学中の人たちに、本人やその家族だけでは解決が難しい「働き出す力」を引き出し、職場に定着するまで全面的にバックアップすることを目的につくられた厚生労働省委託の支援機関。

就職氷河期(ひょうがき) ② 就職難を表す「就職冬の時代」を、さらに強調した表現。バブル崩壊後の1990〜2000年頃を指す。1990年代半ば以降、就職難の時代が続いたが、2005(平成17)年以降の大卒求人倍率は上昇をみせており、2007(平成19)年には2.14倍と、16年ぶりに2倍をこえた(リクルート調べ)。高卒求人倍率は2002(平成14)年9月に0.5倍を割り込み、計算上、希望者の2人に1つすら求人がなく、しかも職業選択の余地がないという深刻な状況になった。2022(令和4)年の同求人倍率は2.38であった(厚生労働省)。

求人票 ⑥ 会社の所在地・規模・経営者やその会社の労働条件(勤務地・業務内容・労働時間・賃金など)を明記した書類。

インターンシップ internship ⑨ 在学中の学生・生徒が、企業などでおこなう就業体験のこと。体験者の就業意識の高揚、教育機関と企業との連携強化などが期待されている。

職業的同一性 ① 職業を通じて、自分が何らかの社会的な役割を担っていると実感できること。

在宅勤務 ① 高度に発達した情報ネットワークを使い、出社することなく、情報・データのやりとりや操作の仕事をこなす勤務形態を指す。2020(令和2)年以降に拡大した新型コロナウィルス感染症の影響で、多くの職種・企業でIT機器を活用したリモートワークとして在宅勤務が広まっていった。

ボランティア〔活動〕 ⑩ 個人の自発的な意志で、見返りを求めることなくおこなう奉仕活動のこと。強制によらない社会奉仕。1995(平成7)年の阪神・淡路大震災や2011(平成23)年の東日本大震災の時のように、ボランティア活動は、人々の絆(きずな)を深め、困難な状況を解決していく大きな力となる。また、ボランティア活動をする側にとっても、生きがいや自己発見・自己啓発の場としての意義が強調されている。2001(平成13)年はボランティア国際年として、各種のイベントが開催された。

ボランティア団体 ①

社会参加 ③ 一個の自立した人間として、社会の諸活動に参加すること。

社会参画 ②

社会貢献 ③ ボランティア活動などを通じ、社会に役立つこと。結果的に役立つだけでなく、社会に積極的に関わっていこうとする意志が大切である。

ボランティア元年 ② 日本では阪神・淡路大震災をきっかけに、ボランティアブームが巻きおこった1995(平成7)年を指していう。

キャリア開発 ② キャリア(その人の経歴・生き方の総体)を自分の生きがいや夢に向かってつくり上げ、構成していくこと。現代では、かつての社会の仕組み(たとえば終身雇用制など)が崩れ、自分の人生を有意義なものにするためには、みずからが意欲をもって生き方を見出さなくてはならない。各世代でのキャリアの課題を積み上げ、キャリアをみずからの人生のなかで実現させていく(キャリアをデザインする)ことが求められている。

キャリア ⑦

キャリアデザイン ③

トランジション transition ① 移行、変化の意味。ある段階から別の段階への移行を表すが、キャリア開発の過程で、その人に大きな変化をもたらす重大な局面であり、それまでのキャリアを見直す転機となる時期を指す。

4L ① キャリアを、たんなる仕事上の経歴ではなく、統合的人生設計としてとらえたアメリカのサニー＝ハンセン(Sunny Hansen、1929〜2020)が、仕事と仕事以外のほかのおもな要素としてあげた、Lから始まる4つの要素のこと。Love(愛)、Labor(仕事)、Leisure(余暇)、Learning(学習)を指す。

自己実現 ⑦ その人の潜在的な能力を発揮して、目標をやり遂げること。みずからの可能性を追求し、みずから成長することによって、より大きい満足感を得ることができる。

生きがい ④ 個人が生きるうえでの充実感・充足感を得る糧(かて)となるもの。未来に向かっていこうとする心の姿勢を表す。精神科医の神谷美恵子かみやみえこ(1914〜79)は、著書『生きがいについて』のなかで、人間の命にはつねに意味があり、生きがいとは人間が生きていく意味を見出し、可能性をのばそうとすることであると述べた。

生涯学習 ⑥ 小学校から大学までで学ぶだけでなく、幼年から老年まで一生おこなわれる学習・教育のこと。幼児の家庭教育から成人の社会教育に至るまで、様々である。とくに高齢化社会の人間のあり方としても注目されている。

リカレント教育 ①「リカレント(recurrent、「繰り返す」という意味)」からくる言葉で、学び直しのこと。学校教育からいったん離れて社会に出たあとも、それぞれの人の必要なタイミングで再び教育を受け、仕事と教育を繰り返すことを指す。

夜間学級 ① 中学校を卒業していない人や、卒業していても授業日数の大部分を欠席していて十分に通えなかった人などのための学校で、夜間に授業がおこなわれる。夜間中学。

エジソン Edison ② 1847〜1931 アメリカの発明王。「努力の人」といわれ、幼い頃から正規の教育を十分に受けることができなかった(小学校を3カ月で退学した)が、知的好奇心を失わず独学に励み、とくに科学の実験の分野に強い興味をもつ。これがのちの発明の量産につながった。「天才とは1%のひらめきと、99%の努力」という言葉でも知られる。

リキッド・モダニティ liquid modernity ① 社会学者ジークムント=バウマン(Zygmunt Bauman、1925〜2017)による。社会はかつての重く堅固な「ハードウェア」型から、軽くやわらかな、「ソフトウェア」をキーワードとする、いわば「液状化した社会」へと変化した、と論じた。

バウマン ①

2 社会的な関係のなかで生きる主体として

1 伝統や文化との関わり

文化 ⑫ 人間生活において、共有・伝達される行動・生活などの様式。または、精神活動によって生み出された宗教・芸術・道徳など。個別文化は、それぞれ独自の価値をもち、高低・優劣の差はない。このように、文化が精神活動を重視し、個々の社会にあてはまるものを指すのに対し、物質面を重視してより大きな時代・地域に成り立っているものを文明と呼ぶ場合がある。このいい方に従えば、文化には共有できない部分も生じ得るが、文明とは技術(テクニック)として広く共有し得るもの、と区別することもできる。

社会集団 ① 共通の目標をもち、相互関係を保ちながら活動・生活をし、ともにある集団に所属しているという一体感を共有している人々の集団を指して社会集団という。狭義には、身近な人々の結合である、家族や遊び仲間といった第一次集団と区別される第二次集団ととらえることもできる(社会学者クーリーによる)。

伝統 ⑥ ある社会において、歴史的に形成・蓄積され、価値あるものとして伝承された精神的・文化的習慣や遺産。古くから伝承されていても、価値のないもの、発展を阻害そがいしたり、人を束縛そくばくしたりするものは因襲いんしゅうである。

伝統文化 ⑦ 古くから受け継がれ、伝えられ、守られてきた文化。過去の人々の生活のなかで生まれた文化的遺産が、現代生活のなかに生かされていくことで、伝統文化はその価値を増す。

伝統芸能 ④

慣習 ⑦ 集団のなかで歴史的に発達し、その成員に広く承認されている伝統的な生活秩序や行動様式。一定の規範力があり、慣習よりも一段と強制力をもつものが道徳的慣習(モーレス)であり、さらに強制力が強まり、法の力をもてば慣習法となる。

地縁 ② 同じ地域に住むことによって形成される社会的関係。一定の土地に広がる人々の集団を指して共同体というが、日本における共同体が織りなす地縁のあり方を指して「ムラ(村)」という。

ハレ ② 普段と違う、正式・公の意味。ハレの日は通常の労働をせず、晴着を着てハレの食事をし、農耕にまつわる年中行事や神に供物(くもつ)をささげる節句や神祭りをおこなう。ケーケガレーハレーケの循環は、農耕の展開を基礎とした生活リズムを構成していた。　**ハレの日** ①　**ハレの行事** ②

ケ ② 日常の生活を送る普段の意味。「気」を意味し、日常の生活を支配している活力を意味していた。活力がなくなれば、「気」が枯れ＝ケガレ状態になる。なお、「ハレ」は「ケ」の反対語である。　**ケの日** ①　**気枯れ** ①　**ケの行事** ②

年中行事(ねんじゅうぎょうじ) ⑩ 毎年同じ暦時がくれば、同じ様式の習慣的な営みが繰り返されるような伝承的な行事をいう。日々繰り返される日常態を区切って、平常の仕事などを休んで特殊な行事をおこなう。年中行事は、グレゴリウス暦採用(1872〈明治5〉年)以前に使用されていた旧暦(月の満ち欠けを基礎に、1年の流れを太陽の動きをもとにする太陰太陽暦)に従っておこなわれる。1年は二十四節気にわけられており、農耕生活の、とくに稲の栽培収穫の過程のリズムに関連づけられて節ごとに行事がおこなわれる。これらの行事に様々な外来の行事がまざって現在の年中行事がおこなわれている。

農事暦 ② 農事に従う人々に必要な事項・行事などを記した暦。旧暦の立春、春分、夏至など二十四節気は農事暦の基礎をなすものであった。

農耕儀礼 ③ 穀物など、食用植物に関する宗教行事。穀物の豊作や災厄の除去を願う。日本における年中行事の多くがこれにあたり、とくに水稲農耕に関するものが多い。

農耕社会 ② 列島における農耕は縄文時代にもその痕跡が多くみられるが、本格的に農耕社会に移行していったのは大陸から水稲農耕が伝わってからのことである。水稲農耕は、中国大陸から朝鮮半島南部を経て北九州に伝播(でんぱ)し、同時に稲作にまつわる習俗・文化なども受容されていったと考えられる。

正月 ⑤ 1年の1番目の月。年中行事のなかでもっとも重要な行事がおこなわれる。歳神(としがみ)の来臨(らいりん)を請い、これを祭り、1年の農耕生活の安泰(あんたい)を祈り、また天候の吉凶(きっきょう)を祈ったりする行事がおこなわれる。歳神のトシは年でもあり、年穀の稔(トシ)でもあり、五穀豊穣をもたらす農耕神である。元日(がんじつ)を中心とするのが大正月、15日を中心とするのが小(こ)正月である。　**年神(歳神)** ①

初詣(はつもうで) ③ 新年にはじめて氏神(うじがみ)に参詣すること。

節分(節分の豆まき) ③ 立春の前日。邪気(じゃき)を祓(はら)う行事として、大豆を煎(い)り、となえごとをして室内にまき散らし、鬼を打つ行事は社寺で追儺(ついな)としておこなわれた。戸口(こぐち)に鰯(いわし)の頭と柊(ひいらぎ)の枝を刺す風習もあり、これはヤイカガシと呼ばれる。

雛祭り(ひなまつり) ⑤ 3月3日におこなわれる上巳(じょうし)の節句(桃の節句)。ひな壇を飾り、女性の祭りとされる。

端午(たんご)**の節句** ② 5月5日の節句行事。菖蒲(しょうぶ)や蓬(よもぎ)を軒に刺し、柏餅(かしわもち)を食べ菖蒲湯に入る風習がある。田植え月の物忌(ものいみ)の印として菖蒲を刺す風習と、中国の端午の影響が混合されている。鯉のぼりや武者(むしゃ)人形を飾るので、おもに男性の節句といわれる。

七夕(たなばた) ⑤ 7月7日におこなわれる節句行事。奈良時代から牽牛(けんぎゅう)星と織女(しょくじょ)星が銀河を挟んで会合する星祭りとしておこなわれていた。水に関する儀礼も多く、農耕儀礼の内容も含まれていたと考えられる。

盆 ③ 中元(陰暦7月15日)に祖霊(それい)を迎え、供物(くもつ)を供えて供養する行事。墓参りや精霊(しょうろう)流しなどをおこなう。盆花(ぼんか)は祖霊の依(よ)り代(しろ)と考えられる。仏教の盂蘭盆会(うらぼんえ)という死者のための祭りで、死者の苦しみをとる行事と民間の農耕儀礼が習合したもの。　**盂蘭盆会** ②

除夜の鐘 ② 大晦日の夜のことを除夜といい、除夜の午前0時を挟んで、寺院で梵鐘を108回鳴らす行事。108回の数え方には諸説あるが、人間のもつ煩悩の数であるとされる。

地鎮祭(じちんさい) ① 住宅などの建造物を建てる時に、建てる土地の神(産土(うぶすな)の神)を祭って、工事の無事を祈る儀礼。産土信仰にもとづくもので、現代でも慣習的におこなわれる。

通過儀礼 ⑩ イニシエーション(initiation)の訳。人生の転機にあたる誕生・成人・結婚・歳祝い・死など、人間の一生の節目におこなわれる儀式をいう。それまでと違った存在として再び共同体のなかに生まれかわるという再生儀式(象徴的な「死」の儀式)も含まれる。共同体での一人前としての構成メンバーであることを認めるための通過儀礼は、恐怖にたえたり、擬死体験をしたりすることで、子どもから一足飛(いっそくと)びに大人へと移行する(「生まれかわる」)。

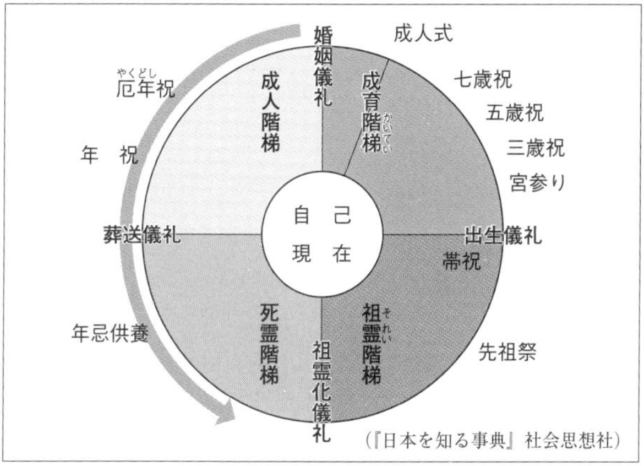

（『日本を知る事典』社会思想社）

日本人の通過儀礼

バンジージャンプ ③ もとは南太平洋のバヌアツなどでおこなわれる、成人となるためのナゴールと呼ばれる通過儀礼であった。足に命綱（いのちづな）をつけ、高所から落下する。この恐怖と危険を克服した者が大人として集団から認められることになる。現代ではゲーム化されている。 **ナゴール** ②
ランドダイビング ①

力石 ② 神社の境内におかれている、楕円形のなめらかな大石。力試しに使われたが、一人前の大人として認められるための通過儀礼として使われた地域もある。

朝飯前 ② 江戸時代の江戸では、朝食前に地域の作業（清掃や見まわり）を「朝飯前の仕事」としてさらりとこなすことが一人前の大人の条件とされた。

命名式 ① 生まれて７日目の「お七夜」におこなう命名の儀。名前がつくことで、生まれた子は人の世の仲間入りをするとされる。

お宮参り ① 氏子（うじこ）の仲間入りをするという意味で、氏神様にお参りすること。男児が生後31日目、女児はさらに１、２日後におこなう。

お食い初め ① 誕生後110日目（女児）、120日目（男児）にはじめて大人と同じ食べ物を食べさせる儀式。食初（くいぞめ）。

初節句 ① 生まれてはじめて迎える節句のこと。節句とは、年間の生活の節目におこなわれる年中行事のことで、１月７日の七草の節句、３月３日の桃の節句、５月５日の端午の節句、７月７日の星祭（七夕）、９月９日の菊の節句を五節句という。

七五三 ⑥ 子どもの成長と健康を祝う儀礼で、男子は３歳と５歳、女子は３歳と７歳に当たる年の11月15日に氏神に参詣すること。

成人式（成年式） ⑥ その社会で一人前の成員になったことを認める儀式。成人したことを服装や髪型で示すことを元服（げんぷく）という。武家社会では、元服の時に烏帽子（えぼし）をかぶるので烏帽子祝いといった。明治時代までは、元服は15〜17歳で祝ったが、現在では20歳で成人式をおこなう。
元服 ②

結婚式 ⑤ 結婚に際しおこなう儀式。たいてい神仏などの前で家族の承認を確かめ、さらに親族・友人・近隣者など社会の一定範囲に披露（ひろう）されて承認を得る。結婚の形態としては、古くは男性が女性の家に入る婿（むこ）入り婚が普通であったが、中世になって嫁（よめ）入り婚の形態が一般化した。
結婚 ①

厄年（やくどし） ② 人の一生のうち、災難にあうことが多いので、身をつつしまなければならないとされる年。男性は数え年の25・42・61歳、女性は19・33・37歳とされる。

年祝 ① 長寿を祝う儀式。満60歳の還暦、数えで70歳の古稀（こき）、77歳の喜寿（きじゅ）、80歳の傘寿（さんじゅ）、88歳の米寿（べいじゅ）、90歳の卒寿（そつじゅ）、99歳の白寿（はくじゅ）など。

還暦（かんれき） ② 誕生して60年で再び生まれた年の干支（えと）に戻ることで、数え年で61歳の称。本卦還（ほんけがえり）ともいう。

葬式 ① 死者を葬（ほうむ）る儀式。死後、葬式までのあいだに近親者が死者のそばで過ごすことをお通夜、葬る際に死者に別れを告げる

ことを告別式という。　**葬送儀礼** ①

年忌 ① 人が死亡したあとの年を単位としておこなう儀式。年忌法要、年回法要。一般的には法事と呼ばれるもので、僧侶を呼び供養する。亡くなった翌年が一周忌、その翌年の2年後が三回忌、以降、亡くなった年も含めて数えて、七回忌、十三回忌、十七回忌、二十三回忌、二十七回忌、三十三回忌、五十回忌と続く。一般に、三十三回忌か五十回忌をもって、最後の法要の「弔い上げ」となる。　**弔い上げ** ①

祖霊信仰 ① 死んだあとも子孫を見守ってくれる存在を祖霊といい、これを信仰すること。年忌の最後の供養がすむと人は祖霊神になるとされる。

和 ② 他人との協調性。日本的なもの、といった意味の用法があるように、日本人が重視する行動原理であるとされる。しかし、和が強調されすぎると、他人と違うことをおそれ、自律よりも他律的に行動する傾向を生む。また和は、感情や情緒によるつながりを重視する日本的集団主義を支える原理でもあり、これにより個人の自発性が発展しづらいとの指摘がある。

藤原俊成 ① 1114〜1204　平安時代末期の歌人。幽玄体の歌を特徴とし、『千載和歌集』の撰者となる。藤原定家(1162〜1241、『新古今和歌集』の撰者)の父。

幽玄 ③ 日本人の美意識を表す語として使われる用語。物事の深遠さを表す表現が生み出す静かな美しさ、表現の微妙さなどを指していう。

わび ⑤ 美的な理想的・理念的な状態を表す語で、物的な不足に向きあっての、そのうえなお心の奥底からくる充足のさまを指す。「さび」ともに茶道や俳諧、歌などと結びつき、日本の美意識を代表する語として用いられる。

さび ④ 孤独な寂しさのなかに心やすらぐ心境を見出した状態を指していう。「わび」という美意識と並んで用いられることが多い。

連歌 ① 五・七・五の長句と七・七の短句を交互に長く連ねることによりつくり出される詩歌。多くの人が寄りあっておこなわれるのが一般的で、句の応答や全体の変化などを楽しむ。

松尾芭蕉 ③ 1644〜94　江戸前期の俳人。伊賀上野の生まれ。北村季吟(1624〜1705)に師事したあと、江戸深川の芭蕉庵に移り、談林派の俳風(軽妙・滑稽を特徴とする)をこえ、俳諧にわび・さびといった深い文芸性を加えた蕉風を確立した。『奥の細道』『野ざらし紀行』『笈の小文』などがある。

俳句 ② 俳諧の連歌の発句が独立したもので、五・七・五の十七音を定型として季語を読み込む。松尾芭蕉によって蕉風(正風)が確立され、明治期に正岡子規(→p.52)の俳諧革新運動を経て、俳句の呼称が広まった。　**俳諧** ③

千利休 ④ 1522〜91　安土・桃山時代の茶人。堺の商人出身で武野紹鷗(1502〜55)に学ぶ。わびを重んじる侘茶を完成させ、喫茶を1つの芸能、人の生きざまを表現する「道」にまで高めた。織田信長(1534〜82)、豊臣秀吉(1537〜98)に仕えるが、秀吉と対立、切腹を命じられる。　**茶道** ③　**茶の湯** ⑤

華道 ① 草木の枝や草花を切りとって花器にさして飾るという生花を、人としての修養のあり方にまで高めたもの。

能(能楽) ⑤ 謡・笛・太鼓などの楽と舞により、能舞台で表現される、日本の代表的な古典芸能。平安時代以来の猿楽をもとに、田楽などの諸芸能を取り入れながら、室町時代に観阿弥(1333〜84)・世阿弥(1363？〜1443？)によって芸能として完成された。とくに、死者・霊的存在が主人公となり、生と死、過去と現在が交錯していく「夢幻能」(世阿弥が完成)は、その高い芸術性によって現代の国内外の演劇に大きな影響を与えている。　**世阿弥** ②

浮世絵 ① 江戸時代に発達した民衆の日常生活を表現した風俗画。元禄期に菱川師宣(？〜1694)が木版画を創案し、大成。その後、鈴木春信(1725頃〜70)によって錦絵が創始され、喜多川歌麿(1753頃〜1806)による美人画、東洲斎写楽(生没年不詳)による役者絵、19世紀の葛飾北斎(1760〜1849)・歌川広重(1797〜1858)による風景画などが生まれた。ヨーロッパ印象派などの絵画にも影響を与えた。

歌舞伎 ③ 江戸時代に発達し、盛んになった日本特有の演劇。安土・桃山時代に出雲の阿国(生没年不詳)がかぶき踊りを創始した。それ以後、女歌舞伎(傾城歌舞伎)、少年による若衆歌舞伎が江戸幕府に禁止され、のちに成年男性による野郎歌舞伎となり、演劇を主体とし、女形を発達させた。代表的劇作家に近松門左衛門(1653〜1724)がいる。

日本文化の重層性 ④ 日本文化は、古くからの思想(土着の思想)が土台となり、ここに外来思想が重層的に「日本化」しながら積み重ねられて形成されてきたという、日本社会の特質を指す用語。

ムラ意識 ② ムラのもつ、よそ者・異質なものを排除する傾向。ムラとは村落共同体を指す語で、とくに江戸時代、幕府は民衆を支配するため、連帯責任と相互監視を基礎とするムラ組織をつくった。自分がある社会や集団と一体であり、その一員であるという気持ちを帰属意識といい、その社会や集団における自己の存在意義を見出すことで、心理的安定が得られる。一方で、帰属意識が排他的な意識と結びつき、それが封建社会のもとでの人々の安定したつながりを生み出すムラ意識となった。この傾向は現代社会の様々な社会集団においても認められる。

ウチの集団 ① ウチの集団とは、そこに属する個人がみずからをそれとの同一視、一体感をいだいている集団のことを指す。それに対してソトの集団とは、よそ者＝他者と感じられる集団であり、競争や対立、敵意などの対象となる集団である。集団のもつ閉鎖性や排他性を基礎とした集団の2つのとらえ方である。 **ソトの集団** ①

個人主義 ③ 近代市民社会の発展を背景に主張される、個人の自由を前提とした考え方。個人の人格に価値の中心をおき、まわりの社会は個人の目的を達成するためにあるとする考え方。

恥の文化 ② 面目を失うことをもっともきらう価値基準をもつ文化。アメリカの文化人類学者ルース＝ベネディクトは、日本研究『菊と刀』で、欧米が内面的な「罪」の自覚に基礎をおく行動様式をもつ「罪の文化」であるのに対し、日本は他人の世評に対する反応である「恥」の意識が行動の基準となる「恥の文化」であるとした。つまり、恥という外面的強制力によって善行をおこなうのが日本文化の特徴であるという。これに対しては、恥も羞恥心として内面化される、日本文化にも罪責感はある、などの批判がなされた。 **罪の文化** ①

ベネディクト Benedict ① 1887〜1948 アメリカの文化人類学者。第二次世界大戦中、アメリカ政府の依頼で日本研究に従事し、その成果を『菊と刀』(1946年)で著した。ここで、欧米が内面的な「罪」の自覚に基礎をおいて行動する「罪の文化」であるのに対し、日本の文化は他人の世評に対する「恥」の意識が行動の基準となる「恥の文化」であるとした。 **『菊と刀』** ①

ユース・カルチャー(若者文化) ⑥ 大人の文化に対する、青年期独特の価値観にもとづく文化。1960年代、新たな社会現象として現れた若者文化は、既成制度への反抗や進歩的・前衛的な面をもつ一方、低俗化・退廃化の傾向をもつことも多かった。単純な進歩史観が否定され、多様化が求められる現代社会においては、若者文化も伝統回帰型も含めて多様化している。そして、日本を含む先進国においては、若者文化が消費文化と密接に関連していることが特徴になってきている。

カウンター・カルチャー counter culture ② 1960年代のアメリカで生まれた、支配的な大人の文化に対抗する、若者たちの文化のこと。若者による既存の価値観への挑戦でもあり、ロック音楽の興隆やニューシネマ、ヒッピー、反戦運動といった各種の動きを引きおこした。

サブカルチャー(下位文化) subculture ④ ある社会の支配的な正統的文化ではなく、それとは異なる価値基準によって支持される文化。「非主流」という意味で、アンダーグラウンド(アングラ)という語句もある。 **メインカルチャー** ①

都市文化 ① 都市における、大量消費を背景として生み出される文化。ライフスタイル・ファッション・食文化・レジャーなど多分野にわたる。

大衆文化 ① 大衆とは出自を同じくするような、またはある目的をもって結合された集団ではなく、様々な背景をもつ多くの人々からなる集団をいう。したがって、大衆文化とは、大衆社会における、大衆がつくり出す、大衆のための文化であるということができる。

アニメ ⑤ アニメーションの略語。現在、日本のアニメは日本の文化を代表するものとして国際的に評価が高く、世界各国に愛好者を広めている。「外国人がクールととらえる日本の魅力」を表すクール・ジャパンの代表的なものとされる。

2 宗教との関わり

宗教 ⑫ 超自然的・超人的・絶対的な力の存

在を信じ、それを神聖なものとして敬い、あるいはおそれる信仰をいう。しばしば組織を形成し、一定の教義や儀礼・戒律をともない、生活全般を支配する。

儀礼 ③

無宗教 ② 信仰する宗教をもたないこと。ただし、キリスト教やイスラーム(イスラーム教)などのような創唱者が存在し、教義をもった宗教を信じていないことが、そのまま無宗教的な態度であるとはいえない。

信仰 ⑥ 宗教の意識的・主体的な側面を指し、神聖なものへの畏怖とともにその霊力や救済への信頼感を意味する。

三大〔世界〕宗教(世界三大宗教) ③ 一般的には、キリスト教・イスラーム・仏教の3宗教を指す。いずれも民族をこえて信仰され、世界中に多くの信徒をもつ。ヨーロッパでは、仏教のかわりにユダヤ教を含める場合もあるが、ユダヤ教は民族宗教である。

世界宗教(普遍宗教) ③ 単一の民族だけでなく、多くの民族に共通して信仰される宗教。神話や呪術などの束縛から解放され、民族の壁をこえた普遍的な教義と創始者をもつ。キリスト教・イスラーム・仏教などがこれにあたる。

民族宗教 ⑤ 特定の民族内部でのみ信仰される宗教。世界宗教に対する語。例としてユダヤ人のユダヤ教、日本の神道、インドのヒンドゥー教など。民族の団結に役立つが、時に排他的・独善的な傾向におちいる場合もある。

神 ⑨ 人知をこえた究極の存在。宗教のうえで人々が帰依し、祈る対象。日本の伝統文化では、身のまわりに存在する、不可思議な力をもったものを指して神(カミ)という。

一神教 ⑦ 唯一の神を崇拝する宗教。ユダヤ教・キリスト教・イスラームがこれにあたる。偶像崇拝の禁止や、他宗教(異なる神への信仰、崇拝)との妥協を許さない側面などをもつ。

唯一神 ⑨ 天地を創造し、万物を支配する全知全能の神で、世界で唯一無二の存在。ユダヤ教・キリスト教のヤハウェ、イスラームのアッラーなど、人格をもった神(人格神)として表現される。

多神教 ② 複数の神々を認める宗教。善と悪、あるいは光と闇を支配する2つの神を認める二神教(ゾロアスター教など)から万物に神格を認める汎神論(神道など)まで様々である。

偶像崇拝 ⑤ 信仰の対象として描かれたり、つくられたりしたもの(偶像)を、そのもの自体に神秘的な力があるかのように崇拝すること。イスラーム、ユダヤ教などではきびしく禁じられる行為である。

預言者 ⑦ 神の言葉を預かる者。神の言葉を神にかわって人々に伝える者。ユダヤ

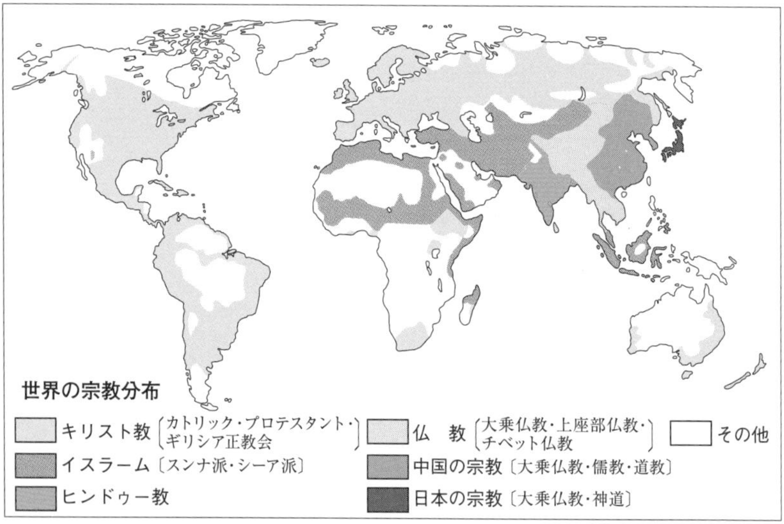

世界の宗教分布

教・キリスト教におけるモーセ、イザヤ(Isaiah、生没年不詳)、エレミア(Jeremiah、生没年不詳)やイスラームにおけるムハンマドなど。イスラームにあっては、アダム、ノアやイエスも預言者の１人であり、ムハンマドが最後で最高の預言者とされる(「預言者の封印」)。

啓示 ⑥ 神がみずからを啓いて、人間に対して真理を示すこと。啓示を受け、神の言葉を預かる存在が預言者であり、啓示が記されたものが啓典である。

聖典 ⑥ ある宗教の教えの根本や、教義・戒律などを記した書物。仏教では経典、キリスト教では聖書、イスラームではクルアーン(コーラン)がこれにあたる(クルアーンはすべて神アッラーの言葉であるので、啓典でもある)。 **経典** ①

教義 ② ある宗教の信仰内容。その宗教・宗派のなかで絶対的な真理として公認されているものを指す。

聖地 ② その宗教において特別な意味をもち、聖なる地とされる場所。たとえば、エルサレムはユダヤ教(この地に神殿があった)、キリスト教(イエスが処刑された地、現在の聖墳墓教会がある)、イスラーム(ムハンマド昇天の地)の聖地。ほかにメッカ・メディナはイスラームの、クシナガラ・サールナート・ブッダガヤは仏教の聖地である。

ユダヤ教 ⑪ ユダヤ人(民族)の宗教。ユダヤ教徒をユダヤ人と呼ぶといわれるほど一体化している。唯一神ヤハウェを信仰し、神との契約(律法)をきびしく守る。また、ユダヤ人は神の選民だとの自覚をもつ。キリスト教はユダヤ教を批判するなかから生まれた。聖典の聖書は、キリスト教では『旧約聖書』と呼ぶ。

ユダヤ人 ⑥ 古代の呼称であるイスラエル人、ヘブライ人と同じ。歴史的には古代イスラエルの統一国家分裂(前922年頃)のあと、バビロン捕囚(前586〜前538)以降にイスラエル人の総称としてユダヤ人の呼称が用いられるようになった。現代のイスラエルでは「ユダヤ人を母とする者又はユダヤ教徒」とされる。

ヘブライズム ①『旧約聖書』などに示される、古代イスラエル民族の思想、精神。ギリシア精神を示すヘレニズムと対比される。

選民思想 ③ ユダヤ教において、神はユダヤ人を救いの対象として選んだという考え方。たとえば、将来、世界の終わりがやってきて、その後は神に選ばれた者のみが神とともに永遠の命を得るという考え方を終末観というが、ユダヤ教では、ユダヤ教を信じるユダヤ人のみが救いの対象となるとする考え方につながる。

ヤハウェ(ヤーウェ) Yahweh ⑥ ユダヤ教・キリスト教の唯一絶対神。両宗教とも神の名をみだりにとなえてはならないとされ、「主」などと表現される。キリスト教では「父なる神」と位置づけられる。

律法(トーラー) ③ ユダヤ教で、神から授けられた、人間が生きていくうえで守らなくてはならない宗教上・生活上の決まり。神との契約。

律法主義 ② ユダヤ教における、律法を厳格に守らなくてはならないという考え方。律法を守ることができない者は罪人とされて社会的に差別・排除される。

罪人 ③

モーセ Moses ⑤ 前13世紀の、古代イスラエル人の指導者。エジプトにおいて奴隷的生活を強制されていた同胞のイスラエル人を率いて脱出させたという(出エジプト)。その後、シナイ山において神と契約をかわし、イスラエル人社会とその信仰(ユダヤ教)の基礎をつくり上げた。神との「約束の地」であるパレスチナの地に入ることは果たせず死んだとされる。

十戒 ⑤ ユダヤ人を引き連れてエジプトを脱出したモーセが、シナイ山頂で神より授けられた律法(契約)。ユダヤ教の信仰の根本(唯一神への信仰、偶像崇拝の禁止、安息日の聖別など)と、ユダヤ社会に生きる者が守るべき掟が10カ条にわたって記される。

イスラエル王国 ① モーセの死後、サウルによって前11世紀後半にカナンの地にイスラエル王国が建設され、ダビデ王(Dāwīd、生没年不詳、エルサレムを都とする)、ソロモン王(Solomōn、生没年不詳、エルサレムに神殿を建設)の時代に繁栄した。しかし、ソロモンの死後の前10世紀後半に統一王国は北のイスラエル王国と南のユダ王国とに分裂し、イスラエル王国は前８世紀にアッシリアによって、ユダ王国は前６世紀に新バビロニア王国によって滅ぼされた。

エルサレム ③ 現在のイスラエルにある、ユダヤ教における聖地。かつてこの地に古代王国の都がおかれ、神殿が建設されたことに由来する。古代王国の神殿の遺構である「嘆きの壁」はユダヤ人のシオニズム運動

(パレスチナの地に帰還しようという民族運動)のシンボルとなった。キリスト教、イスラームの聖地でもある。

キリスト教 ⑪ ユダヤ教の形式的な律法主義を批判して、神の愛と福音(ふくいん)を説いたイエスをキリストとする信仰にもとづく宗教。キリストとはギリシア語で救世主を意味する語。1世紀にイエスの弟子たちによって始まり、ローマ帝国を経由して、おもにヨーロッパ世界に受け入れられた。

イエス＝キリスト Jesus Christ ⑪ 前7頃／前4頃～後30頃　キリスト教の創始者。パレスチナ北部、ガリラヤのナザレで生まれた(ベツレヘム生誕の説もあり)。母はマリア、父はヨセフで大工であった。30歳頃から神の子であることを自覚し、神からのよき知らせ(福音)を宣教した。ユダヤ教の祭司や信徒、とくにパリサイ派と対立し、十字架刑に処せられた。

ナザレのイエス ②

十字架〔の刑〕 ⑦ 律法学者、パリサイ派と対立したイエスは、弟子のイスカリオテのユダ(Judas、生没年不詳)による裏切りで捕らえられ、死刑の判決を受けた。ローマ総督ピラト(Pilatos、？～38頃)は民衆の声におされ、イエスはエルサレム郊外のゴルゴダの丘で十字架につけられることになった。この過酷な刑によりイエスは絶命するが、3日後に復活し、弟子たちの前に現れたとされる。このことにより、弟子たちはイエスが神の子、メシア(キリスト)であり、イエスの死は人間の原罪をあがなう贖罪の死であることを確信するとともに、イエスの復活に永遠の命をもたらす神の救いをみたのである。 **復活 ④**

福音(ふくいん) ④ よき知らせ。ギリシア語でエウアンゲリオン(エヴァンゲリオン)。キリスト教では、イエスが説いた神の国の到来と神による救いの教えのこと(ゴスペル)。

福音書 ②『新約聖書』冒頭の、イエスの生涯と言行を記した4つの書を指す。正典の4福音書は、マタイ・マルコ・ルカ・ヨハネの名がついている。

救世主(メシア) ⑨ 救世主は、ヘブライ語でメシア(「油(膏(あぶら))を注がれた者」の意)、ギリシア語でキリスト。ユダヤ教ではユダヤ民族を苦難から救い出し、神の国を実現する者と期待された。キリスト教では人間を罪から解放する神の子とされ、ナザレのイエスがキリストであると信じられている。

油(膏)を注がれた者 ①

キリスト ⑤

贖罪(しょくざい) ⑤ 犠牲や代償をささげて罪をつぐなうこと。キリスト教の教えでは、人間はみずからがあがなうことのできない、生まれながらの罪(原罪)をもつ。原罪とは人間の側からの神への裏切りであった。その罪をあがなって神とのとりなしをおこなったのが神の子であるイエスであった。つまり、神の方から手が差しのべられ、人間との関係が正されたのであり、そのことに人々は神の無限の愛をみたのである。

贖罪思想 ③

原罪(げんざい) ④ キリスト教で人間の祖先がおかした罪(神の命令を守らなかった罪)を指し、『旧約聖書』の『創世記』でアダムとイブの楽園追放の物語として記されている。その結果、子孫である人間は生まれながらに罪をもつとされる。

『旧約聖書』 ⑩ 前7～後1世紀にかけて編纂(へんさん)されたユダヤ教の聖典。キリスト教では救世主出現を証明した神と人との旧(ふる)い契約と位置づけ、『旧約聖書』と呼ぶ。律法・預言・詩など39巻の書物からなり、原典はヘブライ語で書かれている。

『新約聖書』 ⑩ 1～2世紀初めに編纂されたキリスト教独自の聖典。「新約」とは神との新しい契約の意味。福音書(マタイ・マルコ・ルカ・ヨハネの4書)・使徒行伝(しときょうでん)・書簡・黙示(もくし)の27巻からなり、原典はギリシア語で書かれたが、ラテン語訳が広まり、16世紀の宗教改革以降、世界中の言語に翻訳された。

アガペー agapē ⑪ 人間に対する神の無差別・平等な見返りを求めない愛。価値あるものへの愛としてのエロースと対照的なものである。

無償(むしょう)の愛 ② キリスト教の愛、アガペーを指す。神から人間へもたらされる愛で、惜しみなく与えられる、見返りを求めない広大無辺(こうだいむへん)な愛である。

黄金律(おうごんりつ) ④ キリスト教道徳の根幹を表す言葉。マタイ伝にある「人にしてもらいたいと思うことは何でも、あなたがたも人にしなさい」を指す。

神への愛 ④ キリスト教で説く重要な信仰上の教え。唯一神への愛を説く。イエスは、「心を尽くし、精神を尽くし、思いを尽くして、あなたの神である主を愛しなさい」と説いている。

隣人愛(りんじんあい) ⑪ キリスト教の大事な教えの1つ。同胞を、神からつくられたものとしてたがいに愛すること。イエスは、「隣人を自分のように愛しなさい」と説いている。またイエスは「敵を愛し、迫害する者のために祈れ」とも語っており、イエスのいう隣人愛とは身近な人を愛するということにとどまらず、広く様々な人に対する普遍的な愛であると考えられる。

善きサマリア人 ①『新約聖書』において、隣人愛をイエスが説いた時に用いたたとえ話。路上で傷ついた旅人をみて、祭司、レビ人といった隣人であるはずの人々は無視して去っていったのに対し、介抱したのは当時のユダヤ人が差別し、蔑視していたサマリア人であったというたとえ話である。イエスは、このたとえを引いたあとに、この旅人の本当の隣人とはだれであったのか、と問いている。

原始キリスト教 ② イエスの死後から2世紀頃にかけての、最初期のキリスト教を指していう。

ペテロ Petros ① ？～64頃 イエスの最初の弟子、十二使徒の筆頭。イエスの復活と昇天のあと、伝道(イエスの教えを伝えること)につくし、ローマ皇帝ネロ(Nero、37～68)の迫害を受けて殉教した。彼の墓所の地につくられたのが、現在のバチカンにあるサン・ピエトロ大聖堂である。

パウロ Paulos ④ ？～64頃 もとは熱心なユダヤ教徒でキリスト教を迫害していたが、シリアのダマスクスに向かう途上で復活したイエスの声を聞き、劇的な回心をする。原始キリスト教において、ローマ帝国内で広く伝道し、異邦人(ユダヤ人以外の人々)に対して布教をおこなう。信仰義認や贖罪の死など、キリスト教の基礎となる教義を示す。64年頃、ローマで殉教したとされる。 **回心(改宗)** ③

信仰・希望・愛 ① パウロが強調した、キリスト教の三元徳。パウロはとくに愛を重視した。また、パウロは「人が義とされるのは律法のおこないではなく、信仰による」という信仰義認を説いている。

三位一体 ② 父なる神、子なるイエス、聖霊が3つにして本質として1つであるとする、キリスト教の正統教義。これらの3つは唯一の神の位格(ペルソナ)とされる。神とイエスとの同質を主張した初期キリスト教の教父アタナシウス(Athanasius、295頃～373)より始まる。

教会 ③ 元来、キリスト教徒の団体のことで、キリストを中心に神を礼拝し、兄弟のまじわりをおこなう。とくにキリスト教のローマ・カトリック教会においては、教会は地上における神の代理者であるとされ、大きな権威をもった。一般には、礼拝に用いる建物(教会堂)を指すことが多い。

カトリック(旧教) catholic ⑤ 普遍的の意。通常はローマ・カトリック教会を指す。バチカンのローマ教皇を神の代理人として権威を認める、世界最大のキリスト教会。南ヨーロッパ、ラテンアメリカに信徒が多い。 **ローマ・カトリック教会** ⑤

ローマ教皇 ② ローマ・カトリック教会の最高位の聖職者。枢機卿の互選(コンクラーベ)により選出され、使徒ペテロの後継者として全世界のカトリック教会を統率する。バチカン市国元首でもある。ローマ法王ともいう。2013年のコンクラーベにより、第266代教皇としてアルゼンチン出身のフランシスコ(Franciscus、1936～)が選ばれた。

東方正教会 ⑤ 正統派のうち、ローマ・カトリック教会を除く東方の教会。ロシア正教会、ギリシア正教会など。イコン崇拝、厳格な修道制など、瞑想的・神秘的な特質をもつ。 **ギリシア正教** ② **ロシア正教** ③

クリスマス ④ 12月25日におこなわれる、イエス＝キリストの生誕を祝うキリスト教の祭り。また、サンタクロースの語は、もとは4世紀の司教であった聖ニコラウスの伝説が起源とされている。

バレンタインデー ② 2月14日。もとは269年頃に殉教したローマ司教の聖バレンティヌスを記念する日。愛する人へ贈物を渡す。

ハロウィーン ① もとはケルト人のドルイド教の祭り。秋の収穫を祝い、悪い霊や魔女などを追い出す。のちにキリスト教の万聖節の前夜祭となり、ケルト文化がキリスト教文化に包摂された例となっている。

キリスト教芸術 ① キリスト教の影響を受けた、またはキリスト教教会によって保護され発展していった諸芸術。建築・絵画・音楽・文学など様々な分野にわたり、ヨーロッパの芸術はもとより文化・社会の根幹をなしている。

スコラ哲学 ① 中世のキリスト教において、聖堂や修道院の付属学院(スコラ)で研究された哲学。信仰と理性、神学と哲学の総合をめざし、とくにアリストテレス哲学の影響を受けたトマス＝アクィナス(Thomas Aquinas、1225頃～74)によって大成された。

宗教改革 ⑥ 16世紀のヨーロッパにおこった宗教運動で、ローマ教皇を頂点とするカトリック教会の権威に対する批判から始まった。聖書中心主義を説いたドイツのルター、フランスのカルヴァンらを指導者とする。カトリック側からはロヨラ(Loyola、1491頃～1556)らの改革運動もあるが、これは対抗宗教改革と称される。

ルター Luther ④ 1483～1546　ドイツの修道士・神学者。1517年、ヴィッテンベルク教会の扉に、ローマ教会による贖宥状の販売などを批判する「九十五カ条の論題」を示し、宗教改革を始める。聖書中心主義、万人司祭説を説き、教会の権威と対立した。聖書をはじめてドイツ語に訳した。

贖宥状(免罪符) ② 罪を悔い改め、そのつぐないをすることはキリスト教信徒の務めであったが、教会が発行する贖宥状を購入すれば、罪の償いが免除されるというもの。教会の資金集めの手段となったことから、ルターの批判をまねいた。

プロテスタント protestant ⑨ ルターやカルヴァンの教説を支持するキリスト教の宗派。イギリス国教会も含む。ドイツにおけるルター派諸侯と神聖ローマ帝国皇帝の争いのなか、抗議(プロテスト)する者、という意味で用いられたことからいう。それまでのローマ・カトリックの信者を旧教徒というのに対し、プロテスタント派を指して新教徒ともいう。2021年時点で、キリスト教信者のうち約23％は新教徒とされる。

カルヴァン Calvin ③ 1509～64　フランス出身の神学者。ルターの影響を受け、亡命先のスイスのジュネーヴで宗教改革をおこなう。神の予定説(救われるか否かはあらかじめ神によって決められているとする説)、世俗の職業を神聖視する職業召命観の思想(カルヴィニズム)を説く。フランスにおけるカルヴァン主義者をユグノーと呼び、イギリスではピューリタンと呼ぶ。

輪廻 ② すべて生あるものは死後に様々なものに生まれかわり(転生)、生と死を無限に繰り返すという、古代インドの思想。輪廻転生。生まれかわりは生きている時(前世)の行為(業、カルマ)によって決まるとされた。バラモン教では、転生という苦から解放される(解脱する)ための瞑想・修行(ヨーガ)がおこなわれた。

業(カルマ) ③

仏教 ⑪ 前5世紀頃、北部インドでゴータマ＝シッダッタ(ブッダ・釈迦)によって説かれた教え。バラモン教の悦楽・苦行を中道の立場から批判し、縁起説を展開した。一時、インド社会で支配的宗教となったが、現在は東南アジア・東アジアに信徒が多い。

仏陀(ブッダ、ゴータマ＝ブッダ) Buddha ⑪ 前563～前483？(諸説あり)ゴータマ＝シッダッタ。ブッダはネパールのシャカ族の王子として生まれ、29歳の時に出家して修行者となった。数年にわたる苦行を捨て、菩提樹のもとで瞑想に入り、真理にめざめた。その後、ガンジス川流域で教えを説き、教団を組織した。彼のように、真理にめざめた者、悟りの境地をもつ者を指してブッダという。仏教徒が修行をおこなう最終到達点でもあり、菩薩や如来を含めた信仰の対象にもなっている。サンスクリット語のBuddhaの漢字音写。仏ともいう。

ゴータマ＝シッダッタ ④

ガウタマ＝シッダールタ ④

四門出遊 ① 若き日のゴータマが、城の4つの門から外出する時、それぞれの門で老人・病人・死人と出くわして心をふさぐ思いをするが、4つ目の門で清らかな様子の沙門(修行者)に出会い、出家を決意するというエピソード。

仏典 ⑥ 仏教の経典。仏典は多く漢訳され、日本にも伝えられた。

スッタニパータ ② 原始仏典を集めたもの。もっとも古いブッダの言葉を集めたものとされる。「犀の角のようにただ独り歩め」「あたかも、母が己が独り子を命を賭けても護るように、そのように一切の生きとし生けるものどもに対しても、無量の慈しみのこころを起こすべし」などの言葉で知られる。

ダルマ(法・真理) ③ 仏教における真理。縁起の法など。

縁起の法 ⑨ あらゆる存在は、その成立条件(縁)により、仮に成り立っている(起)にすぎないとする説。ゴータマ＝シッダッタの説いた根本的な教え。仏教で法とはダルマのことで、真理の意味。縁起の法によると、それ自体で存在するものはなく、永遠不変の実体はないと説く。このような、万物が相関するという原理の理解によって、解脱が得られると仏教は説く。

縁起 ⑤

慈悲(じひ) ⑨ 仏教における愛。生きとし生けるものの生命をいつくしみ、他者に安楽を与えようとすること(慈)と、他者の苦に対して共感し、思いやること(悲)をいう。縁起の法を理解し、正しい修行(八正道)を実践する者に備わっていく心。

悟り ⑥ 真理にめざめること。ゴータマ＝シッダッタは苦行によっては悟りが得られないとして、中道に立ち、縁起を理解することを重視した。 **解脱**(げだつ) ⑤

四諦(したい) ⑥ ブッダが到達した、4つの真理。この世は苦であるという苦諦(くたい)、苦の原因は執着する心(我執)であるという集諦(じったい)、執着をなくすことによって苦をなくすことができるという滅諦(めったい)、苦をなくすための正しい修行方法が八正道であるという道諦(どうたい)を指す。 **苦諦** ③ **集諦** ③ **滅諦** ③ **道諦** ③

八正道(はっしょうどう) ⑦ 仏教の悟りに至る8つの正しい道(真理)のこと。

:正見(しょうけん) ④ 正しい見解。

:正思(しょうし) ④ 正しい考え方。

:正語(しょうご) ④ 正しい言語の使用・表現。

:正業(しょうごう) ④ 正しい行為。

:正命(しょうみょう) ④ 正しい生活。

:正精進(しょうしょうじん) ④ 正しい修行・努力。

:正念(しょうねん) ④ 正しい専念。

:正定(しょうじょう) ④ 正しい精神集中。

中道 ④ 苦行と快楽などといった、相互に対立するような極端を避け、かたよらないこと。仏教における「正しさ」。

四法印(しほういん) ③ 仏教を特徴づける4つの真理、教義。諸行無常・諸法無我・涅槃寂静の三法印に一切皆苦を加えていう。 **三法印** ①

一切皆苦(いっさいかいく) ⑤ 人生のすべては苦であるということ。

苦 ④ 苦しみや悩み。仏教では、人間固有の苦しみとして、生・老・病・死や愛する人と別れることなどの四苦八苦をあげている。

四苦 ③ 仏教でいう、生・老・病・死の4つの苦のこと。 **生老病死**(しょうろうびょうし) ④

:四苦八苦(しくはっく) ① 四苦に加え、愛別離苦(あいべつりく)(愛する者と離れなくてはならないという苦)、怨憎会苦(おんぞうえく)(憎むものと出会うという苦)、求不得苦(ぐふとくく)(求めるものが得られないという苦)、五蘊盛苦(ごうんじょうく)(人間を構成する五蘊〈色受想行識〉が苦に満ちているという苦)をあわせて四苦八苦という。 **愛別離苦、怨憎会苦 求不得苦、五蘊盛苦** ③

諸法無我(しょほうむが) ⑧ すべてのものには、固定された確実な実体というものがないということ。 **無我** ①

諸行無常(しょぎょうむじょう) ⑧ すべてのものは、移ろっていき、生滅(しょうめつ)変化していくことを指す。永遠不変のものはないということ。

涅槃寂静(ねはんじゃくじょう) ③ 無常、無我の真理に気づいた者が至る、心安らかに永遠の真理を生きる境地。

涅槃(ねはん) ② 一切の苦しみから解放され、永遠の平静と安らぎを得た状態。

抜苦与楽(ばっくよらく) ② 仏教の言葉で、仏の力により、苦を除かれ楽を与えられること。仏の慈悲のこと。

煩悩(ぼんのう) ⑤ 人間がもつ、人の力では解決できない様々な悩み。苦を生み出す精神の働き。

三毒(さんどく) ① 煩悩のうち、貪(とん)(貪(むさぼ)ること)、瞋(じん)(怒り)、癡(ち)(愚か)の3つを指していう。

無明(むみょう) ⑥ 真理について知らない無知のこと。仏教では、すべての煩悩の根本には無明がある、と説く。 **無知** ①

我執(がしゅう) ① 自己や自己の所有物に執着すること。仏教では、我執などの執着心が苦の原因であると説く。

渇愛(かつあい) ② 感覚的な欲望にとらわれること。

上座部(じょうざぶ)**仏教** ③ ブッダの死後1世紀を経た頃、ブッダの教えの解釈をめぐって分裂した仏教教団のうち、戒律を厳格に守ろうとする保守派の一派を上座部と呼ぶ。これに対し、新しい解釈を認めるのが大衆部(だいしゅぶ)であり、のちにはこの両派から多くの部派(ぶは)仏教が生まれた。スリランカやタイなどの東南アジアに伝わり、南伝(なんでん)仏教とも呼ばれる。 **上座仏教** ① **南伝仏教** ③

阿羅漢 ① 出家者のうち、修行の結果として、人々の尊敬に値する境地に達した者。部派仏教の聖者を指す。

大乗(だいじょう)**仏教** ⑥ 紀元前後頃から、在家の信者たちを中心としておこった。ブッダを慕い、崇拝する動きと、衆生(しゅじょう)の救済を重視する出家者たちによる宗教改革運動とが結びついて成立した。中国・朝鮮・日本に伝来し、北伝(ほくでん)仏教とも呼ばれる。大乗仏教派は、旧来の保守的な部派仏教を批判して小乗仏教と呼んだ。 **小乗仏教** ① **北伝仏教** ②

菩薩(ぼさつ) ③ 慈悲の心をもってブッダになろうと誓い、修行に励む者。衆生の救済などの誓いを立て、六波羅蜜の実践をおこなう。菩薩信仰は大乗仏教の教えの中心をなしており、観音菩薩・普賢菩薩・文殊菩薩などはブッダとともに崇拝の対象となっている。また、大乗仏教では、出家・在家の区別なく、ブッダになろうと誓い、自利(自分の悟り)を求めるだけでなく、それ以上に、利他(他者の救済)に励む者を菩薩と呼び、理想的人間像とした。

チベット仏教 ② チベットに伝わった仏教の一派で、大乗仏教と密教とが混成したもの。ラマ教ともいう。のちにモンゴル・ネパール・ブータンなどに伝播(でんぱ)した。

イスラーム Islam ⑪ イスラームとは神への絶対的帰依(きえ)を指す。イスラーム教。ユダヤ教・キリスト教の影響下に7世紀アラビアのムハンマド(マホメット)によって創始された宗教。唯一神アッラーへの信仰と預言者ムハンマドへの尊敬を説く。西アジア・中央アジアをはじめ、アフリカ・南アジア・東南アジアなどに広がる。

イスラーム教(回教) ③

アッラー(アラー) Allāh ⑪ アラビア語で神のこと。イスラームにおける唯一絶対神。「アッラー・アクバル(アッラーは偉大なり)」は、信仰告白の基本であり、イスラーム教徒のあいだでは、しばしばアッラーの名がとなえられる。

ムハンマド(マホメット) Muhammad ⑪ 570頃〜632 イスラームの創始者。最後で最大の預言者とされる(「預言者の封印」)。アラビアの商業都市メッカの商人の家に生まれ、壮年(そうねん)期に天使によってもたらされた啓示(けいじ)により預言者であることを自覚した。メッカの大商人と対立し迫害を受け、メディナに移り(ヒジュラ、聖遷)、この地でイスラーム共同体(ウンマ)を形成する。のちに630年メッカを回復し、アラビア半島をイスラームのもとに統一した。

啓典の民 ③ イスラームからみて、同じ啓典をもとに成立するキリスト教徒、ユダヤ教徒を指し、ある一定の条件を受け入れるかわりにイスラーム国家に居住することを許された人々をいう。

『クルアーン(コーラン)』 ⑪ イスラームの聖典、啓典。アラビア語で書かれる。預言者ムハンマドが唯一神アッラーから受けた啓示を中心として、戒律・祭儀の規定などを後世にまとめたもの。

偶像崇拝の禁止 ⑥ 神の像をつくってこれを崇拝する行為を禁止すること。イスラームではとくに厳密に守られており、預言者として尊敬を集めるムハンマドですら崇拝の対象とならぬよう、絵画などでは顔に白い布をたらした姿で描かれる。

ムスリム(イスラーム教徒、モスレム) Muslim ⑧ イスラーム信者の自称。唯一神アッラーへの絶対的服従と預言者ムハンマドがアッラーの使徒であると信じることを告白し、神に帰依した者。聖典『クルアーン』の定める六信五行を守る信仰生活をおこなう。ムスリムはイスラーム共同体(ウンマ)として組織される。

共同体(ウンマ) ② 622年、ムハンマドがメッカからメディナに逃れた聖遷(せいせん)(ヒジュラ)のあと、ムハンマドがメディナで組織したイスラーム共同体を指す。それまでの、血縁関係による共同体ではなく、信仰をもとにした共同体が形成されたのである。なお、ヒジュラの622年を紀元とする太陰暦によるイスラーム暦が現在もイスラーム社会で使用されている。

六信五行(ろくしんごぎょう) ⑨ 『クルアーン』全体の内容をまとめたもの。神・天使・啓典・使徒(預言者)・来世・予定(定命)の六信と、信仰告白・礼拝・断食(だんじき)・喜捨(きしゃ)・巡礼の実践の五行をいう。ムスリムの信仰生活の規範。

六信 ⑪ 神(アッラー)、天使(神と人とをつなぐもの)、啓典、使徒(預言者)、来世(最後の審判後の世界)、予定(定命、神の定めた運命)を信じること。

五行 ⑪ ムスリムのなすべき5つの行為。信仰告白、礼拝、断食、喜捨、巡礼(一生に一度はメッカのカーバ神殿に参詣すること)を指す。

:**信仰告白** ⑧ イスラームの五行のうちの1つ。「アッラーのほかに神はない、ムハンマドはアッラーの使徒である」と証言すること。

:**礼拝** ⑪ イスラームの五行のうちの1つ。メッカに向かって1日5回、ひざまずき、額を地面にこすりつけて礼拝すること。

:**断食** ⑨ イスラームの五行のうちの1つ。イスラーム暦の9月(ラマダーン)、新月から新月までの30日間、日中は一切の飲食を断ち、あらゆる快楽をつつしみ、預言者の苦労を偲ぶ。

ラマダーン(断食月) ②

イスラーム暦9月(ラマダーン月) ③

:**喜捨**(きしゃ) ⑦ イスラームの五行のうちの1つ。貧しい者にほどこしをすること。イスラーム社会では、弱者救済のための救貧税として、財産に応じて課税される。

:**巡礼** ⑤ イスラームの五行のうちの1つ。一生に一度はイスラーム暦第12月にメッカに参詣すること。

メッカへの巡礼 ④

カーバ神殿 ⑤ イスラームの聖地メッカにある立方体の神殿。カーバ聖殿ともいう。神殿内に聖なる黒石がはめこまれている。ここへの巡礼とこの方角に向かっての祈りは、信徒の義務である。 **メッカ** ⑦

モスク ③ イスラームの礼拝施設。イスラームは偶像崇拝をきびしく禁じるため、内部に聖像などはなく、装飾も幾何学的な文様が用いられる。内部にメッカの方角を示すキブラと呼ばれる構造物があり、これに向かって信者は礼拝をおこなう。とくに金曜日の正午の礼拝では合同礼拝をおこなう。

イスラーム法 ④『クルアーン』とムハンマドの言行(スンナ)をもとにつくられたイスラームの宗教法。シャリーアともいう。イスラーム法の解釈と運用にたずさわるのがイスラーム法学者(ウラマー)である。

シャリーア ③

ジハード(聖戦) jihad ② 神のために奮闘努力すること。ムハンマドの時代にアラビア半島の統一が果たされたが、その後もムスリムの勢力拡大はやまず、異教徒との戦いはジハードとして位置づけられた。

カリフ ② ムハンマドの後継者・代理者のことで、イスラームの最高指導者としてイスラーム共同体を指導した。のちに政治的実権は世俗君主であるスルタンに移り、カリフはウンマにおける宗教的権威となる。

スンナ(スンニー)派 ⑤ ムスリムの約9割を占める多数派。代々のカリフを正統と認め、『クルアーン』とスンナ(ムハンマドに始まる慣習)、ウンマにおける合意を重視する。これに対し、第4代カリフのアリー(Alī、600頃～661)とその子孫を正統な後継者とするのがシーア派である。

ヒジャブ ② アラビア語で「おおうもの」の意味で、ヘジャブともいう。イスラームでは女性が人前で肌を露出することを好まないため、ヒジャブを用いる。たとえば、ムスリムの女性が頭や身体をおおう布などを指す。

ヒンドゥー(ヒンズー)教 ⑤ 古代インド世界で芽ばえたバラモン教の系統を引き、民族宗教とまじりあいながら、現代インドにまで展開している諸宗派の総称。多神教で輪廻転生(りんねてんしょう)の思想にもとづく。沐浴、牛を神の使いとして崇拝することなどが知られる。インドを中心に、東南アジア各地に広まっている。 **ヒンドゥー主義** ①

ヴァルナ ①「色」という意味で、インドにおける出生にもとづく階層身分制度。古代インドでバラモン教のもとで形成された。バラモン(司祭階級で最上位)、クシャトリア(王侯・武士階級)、ヴァイシャ(庶民階級)、シュードラ(隷属民階級)の4つからなる。これが職業世襲であるジャーティと結びつき、のちにカースト制度と呼ばれるようになった。

第2章 公共的な空間における人間としてのあり方生き方

1 公共的な空間を形成するための考え方

第2章

公共的な空間 ⑦ 人々の自由な活動によって形成される空間。パブリックスペースとは、私的空間に対比される語であるが、公共的な空間という言葉には公民としての各自が主体的に社会に参加し、ともに協働的に活動しながらつくり上げていく、そのための空間という意味が込められている。

公共空間 ③

幸福 ⑫ 個人の尊重と幸福追求の権利は日本国憲法でも保障されているものである。その意味で幸福とは社会がめざすべき価値であるといえる。ただし、これまで幸福をめぐっては様々な解釈がある。幸せに対する1つの統一的な見解があり、社会のルールはそれに従うべきであるといったような共通理解はなされていない。このことは、幸福を得る結果を重視する帰結主義と、結果にかかわらず義務にもとづく行為が道徳の法則であるととらえる義務論の立場の対立からも、明らかであろう。

正義 ⑫ 人が守りおこなうべき正しい道筋。ジャスティス(justice)の意味としては、社会全体の幸福を実現し、維持すること。近代社会では、自由や幸福の追求を正義とする考え方や、人々の実質的平等を実現することを正義とする考え方などがあり、時に対立的に語られる。正義の対立をどのように乗り越え、たがいが合意できる公共的空間を構築できるかが課題となっている。

公正 ⑧ 広くは公平でかたよっていないことをいう。社会における公正が成立するためにはいくつかの条件があるとされる。

:手続きの公正さ ② 制度などの構築が、正当な手続きに従って正当な機関によって立法化され、正当な機関が正当な手続きでこれを執行することが、公正さの条件となる、という考え方。司法における適正手続きの保障はこの例である。

:機会の公正さ ② すべての人に機会が等しく保障されていることが公正さの条件となるという考え方。

:結果の公正さ ② 手続きの公正さと機会の公正さは、ある程度形式的な取組みで実現可能であるともいえるが、結果の公正さにはそれ自体に様々な立場が生じうる。手続きの公正さ、機会の公正さをふまえたうえでの合意形成が課題となるだろう。

寛容 ④ 相手と自分との違いについて、さらには相手がおかす罪や欠点などをもって相手を追い詰めない姿勢。たとえば、激しい宗教的対立のなかを生きたフランスの啓蒙思想家ヴォルテール(Voltaire、1694～1778)は、寛容とはわれわれ皆に割り振られたものであり、たがいの過(あやま)ちを宥(ゆる)しあうべきであると説いた。寛容の欠如が差別を生み出すことはわれわれもよく知るところであろう。

ヴォルテール ④ **宗教的寛容** ①

協働 ⑧ 公共的な空間をつくるために必要とされる活動力のあり方。ともに目的を共有しながらも、多様性をそこなうことなく、それぞれが主体的に社会参画できるための条件となる。

中庸(ちゅうよう)(メソテース) mesotes ⑨ 古代ギリシアの哲学者アリストテレス(→ p.34)が倫理的徳の形成において重視した考え方。両極端を退けた、そのときどきの状況に応じた最高・最善のあり方、中間を指す。ここでいう中間とは、事物そのものの中間ではなく、われわれとの関係における中間であるとアリストテレスは述べている。中庸を選択することが繰り返されることによって、倫理的徳(習性的徳)が形成されていく。

知性的徳 ⑤ 徳のうち、理性が十分に働くようになった状態。知恵や思慮など。

知恵 ⑤ **思慮** ⑤

倫理的徳(習性的徳) ⑤ 善い行為を反復することで身につく徳。感情や欲望が理性の正しい指導に従っている状態。具体的には、中庸を選びとることを繰り返して身につく性格のよさを指す。勇気・節制・正義・気前の善さ・高邁(こうまい)・温和など。

全体的正義 ⑤ 法を守り、人としての正しい行為をおこなうこと、またその状態。

部分的正義 ④ 人々のあいだに公正が実現するという意味での正義。

配分的正義 ⑥ 各人の働きや功績の違いに

応じて名誉や財産などを正しく配分すること。アリストテレスは正義を全体的正義と部分的正義(人々のあいだに公平が実現するという正義)とにわけたが、その部分的正義のうちの1つ。

調整的正義 ⑥ 裁判や取引などで、当事者のあいだの利害や得失が均等になるよう調整すること。たとえば、悪をおかした者には罰を与えたり、損失を受けた者には補償することなど。部分的正義のうちの1つ。

矯正的正義 ①

友愛 ⑥ 相手の幸福をたがいに自分の幸福とし、そのことをたがいに知りあっていること。アリストテレスは、価値観を同じくするポリス市民のあいだに生まれる信頼と親愛の情を友愛(フィリア)と呼び、もっとも重要な道徳上の徳(倫理的徳)とした。また、アリストテレスは、「友人たちには正義は必要ないが、正義の人たちにはさらに友愛が必要である」と述べ、友愛を正義以上に重要視している。

善意志 ⑤ 義務を義務として、つねに善をおこなおうとする意志。ドイツの哲学者カントによって、無条件に善であるとされた。

動機説 ③「善さ」を行為の動機に求める考え方。カントは無条件に善いものは善意志しかないとする、道徳における動機説の立場に立っている。

義務論 ⑨ 正しい行為とは、守るべき義務に合致した行為であるとする考え方。カントの倫理学はその代表例。正しい行為とは善い結果を生み出す行為であるとする帰結主義の考え方と対比される。

道徳法則 ⑪ 人を道徳的な行為に導くもので、理性によって打ち立てられた普遍的な法則。道徳律。人間に道徳的な行為を命じる法則で、カントは「あなたの意志の格率がつねに同時に普遍的立法の原理として妥当するように行為せよ」と道徳法則を表している。

意志の格率 ③

：わが内なる道徳法則 ②『実践理性批判』のなかで、「繰り返し、じっと反省すればするほど、つねに新たにそして高まりくる感嘆と崇敬(すうけい)の念をもって心を満たすものが2つある。わが上なる星の輝く空とわが内なる道徳法則である」とカントは述べている。 **「わが上なる星の輝く空」** ③

：格率(かくりつ) ② 主観的な行動原則。カントは意志の格率が客観的な道徳法則と同じものとなるように行為すべきであると主張している。

定言命法(ていげんめいほう) ⑨ みずからに行為をうながす時、つねに「〜すべし」と命じる無条件の命令。カントは人間に道徳的な行為を命じるのは、定言命法によらなければならないと考えた。

仮言(かげん)**命法** ⑦「…したいなら、〜せよ」という条件つきの命令。条件から自由ではないことから、道徳法則とはならないとカントは考えた。

意志の自律 ④ 実践理性がみずから法を立て、それに従うこと。この時、人間は理性的な存在として、ほかのいかなる条件にしばられていないから、真に自由であるとカントは考えた。

自律的な意志 ②　**自律的自由** ②
自律としての自由 ①
意志の自由 ③

人格 ⑩ 知性や感情、意思することの側面をあわせもった人間全体としての特徴。パーソナリティ(personality)。カントでは、自由な自律した一個の人間の意味で用いられ、一人ひとりはものと区別されて、絶対的な価値(尊厳)があるとされた。

目的の国 ⑨ カントが主張した、たがいの人格を手段としてではなく、目的として尊重しあうような社会。カントは「あなた自身の人格や、ほかのすべての人の人格のうちにある人間性を、つねに同時に目的として扱い、けっしてたんに手段としてのみ扱わないように行為せよ」と述べている。

功利(こうり)**主義** ⑫ ある行為が善であるか悪であるかの基準を、その行為が快楽や幸福をもたらすかどうかに求める、倫理的・政治的な考え方。社会全体の幸福を考える立場なので、利己主義とは区別される。

ベンサム Bentham ⑫ 1748〜1832 イギリスの哲学者・法学者・経済学者。善悪の判断基準を、「最大多数の最大幸福」に求め、その幸福は量的に計算可能だと主張し、功利主義を確立した。主著に『道徳および立法の諸原理序説』がある。

『道徳および立法の諸原理序説』 ⑨

最大多数の最大幸福 ⑫ 功利主義の原理では、幸福を増やすものが善であるから、これを社会全体にあてはめれば、最善であるのはもっとも多くの人にもっとも多くの幸福をもたらすことであるという考え。ベンサムが主張した。

結果説 ③ 行為の正しさを、結果のよさに求める立場。功利主義においては、人間にとってのよい行為とは、それがいかに幸福

(快)をもたらすかということであるから、結果説の立場である。

帰結主義 ⑥ 正しい行為とはよい結果を生み出す行為であるとする考え方。ベンサムやミルの功利主義が代表例。行為の正しさをめぐり、義務論と対立する考え方である。

快楽計算 ⑥ 快楽は量的に計算、算出することができるとする、ベンサムの功利主義における主張。ベンサムは幸福とは快楽のことであり、快楽はその強度、持続性などを基準として計算可能であると主張した(量的功利主義)。 **量的功利主義** ④

制裁(サンクション) sanction ⑧ 人間の利己的な行動を規制するもの。ベンサムは物理的制裁・政治的制裁・道徳的制裁・宗教的制裁の4つの外的制裁を考えた。

外的制裁 ④

:自然的制裁 ⑤ たとえば、不摂生によって病気になるなど、自然の結果として受ける制裁。ベンサムのいうサンクションの1つで、物理的制裁のこと。

:法律(政治)的制裁 ⑤ 法を守らないことで罰せられるという、外的な制裁。

:道徳的制裁 ⑤ 社会的非難を受けるなど、慣習的な外的制裁。

:宗教的制裁 ⑤ 神罰を受けるといった、外的制裁。

J.S.ミル John Stuart Mill ⑫ 1806〜73 イギリスの哲学者・経済学者。哲学者ジェームズ=ミル(James Mill、1773〜1836)の子。ベンサムの影響のもとで、功利主義の立場をとりながらも量的な快楽の計算を否定し、人間の良心にもとづく内的制裁を重視する倫理思想を示した。おもな著作に『功利主義論』『経済学原理』『自由論』がある。

『功利主義論』 ⑦ **『自由論』** ⑨

質的功利主義 ⑥ ミルは快楽のなかにある質の違いを主張し、質の高い快楽を求める質的功利主義をとなえた。ミルはこのことを「満足した豚であるよりも、不満足な人間である方がよく、満足した愚か者よりも、不満足なソクラテスである方がよい」と表現した。またミルは、人間は良心をもった利他的な存在であり、良心にもとづく内的な制裁によってみずから行動できると主張した。 **利他心** ④

精神的快楽 ⑦ **内的制裁** ⑥

「満足した豚であるよりも、不満足な人間であるほうがよい」 ⑩

他者危害の原則 ⑨ 他者に害が加えられない限り、個人の自由は保障されるという、ミルの自由論の根本的な原則。

危害原則 ②

多数者の専制 ④ ミルは多数決による民主主義の原則だけでは少数派の自由を抑圧することになるとして批判した。ミルは個々の人々が個性を自由に発展させることで社会も進歩していくととらえていた。

多数決民主主義 ①

徳倫理学 ⑥ 人間としての善さを徳といい、徳のある行為を繰り返すことで徳のある人となり、その人の行為は徳のあるものになるとする立場を徳倫理学という。「人が何を行為すべきか」を問題とする帰結主義や義務論の考え方に対し、徳倫理学は「人は何であるか」を問題とする。

トリアージ ④ 緊急医療の現場で、傷病者をその傷病の程度、緊急度に応じていくつかのクラスにわけること。限られた医療資源でできるだけ多くの人を救うためにおこなわれるが、これは功利主義的な考え方にもとづくものである。

思考実験 ⑤ 社会科学では、自然科学者が実験室で純粋な条件のもとでおこなうような実験はできない。そこで、社会問題の本質をとらえるには、現実社会の様々な要因を頭のなかで取り除き、その前提に立って物事を考えるという知的な取組みが必要となる。これが思考実験である。

トロッコ問題 ⑥ 思考実験の1つ。ある人々をたすけるためにほかの人々を犠牲にすることは許されるのか、という問題をつぎのような例で示す。今、線路の上をトロッコが暴走しており、その線路上に5人の作業員がいる。このままでは5人全員が死亡するが、あなたの目の前にある分岐点を操作すればトロッコは別の引き込み線に入り、5人全員がたすかることがわかっている。しかし、この分岐点操作によって引き込み線上の別の1人が死亡する。あなたは、どちらをたすけるべきなのか、その決断のもとになる判断とは何かを問うのである。行為における帰結主義と義務論の対立を考える思考実験として知られる。

ロールズ Rawls ⑫ 1921〜2002 アメリカの政治哲学者・道徳哲学者。主著『正義論』のなかで、人間が守るべき「正義」の根拠を探り、その正当性を論じた。

『正義論』 ⑦

市民的不服従 ① 不正な法律や命令に対し、非暴力的な手段でこれに反対し、服従を拒むこと。アメリカで1950年代半ば〜60年代にかけて高揚した公民権運動におけるバスボイコット運動や良心的兵役拒否などがこれにあたる。

公正としての正義 ⑩ 善や幸福の大小によるのではなく、人々のあいだに公正が成立することを正しさとする正義論。ロールズは、社会が生み出した所得や富の不平等は正当化できるものではないとして、公正としての正義にもとづく社会を主張した。ロールズは、人々のあいだに、社会生活を送るにあたって必要とされる社会的基本財が公正に分配され、実質的な平等が実現することを、公正としての正義であるととらえた。

社会的基本財 ②

正義の原理 ⑧ ロールズが考えた、自由で平等な人々のあいだで選択されるとされた原理。人々は⑴すべての人が自由を等しくもつこと、⑵不平等が生じる場合は、すべての人に機会均等が保障されている限りで許され、しかも不遇(ふぐう)な人々の境遇を改善することにつながるものであるべき、という正義の原理を選択すると説いた。

原初状態 ⑪ いかなる正義の原理を選択するかについて、ロールズが想定した仮説。原初状態とは、人々のだれもが自分の境遇や経済力、能力などについて知らず、しかも相手が善についてどのような考え方をもっているのか、たがいにわかっていない状態(ロールズはこれを「無知のヴェール」と表現する)をいう。この原初状態において人々が合理的に正義の原理を選択するとロールズは想定した。

無知のヴェール ⑨

平等な自由の原理 ⑦ ロールズの、正義の第一原理。すべての人々が自由を等しくもつという原理。

公正な機会均等原理 ⑤ ロールズの、正義の第二原理。すべての人々に、機会が等しく与えられているという原理。正義の第二原理では、不平等が存在する場合は、この公正な機会均等原理が満たされており、なおかつ格差原理が満たされている場合のみに許されるとされている。

機会均等の原理 ③

格差原理 ⑨ 正義の原理の第二原理のうち、不平等が存在する時は、その不平等によって有利を得た者は、社会のなかで不利益をこうむっている者に対し、その有利を配分しなくてはならない、とする原理。

アマルティア＝セン Amartya Sen ⑩ 1933～ インドのベンガル地方生まれの経済学者。1998年にアジアではじめてのノーベル経済学賞を受賞した。ロールズの主張は社会的基本財の分配の問題にとどまっており、人間にとっての善い生活(福祉)とは何かが問われていないと批判した。また、開発・発展は、実質的な自由を広げるからこそ価値があることや、干魃(かんばつ)などの天災による飢饉で被災者がでるのは、食料供給不足だけでなく、貧困問題が関係していることなどを主張した。著書に『自由と経済開発』『貧困と飢饉』などがある。

機能 ④ センの用語で、財を利用することで得られる状態や活動をいう。

潜在能力(ケイパビリティ) ⑩ 機能をあわせたもの。選択できる機能が豊富であることは潜在能力が豊かであるということになり、この意味で潜在能力とはその人の生き方の幅であるととらえることができる。センは、健康であるとか、社会参加ができるといった、よりよい生活(福祉)を送るためには、たんに人々に財を分配するだけでは十分ではないと主張し、潜在能力の改善をめざすべきであると説いた。

哲学対話 ④ 対話の参加者が輪になって問いを出しあい、これについて対話をすることで考えを深めていくという哲学的な手法。哲学対話は1970年代にアメリカでの「子どものための哲学」に始まる。哲学のもつ伝統の1つに対話という手法があり、これを日常生活の面で生かしていこうとする試みである。

2 人間と社会のあり方についての探究

生命倫理(バイオエシックス) bioethics ⑧ 医療や生命科学に関する倫理的・社会的・哲学的・法的問題やそれに関連する問題を研究する学問分野。遺伝子研究や再生医学などの生命科学・医学研究をめぐる倫理問題のほか、日常的な医療における患者中心の医療倫理として、患者の権利の確立も課題となっている。

人間改造(エンハンスメント) enhancement ① 人間の能力や性質の改善をめざして医学が介入すること。たとえば、薬物を利用して筋肉を増強させ、運動能力を高めることなどが考えられるが、このような人間改造が医学の目的にかなうかは議論がある。

生命科学 ③ 生物学や化学を基礎とし、生命倫理・社会学・環境科学・哲学といった様々な学問分野とも関わりながら研究が進められている学問分野。生命をその本質的な研究だけではなく、多様な現れの総体としてとらえていこうとする学問であるといえる。

臓器移植 ④ 機能不全となっている心臓や腎臓(じんぞう)・角膜(かくまく)などの臓器を正常な他人の生体、または遺体の臓器とおきかえる治療のこと。日本では1997(平成9)年、脳死後の臓器提供を可能にする臓器移植法が成立した。

臓器移植法 ⑤ 1997(平成9)年に成立。この法律の成立により、従来の心臓死(心拍(しんぱく)の停止、呼吸の停止、瞳孔(どうこう)の散大によって確認)に至る以前の、脳死という新しい死が、臓器移植を前提とした場合に認められるようになった。この法律のもと、1999(平成11)年、日本ではじめての脳死判定と臓器移植が高知県でおこなわれた。2009(平成21)年の改正によって、脳死判定を受けた本人があらかじめ臓器移植に対して拒否の意思表示をしていなければ(意思が不明な場合を含む)、家族の承諾で臓器を提供することが可能となった。また、臓器移植に関する年齢制限もなくなり、改正前では認められなかった15歳未満の患者による臓器移植が可能となった。あわせて、家族に優先的に臓器提供をすることもできるようになった。

改正臓器移植法 ②

臓器提供意思表示カード(ドナーカード) ③ 厚生労働省と日本臓器移植ネットワーク(臓器移植のコーディネートをおこなう)より発行されているカード。死後に臓器を提供するかしないかの意思を示すもの。

ドナー donor ③ 臓器提供者を指していう。

臓器提供者 ②

レシピエント recipient ② 臓器提供を受ける患者を指す。

日本臓器移植ネットワーク ② 臓器を提供する側と受ける側の橋渡しをおこなう日本で唯一の団体。移植を仲介する移植コーディネーターが24時間対応できるように待機している。1995(平成7)年、社団法人として発足(2022〈令和4〉年現在は公益社団法人)。

脳死 ⑦ 人工呼吸器などの生命維持装置のたすけを借りて呼吸はしていても、脳が働いておらず、機能がもとに戻らないことが確定的であれば「死」と定義すること。日本では、臓器移植法の基準により、(1)深い昏睡(こんすい)状態、(2)瞳孔の固定、(3)脳幹反射の消失、(4)脳波が平坦、(5)自発呼吸の消失、(6)回復不能の確認〈(1)〜(5)が6時間以上〉、と定められている。欧米では脳死を「死」とする考え方が定着しているといわれる。脳死問題は、生きている人間から心臓などの臓器は移植できないが、死者からならば可能である、という臓器移植の論点から議論されてきた。日本では臓器移植法の成立により、法律的には脳死が人の「死」として認められたが、伝統的な遺体への感情、生命観などからの疑問もある。

脳幹 ④

脳死判定 ②

植物状態 ② 大脳の一部の機能が失われて、意識不明になっている状態。正しくは遷延(せんえん)性意識障害という。脳幹の部分は働いているため自発性呼吸があり、まれに意識が回復することもある。

延命治療 ⑤ 人工呼吸器や心拍蘇生(しんぱくそせい)装置、人工栄養などの延命に関わる技術を用いた治療。とくに人工呼吸器の発達が、脳死後も生きている(心臓死に至っていない)状態を可能にした。

生命維持装置 ②

人工呼吸装置 ② **人工呼吸器** ③

インフォームド・コンセント informed consent ⑥ 医師が患者やその家族に対して、治療の目的や方法、副作用や治療費などについて十分に説明し、患者や家族がそれに合意すること。医療現場における説明と合意は、患者の自己決定権の尊重という背景から定着してきた。

自己決定権 ⑪ 自分の生き方・生活について、自分が自由に選択できるという考え方。医学面では、たとえば自分の生死に関わる末期医療を医者サイドからではなく、患者当人がどう受けるかを決めるという考え方が主張されるようになった。

ホスピス hospice ① 治療の見込みのない末期の患者が、緩和ケアを受けながら残された死までの時間を有意義に過ごし、安らかな死を迎えるための施設。

治療(キュア)から看護(ケア)へ ①

ビハーラ vihara ① サンスクリット語で寺院を指す言葉。転じて仏教系のホスピス、または仏教の教えにもとづく苦痛の緩和や精神的なケアを指す。

グリーフケア ① グリーフとは深い悲しみという意味で、親しい者との別れなど、様々な喪失の体験によってグリーフを抱えた人々に対して寄りそい、その人々が立ち直り、自立していけるよう支援すること。

緩和ケア ② 身体的・精神的な様々な痛みや苦悩の除去を主眼においたケアのこと。

終末期医療 ② 末期の患者に対し、延命目的ではなく、その人生の質の維持に中心をおいて、痛みの除去や精神の安定をはかるような医療。ターミナル・ケア(terminal care)ともいう。 **ターミナル・ケア** ①

SOL(生命の尊厳) ⑦ Sanctity Of Life の略。人間の生命は絶対の価値をもつ最優先のものなので、延命につとめなければならないという考えで、QOL(生命の質)と対立する概念。脳死を人の死とは認めないという考えにつながる。

QOL(クオリティ・オブ・ライフ、生命の質、人生の質、生活と生命の質) ⑧ Quality Of Life の略。医療技術の発達によって延命が可能になったが、それだけではなく生命の質、どういう生き方を望んでいるのかなど、本人の人生観や生命観を重視しようという考え方。

リヴィング・ウィル living will ⑤ 難病にかかった患者が、意識のあるあいだに無理な延命治療を拒否することなどをあらかじめ示しておくこと。

安楽死 ⑩ 回復の困難な病気で、苦痛にあえぐ患者に対して、患者の同意のもと、投薬など苦痛の少ない方法で積極的に死への手だすけをすること。たとえば、末期ガンの患者に対して医師の行為として安楽死が認められるかどうか議論がある。スイス・オランダ・ベルギー・ルクセンブルクなどでは安楽死は法律で認められている。日本では法制化されていない。

：**『高瀬舟』** ① 森鷗外(→ p.52)の短編小説。江戸時代を舞台に安楽死の問題を扱う。

：**積極的安楽死** ③ 致死薬の投与などにより、死期を早めること。

安楽死の4要件 ① 1991(平成3)年におきた、入院していた末期ガン患者に内科医が塩化カリウムを投与して死なせたとして、殺人事件として訴えられた事件の判決で示された。判決では、患者本人の意思表示がなかったため、嘱託殺人罪ではなく通常の殺人罪が適用され、医師には執行猶予つきの有罪判決がくだされた。この判決で、安楽死の許容される条件がつぎのように示された。(1)患者にたえがたい肉体的苦痛が存在する、(2)死が避けられず死期が切迫している、(3)患者の明示の意思表示がある、(4)苦痛の除去・緩和のための手段が尽くされ、ほかに代替手段がない、以上が安楽死の4要件とされる。

尊厳死 ⑩ 不治の病気で意識不明の状況や苦痛の状況にある患者が、たんに命を長らえるだけの医療行為を否定し、人間としての尊厳を保って自然に死を迎えること。患者が、人間としての尊厳を保てないような状態で医療によって生かされていることは、自分の考えるQOLからみてもはや生きているということにならず、自分の死についての自己決定権を行使するという考え方にもとづく。

パターナリズム paternalism ④ 父権主義、父親主義といわれることもある。力の強い立場に立つ者が、弱い者に対して、弱い者の利益になるとして、一方的に判断して行動すること。医療の現場では医者から患者への治療が一方的におこなわれる時にいわれる。

セカンド・オピニオン second opinion ① 医療において診断や診療方針などが適切かどうかを、主治医以外のほかの医者からも意見を聞くこと。

生命工学(バイオテクノロジー) biotechnology ③ 遺伝子工学・細胞工学ともいう。生命に関わる仕組みを解明し、産業に生かそうとするもの。従来からの伝統のある発酵技術のほかに、遺伝子組み換え操作や細胞融合などの技術が進み、医療・食品などを中心に幅広い分野で研究されている。

遺伝子 ⑤ 生物の親から子へ伝えられていく

様々な性質を形質といい、形質をつくり上げるための設計図にあたるものが遺伝子である。1個の生物をつくるのに必要な最小限の遺伝子セットをゲノムという。

遺伝 ①　**究極の個人情報** ②
塩基配列 ②

DNA（デオキシリボ核酸） ③ Deoxyribonucleic Acid の略。遺伝子の本体で4つの塩基(アデニン・グアニン・シトシン・チミン)の組合せからできている。この配列の順序の変化によって遺伝的要素が決まる。

知らないでいる権利 ② 遺伝子検査などによって将来おこりうる病気の確率などがわかるようになり、そのような情報を知ることで安息を奪われるとして「知らないでいる」ことが権利の1つとして主張されるようになった。

ゲノム（遺伝子情報） genome ② 細胞のなかに含まれる遺伝情報の総体。とくに生物の生存に必要な雄性・雌性の2つの配偶子に含まれる染色体、または遺伝子の全体を指す。その数は生物の種によって決まっている。　**遺伝情報** ③
全遺伝子情報（ヒトゲノム） ②

遺伝子治療 ③ 遺伝子工学の技術を用いて患者の治療をおこなう方法。患者の細胞を取り出したうえ、遺伝子組み換えの技術を用いて正常な遺伝子を組み入れ、再び戻す方法や、先天性の遺伝子欠陥の遺伝子をおぎなったり、後天的な疾患(しっかん)に対して疾患を攻撃する遺伝子を注入したりする方法がある。安全性・施療(せりょう)効果など解明されていない部分も多い。　**遺伝子医療** ②

遺伝子操作 ② 遺伝子のDNAを酵素などを用いて切り離したり、別のものとつないだりして人為的に新しい生物をつくり出すこと。この技術により病虫害に強い作物をつくり出したり、遺伝子異常の病気の治療をおこなったりしているが、反面クローン人間の誕生のおそれなど、問題点も指摘されている。

遺伝子診断 ② 細胞の遺伝子を調べることによって、遺伝が原因でおこる病気を予知しようというもの。また、個人の遺伝情報を正確に知ることで、その人にあった副作用の少ない治療法をめざすなど、「オーダーメイド(テーラーメイド)医療」と呼ばれる医療革新への期待が高まっている。

遺伝子組み換え ⑤ 遺伝子工学の基本的な技術の1つで、1973年に最初におこなわれた。別の生物のDNAを切断したり、連結したりして、新たに組み換えたDNAをつくること。　**遺伝子組み換え技術** ③

遺伝子組み換え作物 ① 遺伝子を操作することにより、寒暑に強い作物や、害虫や病気に強い作物、収量の多い作物につくりかえたもの。トウモロコシや大豆、ジャガイモなど多くの作物でその例がみられる。
遺伝子組み換え食品 ②

ゲノム編集 ⑤ 特定の遺伝子を編集する技術。ほかから遺伝子を組み込む技術である遺伝子組み換えと異なり、もとからある遺伝子を編集してこれを改変させること。
ゲノム編集技術 ③

デザイナーベビー ④ 受精卵の段階で遺伝子を操作するなどして生み出される、親が望む外見や知力、体力などを備えさせた子どものこと。医学的なメリットを理由になし崩し的に実現してしまうのではという危惧の声が上げられている。

クローン clone ③「複製」という意味の言葉で、遺伝的に同じ構造をもつ細胞や個体を指していう。1996年、雌羊の体細胞(生物の細胞のうち、生殖細胞以外のもの)からつくられたはじめての動物クローンとして、イギリスでクローン羊ドリーが生まれた(2003年死亡)。安定した家畜供給などをめざして研究が進められているが、クローン技術はまだ不完全であるとされている。さらに、クローン技術が人間に応用された場合、クローン人間の誕生も理論的には可能となるが、このことが人間の尊厳という観点から許されるものなのか、という大きな問題がある。日本では人間のクローン作りを禁じる「クローン技術規制法」が2000(平成12)年に制定された(施行は2001〈平成13〉年)。
体細胞 ②　**クローン人間** ②

再生医療 ④ iPS細胞(人工多能性幹細胞)や自己組織を使って、失われたり、欠損したりした組織の回復をはかる医療。やけどのための皮膚の移植もその1つ。

ES細胞（胚性幹細胞） ④ ヒトの初期の胚細胞を培養して得られる細胞で、様々な細胞に分化できる性質をもつ。再生医療に役立てることが考えられる一方で、ES細胞をつくる(樹立する)ために、多くの受精卵を破壊・破棄しなくてはならないという倫理的問題が指摘される。

iPS細胞（人工多能性幹細胞） ④ induced Pluripotent Stem cells の略。受精卵と同様に様々な細胞に分化できる性質(多能性)

をもつ細胞。胚性幹細胞と異なり、皮膚などの体細胞にウィルスを使い、数種類の遺伝子を入れてつくる。この研究で京都大学の山中伸弥教授(1962〜　)が2012(平成24)年にノーベル生理学・医学賞を受賞した。iPS細胞を再生医療の様々な分野で活用していくことが期待されている。

ヒトに関するクローン技術等の規制に関する法律(クローン技術規制法) ② 2000(平成12)年に制定されたヒトに関するクローン技術などの規制に関する法律。クローン人間の作製を禁止している。

生殖医療 ③ 人工授精・体外受精・代理出産(妻に妊娠能力がない場合に、受精卵を夫婦以外の第三者の女性の子宮に移植し、子どもを出産させること)などの不妊治療や出生前診断、堕胎・中絶などを総称した医療行為を指す。 **生殖医療技術** ①
生殖補助技術 ①

受精卵診断(着床前診断) ② 体外受精をおこなった卵が分割し始めた段階で、遺伝子を調べ、重い病気や障がいを抱える可能性を調べるもの。特定の性質をもつ受精卵のみを子宮に戻すので、障がいがある人の生きる権利をおかすという意見もある。

出生前診断 ⑧ 胎児の異常の有無を調べることであるが、狭い意味では妊婦の血液から胎児の遺伝子や染色体を検査して胎児の異常の有無を調べることを指す。これによって胎児に障がいの可能性のある場合、人工妊娠中絶をおこなうことが考えられ、胎児や障がい者の人権をどう考えるかという問題にも結びつく。なお、2018(平成30)年からは一般診療化した新型出生前診断は母親の採血のみで検査ができるため、それまでの検査方法と異なり、リスクがなく安全な検査として普及してきている。

人工妊娠中絶 ③ 手術や薬品を使い、妊娠を中絶すること。日本では妊娠満22週未満で身体的・経済的理由などにより、母体の健康を著しく害するおそれがある時におこなえるなどの条件が、母体保護法によって定められている。

：**優生思想** ① 遺伝的素質がよいものを残し、悪いものは排除してよいとする考え。ドイツのナチス(→ p.58)がこの考えにもとづいて障がい者を大量に虐殺した。

人工授精 ⑤ 精子と卵子とを人工的に結合させること。精液を医師の手によって人工的に子宮に注入する。非配偶者間では1996(平成８)年から日本産科婦人科学会により医療行為として認められた。

体外受精 ⑤ 卵子を女性の体内から取り出して培養器に移し、これに男性の精子を加えて受精させる技術。これによってつくられた受精卵を48時間後に女性の体内に戻し、子宮に着床させる。1977年、イギリスで最初におこなわれ、日本では1983(昭和58)年に成功した。体外受精は夫婦間でおこなわれるのが原則である。日本では2019(令和元)年に誕生した子どものうち、約14人に１人は体外受精児である。

代理出産 ④ 生まれた子どもを引き渡す目的で、第三者の女性が母親がわりに妊娠・出産すること。夫婦の受精卵を使う場合や、第三者が介在した受精卵を使うこともある。

ベビーM事件 ① 1985年、代理母の契約をめぐっておこったアメリカの事件。人工授精の受精卵を代理母に報酬を与える契約のもとに託したところ、生まれた子どもの引き渡しを代理母が拒み、出産の依頼人が訴えて裁判となった。判決は契約を無効として、子ども(依頼人のつけた名前の頭文字からベビーMと呼ばれる)の親権と養育権は依頼人のもとに、ただし代理母にも子どもへの訪問権が認められた。

代理母 ③ 不妊治療の１つで、妻が卵子を提供できない時、夫の精子を使って人工授精させ、母親のかわりに子どもを産んでもらう母親役(第三者の女性)のこと。サロゲートマザー(surrogate mother)ともいう。
サロゲートマザー ①

ホストマザー　host mother ① 夫の精子と妻の卵子を人工授精し、妻以外の女性に移植して妊娠、出産する。その母親役のこと。

3 人間としてのあり方生き方——先哲に学ぶ

1 ギリシアの思想

自然哲学 ② 古代ギリシアに生まれた、自然(ピュシス)の成り立ちを探求する哲学。それまでの神話的世界観(神話によって世界の成り立ちを説明しようとする考え方)から脱し、自然をそれ自体で秩序をもった存在であるとし、自然を人間の理性の力で合理的にとらえようとした。

ロゴス ② 本来は「言葉」を意味する語で、理性・理法・論理などの意味で用いられる。古代ギリシア人は自然のなかに秩序を見出し、これを人間の理性(ロゴス)がとらえるとした。

アルケー arché ② 万物の根源。自然哲学者たちは様々に変化する自然を1つの原理で説くことを求めてアルケーを探求した。

タレス Thales ① 前624頃～前546頃 最初の哲学者とされる、イオニア地方のミレトスで生まれた自然哲学者。アルケーを水であると説いた。

ピュタゴラス Pythagoras ① 前6世紀 サモス島出身の自然哲学者。南イタリアで霊魂不滅と輪廻を信じる神秘的な教団を組織した。万物は数の比例関係によって調和と秩序を保っていると主張した。

ヘラクレイトス Herakleitos ① 前540頃～? イオニア地方のエフェソス出身の自然哲学者。世界はつねに対立し、流動するとして「万物は流転する」(パンタ・レイ)と説いた。アルケーを火であると主張した。

デモクリトス Demokritos ① 前460頃～前370頃 トラキアの自然哲学者。万物の根源的要素(アルケー)を、それ以上に分割できないアトム(原子)であるとし、万物はアトムの集合と離散によって生成するという原子論をとなえた。

衆愚政治 ① 民主政治の堕落した形態。古代ギリシアのアテネの政治家ペリクレス(Perikles、前495頃～前429)亡きあとのアテネでは、デマゴーグ(扇動的政治家)が民衆をあおり、混乱をまねいた。

ソフィスト sophist ② 前5世紀頃に古代ギリシアで活躍した、知恵の教師。民主政治のもとで求められる雄弁・弁論術を教えて報酬をとっていた職業教師。相対的な価値観を特徴とする。のちには彼らのなかには黒を白といいくるめる詭弁に堕す者も現れ、社会に混乱をもたらしたとされる。

弁論術 ①

プロタゴラス Protagoras ① 前480頃～前410頃 代表的なソフィスト。「万物の尺度は人間である」とする人間尺度論をとなえ、物事がどうあるかは個々人の主観によって決まるとする相対主義の立場をとった。

「万物の尺度は人間である」 ①
相対主義 ②

道徳 ⑪ 社会を構成する人間が、善悪・正邪を判断し、正しい生き方をするための規範。法律と異なり、個々の人間の内面的な原理として自発的・自律的に働き、人間相互の関係を規定するもの。

哲学 ⑧ 知を愛し、探求すること。西周(1829～97)がギリシア語のphilosophiaの訳として定着させた。古代ギリシアで、すべての学問を指したが、現在では自然の成り立ちの根本原理を探求する自然哲学、世界観を問う哲学、人生の生き方を探求する哲学・倫理学などにより構成された学問分野を指す。

ギリシア哲学 ① 古代ギリシアで成立した哲学。典型的には、ソクラテス、プラトン、アリストテレスと続いて大成されていったアテネ・ギリシア哲学。

ソクラテス Sokrates ⑪ 前469頃～前399 古代ギリシアの都市国家アテネの哲学者。書かれた言葉は死んだ言葉であり、語られる言葉こそが真実に生きた言葉であるとして、著作を残していない。真理探求の方法として、「問答法」(対話法、産婆術)を用いる。このソクラテスとの対話によって、相手は自分が真に大切なものについて、まったく無知であることを自覚させられていく(ソクラテスの皮肉・アイロニー)。彼の思想は、弟子であるプラトンの『ソクラテスの弁明』『クリトン』『パイドン』『饗宴』などによって知ることができる。

問答法 ⑦ **対話(問答)** ⑥
助産術(産婆術) ①

魂(プシュケー) psyche ④ 人間の心、命。ソクラテスは魂を、人間として存在させる、人格の中心としてとらえた。

無知の知 ⑧ ソクラテスの哲学的出発点。デルフォイのアポロン神殿の「ソクラテスに優る知者はいない」という神託の意味を探ろうとして、ソクラテスは賢者として評判であった人たちを訪れる。そこでソクラテスは、知恵があると思われている人も、美や善といった、人間にとって真に重要な事柄についてまったく無知であるのに、みずからを知者だと思い込んでいることに気づく。ソクラテスは、自分は知らないということを知っている、この点で自分はほかの人間よりすぐれていると理解するようになったという。 **無知の自覚** ①
デルフォイ ②
デルフォイの神託 ①
ソクラテスに優る知者はいない ③
善・美のことがら ①

「汝自身を知れ」 ② デルフォイの神殿に掲げられていた碑文に書かれた言葉で、もとは有限な存在である人間に対し、その身のほどを知れという意味。人間の傲慢を戒める言葉であるが、ソクラテスは自分の魂をつねに気づかい、自己吟味するという彼の生き方のモットーとした。

「よく(善く)生きる」 ⑩ ペロポネソス戦争の混乱のなか、アテネではソフィストと呼ばれる弁論家たちが活躍していた。彼らは、真理は人によって異なる相対的なものであると論じたが、これに対しソクラテスは人間にとって真に善なるものは存在し、これを求めるために、知を愛し続けること(愛知、フィロソフィア)が重要であると説いた。そして、真の知を求めるということは「ただ生きるだけではなく善く生きる」ということであり、金銭や地位や名誉ばかりに気を配らず、「魂への配慮(魂の世話)」をすることである、と説いた。philosophy(哲学)の語源は「知を愛し求める」の意味で、この意味でソクラテスが使用を始めた。
魂への配慮 ⑦ **フィロソフィア** ⑥
知への愛 ① **愛知** ③

ソクラテスの死 ④ ソクラテスは紀元前399年、「国家の信じる神々を信じず、新しい鬼神(デーモン)の祭りを取り入れ、アテネの青年たちをまどわし堕落させた」という理由で裁判にかけられた。無実の罪でありながら死刑宣告を受けたソクラテスは、「悪法も法である」とし、友人たちの国外逃亡の勧めを拒否し、アテネの国法に従ってみずから毒杯を仰いで死についた。

『ソクラテスの弁明』 ② ソクラテス裁判に至るいきさつを、ソクラテス自身の口から語らせるという設定で描く、プラトンの作品。「ソクラテスより知恵のある者はいない」というデルフォイの神託から、自分は善の意味を知っていないという点において、ほかの知者と呼ばれる者よりすぐれている、という「無知の知」の考えに至り着くさまが語られる。知を愛すること、魂の世話をすることを、ソクラテスが死にのぞんでアテネ人たちに訴える姿を描く。
ソクラテス裁判 ①

アレテー(徳) arete ⑨ ギリシア語で実践的な能力・善さ・徳のこと。たとえば、「はさみのアレテーとはよく切れること」などという意味で使われる。人間としての善さを表す言葉。 **卓越性** ①

知徳合一 ③ 人間の魂がすぐれたものになるのは知によって可能である、とするソクラテスの考え。真の知があれば「何人も進んで悪をなす者はいない」のであり、真の知がない者が不正をなすことになる。「徳は知である」というソクラテスに代表される立場は、知恵を重視する主知主義の立場といわれる。 **徳は知なり** ②

知行合一 ② 人が善や正を知れば、善いおこないや正しいおこないをすることができるとする、ソクラテスの考え方。

福徳一致 ② 魂のすぐれたあり方(徳)が実現されていることが、幸福に生きるということであるとする、ソクラテスの考え方。

都市国家(ポリス) polis ⑨ 紀元前8世紀頃、ギリシアに成立した都市国家。アクロポリス(丘)に市の守護神が祭られ、そのふもとにあるアゴラ(広場)は、ポリスの自由な市民たちによる政治・経済活動の中心となった。商業・貿易で栄えたアテネ(アテナイ)や農業を中心とした軍事国家のスパルタなどがその例である。
アテネ ⑦ **アクロポリス** ③
アゴラ(広場) ③ **古代ギリシア** ⑦

民会 ① アテネの成人市民の全員参加によって開かれた議決機関。直接民主制の1つとされる。

愛 ④ 人間の生の根本を支える原理。西洋ではプラトンのエロース的な愛や、キリスト教にいう、神から惜しみなく与えられる無限の愛(アガペー〈agapē〉)と隣人愛などがある。東洋思想では、慈悲の思想や「一切衆生悉有仏性」のように、すべての生きとし生けるものに愛をみるというとらえ方もある。その時代、風土・文化によって様々なかたちをとるのが愛である。

プラトン Platon ⑩ 前427頃〜前347頃 古代ギリシアの哲学者。師ソクラテスのあとを継ぎ、ギリシア哲学を発展させた。イデア論をとなえ、真理は現実をこえたイデアにあるとした。また、アテネ郊外に学園アカデメイアを開く。主著は『国家』『ソクラテスの弁明』『饗宴』など。

アカデメイア ②

『クリトン』 ① プラトンの対話編の1つ。『ソクラテスの弁明』の続編にあたり、ソクラテスの最後の言動を伝える。

『パイドン』 ② プラトンの対話編の1つ。魂の不死とイデアの世界を論じる。

イデア idea ⑧ プラトンのいう、真の実在。理性の力によってとらえられる普遍的なもの、永遠不変な理想的なもの、絶対的な真理を表す。プラトンは、善のイデアをイデアのなかのイデアとされる、最高のイデアであるとした。 **美のイデア** ①

イデア論 ② 古代ギリシアの哲学者プラトンが述べた説。現実の個々のものは仮のもので、その背後に真実の存在であるイデアがあるというもの。プラトンのイデア論は、現実界とイデアの支配するイデア界(本当の世界)とにわけて論じる二元論の立場に立っている。

エロース eros ⑦ 物事の真の姿(イデア)に憧れ、恋慕することに。自分に欠けたもの(善)をみずからのものにし、一体となろうとする渇望、愛。人間の魂はかつてイデア界(理想界)の住人であったが、肉体を得て現実界に存在することで、そのことを忘れてしまっている。この、かつてのイデア界のことを思い出すという、知的な哲学的営みのことをいう。 **『饗宴』** ③

魂の三部分 ③ 人間の魂は理性と気概と欲望との三部分からなるとする、プラトンの考え方。プラトンは、理性が気概と欲望を統御して、魂全体の秩序と調和が実現すると説いた。 **理性[プラトン]** ⑤

気概 ⑤ **欲望** ⑤

四元徳 ③ プラトンの主張する、知恵・勇気・節制・正義の4つの徳をいう。プラトンは、魂の理性の部分が知恵の徳を、気概が勇気の徳を、そして魂の3つの部分が協調することで節制の徳を習得し、魂全体の秩序と調和が保たれる時に正義の徳が実現するとした。

知恵[プラトン] ⑦ **勇気** ⑧

節制 ⑥ **正義[プラトン]** ⑥

哲人政治 ⑥ 国家の理性的な部分であり、知恵の徳を備え、善のイデアを認識している哲学者が政治家(統治者)となって、防衛者階級や生産者階級を統治し、国家を運営すべきであるとする、プラトンの理想国家論。

『国家』 ⑦

理想主義 ② 現実に妥協することなく、人生の目標を理想の実現にあるとするとらえ方。イデア論の立場をとるプラトンは、理想主義の代表的論者とされる。

現実主義 ② 今、そこにある事実から出発して物事をとらえていくべきだとする立場。イデア論を批判したアリストテレスの立場は、プラトンと比較して現実主義とされる。

アテネの学堂 ⑤ ルネサンス期の画家ラファエロによる壁画。バチカン教皇庁のなかに飾られている。古代ギリシアの哲学者たちの群像で、中心に天を指すプラトンと地に手をのばすアリストテレスの姿があり、両者の理想主義、現実主義の立場がたくみに描き出されている。

アリストテレス Aristoteles ⑪ 前384〜前322 マケドニア出身の古代ギリシアの哲学者。プラトンの弟子、またアレクサンドロス大王(Alexandros、前356〜前323)の家庭教師。のちにアテネ郊外に学園リュケイオンを開き、ペリパトス学派(逍遥学派)を築いた。その哲学はプラトンよりも、現実主義的・経験主義的である。多方面に学績を残し、「万学の祖」と称される。主著は『政治学』『形而上学』『ニコマコス倫理学』『自然学』など。

『ニコマコス倫理学』 ⑦

『形而上学』 ⑤

『政治学』 ② **万学の祖** ②

「人間は社会的(ポリス的)動物である」 ⑤ 人間とは、元来、共同体をつくって生活する社会的な動物であるという考えを表した言葉。アリストテレスが『政治学』のなかで述べた人間の定義。

社会的動物(政治的動物) ③

ポリス的動物 ③

形相(エイドス) eidos ④ 個々の事物のなかにある、そのものが何であるかを規定する本質。

質料(ヒュレー) hyle ④ 事物を構成する素材。アリストテレスは、個々の事物のなかにある形相が、素材である質料によってその本質を実現して現実態となっていると考えた。

最高善 ⑤ ほかの目的の手段となることのない、それ自体が目的となる善のことで、幸福(エウダイモニア)のこと。

幸福[アリストテレス] ⑧ アリストテレスの考える最高善。アリストテレスは、理性を純粋に働かせることを楽しむ観想(テオーリア)的生活を最高の生き方、つまり幸福なあり方であるとした。

テオーリア　theōria ③ 理性を純粋に働かせ、そのこと自体を楽しむこと。観想。アリストテレスは観想が人間の本質を完成させ、幸福をもたらすものであるととらえた。

観想 ③

ヘレニズム　Hellenism ② マケドニアのアレクサンドロス大王がおこなった東方遠征によって、ギリシア文化が東方の各地に伝播し、そこで東方文化と融合することで形成された文化を指す。この時代の人々は、ポリスの絆を失ったことから、世界市民(コスモポリーテース)の一人として生きていくために、心の内面的な自由と平安を求めた。　**アレクサンドロス大王** ②

ストア派 ① 前300年頃、ゼノン(Zēnōn、前335～前263)が創始したギリシア哲学の一派。自然はロゴス(理性)によって支配されており、人間もロゴスに従って(自然に従って)生きるべきであるとした。そのためには、人間は理性に従って、情念に乱されない不動心(アパテイア)の状態を実現すべきであるとし、禁欲主義を説いた。また、すべて人間は世界市民として自然の法(ロゴス)のもとで平等であるとする主張(世界市民主義〈コスモポリタニズム〉)は、自然法思想(→ p.60)の源流となった。

ゼノン ①　**コスモポリタニズム** ①　**禁欲主義** ①　**アパテイア** ①

エピクロス学派 ③ ヘレニズム時代に生まれた学派で、エピクロス(Epikouros、前342頃～前271)を祖とする。エピクロスは精神的な快楽主義をとなえ、肉体的な欠乏にもとづく苦痛がなく、死などへのおそれや不安から解放された心の平安な状態(アタラクシア)を理想とした。

快楽主義 ②　**アタラクシア** ①

2　西洋近現代思想

ルネサンス　Renaissance ⑥ 14～15世紀のイタリアに始まる、古代ギリシア・ローマ文化などの学芸復興運動。イタリアではレオナルド＝ダ＝ヴィンチ、ミケランジェロ、ラファエロら多くの芸術家を生み出した。ヒューマニズム(人間主義、人文主義)、個人主義、現世肯定主義などの特徴をもつ。

万能人 ③ 強い意志と知識の力によって、みずからの能力を最大限に発揮することのできる人間のことで、ルネサンス時代に理想とされた人間像。

ミケランジェロ　Michelangelo ① 1475～1564　イタリアのルネサンス期を代表する画家・彫刻家・建築家。「ダビデ像」「ピエタ」などの彫刻や「最後の審判」(この世の終わりにイエス＝キリストが再び現れて、人々の審判をおこなうというキリスト教の教えを絵画にした)のような壁画、またバチカンにあるサン・ピエトロ大聖堂の設計もおこなった。　**「最後の審判」** ①　**「ピエタ」** ①　**サン・ピエトロ大聖堂** ①

レオナルド＝ダ＝ヴィンチ　Leonard da Vinci ③ 1452～1519　フィレンツェ郊外のヴィンチ村生まれの、ルネサンス期を代表する万能人。芸術・建築・化学などの様々な分野で才能を発揮した。絵画では「モナ＝リザ」「最後の晩餐」など。研究のうえで生じたアイデアなどを記した『手記』でも知られる。　**「最後の晩餐」** ②

ラファエロ　Raffaello ④ 1483～1520　イタリアのルネサンス期の画家。優美な聖母子像(聖母マリアと幼いイエスを描いた絵画)などで知られる。

人文主義 ② 人間性の解放を求め、新たな人間像を模索する運動。ラテン語のフマニタスを語源とする、ヒューマニズム(人間中心主義)。

ピコ＝デラ＝ミランドラ　Pico della Mirandola ③ 1643～94　イタリアのルネサンス期の人文主義者。「人間の尊厳について」という演説草稿のなかで、人間には自由意志があることを強調し、これにより高貴なものにもあるいは下等なものにもなりうると論じた。

近代科学 ④ 16世紀のルネサンスを経て、西欧におこった科学。それまでのキリスト教神学の影響を脱して、実証的に物事を解明することにつとめ、その系譜は現代科学につながる。その方法は個々の事実の観察と調査に始まり、推理にもとづく仮説を実験で検証しながら、理論を形成するという道筋からなる。

自然科学 ②　**科学技術** ②

科学革命 ① 17世紀に西欧でおこった科学の大きな変革を指す。天文学上の地動説の主張が中心で、たんに天文学上の問題だけでなく、当時の宇宙観・世界観に大きな影響を与え、宗教上の問題も引きおこした。コペルニクス、ケプラー、ガリレイ、ニュートンの名がその推進者としてあげられる。

目的論的自然観 ① 中世までのヨーロッパ

で支持されていた、自然の運動には神の意志が働いており、ある目的に向かって運動しているという考え方。これに対して近代の自然科学者たちの世界観を機械論的自然観という。　**目的論 ②**

天動説 ④ 神がつくった人間の住む地球が宇宙の中心であり、太陽などほかの星は地球のまわりを運行しているという考え方。17世紀に地動説がとなえられるまで、伝統的な宇宙観であった。

コペルニクス Copernicus ⑤ 1473〜1543　ポーランドの天文学者。それまでのキリスト教神学にもとづく天体は地球中心にまわっているという天動説を排し、太陽のまわりを天体がまわるという地動説をとなえた。おもな著書は『天球の回転について』。　**地動説 ⑥**

ガリレイ Galilei ⑤ 1564〜1642　イタリアの数学者・物理学者。落体の法則や慣性の法則を発見し、また地動説を支持して神学者からの攻撃を受け、宗教裁判にかけられた。おもな著書は『天文対話』など。

ケプラー Kepler ④ 1571〜1630　ドイツの天文学者。楕円軌道(だえんきどう)など、惑星(わくせい)の運行に関する3つの法則(ケプラーの法則)を発見した。　**惑星の運動法則 ④**

ニュートン Newton ⑤ 1642〜1727　イギリスの天文学者・物理学者。著書『プリンキピア(自然哲学の数学的原理)』で天体の運動を万有引力によって説明するニュートン物理学を展開した。

『プリンキピア』②　**万有引力 ⑤**

モラリスト moraliste ③ 人間の生き方(モラル)を考察する思想家のこと。とくに16〜17世紀のフランスで、人間のありのままの生活や心理を観察し、人間らしい生き方を模索した思想家たちを指していう。

モンテーニュ Montaigne ④ 1533〜92　フランスの思想家。著書『エセー』において、ギリシア哲学やルネサンス人文主義の教養に裏打ちされた内省的な思考を展開し、宗教的不寛容などを批判した。モンテーニュは、ソクラテスを心の師と仰ぎ、みずからを謙虚にみつめ直すことを表す「ク・セ・ジュ」(Que sais-je?　私は何を知っているのか)をモットーとした。　**『エセー』②**

「私は何を知っているのか(ク・セ・ジュ)」④

パスカル Pascal ⑧ 1623〜62　フランスの物理学者・哲学者。人間の偉大さと悲惨さという矛盾した面を指摘し、この救いとしてキリスト教を説き、『パンセ』を書いた。幾何学の論文を著し、さらに水圧に関してパスカルの原理を発見した。

「人間は考える葦(あし)である」③ パスカルの著書『パンセ』に現れる言葉。人間は、無限の宇宙からみれば、まことにか弱い一本の葦にすぎないが、このことを知っている点にこそ、人間の偉大さがあるという意味。

『パンセ』⑤　**「考える葦」⑤**

中間者 ② パスカルは人間を悲惨と偉大、虚無と無限とのあいだにさまよう中間者であるととらえた。矛盾した存在である人間は、「気晴らし」によって気をまぎらわそうとしており、このような人間を最終的に救うものは神への信仰であるとパスカルはとらえた。

幾何学の精神 ② パスカルのいう、人間のもつ合理的な推理をおこなう精神の働き。

繊細の精神 ② パスカルのいう、人間のもつ直観的な判断をおこなう精神の働き。パスカルによると、デカルトの精神は幾何学の精神としての理性だけであり、人間が考えるためには幾何学の精神と繊細の精神の両方が求められるという。

ベーコン Bacon ⑨ 1561〜1626　イギリスの哲学者。従来の思弁(しべん)的なスコラ哲学に反対し、人間の思い込み(イドラ)を排して個々の観察と実験にもとづいて一般的な法則を導き出すという帰納法による経験論をとなえた。おもな著書は哲学的考えを述べた『新機関(ノヴム・オルガヌム)』『ニューアトランティス』など。

『ノヴム・オルガヌム』④

「知は力なり」⑥ 自然から謙虚に学びとって得た知識は、自然を支配して人類の生活を改善していくような力になるとする、ベーコンの言葉。

経験論 ⑦ 経験を知識の源泉であるとする立場。物事を認識する時に、経験的事実を重視する考え方で、ベーコンを祖とする。イギリス経験論。　**イギリス経験論 ①**

先入観(イドラ) idola ⑦ 物事を正しく認識することをさまたげる偏見や先入観。ベーコンの用いた用語で、ラテン語で偶像・幻影を意味する。　**四つのイドラ ③**

：種族のイドラ ⑥ 人間という種族にもとづく偏見。人間の不完全な感覚を通して得た、ゆがめられた姿を事実であると思い込んでしまうこと。

：洞窟のイドラ ⑥ 個人の性格や教育・環境などから生じる偏見。

：**市場のイドラ** ⑥ 言葉の不適切な使用から生じる偏見。

：**劇場のイドラ** ⑥ 伝統や権威を信じることから生じる偏見。

帰納法(きのうほう) ⑩ 経験論の基礎となる推論の方法。経験(観察や実験)によって個々の事実を集め、それらを比較・考察して、一般的な法則を発見する方法。

タブラ・ラサ ② イギリス経験論の立場に立つ哲学者ロックは、人間の心に生まれながらに備わっているとされる生得観念を否定し、人間の心は生まれた時は白紙(タブラ・ラサ)であると主張した。

ヒューム Hume ② 1711～76 イギリスの経験論者。あらゆる事物の現れは感覚的な印象でしかなく、知覚のほかには何も実在しないと主張した。

因果律(いんがりつ) ③ 原因と結果の結びつきを説明する法則。ヒュームは因果律さえも習慣的な連想から生まれた信念の1つにすぎないとして否定した。

デカルト Descartes ⑨ 1596～1650 フランスの哲学者。すべてを疑って、なおかつ疑えない確実な真理として「考える自己」を発見し(「わたしは考える、それゆえにわたしはある」)、そこから物心二元論的な哲学を展開した。その思考方法は、普遍的な真理を前提として、論理的に結論を導き出す演繹(えんえき)法による合理論の考え方を示す。主著に『方法序説』『省察』などがある。

『方法序説』 ③

方法的懐疑(かいぎ) ⑦ 確実に真で疑いえないものを見つけ出すために、少しでも疑いうるものは疑い、真理を探そうとする、デカルトのとった方法のこと。

「われ思う、ゆえにわれあり(わたしは考える、それゆえにわたしはある)」 ⑨ ラテン語で「コギト・エルゴ・スム」。方法的懐疑の末にデカルトが到達した絶対で確実な真理。今いる、考えているこのわたしがあるということは、何人も疑いえないとする、デカルトの哲学の出発点であり、近代的自我の基礎となる考え方。

「コギト・エルゴ・スム」 ④

近代的自我 ① デカルトが述べた、すべてのものを疑う根幹には疑いえない自分がいるという、物事の思考の出発点にある自己意識のこと。

演繹法(えんえきほう) ⑩ 疑いの余地がない一般的法則・原理から出発し、経験によらずに理性的推理による論証で個々の事象に到達する推論方法。一般的な数学の証明法がこれにあたる。

良識(ボン・サンス) bon sens ④ デカルトのいう、理性のこと。デカルトは『方法序説』冒頭では「良識はこの世でもっとも平等に分配されている」と述べている。

心身二元論 ① 延長を本質とする物体(身体)と、思考を本質とする心(精神)は別の2つのものであり、それぞれ実体(それ自体で存在するもの)であるとする、デカルトの考え方。 **物心二元論** ①

精神と物体の二元論 ① **延長** ②

機械論的自然観 ③ デカルトらにみられる近代の自然観。自然界の現象は物質の運動により因果関係の連鎖で、あたかも機械のように説明できるとしたもの。

合理論 ⑦ 理性を用い、演繹的な論理による思考法で真理に至ろうとする考え方。知識の源泉を理性であるとする立場。ベーコンに代表されるイギリス経験論に対し、デカルトに始まる大陸合理論として対比されることがある。 **大陸合理論** ①

合理主義 ③ 理性による思考で論理的に説明しうるものが真理であるとする考え方。

理性 ⑧ 物事の筋道を立てて、論理的に正しく考え、判断する能力。人間は理性によって、自分の責任において行動する自律的な人格となる。

啓蒙(けいもう) ① 理性の力によって、それまでの無知な状態の人間を教え導くこと。ヨーロッパでは17世紀末～18世紀にわたって啓蒙思想が広まり、フランス革命など市民革命の原動力となった。

カント Kant ⑫ 1724～1804 ドイツ観念論哲学の代表的な哲学者。初めは合理論的な立場にあったが、ヒューム哲学によって「独断のまどろみ」にあったと自己批判し、のちに人間のもつ理性能力のおよぶ範囲を吟味(ぎんみ)し、経験論と合理論を統合した批判哲学を樹立した。『純粋理性批判』や、普遍的なものを求める反省的判断力について検討した『判断力批判』、人間の道徳的実践能力を吟味した『実践理性批判』などの著書を残した。

コペルニクス的転回 ① 認識が対象に従うのではなく、対象が認識に従うという、カントの認識論上の変革をコペルニクスになぞらえてとらえた言葉。対象とは、認識主体である人間のもつ感性が受けとった感覚的素材に、悟性が思考の形式を当てはめて構成したものであるとした。

『純粋理性批判』⑦ 認識論に関するカントの著書で1781年刊。対象は主観によって構成されるとし、認識主観の先天的形式を検討して、学問的認識(純粋理性の働き)の範囲を現象界に限定した。実践における人間の自由について論じた『実践理性批判』、美学などについて論じた『判断力批判』とあわせて3批判書という。

『実践理性批判』⑧
『判断力批判』⑥

『道徳形而上学の基礎づけ』④ カントの著作で、善意志や義務にもとづく道徳法則など、カントの倫理学の中心的なテーマが扱われている。

形式主義② 広くは内容よりも形式に重きをおく考え方一般を指す。ヘーゲルはカントの道徳論(とそこから展開される自由についての考え方)は主観的であるとともに形式主義的であると批判し、自由の問題は客観的かつ具体的に考察しなくてはならないとした。

ヘーゲル Hegel ⑩ 1770～1831 ドイツ観念論の哲学者。万物の至る最終的な道は、絶対的精神の完成にあるとみた。ヘーゲルは絶対精神の本質を自由であるととらえ、世界の歴史は絶対精神がみずからの本質＝自由を実現していく過程であると主張した。主著に『精神現象学』『エンチクロペディー』『法の哲学』など。

『精神現象学』⑤ **『法の哲学』**③
絶対精神④ **世界精神**②

弁証法⑪ ヘーゲルの哲学の方法。すべてのものはある立場がまず肯定される(正)が、それと対立し、否定する立場が現れ(反)、この両者の対立・矛盾がより高い次元で統一・総合されていく(合)。ヘーゲルはすべての物事が弁証法に従って運動していると考えた。 **正**⑧ **反**⑧ **合**⑧

止揚(しよう)⑨ 矛盾と対立とがより高い次元へ統一されていくこと。アウフヘーベン。

人倫(じんりん)⑧ ヘーゲルのいう、自由が実現される共同体のあり方。法という客観的なものと、道徳という主観的なものとが総合されたものが人倫である。人倫は、具体的には家族・市民社会・国家の3段階を経るとされた。ヘーゲルは国家において人々は全体性(つながり)と個別性(個人の自立)とが総合されるとし、国家を人倫の完成態であるととらえた。

家族・市民社会・国家⑧ 家族は人間が自然な愛情で結ばれた共同体であるが、そこでは個人は家族のなかにいわば埋没している。やがて、子どもは成長して独立し、市民社会の一員となる。しかし、市民社会においては、人々は自己の利益を求めて競争し、対立や不平等が現れることになる。だから、市民社会とは「欲望の体系」、「人倫の喪失態」である。ヘーゲルは、国家によって家族と市民社会のあり方は総合され、真の人倫が完成するととらえた。

市民社会⑨ **欲望の体系**⑤
人倫の喪失態③ **人倫の完成態**③

利己心③ 自己の利益のみを優先させる感情。アダム＝スミス(→ p.147)にあっては、各人が利己心に従って市場で自由な経済活動をすることが社会全体の富を増すことになる。

共感(シンパシー) sympathy ③ 他人の感情に同調・同感する利他的感情。同情心。アダム＝スミスは著書『道徳感情論』において、シンパシーが他者との関係において、行動の是非(ぜひ)を決める「公平な観察者」であるとし、道徳の基礎にあるとした。

公平な観察者① **『道徳感情論』**②
道徳感情①

マルクス Marx ⑪ 1818～83 ドイツの経済学者・哲学者。科学的社会主義の創始者。唯物(ゆいぶつ)史観といわれる科学的歴史観を確立した。主著『資本論』で資本主義社会を分析し、資本主義から社会主義への必然的移行を論じた。また、社会主義運動の理論的な中心的存在として、第1インターナショナルの指導者となった。

『共産党宣言』② 1848年に発表された共産主義者同盟(世界初の国際的な労働者組織)の綱領(こうりょう)。マルクスとエンゲルスの手によって、共産主義者の考え方・目的・意図が明確に示された。そこでは人類の歴史が階級闘争の歴史としてとらえられている。

『資本論』⑥ マルクスの主著(第1巻は1867年刊行)。古典派経済学やフランスの社会主義思想の批判を通して資本主義を詳細に分析し、その生成・発展・没落に至る法則を指摘した。全3巻であるが、第2・3巻はマルクスの死後に、エンゲルスが遺稿を整理して刊行した。

プロレタリアート proletariat ① 資本主義社会における労働者階級のこと。マルクスは歴史上の社会はすべて階級社会であったととらえ、世界歴史の展開を階級闘争の歴史であるとした。資本主義社会では資本家階級(ブルジョワジー)が支配的な階級として労働者階級を搾取さくしゅしているが、これに対して労働者階級が社会変革の主体となって立ち上がるであろうとマルクスは考えた。

労働者階級 ②　**資本家階級** ①
搾取 ①　**階級闘争** ②
プロレタリアートの革命 ②

疎外そがい ④ 本来、自分のものであるものが自分から流れ出し、自分の外に立ち、自分に対してよそよそしいものとなること。マルクスは、資本主義社会において、労働者はみずからつくり出した商品から疎外され、生産活動から、労働から疎外されることで、人間の本来のあり方からも疎外されていると批判した。

人間疎外 ②　**労働の疎外** ③

労働力の商品化 ② マルクスは人間の活動である労働と労働力とを区別した。そしてマルクスは、資本主義社会にあっては労働者は自己の労働力を商品として資本家に売るしかなく、資本家は買いとった労働力によって生産活動をおこない、剰余価値・利潤を得る(搾取をしている)と主張した。

労働力商品 ①

唯物史観 ③ 人間社会や歴史の基礎にあるのは人間の物質的生産活動であり、このような経済的な土台(下部構造)の上に、法律・政治・学問・思想などの精神的活動(上部構造)が成り立つという考え方。マルクスとエンゲルスが確立した歴史観・社会観。生産活動は社会の生産力とそれに応じた生産関係(生産手段をめぐる関係)からなっているが、ある社会の生産関係が生産力の発展のさまたげとなった時、生産に関わる階級間の対立が激しくなり、社会革命に至るとされた。

上部構造 ②
下部構造 ②　**生産関係** ④

科学的社会主義 ③ マルクスとエンゲルスによって説かれた社会主義の考え方。私有財産制が廃止された、平等な社会を理想とする思想を社会主義(思想)という。19世紀前半にイギリス・フランスで社会主義・社会主義者という言葉が用いられていたが、この頃の社会主義は、マルクス主義の立場からは「空想的社会主義」と呼ばれた。他方、マルクスらは自分たちの理論を、「科学的社会主義」と称した。 **社会主義思想** ①

エンゲルス　Engels ③ 1820～95　マルクスとともに科学的社会主義、弁証法的唯物論の構築に力を注いだ。1848年に共産主義者同盟を結成して、「共産党宣言」を発表した。マルクスと協力して『資本論』の完成に多大なる貢献をした。マルクスの死後、未完成であった『資本論』の完成に向けて難解な遺稿の編集に取り組み、『資本論』第2巻を1885年に、第3巻を1894年に刊行した。

マルクス・レーニン主義 ① マルクスとエンゲルスによって確立された思想全般を指してマルクス主義というが、彼らは資本主義が発達した諸国における、プロレタリアートを変革主体とする革命を論じていた。これにロシア型の革命理論を支えたレーニンの思想を重ねあわせ、マルクス・レーニン主義という。

空想的社会主義 ② マルクスとエンゲルスによって、科学的分析がなされていないとして空想的であるとされた、先行する初期社会主義思想を指す。

サン＝シモン　Saint-Simon ① 1760～1825　フランスの初期社会主義者。産業者が支配する産業社会を理想とした。

オーウェン　Owen ② 1771～1858　イギリスの初期社会主義者。自身の工場において労働者の生活改善運動を実践した。アメリカに渡り、私財を投じて共産主義的な生活と労働の共同体の実現をめざして、ニュー・ハーモニー村を建設したが、これには失敗した。

フーリエ　Fourier ① 1772～1837　フランスの初期社会主義者。商業社会を批判し、ファランジュという協同社会を理想とした。

七月革命 ① 1830年、フランスでおこった革命。フランス王シャルル10世(Charles X、1757～1836)の反動的な政治に対し、ブルジョワジー(市民階級、→ p.63)たちが立ち上がり、王は追放され、新たにルイ＝フィリップ(Louis Philippe、1773～1850)が即位し、七月王政が始まった。

ドラクロワ　Delacroix ① 1798～1863　フランスの画家。七月革命を題材とした「民衆を導く自由の女神」などで知られる。

プラグマティズム　pragmatism ⑤ 実用主義・道具主義・実際主義などと訳される考え方。物事の真理を実際の経験の結果により判断し、効果のあるものは真理であるとする。プラグマはギリシア語で行動、行為の意味。

パース　Peirce ③ 1839～1914　アメリカの哲学者でプラグマティズムの創始者。真理のもととなるのは観念であるとし、観念のもつ意味は行動や行為を通して明らかになると主張した。

ジェームズ James ③ 1842〜1910 アメリカの哲学者・心理学者。真理とはそれが有用であるかによって決まるとする真理の有用性を主張した。 **有用性** ①

デューイ Dewey ⑤ 1859〜1952 アメリカの哲学者・教育学者。知性を真理探求にのみ関わるものではなく、人が行動する時にその問題を明確にし、解決策を見出していく創造的知性ととらえた。知性を問題解決や環境適応の道具としてとらえることから、デューイの立場は道具主義と呼ばれる。
道具主義 ④ **創造的知性** ②

ショーペンハウアー Schopenhauer ② 1788〜1860 ドイツの哲学者。生は同時に苦を意味するという、仏教思想にも通じる独特の厭世観を展開した。

実存主義 ⑦ 現代人が個性を失い、平均化・画一化していく疎外状況のなかで、人間の存在を哲学の中心におき、各人が内面的な主体性を回復することで、疎外状況を乗り越えていこうという主張をもつ。

実存 ⑦ 今、ここに、現実に存在する自分自身のこと。

キルケゴール Kierkegaard ⑥ 1813〜55 デンマークの思想家。現代人は画一化・平均化され、無気力な生活に埋没しており、主体的に生きる情熱や意欲を失って「気晴らし」に身を費やしていると批判した。
『あれか、これか』 ②
『不安の概念』 ①

主体的真理 ④ 今、ここに生きる、わたし自身にとっての真理。キルケゴールは、人間とは「いかに生きるべきか」を問いかけながら、みずからが決断し、行動を選びとる存在であり、ほかにかえることができない生を生きていく存在であるととらえた。そして、このわたしにとっての真理こそが、人生で実現されるべきである真理だと主張した。

絶望 ② 人間が自己を失って生きること。キルケゴールは、絶望とは、現代人がかかっている「死に至る病」であると論じた。
「死に至る病」 ②

美的実存 ③ キルケゴールのいう実存の三段階の第一段階。美的実存では、人は「あれも、これも」と快楽を追求し、自己を見失ってしまうという。

倫理的実存 ③ キルケゴールのいう実存の三段階の第二段階。倫理的実存では、人は「あれか、これか」と決断することになるが、義務を果たしきれない自己の無力さに挫折を経験し、絶望する。

宗教的実存 ③ キルケゴールのいう実存の三段階の最終段階。第三段階の宗教的実存において、人間は神の前に一人立つ単独者として、本来の自己を回復し、絶望から解放されるという。 **単独者** ②

ニーチェ Nietzsche ⑤ 1844〜1900 ドイツの哲学者で、実存主義の先駆者。人間が主体性を回復するために、反キリストの立場で「神は死んだ」と宣告し、力への意志を体現する超人を理想として求めた。主著に『ツァラトゥストラはこう語った』『力への意志』がある。 **『善悪の彼岸』** ②
『ツァラトゥストラはこう語った』 ②

「神は死んだ」 ③ それまでのキリスト教道徳において、人間の行動の善悪を保障してくれた神の存在は、現代ではもはや存在しないとするニーチェの思想。 **神の死** ①

ルサンチマン ① 強者に対する弱者の怨念。ニーチェは、キリスト教道徳はルサンチマンにもとづくものであると批判した。それは奴隷道徳であり、人間の生への意志を抑圧するものであると主張した。
奴隷道徳 ①

ニヒリズム nihilism ⑤ 生きる意味や目的が失われていること。ニーチェは、最高の価値が無価値となっていることであると表現した。

超人 ⑤ 神のいない現代において、伝統的な価値や善悪の区別は意味を失い、人々は意味も目的もない無限に繰り返される永劫回帰の世界で生きなくてはならない。このような運命を肯定し(運命愛)、力への意志を取り戻してこれを体現して生きる人を、ニーチェは超人と呼んだ。 **運命愛** ②
力への意志 ② **永劫回帰** ①
永遠回帰 ①

ハイデガー Heidegger ④ 1889〜1976 ドイツの哲学者。現象学的存在論の構築をめざし、存在とは何かを探求した。みずからの存在の意味を問う人間を現存在(ダーザイン)と呼び、現存在としての人間は「死への存在」であると論じた。主著『存在と時間』。 **現存在(ダーザイン)** ③
『存在と時間』 ② **「死への存在」** ④

世人(ひと、ダス・マン) ④ ハイデガーの用語。現存在としての人間は、現実生活のなかでたんに世間の一員として埋没して生きている。このように、自身が「死への存在」であることを忘却して、本来的なあり方を喪失しているありさまをハイデガーは世人と呼んだ。

ヤスパース Jaspers ③ 1883～1969 ドイツの哲学者。有神論的な実存主義を説く。
『哲学』① **『理性と実存』**①

限界状況 ③ ヤスパースのいう、死や苦悩、闘争、罪など、人間が乗り越えることのできない壁。人間は限界状況に直面すると挫折し、自己の有限性を思い知らされることになるが、同時に自己をこえる包括者(超越者)と出会うことになる。ここにおいて、人間は自己の実存が包括者からの賜物(たまもの)であることを自覚するという。
包括者(超越者) ③

実存的交わり ② ヤスパースの用語。人は包括者との出会いによって本当の実存を知ることになるが、同じように実存を追求する他者とのあいだにかわされる連帯を指す。

サルトル Sartre ⑨ 1905～80 実存主義を主張したフランスの哲学者・小説家。ドイツのハイデガー、フッサール(Husserl、1859～1938)を研究し、無神論的な実存主義を示した。ボーヴォワール(→ p.97)とともに社会運動・政治運動にも積極的に参加。主著に『存在と無』『自由への道』などがある。 **『実存主義とは何か』**②
『実存主義はヒューマニズムである』③

『存在と無』③ サルトルの主著。人間にはみずから決断し、選びとる自由があり、同時に自分自身の決断に対して逃れることのできない責任をもつことを運命づけられている、と論じた。

「実存は本質に先立つ」⑥ サルトルの人間観、実存主義の根幹をなす考え方。ものは「何であるか」は初めから決まっているが、人間はまずこの世に存在し(実存)、その後にみずからの自由な選択によって自分が「何であるか」(本質)をつくり上げていく存在であるとした。

人間は自由の刑に処せられている ⑤ サルトルは、人間とは自由な存在であるが、選びとったことには責任をもたなければならず、また行為を保障してくれる神のような存在もないから、つねに不安な状態である。その意味で、人間は自由という刑に処せられていると、サルトルは語った。
自由の刑 ②

アンガジュマン engagement ⑨ サルトルの用語で、社会参加あるいは状況参加を意味する。サルトルは、人間は社会に参加し、社会をつくりかえていかなければならないと主張した。

ホルクハイマー Horkheimer ⑥ 1895～1973 フランクフルト学派のドイツの哲学者・社会学者。フランクフルトの社会研究所の初代所長となり、アドルノとともに指導的立場にいた。主著は『理性の腐蝕(ふしょく)』、アドルノとの共著『啓蒙の弁証法』。

フランクフルト学派 ⑦ 1930年代以降、ドイツのフランクフルトの社会研究所で活躍した思想家たちの総称。おもな思想家・研究者にホルクハイマー、アドルノ、ベンヤミン(Benjamin、1892～1940)、フロムがいる。また、第二次世界大戦後、再建された同研究所で活躍したハーバーマスはその第2世代と呼ばれる。

権威主義的パーソナリティ(性格) ③ 力と権力に盲目的に従属していこうとする人間の性格。自分が屈服したより大きな外的権威をたたえ、これに無批判的に服従し、自分の生活・アイデンティティを決定しようとする権威主義的従属、他人を完全に支配しようとする傾向と権威主義的攻撃、紋切り型、物事を支配―従属、強者―弱者、指導者―信奉者という見方でのみとらえる、固定的な思考・先入観であるステレオタイプなどを特徴とする。フロム、アドルノ、ホルクハイマーら、フランクフルト学派の用いる用語。権威主義的パーソナリティをもつ人間は、権力の発信する感覚的な訴えに弱い傾向があるとされ、ヒトラーのナチスを熱狂的に支持した人々のパーソナリティとして説明される。

フロム Fromm ④ 1900～80 ドイツの精神分析学者・社会心理学者。フランクフルト学派の1人。1933年、アメリカに亡命。著書『自由からの逃走』(1941年)で、社会の様々な束縛(そくばく)・強制から解放された近代人が、いかなる自由を選びとるかを論じた。フロムによると、近代人は市民革命を経て、「消極的自由」(～からの自由)を得ることになった。しかし、「積極的な自由」(～への自由)を求めるパーソナリティを、みずから形成することができない時、人々は孤独と不安から、自由の重荷からの逃走を始め、ヒトラーのナチズムに代表されるような非合理的な隷属(れいぞく)の道を選ぶと指摘した。
『自由からの逃走』③

アドルノ Adorno ⑥ 1903～69 フランクフルト学派のドイツの哲学者・社会学者。ホルクハイマーとともに、フランクフルトの社会研究所の指導的立場にあった。ナチスに協力した一般人の心理的傾向を研究し、権威主義的パーソナリティについて解明した。主著は『否定弁証法』、ホルクハイマーとの共著『啓蒙の弁証法』。

『啓蒙の弁証法』②

道具的理性 ⑤ 理性が本来の姿を失ってしまったと批判する、アドルノらのとらえた理性のあり方。理性は、合理性を追求するあまりに、形式的な思考におちいってしまい、本来の批判的な理性のあり方を失い、たんに技術的・道具的な理性へと転化してしまった、とアドルノらは批判した。この道具的理性のもとで、再び「野蛮なもの」が立ち現れてくるのだという。

批判的理性 ②　**理性批判 ②**

ユダヤ人大量虐殺 ② 第二次世界大戦中、ドイツのナチスによってユダヤ人に対する大虐殺(ホロコースト)がおこなわれた。ユダヤ人たちは、アウシュヴィッツ強制収容所などに強制収容され、生物兵器の実験台などとしてつぎつぎと殺されていった。その総数は600万人はくだらないともいわれている。 **ユダヤ人迫害 ①**

ハーバーマス Habermas ⑩ 1929～　ドイツの社会学者で、フランクフルト学派の第2世代に属する。公共性論や、コミュニケーション論の第一人者。主著は『公共性の構造転換』。 **『公共性の構造転換』⑥**

『コミュニケーション的行為の理論』④

生活世界の植民地化 ④ ハーバーマスの用語。ハーバーマスは、私たちの生きる日常世界のことを生活世界といい、近代の生活世界が、政治制度や経済制度といったシステムによって技術的に支配されており、人々の社会参加への意識をそぎ、社会の統合がゆらいでいるさまを「生活世界の植民地化」として警鐘を鳴らした。

コミュニケーション的行為 ⑥ ハーバーマスによる用語。自分たちが住む生活世界について、たがいに共通した理解をもち、了解しあえるような世界としてとらえていく行為。妥当要求(それは真理であるか、正当性をもつものか、誠実さの点で妥当するか)を掲げたうえで、その承認を相手に求め討議をおこない、合意をめざす行為。

対話的理性 ⑨ 理性のもつ、コミュニケーション的能力。対等な立場で自由な討議にもとづいて合意を形成していくような理性能力。 **討議 ⑥**

コミュニケーション的合理性 ③

公共性 ⑥ 社会一般の利害に関わる事柄のことを指すが、とくにハーバーマスにあってはコミュニケーション的行為によって構築される、社会を支える基盤を指す。

コーヒーハウス ⑤ 17～18世紀にイギリスで流行したコーヒー店。多くの人が集まる情報交換の場となり、社会的階層をこえた社交の場として機能した。ピューリタン革命から王政復古期にかけては政治議論がかわされることで世論が形成される場となり、新聞などのジャーナリズムも生まれていった。このような公共的な空間が、民主政治の創出につながる人々のネットワーク形成の役割を果たしたとされる。

熟議 ②「熟慮」と「議論」をあわせた言葉。相手の立場を十分に考慮しつつたがいに議論を進めることで、共通理解・問題解決に向かっていくこと。

討議デモクラシー(熟議民主主義) ①

アーレント Arendt ⑩ 1906～75　ドイツ生まれ、アメリカの政治哲学者。民主的な社会を構築するためには、利害をこえた他者との関わりから考察していくことが重要であると論じた。著作にナチズムやスターリン主義を生み出す基盤について論じた『全体主義の起源』や『人間の条件』などがある。 **『全体主義の起源』⑤**

『人間の条件』④

労働・仕事・活動 ⑧ アーレントは人間の活動力を、生存のために必要な労働と、道具や作品をつくる仕事、そして人と人とのあいだで言葉をかわしておこなわれる言論や共同の行為である活動とにわけた。とくに活動は必ず他者を必要とする行為であり、公共的な領域を形成するために必要な人間の生き方(「人間の条件」)であるとした。

レヴィ＝ストロース Levi-Strauss ⑥ 1908～2009　ブリュッセル生まれのフランスの人類学者。文化人類学に構造主義の考えを取り入れて、大きな成果を上げた。未開社会の親族研究や神話の研究により、すべての人間に共通した精神の深層過程があると論じた。著書に『悲しき熱帯』『野生の思考』などがある。 **『悲しき熱帯』①**

『親族の基本構造』①

野生の思考 ③ 未開社会の神話にみられる思考のあり方。レヴィ＝ストロースは、未開と呼ばれている社会の思考は感覚的・具体的な思考であり、自然との共生の知恵に満ちたものであると述べ、西洋社会の抽象的な、いわば「栽培された思想」と比べ、何ら劣っていないと主張した。

構造主義 ⑤ 人間の理性的な思考や主体的な

行動は、その人間の属する社会の構造・システムによって方向づけられているとする考え方。1960年代のフランスに生まれ、西洋の理性絶対主義や実存思想を批判する。

構造人類学 ②

文化相対主義 ⑤ 自己の属する文化を始め、ある社会・民族の文化を絶対視せず、多様な文化のなかで相対的に位置づけていく態度をいう。文化を一定の尺度でとらえたり、優劣の評価をしたりすることをいましめる。

フーコー Foucault ④ 1926〜84 フランスの思想家。西洋の人間中心・理性中心主義を批判し、近代文明社会が病気・狂気などを反理性的なものとして排除することによって社会の序列化・画一化・管理化を進めてきたことを指摘した。また、フーコーは、「主体性をもった人間」も近代の理性中心主義が生み出したものにすぎないとした。そして、近代的な知の枠組み(エピステーメー)が崩壊すれば、人間という概念も崩壊し、終焉するとした。著書に『狂気の歴史』『言葉と物』『知の考古学』など。

レヴィナス Levinas ③ 1906〜95 フランスの哲学者。フランスにフッサールの現象学を紹介した。親族をホロコーストによって失うという体験から、全体性が組み込むことのできない他者の立場から倫理を考えていくことを主張した。

『全体性と無限』 ①

他性 ① 他者のもつ、自己による理解をこえている「他なるもの」を指していう。レヴィナスは、西洋の思想は自己を中心にすべてを説明し、自己のなかに本来取り込めないはずの他者を同化したり排除したりする、「全体性」の立場に立つものであったと批判した。

顔 ② レヴィナスのいう、他者が立ち現れる場所のこと。顔は私たちに道徳的な応対をせまるものである。このように、立ち現れる他者に対して責任を負い続けることが正義であると、レヴィナスは論じた。

応答(おうとう)可能性 ①

リベラリズム(自由主義) liberalism ⑧ 自由であることを、個人や社会にとっての重要な価値観であるとしつつ、社会のなかで平等が実現するように国家が所得などの再配分を積極的におこない、機会均等を実現するよう働きかけるべきであるとする立場。ロールズなどが代表的なリベラリズムの立場である。

リバタリアニズム(自由至上主義) libertarianism ⑦ 他者の権利を侵害しない限り、個人の自由は最大限保障されなくてはならないとする主張のこと。代表的な論者であるアメリカの政治哲学者ノージック(Nozick、1938〜2002)は、ロールズのリベラリズムを批判し、国家の役割は国防・警察などに限られるべきだという最小国家論を主張した。

ノージック ⑥

権原理論 ③ ノージックの掲げる原理で、強制や詐欺でない限り、自分の思うがままに自由に財を処分する絶対的権利をもつことを権原という。これは、自分が生み出したものを誰に与え、交換し、売るかを決めることができるのは所有者のみであるという主張であり、したがって、国家による所得の再配分は認められないという主張になる。

コミュニタリアニズム(共同体主義) communitarianism ⑦ 個人の属する共同体のもつ価値観を尊重すべきだとする主張のこと。コミュニタリアニズムは個人の善ではなく、共同体のもつ公共的な価値である共通善を実現することをめざすべきであるという立場である。代表的な論者としてアメリカの政治哲学者マッキンタイア(MacIntyre、1929〜)やサンデルらがいる。

マッキンタイア ②

共通善 ⑦

サンデル Sandel ⑧ 1953〜 アメリカの政治哲学者。彼のハーバード大学における講義「正義」はテレビで放送されるほどの人気を博した。サンデルは、個人はその属する共同体の一員として、どのような生を送るべきか位置づけられているとし、ロールズが原初状態で想定するような個人は社会とのつながりをもたない「負荷(ふか)のない個人」であると批判した。

3 中国の思想

諸子百家(しょしひゃっか) ④ 中国の春秋(しゅんじゅう)・戦国時代(前8世紀から前3世紀)に現れた、多くの思想家たちを指していう。

春秋時代 ④ **戦国時代** ②

春秋戦国 ③

儒教(じゅきょう) ⑨ 儒家思想を源にして発展・普及した、政治・道徳・哲学などをめぐる教学の総体。知的な学問としてとらえる時は儒学という。四書(『大学』『中庸』『論語』『孟子』)・五経などを経典(けいてん)とし、孔子らの聖人を尊ぶ。中国・朝鮮半島・日本・ベトナムなどに普及した。

儒学 ②

孔子(こうし) ⑩ 前551頃～前479　中国の春秋時代の思想家。儒家の始祖。魯(ろ)の国に生まれ、役人として仕官したが政争に敗れ、下野(げや)して流浪(るろう)の身となる。のちに魯に戻り、教育に専念した。周公旦(しゅうこうたん)(周の政治家、前11世紀頃)を理想とし、「仁(人間愛、まごころと思いやり)」と、これが表面に現れた「礼」とを重視して儒教のもとを築く。仁と礼の実践が、個人・家庭だけでなく、国まで拡大した時に、治者(君子)による徳治政治がおこなわれるとした。その教えが、弟子たちによって『論語』にまとめられている。　**儒家** ⑤

『論語』(ろんご) ⑧ 孔子の言動を弟子がまとめた書物。儒教の大事な教えを説いたものとして、四書の１つに数えられている。

徳治(とくち)**主義** ④ 治世をおこなううえで、君主のもつ徳によって人々を導き、おさめるべきであるという考え方。　**徳治政治** ①

仁(じん) ⑨ 近親者への自然な情愛。儒教のもっとも重要な徳であり、人を愛すること。儒教の始祖孔子の教えの根幹。

礼(れい) ⑧ 儒教の徳目の１つで、たがいの親愛や思いやりを表す仁の外形的な表現。礼儀作法を指す。

克己(こっき) ③ おのれ(己)にかつ(克つ)こと。規範である礼に従い、自己の私利やわがままをおさえて仁を実践する態度を指して、孔子は「克己復礼」と表現した。

克己復礼 ①

孝悌 ④ 孝は父母によく仕え、子どもとして正しいあり方を示すことであり、悌は兄や年長者への恭順の心をいう。孔子は「孝悌なる者は、それ仁の本なるか」と語り、仁の根本であるとしている。

孝(こう)**[孔子]** ②　**悌**(てい) ①

忠 ⑥ 自分を偽らず真心をもつこと。恕とともに、孔子の説く仁の具体的なあり方。

恕 ⑤ 他人を思いやること。忠とともに、孔子の説く仁の具体的なあり方。

徳 ③ 心に養い、身をもって表す価値。

修己治人(しゅうこちじん) ① 自己の道徳的修養を積んで人格を完成させる者(君子)が、為政者として人々を感化しておさめること。

君子 ③

孟子(もうし) ⑥ 前372頃～前289頃　孔子の孫について学び、孔子の正統的後継者を自任。仁に義を加えて説いた。人間にはだれにも徳の萌芽(ほうが)である、惻隠(そくいん)の心(同情心)、羞悪(しゅうお)の心(悪を恥じ、憎む心)、辞譲(じじょう)の心(人に譲る心)、是非(ぜひ)の心(善悪を判断する心)の「四端(したん)」の心が備わっているとする性善説をとなえた。

『孟子』 ④ 孟子の言行(げんこう)をまとめたもので、『論語』と並んで四書の１つとして尊重されている。

性善(せいぜん)**説** ⑥ 人間の本性(生まれながらの素質)は善であるとする主張。孟子が代表的思想家。

四端 ② 孟子のとなえた、４つの徳の端緒。人間にもとから備わっている心であり、性善説の根拠となっている。

：惻隠の心 ⑤ 人の不幸を見すごすことのできない「忍びざるの心」。人間には生まれながらにして四徳(仁義礼智)の芽ばえ・端緒が備わっているとする孟子の考え方(四端説)のなかで、仁の発端となる心。

：羞悪の心 ③ 悪を恥じ、憎む心。義の徳の端緒となる。

：辞譲の心 ③ へりくだり、譲る心。礼の徳の端緒となる。

：是非の心 ③ 物事の是非善悪を判断する心。智の徳の端緒となる。　**智** ③

義(ぎ) ③ 社会における正しい道理。孟子は仁と並んで義を道徳の中心として重んじた。

天命(てんめい) ① 全宇宙の支配者である天が、徳のある者に地上世界をおさめるべくくだす命令のこと。古代中国では、王は天命を受けた天子として君臨し、人民・土地を支配するが、王の徳が失われた時、天は再びほかの者(姓の違う者)に天命をくだすと考えられていた(易姓(えきせい)革命：中国の王朝交代論)。孟子も、仁義の徳にもとづいて政治をおこなう者が民衆の支持を受けて天子となるとし、新しい王朝が現れることを正当化した。

荀子(じゅんし) ⑥ 前298頃～前235頃　戦国時代末期の儒学者。趙(ちょう)の国に生まれる。性悪説、礼治主義をとなえた。

性悪(せいあく)**説** ⑥ 人間の生まれついた本性は悪であるとする、荀子の考え方。人間の本性を放任すれば、欲望にかられて悪におちいってしまうとし、その悪である本性を社会規範としての礼によって矯正(きょうせい)することで人間を善(正しい行動)に導くべきであると主張した(礼治主義)。　**礼治主義** ②

墨子(ぼくし) ② 前470頃～前390頃　春秋・戦国時代の思想家、諸子百家の一人。儒家の家族愛的な仁を批判して兼愛(けんあい)(無差別・平等の博愛)を主張し、兼愛によってたがいに利するという兼愛交利を説いた。また、非攻をつらぬく国が多くなれば、平和が実現するという非攻論を主張した。

墨家(ぼっか) ③　兼愛 ②　非攻 ①

法家(ほうか) ② 政治は法にもとづいておこなわれるべきだとする、厳格な法治主義を主張した諸子百家の一派。法家の代表的思想家である韓非子(かんぴし)(？～前234頃)は、悪である人間の本性を善に導くことはできないと考え、人間の利己心を利用して賞罰を厳格におこなうという信賞必罰(しんしょうひつばつ)を主張した。

孫子(そんし) ① 生没年不詳　諸子百家の一人で、用兵や戦術などを論じた兵家の代表的思想家。兵法書『孫子』のなかの「風林火山」の語で知られる。

朱子学(しゅしがく) ④ 中国の宋代に朱子(1130～1200)によって大成された学問で、理気二元論(りきにげんろん)にもとづき儒教・仏教・道教が統合されたもの。宋学ともいう。『論語』『孟子』『大学』『中庸』の四書を重視する。慎(つつし)み深い心(持敬(じけい))で万物の理を究め(窮理(きゅうり))、修養によって身を修め(修身)、家を斉(ととの)え(斉家)、国家を治め(治国(ちこく))、天下を平らかにする(平天下(へいてんか))とした。

朱子 ③

理(り) ① 朱子学にいう、万物に内在する宇宙の原理。

性即理 ① 朱子学では理はすべてをつらぬく原理であり、当然人間のなかにも本性としてつらぬかれている。そこで、人間の本性(性)は理であるというのである。

理気二元論(りきにげんろん) ② 万物は、宇宙万物の原理である理と、物質的な質料である気によって構成されているとする、朱子学の考え方。

気 ①

窮理 ① 万物をつらぬいている理を見きわめようとすること。朱子学では、人間の本質(性)も理であるとし、これが人間の気にもとづく私欲にさまたげられているとする。したがって、私欲をつつしんで理に従う(居敬(きょけい))とともに、窮理を実践することが学問・修養の道として重要であると朱子は説いた。

居敬窮理 ①　居敬 ①

陽明学 ③ 儒学思想の1つ。明代の思想家、王陽明(おうようめい)(1472～1528)によってとなえられた。彼は、人間には善悪を判断する生まれながらの先天的な能力があるとし、これを良知(りょうち)と呼んだ。この良知をつくすこと(致良知(ちりょうち))が人間の精神活動の目標であるとし、そのためには良知には実践がともなわなくてはならないとして、「知行合一(ちこうごういつ)」をとなえた。

王陽明 ②

良知 ②　致良知 ①

心即理 ① 陽明学は朱子学の理気二元論の抽象性を批判し、理とは万物につらぬかれている客観的なものではなく、現実の心の本体が理であるとする心即理をとなえた。

道家(どうか) ⑥ 老子を祖とし、荘子(そうし)、列子(れっし)(生没年不詳)と続く学派で、天地万物を生み出す自然のままの道を説く。

老荘思想 ①

老子 ⑥ 生没年不詳　老荘思想(道家)の始祖。楚(そ)国に生まれ、周の王室図書館の役人であったとも伝えられるが、その生涯には不明な点が多い。のちに旅に出て、函谷関(かんこくかん)の関守に乞われて『老子道徳経』(『老子』)を与え、どこへともなく去ったとされる。

『老子』 ①

道(タオ) ③ 老子の主張する、万物を生み出し、あらゆる現象を成立させる原理。老子は、万物は道から生じて道に帰ると説いた。

無為自然(むいしぜん) ⑥ 作為(さくい)をほどこさず(無為)、おのずからそうなる(自然)ようにあること。老子は、人間が従うべき道として無為自然を主張した。

柔弱謙下(じゅうじゃくけんげ) ② 柔和で弱々しそうで、へりくだっているさま。老子が無為自然に従う人間としての理想的なあり方としたもの。

小国寡民(かみん) ③ 老子が理想とした、人々が素朴で質素な生活に自足するような村落共同体的なあり方。

荘子(そうし) ⑥ 生没年不詳　戦国時代末期に生まれる。老子の道の思想を受け継ぐ。その著書『荘子』には寓話(ぐうわ)や比喩(ひゆ)に満ちた論説が多い。小国寡民を理想とした老子に対し、荘子は政治をも含めた世俗的な価値を否定し、個人の実存的な自由のあり方を説いた。

万物斉同(ばんぶつせいどう) ③ 荘子の思想。道という立場からみれば、万物は皆斉(ひと)しいということ。是非(ぜひ)・善悪・生死・貴賤(きせん)といった価値の対立・差別は、人間にだけ通用する人為的・相対的なものにすぎないという考え方。

胡蝶の夢 ② 胡蝶になる夢をみた荘子が、荘子が夢で胡蝶となったのか、それとも胡蝶が荘子になる夢をみているのか、と自問するというたとえ話。万物斉同の譬(たと)えとなっている。

逍遥遊(しょうようゆう) ① いっさいの対立・差別や偏見にとらわれず、天地自然と一体となり、おおらかな絶対自由の境地に遊ぶこと。荘子は、このような人を指して真人(しんじん)と呼んで理想とした。

真人 ①

道教 ② 老荘思想に神仙(しんせん)思想(仙人となることをめざし、不老長寿や富を求める信仰)や民間信仰が融合して形成された中国の民族宗教。道を説き、不老長寿を理想とする。

4　日本の思想

アニミズム　animism ⑦ あらゆる物事に霊魂(れいこん)(アニマ)などがやどり、それを生命的・霊的な力ととらえ、様々な現象はその働きによるとする信仰。自然信仰の一形態。精霊(しょうりょう)信仰。　**精霊** ③　**霊(アニマ)** ②　**自然信仰** ①

祭祀(さいし) ③ カミや祖先霊を祀(まつ)ること。古代の日本では、祭祀の主催者がその集団の首長(リーダー)であった(祭政一致社会)。　**祭り** ④

神話 ③ 語源はギリシア語のミュトス(mythos)に由来する。元来、「言葉」「語られるあるもの」を意味したが、神格を中心とする説話を意味するようになった。宇宙の創世、神々の仕事、人間とその運命の起源などを説明する。

『古事記』 ⑦ 日本最古の歴史書。神話。712年、稗田阿礼(ひえだのあれ)(654頃～？)が伝誦した神代(かみよ)から推古(すいこ)天皇(554～628)までの天皇系譜や伝承などを太安万侶(おおのやすまろ)(？～723)が筆録し、元明(げんめい)天皇(661～721)に献上した。

天照大神(あまてらすおおみかみ) ③ 日本の神話に登場する、神々の世界である高天原を主宰する神であり皇祖神とされる。アマテラスはもっとも高貴な神とされ、祀られる神であると同時に、みずからも何らかの神を祀る存在であるとして描かれている。

『日本書紀』 ④ 舎人親王(とねりしんのう)(676～735)・紀清人(きのきよひと)(？～753)らを編者として、元正(げんしょう)天皇(680～748)治世の720年に完成した歴史書。最古の勅撰の正史として、神代から持統(じとう)天皇(645～702)に至る日本国家成立の歴史を天皇中心に叙述する。

記紀万葉 ①『古事記』『日本書紀』『万葉集』を指していう。古代日本人の心情やあり方を伝える書物。

清明心(清き明き心) ⑩ 古代において重んじられた、私心のない澄みきった心。清さ・明るさは内面の感覚的な判断であり、人と人との心情的融合がはかられた時に鮮明にとらえられた。他者との心情的な結合に欠けるのが、「きたなき」「くらき」心である。

おのずから ③ 自然、みずからそのようにあるというさま。『古事記』では、神々が「アシカビのように萌(も)え騰(あ)がり」つぎつぎと生まれるさまが描かれている。世界のあり方を「おのずからなる」働きからみる、日本人の発想の原型があると指摘される。

つぎつぎになりゆくいきおい ①『古事記』などにみられる、日本の神々のあり方、歴史意識を示すものとして、丸山眞男が日本文化の古層としてとらえた語。「なる」とは「つくる」ものや「うむ」ものの存在を介在させず、「おのずからそのようになった」ありさまを指す。

神道(しんとう) ⑧ 日本の固有信仰、民族宗教。特定の始祖や聖典、教義はなく、アニミズム・シャーマニズムの色彩がみられる多神教。清明心を重視し、日本人の倫理観の根底を形成した。明治時代以降、国家神道として政治に利用された。

カミ ④ 人間の力をこえた、不思議な力を有する存在を指して広くいう。『古事記』などに示される神々は、植物のようにつぎつぎと「なる」神々であるとともに、つぎつぎと産み落とされていく、そして「うむ」神々として表現されている。　**「うむ」神々** ③

八百万(やおよろず)**の神** ⑧ 古代日本人が信仰の対象とした、無数の神々。古代の日本では、自然物・自然現象すべてに神の性質がやどると考えられ、それらはたがいに対立しないとされる。人間と神のあいだが断絶しておらず、キリスト教やイスラームのような一神教との違いがある。

神社 ② 神道において神を祀る施設。明治時代以降、政府によって天皇制を護持(ごじ)するために神道が国家神道化され、神社神道が天皇信仰と結びつけられた。天皇の祖先の神とされる天照大神を祀る伊勢神宮を、全国の神社の中心におく制度がつくられた。

ツミ ⑤ 日本の古代においては、共同体の秩序を乱し、共同体を危険にさらすような行為が罪(ツミ)とされた。たとえば、『古事記』ではスサノヲが天照大神の田の畦(あぜ)を破壊したり、祭祀の妨害をしたりした行為が罪として描かれている。ツミとは、汚い心によって引きおこされるものとされた。

ケガレ ⑦ 日常生活を支えるエネルギー(ケ)が枯渇(こかつ)した状態。これが転じて、不浄を表す「穢れ」という字が当てられるようになる。古代日本では穢れ(不浄)が罪の観念と結びつき、これを払うために禊(みそぎ)がおこなわれた。

みそぎ(禊) ⑦ 身体に罪・ケガレがある時、水で身体を洗い清めること。物忌(ものいみ)(一定期間、飲食や行為をつつしむこと)ののち、水に入って若返り、神となるための聖水の行為である「ゆかわあみ」のこと。神社参拝にあたって手を洗い、口をゆすぐ行為はこの変形である。ケガレを取り除くことが可能であることは、キリスト教の原罪(げんざい)思想と対照的である。

はらい(祓) ⑦ 災厄(さいやく)やケガレ、罪を取り除くためにおこなう神事。はらえともいう。

氏神(うじがみ) ② 氏の祖先を神として祀ったものをいう。氏とは、血縁関係にあるとされる同族の集団を指す。

蕃神(あだしくにのかみ) ① 伝来した当初、仏教は利益をもたらす蕃神(外国から来た神)として受け入れられた。

聖徳太子(しょうとくたいし)(厩戸王(うまやとおう)) ⑧ 574～622 用明(ようめい)天皇(?～587)の皇子、厩戸王のこと。叔母は推古天皇。憲法十七条・冠位十二階の制を定め、天皇中心の集権化をめざした。政治理念として仏教を奨励し、法隆寺・四天王寺を建立し、経典の注釈書『三経義疏』(さんぎょうのぎしょ)を著したとされる。

憲法十七条(十七条憲法) ⑥ 604年に制定。和の精神(和をもって貴(たっと)しとなす)、天皇権威の強調、仏教奨励などの内容からなり、官人に対する道徳と従うべき規律がまとめられている。儒教(じゅきょう)の徳治主義や法家(ほうか)の法治主義の内容も含まれている。

和を以て尊しと為す ③　**和の精神** ④

凡夫(ぼんぷ) ① 煩悩にとらわれ、苦しむ人。憲法十七条の文言から、聖徳太子は仏からみれば人は皆凡夫であるという、仏教的な人間理解をしていたことがわかる。

世間虚仮唯仏是真(せけんこけゆいぶつぜしん) ① 聖徳太子の遺言として伝えられる言葉。世間はむなしく、ただ仏の教えだけが真実であるという意味。

鎮護(ちんご)国家 ⑤ 国家を安泰(あんたい)に保つこと。奈良時代、仏教は国を守る呪力をもつ宗教として国家的な保護を受けた。聖武(しょうむ)天皇(701～756)による国分寺・国分尼寺の建立、総国分寺である東大寺の毘盧舎那(びるしゃな)仏(大仏)の建立などが国家的な事業としておこなわれ、正規の僧を国が認める仕組みとして戒壇(かいだん)(僧となるための授戒がおこなわれる場所)が整備された。

大仏 ①　**東大寺** ①

国分寺 ①　**国分尼寺** ①

最澄(さいちょう) ⑦ 767～822　天台宗の開祖、比叡山延暦寺を開く。近江(おうみ)の出身。804年に遣唐使として唐に渡り、最新の仏教教学を学び帰国。菩薩戒(ぼさつかい)による大乗戒壇(だいじょうかいだん)設置をめぐって奈良の旧仏教派と対立する。法華経を重視した最澄は、すべての者が仏になる可能性(仏性)をもつとする「一切衆生悉有仏性(いっさいしゅじょうしつうぶっしょう)」を説き、法華一乗(ほっけいちじょう)の教えを説いた。

天台(てんだい)宗 ⑤

比叡山(ひえいざん)延暦寺(えんりゃくじ) ②

一切衆生悉有仏性 ③

法華一乗思想 ①

空海(くうかい) ⑥ 774～835　真言宗の開祖、高野山金剛峯寺(こんごうぶじ)を開く。讃岐(さぬき)の出身。804年に入唐し、青竜寺(せいりゅうじ)の恵果(けいか)(746～805)より密教を授かる。身分を問わない学校の綜芸種智院(しゅげいしゅちいん)をつくる。詩文・書にすぐれ、三筆の一人に数えられる。

真言宗 ⑤　**高野山金剛峯寺(こんごうぶじ)** ②

密教(みっきょう) ① 宇宙の本体、宇宙そのものである大日如来(だいにちにょらい)の伝える秘密の教え。ブッダによって明示された教えである顕教(けんぎょう)と区別される。呪力によって仏の加護(かご)を願う加持祈禱(かじきとう)を実践する。密教において、人は修行によって大日如来と一体化し、悟りを開くことができるとされる(即身成仏(そくしんじょうぶつ))。曼荼羅や不動明王像など、多くの密教文化を生み出す。

大日如来 ③

即身成仏 ② この世における、この身のままで仏になることができるとする密教の教え。手に印契を結び、口に真言(しんごん)(マントラ〈呪文のこと〉)をとなえ、心に仏を念ずるという三密(さんみつ)(身・口・意)の修行によって実現するとされる。

神仏習合 ③ 日本古来の固有信仰である神道が仏教に接近し、8世紀初頭頃から同化していく傾向がみられるようになったこと。たとえば、神社に神宮寺が建てられ、神前で読経がおこなわれるようになり、仏像に似せて神像がつくられるようになった。

本地垂迹(ほんじすいじゃく)説 ② 9世紀になって説かれるようになった、本体である仏(本地)が仮の姿になって現れて(権現(ごんげん))、日本の神々になったという教え。垂迹とは本体が形をかえて現すという意味。

空也(くうや) ① 903～972　平安時代中期の僧。諸国を遍歴し、社会事業をおこなうと同時に、口称念仏(くしょうねんぶつ)(念仏をとなえること)を人々に勧めた。

浄土(じょうど)信仰 ② 阿弥陀仏が住む西方の極楽浄土に生まれかわろう(往生(おうじょう)する)とする信仰。平安時代末期の戦乱と社会的不安を背景とする。源信(げんしん)(942～1017)は『往生要集』を著し、この世を穢(けが)れた世だとい

第2章

とわしく思うという「厭離穢土」と、仏の住む極楽浄土へ往生するという「欣求浄土」の教え(浄土教)を広めた。

浄土③　**往生**②

阿弥陀仏⑥ 大乗仏教である浄土教の中心となる仏。阿弥陀如来。かつて法蔵菩薩として修行している時に、衆生(生きとし生けるもの)を救済するため、48の誓願を立て、成就して阿弥陀仏になったという。成仏後は、西方の極楽浄土で人々を教化しているとされる。衆生を救済し、浄土における成仏を約束する。浄土宗では、自力で成仏できない人も、念仏をとなえれば阿弥陀仏の力によって、極楽に往生すると説かれる。

衆生救済②

末法思想④ 仏教の時代観。ブッダの死後、教(教え)・行(修行)・証(悟り)が正しく実現する正法の時代、教と行のみが実現する像法ののち、教のみが伝えられて行と証が不可能になる末法の時代へと進むという考え方。日本では1052(永承7)年に末法に入ったとされた。

無常〔観〕② 仏教で無常とは、つねなるものはないという教えであるが、末法の到来が信じられた平安時代後期は戦乱や天災があいつぎ、人々の心に無常観が広まっていった。鴨長明の『方丈記』には人の世の移りかわりの激しさと栄華を求めることへのむなしさなどがつづられている。一方で兼好法師(1283？～1352？)の『徒然草』には、「世は定めなきこそいみじけれ」とあり、無常であることを積極的に受け入れることに美意識を見出している。

行(修行)② 自己を高め、変容させるための、学習・訓練としての宗教的な行為。宗教的な意味づけと形式をもった課程で、それを修得することで、一定の資格や悟りなどが得られる。

易行② だれにでも取り組むことのできる行。浄土宗における「南無阿弥陀仏」ととなえること(専修念仏)など。

他力⑤ 浄土宗、浄土真宗の教えでは、阿弥陀仏の本願の力によって救われる(往生する)こと。

自力④ 自己の修行によって救われること。曹洞宗における坐禅による修行など。

鎌倉仏教④ 平安時代末期から鎌倉時代にかけて成立した仏教の諸派を指していう。それまでの仏教である密教の現世利益中心の教えを否定し、信仰を第一義とするのが特徴。すべての人を救うという大乗仏教の教えが日本化し、広く民衆に支持されるようになった。法然・親鸞らによる念仏、道元らによる坐禅、日蓮の唱題など、1つの行や信への単純化や、念仏などの易行を説くことも特徴となっている。

法然⑧ 1133～1212　浄土宗の開祖。末法時代の人間は、自力で悟りを開くことはできず、ただ阿弥陀仏にすがるための念仏以外に道のないことを説く。弟子に浄土真宗の開祖の親鸞がいる。著書に『選択本願念仏集』『一枚起請文』などがある。

浄土宗⑤　**『選択本願念仏集』**③　**知恩院**④

念仏⑤ 仏の姿などを思い浮かべながら、仏の名をとなえること。とくに浄土教では「南無阿弥陀仏」と阿弥陀仏の名号をとなえること(口称念仏)を指す。

専修念仏⑦ もっぱら「南無阿弥陀仏」ととなえることによって、阿弥陀仏の極楽浄土に往生できるとする、法然の教え。「南無」とは帰依するという意味。

南無阿弥陀仏④

親鸞⑧ 1173～1262　浄土真宗の開祖。師の法然が念仏という行による救済をとなえたのに対し、阿弥陀仏による救済を信じる心によってのみ救われると説いた。絶対他力の立場から、極楽に往生するためには、自我を没して、ひたすら阿弥陀仏にすがらなければならないとし、悪人正機説を説いた。晩年には、念仏をとなえることすら自発的な行為ではなく、阿弥陀仏の働きによるものだとする自然法爾を説いた。主著は『教行信証』。

浄土真宗⑤　**『教行信証』**⑤　**本願寺**④

『歎異抄』① 親鸞の教えを弟子の唯円(？～1288？)がまとめた書。なかでも悪人往生を説いた「善人なをもて往生をとぐ、いはんや悪人をや」は有名。

悪人正機説⑥ みずから善をおこなうことができる(自力作善)と信じている善人に対し、自己の罪深さをおそれ、煩悩に苦しむもの(悪人)こそ、阿弥陀仏の救いの真の対象(正機)となるという、親鸞の教え。

絶対他力⑥ 人々の救いを本願とする阿弥陀仏にひたすらすがることにより、救いを求める親鸞の思想を表す。

一遍③ 1239～89　時宗の開祖。浄土念仏の教えに帰依し、諸国を遊行して「南無阿弥陀仏、決定往生六十万人」と書かれた念仏札を配り、踊念仏を広めた。遊行上人、また、すべてを捨て去って念仏をとなえることから捨聖(すてひじり)とも呼ばれた。
時宗 ③

禅宗(禅) ③ 6世紀前半にインドの達磨(だるま)(？～528)によって中国に伝えられた、坐禅修行によって悟ることができるとするもの。日本には1168年に栄西によって臨済宗が、1227年に道元によって曹洞宗が、1654年に隠元(いんげん)(1592～1673)によって黄檗(おうばく)宗が伝えられた。

栄西(えいさい)(ようさい) ⑤ 1141～1215　宋から臨済禅を伝え、鎌倉に寿福(じゅふく)寺、京都に建仁(けんにん)寺を開き、臨済宗の開祖となる。喫茶の風習を日本に伝えた。主著に『興禅護国論(こうぜんごこくろん)』。
臨済宗 ⑥　**『興禅護国論』** ④
建仁寺 ④

道元(どうげん) ⑦ 1200～53　鎌倉時代に京都で生まれる。天台宗に学んだが、のちに臨済宗禅を学び入宋し、その後日本に曹洞宗を伝える。ひたすら坐禅すること(只管打坐(しかんたざ))で悟りが開かれるとした。越前国に永平寺を開き、主著は『正法眼蔵(しょうほうげんぞう)』。
曹洞宗 ③
『正法眼蔵』 ④　**永平寺** ⑤

坐禅(ざぜん) ⑤ 瞑目静座(めいもくせいざ)して、無心・無我の境地に至り、仏法を明らかにしようとする行(ぎょう)。

只管打坐 ⑦ ひたすら坐禅に打ち込むこと。

身心脱落(しんじんだつらく) ③ 只管打坐により、身体や心の束縛から脱して無我に徹し、自由で慈悲に満ちた悟りの境地に至ること。

日蓮(にちれん) ⑧ 1222～82 「南無妙法蓮華経」の題目(だいもく)を唱和することによって、仏の徳が与えられると説いた。法華経の行者として激しい他宗排撃をおこない、法難(迫害)を受ける。主著は『立正安国論(りっしょうあんこくろん)』。
日蓮宗 ④　**『立正安国論』** ④
久遠寺 ④

法華経(ほけきょう) ⑦ 大乗仏典の1つで、釈迦を永遠の仏であると説く。天台宗・日蓮宗の教えはこれによっている。

南無妙法蓮華経 ⑥ 法華経に帰依しますという意味で、日蓮宗でとなえられる題目。日蓮宗では南無妙法蓮華経をとなえることを唱題といい、唱題により成仏することができると説く。　**題目** ③　**唱題** ④

地蔵菩薩 ② ブッダの入滅後、弥勒(みろく)菩薩が成仏するまでの仏がいないあいだ、衆生を救済するとされる菩薩。一般に僧形をとる。道の神、子どもの守り神として民間信仰のなかに取り入れられた。

官学 ② 儒教の学問(儒学)は、室町時代頃までは僧侶によって研究されていただけであった。江戸時代に入ると、朱子学が幕府公認の学問(官学)とされるようになり、隆盛していった。一方で、官学である朱子学に対して、日本独自の儒学も主張されるようになっていった。

林羅山(はやしらざん) ④ 1583～1657　江戸時代初期の朱子学者。藤原惺窩(ふじわらせいか)(1561～1619)に学び、惺窩の推挙で徳川家康(とくがわいえやす)(1542～1616)に仕え、以降、幕府の侍講(じこう)として幕政に関与。上野忍ヶ岡(しのぶがおか)にのちに昌平坂(しょうへいざか)学問所となる家塾を建てる。林家(りんけ)はその後、代々、幕府の儒官となった。
藤原惺窩 ②

上下定分(じょうげていぶん)の理(ことわり) ③ 林羅山の主張。天地自然のなかに上下尊卑の秩序があるように、人間社会の法則である道徳(人倫)においても身分の上下の秩序があり、これが守られてこそ社会秩序が正しく安定するとする考え方。

山崎闇斎(やまざきあんさい) ① 1618～82　江戸時代初期の朱子学者。人が敬(つつしむこと)をもって生きることを強調した。儒学と神道を融合し、垂加神道をとなえた。

中江藤樹(なかえとうじゅ) ⑤ 1608～48　江戸時代初期の儒学者。近江の出身。伊予(いよ)の大洲(おおず)藩に仕えるが、母に孝養をつくすために帰郷し、のちに「近江聖人」と称される。孝の徳目を重視し、日本陽明(ようめい)学の祖となる。

孝[中江藤樹] ③ 人を愛し、敬する心。中江藤樹は、孝は人間関係を成立させる基本原理であるとともに、宇宙万物の存在の根本原理であると主張した(全孝(ぜんこう))。

武士道 ④ 名と恥を重くみて、主君と家臣とが心情的なつながりをもつことを理想とする考え方。古くは「弓馬(きゅうば)の道」「武者のならい」とされ、とくに鎌倉時代以降は公家に対抗して武士の生きる道、いさぎよさとしてとらえられるようになった。山本常朝(やまもとつねとも)(1659～1719)は『葉隠(はがくれ)』のなかで「武士道といふは死ぬ事と見付けたり」と述べ、主従のあいだの恋愛感情にも似たあり方を武士道であるとした。
いさぎよさ ②

山鹿素行(やまがそこう) ③ 1622～85　江戸時代前期の儒学者・兵学者。林羅山に学び朱子学をおさめるが、のちに『聖教要録』で朱子学を批判し、播磨(はりま)の赤穂(あこう)藩に流される。「漢唐宋明の学者」による解釈ではなく、「周公孔子の道」の真意を直接学ぶべきであるとする、古学を主張した。また、武士は支配者・道徳的指導者として、三民(農工商)を導く職分をもつとし、人格修養につとめるべきとする士道を説いた。

古学④　**士道**②

伊藤仁斎 ⑩ 1627〜1705　京都の町人出身の儒学者。朱子学・陽明学・仏教・道教などを学ぶ。京都堀川に学塾である古義堂を開き、堀川学派・古義学派の祖と呼ばれる。人間を生き生きとした「活物」ととらえ、人間の情を重視する立場から、朱子学は孔子・孟子の本来の思想とは異なると批判し、『論語』『孟子』の精神に立ちかえり、儒教を倫理思想として純粋化することをめざした。彼は儒教の根本概念の「仁」を、愛という心情的なものと理解した。そして、人は誠(利己心を捨てた純粋な心)によって、他人に対して愛情をもつことができ、仁愛が実現されると考えた。

古義学④

忠信 ⑤ 自他を偽らない純粋な心。伊藤仁斎は人間のあり方、主体的な実践として忠信を重視した。

誠 ⑦ 偽りのないこと、誠意。伊藤仁斎は私心(わたくしこころ)のない、利己心を捨てた純粋な心を「誠」といい、道の全体であるとした。

荻生徂徠 ⑥ 1666〜1728　江戸時代中期の儒学者。古学の立場をさらに徹底し、中国古代の聖人が著した古典や文辞を、当時の言葉の意味を通じて理解しようとする古文辞学を主張した。人が従うべき道とは、朱子学が説くような、初めから天地自然に備わっているものではなく、中国の古代の先王・聖人が制作・作為した先王の道であるとし、人間の内なる性に従うのではなく、外である道により善に至るべきであると主張した。　**古文辞学**③　**先王の道**①

礼楽刑政 ① 儀礼と音楽、刑罰と政治を指す。礼と楽とは人間に秩序と調和をもたらし、刑と政は人間社会の秩序と調和に客観的な根拠を与えるものとされる。荻生徂徠は、先王の道とは、具体的には礼楽刑政の道であるとした。

経世済民 ④ 世を経め、民を救うこと(経済)。荻生徂徠は儒学の目的を、個人の修養ではなく経世済民であるとした。

石田梅岩 ① 1685〜1744　京都で商家に奉公。独学で儒学・仏教・老荘思想・神道を学び、町人の道を追求し、石門心学を提唱。商人の営利活動は天理にかなうものとして正当化し、正直(相手を大切にし、偽らないこと)と倹約(私欲を離れること)の倫理を説いた。著作に『都鄙問答』。

正直⑤

国学 ⑪ 江戸時代の元禄期以降、復古的な思想にもとづき、日本古典の解読や古代文化の研究をおこなった学問。代表的な学者として、契沖(1640〜1701)、荷田春満(1669〜1736)、賀茂真淵、本居宣長、平田篤胤(1776〜1843)ら。彼らは『古事記』『万葉集』などの古典を研究し、日本の固有精神を明らかにしようとした。

賀茂真淵 ② 1697〜1769　江戸時代中期の国学者。荷田春満に学ぶ。『万葉集』を中心に古典を研究し、古道の復活を説いた。真淵は『万葉集』の男性的でおおらかな歌風を指して「ますらをぶり」と呼び、ますらをぶりのなかに、素朴で力強い「高き直き心」が表現されていると主張した。

本居宣長 ⑪ 1730〜1801　国学の大成者。古道は惟神の道であるとし、古道を理解するためには儒学・仏教によって生じた漢意を捨て、生まれたままの真心になることが必要であるとした。文芸の本質は、真心がものに触れて動く、もののあはれであるとした。著書に『古事記伝』など。

『古事記伝』②

漢意 ⑥ 儒教や仏教によって感化された心。宣長は、ことさらに賢さを誇り、善悪ばかりで物事をとらえる態度を「漢意」であるとして否定した。

真心 ⑦ 物事を素直に感じ、受け入れていく、生まれたままの心。本居宣長は、古代の日本がもっていた心を真心であるとし、真心をもって古の道に従うことを「惟神の道」であるとした。

古道①　**惟神の道**④

もののあはれ ⑦ もの(自然)に触れた時、人にわき立つようにおこる、しみじみとした感情のこと。「あ、はれ」は感嘆や驚きを表す感動詞。

和魂洋才 ① 日本固有の精神である和魂と、西欧の知識・学問である洋才をわけ、ともに重んじていくとする、近代日本における西欧文化の摂取に対する基本的な考え方。

横井小楠 ② 1809〜69　江戸時代末期の儒学者。越前藩の松平慶永(1828〜90)に重用され、のちに幕政にも関与する。幕府や藩が自己だけの利益に傾く姿勢を批判し、儒教の理想でもある「公共の天理」を実現すべきであると主張した。

文明開化 ② 明治維新から明治憲法の制定頃までの、生活様式や風俗の西洋化のこと。civilization（シビリゼーション）の訳語。散切頭（ざんぎりあたま）、洋装、牛鍋（ぎゅうなべ）の流行（肉食）、洋風建築、ガス灯、鉄道などの文化・技術面から、学制・地租改正・徴兵制といった社会制度に至るまで、西洋文明の摂取が積極的におこなわれた。また、西洋思想としては、天賦（てんぷ）人権論としての啓蒙思想（ルソーら）や、功利主義（J.S. ミルら）が紹介された。

福沢諭吉（ふくざわゆきち） ⑪ 1834〜1901　豊前（ぶぜん）国の中津（なかつ）藩士の子。明治期を代表する啓蒙思想家。教育者として、慶應義塾（現、慶應義塾大学）を創設。緒方洪庵（おがたこうあん）（1810〜63）の適塾（てきじゅく）で蘭学を学び、のちに英語（英学）を独学する。幕府の咸臨丸（かんりんまる）派遣の際には、使節とともにアメリカに渡り、西洋文明を視察する。のちに、これらの体験をもとに『西洋事情』を著し、欧米諸国を紹介した。幕府・明治政府への出仕を断り、在野にあって個人の自主独立・自由平等を説いた。代表作に『学問のすゝめ』『文明論之概略』『福翁（ふくおう）自伝』などがある。

『文明論之概略』 ①

独立自尊 ⑦ 個人が、自主独立の生活を営むこと、その精神。福沢諭吉の思想の中心となる考え方。福沢諭吉は、日本が西洋列強と肩を並べるためには、合理的な学問の発展と並んで、個の確立、個人の独立が必要であるとし、「一身独立して一国独立す」と説いた。　**一身独立して一国独立す** ⑦

『学問のすゝめ』 ⑥ 1872（明治５）年刊行の福沢諭吉の著作。これからの人間の社会的地位は、学問の有無によって決まると述べるとともに、日常生活に役立つ実学を奨励した。ヨーロッパの自然法思想による人権思想のなかでも、とりわけ自由・独立の重要性を説き、「一身独立して一国独立す」と各自が責任感をもって自己の栄達をはかることが、国家社会の発展に寄与すると述べた。冒頭の「天は人の上に人を造らず、人の下に人を造らずと云へり」という言葉で知られる。

「天は人の上に人を造らず、人の下に人を造らずと云へり」 ⑤

門閥制度 ① 福沢諭吉が批判する、江戸時代の身分制度。諭吉は『福翁自伝』で門閥制度は親の敵であると述べ、個人の自由な能力の開化をそこなうものであると批判した。

実学 ⑥ 実用的で実利的な学問。福沢諭吉は西洋から学ぶべきものとして、「有形において数理学と、無形において独立心」と述べたが、ここにいう数理学が西洋の合理的・実証的な科学であり、実学を指す。

天賦（てんぷ）人権 ④ 人間のもつ自由権は天から与えられたものであり、国家であってもこれをおかすことはできないという考え方。アメリカ独立宣言の影響を受け、明治期の啓蒙思想家たちによって受容された。のちに、自由民権運動を支える思想となる。

天賦人権思想 ④

脱亜入欧（だつあにゅうおう） ① 1885（明治18）年、福沢諭吉が主宰する『時事新報』の社説として掲載された主張。植民地主義のなかで、清や朝鮮などを自由・独立の気風が未熟な「東洋の悪友」として謝絶し、欧米列強との交際を深め、文明国に参入することの必要性を説いた。一方で、アジア蔑視（べっし）の風潮をまねく結果となった。

中村正直（なかむらまさなお） ① 1832〜91　明治期の啓蒙思想家。イギリスに留学し、帰国後にスマイルズ（Smiles、1812〜1904）の『西国立志編』、J.S. ミルの『自由之理（ことわり）』を翻訳し、啓蒙思想の普及につとめた。明六社の創立にも参加した。

中江兆民（なかえちょうみん） ③ 1847〜1901　土佐（とさ）藩出身。フランスに留学し、帰国後、フランス流の急進的民主主義を広める。ルソーの『社会契約論』を漢文訳し、「東洋のルソー」と呼ばれた。現状の、明治政府から（上から）与えられた「恩賜（おんし）的民権」を、民衆が下から勝ち得る人権である「恢復（かいふく）的民権」にまで育て上げることを主張。

東洋のルソー ①　**恩賜的民権** ①

恢復的民権 ①

内村鑑三（うちむらかんぞう） ⑥ 1861〜1930　札幌農学校在学時にキリスト教に入信した。プロテスタント派のキリスト教信仰を伝え、無教会主義をとなえた。教育勅語（ちょくご）不敬事件をおこし、幸徳秋水（こうとくしゅうすい）（1871〜1911）、堺利彦（さかいとしひこ）（1870〜1933）らと社会的不正義を批判し、日露戦争では非戦平和をとなえた。世界に向かった愛国心をもち、「二つのＪ（Japan と Jesus）」のために生命をささげようとした。著書に『基督（キリスト）信徒のなぐさめ』などがある。　**無教会主義** ①

『余は如何にして基督信徒となりし乎』 ①

二つのＪ ⑥ 日本とイエス。内村鑑三は、高潔な精神である武士道の道徳観とキリスト教における神の義とをつなぐ架橋になろうとつとめた。

岡倉天心（おかくらてんしん） ① 1862～1913　美術史家。フェノロサ(Fenollosa、1853～1908)に師事し、東京美術学校校長となる。アメリカのボストン美術館の東洋部長となり、日本美術の紹介に力をつくした。のちに国粋主義的な思想を展開し、「アジアは一つ」と述べ、アジア世界の覚醒と、そこでの日本の指導的役割を主張した。

「アジアは一つ」 ①

正岡子規（まさおかしき） ① 1867～1902　松山生まれの俳人・歌人。俳句雑誌『ホトトギス』の刊行に協力、写生による新しい俳句を唱導した。夏目漱石との交友でも知られる。

夏目漱石（なつめそうせき） ⑨ 1867～1916　東京出身の、近代日本文学を代表する作家。本名は金之助。明治期における急激な近代化という時代背景のもと、知識人の内面的苦悩を描くことを通して、近代文明の矛盾を指摘し、そのなかに生きる人間の不安を描いた。最晩年には「則天去私（そくてんきょし）(小さな私にとらわれず、身を天地自然にゆだねて生きていくこと)」の心境に至る。『吾輩は猫である』『坊っちゃん』『三四郎』『それから』『門』『こころ』など、作品多数。

内発的開化 ⑦ 内部から自然に出て発展していく、という意味で、漱石のとらえた西洋の開化のあり方。漱石は、イギリス留学の経験から、ヨーロッパの近代化が、自発的で内在的な内発的開化であるのに対し、日本の近代化は、西洋文明をむりやり取り入れた結果である「皮相上滑（ひそううわすべ）り」な外発的開化であると批判した。

外発的開化 ②　**欧化政策** ①

自己本位 ⑦ 夏目漱石が訴える個人主義のこと。漱石は、日本人の自己確立が不十分であるのは、西洋からの圧力によって近代化したためであるととらえ、各人が自己本位に自由に生きることで、自己の内面的な主体性の確立をめざすべきであると主張した。

森鷗外（もりおうがい） ② 1862～1922　明治、大正期にかけて活躍した文豪で、軍医。歴史小説、史伝などで知られる。当時の日本社会を、いまだ普請中であると表現し、のちに「かのように」生きる諦念（ていねん）の境地を語った。

平塚（ひらつか）**らいてう** ① 1886～1971　女性解放運動家。女性も自己を確立すべしとし、1911(明治44)年に青鞜社を結成し、雑誌『青鞜』を発刊する。のちに市川房枝（いちかわふさえ）らと新婦人協会を設立し、婦人参政権獲得をめざして活動を展開した。

国家主義 ① 近代に成立した国民国家を基礎に、自分たちの所属する国家をもっとも価値あるものと考える思想・信条や政治的運動のこと。総じて、個人よりも国家に優位を認める考え方をもつ。徳富蘇峰（とくとみそほう）(1863～1957)の平民主義、三宅雪嶺（みやけせつれい）(1860～1945)の国粋主義、陸羯南（くがかつなん）(1857～1907)の国民主義の流れを経て、国家主義は近代日本の思想界の主流となっていった。

西田幾多郎（にしだきたろう） ⑦ 1870～1945　石川県出身の哲学者。参禅の経験から、みずからの哲学的思索を深め、ベルクソン(Bergson、1859～1941)、ジェームズらの純粋経験の思想を手がかりに、独創的な哲学体系をつくり上げた。主著に『善（ぜん）の研究』などがある。

純粋経験 ⑤ 主観と客観とがわかれる以前(主客未分)の経験。西田幾多郎は、西洋哲学が主観と客観、精神と物質とを対立するものとしてとらえていることを批判し、真に実在するものは純粋経験であり、これがすべての出発点であると主張した。彼によると、自己と宇宙とは根元において同じであり、自己の知情意と無限の純粋経験の統一力とが一致する時、真の自己が発揮されるという。この自己と実在との統一こそが人格の実現であり、道徳的な「善」であると論じた。

主客未分 ④　**客体** ①

『善の研究』 ④ 西田幾多郎の主著。彼は坐禅を通して、また哲学者のベルクソンやジェームズの純粋経験の思想を手がかりに、主客未分の直接的な経験の事実を実在ととらえた。1911(明治44)年にこの書を著し、善とは人格の実現であり、真の自己を発揮することであるとする道徳・宗教に通じる哲学を体系化した。

場所 ① 西田幾多郎は主客未分の純粋経験こそが真実在であり、これを絶対無であるととらえた。そして、いっさいのものは絶対無の自己限定であり、これがなされる場所を無の場所であるととらえた(場所の論理)。

無 ①

和辻哲郎（わつじてつろう） ⑪ 1889～1960　兵庫県出身の倫理学者。夏目漱石の影響を受ける。倫理学は、人間の学でなければならないと主張し、人間存在を人と人との、そして個人と社会との相互関係＝「間柄」としてとらえた。また、人間の文化的あり方を、風土による違いから説きおこす『風土』を著し、多くの反響を呼んだ。著作はほかに『古寺巡礼』『日本倫理思想史』『倫理学』などがある。

『古寺巡礼』②　『倫理学』⑤
『人間の学としての倫理学』②
『日本倫理思想史』①

間柄的存在(あいだがらてき) ⑩ 和辻は個人主義にもとづく西洋的倫理を批判し、人間とは世の中そのものであり、しかも世の中における人でもあるという、個人性と社会性との相互関係としての「間柄」としてとらえた。『人間の学としての倫理学』で述べ、のちに主著『倫理学』において発展された、和辻倫理学の中心概念である。

風土 ⑥ その土地の気候・地形・地質など、そこに住む人間の生活や文化に影響をおよぼすものの総体。和辻哲郎は著書『風土』において、モンスーン型・砂漠型・牧場型の３つの類型を示し、風土という空間的な条件が人間存在を規定していることを説いた。ここで、日本をモンスーン型に分類し、季節風(モンスーン)の影響を受ける地域に住む人々の生活類型を、受容的で忍従(にんじゅう)的なものとしてとらえた。それは、人々は自然の豊かな恵みを受ける一方で、ひとたび自然が猛威をふるえばそれをひたすらたえ忍ぶという、風土からの影響を受けるからであるとした。　**風土論①**

民俗学 ⑥ 民衆の生活に根ざした慣習・行事・信仰・伝承を調べることにより、生活文化の歴史を明らかにしようとする学問。

柳田国男(やなぎたくにお) ⑥ 1875～1962　兵庫県出身の日本民俗学の創始者。農政学を専攻し、農商務省(当時)の役人となったが、視察旅行などを経て民俗学に向かう。岩手県遠野(とおの)地方に伝わる民間伝承を収集した『遠野物語』を刊行し、その後も、１つの土地に定着して生活する一般の人々(常民(じょうみん))の生活の習俗や伝承の研究に打ち込む。昭和期に入ると、日本の固有信仰の研究を深め、『海上の道』などの代表作を著す。

『遠野物語』②　『先祖の話』②
常民⑤

折口信夫(おりくちしのぶ) ② 1887～1953　国文学者・歌人・民俗学者。釈迢空(しゃくちょうくう)の号をもつ。日本人の神の原型を、他界から毎年定期的にやってくる「まれびと」(客人)に求め、まれびとである神を心をこめて歓待し、饗応(きょうおう)することに文芸や芸能の起源を見出した。　**まれびと①　来訪神①**
歓待①

柳宗悦(やなぎむねよし) ① 1889～1961　民芸運動を展開した美術評論家。人々が日常で用いる、無名の職人がつくり出した民衆の工芸品を民芸と呼び、そのなかに日本文化の独自性を見出した。

大東亜共栄圏 ① 欧米勢力をアジアから排除し、日本が盟主となって満州(満洲)・朝鮮・中国および東南アジア諸地域を統合し、共存共栄していくという考え方。日本が太平洋戦争をおこない、アジア支配を正当化するためのスローガンであった。

丸山眞男(まるやままさお) ④ 1914～96　政治学者、思想家。1946(昭和21)年の『超国家主義の論理と心理』で論壇に衝撃を与えた。『日本政治思想史研究』において、日本における政治思想史研究の基礎を築く。日本には理性的で主体的な個の意識が足りないと批判し、戦後の民主主義思想のオピニオン・リーダー的存在となった。

無責任の体系 ② 丸山眞男の用語。軍国主義を台頭させ、日本を戦争に追いやった超国家主義の体制は、伝統的な天皇の権威を権力構造の基礎においた、主体的責任意識の乏(とぼ)しい「無責任の体系」であったと丸山は批判した。

第3章 公共的な空間における基本原理

1 人間の尊厳と平等

多様性(ダイバーシティ) ⑦ 集団において年齢・性別・国籍・人種・宗教・趣味嗜好など様々な違いをもった人々がともにある状態のこと。人間の尊厳や平等など人権問題を考える際に前提とすべき考え方。

ソーシャルインクルージョン(社会的包摂) ② 社会を構成するすべての人々を、孤独や孤立、排除や摩擦から援護し、健康で文化的な生活の実現につなげるよう、社会の構成員としてつつみ込み、ともに支えあうこと。SDGsにおける「誰一人取り残さない」という理念とも合致している。
インクルージョン ①

個人の尊重 ⑪ 人権保障の基礎となる考え方。日本国憲法第13条には「すべて国民は、個人として尊重される。生命、自由及び幸福追求に対する国民の権利については、公共の福祉に反しない限り、立法その他の国政の上で、最大の尊重を必要とする」とある。ここにいう「公共の福祉」も、社会からの個への強制という意味ではなく、個人の権利行使がほかの個人の権利侵害にあたる時は公共の福祉に反するものとされる、と理解すべきである。

マララ＝ユスフザイ Malala Yousafzai ④ 1997～ パキスタン出身の人権活動家。パキスタン・タリバンの女性抑圧を批判し、イスラーム過激派から銃撃される。その後も、女性が教育を受ける権利を訴え続け、2014年には史上最年少でノーベル平和賞を受賞した。

平等 ⑫ 自然権の1つとされ、公共的な空間を構成するためのもっとも基本的な理念。平等とは、すべての人間が同じであるということではなく、すべてのそれぞれ異なる人々が等しい扱いを受けるという意味である。

機会の平等 ⑤ 社会参加の様々な場面で、すべての人々が同様に扱われるべきであるという考え方。

結果の平等 ⑤ スタートにおける平等のみならず、ゴール(結果)においても、社会の成員は等しく社会のもたらす利益を配分すべきだとする平等の考え方。

形式的平等 ⑥ 平等の理念は、個々人の違いにもとづく扱いの違いを許さないという点において形式的な側面をもつ。しかし、平等を形式的に保障するだけでは、社会がめざすべき平等(実質的平等)は実現できないのではないかという批判がある。

実質的平等 ⑨ 本質的な内実をもった平等。近代社会においては、たとえば機会の均等といった形式的な平等だけでは充分ではなく、経済活動などによって生じた不平等を、どの範囲まで許容し、社会の成員間の実質的な平等を保つのかが問題となる。

人間の尊厳 ⑧ 人間の人間らしさを指す言葉。人間は人格をもった存在として尊く、おごそかでおかしがたい存在であること。たとえば、哲学者のカントは、人間はほかの何ものとも比較できない価値をもつもの、ほかの目的のための手段になり得ない究極の目的そのものであるとする。民主主義社会の基本的な倫理の原則。

シュヴァイツァー Schweitzer ⑦ 1875～1965 40年間にわたってアフリカのガボンのランバレネに病院をつくり、現地の人々の治療やキリスト教の伝道をおこなった。1952年、ノーベル平和賞を受賞。現代のヒューマニズムの実践者の一人である。

生命への畏敬 ⑦ シュヴァイツァーが、著書『文化と倫理』のなかで倫理の基本とした考え。「わたしたちは生きんとする生命にかこまれた、生きんとする生命である」という自覚のもとに、自分の同胞としてすべての生命あるものを敬(うやま)う心。

ガンディー Gandhi ⑦ 1869～1948 インド独立運動の指導者。イギリスからのインドの独立(スワラージ)に際して、苛酷(かこく)な弾圧・投獄にもめげずに非暴力・不服従を貫いた。『インドの自治』『自叙伝』を著した。真理を求める清貧(せいひん)で厳格な生涯を送り、マハトマ(偉大なる魂)といわれた。インド独立後、ヒンドゥー教徒の青年に暗殺された。 **マハトマ** ① **スワラージ** ②

アヒンサー(不殺生) ⑦ 殺生に反対し、肉食を禁じ、戦争を放棄するというガンディーの思想。

非暴力・不服従 ⑦ イギリスからの独立運動に際して、ガンディーらが主張した考え方。暴力をいっさい使用することなく、平和的手段を使って目的を実現すること。暴力では暴力を打ち破ることはできないとし、愛と自己犠牲の抵抗によって、相手に非を認めさせることができるとした。
非暴力主義 ④　**非暴力の抵抗** ②
不服従 ②

塩の行進 ③ 1930年、ガンディーが指導した非暴力・不服従運動。イギリス植民地政府による塩の専売制に抗議し、塩の生産自由化を求めて約360kmを行進した。

真理の把握(サティヤーグラハ) ④ ガンディーが反英独立運動において提唱した運動方針。真実と愛から生まれる力による、非暴力と不服従の闘争。真理の把持(はじ)ともいう。

偏見 ② 物事に対する正しい理解がないままに、かたよった一方的な先入観で物事をとらえること。相手を認めようとしない不寛容な心や、自分と異なるものへの敵対心や恐怖心がその背景にあるといえる。偏見は差別の原因となる。

バスボイコット運動 ② 1955年、アメリカのアラバマ州モンゴメリーで、黒人女性のローザ＝パークス(Rosa Parks、1913〜2005)がバスのなかで白人に席を譲ることを拒否し、逮捕されることをきっかけにして始まった、人種差別に対する抗議運動。キング牧師らが路線バスの乗車ボイコットを呼びかけた。

キング牧師 King ⑦ 1929〜68　アメリカ公民権運動の指導者。白人と黒人の差別が激しいなか、非暴力による、すべての人種の平等を訴え続けた。1963年にワシントンへの大行進をおこない、「I have a dream」の演説をした。1964年にはノーベル平和賞を受賞したが、1968年暗殺された。アメリカでは、彼の生誕を記念して1月の第3月曜日を祝日としている。
ワシントン大行進 ③

公民権運動 ⑧ 広義には、憲法が保障する権利の適用・実現を求めるマイノリティ(少数派)の運動全般を指す。狭義には、アメリカで1950年代から始まり1960年代に大きな盛り上がりをみせた、黒人に対する人種差別の撤廃(てっぱい)を求める運動を指す。

公民権法 ⑤ アメリカにおいて、公民権運動の高まりを背景にして制定された一連の法。1957年の公民権法では黒人の参政権が保障された。1964年には人種差別撤廃法案が可決され、公共施設・学校での差別撤廃などが定められた。
公民権 ①

LGBT ⑨ レズビアン(女性同性愛者)、ゲイ(男性同性愛者)、バイセクシュアル(両性愛者)、トランスジェンダー(性同一性障がい者を含む、心と出生時の生物学的な性別が一致しない人)のアルファベットの頭文字をとった言葉。性的指向(好きになる性)、性自認(自分で認識している自分の性、心の性)における性的少数者の総称として用いられる。
レズビアン ⑦　**ゲイ** ⑦
バイセクシュアル ⑦
トランスジェンダー ⑦
性的少数者(性的マイノリティ) ⑧
性的指向 ⑥　**性自認** ⑥

SOGI ⑤ Sexual Orientation & Gender Identity の頭文字をとったもので、性的指向、性自認のこと。
SOGI ハラ ①

ノンバイナリー ① 自分の性自認を男性・女性という性別のどちらにもはっきりと当てはまらない、または当てはめたくないと考える人。
クエスチョニング ①

性同一性障がい ③ 生物学的な性と、自分の人格における性が一致していないこと。本人には、自分が生物学的にいずれの性に属しているのかはっきりと認識されており、それがゆえに大きな心理的葛藤(かっとう)・苦悩に遭遇(そうぐう)する。

性同一性障害者特例法 ① 性同一性障がい者のうち特定の要件を満たす者に対し、家庭裁判所の判断によって、戸籍上の性別を変更できるとした。2004(平成16)年施行。

性の自己決定権 ② 自身の性的指向と性自認について決めるのは自分自身であるとする考え方。

同性婚 ③ 同性同士の婚姻。日本では法的に認められていない。世界では、2022年7月現在、32の国・地域で同性婚が可能になっている。アジアでは、2019年から台湾で同性婚ができるようなり、2022年には台湾人と日本人のカップルに同性婚を認める台湾裁判所の判決も出された。

パートナーシップ制度 ③ 同性婚が認められていない日本で、自治体が独自にLGBTのカップルに対して結婚に相当する関係とする証明書を発行し、様々な行政サービスや社会的配慮を受けやすくする制度として導入されている。2015(平成27)年に東京都渋谷区と世田谷区で施行され、全国の自治体に広がりをみせている。

同性パートナーシップ ③

アウシュヴィッツ強制収容所 ① ポーランド南部のアウシュヴィッツ市(オシフィエンチム)におかれた強制収容所。第二次世界大戦中、ドイツ軍によって100万人をこえるユダヤ人が虐殺されたといわれる。

強制収容所 ①

ホロコースト holocaust ④ 元来、ヘブライ語で「神に供する獣の丸焼き」の意であったが、ナチスによるユダヤ人の大量虐殺のことを指して使われることが多い。

民族差別 ② ファシズムや植民地の宗主国による被抑圧民族への差別で、多数民族による少数民族への差別なども当てはまる。日本における韓国・朝鮮人、中国人などへの差別、ナチス・ドイツによるユダヤ人差別などの例がある。

カースト〔制度〕 caste ① ヒンドゥー教社会にみられる厳重な身分制度。4つのヴァルナ(身分)のもとに、2000以上といわれるジャーティ(職業集団)にわかれ、カースト外に不可触民が位置づけられている。

マザー＝テレサ Mother Teresa ⑤ 1910〜97 旧ユーゴスラビア生まれの修道女。インドのベンガルでの教師を経てスラム街に入り、捨て子を育て、ハンセン病患者を救い、生命の尊さを説いた。1979年にノーベル平和賞を受賞。 **「孤児の家」** ①

「死を待つ人〔々〕の家」 ④ マザー＝テレサがインドのカルカッタ(現コルカタ)に1952年に設立した、貧困や病気で死期の近い人々の最期を看取るための施設。

神の愛の宣教者会 ② マザー＝テレサによって創設され、1950年にローマ教皇庁によって認可された、カトリックの女子修道会。「死を待つ人々の家」を始めるなど、もっとも貧しい人々のために働くことを使命としている。

2 自由・権利と責任・義務

自由 ⑫ 民主社会の倫理としてもっとも大切な基本的価値で、近代市民社会で平等とともに主張された。政治的にほかからの拘束・束縛を受けないこと。自分の権利・義務・認識にもとづいて、他から支配されないさま。

積極的自由 ② 主体的に自己の行為を選択する自由。「自分自身の主人であること」にもとづく自由の概念。

「〜への自由」 ②

消極的自由 ② 他人からの故意の干渉・抑圧や強制からの解放という自由。

「〜からの自由」 ②

倫理 ③ 社会や共同体などのなかで、通用している規範やルールのこと。人間としての生き方、生きるべき道。

責任 ⑦ 人間は社会的な存在であり、ほかの人間の存在を前提としている。他人の権利をそこなわない限りにおいて、自己の自由や権利を主張できる。しかし、他人の自由や権利を侵害しないように行動する責任と義務をもつ。

権利 ⑨ ある事柄について自分の意思に従って自由におこなったり、また正当な理由のもとに他人に対して要求することができる能力を広く権利という。法的には一定の利益を自分のために主張することであり、さらに権利には義務がともなう。例として、他人に金を貸した場合は、金を返してもらう権利(債権)が生じ、借りた側は金を返す義務(債務)が生じる。 **義務** ⑨

世代間の公正 ① 世代をこえた、まだ生まれていない未来の世代との関係において、考えるべき公正のこと。環境倫理などで、現代のわれわれが将来世代に対してもつ責任の視点から論じられる。

民主社会の倫理 ① 人間の尊厳を前提に、民主社会は成立している。自由・平等を中心とした基本的人権の保障、生命の尊重など、自己の権利のみを主張するだけではなく、他者の権利をも認める態度が、民主社会の倫理には必要とされる。

最後通牒ゲーム ④ 社会が成り立つためには何が必要なのかを考える思考実験。実験者はAに1万円を渡し、Bとわけるようにいう。この時、わけ方はAの自由だが、Aが提示した配分にBが拒否をした場合、AもBもどちらもわけ前をもらえない。

この場合、多くの実験例でAはほぼ半分の50%をBに提示するという。つまり、Aは公正という観点を無視して行動することが難しく、たんに利潤最大化に従って行為するわけではないということが示される。

3 民主政治の基本原理

政治 ⑫ 集団の構成員のあいだで生じる様々な利害関係を調整する技術・機能のこと。集団的目標の設定、手段の選択、合意の形成、強制力の発動などを要素とする。もっとも重要な政治の単位は、合法的な強制力を独占する国家である。

権力 ⑦ 他人を自己の意思に服従させる強制力のこと。集団の秩序を維持するために、集団の構成員を場合によってはその意思に反して支配・統合しうる物理的強制力。政治権力を意味し、軍隊や警察力がその物理的力になる。なお、権力がその集団の構成員によって主体的に受け入れられた場合、それを権威と呼ぶ。 **強制力(権力)** ②
クラティア(権力・支配) ①

政治権力(政権) ⑥ 政治の場で発動される権力のこと。一定地域の秩序維持を目的とし、その地域の住民に対して強制力をもつ。もっとも規模の大きいものが、国家の国民に対する強制力である。

国家権力 ⑧ 国家のもつ権力のこと。政治権力が国民を支配するために、政府・官僚機構、軍隊・警察、法体系などを組織化した形態である。こうした強制力を背景として、国家の秩序維持が可能となっている。私的権力と区別して公的権力とも呼ぶ。
公権力 ①

マックス=ウェーバー Max Weber ④ 1864〜1920 ドイツの社会学者。『プロテスタンティズムの倫理と資本主義の精神』で、近代資本主義社会とピューリタンの倫理との結合を歴史的に分析した。ウェーバーによると、資本主義社会をつくり出した人々の習性(エートス)としてプロテスタントへの信仰があげられるという。また、支配の3類型として伝統的支配・カリスマ的支配・合法的支配をあげ、とくに近代官僚制における合法的支配の問題点を指摘した。

:伝統的支配 ③ 古来より存在する秩序と支配権力の神聖性にもとづき支配がおこなわれている状態。

:カリスマ的支配 ③ 支配者の有する天賦(てんぷ)の資質(カリスマ性)にもとづき支配がおこなわれている状態。

:合法的支配 ③ 形式的に正当な手続きで定められた制定規則にもとづき支配がおこなわれている状態。ウェーバーによると、もっとも強い支配力をもつのがこの合法的支配であるという。

立憲君主制（立憲君主政） ④ 君主が主権をもち、憲法にもとづいて政治をおこなう政治体制。中世から近代への移行期のヨーロッパでみられた絶対君主制（絶対君主政）のあとに展開した。立憲君主制でも、プロイセンのように、絶対君主制と実質的にはかわらない強大な権力を君主が有する場合と、イギリスや戦後日本の象徴天皇制のように、君主の権力が憲法により限定され、形式化されている場合とがある。

君主主権 ⑤

専制政治 ① 国民が政治に参加することを認めず、強大な政治権力をもつ為政者が、独断的に展開する政治のこと。

絶対王政 ⑩ 16～18世紀に、ヨーロッパの多くの国で成立・展開していった政治形態。国王が官僚と常備軍とを支えに、強力に国家統一を進めた政治の形態。強大な政治権力を有する絶対君主に権力が集中し、君主の地位と権威が王権神授説によって認められる一方で、常備軍と官僚が権力基盤を強固なものとした。市民革命によって打倒の対象となった。

絶対主義国家 ②
絶対君主制 ②

王権神授説 ⑩ 君主のもつ絶対的な支配権もしくは統治権が、神からの保障にもとづくとする考え方。イギリスの政治思想家フィルマー（Filmer、1588～1653）やフランスの神学者ボシュエがとなえた。絶対主義の理論的支柱となった。

ルイ14世 Louis XIV ③ 1638～1715 フランス絶対王政の最盛期の王（在位1643～1715）。王権神授説をとり、親政をおこなう。ヴェルサイユ宮殿を建築した。「太陽王」ともいわれ、彼の「朕は国家なり」という言葉は有名である。

「朕は国家なり」 ③

ボシュエ Bossuet ① 1627～1704 フランスの思想家。著書『世界史叙説』で王権神授説をとなえ、ルイ14世に影響を与えた。

議会 ⑨ 法律の制定、予算の審議などをおこなう機関。基本的には、選挙で選ばれた議員によって構成される。

議会政治 ①

独裁政治 ④ 少数者に政治権力が独占されている政治形態。少なくとも形式的には、支配者は国民の支持を得ている。したがって、専制政治とは異なる。近代の独裁政治は、多くの場合、マスコミなどによる国民の操作と、軍部の協力を基礎にもつ。独裁者は、国家理念を掲げて国民を動員し、一時的には成果を上げることもある。独裁体制ともいう。

独裁体制 ①

ファシズム fascism ⑪ 自由主義・共産主義を否定して、第一次世界大戦後に台頭した思想。語源は、イタリア語の「ファッショ（束、集団）」であり、さらに「ファッショ」の語源はラテン語の fasces（ファスケス、束桿）である。自民族の優越性を主張するとともに、個人の基本的人権を否定する。全体主義や軍国主義の体制作りを推進した。ドイツのヒトラーや、イタリアのムッソリーニがおもな担い手である。

ファシスト政権 ②
ファシズム国家 ①

ムッソリーニ Mussolini ③ 1883～1945 イタリアの政治家。イタリア・ファシズムの指導者として1922年に政権を獲得すると、労働組合を統制し、言論・出版の自由などを否定して、ファシスト党独裁を確立した。

ヒトラー Hitler ⑧ 1889～1945 ドイツの政治家・独裁者。1921年以降、ナチスの党首として右翼的活動を扇動し、ミュンヘン一揆をおこし、獄中生活を送る。獄中で『我が闘争』を口述する。釈放後は、ヴェルサイユ体制下の不況の克服を公約とする議会主義に路線を転換、議会内外の支持を受けて1933年には政権の座につき、独裁政治を実現する。1934年には強大な権力をもつ総統（フューラー）となる。日本・イタリアと同盟し、1939年の独ソ不可侵条約ののち、ポーランドに侵攻し、第二次世界大戦を引きおこした。ユダヤ人大量虐殺など、極端な人種政策をとる。のちに連合国側の反撃を受け、自殺。

総統 ①　**ユダヤ人の迫害** ②

ナチス Nazis ⑦ 第一次世界大戦後に成立したドイツの政党。国民社会主義ドイツ労働者党の通称。党首ヒトラーの指導のもとに、ヴェルサイユ条約の破棄など、国家主義的な要求を掲げる一方で、中産階級の支持を広げる政策も標榜した。1932年の総選挙で第1党に進出し、翌年以降、独裁政権を確立していった。

ナチズム Nazism ③ ナチスによる全体主義的・超国家主義的な政治のこと。ドイツのファシズム。反ユダヤ主義・反共産主義・国民社会主義など、様々な要素を含み、中産階級や下層階級の排外主義的民族主義、反大資本的要求を結集した。

ナチス・ドイツ ② **ナチス政権** ②

全権委任法 ② ドイツにおいて1933年に成立した法で、ナチス政権に立法権を与えるというもの。議会政治の否定であり、これ以降、政府は憲法の規定に反するものでも法律を制定することが可能になり、ナチス政権の暴走を許すことになった。

クーデタ coup d'État ① 政治支配者層内のある勢力が政権獲得をめざすため、あるいは権力を強化するためにおこなう非合法的武力行使のこと。ある階級から別の階級への権力の移行である革命に対して、クーデタは同一の階級間の権力移行である。

民主主義(デモクラシー) democracy ⑫ 人民みずからがもつ権力による支配のこと。ギリシア語のデモス(demos、人民)とクラティア(kratia、〜の支配)が結合してつくられた。人民が直接的・間接的に政治に参加できる制度と、人民の権利・自由を保障する思想を含んでいる。市民革命以後には、人民の代表者からなる議会に、最高の権力を認めるようになった。近代以降、こうした原則が、民主主義原理として広く認められるようになった。

デモクラティア(民衆の権力・支配) ②
デモス ②

民主政治 ⑪ 民主主義にもとづく政治のこと。その方法によって、直接民主制と間接民主制にわけられる。近代以降、国民の代表が政治をおこなう間接民主制がとられるようになった。17世紀のイギリスに始まる近代民主政治の歩みは、間接民主制の発展の歴史でもある。 **近代民主政治** ①

直接民主制 ⑫ 古代ギリシアの都市国家や現代のスイスの一部でみられるように、人民が政治に直接関わる仕組みのこと。古代ギリシアではアゴラと呼ばれた広場に市民が集まり、議論がおこなわれた。現代日本では憲法改正における国民投票、地方自治におけるイニシアティブ、レファレンダム、リコール(解職請求)に直接民主制の内容をもつ制度がある。

直接民主主義 ② 人民が直接、政治に参加する民主主義のこと。古代ギリシアの民会、アメリカ建国期のタウン・ミーティング、スイスの州民集会などがその例。

州民集会 ④ スイスにおける直接民主制の1つ。スイスには26のカントン(州)という独特の行政区画が存在し、このカントンのなかに、さらにゲマインデと呼ばれる多くの行政単位が存在する。このカントンやゲマインデのなかには、現在でもそこに住む住民による直接民主制がおこなわれているところがある。具体的には重要な政治問題に対して投票をおこなったり、場所によっては広場に住民を集め採決をおこなったりする。スイスの国政レベルの政治制度もこの伝統に則(のっと)り、国民が国政に直接関われるような場面を複数設定している。

ライツゲマインデ ①

間接民主制 ⑪ 国民自身ではなく、国民が議会(国会)に選出した代表者(代議員)によって、政治がおこなわれる制度のこと。直接民主制に対立する概念である。代議制、代表民主制と呼ばれることもある。

間接民主主義 ① **代表民主制** ⑦
代議制民主主義 ⑤ **代議制** ①

議会制民主主義 ⑪ 議会を中心としておこなわれる民主主義のこと。立法府を、国家に関わる重要事項についての審議・論議・決定の場とすることになる。現代の多くの国々はこの制度を導入しているが、行政府との関係(大統領制・議院内閣制)や議会の構成(一院制・二院制)などによって、議会制度の内容は各国で異なる。

:審議の原理 ① 議会で決定をくだす際には、公開の場で、より多くの議員が参加している状態で、慎重な審議を経なければならないという原理。

:国民代表の原理 ① 議会を構成する議員は一部の者の代表者・代弁者ではなく、国民全体の代表であるとする原理。18世紀のイギリスの政治家バーク(Burke、1729〜97)は、「議員は個々の選挙区の利益代表者ではなく、全国民のために存在する議会の議員である」と述べた。

:監督の原理 ① 国民のための行政が公正におこなわれているかどうかを、議会が厳重に監督するという原理。

多数決原理 ⑥ 意思決定に関わる者のうち、多数を占める者の意見によって、意思決定をおこなうこと。議会での採決でもこの原理が適用されており、多数を占める者の意見が議会の意思とされる。J.S. ミル(→ p. 26)が指摘したように、不寛容な多数者の圧力から、少数者(個人)をどう擁護(ようご)するかが問題となる。 **多数決** ⑦

ボルダルール ⑤ 投票者が複数の候補(案)に対して、よいと思う順に高い点数をつけ(たとえば1位に5、2位に3、3位に1など)、総得点が高い候補(案)を意思決定の結果とするやり方。18世紀にフランスの数学者ボルダ(Borda、1733〜99)が提唱した。単純な1人1票の多数決に比べ、広く支持を受けたものが採用されやすくなるという利点がある。

少数意見の尊重 ④ 意思決定に際して、少数者の意見の発表、批判の自由が認められ、話しあいのなかで、全体の意思が形成されていくこと。少数意見の尊重がなぜ重要なのかの理由は、多数決原理による意思決定がつねに正しいとは限らず、しかも多数決が少数意見の無視につながり、多数者のための意思決定が当たり前のようになるおそれがあるからである。フランスの思想家トックビルやイギリスの思想家J.S. ミルはこのような状態を「多数者の専制」と呼んで警告を発していた。

多元主義 ① 人々の多様性を容認・肯定・保護する国家のあり方。アメリカの政治学者ダール(Dahl、1915〜2014)は、民主主義の理論構成に政治的多元論を導入して、ポリアーキー(多元政治)論を主張した。

大衆民主主義(マス・デモクラシー) ⑥ 大衆社会における民主主義。大衆による不確定な政治的行動や一方向に流れやすい選挙行動などによって、本来の政党政治や民主的政治が正しく機能しなくなるおそれや、マスコミなどを利用した大衆操作型の政治(「劇場型政治」、センセーショナリズム)や、大衆迎合型の政治(ポピュリズム)が出現しやすくなる危険性が指摘されている。

扇情主義(センセーショナリズム) ①
ポピュリズム政党 ②

市民性(シティズンシップ) ② 他人を尊重しながら、独立した市民として社会に主体的に参加し、協働的に役割を果たせるようにつとめるあり方。民主社会の形成に欠かせない市民的資質であるとされる。

社会契約説 ⑫ 17〜18世紀にとなえられた政治思想で、人々がみずからの生まれながらにもつ自由や権利(自然権)を守るために、人々が合意して結んだ契約によって社会(国家)が成立したとする考え方。社会の成立以前の自然状態を想定し、その自然状態における困難を解消するために、人々は社会契約にもとづいて国家・社会を成立させたとする。ホッブズ・ロック・ルソーらが代表的思想家である。 **社会契約** ②

自然権 ⑫ 人間が生まれながらにしてもっているとされる権利のこと。生命・自由・平等などが含まれる。自然権の具体的内容は、たとえばアメリカ独立宣言のなかに「われわれは、自明の真理として、すべての人は平等につくられ、造物主によって、一定の奪いがたい天賦の権利を付与され、そのなかに生命、自由、および幸福の追求の含まれることを信ずる」と表現されている。

自然権思想 ④ 人類の普遍的価値である基本的人権の由来を、神から与えられた天賦の権利、または絶対にゆずることのできない自然権とする思想。社会契約説は、自然権がどのように保障されるかが問題となっていることからわかるように、自然権思想がその背景になっている。

自然法 ⑪ 人間の自然に根ざした法。近代以降には、人間の理性・本性が自然法の根拠となった。実定法と対立する概念である。人間がいつでも従うべき普遍的な法であり、実定法に優越するものとされることもあった。自然権に根拠を与えた。

自然法思想 ③ 自然法こそもっとも普遍的規範であり、人間が定める法律の基盤である、という考え方。王権神授説を批判し、社会契約説を導くもととなったため、「近代自然法理論」ともいわれる。

ホッブズ Hobbes ⑫ 1588〜1679 イギリスの哲学者・政治思想家。イギリス絶対王政の理論的指導者でもあった。ピューリタン革命時にはフランスに亡命した。主著『リヴァイアサン』で国家論を展開し、国家を契約によって人間がつくり出したものとしてとらえた。これを「リヴァイアサン(『旧約聖書』にある巨大な怪物)」と呼んだのは、彼の描いた国家が社会契約にもとづいて成立する強大な専制国家であったからである。 **『リヴァイアサン』** ⑪

「万人の万人に対する闘争」 ⑩ ホッブズの人間観を示した言葉。人間の自然状態は、みなが平等に自然権をもち、それを行使するがゆえに戦争状態であるとホッブズは考えた。自己保存のために人間が行動すると、たがいの利害は対立して衝突がおこる。こうした衝突を回避するために、「リヴァイアサン」である国家(統治者)に対して自然権を譲渡しなくてはならないと彼は説いた。

自己保存の欲求 ③

自然状態 ⑦ 社会契約説において、国家や社会が成立する以前に想定される人間間の状態。「万人の万人に対する闘争」(ホッブズ)や「理性的な相互尊重による平和」(ロック)「悪徳のない調和の状態」(ルソー)など諸説ある。

ロック Locke ⑫ 1632〜1704 イギリスの

哲学者・政治思想家。経験論の代表的哲学者として、正しい認識方法を論じた『人間悟性論』を著す。一方、『統治二論』では名誉革命の理論づけをおこなった。さらにその思想は、アメリカ独立革命・フランス革命にも影響を与えた。

『統治二論』 ⑦ 1690年に刊行されたロックの著作。国民主権を説き、さらに政府が国民の権利を侵害した場合には、抵抗権(革命権)を認めて、名誉革命(イギリス)を擁護した。間接民主主義による法のもとでの統治と、個人の自由の両立を説いた。一部で絶対王政を批判し、二部で社会契約説を説いた。書名に関しては様々な表記がある。
『市民政府二論』 ②
『統治論二篇』 ①

抵抗権 ⑩ 権力の不法な行使に対して人民が抵抗する権利。革命権ともいう。ロックは自然権を否定するような権力の濫用に対しては、抵抗権(革命権)を認めるべきと主張した。 **革命権** ⑪

執行権 ① 議会により制定された法律を具体的に執行していく権限。行政権ともいう。ロックは権力を議会の有する立法権と国王の有する執行権(行政権と司法権)、同盟権(外交権)の三権にわけたが、議会を通じて執行権と同盟権への抑制をはかるという、立法権優位の原則をとなえた。

啓蒙(けいもう)思想家 ① 啓蒙とは、伝統的な偏見や無知からの理性による解放を意味する。啓蒙思想は、17世紀末にイギリスでおこり、18世紀にフランスやドイツに広まった。市民階級の台頭と自然科学の発達を背景に、合理主義的批判精神にもとづいて、社会的・政治的・宗教的伝統の打破をめざす思想運動である。啓蒙思想家として、イギリスのロック・ヒューム、フランスのモンテスキュー・ヴォルテール・ディドロ(Diderot、1713〜84)、ドイツのヴォルフ(Wolff、1679〜1754)・カントらがあげられる。 **啓蒙思想** ②

ルソー Rousseau ⑫ 1712〜78 フランスの啓蒙思想家。1750年の『学問芸術論』、1755年の『人間不平等起源論』で有名となる。私有財産制にもとづく社会制度が現実の不平等を生み出すとし、文明社会を批判した。また『社会契約論』では、ロックの社会契約説を発展させて、一般意志による契約を主張した。

『社会契約論』 ⑧ 1762年に出版されたルソーの主著。彼は主権者である人民の一般意志を強調した。国王と政府は主権者の代理機関にすぎず、人民の契約によって政府は創設されると説いた。人民には、満足できない政府を変更する権利があるとも述べたが、これはフランス革命の理論的根拠となった。

一般意志 ⑪ 社会公共の幸福を心がける全人民の意志。利己的利益を求める個人の意志の総和である全体意志とは異なる。ルソーは一般意志に従うことに人々の自由の実現をみた。

特殊意志 ④ 特定の個人や団体の利益をめざす意志。

全体意志 ③ 特殊意志の総和としての社会全体の意志。個々人の私的利益の総和。

人民主権 ③ ルソーは、社会契約によって成り立つ共同体を共和国と呼び、人民を主権者とする国家を構想した。そして主権とは一般意志のことであるから、分割したり譲渡したりできないとして直接民主制を主張した。 **人民主権論** ②

リンカーン Lincoln ⑩ 1809〜65 アメリカ第16代大統領(共和党、在任1861〜65)。大統領就任と同時に南北戦争が勃発したが、1863年の奴隷解放宣言によって、戦局を北部に有利な方向に導いた。同年のゲティスバーグ演説でも知られる。1865年、南北戦争後の南北統一の過程で暗殺された。

南北戦争 ① アメリカ合衆国を脱退して新国家を結成した南部11州と、この脱退を認めない合衆国とのあいだで1861〜65年におきた内乱。

奴隷 ① 売買の対象となる人間。南北戦争の1つの係争点として奴隷制を維持するかどうかがあった。南北戦争中の1862年9月にリンカーン大統領が「アメリカ合衆国に対して反乱をおこしている州内の奴隷は1863年1月1日をもって自由となる」と表明し、のちに奴隷解放は憲法修正第13条(1865年発効)として実現した。

「人民の、人民による、人民のための政治」 ⑨ 1863年、リンカーンがペンシルヴェニア州ゲティスバーグでの演説で述べた言葉。民主主義の理想を表明した。
ゲティスバーグの演説 ⑦

4 法の支配と立憲主義

マグナ・カルタ(大憲章) Magna Carta ⑧ 1215年に当時のイギリス国王が署名した文書。権力の座にある者は、その特権を濫用してはならないことを強調した。人身の自由や、恣意的な課税の禁止などに関して、貴族たちの主張を認めた。近代民主主義の出発点ともいえる。

市民革命 ⑫ 欧米諸国で17～18世紀に展開された市民階級による社会変革の動き。市民階級(ブルジョワジー)とは、当時、経済的な実力を蓄えた商工業者を指す。彼らは、人間が自由で平等であるという立場から、国王・貴族・特権商人らの支配体制を倒そうとした。ピューリタン革命や名誉革命がその代表例である。 **近代市民革命** ① **ブルジョワ革命** ②

権利請願 ③ 1628年にイギリス国王チャールズ1世(Charles Ⅰ、1600～49)に対し、議会の同意がない課税や不法な逮捕などに反対して、議会が提出した文書。国王はこれを無視したため、その後にピューリタン革命がおこった。なお、この文書はエドワード＝コーク(クック)が中心となって起草した。

エドワード＝コーク(クック) Edward Coke ⑧ 1552～1634 イギリスの法律家・政治家。絶対政治をおこなうイギリス国王ジェームズ1世(James Ⅰ、1566～1625)に対して、「国王といえども神と法の下にある」という13世紀のイギリスの裁判官ブラクトンの言葉を引用して批判した。「権利請願」の起草者でもある。

コモン・ロー common law ⑤ 普通法と訳す。イギリスにおける中世以来の慣習法を指す。人権保障を基礎としており、イギリスの「法の支配」思想の源流となった。イギリスの裁判所の判例によって生まれた「一般法」であり、コークはコモン・ローの伝統を訴え、王権といえども法に拘束されると主張した。

ピューリタン革命 ④ 1642年にイギリスでおこった市民革命。清教徒革命ともいう。国王チャールズ1世と議会との対立は内乱に発展した。ピューリタン(清教徒)を主力とする議会派が1648年に勝利をおさめ、国王を処刑して共和制を宣言した。しかし、指導者クロムウェル(Cromwell、1599～1658)が独裁的傾向を強めたため、彼の死後は王政に復帰した。 **清教徒革命** ②

名誉革命 ⑥ 1688年にイギリスでおこった市民革命。王政に復帰した後、国王チャールズ2世(Charles Ⅱ、1630～85)・ジェームズ2世(James Ⅱ、1633～1701)が、議会を無視した専制政治をおこなったため、これに対抗して、議会は国王をフランスに追放し、オラニエ公ウィレム(William、1650～1702、ウィリアム3世)とメアリ(Mary、1662～94)夫妻を新国王に迎えた。流血の事態をまねかなかったため、名誉革命または無血革命とも呼ばれている。

権利章典 Bill of Rights ⑧ 1689年、名誉革命の翌年に新国王ウィリアム3世に認めさせた文書。議会の発した権利宣言を法律化した。議会の承諾がなければ、法律の制定・停止や課税、常備軍の保持などができないと定められ、イギリスでの議会制度の基礎となった。

「君臨すれども統治せず」 ② イギリス議会における国王の地位を象徴的に表した言葉。国王は「政治的実権」を有しない、という意味。ジョージ1世(George Ⅰ、在位1714～27)以降に確立された。

ホイッグ党 Whig Party ① イギリスでピューリタン革命後に進歩的貴族や新興商工業者を中心に形成された政党。自由党の前身だが、現在の自由民主党の母体にもあたる。

トーリー党 Tory Party ① イギリスで17世紀後半に聖職者や地主層を中心に形成された政党。現在の保守党の母体である。

チャーチスト運動 ⑥ 19世紀のイギリスで、労働者階級を中心としておこった政治運動。普通選挙権を求める請願である「人民憲章(ピープルズ・チャーター)」を議会に提出し、大規模な署名運動、大衆集会を展開した。

アメリカ独立革命 ⑥ 1775～83年におこなわれた独立革命。イギリスからの独立をめざした。1776年には、バージニア権利章典やアメリカ独立宣言の発布がおこなわれ、1783年のパリ条約調印により、アメリカの独立が承認された。1788年の合衆国憲法の発布までを含めていう場合もある。

バージニア権利章典 ⑥ 1776年6月、アメリカ独立革命のさなかに採択された文書。天賦人権の思想が明確に示され、政府の改良・改変の権利を規定している。人権宣言の先駆的な位置を占めている。バージニア州憲法とも呼ばれ、世界初の成文憲法としても有名である。

アメリカ独立宣言 ⑨ 1776年7月4日に発表された独立宣言。のちに第3代大統領となるジェファーソン(Jefferson、1743～1826)やフランクリン(Franklin、1706～90)が起草したとされる。生命・自由・幸福追求の権利を天賦のものとし、その権利を保持するために政府が組織されたと説いた。政府への抵抗権・革命権への言及には、ロックの思想的影響がみられる。

独立宣言 ① **ジェファーソン** ③

フランス革命 ⑥ 1789年におこった市民革命。絶対王政を打倒して、共和制を樹立した。人権宣言を採択し、自由・平等・友愛をスローガンとした。絶対王政と特権階級を打倒するなかで、革命派内部にも対立が現れ、恐怖政治の時期を経て、ナポレオン(Napoléon、1769～1821)の登場によって終焉(しゅうえん)を迎えた。

フランス人権宣言 ⑫ 1789年、フランス革命の初期に、国民議会で採択された宣言。正式には「人および市民の権利宣言」という。前文と全17条からなり、人間の自由と平等、自然権の保持、財産権の不可侵、権力の分立などを定めた。1791年の憲法の前文として冒頭に掲げられた。アメリカ独立宣言、バージニア権利章典の影響や、ルソーの思想の影響がみられる。

「人および市民の権利宣言」 ②

市民階級(ブルジョワジー) bourgeoisie ⑥ フランス語の「市民」が本来の意味。フランス革命においては、聖職者・貴族とは異なる第三身分のうち、新興勢力の商工業者を指した。資本主義の発展過程において、共産主義運動が展開するなかでは、労働者階級(プロレタリアート)と対立する概念としても用いられた。 **市民** ⑤

権力分立〔制〕 ⑩ 国家権力の行使をいくつかの国家機関に分担させ、これらの機関の独立とたがいの抑制と均衡により、権力の濫用(らんよう)を防ぎ、国民の基本的人権を確保しようとする思想およびその制度。

モンテスキュー Montesquieu ⑫ 1689～1755 フランスの政治思想家・法学者。その主著『法の精神』で、権力の濫用を防ぐためには、立法権・執行権・司法権の三権分立が必要であると主張し、アメリカ合衆国憲法に大きな影響を与えた。

『法の精神』 ⑩

立法権・執行権(行政権)・裁判権(司法権) ⑤

抑制・均衡(チェック・アンド・バランス) checks and balances ⑫ 権力の集中を防ぐために、権力を分離・独立させるだけでなく、権力が権力を抑制し、均衡を保つ仕組み。

三権分立 ⑪ 国家権力の作用を立法・行政(執行)・司法にわけ、それぞれを議会・政府・裁判所に帰属(きぞく)させて、権力分立をはかろうとする制度。日本国憲法も立法権は国会(第41条)、行政権は内閣(第65条)、司法権は裁判所(第76条)と定めているが、国会を国権の最高機関(第41条)として議院内閣制を採用し、議会優位型の三権分立制をとっている。

5 世界のおもな政治体制

自由主義 ② 社会生活における個人主義や、政治的な自由を求める主張。経済的な自由放任主義を含む思想のこと。私有財産制と自由な経済活動の維持を強調する。国家による過度の介入には批判的であり、異質な思想に対して比較的寛容である。社会主義思想に対抗する性格は強い。

共産主義社会 ③ 旧ソ連では、マルクスの理想社会を共産主義社会と呼び、その理想社会へ進む前段階という意味で社会主義社会と呼んだ。社会主義社会では、「人は能力に応じて働き、能力に応じて与えられる」が、共産主義社会は「人は能力に応じて働き、必要に応じて与えられる」社会である。

政治体制 ⑥ 政治権力の運用の仕組み、政治機構のこと。ある政治原理にもとづいて形成され、秩序づけられている状態を表す。政治体制を支配の形態からみれば「民主主義体制」「全体主義体制」という分類が、また経済社会システムからみれば「資本主義体制」「社会主義体制」という分類ができるように、様々なとらえ方が可能である。また、政治体制には、その体制の維持に利害をもつ支配層が、その政治権力を保持していくための仕組みを、それぞれの理念を背景として形成していくという側面があることが指摘できる。

全体主義 ⑦ 国家あるいは民族の全体を重視し、個人の自由を認めない考え方。政府が、人間活動のほとんどの領域を統制しようとする。イタリアのファシズム、ドイツのナチズム、旧ソ連型の社会主義がこれに含まれる。

イギリスの政治制度 ⑤ 国王を元首とする立憲君主制を採用している。上院と下院の二院制をとり、議院内閣制がその特徴をなす。

議院内閣制 ⑫ 行政機関の中心をなす内閣を、議会の信任にもとづいて組織する制度。通常、内閣は議会に対して責任を負う。首相(内閣総理大臣)には、一般に下院の多数党(第1党)の党首が就任する。主要閣僚の多くは議員から選出される。立法府と行政府の協力関係が成立しやすい。

保守党 ② イギリスの保守政党。17世紀後半に成立したトーリー党をその起源とする。第二次世界大戦中に国民を率いたチャーチル(→p.222)や、1980年代に福祉政策の見直しと民営化路線を推進したサッチャー(→p.230)が、代表的な党首である。

労働党 ② イギリスの社会主義政党。20世紀初めに、社会主義諸団体が連合して結成された。第一次世界大戦後、自由党にかわって勢力を拡大し、イギリスの二大政党の1つとなった。マルクス主義とは一線を画し、福祉政策を推進してきた。

下院(庶民院) ⑨ イギリスの政治制度において、議会の二院制を構成する一方の院。もう一方の院である上院が終身任期・定数不定の院であるのに対して、下院は完全小選挙区制のもとで、18歳以上の国民の直接選挙で選ばれる。任期は5年、定数650名。

解散権 ④ イギリスの首相には、首相の助言にもとづく国王大権の行使としての下院解散権がある。2011年の議会任期固定法によりこの権限は廃止されていたが、2022年に国王大権による下院解散権の行使が可能となった。

上院(貴族院) ⑦ 国民の投票によって選ばれない議員、すなわち非民選議員である聖職者議員・世襲貴族・法律貴族(法官貴族)を含む一代貴族から構成される。定数がなく、原則終身制である。

影の内閣(シャドー・キャビネット) shadow cabinet ⑨ イギリスにおいて政権を担当していない政党が形成している国家公認の組織。予算措置もあり、外務・内務・財務など、実際の閣僚ポストに対応して「影の大臣」として政策担当者をおく。政府の政策に対して責任ある批判が可能となる。

影の大臣 ②

剣線(ソードライン) sword line ⑤ イギリス下院の議場に引かれている2本の赤い線。イギリスの下院の議場は議長席に向かって、左が与党側、右が野党側となっている。双方の席の最前列の30cmほど前のところに、赤い線が引かれている。かつて騎士が剣を抜いて決闘となったことがあり、こうしたことを避けるために剣の届かない距離にこの線が引かれることになったという。

下院優位の原則 ③ イギリスで、1911年の議会法によって確立した原則のこと。同法の制定により、貴族院は、財政に関する拒否権を失うなど様々な権限が制限された。以後、議院内閣制の重要な原則の1つとなった。

最高裁判所[イギリス] ① 2009年にイギリスで最高裁判所が設置された。それまで最高裁判所に当たる機関は上院と同一組織だった。

ドイツ連邦共和国憲法 ① 1949年に制定されたドイツ連邦共和国(西ドイツ)の憲法をボン基本法という。東西ドイツの統一により旧東ドイツにも適用されることとなった。国民主権・三権分立・連邦制度をとる一方、大統領の権限を弱め、議会と首相の権限を強化したことなどが特徴。また、基本的人権に多くの社会的権利を加えた。

戦う民主主義 ① 民主主義自体や人権を否定し、破壊しようとする言論や結社などの自由の敵には無制限の自由は認めないという理念。ナチスによる人権抑圧への反省から、戦後のボン基本法で採用された考え方。

CDU・CSU ① ドイツの政党で、中道右派のキリスト教民主・社会同盟を指す。

SPD ① ドイツの政党で、ドイツ社会民主党のこと。2021年の総選挙で勝利し、緑の党、FDP(自由民主党)とともに連立政権を発足させた。 **FDP** ①

アメリカ合衆国の政治制度 ⑤ 大統領を元首とする共和制を採用している。立法・行政・司法の三権の独立性が強い。大統領の権限も強い。

連邦制 ⑤ 多数の国や州が、1つの主権のもとに結びついて一国家をつくる制度のこと。複合国家の一種。アメリカでは、50の州(state)がそれぞれ固有の権限をもつ。住民の直接選挙で選ばれた州知事を中心に、独自の刑法・民法のもとに、州政府が行政を担っている。外交権・軍事力の行使など憲法に規定された権限については、連邦政府に従う。 **中央政府** ①

大統領制 ⑪ 共和制の国家が採用している政治制度。アメリカの場合、大統領は国民の直接選挙によってではなく、大統領選挙人を州別に選出する間接選挙によって選ばれている。形式的な権限にとどまらず、行政権の首長としての強大な権限を有する。しかし、議会に対する法案提出権はもたず、法案拒否権をもつにとどまる。また、憲法(1951年制定の修正第22条)によって、3選は禁止されている。

法案提出権 ④ アメリカ合衆国大統領は、議会に対して法律案の提出ができない。このため「教書」制度が存在する。

法案拒否権 ⑩ アメリカ大統領が議会に対してもつ権限。議会を通過した法律案に大統領が署名をしないことで、議会に再審議を求めること。ただし、上下両院が3分の2以上で再可決すると、大統領の署名なしで法律案が成立する(オーバーライド)。

アメリカ大統領選挙 ① 立候補した大統領候補者を支持する大統領選挙人を各州で国民が投票し、この投票によって選出された大統領選挙人が大統領を選挙する、という独特の間接選挙である。大統領選挙人の選出で大統領は事実上決定する。

:大統領選挙人 ⑤ 大統領を選挙するのが「大統領選挙人」で、有権者は州ごとに大統領選挙人を選出する。各州に配分される大統領選挙人の数は上下両議員数と同じ。さらにどの州にも属さない首都ワシントンには3人が配分されるため、選挙人の数は合計538人である。

:ウイナー・テイク・オール winner take all ② 各州の有権者の一般投票は、各党の大統領候補者とその候補者を支持する一群の大統領選挙人候補者の名前がセットで印刷されている用紙に○をつける方式である。ほとんどの州は、この一般投票で1票でも多く獲得した候補者が、その州すべての大統領選挙人を独占する「ウイナー・テイク・オール」(勝者総取り方式)を採用している。

教書 ⑨ 大統領が連邦議会に提出する文書。連邦の状況に関する情報と、必要な施策についての審議・立法措置の要請からなる。毎年1月に提出される一般教書(年頭教書)、経済全般の報告からなる経済教書、新年度の予算案を示す予算教書がある。 **教書送付権** ②

大統領 ⑪ 共和制の国家元首。アメリカの場合、行政府の長官の任免、外交・軍事権、議会への教書の提出、法案の拒否、連邦最高裁判所判事の任命などの権限が憲法に規定されている。執務は、ホワイトハウスと呼ばれる大統領官邸でおこなわれる。

連邦議会 ④ アメリカの立法機関で、上院(元老院)と下院(代議院)の二院からなる。両院は憲法上対等だが、条約の批准・大統領の官職任命に対する同意権が上院にあり、下院は歳入法案に関する先議権をもつ。

上院 ⑥ アメリカの上院は各州人口比に関わりなく2人選出される。定員100人、任期は6年である。

連邦最高裁判所 ③ アメリカの連邦裁判所のうち、最上位を占める裁判所。連邦巡回控訴裁判所・連邦地方裁判所がこの下に位置する。連邦最高裁判所の判事は、上院の同意を得て、大統領によって任命される。1803年以来、判例によって連邦裁判所には違憲立法審査権が認められている。

アメリカ合衆国憲法 ① 1787年に制定され、翌88年に発効した国家レベルでの世界最初の成文憲法。初めは連邦政府の統治機構の規定が中心であったが、1791年に権利章典として修正10カ条が追加された。2022年現在、奴隷制の廃止(1865年)や男女普通選挙(1920年)など、27の修正条項が追加されている。

半大統領制 ② 議院内閣制をとりつつ、大統領をもつ政治体制。ロシア・フランス・ドイツなどでみられる。なお、ロシア・フランスでは大統領の権限が強く、ドイツでは首相の権限が強い。

一党制 ① 1つの政党が、政治権力を握る政治体制。中国・旧ソ連などでみられる。

権力集中制 ⑧ 社会主義諸国でみられる政治制度。旧ソ連では連邦最高会議を、中国では全国人民代表大会を頂点として、政治がおこなわれる。これらの国家権力の最高機関に、すべての権力が集中される。

民主的権力集中制 ④

中国の政治制度 ⑤ 全国人民代表大会を頂点とする権力集中制をとる。事実上、共産党の一党独裁下にあり、最高の行政機関として国務院をもつ。国家主席が元首である。

共産党一党支配 ③　**一党支配** ②
一党独裁〔体制〕 ④

中国共産党 ⑥ 1921年に上海で創設された政党。抗日の戦いのなかで国民の支持を広げた。日中戦争の勝利後、国民党との内戦にも勝利をおさめ、1949年に中華人民共和国の成立を宣言した。

国家主席 ③ 社会主義国における国家元首。中国の国家主席の場合、満45歳以上の者が全国人民代表大会にて選ばれる。2018年憲法改正により国家主席の任期を「2期10年」までとする規制が撤廃された。権限には、法律の公布や国務院総理の指名などがある。

全国人民代表大会(全人代) ⑩ 国家の最高権力機関。他国の議会に当たり、一院制をとる。省・自治区・直轄市および人民解放軍から選出された代表が参加し、毎年1回開催され、憲法の改正、法律の制定、国家主席・国務院総理・最高人民法院院長の選出、経済計画の審議などをおこなう。常設機関として常務委員会をおき、大会の招集、法律の解釈、条約の批准などをおこなう。

常務委員会 ② 全国人民代表大会により選出された常設機関。法律の立案・解釈、条約の批准などに大きな政治的権限をもつ。

国務院 ⑥ 国家の行政執行機関。他国の内閣に当たる。いわゆる中国政府のこと。国務院総理(首相)、副総理(副首相)、各部(省)主任などからなる。国務院総理は、国家主席の指名にもとづいて、全人代で任命される。

最高人民法院 ④ 中国の裁判所のうち、最高位に位置する機関。その下に地方各級人民法院や専門人民法院が位置する。最高人民法院の院長は全人代で選出され、裁判官は全人代常務委員会で任命される。

人民解放軍 ① 中国共産党が指導する中国の軍隊。中央軍事委員会主席が軍の最高司令官として人民解放軍の統帥(とうすい)権を有する。

6 日本国憲法の基本原則

1 大日本帝国憲法

近代憲法 ① 17～18世紀に欧米でおこった市民革命後に制定された人権の保障、権力の分立、議会制民主主義を内容とする統治の基本法のこと。

五箇条の御誓文 ① 1868(明治元)年、明治天皇(1852～1912)が天地神明に誓うかたちで示された、明治政府の政治方針。「広ク会議ヲ興シ、万機公論ニ決スベシ」とあったものの、有司専制の政治が続き、国会は開設されなかった。

自由民権運動 ③ 明治時代の政治運動。憲法の制定と国会の開設を要求した。1874(明治7)年の民撰議院設立の建白書提出が運動の契機となり、板垣退助(1837～1919)、後藤象二郎(1838～97)らが指導者として活躍した。

板垣退助 ①

私擬憲法 ② 大日本帝国憲法制定前に民間で起草された憲法私案の総称。政府の憲法制定に並行して作成された。そのなかには現憲法の内容に近い草案もあった。植木枝盛(1857～92)の「東洋大日本国国憲按」、千葉卓三郎(1852～83)の「五日市憲法草案」などが有名である。

五日市憲法草案 ①

大日本帝国憲法(明治憲法) ⑫ 1889(明治22)年2月11日発布、翌年11月29日施行。君主権の強いプロイセン憲法を手本に、伊藤博文を中心として起草された欽定憲法。天皇主権の原理にもとづき、天皇を神聖不可侵の存在として神格化し、国の元首、統治権の総攬者として、国政全般にわたる天皇大権を規定している。通称として明治憲法ともいわれる。

伊藤博文 ① 1841～1909 長州藩出身。松下村塾で吉田松陰(1830～59)に学ぶ。新政府のもとで岩倉使節団に副使として加わる。1882～83年にかけてヨーロッパで立憲制を調査。1885(明治18)年に日本の初代内閣総理大臣となる。翌1886(明治19)年より井上毅(1843～95)・金子堅太郎(1853～1942)・伊東巳代治(1857～1934)らとともに大日本帝国憲法の起草に当たった。

枢密院 ① 1888(明治21)年、天皇の最高諮問機関として、大日本帝国憲法草案の審議などのため、伊藤博文によって創設された。

統治権 ⑦ 立法権・行政権・司法権の三権を総称して「統治権」という。大日本帝国憲法では天皇が統治権の総攬者であった。

統治権の総攬 ⑦

プロイセン憲法 ④ 1850年、プロイセンで制定された欽定憲法。国王が軍隊を統帥すると定めているが、軍事予算を含めて予算は議会の承認を必要とすると定められていた。また、法律は国王と議会との一致で制定されるとしていたが、その一致が得られない場合の規定はなかった。

天皇主権 ⑨ 国家意思の最終的・最高の決定権は天皇にあるとする、大日本帝国憲法の基本原理。「大日本帝国ハ万世一系ノ天皇之ヲ統治ス」(第1条)として主権を天皇に定め、「天皇ハ国ノ元首ニシテ統治権ヲ総攬シ……」(第4条)と定め、国家のいっさいの権利が天皇によって代表され、天皇の行為としておこなわれることを定めた。

欽定憲法 ⑨ 君主主権の思想にもとづき、君主が憲法制定権や改正権をもち、臣民に与えた憲法。大日本帝国憲法もこれに属する。

天皇大権 ⑨ 大日本帝国憲法で保障された、天皇の政治上の権限。大日本帝国憲法には、「国家統治ノ大権ハ朕」にあると規定されており、天皇は緊急勅令などの命令大権、軍の統帥大権、文武官の任命大権などの強大な実質的権力を有していた。

:**統帥権** ⑪ 軍の指揮をおこなう権力。天皇大権の1つとされ、兵政分離主義により、政府も帝国議会もこれに関与できない(統帥権の独立)とされた。これが、軍部による政治干渉の足がかりとなった。

統帥権の独立 ④

輔弼機関 ⑦ 大日本帝国憲法下で、内閣は天皇の統治権の行使に対する助言の機関、つまり輔弼機関と位置づけられていた。輔弼とは、君主を補佐すること。 **輔弼** ②

同輩中の首席 ② 大日本帝国憲法には内閣制度の規定がなく、内閣総理大臣は大臣の罷免権はなく、「同輩中の首席」の立場にあった。各国務大臣は天皇に対し輔弼責任をもっていた。

帝国議会 ⑨ 大日本帝国憲法下で設置された議会。非民撰議員からなる貴族院と民撰議員からなる衆議院で構成され、両院は対等の立場であった。

協賛機関 ⑧ 大日本帝国憲法下では、法律・予算の制定者は天皇であり、帝国議会は事前にそれに同意を与える協賛機関であった。

皇室典範 ① 皇位の継承順位など、皇室の制度・構成などについて定めた法律。大日本帝国憲法下では大日本帝国憲法と同格の法律であり、そこには優劣の差がなかったため、「憲法の二元性」といわれた。日本国憲法下では一般の法律であり、国会の審議対象となっている。

臣民の権利 ⑨ 大日本帝国憲法下で、天皇から与えられたという形式で認められた基本的人権。認められた人権も不十分で、さらに、法律の留保つきの権利であって、法律によって制限できるものであった。

臣民(しんみん) ⑤ 一般に主権国家において君主に仕える者をいう。大日本帝国憲法下では、天皇および皇族以外の一般の日本人を指す。

法律の留保(法律の範囲内) ⑪ 法律にもとづく限り、個人の権利・自由に対して必要な制限・侵害などをすることができるということ。大日本帝国憲法では多くの人権規定が、「法律ノ範囲内ニ於テ」という制限を設けていた。

兵役の義務 ② 徴兵令(1873〈明治6〉年公布)によって生じた、満20歳以上男性に対する3年間の徴兵義務。ただし、当初、戸主(こしゅ)・官吏(かんり)・代人料270円をおさめた者は免除された。日本国憲法下にこの義務はない。

治安警察法 ① 1900(明治33)年に制定された、集会・結社・言論の自由や労働運動を制限した法律。

治安維持法 ⑨ 1925(大正14)年、加藤高明内閣が、普通選挙法とともに、天皇制(国体)の変革、私有財産制度の廃止を目的とする結社を組織する者などを取り締まるために制定した。社会主義者や無政府主義者だけでなく、政府に批判的な自由主義者や平和主義者などを弾圧するためにも利用された。1928(昭和3)年の改正で最高刑が死刑となるなど強化され、全国に特別高等警察が設置された。

：治安立法 ① 広義には国家・社会の秩序や安全の維持を目的とする立法一般を指す。狭義には戦前の治安警察法や治安維持法のような、その時の支配権力により反体制的思想・活動を強制的に取り締まる特別の立法を指す。

国体 ① ある国の基礎的な政治の原則のこと。本来は、主権のあり方による区別であったが、大日本帝国憲法下では、しだいに日本の国家や民族の本質を意味するようになった。具体的には、「万世一系」の天皇の伝統的・超国家的権威にもとづく天皇制を指した。　**国体護持** ①

教育勅語 ① 1890(明治23)年に発布された、天皇制国家の思想や教育における基本理念を示したもの。勅語とは天皇みずからが親しく臣民に語るという形式をもつ。1948(昭和23)年に排除・失効した。

大正デモクラシー ④ 大正時代を中心とした、比較的自由で民主的な風潮。都市中産階級の発達や、政治の面での自由主義的な動きが基礎にあった。護憲運動や男性普通選挙の実現などに成果をあげた。

満州事変 ② 1931～33(昭和6～8)年。日本の関東軍による、中国東北部への宣戦布告なき侵略戦争。満洲事変とも書く。日中15年戦争の始まりで、これを機に、日本は満州(満洲)国を建国し、国際連盟からの脱退をまねいた。

第二次世界大戦 ⑩ 1939～45年におきた連合国側と枢軸国側との世界戦争。ドイツのポーランド侵攻をきっかけに始まり、戦火はヨーロッパ・アジア・アフリカ・太平洋など世界中に拡大し、連合国側の勝利に終わった。1945年には、核兵器(原子爆弾)がはじめて使用されるなど、その被害は人類史上最大規模のものとなった。

太平洋戦争 ④ 第二次世界大戦の太平洋域における日本と連合国との戦争。1941(昭和16)年の英領マレー半島上陸、ハワイ真珠湾の奇襲攻撃で始まり、1945(昭和20)年のポツダム宣言受諾とその後の降伏文書調印により終わった。

大政翼賛会(たいせいよくさんかい) ① 1940(昭和15)年に一大官製機関として結成された。実態は、内務省主導の上意下達機関で、国民の戦時動員体制を担う機関であった。この際、各政党は解散し、翼賛議員同盟などとなった。

沖縄戦 ② 1945(昭和20)年、アメリカ軍の上陸による沖縄県民を巻き込んだ地上戦。日米双方で約20万人以上が犠牲となったが、住民の被害はアメリカ軍によるものだけでなく、日本軍による住民への自決の強要もあったとされる。

軍国主義 ⑤ 軍事力を国家の中核とし、政治・経済・教育などをこれに従属させようとするイデオロギーや体制のこと。

2　日本国憲法の成立

ポツダム宣言 ⑪ 1945年、アメリカ・イギリス・中国が、日本軍への無条件降伏勧告を宣言したもの。日本は同年8月14日、宣言を受諾して連合国に降伏した。戦後の日本の民主化の指針となる軍国主義勢力の除去、領土の限定、軍隊の武装解除、基本的人権の尊重、民主主義の強化などをおもな内容としている。 **無条件降伏** ①

GHQ（連合国軍総司令部） ⑫ 第二次世界大戦後、日本の占領行政を担当した機関。連合国軍最高司令官を長とし、民政局・経済科学局などがおかれた。

マッカーサー MacArthur ⑪ 1880～1964 アメリカの軍人。連合国軍の最高司令官として日本に赴任し、戦後日本の非軍事化・民主化を遂行。

連合国 ③ 連合国とは第二次世界大戦で日本・ドイツ・イタリアの「枢軸国」と相対した国家連合のこと。アメリカ・イギリス・フランス・ソ連・中華民国などの26カ国がこれに該当する。 **連合国軍** ①

極東委員会 ① 日本を占領統治するためにワシントンに設置された、連合国の最高政策決定機関。しかし日本の占領政策は事実上、アメリカの単独統治としてGHQがおこなった。

幣原喜重郎（しではらきじゅうろう） ① 1872～1951 GHQの占領開始後に内閣総理大臣となる。民主化政策、とくに新憲法草案の作成をめぐり、GHQと交渉をおこなった。

五大改革指令 ① 1945（昭和20）年10月に連合国軍最高司令官マッカーサーが幣原喜重郎首相に対して命じた、5つの改革指令のこと。⑴秘密警察の廃止、⑵労働組合の結成奨励、⑶婦人の解放、⑷教育の自由化、⑸経済機構の民主化である。

女性参政権 ① 五大改革指令を受け、1945（昭和20）年12月の選挙法改正により、日本でもはじめて女性選挙権が認められるようになった。またこの背景として、婦人解放をめぐり、新婦人協会、婦人参政権獲得期成同盟会を結成して、女性参政権を求める運動を積極的に展開した市川房枝（いちかわふさえ）（1893～1981）らの活動もあった。 **市川房枝** ①

憲法研究会 ② 1945（昭和20）年11月に発足した高野岩三郎（たかのいわさぶろう）（1871～1949）・鈴木安蔵（すずきやすぞう）（1904～83）ら学者・知識人などを中心とする、憲法改正のための民間の研究会。1945（昭和20）年12月に「憲法草案要綱」を発表した。この憲法案は、主権在民・男女平等・生存権などを規定した、のちの日本国憲法における基本原則を先どりするものであった。

松本案 ⑧ 1946（昭和21）年、憲法問題調査委員会が提出した憲法改正の草案。天皇主権を温存する旧態依然たるものだったので、GHQはこれを受け入れなかった。

：**松本烝治**（まつもとじょうじ） ③ 1877～1954 大正・昭和期の法学者・政治家。第二次世界大戦後の幣原内閣の国務大臣として憲法改正案の起草に当たったが、この案はGHQに拒否された。

憲法改正案 ④ GHQ（連合国軍総司令部）の指示で、政府は憲法問題調査委員会をつくり、松本案をまとめた。天皇を絶対不可侵とした松本案をGHQは認めず、マッカーサー案を日本政府に示した。日本政府はこれをもとに、憲法改正草案要綱を作成し、それを条文のかたちに整えた憲法改正草案が第90回帝国議会で審議された。そして、大日本帝国憲法改正案が可決され日本国憲法が公布された。

マッカーサー三原則 ⑥ 1946（昭和21）年2月に示された、マッカーサーによる憲法改正の基本方針。⑴天皇は国家の元首、⑵戦争放棄、⑶封建制の廃止、の3つを柱とする。

マッカーサー草案 ⑦ 1946（昭和21）年2月にGHQが日本政府に示した憲法改正草案。国民主権を原理とし、戦争放棄・基本的人権の保障を定めたもので、現行憲法の原型となった。 **憲法改正草案** ① **GHQ案** ②

第90回帝国議会 ⑧ 1946（昭和21）年5月に召集された、大日本帝国憲法にもとづく最後の議会。この議会における衆議院は、女性に選挙権を認めた新しい選挙（普通選挙）で選ばれた議員からなっていた。また、参議院はまだ存在せず、貴族院が存続していた。この議会で、憲法改正案が審議され可決された。

日本国憲法 ⑫ 1946（昭和21）年11月3日公布、翌年5月3日施行。大日本帝国憲法の改正という形式で制定されたが、実質的には民定憲法である。近代憲法の流れをくみ、徹底した民主主義原理をつらぬいている。また、戦争の放棄を定めているため、「平和憲法」ともいわれている。

3 日本国憲法の原理

最高法規 ⑨ 日本国憲法は、第98条で憲法

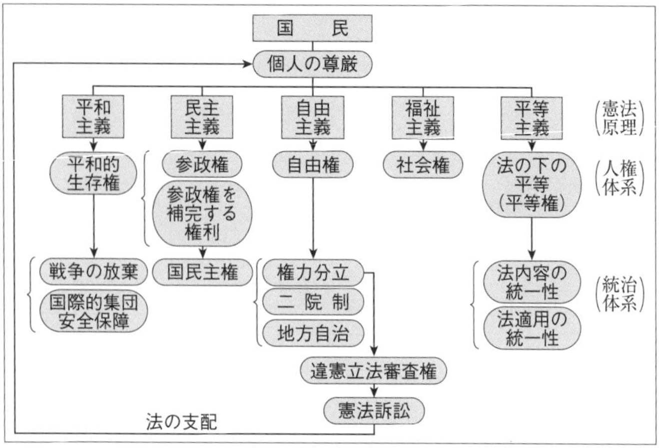

日本国憲法のシステム

を国の最高法規と位置づけ、憲法の条規に反する法律・命令・詔勅および国務に関するその他の行為は、その効力を有しないと定めている。最高法規性を保障するために、第99条で憲法を運用する公務員に憲法尊重擁護義務を課すとともに、第81条で最終的な違憲審査権を最高裁判所に与えている。

最高法規性 ⑤
憲法の最高法規性 ③

民定憲法 ⑦ 国民、または国民から選挙された代表者が制定した憲法。日本国憲法はこれに当たる。

日本国憲法の基本原理(日本国憲法の三大原則) ⑫ 基本的人権の尊重・平和主義・国民主権が、日本国憲法の三大原則となっている。この三大原則を踏みこえた憲法の改正には、限界があるというのが定説である。

基本的人権の尊重 ⑫ 人間の生まれながらにもつ、自由かつ平等な権利(自然権)が、最大限に尊重されること。国民主権や法の支配とともに近代民主政治の基本原理である。

憲法前文 ④ 日本国憲法の一部を構成。日本国憲法制定の由来のほか、その基本原理である国民主権・恒久平和主義・基本的人権の尊重を宣言したもの。しかし、前文は裁判に直接は適用できないため、各条文の解釈の基準として活用されている。

前文 ⑧

平和的生存権 ⑨ 1941年、アメリカ大統領ローズヴェルト(→ p.150)の「4つの自由」のなかの、「欠乏からの自由」と「恐怖からの自由」をもとにしたもので、日本国憲法前文中に「全世界の国民が、ひとしく恐怖と欠乏から免かれ、平和のうちに生存する権利」として示されている。2008(平成20)年の自衛隊イラク派遣差し止め訴訟判決で、名古屋高裁は前文に示された平和的生存権は裁判規範性を有するとの見解(平和的生存権が侵害された場合、裁判に訴えることができるということ)を示した。

平和のうちに生存する権利 ②

国民主権 ⑫ 国家の意思を決定する最高の権力としての主権が、国民に存するという近代憲法の基本原則。主権在民ともいう。日本国憲法も前文と第1条で、主権が国民に存するとしている。

象徴天皇制 ⑨ 日本国憲法第1条で、天皇を「日本国の象徴であり日本国民統合の象徴」とした戦後の天皇制。象徴とは抽象的でかたちのないものを、具体的にかたちのあるものに表現することである。1931年、ウェストミンスター憲章で「国王はイギリス連邦諸国の自由な統合の象徴」と使われたのが最初である。天皇の地位は主権の存する日本国民の総意にもとづくとされ(第1条)、国民主権主義のもと、天皇は内閣の助言と承認にもとづく「国事行為」以外は、国政に関する権能を実質的にもたない。

国民統合の象徴 ⑥　**象徴** ⑥
天皇 ⑫

人間宣言 ① 1946(昭和21)年1月1日に官報により発布された昭和天皇の詔書で、このなかで天皇を神(現人神)とするのは間違った観念であることが示された。

現人神 ①

国事行為 ⑫ 日本国憲法第4条2項・第6条・第7条で定められた、天皇が国家機関としておこなう「国事に関する行為」のこと。これらの行為は、形式的・儀礼的なものであって、すべて内閣の助言と承認を必要とし、内閣がその責任を負う。

内閣の助言と承認 ⑪ 日本国憲法第3条で規定された「天皇の国事に関するすべての行為」に対する、内閣の助言と承認のこと。助言とは事前の進言、承認とは事後の同意である。天皇は内閣の助言と承認に拘束され、これを拒否も修正もできないとされる。

基本的人権 ⑫ すべての人間が、生まれながらにしてもっている権利。アメリカ独立宣言やフランス人権宣言では、国家や憲法に先立って存在する自然権であり、国家権力や法律によってこれを侵害することはできないとしている。自由権がその中心部分であったが、自由権を実現するために参政権が、さらに20世紀になって社会権がつけ加えられた。

基本的人権の保障 ③ 日本国憲法は、基本的人権を「侵すことのできない永久の権利」(第11条)とし、「立法その他の国政の上で、最大の尊重を必要とする」(第13条)と想定している。これは基本的人権が憲法以前の自然権であり、基本的人権の尊重がすべての国家活動の指導原理であることを意味している。

侵すことのできない永久の権利 ⑨ 基本的人権の本質を表す言葉。法律によってでも侵すことのできない権利である。日本国憲法が保障する基本的人権は、国家や憲法に先立ち、すべての人間に認められる権利であり、原則として国家や他人が侵してはならない。

人権保障 ② 生命・自由・平等・財産などの基本的人権は、すべての人間が生まれながらにもっており、何人も奪えない権利であること。これは、民主政治の根本目的を表した原理である。

公共の福祉 ⑫ 社会全体の利益、社会生活についての各個人の共通の利益をいう。基本的人権の制約要因として用いられる法的概念で、日本国憲法では第12・13・22・29条で用いられている。

私人 ⑥ 公的な立場を離れた一個人のことを指す。私的な立場からみた個人のこと。

私人間における人権保障 ① 日本国憲法の人権保障の原理を、大企業などといった私的団体による私人への人権侵害についても適用させていくべきだという考え方。近年では、大企業・報道機関・圧力団体など大きな力をもつ「強大な私人」が、一個人である「弱い私人」の権利を侵害する場面が増加してきた。このため、このようなケースに対して私人間の人権保障が求められるようになってきたのである。判例として、男女別定年制事件(1981〈昭和56〉年)における違法判断などがある。

4 平和主義

恒久平和主義 ④ 日本国憲法の大きな特色の1つで「戦争放棄・戦力の不保持・交戦権の否認」を規定することで、平和主義の永続的堅持をめざすこと。

恒久の平和 ①

平和憲法 ③ 日本国憲法を、平和主義の面に着目して呼ぶ名称。日本国憲法は、前文で恒久平和主義を、第9条で戦争の放棄、戦力の不保持、交戦権の否認を規定するなど、他国には例のないほど平和主義をうたっていることから、このように呼ばれる。

憲法尊重擁護義務 ⑤ 憲法第99条の規定。公務員にとくに求められている義務。憲法の最高法規性を保障し、国家機関が人権不可侵の法的義務を負うことを示す。

憲法改正 ⑨ 憲法の定めている手続きで、憲法の規定をかえること。日本国憲法は、一般の法律の制定より厳格な手続きを改正に必要とする硬性憲法となっている。

憲法改正の発議〔権〕 ⑧ 日本国憲法第96条で規定。衆参両議院の総議員の3分の2以上の賛成で、国会が憲法改正を発議し、さらに国民投票において、その過半数の賛成が必要と定めている。

硬性憲法 ⑧ 一般法律の改正手続きよりも、改正要件のきびしい憲法。

軟性憲法 ② 特別な改正手続きを必要とせず、一般法律と同じ手続きで改正できる憲法。

『あたらしい憲法のはなし』 ⑤ 日本国憲法の施行にともない、政府は新憲法の普及につとめた。1947(昭和22)年7月、中学校用準教科書として発行されたのが、『あたらしい憲法のはなし』である。

国民投票 referendum ⑩ 直接民主制の制

度として、国民の意思を、テーマとする問題について、投票によって直接賛否を反映させる制度。憲法改正についての国民投票だけでなく、日本国憲法第95条に一の地方公共団体のみに適用される特別法について、その地方公共団体の住民投票が規定されている。

改憲論 ② 1947(昭和22)年の施行以来、日本国憲法は改正されたことがない。この状況に関して、憲法を擁護し、改正しない方がよいという意見(憲法護持)と、社会の変化にあわせて改正することも必要であるという意見が存在し、後者の意見を改憲論という。ただし、改正するべき点に関しては多くの意見がある。

護憲論 ② 憲法を積極的に改正すべきであるという改憲論に対し、現憲法、とりわけ平和主義について護ることを主張する立場。

国民投票法 ⑩ 2007(平成19)年に成立した「日本国憲法の改正手続に関する法律」の通称。この法律では、憲法改正に必要な国民投票の内容に関して規定している。国民投票の対象は憲法改正のみに限定し、投票権者は満18歳以上の日本国民としている(2014〈平成26〉年の同法改正による)。

憲法改正国民投票法 ①
憲法改正の国民投票 ⑦

憲法審査会 ④ 憲法調査会の後継機関として、国民投票法の制定にともない、2007(平成19)年に衆参両院に設置された。憲法改正の発議や、憲法改正原案などの審査をおこなうとされている。

平和主義 ⑫ 日本国憲法の三大原則の1つ。日本国憲法は、前文で「日本国民は、恒久の平和を念願し、……平和を愛する諸国民の公正と信義に信頼して、われらの安全と生存を保持しようと決意した」と宣言し、第9条で戦争の放棄と戦力の不保持、国の交戦権の否認を定めている。

憲法第9条 ⑫ 日本国憲法の三大原則の1つである平和主義を具体化した条文。戦争の放棄、戦力の不保持、交戦権の否認の3つの要素から構成される。自衛隊、日米安全保障条約、自衛隊の海外派遣など、第9条をめぐっては、様々な意見の対立がある。

ドイツ基本法 ① 第26条で、「…特に侵略戦争の遂行を準備する行為は違憲である。このような行為は処罰されるべきである」と規定して、侵略戦争を禁止している。

戦争の放棄 ⑫ 日本国憲法第9条1項の「国権の発動たる戦争と、武力による威嚇又は武力の行使は、国際紛争を解決する手段としては、永久にこれを放棄する」という規定。戦争の放棄が自衛戦争を含むすべての戦争を放棄したものか、侵略戦争のみを放棄し、自衛戦争は認めたものかについては説がわかれている。

自衛のための必要最小限度の実力 ⑨ 憲法第9条をめぐる解釈の政府見解の1つ。1946(昭和21)年の吉田内閣では「自衛権の発動としての戦争も放棄」であったが、1952(昭和27)年には同内閣は「戦力に至らざる程度の実力保持は違憲ではない」とした。そして、1972(昭和47)年の田中内閣による「戦力とは自衛のための必要最小限度を越える実力である」との解釈以降は、「必要最小限度」が政府見解となっている。

武力の行使 ④ 国際法上認められている、戦争行為に至らない事実上の戦闘行為。たんなる警察力の行使はこれに含まれない。

武力による威嚇 ④ 戦争、または戦闘行為に訴えることをほのめかして、自国の主張や要求を相手国に強要すること。

交戦権の否認 ⑫ 日本国憲法は第9条2項で、「国の交戦権は、これを認めない」と定めている。交戦権については、「国家が戦争をおこなう権利」と解する説と、「国家が交戦国として国際法上有する権利(敵の兵力の殺傷・破壊、占領地行政、船舶の臨検など)」と解する説がある。 **交戦権** ②

戦力(軍事力) ⑧ 対外的な戦闘をおこなう

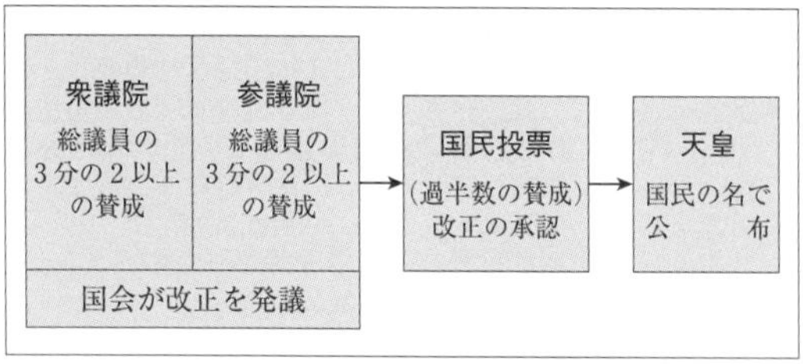

憲法改正の流れ

ための人的・物的能力。日本国憲法第9条は、「陸海空軍その他の戦力」は保持しないと定めている。政府は、自衛のための必要最小限の実力は、戦力に当たらないとしている。

戦力の不保持 ⑫ 日本国憲法第9条2項は「…陸海空軍その他の戦力は、これを保持しない。…」と規定して、戦力そのものをもたないとしている。

自衛権 ⑥ 外国からの急迫・不正な侵害に対して、これを排除するため、ほかに適当な手段がない時、国が必要最小限度の実力を行使する権利。個別的自衛権ともいう。最高裁は、1959(昭和34)年の砂川事件判決で、自衛権を認めている。

個別的自衛権 ⑪ 自国への外部からの侵攻に対して、自国を防衛するために、実力を行使する国家の権利。国連憲章第51条に規定されている。

集団的自衛権 ⑫ 自国と密接な関係をもつ外国に対する攻撃に対して、実力で共同防衛する権利。これまで日本国憲法では行使が認められないと解釈されてきたが、2014(平成26)年に限定的に行使することができるという、憲法解釈を変更する閣議決定がなされた。

自衛力(防衛力) ② 外部からの組織的侵略に対して、国および国民がみずからを守る力。政府は、自衛のための必要最小限度の実力は戦力ではないとし、自衛隊は合憲であるとしている。また、自衛のための核兵器をもつことも違憲ではないとしている。

専守防衛 ⑩ 相手から武力攻撃を受けた時、はじめて軍事力(防衛力)を行使するという方針。その行使に当たっても、自衛のための必要最小限度にとどめる。自衛隊の基本的な方針である。

国家安全保障会議(NSC) National Security Council ⑨ 国家の外交問題・国防問題・安全保障政策に関する事項に対する審議・立案・調整などをおこなう機関。2013(平成25)年に設置された日本の国家安全保障会議は、アメリカの制度にならったため「日本版NSC」ともいわれる。国家安全保障会議は内閣に設置され、安全保障政策に関する重要事項を審議する機関である。この会議の中枢が内閣総理大臣・官房長官・外務大臣・防衛大臣による「4大臣会合」である。このほかに「9大臣会合」「緊急事態大臣会合」などもあり、武力攻撃事態・存立危機事態・重要影響事態・重大緊急事態などに対応するようになっている。なお、日本では1950年代に設置された「国防会議」が1980年代に「安全保障会議」に改組され、さらに2013(平成25)年に「国家安全保障会議」に改組された。

安全保障会議 ①

解釈改憲 ④ 憲法の明文は変更せずに、条文の「解釈」というかたちで事実上憲法と違う実態をつくっていくことを批判していう。たとえば、憲法第9条を改正しないで「自衛のための戦力はもつことができる」と「解釈」し、自衛隊の増強をはかることなど。

警察予備隊 ⑪ 1950(昭和25)年、朝鮮戦争の勃発により、国内の治安維持を目的に警察予備隊令によって設置された。その後、サンフランシスコ講和会議後、自衛力の強化を求めるアメリカの強い意向を受けて、1952(昭和27)年の保安庁法により保安隊となり、1954(昭和29)年に自衛隊に改組された。

保安隊 ⑪ 1952(昭和27)年、保安庁法により警察予備隊を改編して新たに創設された武装部隊。その後、1954(昭和29)年に自衛隊に改組した。

日米相互防衛援助協定(MSA協定) ② 1954(昭和29)年、アメリカの相互安全保障法にもとづき締結。このなかでアメリカは、戦略物資を援助する見返りとして日本の防衛力増強を求めた。

自衛隊 ⑫ 日本の平和と独立を守り、安全を保つため、侵略に対して日本の防衛をおもな任務として、防衛庁設置法および自衛隊法によって1954(昭和29)年に発足した実力部隊。陸上・海上・航空自衛隊からなり、世界有数の自衛力をもつ。自衛隊が憲法第9条に違反するか否かについて、説がわかれている。政府は自衛のための必要最小限度の実力を保持することは、違憲ではないとしている。

自衛隊法 ⑥ 自衛隊の任務・行動・権限、部隊の組織・編成、隊員の身分取扱いなどについて定めた法律。1954(昭和29)年施行。同時に施行された防衛庁設置法(現防衛省設置法)とあわせて防衛二法と呼ばれる。

自衛隊制服組 ② 防衛省の特別職国家公務員である自衛隊員のうち、陸・海・空の3自衛隊において、命令に服して隊務をおこなう自衛官の通称。いわゆる武官。制服の着用が義務づけられているため、この名がある。制服組の最高位は統合幕僚長。シビリアン・コントロールの原則により、制服組は重要案件などの原案に関わることはできるが、決定は文民である国会議員がおこなう。現役制服組は、自衛隊の最高指揮官である内閣総理大臣や、内閣総理大臣のもとで隊務を管理統轄する防衛大臣になることはできない。

自衛隊の最高指揮監督権 ③ 文民統制の原則を受けて、自衛隊法第7条では文民である内閣総理大臣が自衛隊の最高指揮監督権をもつと規定している。また、文民である防衛大臣が自衛隊を統括する。

防衛出動 ② 外国からの武力攻撃に際して、内閣総理大臣の防衛出動命令により、日本を守るために自衛隊が出動すること。

文民統制(シビリアン・コントロール) civilian control ⑫ 民主主義国家における、軍事に対する政治の支配・統制の原則。戦後は、国会が自衛隊の定員・組織、防衛費などを議決し、防衛出動を承認する。また、文民の内閣総理大臣が自衛隊の最高指揮監督権を有し、防衛大臣は文民となっている。さらに、内閣に国家安全保障会議がおかれ、国防に関する重要事項を審議する。

シビリアン・コントロールの原則 ①

文民 ⑫ 職業軍人でない者。自衛隊の武官はシビリアン・コントロールを受ける側であり、この意味で文官とはいえない。

防衛庁 ② 1954(昭和29)年、日本の平和と独立を守り、国の安全を保つことを目的として設置された行政機関。陸上・海上・航空自衛隊の管理・運営などをおこなう。内閣府の外局であったが、2007(平成19)年1月に防衛省に昇格した。

防衛省 ③ 自衛隊を管理・運営する中央行政機関。防衛大臣を長とし、国土防衛・治安維持・災害援助などを目的として、統合幕僚監部、陸上・海上・航空各自衛隊の幕僚監部などがおかれている。2007(平成19)年に内閣府の外局である防衛庁から省に昇格した。

防衛大臣 ①

防衛予算の対GNP比1%枠 ② 1976(昭和51)年に三木内閣が、各年度の防衛関係予算は「GNPの1%に相当する額を超えない」ようにすることを閣議決定した。しかし、アメリカから同盟国へ防衛力の強化を求める声が高まり、1987(昭和62)年に中曽根内閣は、「GNP1%枠」を撤廃した。

防衛費GNP1%枠 ①

恵庭(えにわ)事件 ⑦ 自衛隊の合憲・違憲が中心論点とされた訴訟。1967(昭和42)年、札幌地裁は射撃演習用連絡電話線は、「防衛の用に供する物」に当たらないとして、電話線を切断した被告を無罪とし、自衛隊の合憲・違憲の判断を示さなかった。

百里(ひゃくり)基地訴訟 ⑤ 茨城県にある航空自衛隊百里基地建設予定地の土地所有をめぐり、土地売買無効と自衛隊の違憲を訴えた裁判。水戸地裁では、1977(昭和52)年に自衛隊について統治行為論により、審査しなかった。最高裁は、1989(平成元)年、私法上の行為で第9条は適用されないとして、憲法判断を回避した。

長沼(ながぬま)ナイキ基地訴訟 ⑨ 北海道長沼町に、自衛隊の長沼基地を建設することをめぐり、農林大臣が保安林の指定を解除したため、住民がその取消しを求めておこした訴訟。札幌地裁の福島判決(1973〈昭和48〉年)は、自衛隊を違憲とした。札幌高裁(1976〈昭和51〉年)は、自衛隊の合憲・違憲の判断を裁判所がくだすものではないとし、最高裁(1982〈昭和57〉年)は上告を棄却した。

福島判決 ②

立川(たちかわ)反戦ビラ事件 ① 2004(平成16)年、反戦ビラ配布の目的で立川自衛隊官舎内に立ち入った3人が、住居侵入罪の容疑で逮捕・起訴された事件。一審では無罪判決。二審では有罪判決で、被告人は上告したが、2008(平成20)年に最高裁は上告を棄却し、有罪判決が確定した。

日米安全保障条約 ⑫ 1951(昭和26)年、サンフランシスコ平和条約(→ p.78)と同時に締結。アメリカ軍の日本駐留と基地使用の権利を定めた条約。1960(昭和35)年、岸内閣の時に改定され、日米相互協力及び安全保障条約となった。新条約では、日本国の施政下の領域における、いずれか一方への武力攻撃に対する共同防衛、極東の平和と安全のためにアメリカ軍に施設・区域を提供することなどを定めている。

日米安保条約 ②

日米相互協力及び安全保障条約 ⑤ 新日米安全保障条約ともいわれる。1951(昭和26)年の日米安全保障条約の改定・強化の目的で、1960(昭和35)年に締結された条約(60年安保)。アメリカ軍の日本防衛義務を明記し、内乱条項を削除するなどの措置がなされたが、他方、日米両国の共同防衛、事前協議、期限10年の自動延長なども新たに加えられた。条約締結に際しては、安保闘争といわれる激しい反対運動があった。

新日米安全保障条約 ①

岸信介(きしのぶすけ) ② 1896～1987　1957(昭和32)

年に第56代首相に就任。1960(昭和35)年に日米安全保障条約改定を強行した。これに対して、国民は安保反対闘争をおこない、この国民の強い反発により岸首相は退陣した。

安保闘争 ② 日米安全保障条約の改定に反対した闘争。1959～60(昭和34～35)年に全国的規模で展開された、近代日本史上最大規模の大衆運動といわれる。

安保反対闘争 ①

日米地位協定 ⑩ 日米安全保障条約にもとづく、日本駐留アメリカ軍の配備を規律する条件に関する協定。1960(昭和35)年、日米安全保障条約の改定にともない、日米行政協定から日米地位協定に改められた。28カ条からなり、アメリカ軍の日本駐留にともなう施設・区域の提供、刑事裁判権、アメリカ軍の出入、関税の免除、経費の分担などを規定している。

:米兵による少女暴行事件 ② 1995(平成7)年におきた米兵3人による沖縄の少女暴行事件に際し、日米地位協定の規定により、実行犯3人が日本側に引き渡されなかったことが大きな問題になった。沖縄では反米軍感情が爆発し、事件に抗議して沖縄県民総決起大会が開かれた。

米軍基地 ⑥ 日米安全保障条約により、日本はアメリカに対して基地提供義務を負っている。日本国内のアメリカ軍専用施設(基地)の約70%は沖縄県にあり、沖縄本島ではその面積の約14%を占めている。基地の活動は住民の生活を圧迫し、実弾演習による自然破壊、軍用機の騒音、アメリカ兵による沖縄県民殺害事件などもおきている。

アメリカ軍基地 ①

在日米軍基地 ①　**在日米軍** ⑥

在日米軍施設 ②

思いやり予算 ⑨ 在日米軍駐留経費の日本側の負担を指す。原則として、在日アメリカ軍従業員の労務費はアメリカ軍の負担となっていたが、円高でアメリカ軍の負担が増加したため、アメリカ軍の要請を受け、1978(昭和53)年度から水道・光熱費や基地で働く日本人の給料などを日本が負担するようになった。名称は、金丸信(かねまるしん)(1914～96)防衛庁長官(当時)による「思いやりの立場で対処すべき」との答弁に由来する。在日アメリカ軍駐留費の約70%を日本が負担していたが、近年、日米の財政事情が逆転していることもあり、2000(平成12)年9月、日米間で思いやり予算の削減が合意された。

在日米軍駐留費 ③

普天間(ふてんま)飛行場 ⑥ 沖縄県宜野湾(ぎのわん)市にあるアメリカ軍海兵隊の普天間基地内の飛行場。普天間基地の総面積は約4.8km^{2}で、市の4分の1を占める。住宅密集地にあるため、「世界一危険な基地」とも称される。1995(平成7)年におきたアメリカ軍兵士による少女暴行事件をきっかけに、基地縮小を求める沖縄県民の声が高まり、同年11月、日米の特別行動委員会(SACO)が設置された。そのなかで、1996(平成8)年4月、普天間飛行場を日本へ返還することで日米が合意し、1999(平成11)年12月に名護(なご)市のキャンプ・シュワブ沖への移設が決まった。さらに2010(平成22)年の日米会談で移設先を名護市辺野古(へのこ)とする共同文書が発表された。

普天間飛行場移設問題 ②

名護市辺野古 ②　**辺野古移設** ①

:キャンプ・シュワブ ① 1996年に決定した普天間飛行場の移設先。2018年末から土砂投入の工事が開始された。2019年には埋め立ての是非を問う住民投票があり、「埋め立て反対」が約7割を占めた。現地では現在も反対運動が続いている。

辺野古沿岸部の埋め立ての是非を問う県民投票 ① 辺野古への基地移設にともなって2019(令和元)年に沖縄県が実施した住民投票。県の住民投票条例にもとづくものであり、法的な拘束力はないが、埋め立て反対が7割を占める結果となった。

事前協議〔制〕 ④ 新日米安全保障条約第6条の交換公文にもとづき、在日アメリカ軍の配置や装備の重要な変更がある場合、また、日本からおこなわれるアメリカ軍の戦闘作戦行動のための基地として日本国内の施設・区域を使用する場合に、事前に日米両国政府がおこなうとされる協議。

砂川(すながわ)事件 ⑪ 1957(昭和32)年、アメリカ軍の立川基地拡張の際、基地拡張に反対するデモ隊の一部がアメリカ軍基地の立ち入り禁止の境界柵をこわし、基地内に入ったとして、刑事特別法違反で起訴された事件。第一審の東京地裁は駐留アメリカ軍は憲法で禁止している「戦力」に当たり違憲と判断した。この判決後に裁判は跳躍上告となり、最高裁は日米安保条約は高度な政治性を有し、司法審査はなじまない(統治行為論)として原判決を破棄、差し戻しとした。

砂川訴訟 ①

統治行為論(とうちこういろん) ⑫ きわめて高度な政治性

をもつ国の行為については、裁判所の司法審査の対象にならないというもの。在日アメリカ軍の砂川基地拡張をめぐる砂川訴訟で、一審の東京地裁伊達判決はアメリカ軍の駐留は違憲としたが、1959(昭和34)年、最高裁は日米安保条約の違憲判断について、統治行為論によって司法審査の範囲外とした。

日米安保体制 ④ 戦後の冷戦構造のもとで、アメリカは日本を対ソ連・対中国戦略の重要な一環として基地をおき、日本はアメリカの核の傘のもとで経済成長に専念した体制。冷戦崩壊後も、アメリカはアジアの軍事的空白による不安定化を防ぐため、日本は対米協調のため日米安保体制は変質しつつも継続している。

日米安全保障共同宣言(日米安保共同宣言) ⑤ 1996(平成8)年4月、橋本龍太郎(はしもとりゅうたろう)(1937〜2006)首相とクリントン米大統領(Clinton、1946〜　)が、日米同盟関係の強化に合意した宣言。安保の目的を「ソ連の脅威への対抗」から「アジア太平洋地域の平和と安定」に転換。日米の防衛協力も「日本有事」から、極東を含めた「日本周辺有事」の対応に重点が移り、日米安保体制は大きく変容した。この宣言は、日米安保体制の再定義といわれている。

防衛計画の大綱 ① 約10年後までを念頭においた、日本における安全保障政策の基本的指針。1976(昭和51)年にはじめて策定されて以来、これまでに計6回策定されている。現行の大綱では、(1)宇宙・サイバー・電磁波を含むすべての領域をカバーすること、(2)平時から有事までのあらゆる段階における柔軟かつ戦略的な活動、(3)日米同盟の抑止力・対処力の強化、などがめざされている。

日米防衛協力のための指針(ガイドライン) ⑨ 1978(昭和53)年に、日米で合意された日米防衛協力のための指針(ガイドライン)のこと。極東有事の際、日米の共同作戦体制、日本の有事体制の指針を決めている。

新ガイドライン ⑥ 日米安全保障共同宣言にもとづいて、1997(平成9)年9月、旧ガイドラインの全面的見直しがおこなわれた。新ガイドラインには、日本周辺における事態で、日本の平和と安全に重要な影響を与える場合(周辺事態)という新しい概念が取り入れられた。また、周辺事態で出動するアメリカ軍への支援内容も定めている。

ガイドライン関連法 ②

周辺事態法 ⑦ 日本周辺地域で武力紛争が発生し、日本に影響がおよぶと判断された場合(周辺事態)、日本が後方地域でアメリカ軍に物品・役務を提供し、捜索救助(そうさくきゅうじょ)活動をする枠組みを定めた法律。日米防衛協力のための指針(新ガイドライン)にもとづき、1999(平成11)年5月に成立した。

周辺事態 ⑦

重要影響事態法 ⑦ 周辺事態法が改正されて2016(平成28)年に重要影響事態法となった。日本の平和と安全に重大な影響を与える事態(重要影響事態)において、(1)日本周辺だけではなく世界中で、(2)アメリカ軍に限定されず軍事行動をおこなう外国軍に、(3)自衛隊が後方支援をできることを可能にした。

重要影響事態安全確保法 ②
重要影響事態 ②

イージス艦 ① イージス(Aegis)とはギリシア神話で最高神のゼウスが着ていた胸甲(きょうこう)。強力なレーダーとミサイルで、同時多発攻撃に対処できる防空巡洋艦・駆逐艦。

国際緊急援助隊 ① 日本が取り組む国際協力の1つ。発展途上国の災害救援などをおこなうため、1970年代後半に医療チームの派遣を中心とする国際緊急援助活動が始まり、1987(昭和62)年に国際緊急援助隊法が施行された。同法は1992(平成4)年に改正され、災害支援に救助・医療チームに加えて自衛隊部隊の派遣が可能となった。

国際緊急救助隊法 ①

PKO(国連平和維持活動)協力法 ⑪ 1992(平成4)年に成立した国際連合の平和維持活動に協力するための法律。この法律により、自衛隊による海外派遣が進むこととなった。2001(平成13)年に改正され、PKF(平和維持軍)本体業務への自衛隊の参加凍結が解除された。2017(平成29)年、政府は南スーダンのPKOに参加する自衛隊に、自衛隊の近くで活動する国連職員やNGOなどが武装集団などに襲撃された時に、武器をもって救出にあたる「駆けつけ警護」などの新任務を付与した。なお、PKOはPeace Keeping Operationの略。

駆けつけ警護 ④

PKO参加5原則 ② PKO協力法に示される、自衛隊がPKO活動に参加する際の5つの条件。(1)紛争当事者のあいだで停戦の合意が成立していること、(2)当該地域の属する国を含む紛争当事者がPKOおよび日本の参加に同意していること、(3)中立的な立場を厳守すること、⑷上記の原則のいずれかが満たされない状況が生じた場合、部隊は撤収することができること、⑸武器の使用は、要員の生命などの防護のために必要な最小限度のものに限られること、の5つである。

自衛隊の海外派遣 ④ 自衛隊を海外に派遣すること。本来は専守防衛の自衛隊であるが、1992(平成4)年のPKO協力法の制定により、自衛隊の国際平和維持活動参加に踏みきった。初の海外派遣は同年のカンボジアPKO派遣である。なお、2007(平成19)年の自衛隊法の改正により、自衛隊の海外派遣が従来の「付随的任務」から「本来的任務」となった。

カンボジア派遣 ②　**海外派遣** ②

テロ対策特別措置法 ⑧ 2001年9月11日におきた「米国同時多発テロ」を受けて、国際テロリズムの防止と根絶に向けて、諸外国の国際的な活動に協力するため、自衛隊派遣を可能にする法律。2年間の時限立法とされ、その協力は諸外国の軍隊および被災民救援の食料や医薬品などの、輸送・整備・修理・通信・基地業務・医療活動などにおよび、平和維持と安全確保を中心に、多岐にわたった。延長の結果、2007年に失効。その後、補給支援特別措置法が成立した(2010〈平成22〉年失効)。

海賊対処法 ⑤ 2009(平成21)年、ソマリア沖・アデン湾およびその周辺の海域で多発していた海賊対策として、自衛隊を随時派遣し、この海域を通航する船舶の護衛などを可能とさせるために制定された法律。

後方支援 ① 1999(平成11)年に成立した「新ガイドライン関連法」に記載されている事項。有事の際、自衛隊はアメリカ軍に対して、物品・役務提供などの後方地域支援と、アメリカ兵らの捜索や救助をおこなう後方地域捜索・救助活動を実施すると定められている。ただし、武器・弾薬の提供は含まれず、また、自衛隊がおこなう支援に関する基本計画は、国会の承認が必要となっている。

有事 ④ 戦争や事変など、平常とかわった事件がおきること。政府は、有事とは「日本が外国から武力攻撃されたり、武力攻撃をされそうな時に首相が自衛隊に防衛のための出動を命令する状況のこと」であるとしている。

グレーゾーン事態 ② 有事とまではいえないが平時とはいえず、警察など通常の抑止力だけでは対応できないおそれのある事態。

有事法制 ⑥ 戦時(有事)に適用される法制で、軍隊の行動を優先するため、私権を制限する内容を含む。日本においては、主として有事に際しての自衛隊行動への規定が想定されている。

有事関連3法 ⑤ 2003(平成15)年に成立した武力攻撃事態法・改正自衛隊法・改正安全保障会議設置法の3法を指す。日本に対する武力攻撃やそれが予測される事態における自衛隊やアメリカ軍の行動について規定されている。

有事法制関連3法 ①
改正自衛隊法 ①

武力攻撃事態法 ⑤ 2003(平成15)年、日本が他国から武力攻撃を受けた際の対処方法を定めた法律。有事になった時の自衛隊活動の円滑化、政府機能の強化などをおもな内容とする。2015(平成27)年の改正により、集団的自衛権行使の要件が明記された。正式名称は「武力攻撃事態等及び存立危機事態における我が国の平和と独立並びに国及び国民の安全の確保に関する法律」であり、事態対処法ともいう。

武力攻撃事態対処法 ③
武力攻撃事態 ①

有事関連7法 ⑤ 有事関連3法成立時に制定が先送りされた、国民保護法・米軍行動円滑化法・特定公共施設利用法・国際人道法違反処罰法・外国軍用品等海上輸送規制法・捕虜取扱い法・改正自衛隊法の7つの法律の総称。2004(平成16)年に成立した。

有事法制関連7法 ①
米軍行動円滑化法 ①
海上輸送規制法 ①

国民保護法 ⑧ 2004(平成16)年、有事の際に国民の生命・身体・財産などを守り、国民生活におよぼす影響を最小限におさえるため、国や地方公共団体などの責務、避難・救援の手続きなどを定めた法律。

安全保障関連法 ⑧ 2015(平成27)年、安倍晋三内閣は国家安全保障会議および閣議において、平和安全法に関連する2法案を決定し、国会に提出した。2法とは、10の現行法を一括改正する法案の「平和安全法制整備法」と新法の「国際平和支援法」である。平和安全法制整備法は、⑴自衛隊法、⑵国連PKO協力法、⑶重要影響事態安全確保法(周辺事態安全確保法の改正)、⑷船舶検査活動法、⑸事態対処法、⑹米軍等行動関連措置法、⑺特定公共施設利用法、⑻

海上輸送規制法、⑼捕虜取扱い法、⑽国家安全保障会議設置法、の一括改正である。国際平和支援法は、国際社会の平和と安全などの目標を掲げて他国が戦争をしている際、現に戦闘がおこなわれている地域以外で、他国軍を後方支援することを規定している。恒久法なので、国会の承認があれば自衛隊の常時派遣が可能となる。

国際平和支援法 ⑧ 国際平和を脅かす事態が発生した際に、日本がどのような協力や支援をおこなうかを規定した法律。この法律では、国連決議を前提として、脅威を除去する活動をおこなっている諸外国の軍隊などに対して、日本が武器の提供を除く協力支援活動を実施するとしている。このほかに、捜索救助活動や船舶検査活動などもおこなう。 **国際平和共同対処事態** ①

イラク復興支援特別措置法 ⑦ イラク戦争後のイラクの非戦闘地域で、積極的に人道復興支援活動・安全確保支援活動をおこなうことを目的とした法律。4年間の時限立法として2003(平成15)年7月に成立した。2007(平成19)年7月の期限切れを2年延長したのち、2009(平成21)年に期限切れで失効した。正式名称は、「イラクにおける人道復興支援活動及び安全確保支援活動の実施に関する特別措置法」である。 **イラク復興支援攻撃〔戦争〕特別措置法** ①

自衛隊イラク派遣違憲訴訟 ② 自衛隊のイラク派遣を違憲とし、その差し止めを求めた集団訴訟。2004(平成16)年の札幌地裁を契機に、名古屋・東京など11の地方裁判所に約6000人近くの市民が裁判をおこした。2008(平成20)年の名古屋高裁判決では、航空自衛隊によるアメリカ兵などの空輸活動は、憲法第9条の禁止する「武力の行使」にあたるとの判断を示した。

存立危機事態 ⑦ 日本が限定的に集団的自衛権を行使できる要件の1つとして、2015(平成27)年に成立した安全保障関連法に示された事態。わが国と密接な関係にある他国に対する武力攻撃が発生した時、これによりわが国の存立が脅かされ、国民の生命、自由および幸福追求の権利が根底からくつがえされる明白な危険がある事態と定義されている。

国家安全保障戦略 ① 国の外交・防衛政策の基本方針に当たる戦略で、安倍内閣のもとで2013(平成25)年にはじめて策定された。「我が国の平和と安全を維持し、その存立を全うするために、必要な抑止力を強化し、我が国に直接脅威が及ぶことを防止するとともに、万が一脅威が及ぶ場合には、これを排除し、かつ被害を最小化すること」を基本理念としている。

国防の基本方針 ① 1957(昭和32)年、岸信介内閣で閣議決定された、日本の防衛政策の基本方針。これにかわるものとして2013(平成25)年、国家安全保障戦略が策定された。

積極的平和主義 ② 安倍内閣が掲げた安全保障政策の基本理念。世界の平和と安定を構築するために、紛争・テロなどの国際問題の解決に、より積極的に寄与していくというもの。

武器輸出三原則 ⑦ 1967(昭和42)年に佐藤栄作(さとうえいさく)(1901～75)首相が衆議院決算委員会で表明したもの。共産圏、国連決議で武器禁輸になっている国、国際紛争の当事国あるいはそのおそれのある国に対して、武器の輸出を認めないという原則。

防衛装備移転三原則 ⑦ 1967(昭和42)年の「武器輸出(禁止)三原則」は、基本的に武器の輸出は認めない、という内容をもっていた。2014(平成26)年、安倍晋三(あべしんぞう)(1954～2022)首相は「武器輸出三原則」にかわり、原則的に武器輸出を可能とする「防衛装備移転三原則」を閣議決定した。第一原則は、紛争当事国への防衛装備の移転は認めない。第二原則は、⑴平和貢献・国際協力の積極的な推進に資する場合、⑵日本の安全保障に資する場合、などに限定し、透明性を確保しつつ厳格な審査をおこなう。第三原則は、目的外使用および第三国移転について、日本政府の事前同意を相手国に義務づける、である。

サンフランシスコ平和条約 ⑫ 52カ国が参加して調印された対日講和条約。調印会議はアメリカ・イギリス両国が共同提案し、招請して開催されたが、ソ連・ポーランド・チェコスロヴァキアの3国は署名せず、日本を含め49カ国によって、1951(昭和26)年に調印された。日本の首席全権は吉田茂。これによって日本は朝鮮・台湾・南樺太(みなみからふと)・千島列島の領土を放棄し、沖縄・奄美群島・小笠原諸島は暫定(ざんてい)的にアメリカの施政権下におかれた。また、この条約によって、日本は正式に主権国の地位を得たが、同時に日米安全保障条約を結び、アメリカ軍の駐留が継続した。

：片面講和 ① サンフランシスコ平和条約

について、ソ連など社会主義国を含めた全面講和ではないことを指していう。サンフランシスコ平和条約は、ソ連・ポーランド・チェコスロヴァキアの東側3国は署名せず、日本を含め49カ国により調印された。日本にとっては、いわゆる「西側諸国」との調印だったため、この講和は「片面講和」、または「単独講和」といわれる。

吉田茂(よしだしげる) ③ 1878〜1967　戦後の日本を代表する外交官・政治家。第二次世界大戦中は反政府活動の嫌疑(けんぎ)で拘置されたこともある。1946(昭和21)年に日本自由党総裁として組閣。占領期から講和・独立期の政治運営に当たる。 **吉田内閣** ①

鳩山内閣 ② 日本民主党総裁の鳩山一郎(はとやまいちろう)(1883〜1953)を内閣総理大臣とする内閣。1954(昭和29)年の吉田内閣の退陣後組閣され、自主憲法の制定や再軍備の主張、対ソ連・中国との国交回復など反吉田路線の政策を前面に出した。

日ソ共同宣言 ⑪ 1956(昭和31)年、鳩山一郎首相が、モスクワで日ソ国交回復のために調印した宣言。この宣言で、戦争状態の終了、外交関係の回復、ソ連による日本の国連加盟支持などを確認したが、北方領土の返還については合意に至らず、未解決のままになっている。

沖縄返還 ③ 佐藤栄作内閣時の1971(昭和46)年6月17日に沖縄返還協定が調印され、1972(昭和47)年5月15日に発効し、1951(昭和26)年のサンフランシスコ平和条約によってアメリカの施政権のもとにおかれていた沖縄が日本に返還された。しかし、「本土並み」とされた沖縄返還もアメリカ軍基地負担や本土との経済格差など、大きな問題を残した。 **佐藤内閣** ②

日中共同声明 ④ 1972(昭和47)年、田中角栄首相が訪中し、日本政府と中華人民共和国政府とのあいだで発表された共同声明。この声明で、⑴中華人民共和国政府が唯一の中国の合法政府であること、⑵台湾が中華人民共和国の領土の一部であること、⑶日華(台)条約は無効であり、廃棄されるべきであるという、日中国交正常化三原則が確認された。

田中角栄(たなかかくえい) ③ 1918〜93　新潟県生まれ。政治家。1972〜74(昭和47〜49)年に自民党総裁・内閣総理大臣となる。日中国交正常化を実現。政策として打ち出した「日本列島改造論」は狂乱物価の一因にもなった。ロッキード事件(→ p.134)で実刑判決を受けたが、政界引退後も政界に大きな影響力をもった。 **田中内閣** ①

非核三原則 ⑪ 日本が世界で唯一の被爆国として掲げた、核兵器に対する原則。1968(昭和43)年1月、佐藤栄作首相は「もたず、つくらず、もちこませず」という非核三原則を防衛政策として国会で表明したが、「核兵器を積んだまま日本に寄港した」というライシャワー(Reischauer、1910〜90)元米駐日大使の発言や、横須賀に入港したアメリカ空母インディペンデンスによる核兵器搭載疑惑など、非核三原則は形骸化しているのではないかという批判がある。

「もたず、つくらず、もちこませず」 ⑧

「核の傘」 ⑦ 核兵器をもたない国が、大国の抑止力(よくしりょく)に依存している状況を指す言葉。アメリカの核抑止力に依存している日本にも当てはまる。

国際貢献 ⑥ 国際社会の一員として、日本がその義務を果たしていくということ。先進国の責任として、発展途上国への経済支援や、国連の場で決まったことを積極的に守っていくこと、多岐(たき)にわたる。とくに1991年の湾岸戦争以降、安全保障の問題を含めて日本がどこまで、どのようなかたちで「国際貢献」をすべきかが問題となっている。

5　平等権

平等権 ⑨ 法の下の平等を求める権利。封建(ほうけん)的な身分制度による差別、性別による差別、民族による差別などを排除し、政治的・経済的または社会的関係において、差別されない権利。とくに国家による不平等な取扱いを禁止した。封建的身分からの自由を求める自由権的な性格から、資本主義の発展にともない生じた社会的弱者に、国家が積極的な福祉を実現する社会権的な性格が要求されるようになった。 **差別** ⑫

法の下の平等 ⑫ 日本国憲法第14条が定める、すべての国民が人種・信条・性別などで差別されないという権利。法の下の平等は、「法の適用の平等」だけでなく、不合理な差別を含む立法も禁止すると考えられている。ただし、平等は絶対的・機械的平等を意味するのではなく、男女の身体的差などの合理的な差別は認めている。

個人の尊厳 ④ 一人ひとりの個人の人格に最高の価値を認め、国家の役割は、個人の生命・自由および幸福追求のための外的条件の整備であるとすること。日本国憲法第13条は、「すべて国民は、個人として尊重される」と規定している。 **信条** ⑨

社会的身分(身分) ⑨ 社会生活上の一定の地位や序列を表す言葉。日本国憲法第14条および第44条では、社会的身分と表現されて、合理的な理由のない差別を禁止している。

門地(もんち) ⑨ 華族(かぞく)などの封建的・特権的な身分・家柄のこと。日本でも1884(明治17)年の華族令により公侯伯子男の五爵にもとづく華族制度があった。日本国憲法第14条により、門地による法的な差別は禁じられている。 **貴族制度** ① **華族** ①

身分制度 ② 職業・財産・生活様式などが固定されている社会制度。特定の社会集団における世襲(せしゅう)制度などが原因で生じた。士・農・工・商と呼ばれた江戸時代の制度などはその例である。

部落差別 ⑪ 権力による民衆の分断・支配のために、近世から近代にかけてつくられた被差別部落民に対する差別。本来、平等でなければならない人間を、体制を維持するためにあえて差別の意識をつくり出し、具体的には被差別部落出身者に対して職業・居住・結婚など、様々な面で差別がおこなわれてきた。こうした差別は1871(明治4)年の「解放令」以後も残り、現在においても、全面的な解決がされておらず、社会問題として残されている。 **解放令** ①

:被差別部落 ④ 被差別民の居住地であることを理由に差別されてきた地域。日当たりの悪い傾斜地や河川敷(かせんしき)・湿地などに住まわせられた場合が多く、職業も制限された。近世封建社会の整備のなかでしだいに強化され、明治期以降になって近代産業の発展とともに形成されてきた地域もある。

:全国水平社 ④ 被差別部落民の解放を目的としてつくられた運動組織。形式的な同情や政府の融和政策に対抗し、人権の確保や生活の安定向上をめざした。1921(大正10)年、奈良県で水平社が結成され、22(大正11)年、京都市で全国水平社が結成された。水平社宣言では「人間を尊敬する事によって自ら解放せん」と述べ、綱領で「一. 特殊部落民は部落民自身の行動によって絶対の解放を期す 一. 吾々(われわれ)特殊部落民は絶対に経済の自由と職業の自由を社会に要求し以て獲得を期す 一. 吾等(われら)は人間性の原理に覚醒(かくせい)し人類最高の完成に向って突進す」と高らかに決議している。文中の「特殊部落民」とは当時の差別的蔑称(べっしょう)であるが、みずからをそう呼んで融和政策と対決し、部落民であることは恥ずべきことではなく、被差別者が差別を克服することは人間として「誇りうる」生き方であるとして、自身の手で解放を勝ち取ろうとした。1955(昭和30)年には部落解放同盟と改称され、部落解放運動を進めている。1969(昭和44)年、同和対策事業特別措置法を実施する過程で、理論対立と実践面での評価の相違が生じ、76(昭和51)年に全国部落解放運動連合会とにわかれた。

部落解放運動 ② **水平社宣言** ②
被差別部落出身者への差別 ①

:同和対策審議会答申 ③ 1969(昭和44)年に出された政府審議会の答申で、部落差別の解消が国民的な課題であり、国の責務であることを明記したもの。

同和問題 ① **同和対策審議会** ①

:同和対策事業特別措置法 ① 歴史的・社会的理由によって、生活環境等に不利益を受けている地域の経済力の培養(ばいよう)、住民生活の安定と福祉の向上をはかる法律。1969(昭和44)年、同和対策審議会答申にもとづいて、時限法として成立した。その後、3年延長され、1982(昭和57)年の地域改善対策特別措置法に引き継がれた。

同和対策事業 ②

:地域改善対策特別措置法 ① 同和対策事業特別措置法にかわるものとして1982(昭和57)年に成立した法律。5年間の時限法であり、1987(昭和62)年には地域改善対策特定事業に係る国の財政上の特別措置に関する法律(地対財特法)が施行された。地対財特法は2度の延長を経て、2002(平成14)年に終了した。

:部落差別解消推進法 ② 2016(平成28)年に施行された、部落差別のない社会をめざすことを目的とする法。現在もなお部落差別が存在するとともに、情報化の進展にともなって部落差別に関する状況の変化が生じていることをふまえ、すべての国民に基本的人権の享有を保障する日本国憲法の理念に則(のっと)り、部落差別は許されないものであるとの認識のもとに、差別解消が重要な課題であることを明記している。

女性差別 ⑪ 女性であるがゆえに受ける差別のこと。日本国憲法は第24条で「両性の本質的平等」を明記し、性別による差別を禁止して、男女同権をうたっている。これにより、たとえば選挙権などの差別的取扱いは、第44条によって禁止されている。

性差別 ①

両性の本質的平等 ④ 性別による差異はあるにしても、性別による価値の差異はなく、また、性別により生き方や考え方について押しつけられることはないということ。日本国憲法では、第14条で性別による差別の禁止の原則を述べ、さらに第24条で家庭生活における男女の本質的平等の原則、第44条で普通選挙の規定を定め、両性の本質的な平等が保障されるよう規定している。

個人の尊厳と両性の平等 ②

男女平等 ④ 男女両性が、社会的扱いにおいて等しいこと。国連では1975年を国際婦人年として定め、あらゆる分野への女性参加、実質的な男女の平等、女性の能力の開発などを目標にし、その実現をめぐって1976年からの10年間を「国連婦人の十年」と名づけ、各国の活動を支えた。日本では、1999(平成11)年6月に、男女共同参画社会基本法が制定され、男性も女性も対等な社会の構成員として、家庭や社会のあらゆる分野でともに責任を担い、ともに生きていく社会を実現していこうとしている。2000(平成12)年12月には、同基本法にもとづき具体的な行動として、「男女共同参画基本計画」(→ p.96)を定めた。

家族生活における男女の平等 ②

男女別定年制事件 ③ 従業員の定年を男子55歳、女子50歳と定めた企業の就業規則について、これを違法とする訴訟がおこされ、1981(昭和56)年最高裁判所が日本国憲法第14条の趣旨をふまえ、性別による不合理な差別であるとして違法・無効とする判断を示した事件。私人間の人権保障について裁判所が判断を示した例でもある。

芝信用金庫女性差別事件 ③ 芝信用金庫が性別による昇進・昇格差別をおこなったとして、13人の女性社員が原告となって争われた訴訟。東京高裁は原告側の主張を全面的に認め(2000〈平成12〉年)、最高裁で和解が成立した(2002〈平成14〉年)。

同化政策 ① 強い立場の民族が、弱い立場の民族に対して、みずからの文化伝統を受け入れるよう強制する政策。明治政府はアイヌ民族に対して同化政策をおこなった。

アイヌ民族への差別 ⑤ アイヌに対する偏見と差別のこと。江戸時代中期以降、蝦夷地(えぞち)(北海道)に居住しているアイヌは、松前藩の侵略を受け、圧迫と収奪に苦しんだ。明治政府はアイヌ語の使用禁止など、その固有の文化を奪いとることによって同化政策を進め、狩猟・漁労などを中心としたアイヌの生活をおかした。1899(明治32)年、「北海道旧土人保護法」が制定されたが、土地売買・譲渡の禁止など、差別的規定のほか、「旧土人」の蔑称(べっしょう)を残しており、1997(平成9)年5月、アイヌ文化振興法の成立とともに、廃止された。

アイヌ民族問題 ②
アイヌ民族 ⑥
北海道旧土人保護法 ④
アイヌ ⑤ **アイヌ文化** ②

アイヌ文化振興法 ⑦ 1997(平成9)年5月に制定された法律。正式名称は、「アイヌ文化の振興並びにアイヌの伝統等に関する知識の普及及び啓発に関する法律」で、アイヌ民族としての誇りが尊重される社会の実現を目的とし、アイヌ語やアイヌ文化の継承者の育成、調査研究、広報活動などの文化振興策を内容とする。

アイヌ民族を先住民族とすることを求める決議 ③ 2008(平成20)年、国会において、アイヌ民族を先住民族とすることを求める決議案が全会一致をもって可決された。これは前年の2007年に国連において「先住民族の権利に関する国際連合宣言」が採択されたことを受けてのことであった。政府は同日、アイヌを先住民族として認めた。

アイヌ民族支援法(アイヌ新法) ⑧ 2019(令和元)年4月に成立した法律。正式名称は「アイヌの人々の誇りが尊重される社会を実現するための施策の推進に関する法律」。アイヌ施策推進法ともいう。同法では「日本列島北部周辺、とりわけ北海道の先住民族であるアイヌの人々」とされ、アイヌが先住民族であることが法律上はじめて明記された。アイヌの人々が民族としての誇りをもって生活することができる社会の実現をはかり、アイヌ文化(アイヌ語、アイヌにおいて継承されてきた生活様式、音楽、舞踊、工芸など)を振興することを目的とする。この目的のため、国および地方公共団体に、アイヌ施策を策定し実施する責務があることを明記している。なお、この法律の成立によりアイヌ文化振興法は廃止となった。

在日韓国・朝鮮人差別 ③ 太平洋戦争中に徴用などで日本に連れてこられ、その後、残留したり、日本で生まれ育ったりした韓国人や朝鮮人に対する、就職・結婚・居住・教育など、様々な面での差別のこと。日本の植民地政策により、朝鮮民衆は土地を失い、日本名に改名させられる(創氏改名)などの差別を受けたが、現代の日本にも韓国・朝鮮人に対する根深い差別が存在している。 **在日韓国・朝鮮人** ①

在日韓国人・朝鮮人 ①

在日韓国・朝鮮人問題 ①

障がい者差別 ⑨ 身体または精神に障がいがあるため、長期にわたり日常生活や社会生活に相当の制限を受ける障がい者を劣等視・無能力視する偏見や差別のこと。日本では障害者総合支援法などが制定され、健常者との共生がはかられている。

障害者差別解消法 ③ すべての国民が、障がいの有無によってわけ隔てられることなく、相互に人格と個性を尊重しあいながら共生する社会の実現に向け、障がいを理由とする差別の解消を推進することを目的として、2013(平成25)年に制定された。2021(令和3)年の改正により、それまで民間事業者の「努力義務」とされていた合理的配慮の提供が、国や地方公共団体などと同様に「義務」(法的義務)とされた。

合理的配慮 ④ 障がいのある人から、社会のなかにある障壁(バリア)を取り除くために、何らかの対応を必要としているという意思表示があった時、国・地方公共団体・民間事業者が負担の重すぎない範囲で対応すること。例として、筆談・読み上げ・手話などによるコミュニケーションやわかりやすい表現を使って説明をするなどの意思疎通の配慮をおこなうことなど。

マイノリティ(少数派) minority ③ 民族や主義主張などで、その所属する社会で少数派であり、マジョリティ(多数派、majority)からの差別や偏見を受けやすい立場や状況にある人々。

マジョリティ(多数派) ①

在留外国人 ① 中期在留者および特別永住者(日本の旧植民地の出身で第二次世界大戦前から日本に住み、1952〈昭和27〉年サンフランシスコ平和条約発効により国籍を失った人とその子孫)をいう。

選挙権の平等 ⑤ 日本国憲法第15条に「公務員を選定し、及びこれを罷免することは、国民固有の権利である」「公務員の選挙については、成年者による普通選挙を保障する」とあり、第44条では国会議員およびその選挙人の資格について、「人種、信条、性別、社会的身分、門地、教育、財産又は収入によって差別してはならない」とある。

一票の格差 ⑩ 有権者数と議員定数の比率が選挙区ごとに異なり、一票の重みに差があること。有権者の投じる一票は本来は平等の価値をもたなくてはならないが、現実には議員一人当たりの有権者数が選挙区によって異なるという、一票の格差が生じている。 **一票の価値** ②

議員定数不均衡違憲判決 ⑥ 議員一人当たりの選挙人数の格差が、一票の格差を生じさせ、それが法の下の平等に反するとしておこされた訴訟。1972(昭和47)年の衆議院議員総選挙で格差(4.99倍)を最高裁は違憲としたが、事情判決により選挙は有効とした。その後の最高裁判決は、2.99倍の格差を合憲とし、最大格差3倍までは合憲とする基準が示された。参議院議員選挙については、5.85倍の格差を参議院議員の地域代表制、半数改選制という特殊性から合憲としている。なお、格差が最大2.08倍だった2021(令和3)年10月の衆院選について、投票価値の平等に反し違憲状態にあるとの判断が複数の高等裁判所で示されている(選挙自体は有効)。

議員定数の不均衡 ④

衆議院定数訴訟 ①

尊属殺重罰規定違憲判決 ⑧ 祖父母・父母など尊属を殺害した際に適用される尊属殺人罪で、刑法第200条は死刑または無期懲役としていた。実父を殺害した女性が尊属殺人罪で起訴された事件において、1973(昭和48)年に最高裁は単純殺人罪の刑と比べてきわめて刑が重く、著しく不合理な取扱いをするものであり、「法の下の平等」に反するとして、刑法の尊属殺重罰規定を違憲とした。

尊属殺人罪違憲判決 ①

尊属殺重罰規定 ④ **尊属** ②

国籍法 ② 人は国籍で特定の国に所属し、その構成員となる。国籍は出生(しゅっしょう)による取得と帰化(きか)による取得がある。出生による場合、日本では血統主義をとっている。父系血統主義が男女差別として問題となり、1984(昭和59)年の国籍法改正で父母両方の血統になった。

国籍取得制限規定 ① **国籍条項** ③

国籍 ② **血統主義** ①

出生地主義 ① **帰化** ①

国籍法違憲判決 ⑤ 日本国籍の取得において、父が日本人で母が外国人の子は、生まれたあとに認知されていたとしても、両親が結婚していなければならないという国籍法の規定について、不合理な差別であるとして最高裁は2008(平成20)年、違憲判決を示した。

非嫡出子相続分差別事件 ④ 民法第900条に、婚姻関係のない男女から生まれた非嫡出子の法定相続分は、嫡出子の2分の1としていた。この規定が日本国憲法第14条(法の下の平等)に反しないか問われ、1995(平成7)年の最高裁判決では合憲となった。しかし、2013(平成25)年の最高裁において、婚外子と嫡出子の相続における差別的取扱いには合理的根拠がないとして違憲とされた。同年に民法の一部が改正され、嫡出ではない子の相続分が嫡出子の相続分と同等になった。

婚外子法定相続分差別違憲訴訟 ①
婚外子法定相続差別訴訟 ①
婚外子相続格差規定訴訟 ②
婚外子 ⑤　**婚内子** ③
非嫡出子 ②

女性再婚禁止期間規定訴訟 ⑥ 女性は離婚後6カ月を過ぎないと再婚することができないとする民法第733条の規定が違憲ではないかと争われた訴訟。民法772条には「離婚後300日以内で生まれた子は前夫の子」であり、「結婚後200日を過ぎて生まれた子は結婚後の夫の子」とされている。つまり、離婚の100日後に結婚した場合は父親の推定が重ならない。2015(平成27)年、最高裁は「再婚禁止期間の100日を超える部分」については違憲と判断した。2016(平成28)年、女性の再婚禁止期間を100日とする民法の改正がなされた。

女性の再婚禁止期間違憲判決 ①
女性再婚禁止期間規定 ②

夫婦別姓 ⑦ 結婚後も、夫婦がたがいに結婚前の姓(苗字(みょうじ))を称すること。日本国憲法第24条には、「婚姻は、両性の合意のみに基いて成立し、夫婦が同等の権利を有することを基本として、相互の協力により、維持されなければならない」とある。そして、法律は「両性の本質的平等」に立って定められなくてはならない。現行民法では、結婚すると「夫又は妻の氏を称する」(第750条)と規定されているが、現実にはほとんどの女性が改姓をしている。これは男女平等の精神に反し、夫の戸籍に妻が入ることで、戦前の家制度が温存されるとの批判がある。夫婦別姓を民法に組み込んでいく、という改正案には賛否両論があり、夫婦別姓が家庭崩壊をまねくといった反対論も根強い。なお、民法750条の夫婦同姓の規定について、最高裁は2015(平成27)年に合憲の判断を示しており、2021(令和3)年にも合憲の判断を示している。

選択的夫婦別氏(別姓)制度 ② 結婚した時に、夫婦同姓か結婚前の姓をたがいに保持する別姓かを自由に選択できる制度。なお、最高裁は2021(令和3)年に夫婦同氏(同姓)制度は憲法に違反していないとの判断を示している。

夫婦同姓 ①

指紋押捺(おうなつ) ② 外国人登録申請時の指紋押捺強制が、人権侵害であるとされた問題。1984(昭和59)年、東京地裁は「指紋はプライバシーであって、国家が合理的理由なしに押捺を強制することは憲法違反」としたが、「外国人登録制度は正確性を維持し、不正防止のため」必要不可欠とした。1992(平成4)年に外国人登録法が改正され、永住者と在日韓国・朝鮮人、台湾出身者などの特別永住者の指紋押捺は廃止された。しかし、アメリカ同時多発テロ(2001年、→ p.236)の発生をふまえ、2006(平成18)年5月に改正入管(にゅうかん)難民法が成立した。この法律により、犯罪者やテロリストが偽装パスポートで入国することなどを防ぐ目的で、16歳以上の外国人を対象に入国審査で指紋採取と顔写真の撮影を義務づけた。指紋や顔写真の提供を拒んだ場合は、日本への入国が許可されない。これに対して、採取した生体情報を捜査機関も利用できるうえ、保存期間が明らかにされていないため、人権擁護団体などからは批判が出ている。ただし、在日韓国・朝鮮人ら特別永住者、外交・公用での来日、国の招待者などは対象外となっている。

在留資格 ② 外国人が日本に在留するあいだ、一定の活動をおこなうことができること。入国後に外国人が合法的に日本に滞在するための資格。

外国人参政権 ① 現行法では、外国人の参政権は認められていないが、最高裁判所は1995(平成7)年に「居住する区域の自治体と密接な関係をもつに至った永住外国人については、地方選挙での選挙権を認めることは憲法上禁止されていない」とする初の判断を示し、実際に認めるかどうかは「立法政策の問題」として、国会に判断を預けている。

外国人地方参政権訴訟 ② 日本で生まれ育った在日韓国人が、日本の地方選挙権を求めておこした訴訟。1995(平成7)年、最高裁は、憲法は地方参政権を国民にのみ保障しており、日本国籍をもたない外国人には保障していないとの判断を示した(原告敗訴)。 **外国人地方参政権の付与** ①

在日外国人 ③ 日本に移住している外国人のこと。日本では、外国人が入国・在留するにあたって、在留資格制度を定めている。2021(令和3)年12月末現在、日本に暮らす総在留外国人の数は約276万人である。

定住外国人 ② 長期間にわたり、日本国内に居住をして外国籍をもっている人。国際化にともない、その数は増加している。外国人労働者問題や選挙権をめぐっての議論がある。 **永住外国人の地方参政権** ①
選挙権・被選挙権に関する差別の禁止 ①

国籍離脱の自由 ① 日本国憲法第22条で保障している、人が自己の意思で国籍を離れる自由。日本では、父または母が日本国民である時、その子は日本国籍を取得するという血統主義を採用しているが、日本で生まれて両親が行方不明の場合などに、例外として出生地主義も認めている。

ヘイトスピーチ hate speech ⑨ 特定の人種や民族への憎しみをあおるような差別的言動で、特定の個人や集団をおとしめ、暴力や差別をあおるような主張をすること。匿名化され、インターネット上で発信されることが多いが、路上デモなどでのヘイトスピーチが急増し、問題となっている。

ヘイトスピーチ解消法 ③ ヘイトスピーチを不当な差別的言動と定義し、国や地方公共団体に対し相談体制の整備や教育・啓蒙活動などにより差別解消に取り組むことを求めた。罰則規定はない。2016(平成28)年施行。 **ヘイトスピーチ対策法** ②
ヘイトスピーチ規制法 ②

「差別をしない、させない、許さない社会」 ② 神奈川県川崎市はヘイトスピーチ問題に関し、「差別をしない、させない、許さない社会」を実現するために、2020(令和2)年、全国初のヘイトスピーチに対する罰則つきの条例を制定した。

6 自由権

自由権(自由権的基本権) ⑫ 国家権力の介入や干渉により、個人の自由や権利を侵害されない権利で、消極的権利とされる。精神の自由、身体(人身)の自由、経済の自由に大別され、基本的人権の中核をなす。国家によって与えられるものではなく、国家以前に存在すると考えられている。

国家からの自由 ⑧ 個人の行動、とりわけ経済活動に対して国家が規制をかけないこと。資本主義の初期において、国家が保護主義などで国内産業を保護することに反対した産業資本家たちは、経済活動における自由放任主義(レッセ・フェール)と国家からの自由を訴えた。

精神の自由(精神的自由権) ⑫ 思想・良心のように外部に表現されない内心の自由、思想・良心を外部に発表する表現の自由、思想・良心の内容が学問的体系をとる学問の自由、宗教的性格をもつ信教の自由の総称。人間の尊厳を支える基本的条件であるとともに、民主主義を実現していくうえで、不可欠の前提となる自由。経済の自由より価値が高く、原則として制限することは許されない。 **内心の自由** ①

思想・良心の自由 ⑫ 日本国憲法第19条で保障された、内心の自由のこと。国家による特定の思想の強制や禁止、思想による不利益な取り扱い、思想の公表の強制(沈黙の自由に反する)は、思想・良心の自由の侵害となる。ただし、私人間においては、最高裁は「三菱樹脂訴訟」で、特定の思想をもつ者を雇用しないことも企業の自由であるとした。

三菱樹脂訴訟 ⑦ 入社試験で身上書に嘘の記載や学生運動歴を秘匿(ひとく)したとして、試用期間終了直前に本採用を拒否された原告が、本採用拒否は思想・信条を理由とする解雇であるとして、その無効を求めた裁判。第一審は解雇権の濫用(らんよう)に当たるとしたが、最高裁では「憲法第19条は私人間相互の関係には直接適用されず、特定の思想・信条故の採用拒否は違法とならない」とした。

間接適用説 ② 憲法は国家権力に歯止めをかけることを目的として、国家が基本的人権を規制することを禁じている。このため、憲法の規定は一部を除いて直接的には私人間に適用されない。ただし、私人間に直接適用されないといえども「私人間では人権侵害をしてもよい」ということにはならない。憲法の人権保障の精神は、民法などの私人間を規制する法(私法)の適用や解釈を通じて私人間にも適用するべきである、と考えられている。これを「間接適用説」という。

公序良俗 ⑨ 公の秩序と善良な風俗のこと。

民法90条において、公序良俗に反する内容の法律行為は無効とされている。

信教の自由 ⑫ 信仰の自由、宗教選択の自由、宗教団体をつくったり布教活動をしたりするなどの宗教活動の自由、宗教行事への参加の強制の禁止のこと。日本国憲法第20条は、信教の自由を保障している。

宗教の自由 ①

宗教的行為の自由 ① いかなる宗教を信じるか、または信じないかという「信仰の自由」、自身の信じる宗教の布教活動をおこなう「布教の自由」、宗教団体をつくる「宗教的結社の自由」などのこと。

国家神道 ⑦ 明治時代以降、政府によって天皇制を護持するために推進された宗教思想。神社神道を天皇信仰と結びつけて国教化した。天皇の祖先の神とされる天照大神を祀る伊勢神宮を、全国の神社の中心におく制度をつくった。

政教分離〔の原則〕 ⑪ 国家の非宗教性、ないし宗教的中立の原則。戦前の神道国教化を反省し、日本国憲法は第20条で宗教団

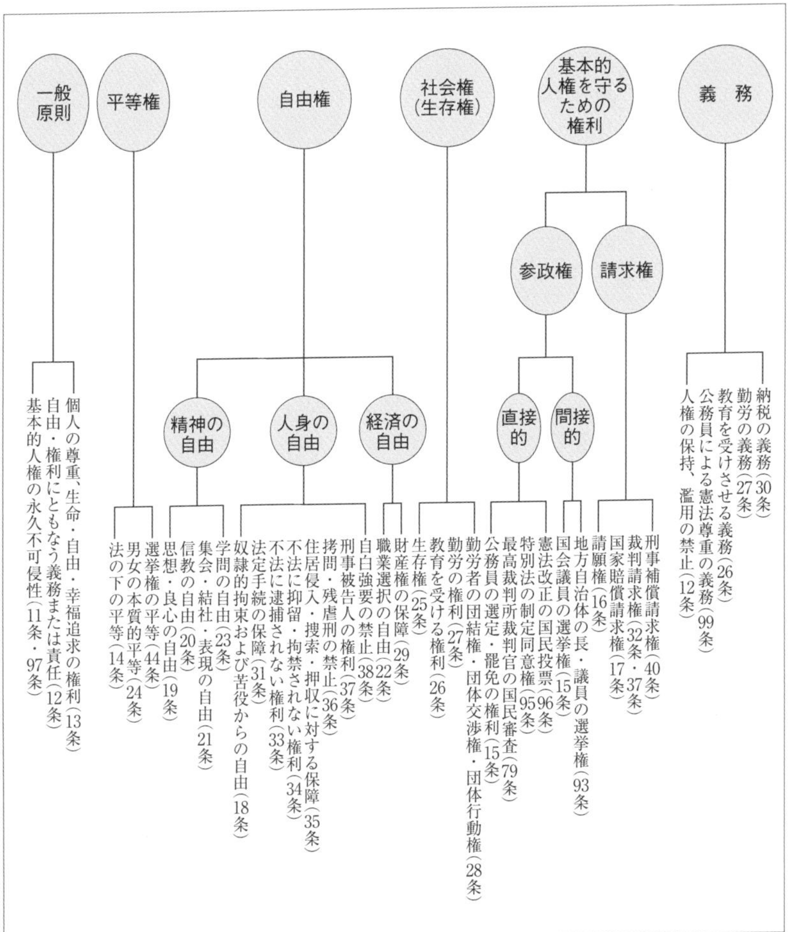

日本国憲法に規定されている国民の権利と義務

体に対する特権付与の禁止、宗教団体による政治権力の行使の禁止、公的機関による宗教教育などの宗教活動の禁止、さらに第89条で宗教団体に対する財政援助を禁止している。

津地鎮祭(つじちんさい)訴訟 ⑨ 1965(昭和40)年、三重県津市が体育館起工式を神式の儀式である「地鎮祭」でおこない、その費用を公費で支出した。このため住民が、この支出は憲法に定めた「政教分離原則」に違反するとしておこした訴訟。最高裁は、地鎮祭は一般的慣習に従う儀式をおこなうという世俗的なものであり、参加者の宗教的関心を高める効果がなく、その効果は神道を援助、助長、促進するものではないという目的効果基準に照らし、合憲の判決を下した(1977〈昭和52〉年)。

目的効果基準 ② 国や地方公共団体の行為が、政教分離原則に照らして宗教的行為に抵触するかどうかを判断する基準。問題となった行為が、「宗教的意義を持ち、効果が宗教に対する援助、助長、促進又は圧迫、干渉等になるような行為」である場合、その行為は憲法が禁止する「宗教的活動」であるとされる。

靖国(やすくに)神社公式参拝 ① 首相や閣僚が靖国神社に参拝すること。玉串料(たまぐしりょう)などを公費から支出し、記帳に公職の肩書きを記載した場合に、公式参拝と呼ばれる。1985(昭和60)年8月、中曽根康弘(なかそねやすひろ)(1918〜2019)首相が戦後はじめて靖国神社公式参拝をおこない、韓国・中国などからは大きな反発があった。 **靖国神社参拝** ④

靖国神社 ⑧ 東京都千代田区九段北にある神社。明治維新の時の官軍側戦死者の功績を顕彰(けんしょう)し、慰霊することを目的に、1869(明治2)年に東京招魂社(とうきょうしょうこんしゃ)として創建。1879(明治12)年に靖国神社となり、戦争など、国事に関わって死亡した者を「英霊」として祀る、国家神道の中心的な神社として位置づけられる。1978(昭和53)年、A級戦犯刑死者らが合祀(ごうし)された。

自衛官合祀訴訟 ① 殉職した自衛官であった夫が、山口県の護国神社に合祀されたことに対し、妻が信教の自由を侵害され、また政教分離の原則に反するとしておこした訴訟で、最高裁は原告敗訴の判決をくだし、合憲であるとの判断を示した(1988〈昭和63〉年)。

愛媛玉ぐし料訴訟 ⑪ 愛媛県が1981(昭和56)年から86(昭和61)年にかけて、靖国神社におさめた玉串料や県護国神社への供物料(くもつりょう)を公費で負担したことは、政教分離を規定した憲法に違反するとして、住民がおこした訴訟。1997(平成9)年の最高裁判決では、公費支出は憲法第20条3項と第89条に反するという、違憲判決を示した。 **玉ぐし料** ⑧

空知太神社訴訟 ④ 北海道砂川市が、市有地を市内の空知太(そらちぶと)神社に無償提供してきた行為が、政教分離原則に反するとして地元住民がおこした訴訟。2010(平成22)年、最高裁は「特定宗教への援助と取られてもやむを得ない」として、違憲判決をくだした。 **空知太訴訟** ① **北海道砂川(すながわ)政教分離訴訟** ②

表現の自由 ⑫ 個人が外部に自己の思想・主張・意思・感情などを表現する自由。表現の自由は、もっとも代表的な自由権の1つであり、民主主義社会の中核的意味をもつ重要な権利である。

集会・結社・表現の自由 ⑥ 多数人が共同の目的をもって一時的に一定の場所に集まる集会と、多数人が共同の目的をもって継続的に集団を構成する結社の自由のこと。日本国憲法は第21条で、集会・結社の自由を認めている。ただし、集会の自由は、公安条例により制限される場合がある。 **集会・結社の自由** ④

言論・出版の自由 ⑤ 日本国憲法は第21条で、言論・出版の自由を認めている。言論の自由は、表現の自由と同じ意味で使われることが多い。 **言論と表現の自由** ①

:言論の自由 ① 言語によって自身の思想を発表し、論じる自由。出版の自由とともに表現の自由の根幹をなす。

チャタレー事件 ③ 洋書『チャタレー夫人の恋人』の翻訳者と日本での出版社が、わいせつ物頒布(はんぷ)(刑法第175条)の罪で起訴された事件。1957(昭和32)年、最高裁は「出版その他表現の自由は極めて重要なものではあるが、やはり公共の福祉によって制限されるものと認めなければならない。性的秩序を守り、最小限度の性道徳を維持することが公共の福祉の内容であることについては、疑いの余地がない。よってこのようなわいせつ文書の頒布販売の禁止は公共の福祉のためであり、憲法第21条に違反しない」として上告を棄却、有罪とした二審判決を支持した。

検閲 ⑦ 公権力が著作物や新聞・放送などの内容や表現を、発表前に強制的に審査し、不適当と認めるものの発表を禁止すること。日本国憲法第21条で、検閲は禁止されている。「教科書検定」が検閲に当たるかどうかについて、1970(昭和45)年東京地裁の杉本判決は、審査が思想内容におよぶものでない限り、検閲には当たらないとした。

通信の秘密 ⑤ 電話や郵便、eメールなど、通信に関する秘密が保護されていること。日本国憲法第21条で保障されている。

国家公務員法違反事件 ② 2012(平成24)年、国家公務員が休日に政党機関誌を戸別配布したことをめぐって、最高裁はこれまでの国家公務員の政治活動についての「一律・全面禁止」を改め、「職務遂行の政治的中立性を実質的にそこなわない場合、(国家公務員法の規定する)制限の対象外」であるとする判断(無罪判決)を示した。

学問の自由 ⑫ 日本国憲法第23条で保障されている、研究の自由・研究成果を発表する自由・教授する自由のこと。これらの自由を保障するために、大学の自治がある。学問の自由の侵害として、美濃部達吉(1873〜1948)の「天皇機関説」が国体に反するとして、著書を発禁処分にされた事件がある。 **美濃部達吉** ①

家永訴訟 ② 高校用「日本史」教科書を執筆してきた、家永三郎(1913〜2002)東京教育大学教授(当時)が、同書の第五訂版検定申請をおこなったところ、1963(昭和38)年に文部大臣は検定不合格の判定をした。家永教授は、「検定制度は憲法の保障する学問・思想・表現の自由の侵害であり、教育を受ける権利や検閲禁止にも違反する」として国を相手どって訴訟をおこし、第1次から3次まで訴訟が続いた。1997(平成9)年、第3次訴訟の最高裁は「教科書検定は合憲であり、あくまでも教科書という特殊な形態での表現、発表を制限するにすぎず合理的で必要やむをえない程度のもの」とした。

東大ポポロ劇団事件 ④ 1952(昭和27)年、東大の学生団体「ポポロ劇団」主催で松川事件を題材にした演劇が教室でおこなわれていた。この最中に観客に混じり、公安調査を目的にした私服警官を学生が発見し、警官に警察手帳の提示を求めた際に暴行があったとして、学生2人が起訴された。裁判では、警官の学校内立入りが学問の自由や大学自治の侵害になるか否かが争点となった。一審・二審では学生を無罪としたが、最高裁は「上演された演劇は学問研究のためではなく、実社会の政治的・社会的活動であり、大学における学問の自由や自治の範囲外」として、原判決を破棄、審理を地裁へ差し戻した(差し戻し後、有罪確定)。 **ポポロ劇団** ② **大学の自治** ⑤

身体の自由(人身の自由) ⑫ 日本国憲法第18条で保障された、何人もいかなる奴隷的拘束も受けない自由。奴隷的拘束の例としては人身売買などが、苦役の例としては借金のための債務労働などがある。

:奴隷的拘束及び苦役からの自由 ⑨ 人格を無視するような身体の拘束、肉体的・精神的な苦痛をともなう労役(苦役)からの自由を保障する。 **苦役** ②

法定手続きの保障(適法手続きの保障) ⑪ 法律による適正な手続きによらなければ、生命や自由を奪われたり、刑罰を科せられないとすること。公権力による刑罰権の濫用を防ぐために、日本国憲法第31条で規定されている。法律の定める手続きは、第32条以下の逮捕・拘禁の要件、住居の不可侵、拷問・残虐刑の禁止、黙秘権などの手続きの適正と、実体の適正(罪刑法定主義)とがある。 **適正手続** ④

逮捕 ⑥ 警察などの捜査機関が、被疑者の身体的自由を拘束すること。現行犯の場合以外は令状(逮捕状)が必要となる。なお、令状は捜査機関の請求にもとづき、裁判所が必要性を判断して発行する。

現行犯 ② 犯罪をおこなっているところ、またはおこない終わった際にみつけられた犯罪、またはその犯人。現行犯人は、だれでも、逮捕状なしに逮捕できる。 **現行犯逮捕** ①

緊急逮捕 ① 死刑または無期、長期3年以上の懲役・禁錮に当たる罪をおかしたと疑うに足りる充分な理由があり、かつ急速を要し、逮捕状の発布を待っていては間にあわない場合におこなわれる容疑者の逮捕。

抑留 ⑤ 比較的短い期間にわたる身体の自由の拘束。逮捕などにともなう留置などがこれに当たる。

拘禁 ⑤ 比較的長い期間にわたる身体の自由の拘束。逃亡のおそれのある被疑者や身体的拘束を必要とする刑事被告人を、留置する「拘留」がこれに当たる。

被疑者 ⑧ 刑事事件で、犯罪をおかした疑いを受けた者で、まだ起訴されていない者。捜査の対象となり、取調べ・逮捕・勾留・家宅捜索などを受ける。

罪刑法定主義 ⑫ どのような行為に対して、どのような刑罰が科せられるかは、行為の前にあらかじめ法律によって定められていなければならないという原則。この原則から日本国憲法第39条は、「実行の時に適法であつた行為又は既に無罪とされた行為については、刑事上の責任を問はれない」という事後法の禁止(不遡及)の原則、「同一の犯罪について、重ねて刑事上の責任を問はれない」という一事不再理の原則を定めている。

「疑わしきは被告人の利益に」 ⑧ 刑事裁判において、有罪と確定されるまでは、被疑者・被告人は無罪の推定を受けるということで、刑事裁判の原則とされている。
「疑わしきは罰せず」 ①

無罪の推定 ⑤ 有罪判決が確定するまでは、何人も犯罪者として取り扱われないこと。
推定無罪 ③　**無罪推定の原則** ②

証拠主義 ① 刑事裁判における事実の認定は、証拠によらなければならないとする原則。

令状主義 ⑪ 日本国憲法第33条および第35条で規定された、捜査機関が犯罪の被疑者を逮捕・勾留、捜索・押収などをおこなう場合には、裁判官または裁判所の発した令状(逮捕状)によらなければならないという原則のこと。捜査権の濫用による人権の侵害を防止するためのものである。ただし、現行犯を逮捕する場合などの例外が認められている。 **令状** ⑦

捜索 ⑧ 裁判官・検察官・警察官が、証拠物件や犯人自身を発見するため、強制的に家宅・身体・物件などについて探すこと。

押収 ⑥ 証拠物件または没収すべきものの占有を取得する刑事上の処分。

勾留 ⑤ 被疑者または被告人を一定の場所に拘禁する刑事手続き上の強制処分。

代用監獄(代用刑事施設) ② 監獄とは、刑の執行を受ける者が留置される施設であり、一般的には「刑務所」と呼ばれる。代用監獄は、警察署に付属する「留置場」が監獄に代用されている状態をいう。なお、2006(平成18)年から「監獄」の名称は「刑事施設」に改められた。

刑事施設 ① 自由刑(自由を奪う刑罰)を執行するために拘置される者、刑事訴訟法の規定により拘留される者、死刑のいいわたしを受けて拘置される者を収容し、それらの者に必要な処遇をおこなう施設。刑務所、拘置所など。

:拘置所 ⑤ 刑事施設の一種で、おもに未決拘留者および死刑確定者が収容されている。「刑務所」ともいう。

留置場(代用刑事施設) ⑤ 各警察本部・警察署に付属し、逮捕された被疑者を留置する施設。代用刑事施設として、勾留された被疑者を収容することもある。

取調べの可視化 ⑤ 捜査機関による取調べを録音・録画することにより、行きすぎた捜査や自白の強要、ひいては冤罪(→p.112)を防ぐために、あとからチェックできるようにすること。

司法取引(司法合意)制度 ⑤ 刑事手続において被疑者や被告人が、他人の犯罪事実を検察官に証言することで、被疑者や被告人と検察官のあいだで自身の処分上の利益を得ること。2016(平成28)年の刑事訴訟法改正により、2018(平成30)年から導入。

拷問・残虐刑の禁止 ④ 日本国憲法第36条は、自白を得るために肉体的に苦痛を与える拷問や残虐刑を禁止し、さらに第38条で、強制・拷問もしくは脅迫による自白は証拠とすることはできないとしている。なお、死刑が残虐刑に当たるかどうかについて、最高裁は罪刑均衡の原則(おかした罪に対する刑罰が相応でなければならないという原則)や一般予防の見地から、死刑の選択も許されるとしている。
残虐刑の禁止 ②

:残虐な刑罰 ② 人格を無視した方法や不必要な精神的・肉体的苦痛をともなう刑罰のこと。

自白 ⑤ 自己に不利益なことを申し述べること。日本国憲法第38条では、自己に不利益な唯一の証拠が自白である場合には、有罪とされないと定めている。
自白の強要 ③

拷問 ⑥ 刑事事件に際し、被疑者または被告人に自白を強いる目的で、肉体的苦痛を加えること。

黙秘権 ⑧ 日本国憲法第38条の自己の刑事責任に関わる不利益な供述を、強要されない権利。不利益な供述をしないこと自体が犯罪とされたり、供述しないために有罪とされることも否定している。

経済的自由 ⑤ 日本国憲法第22条の職業選択の自由などのこと。人の経済生活、経済活動、財産に関する自由の保障は、近代資本主義社会にとって不可欠である。精神の自由と比べ、公共の福祉によって制限されることが多い。 **経済活動の自由** ⑥
経済の自由 ②

居住・移転の自由 ⑩ 日本国憲法第22条は、居住・移転の自由を保障している。これは、人民を土地に縛りつけていた封建的支配関係からの解放とともに、土地という生産手段から切り離されて都市で労働者になるという、二重の意味での自由を意味している。

職業選択の自由 ⑫ 自分の職業をみずから選択し、継続する自由。みずから営業の主体となる営業の自由も含まれる。しかし、医師や弁護士になるための資格などの各種の制限は認められている。最高裁は1975(昭和50)年、旧薬事法の薬局設置の距離制限を日本国憲法第22条に違反するとした。

薬事法違憲判決 ⑥ 薬局の適正配置規制(距離制限)が、営業の自由を保障した日本国憲法第22条に違反しているか否かが争われた訴訟。医薬品の販売業を営もうとして県に申請した業社が、薬事法第6条の「薬局等の配置の基準」に適合しないとの理由で不許可処分にされたため提訴した。1975(昭和50)年、最高裁は「薬局開設の距離制限については、必要かつ合理的な規制とはいえず違憲・無効」とした。

薬事法事件 ①
薬事法訴訟 ①　**薬事法違憲訴訟** ①
薬局開設に関する距離制限規定違憲判決 ①

:薬事法 ③ 薬局並びに医薬品および医療機器などの基準・取扱いなどについて規定し、国民の保健衛生の向上をはかることを目的とした法律。1960(昭和35)年制定。

医薬品ネット販売規制事件 ① 医薬品のネット販売について、厚生労働省は「医薬品販売は十分な情報提供ができる対面が原則」とし、ネットを含む通信販売の規制を強化した。しかし、これを不服としたネット通販業者がおこした訴訟。最高裁は2013(平成25)年、通信販売を規制する省令は違法であるとして原告側の勝訴となった。

財産権の保障 ⑧ 日本国憲法第29条で保障された、個人の財産権が公権力によって侵害されないこと。しかし、公共の福祉による財産権の制限を認めており、フランス人権宣言の「所有権は不可侵(ふかしん)で神聖な権利である」といった、自然権的な考え方はとっていない。

財産権 ⑤ 財産に対して人々が有する権利。財産の所有・利用の自由がその中心である。
所有権 ④

森林法訴訟 ⑥ 森林の共有者による森林の分割請求を制限する森林法第186条(持ち分2分の1以下の共有者による分割請求を認めない規定)が、財産権を保障する日本国憲法第29条に違反するか否かが争われた裁判。1987(昭和62)年、最高裁は「分割請求の制限は合理性・必要性を肯定できないため、違憲・無効」とした。同年、森林法の同規定を削除する法改正がおこなわれた。
森林法 ①

知的財産権 ⑨ 知的な創意工夫によってつくり出された、無形の経済的価値に対する権利をいう。特許権・意匠権・商標権などの工業所有権と、音楽・出版物・コンピュータソフトなどの著作権とに大きくわけられる。知的財産権のおよぶ範囲は国によって異なり、さらに法体系や法の運用にも差が大きい。世界知的所有権機関(WIPO)や世界貿易機関(WTO)などが国際的なルールを審議している場である。
知的所有権 ②

著作権 ⑦ 著作物やそのコピー(複製)・実演・放送などに関連する著作者の権利を指す。文化の発展を目的に、著作権を保護することを定めた法律が著作権法である。著作権の権利期間は、日本では著作者の死後70年間(2018〈平成30〉年改正)まで保証される。近年では、マルチメディアの発達により、デジタル化された機器でのコピーによる著作権の侵害が問題となっている。また、表現方法が多様化したことから、著作権のあり方も複雑になっている。

特許権 ⑤ 特定の目的に対する高度な発明を、その発明を公開する見返りとして法的に保護されること。利用者は発明者である権利者から利用の承諾を受け、相当額の使用料を支払わねばならない。したがって、特許権は独占禁止法の例外措置として認められる独占権である。特許権の存続は出願から20年間で、発明の時期に関係なく、先に出願した者の権利となる。

実用新案権 ① 物品の形状・構造または組合せについて工夫することで産業上の利用ができるような考案を保護するための権利。例として、ペットボトルのふた、布団たたき、消しゴムつき鉛筆など。

意匠(いしょう)権 ② 形・模様・色など、デザインに関する知的財産権のこと。意匠法により、出願後、最長25年間の独占権が認められる。実際に形となる物品に限られている。

商標権 ② 自己の商品・サービスであること

を示す標識・マークのことを商標といい、これに関する権利。とくにサービスに関する商標(鉄道業者・宅配便業者などのマーク)を「サービスマーク」という。商標権の存続期間は10年であるが、実際には更新により永久的に維持することができる。

パブリシティ権 ② 芸能人などの有名人が自分の肖像や氏名などを独占的に使用する権利。有名人の氏名や肖像の使用は経済的な効果があるので、他人は使用できないとするもの。肖像権などとともに人格権の一種である。

二重の基準 ② 裁判所が自由権を規制する法律について違憲かどうかを審査する時の2つの基準。精神の自由、とくに表現の自由を規制するような立法については違憲かどうかを厳格に審査し、その他の人権、とくに経済活動の自由を規制するような立法についてはゆるやかな審査基準を用いて、合理的な根拠が認められれば合憲とするというもの。たとえば、公衆浴場法の距離制限規定について、最高裁は公共の福祉に適合するとして合憲判決を出している(1989〈平成元〉年)。

7 社会権

ワイマール憲法 ⑫ 1919年、ドイツで制定。生存権・経済に対する国家の干渉・労働者の権利などを定め、「人間の生存が経済的自由よりも優先する」という社会権の思想を盛り込み、現代憲法の先がけとなった。

社会権 ⑫ 国家の積極的な介入により、実質的な人間らしい生活を保障した権利で、積極的権利ともいう。資本主義経済の発展にともない、失業や貧困が個人の責任ではなく、経済制度そのものに原因があると考えられ、経済的弱者の救済が社会の責任と認められるようになって生まれた権利。20世紀的人権ともいう。

社会権的基本権 ②

国家による自由 ⑥ 社会権とは、国民が人間らしい生活を確保するため、国家に対して積極的な施策を求める権利である。このため「国家による自由」と表現される。なお、自由権は「国家からの自由」、参政権は「国家への自由」と表現される。

生存権 ⑫ 人たるに値する生活を営むための諸条件の確保を、国家に要求する権利。社会権の中核的権利。日本国憲法も第25条で、健康で文化的な最低限度の生活を営む権利を保障している。

健康で文化的な最低限度の生活 ⑫

プログラム規定 ⑪ 国家の努力目標や政策的方針を示したもの。国民は直接憲法の規定にもとづいて権利を主張することができず、この権利を具体化する立法がなされてはじめて具体的権利を主張できるというもの。朝日訴訟で最高裁は、憲法第25条1項について、「国の責務として宣言したにとどまり、直接個々の国民に対して具体的権利を賦与(ふよ)したものではない」とした。

憲法第25条 ⑩ **抽象的権利説** ①

法的権利説 ③ プログラム規定説の対極にある考え方。日本国憲法第25条の生存権規定は、個人に対して具体的な権利内容を定めたもので、裁判上の救済を受けることができるとする説。

朝日訴訟 ⑪ 1957～67(昭和32～42)年にかけて、生存権をめぐりおこされた訴訟。国立岡山療養所に入院中の朝日茂(あさひしげる)(1913～64)さんが、国の生活保護の給付内容が不十分で、日本国憲法第25条が定める生存権に違反するとして訴えた。1967年、最高裁は「何が健康で文化的な最低限度の生活かという生活保護基準の認定判断は、厚生大臣の合目的(ごうもくてき)な裁量にゆだねられており、当・不当の問題はあっても、直(ただ)ちに違法の問題は生じない」とするプログラム規定説を採用した。なお、裁判は原告の朝日さんの死亡により、終了した。

朝日茂 ⑩ **生活保護基準** ⑥

生活扶助 ④

立法裁量権 ① 立法府にゆだねられた、立法についての判断・決定のこと。憲法は、立法そのものや時期・内容について立法府の裁量にゆだねているが、朝日訴訟は立法裁量権の著しい逸脱があれば、違憲判断を含む司法審査の可能性を認めるという判例である。

堀木訴訟 ⑧ 全盲と母子世帯という二重の負担を負った堀木文子(ほりきふみこ)(1920～86)さんが、障害福祉年金と児童扶養手当の併給を禁止した児童扶養手当法の規定は、日本国憲法第25条などに違反するとしておこした訴訟。1982(昭和57)年、最高裁は「日本国憲法第25条は国の責務を宣言したもので、どのような措置を講ずるかは立法府の裁量の範囲である」としたプログラム規定説を採用して、原告の請求を退けた。

教育を受ける権利 ⑫ 日本国憲法第26条は、教育を受ける権利を保障し、教育を受けることにつき、国から不合理な制限を受けることなく、教育要求を満たす制度や施設を国に要求できると規定している。教育の内容・方法を決め、これを実施する教育権については、これが親と子か、国にあるかについて、意見がわかれている。さらに、最高裁は1976(昭和51)年の旭川学力テスト事件判決で、子どもの学習権を認めている。

学習権 ② 教育を受ける権利。生涯学習の視点からも重要視されている。

教育の機会均等 ④ 日本国憲法第26条で保障された、すべての国民が「その能力に応じて、等しく教育を受ける権利」。さらに、教育基本法第4条で、人種・信条・性別・社会的身分・経済的地位または門地によって教育上差別を受けない、という教育における法の下の平等を規定している。この原則により、義務教育の無償制などがおこなわれている。

義務教育の無償 ⑩ 保護者が、その保護する子女に受けさせなければならない小学校・中学校9年間の普通教育に関しては、無償とする規定。これは「教育を受ける権利」と「教育の機会均等」の最小限の保障である。

教育基本法 ⑥ 1947(昭和22)年制定。日本国憲法の精神に則り、教育の基本的あり方を定めた法律。教育憲法という意味と教育関係諸法規の基本法的意味をもつ。教育の目的・方針、教育の機会均等、義務教育、男女共学などを定めている。2006(平成18)年の同法改正では、「我が国と郷土を愛する」という条項がつけ加えられた。

教育基本法改正 ①

勤労権(勤労の権利) ⑫ 日本国憲法第27条は、国民の勤労の権利を保障している。失業者などが国に労働の機会を提供することを要求し、それが得られない時は生活保障を要求できる権利と考えられている。しかし、直接この日本国憲法第27条を根拠に、裁判によって実現を求めることはできない。勤労の権利を具体化した法律として、職業安定法・雇用保険法などがある。

8 参政権・請求権と国民の義務

参政権 ⑫ 国民主権の原理にもとづき、国民がみずからの意思を国政に反映させるために、政治に参加する権利。選挙権を中核とし、被選挙権、公務員の罷免権、最高裁判所裁判官の国民審査権、憲法改正の国民投票権などがある。積極的権利ともいう。参政権は国民が政治に参加して、意思表示をおこなうことから、「国家への自由」とも表現される。

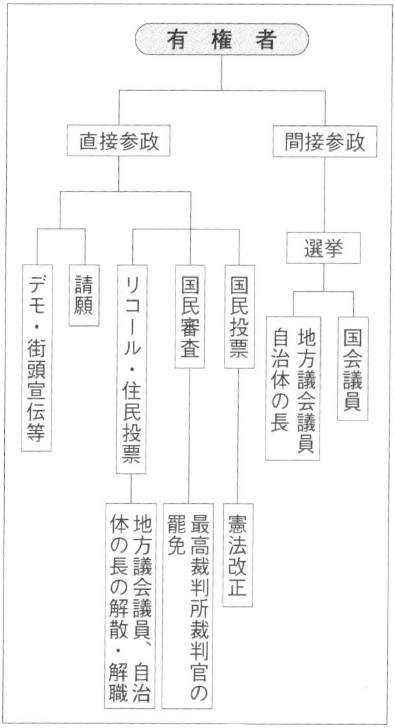

参政権の構造

公務員の選定・罷免権 ④ 日本国憲法第15条で規定された、公務員を国民の手で選定・罷免できる権利。罷免権は国政レベルでは最高裁判所裁判官の国民審査しか実現できていないが、地方自治レベルでは地方公共団体の長や地方議会の議員のリコール、議会の解散請求などで具体化している。

請求権 ⑥ 国民が基本的人権を守るために、国または地方公共団体に対して基本的人権の侵害を排除したり、損害の賠償を請求する権利。国務請求権。日本国憲法では、請願権、裁判を受ける権利、国家賠償請求権、刑事補償請求権などを定めている。

国務請求権 ⑥

裁判を受ける権利 ⑫ 日本国憲法第32条で保障された、国民の自由・権利を守るため、行政機関でなく裁判所において裁判を受ける権利のこと。さらに刑事事件については、日本国憲法第37条で「公平な裁判所の迅速な公開裁判を受ける権利」を保障している。 **公平な裁判所の迅速な公開裁判を受ける権利** ⑤

弁護人依頼権 ④ 抑留・拘禁された者および刑事被告人が、法律的な援助を受けるために弁護人(弁護士)を依頼する権利。日本国憲法第37条で規定されている。 **弁護人選任権** ①

国選弁護人 ⑤ 被告人が経済上の理由などで弁護人を依頼できない場合、裁判所が法テラス(→ p.113)を通じて選ぶ弁護人をいう。費用・報酬は国費で負担する。

民事法律扶助 ① 民事裁判において、資力が乏しい人のために、無料法律相談をおこない、弁護士の費用などを立てかえる制度。日本では日本司法支援センター(法テラス)がおこなっている。立てかえ費用の返済は原則解決から3年以内とされている。

日本弁護士連合会 ② 日本の弁護士がすべて加盟する弁護士会の連合会。民事法律扶助などで法テラスと連携して活動をしている。

当番弁護士 ① 刑事裁判では起訴前において弁護士に法律相談することができ、民事裁判では裁判決定後に1回限りで無料の相談ができるという制度。たとえば、逮捕された時、まず当番弁護士に相談することができる(1回目は無料)。日本弁護士連合会によって提唱された制度。

国家賠償請求権 ⑦ 公務員の故意、または過失による不法行為によって損害を受けた国民が、国または地方公共団体に対して、損害の賠償を請求できる権利。日本国憲法第17条にもとづき、国家賠償法が制定されている。

：**国家賠償法** ② 国または地方公共団体の損害賠償責任に関する法律。公務員による公権力の行使にもとづく損害賠償責任と、道路・河川などの公の営造物の設置管理の瑕疵による損害の賠償責任とについて規定する。1947(昭和22)年制定。

損害賠償請求権 ④ 他人の行為により損害をこうむった場合に、その相手に対して損害をつぐなうよう求める権利。交通事故や公害問題のような不法行為によるもの、債務者が契約などにもとづく債務をみずから履行しないなどの債務不履行によるものがある。 **損害賠償** ③

ハンセン病国家賠償請求訴訟 ③ らい予防法(1996〈平成8〉年廃止)による強制隔離政策で、基本的人権を侵害されたとして、ハンセン病の元患者らが国を相手におこした国家賠償請求訴訟。2001(平成13)年の熊本地裁判決では、国の責任を明確に認めた。2002(平成14)年には、厚生労働省と療養所非入所者、入所者の遺族とのあいだで和解が成立した。 **ハンセン病** ② **らい予防法** ①

優生保護法 ② 1948(昭和23)年に施行され、優生思想・政策の立場から不良な子孫の出生を防止することを目的とした法律。この法を根拠にして、強制不妊手術(優生手術)や人工妊娠中絶がおこなわれた。母性の生命・健康を保護することを目的とする母体保護も目的とされたが、母体保護部分は1996(平成8)年の法改正で母体保護法として名称が改められ、優生思想に関わる部分は廃止された。 **母体保護法** ①

刑事補償請求権 ⑧ 無罪の判決を受けた時、国の機関の故意・過失にかかわらず、国に補償を請求できる権利。なお未成年および在日外国人も含む。日本国憲法第40条にもとづき、刑事補償法が制定されている。

請願権 ⑪ 日本国憲法第16条で保障された、国民が国や地方公共団体に対して要望を表明する権利。

国民の義務(国民の三大義務) ⑤ 日本国憲法で規定された、国民の個別的義務。教育の義務、勤労の義務、納税の義務のこと。さらに、一般的義務として、第12条の基本的人権の保持、濫用防止義務がある。

：**勤労の義務** ⑩ 国民の義務の1つ。国家が強制的に国民に労働をさせることを定めたものではなく、労働の能力があるのに労働しない者は、勤労の権利の保障を受けられないということ。

：**納税の義務** ⑩ 国民の義務の1つ。租税をおさめる義務で、国民の資力に応じてその義務を果たすことが強制される。

：**教育を受けさせる義務(教育の義務)** ⑩ 保護する子女に、9年間の普通教育を受けさせる義務のこと。教育が、社会の一員として生活し、自己の人格を完成、実現していく基礎となる能力を身につけるために不可欠であることから、日本国憲法第26条で規定されている。 **普通教育を受けさせる義務** ① **普通教育** ① **義務教育** ③

9　新しい人権

新しい人権 ⑪ 日本国憲法の第14条以下には個別的・具体的に規定されていないが、社会の変化により、人間らしく生きるために、新たに認められてきた権利の総称。第13条の幸福追求権・個人の尊重や、第25条の生存権を根拠にしている。

幸福追求権 ⑪ 日本国憲法第13条で保障された、「生命、自由及び幸福追求に対する国民の権利」。近年、社会の変化にともない、憲法の第14条以下の個別規定にない権利を保障する必要が生まれ、第13条の一般的自由や幸福追求権が根拠となって、人格権などの新しい人権が保障されるようになった。

人格権 ⑩ 生命・身体、精神、生活に関する人格の尊厳を維持するために有する人格的諸利益の総称。名誉・氏名・プライバシー・肖像・信用などが、権利として認められている。　**名誉権** ①

知る権利 ⑫ マス・メディアを通じて自由に情報を受けとったり、国家に対して情報の提供を求めたりする権利。国家機能が巨大化するなか、個人がおのおのの政治的意見を形成し、政治に積極的に参加できるようにするため、主張されるようになった。表現の自由を、受け手の側からみたもの。

外務省機密漏洩（ろうえい）事件 ① 沖縄返還についての日米の交渉のなかで、1971（昭和46）年、外務省極秘電文が暴露され、報道・取材の自由を一般的に認めながらも、その限界を示した判決が出た。裁判で、知る権利と報道・取材の自由が争われた。
外務省公電漏洩事件 ①

報道の自由 ② 表現の自由の一種で、事実を取材し、報道する自由。1969（昭和44）年、最高裁は「報道は民主主義社会において国民が国政に関与するにつき、重要な判断の資料を提供し、国民の知る権利に奉仕するものであり、事実の報道の自由は表現の自由を規定した日本国憲法第21条の保障のもとにある」とした。
報道・取材の自由 ②

BPO（放送倫理・番組向上機構） ② 放送における言論・表現の自由を確保しながらも、視聴者の基本的人権を保障するため、放送への苦情や放送倫理の問題に対応する、第三者機関をいう。視聴者などから問題があると指摘された番組・放送について検証し、その結果を公表する。

NHK受信料訴訟 ② 受信設備を設置しながら受信契約の締結に応じない男性に対してNHKが提起した民事訴訟において、2017（平成29）年、最高裁判所は、受信契約の締結を義務づける放送法64条1項の規定を合憲とした。この訴訟では、放送法の規定が契約の自由、知る権利および財産権などの憲法の規定に反しないかなどが争点となった。

情報公開法 ⑫ 情報の開示に関するルールを定め、人々の「知る権利」を保障した法律。1999（平成11）年に成立、2001（平成13）年4月に施行された。内閣統轄下にある行政機関に対し、日本国民のみならず外国人であっても情報の公開請求があれば、原則として30日以内に公開・非公開を決定することが定められている。ただし、個人に関する情報、国の安全に関する情報などは除外される。　**情報公開制度** ⑧
政府情報公開請求権 ①
情報の公開を要求する権利 ③

情報公開 ① 政府や大企業などの有する情報を、国民や消費者が自由に閲覧できること。アメリカのジョンソン大統領（Johnson, 1908～73）は、情報公開のもつ民主政治上の価値を、「国民は政府の記録に接近する道を開き、公務員の活動を適切に判断・評価・分析できるようになり、政府は国民に対して十分責任を負える」と述べた。

情報公開条例 ⑩ 住民の知る権利にこたえ、開かれた行政をめざして情報公開を地方公共団体当局に義務づけた条例。1982（昭和57）年に山形県最上（もがみ）郡金山（かねやま）町で、公文書公開条例が制定されて以来、現在ではほとんどの地方公共団体が情報公開制度を設けている。情報公開法は、北欧諸国を中心に制定する国が増えているが、日本でも1999（平成11）年に制定された。

説明責任（アカウンタビリティ） accountability ④ アカウンタビリティとは、「政府の諸活動を説明する責務（説明責任）」という意味である。情報公開法においては、文書の開示請求権を外国人や団体にも認め、このアカウンタビリティを明確にしている。

特定秘密保護法 ⑪ 日本の安全保障に関する情報のうち、とくに秘匿（ひとく）を要するものを「特定秘密」として指定し、取扱者の適性評価の実施や漏洩（ろうえい）した場合の罰則などを定めた法律。2013（平成25）年12月6日成立、2014（平成26）年12月10日に施行され

た。　**特定秘密** ⑤　**国家機密** ②

プライバシーの権利 ⑫ 私生活を、みだりに公開されないという法的保障、ないし権利のこと。三島由紀夫(1925〜70)の小説『宴のあと』事件に対して、1964(昭和39)年の東京地裁判決で認められた。プライバシーの権利は、近年では「自己情報をコントロールする権利」として主張されるようになっている。　**プライバシー** ⑦　**プライバシーの侵害** ②　**私生活をみだりに公開されない権利** ⑧

自己情報をコントロールする権利(自己情報コントロール権) ⑨ どのような自己情報が収集・管理されているかを知り、それが不当に使われないよう関与し、コントロールする権利。現代社会では、大量の個人情報が公的機関や企業によって収集・管理されているという現状がある。ここから、近年ではプライバシーの権利を、自己情報をコントロールする権利としてとらえる必要性が生じてきた。個人情報保護制度の整備はこの観点から進められたものである。　**自己に関する情報を管理する権利** ③

『宴のあと』事件 ⑨ 元外務大臣有田八郎(1884〜1965)が、三島由紀夫の小説『宴のあと』が、自分のプライバシーを侵害するものであるとして、三島と出版社を相手どって訴えた事件。プライバシーを保護するためには、表現の自由も制限されるという判決が出された。　**『宴のあと』訴訟** ①　**三島由紀夫** ⑧

『石に泳ぐ魚』事件 ⑦ 実在の韓国人女性をモデルとした、柳美里(1968〜　)の小説の事件。モデルとなった女性は作品を読み、自分の国籍、出身大学、専攻、家族の経歴や職業などがそのまま描写されたことを知り、出版差止めの仮処分を申請。その後、東京地裁で出版社と著者に対する訴訟をおこして、出版差止めと慰謝料を請求し、訴訟は最高裁まで争われた。最高裁は名誉・プライバシー・名誉感情の侵害を認めた。　**『石に泳ぐ魚』訴訟** ①　**柳美里** ⑥

個人情報保護法 ⑫ 行政機関・民間企業・個人に対し、個人情報の適切な保護・取扱いを義務づける法律。2002(平成14)年12月、民間に対して個人情報の本人への開示や第三者への提供制限を義務づけることを定めた「個人情報保護法案」は、表現や報道の自由を侵害するおそれがあるとの批判が強かったため、廃案となった。これを受けて、個人情報を扱う行政機関の職員に罰則を設けるなどの修正を加えた「個人情報保護関連5法」が2003(平成15)年に成立した。2015(平成27)年には、個人情報の定義が明確化されるとともに、匿名の個人情報を企業が経済活動に利用できる改正がおこなわれた。　**個人情報保護関連5法** ①　**個人情報保護条例** ②　**個人情報** ⑦

肖像権 ③ 写真や絵画などの自己の肖像を、みだりに他人にとられたり、使用されたりしないという権利。

忘れられる権利 ⑦ 過去の個人情報について、適切な時期が過ぎて、その情報を残しておく合理的・正当な理由がない時、その情報を削除させることができるという権利。インターネットにおけるプライバシーの保護のあり方について考えられてきた権利で、具体的にはインターネット上にある自己に関する個人情報を検索サイトから削除してもらうように検索事業者に求めることができる権利。個人の人権という点では理解される部分もある一方、一般的な「知る権利」や「表現の自由」といった権利との調整など、議論となる課題も多い。なお、EUでは忘れられる権利は個人情報保護を規定する法律で明文化されている。　**放っておいてもらう権利** ①

通信傍受法 ④ 1999(平成11)年に成立した組織的犯罪対策三法の1つ。組織的犯罪捜査上の必要があれば裁判所の令状を得て、電話やインターネット・電子メールの通信傍受を捜査当局が合法的にできることを定めている。

住民基本台帳ネットワーク ③ 略して住基ネットと呼ばれる。市区町村の住民基本台帳に記録されている日本国民に11桁の住民票コードが割り当てられたうえで、本人を特定する情報(氏名・生年月日・性別・住所)が住基ネット内で管理される。地方公共団体と行政機関が国民の個人情報を共有することで、個人認証サービスやその他の公的サービスの効率や利便性を高める目的で導入された。2006(平成18)年6月には住民基本台帳法は改正され、台帳の閲覧が原則公開から原則非公開になった。　**住基ネット** ①　**改正住民基本台帳** ①

住基ネット訴訟 ① 住民基本台帳ネットワークシステムにより、行政機関が住民の個人情報を収集、管理または利用する行為が憲法第13条に照らし違法ではないかとされた訴訟。2008(平成20)年、最高裁は憲法第13条の保障する個人に関する情報をみだりに第三者に開示または公表されない自由を侵害するものではないとして、合憲の判断を示した。

マイナンバー制度 ⑤ 正式には「社会保障・税番号制度」といい、法律としては「行政手続における特定の個人を識別するための番号の利用等に関する法律」が当たる。2013(平成25)年に従来の住基ネットの番号をもとにして、新たに国民一人ひとりに12桁の番号がふられ、公平で効率的な行政サービスの実現をめざして、2016(平成28)年から運用が開始された。2015(平成27)年の改正では、適用範囲が従来の社会保障・税・災害対策から金融や医療にも広げられることになった。しかし、番号の管理や個人情報の洩れ、プライバシーの侵害などが懸念(けねん)されている。

個人情報保護委員会 ③ 個人情報の適正な取扱いの確保をはかることを目的とする機関で、行政委員会として2016(平成28)年に設置された。

ID カード identification card ① カード式の身分証明書。学生証のようなものから、機械で読み込んで識別するものまで、形態は様々である。自国民に番号や記号を割り当てる国民 ID を導入して活用している国もある。また、インターネット上の各サービスを利用する際に、最初に設定するネット上の名前を指して ID という。ネット上の ID は「なりすまし」や「乗っとり」などトラブルも多い。

アクセス権 ⑧ 言論の自由を確保するため、一般大衆がマス・メディアを利用して自己の意見を表明する権利。反論権や意見広告掲載請求権など。「情報へのアクセス権」は、「知る権利」と同じ意味に用いられている。

反論権 ③

環境権 ⑪「よい環境を享受し、かつこれを支配する権利」や、「人間が健康な生活を維持し、快適な生活を営む権利」といわれる。日本国憲法第13条や第25条にその根拠が求められる。公害による大規模な環境破壊に対して、提唱されはじめた新しい概念。環境権をめぐる代表的な裁判に、大阪空港公害訴訟や名古屋新幹線公害訴訟などがある。

大阪空港公害訴訟 ⑧ 大阪空港の周辺住民が、大阪空港の夜9時から翌朝7時までの航空機の夜間飛行の差し止めを求めた訴訟。1975(昭和50)年、大阪高裁は人格権・環境権にもとづき、差し止め請求を認めたが、1981(昭和56)年に最高裁は差し止め請求を棄却した。

大阪国際空港公害訴訟 ②

名古屋新幹線公害訴訟 ① 名古屋市を通る東海道新幹線の軌道の両側100m 以内の沿線居住者が、国鉄(当時)に対し、人格権ないし環境権にもとづき、新幹線走行によって発生する振動・騒音が一定量をこえて、原告らの居住敷地内に侵入することの禁止を求めた訴訟。1980(昭和55)年に名古屋地裁は、環境権は、その範囲などが明らかでなく、法的根拠としての私権性を公認することが困難であるとして、環境権は憲法上の綱領的性格を有する権利にとどまっていると判断した。

国立(くにたち)マンション訴訟 ③ 東京都国立市での、高層マンション建設による景観破壊をめぐっての訴訟。国立市は、国立駅北口でのマンション紛争を契機に、1998(平成10)年に「都市景観形成条例」を制定し、市の指定した「都市景観形成重点地区」内の、高さ20m 以上の建築物を対象として、形状・色彩などを市と事前協議するよう定めた。

日照権 ③ 土地・建物の居住者や所有者が享受(きょうじゅ)してきた日照(にっしょう)を、ほかの建築物で阻害(そがい)されない権利。1967(昭和42)年、東京高裁判決で認められた。その他、通風権、青空を享受する天空権なども裁判で認められている。

日照や静穏を確保する権利 ①

眺望権 ② 建物の所有者などが、ほかの建物などに妨害されることなく、これまで享受してきた一定の景色を眺望できる権利。

景観権 ② 自然の景観や、歴史的・文化的景観を享受する権利。個人的な権利である眺望権が集まって広域化したものととらえることもできる。

鞆の浦(とものうら)景観訴訟 ④ 広島県福山(ふくやま)市南部の港町で、国立公園にも指定されている景観をもつ。また、映画『崖の上のポニョ』の舞台としても知られている。しかし、この町の道路は狭く、渋滞が慢性化していた。このため県と市は、湾岸を埋め立て、東西を結ぶ橋や駐車場、公園をつくる計画を策定した。この計画に反対する住民は県を相手どり、工事の差し止め訴訟をおこした。2009(平成21)年、広島地方裁判所は反対

派住民の訴えを認め、工事着工を差し止める判決をくだした。その後知事はこの計画の中止を発表した

嫌煙権 ② タバコを吸わない人が、タバコの副流煙による被害を防止するために、他人の喫煙の規制を管理者に要求する権利。

産む権利 ① 産む・産まないは女性の自己決定権に関わるものであり、その決定は女性にあるという考え方。リプロダクティブ・ヘルス/ライツ(性と生殖に関する健康と権利)に含まれる権利。

第3章

7 男女共同参画社会をめざして

男女共同参画社会 ⑧ 男女が対等に社会のあらゆる分野に参画することができ、たがいに社会の構成員として尊重しあい、同じ権利と責任をもつことのできるような共生社会をいう。 **共生社会** ③

男女共同参画社会基本法 ⑪ 男女が均等に利益を享受し、責任を担っていくという男女共同参画社会を実現するために、1999(平成11)年6月に施行された法律。男女の人権尊重、社会制度・慣習の中立化、政策立案・決定への男女の共同参画、家庭と職業生活との両立、国際的協調が基本理念として掲げられ、それを実現させるための施策を国の義務としている。

男女共同参画基本計画 ③ 男女共同参画社会基本法にもとづいて政府が策定する基本計画。2020(令和2)年の第5次計画では、「すべての女性が輝く令和の社会へ」を目標に、新型コロナウイルス感染拡大による女性への影響、国内外で高まる女性に対する暴力根絶の社会運動、など8点の課題が示された。 **男女共同参画白書** ①

アファーマティブ・アクション affirmative action ⑨ アメリカで実施されている、差別修正のための積極行動。すでに形成された社会的な差別によって不利益を受けてきた、女性・黒人・マイノリティ(少数派)に対して、積極的に機会均等を実現すること。一定の比率で、機会を確保する特別措置をとる。なお、2023年にアメリカ連邦最高裁判所はこの制度を違憲と判決した。

クオータ制(割当制) quota ⑦ 機会均等を実現するための制度。たとえば、北欧諸国などで、議員候補者の一定割合を女性とする制度などを指す。

ポジティブ・アクション(積極的差別是正措置) positive action ⑪ 積極行動。日本の場合、男女共同参画社会を形成するための積極的措置をいう。数値目標を定め、一定期間内に機会均等と結果の平等を実現するように取り組むこと。改正男女雇用機会均等法により、企業内のポジティブ・アクションの促進が導入された。

逆差別 ② たとえば、アメリカにおけるアファーマティブ・アクションなどの結果として、多数派に属する者の一部が不利益を受けてしまうこと。女性に優先枠(割当て)を与えることでより高得点の男性が不合格に

なってしまう場合などがあげられる。このようなケースについての訴訟例もある。

男女差別 ① 男性・女性という性による違いから社会的な差別関係が固定化されること。

男女同一賃金 ② 男女間の不当な賃金差別をなくし、同じ基準で定められた賃金。労働基準法第4条に「使用者は、労働者が女性であることを理由として、賃金について、男性と差別的取扱いをしてはならない」と規定されている。

男女昇格差別訴訟 ② 昇格や賃金の男女差別をめぐる訴訟。芝信用金庫訴訟においては、高等裁判所が人事における男性優遇の実態を認め(2000〈平成12〉年)、最高裁で男性と同じ昇格と差別賃金の支払いを命じ、和解が成立した(2002〈平成14〉年)。野村證券女性差別訴訟では、男性を総合職とし、女性は一般職とするコース別人事は違法であるとの判決が東京地裁で出された(2002年)。

セックス sex ③ 性。生物的な男女、雌雄(しゆう)の区別。また、性交のこと。

ジェンダー gender ⑨ 社会的・歴史的な条件のもとでつくられてきた性役割によって生み出される性差。生物学的な性に対し、社会的な性のこと。社会のもつ性に関する慣習や固定的な価値観がおしつけられることで、たとえば「家庭を守り、家事労働する女性」という差別的イメージがつくられ、多くの女性がそのイメージ通りにふる舞うことを社会的に強制されてきた。これをフランスの作家ボーヴォワールは著書の『第二の性』において「人は女に生まれるのではない。女になるのだ」と表現したが、意識的にとらえないと常識として通りすぎてしまうところがジェンダーにはある。「男はたくましく、男らしく」という「常識」も、男性に関するジェンダーといえる。
性別役割分担 ②

ジェンダーギャップ指数 ④ 男女の違いによる格差をジェンダーギャップといい、これを数値化した指数。男女格差指数。2006年より世界経済フォーラム(WEF)により公表されている。ジェンダーギャップ指数は、経済・教育・健康・政治の4分野での男女間の不均衡を示す指標である。2021(令和3)年の日本のジェンダー指数は0.656であり、156カ国中120位となっている。 **ジェンダーギャップ** ③

ボーヴォワール Beauvoir ④ 1908〜86 フランスの作家。著書『第二の性』で、女性の全歴史は男性によってつくり上げられたものであるとして、社会的に強要された性のあり方を批判した。また、「人は女に生まれるのではない。女になるのだ」として男性中心主義を批判した。哲学者サルトルとの契約結婚でも知られる。
契約結婚 ①
「人は女に生まれるのではない、女になるのだ」 ③

アンペイド・ワーク ② 報酬はもらっていないが、私たちの生活に必要不可欠な労働のこと。家事・育児・介護労働や地域での活動などがこれに当たる。オーストリアの哲学者イヴァン＝イリイチ(Illich、1926〜2002)は、専業主婦の家事労働など、無報酬でおこなわれているが、人を雇って代替が可能で、生活に不可欠な労働をシャドーワーク(shadow work)と名づけた。

間接差別 ③ 男女の性別による差別を直接差別というのに対し、間接差別とは一見表面上は男女差別となっていないが、結果として女性差別となるような差別をいう。たとえば、労働者の募集・採用・昇進・職種の変更をする際に、合理的な理由がないにもかかわらず、その要件として転勤を課すことなど。2006(平成18)年より、男女雇用機会均等法で禁止が明文化され、その後2014(平成26)年にはすべての労働者の募集・採用・昇進・職種の変更にまで拡大された。 **直接差別** ①

男女雇用機会均等法 ⑪ 憲法の「法の下の平等」の理念に則(のっと)り、雇用における男女の機会均等と待遇の平等、および女性労働者の健康の保護をはかるために制定された法律。1986(昭和61)年4月に施行され、1999(平成11)年4月に改正男女雇用機会均等法が施行された。改正法によって、女性に対する就職差別の廃止、配置や昇進についての男女の均等な扱いなどについて、今までの努力目標から義務規定へとかわり、セクシュアル・ハラスメントの禁止規定も新たに加わった。2006(平成18)年の改正により間接差別の禁止や女性だけでなく男性に対するセクシュアル・ハラスメント防止義務などが新たに加わった。

女性活躍推進法 ④ 少子高齢化の進展を背景として、女性の社会進出を活性化させる目的のもと、2015(平成27)年に公布された時限立法。女性の活躍推進に関する取組みについて、国・地方公共団体や企業の取り組むべき責務が定められている。

候補者男女均等法 ③ 政治分野での男女平等をめざし、男女の候補者の数ができる限り均等になることを政党や国・地方公共団体に求める法律。2018(平成30)年に施行された。2021(令和3)年10月の衆議院選挙では、全候補者に占める女性の割合は17.7%で前回2017(平成29)年の衆議院選挙と同水準であった。

セクシュアル・ハラスメント(セクハラ) sexual harassment ⑧ セクシャル・ハラスメントともいう。性的嫌がらせという意味で、職場での地位を利用して性的関係を強要したり、性的言動などで職場環境を不快にしたりして、人権を侵害すること。たとえば、職場の女性への「まだ結婚しないの？」「つきあっている男性はいないの？」といったいい方もセクハラとなる。

セクハラ防止規定 ② セクハラを防止するための就業規則・罰則などで、セクハラガイドラインのこと。官公庁をはじめ、各種団体で制定されている。

マタニティ・ハラスメント(マタハラ) ⑤ 女性が妊娠や出産を理由に解雇や雇い止めをされたり、妊娠や出産にあたって職場で受けたりする精神的・肉体的なハラスメント(嫌がらせ)をいう。改正男女雇用機会均等法により、企業は、職場におけるマタニティ・ハラスメントへの防止措置をとることが義務づけられている。

ハラスメント ④

第Ⅱ部

自立した主体としてよりよい社会の形成に参画するわたしたち

第1章 法的な主体となるわたしたち

1 法や規範の意義と役割

法 ⑫ 社会規範の一種。その特徴は、起源が主権者にあることや、違反した場合に制裁が加えられることなどにある。成文化されたものと、成文化されていないものとに、大きくわけることができる。

法の明確性 ③ 法の内容が明確であること。そのほか、法には「法の安定性」(法が安定して適用され、社会秩序が保たれていること、また法そのものが安定し、信頼を得ていること)、「法の公正性」、「法の一般性」(法の内容が多くの人々の意識に合致していること)などが求められる。

法の一般性 ②
法の手段の相当性 ①
法の公正性 ①　**法適用の平等** ①
法内容の平等 ①

ハンムラビ法典 ① 紀元前18世紀にメソポタミアを統治したハンムラビ王(Hammurabi、生没年不詳)が制定した法律。刑法・商法・民法など多くの内容を含み、とくに刑法では同害復讐法(「目には目を、歯には歯を」)と身分による刑罰差を特徴とした。

法は最小限の道徳 ① ドイツの法学者イェリネック(Jellinek、1851～1911)の言葉。刑法などはこの立場に立つともいえるが、一方で主観的・内面的な道徳のなかに公権力が法という形で入り込むことには問題が多い。

保護責任者遺棄罪 ① 刑法で適用される、扶助が必要な人をおき去りにする犯罪。

法の支配 ⑫ 法原則の1つ。「人の支配でなく法の支配を」といわれる。中世の法観念に由来するが、市民革命以後のイギリスで新たな生命を与えられた。議会政治の発展のなかで、議会で制定された法には、政府も国民も従わなければならないことになった。

「国王といえども神と法の下にある」 ④ 13世紀のイギリスの法学者ブラクトンの言葉。いかなる権力者も、コモン・ロー(イギリスの慣習法)には従わなければならないことをとなえた。17世紀のイギリスの裁判官コークが、王権神授説の批判に用いたといわれる。

「国王といえども神と法の下で統治する」 ②

- 法の体系
  - 成文法(制定法)
    - 国内法
      - 公法
        - 実体法
          - 憲　法―日本国憲法
          - 行　政　法―内閣法・国家行政組織法・地方自治法など
          - 刑事実体法―刑法・軽犯罪法・破壊活動防止法など
        - 手続法
          - 民事手続法―民事訴訟法・非訟事件手続法など
          - 行政手続法―行政事件訴訟法・行政不服審査法など
          - 刑事手続法―刑事訴訟法・刑事補償法など
      - 私法―実体法―民事実体法―民法・借地借家法・商法など
      - 社会法
        - 労　働　法―労働基準法・労働組合法など
        - 社会保障法―健康保険法・国民年金法・生活保護法など
        - 経　済　法―農業基本法・中小企業基本法など
      - 命令―政令・省令・内閣府令・規則
      - 地方自主法―条例・規則
    - 国際法
      - 戦時国際法
      - 平時国際法
  - 不文法―慣習法・判例法

(赤字は六法)

法の体系

ブラクトン　Bracton ⑤ 1216〜68　13世紀のイギリスの法学者・裁判官。「国王といえども神と法の下にある」と述べ、いかなる権力者もコモン・ローには従わなければならない、という「法の支配」の原則をとなえた。

人の支配 ⑨ 法によるのではなく、権力者の恣意(しい)にもとづく支配のこと。近代への移行期にあったヨーロッパでみられた絶対主義がその典型例。結果的に、権力は特定の個人に集中する。「法の支配」に対する言葉である。

法治主義 ⑪ 国家権力の行使は、すべて法にもとづいておこなわなければならないとする考え。ドイツ(プロイセン)で発達した。「法の支配」と似ているが、法治主義では形式・手続きの適法性が重視される。法律の根拠さえあれば、基本的人権への制限を容認することもありうる。また、法を遵守するために、制裁・刑罰の正当性を強調することにもなる。

法治国家 ① 法治主義の原則を取り入れている国家。絶対主義国家に対して、法にもとづく支配を建前とする。しかし、極端な法律万能主義におちいり、国民の基本的人権が制限されることもあった。

一般法 ② 適用領域が地域・人・事項によって限定されない法。普通法ともいう。

特別法 ④ 特定の地域・人・事項に適用される法。

実体法 ④ 権利・義務などの法律関係それ自体の内容を定める法のこと。

実定法 ⑦ 定立された法というのが本来の意味である。広義では神が定立した法も含むが、狭義では人間が定立した法、つまり制定法・慣習法・判例法などを指す。

慣習法 ⑧ 実定法のなかに含まれるが、法として成文化されず、しかし人々のあいだで拘束力をもつもの。判例とともに不文法に分類される。

成文法(制定法) ⑩ 文章の形式をとって表された法で、公の立法機関、すなわち「議会」によって、一定の手続きのもとに制定される法律をいう。

不文法 ⑨ 文章化されていないが、慣習や判例によって法規範として認められた法。慣習法や判例法など、成文法以外の法のこと。

不文憲法 ① 具体的な憲法典をもたず、重要な法律や政治的慣習などを集大成したものを憲法にすること。イギリスの憲法がこれに当たる。

憲法 ⑫ 国家の基本構造を定める法。国政の基本とされ、権力を行使できる立場にある者が遵守(じゅんしゅ)しなければならない国の最高法規。

法律 ⑨ 国民生活を強制する規範。議会(国会)の議決を経て、制定される成文法。日本では、衆参両議院の可決後、天皇が公布する。

法の不遡及 ② 法令の効力はその法の施行時以前にはさかのぼって適用されないという原則。これが守られないと、権力にとって都合の悪い事態がおこった時に、これを事後的に取り締まったり、罰したりすることが可能となってしまうからである。

社会規範 ⑪ 社会生活を律する基準をいい、社会秩序の維持に欠かせないもの。法・慣習・道徳などがあり、法は国家権力による強制力をもち、慣習・道徳などは強制力はないが、規範に反した場合は心理的圧迫や社会的制裁を受けることもある。

立憲主義 ⑫ 憲法にもとづいて政治をおこなうとする考え方。ヨーロッパでの絶対主義に対する戦いを通じて、政治理念として形成された。議会で制定された憲法によって、権力に制約を与える。市民革命を経験したヨーロッパ諸国のように、個人の自由と権利を守る側から主張される場合もある。こうした近代立憲主義とは対照的に、形式的に体裁を整えるだけの外見的立憲主義の例も、歴史上多くみられる。

近代立憲主義 ①

外見的立憲主義 ③ 表向きには立憲主義の形態をとるが、実際には立憲主義を否定する統治形態。大日本帝国憲法の内容がこれに当たる。

公法 ⑫ 国家と私人の関係を規律する法。憲法・刑法・行政法・刑事訴訟法・民事訴訟法など。

私法 ⑫ 私人間の関係を規律する法。民法・商法など。

社会法 ⑨ 社会的・経済的弱者に対し、社会の公共的な立場から修正を加えていく法。医療・福祉・衛生・労働に関する法の総称。労働基準法・生活保護法・社会保険法など。

私法の三大原則 ① 私法には⑴権利能力平等の原則、⑵私的自治の原則、⑶所有権絶対の原則、の三大原則がある。

権利能力平等の原則 ③ 私法の三大原則の1つ。すべての人が、年齢・性別・職業などによって差別されることなく、等しく権利義務の主体となる能力(資格)を有するという原則。

私的自治の原則 ⑧ 私法の三大原則の１つ。私人間の法律関係は当事者の自由な意思にもとづいて決定されるべきで、国家は干渉しない、という原則。

所有権絶対の原則 ⑦ 私法の三大原則の１つ。人は自分の所有物を自由に使用・収益・処分などができるという原則。ものに対する絶対的な支配権を認めること。

所有権保護の原則 ②

過失責任の原則 ⑥ 他人に損害を与えても、故意か過失がない限り、損害賠償を負わないとする原則。 **過失責任主義** ③

契約自由の原則 ⑫ 一定の法律行為や契約行為を、国家の干渉を受けることなく個人がおこないたいようにできる、という原則。

民法 ⑫ 広義には、市民社会における市民間の権利・義務を定めた私法の一般法。狭義には民法典。総則・物権・債権・親族・相続からなり、1898(明治31)年に公布された。第二次世界大戦後、個人の尊重、両性の本質的平等の原則に則り、親族・相続について根本的な改正がおこなわれ、1948(昭和23)年に施行された。2017(平成29)年の改正により、債権の消滅時効の短縮、法定利率の引下げ、保証人になる手続きの厳格化、書面での合意による貸付けの義務化など、債権関係についての見直しがなされた。

不法行為 ① 民法第709条で「故意又は過失によって他人の権利又は法律上保護される利益を侵害した者は、これによって生じた損害を賠償する責任を負う」とある行為。契約と同じく、権利と義務(債権と債務)の関係が生じる。

成年(成人)年齢 ③ 法律上の成年とされる年齢。親の同意がなくても様々な契約が可能となる。民法における成年年齢は、2022(令和４)年４月１日から満18歳に引き下げられた。

家族法 ② 民法の第４編「親族編」、第５編「相続編」を指し、家族や離婚、親子関係や相続について規定されている部分。

親権 ⑤ 父母が成年年齢に達していない子に対してもつ様々な権利・義務の総称。民法に規定されている。

六法 ⑥ 日本における６つの主要な法。憲法・民法・商法・刑法・民事訴訟法・刑事訴訟法を指す。

商法 ⑫ 企業を対象とし、その活動全般に関して規制する法律の総称。

手続法 ② 国家機関が実体法の実質的内容を実現する方法・形式を定めた法。民事訴訟法・刑事訴訟法などが、これに当たる。

労働法 ② 労働に関する法規の総称。戦前では工場法、戦後では労働基準法・労働組合法・労働関係調整法・男女雇用機会均等法などがあげられる。

判例法 ③ 判例のなかで法としての効力が認められたもの。個々の判決そのものではなく、その判決の基礎にある考え方や原理が法となる。 **判例** ⑨

行政法 ② 行政権の組織、作用およびその統制に関する法の総称。

財産法 ② 財産の支配、取引に関する法の総称。民法の物権法、債権法や商法など。

自動車損害賠償保障法 ② 自動車の運行によって、人の生命または身体が害された場合の損害賠償制度を確立し、被害者の保護をはかり、自動車運送の健全な発達を目的とする法律。1955(昭和30)年に制定された。

自動車損害賠償責任保険(自賠責保険) ② 交通事故による被害者を救済するため、加害者が負うべき経済的な負担を補てんする保険。原動機付自転車(原付)を含むすべての自動車に加入が義務づけられている。

道路交通法 ④ 道路における危険を防止し、その他交通の安全と円滑をはかることを目的とする法。1960(昭和35)年に公布された。本法に違反すると刑事処分(懲役・禁錮・罰金など)、行政処分(免許証の停止または取り消し)が科されるとともに、民法および自動車損害賠償法により賠償責任が問われる。

社会的慣行 ① ある一定の社会のなかで、普遍的におこなわれる行動・会話などをいう。知人に会った時にはあいさつをする、などがこれに当たる。

2 契約と消費者の権利・責任

消費者問題 ⑥ 消費者に十分な知識・情報が与えられていないために、有害商品または欠陥商品によって被害を受ける問題。

森永ヒ素ミルク事件 ① 1955(昭和30)年、森永乳業徳島工場で製造された「森永ドライミルク」のなかに大量のヒ素が混入し、このミルクを飲んだ乳幼児に、多数の死者・ヒ素中毒患者を出した事件。日本における、食の安全性が問われたもっとも早い例の1つとなった。

カネミ油症事件 ① 1968(昭和43)年、カネミ倉庫株式会社の米ぬか油製造工程で、有毒物質(ダイオキシン類)が混入することで発生した大規模な食中毒事件。

欠陥商品 ① 商品の使用に際して、その使用目的を果たすことのできない構造上の欠陥をもった商品。

〔損害〕賠償責任 ① 故意または過失により他人の身体または財物に損害を与えた場合、民法の規定により、その損害について賠償する責任を負っていること。

JAS法 ① 正式名称は「日本農林規格等に関する法律」で、JAS(日本農林規格)について定めている。JASとは農林水産大臣などが農林物資について定める規格で、飲食料品などが一定の品質や特別な生産方法でつくられていることなどを保証するものである。JASに適合すると判定された製品にはJASマークをつけることができる。JAS法は、かつては食品表示(品質表示基準)についても規定しており、1999(平成11)年の改定では消費者に販売されるすべての食品に表示が義務づけられるようになった。その後、飲食料品の原産地などについて悪質な偽装表示問題が多数発覚したことから、2009(平成21)年の改正で、原産地について虚偽の表示をした飲食料品を販売した者に対する罰則を設けた。ただし、2013(平成25)年に食品表示に関する規定は食品表示法に一元化されることになった。

JISマーク ②　**JASマーク** ②
SGマーク ①

契約 ⑫ 2人以上の当事者が、商品やサービスの売買、委任、雇用関係における合意によって、法的な権利義務関係が発生する行為。公序良俗に反する契約、詐欺や脅迫によって結ばされた契約は無効であり、錯誤による契約も場合により無効とされる。

売買契約 ⑦
公序良俗に反する契約 ④
詐欺や脅迫によって結ばされた契約 ①
錯誤による契約 ①

典型契約 ③ 民法その他の法律で規定されている契約のこと。たとえば、贈与・売買・交換・消費貸借・使用貸借・賃貸借・雇傭・請負など。これに対して、法律上とくに規定されていない契約は非典型契約(無名契約)という。

約款 ① 事業者が不特定多数の者と同じ契約をする際に用いる契約条項のこと。原則として、約款に示される契約内容について契約者は変更の交渉ができない。

悪徳商法 ② 無店舗販売や新しいサービス業が進展するなかで、増加しつつある、法規制の網の目をくぐっておこなわれる詐欺まがいの悪質な商行為。 **悪質商法** ③
問題商法 ②

：**デート商法** ① 異性に対して電話や手紙などで呼び出し、デートを通じて、相手の恋愛感情を利用し、高額な商品を売りつける商法。

：**展示会商法** ① 広告、勧誘などにより客を展示会場に誘い込んで商品を展示販売させる商法。

：**パーティー商法** ① ホームパーティー商法。業者が消費者宅でホームパーティーを開き、参加者に対して何らかの契約を結ばせる商法。

：**さくら商法** ① 業者の仕込んだ「サクラ」が、客など様々な人物になりすまし、消費者の心をまどわせて契約にもち込ませるという商法。ネットの有料の悪質サイトに誘導するサクラサイト商法もある。

：**資格商法** ② 各種資格の取得を名目に、

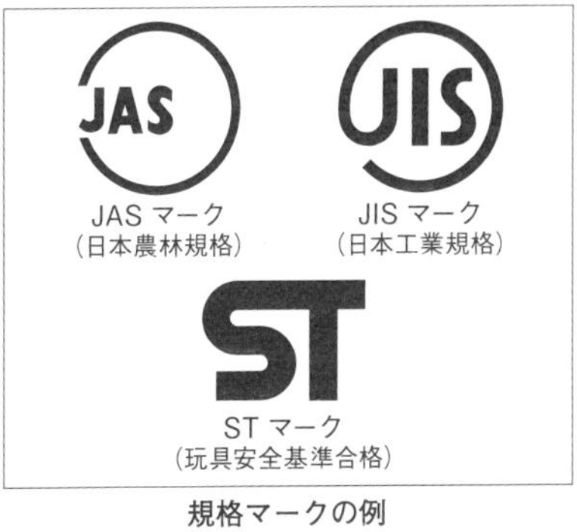

規格マークの例

高額な受講料などをだましとる商法。資格には「～士」とつくものが多いので、士商法ともいう。 **士(さむらい)商法** ①

：**アポイントメント・セールス** ④ 電話やはがきで特別サービスを匂わせて事務所や喫茶店に呼び出し、英会話教材・レジャー会員権などを契約させる商法。

：**かたり商法** ②「消防署の方からきました」などといい、消火器の検査をするふりをして、消火器を高く買わせるなどの商法。

：**マルチ商法** ⑦ 一定金額の費用(入会金・研修費など)を払って商品やサービスなどの販売組織の会員になり、自分の下に子、孫会員と販売員を増やしていくことにより、高率のマージンが得られる、として会員を募る商法。 **ねずみ講** ①

：**ネガティブ・オプション(送りつけ商法)** negative option ② 注文していない商品を勝手に送りつけ、その人が断らなければ買ったものとみなして、代金を一方的に請求する商法。

：**霊感・霊視商法** ① 人の死後や将来のことについて、「祖先の霊」や「家族の因縁」などをもち出し、不安をあおり立て、それにつけ込んで、印鑑や壺などを法外な価格で売りつける商法。

：**催眠商法** ① 商品説明会や安売りセールと称して広い会場に人を集め、食料品や日用品を無料で配るなどして、「もらわないと損だ」という心理にさせる。そのような一種の催眠状態をつくり出し、つぎに高額な商品を買わせようとする商法のこと。「新製品普及会」という業者が最初におこなったので、頭文字をとってSF商法とも呼ばれる。

：**当選商法** ① お店の外で声をかけ、はずれくじのない抽選箱を用いて抽選させ、当選した客を称賛して気分が高揚した勢いで入会や商品購入をうながす商法。「福引商法」「おめでとう商法」とも呼ばれる。

：**点検商法** ① 点検にきたといって個人宅を訪問し、家のなかを点検して、「家のなかに害虫がいる」とか「工事をしないと危険である」などといって不安をあおり、商品やサービスを契約させる商法。

キャッチセールス ⑨ 駅前や繁華街などの路上で、「アンケートをお願いします」などと声をかけ、近くの喫茶店や事務所などに連れていき、高額な商品やサービスの契約をさせる手口のこと。

クーリング・オフ〔制度〕 cooling off ⑧ 勧誘に乗せられて、不要なものを購入する契約を結んでしまった人でも、一定期間内であれば、書面などによって契約の申し込みを撤回できるという消費者保護制度。訪問販売、電話勧誘販売などの場合、8日間以内ならクーリング・オフができる。店頭で購入したもの、通信販売については認められない。 **クーリング・オフ** ⑥

割賦販売法 ② 割賦販売やクレジットカードによる取引を円滑にし、消費者を保護することを目的とする法律。1961(昭和36)年に制定。契約の際の、書面交付の義務づけ、クーリング・オフの対象、代金不払い時の業者による契約解除の制限などが盛り込まれている。2016(平成28)年改正により、クレジットカード会社による販売店の管理や販売店のセキュリティ対策などが義務づけられた。

キャッシュレス社会 ⑤ クレジットカード、デビットカード、プリペイドカードなどを使用し、現金を使わない社会。

キャッシュレス決済 ⑥
キャッシュレス化 ②
キャッシュレス時代 ①
カード社会 ①

クレジットカード ⑧ 信用販売に用いられるカード。提示をすれば、直接に現金を支払うことなく、買物や飲食をすることができる。

現金自動預払機(ATM) ① 銀行などの金融機関で、現金の入金・支払、通帳記帳、残高照会などの窓口業務を、顧客の操作によって自動的に処理する端末機械装置。現在では、多様な機能拡大によるサービス向上をはかり、銀行以外の場所にも設置を展開し、利用顧客数が増大している。

ローン ② 貸付・貸付金のこと。銀行ローンや住宅ローンなどがある。

消費者金融〔機関〕 ② 金融機関が、消費者に住宅資金や商品の購入代金などを融資することを消費者金融というが、消費者金融機関とは一般にノンバンク、サラリーマン金融(サラ金)を指す。小口の融資を短時間の査定で得ることができるが、その分、利率は高い。

債権 ⑧ 特定の人に対して、特定の行為や一定の給付を請求できる権利。たとえば、金銭貸借の場合、貸した側は借りた人に対して金銭の支払いを求める権利をもつ。債権をもつ権利者のことを、債権者という。

債務 ⑨ 特定の人に対して、特定の行為や一定の給付をしなければならないという義務のこと。債務を負担する人のことを債務者という。

多重債務 ④ 複数の金融業者などから借金し、返済できなくなっている状態のこと。

自己破産 ④ 破産法にもとづく負債整理方法の1つで、債務者自身が裁判所に破産の申し立てをおこない、破産宣告を受けること。 **債務不履行** ⑥

貸金業法 ① 消費者金融などの貸金業者や、貸金業者からの借入れについて定めている法律。2006(平成18)年の改正で、総量規制(年収3分の1以上の新規借入れ禁止)、上限金利引下げ(29.2%から15～20%)、貸金業者への規制強化、などが盛り込まれた。

自己責任 ② 自分が選択したことにより利益を受けるだけでなく、失敗のリスクもみずから負うこと。規制緩和政策のもとで、市場競争の促進が経済社会の効率性を高め、経済成長がはかられたことから、近年とくに、政府や地方公共団体が消費者や市民の自己責任を強調するようになった。しかし、金融・保険・証券などの分野では規制緩和が進んで、金融商品や金融関連サービスが多様化・複雑化し、消費者の判断が難しくなっている。自己責任を求める前提として、金融機関などのディスクロージャー(情報開示)の拡大やセーフティネット(→p.207)の整備、金融知識の普及・促進などが不可欠である。

権利能力 ③ 権利義務の主体となるための能力。民法では、人は出生により権利能力をもつとされる(第3条1項)。

意思能力 ③ みずからの行為についての法的な結果について判断できる能力。10歳未満の子どもや泥酔者、重度の精神障がい者、重度の認知症の者などには意思能力がないとされる。

行為能力 ④ みずから単体で法律行為をおこなう能力。

未成年者取消権 ② 未成年者が親の同意を得ずに契約した場合、原則として、契約を取り消すことができるとする民法に規定されている権利。民法改正により、2022(令和4)年4月1日より、18歳・19歳が適用から除外された。

訪問販売 ③ 小売店を経ずに、直接消費者を戸別訪問して、商品を販売する形態。メーカーや販売業者の意図を反映しやすいので、説明や説得の必要な商品販売に向いている。自動車・化粧品・ミシン・健康食品などの業種で多くみられる。通信販売と組み合わせた形態もある。 **通信販売** ②

特定商取引法 ⑨ 事業者から消費者に正確な情報を提供することと、消費者が冷静に判断する機会を確保することを基本的理念として、訪問販売法にかわって2001(平成13)年に施行された。クーリング・オフや中途解約権を認め、広告規制、不適正な勧誘行為の禁止などを定めている。2008(平成20)年の改正で、電話勧誘販売や訪問販売、通信販売については、原則としてすべての商品取引が規制対象となり、2012(平成24)年の改正では、「訪問購入」の規制が盛り込まれた。

景品表示法 ② 商品やサービスの品質・内容・価格などを偽って表示をおこなうことを規制し、過大な景品類の提供を防ぐために景品類の最高額を制限する内容を盛り込んだ法律。

消費者運動 ⑤ 消費者保護のために、消費者自身が取り組む運動。商品に関する試験や検査をおこなって、消費者に正しい情報を提供したり、危険・有害商品を告発して、その損害に対して補償を要求する運動と、消費者自身が組織をつくって、安全で安価な日常物資を組合員に提供する生活協同組合運動とがある。

消費者 ⑫ 個人的な消費を目的として、商品やサービスを購買、あるいは入手するすべての個人および世帯。消費者は受動的であり、消費者の権利を守り、増進させることが重要である。

消費者主権 ⑧ 消費者が生産の究極の決定者である、とする考え方。消費者主権が実現するためには、消費者が商品の価格・品質などについて十分な知識をもち、それにもとづいて自主的・合理的な判断ができること、また生産者間に自由で公正な競争がおこなわれることが重要である。

消費者市民社会 ⑤ 消費者が、公正かつ持続可能な社会の形成に積極的に参画する社会。そのためには個々の消費者の特性および消費生活の多様性を相互に尊重しつつ、みずからの消費生活に関する行動が現在および将来の世代にわたって内外の社会経済情勢および地球環境に影響をおよぼしうるものであることを自覚することが重要であるとされる。

エシカル消費 ⑥ 消費者それぞれが各自にとっての社会的課題の解決を考慮し、課題に取り組む事業者を応援しながら消費活動をおこなうこと。国連で採択されたSDGsの17のゴールのうち、とくにゴール12「つくる責任つかう責任」に関連する消費行動。

ファストファッション ② 流行を取り入れつつ、低価格におさえた衣料品を大量生産し、短いサイクルで販売するブランドやその業態。

消費者の権利 ④ 1962年にアメリカのケネディ大統領(→ p.229)が、「消費者の利益の保護に関する連邦会議の特別教書」のなかで4つの権利を提唱した。さらに、1982年に国際消費者機構(CI)が「消費者の8つの権利と5つの責任」を提唱した。日本では2004(平成16)年に成立・施行された消費者基本法で、「消費者の権利」が法律で明文化された。

：**消費者の4つの権利** ⑧ アメリカのケネディ大統領が1962年の特別教書のなかであげた消費者の権利。⑴安全の権利、⑵知らされる権利、⑶選択する権利、⑷意見を聞き届けられる権利、を指す。

安全の権利(安全である権利) ⑥
安全を求める権利 ①
知らされる権利 ⑦　**選ぶ権利** ⑦
意見を聞いてもらう権利 ④
意見を聞かれる権利 ①

：**消費者の8つの権利** ② ⑴生活のニーズが保障される権利、⑵安全への権利、⑶情報を与えられる権利、⑷選択をする権利、⑸意見が反映される権利、⑹補償を受ける権利、⑺消費者教育を受ける権利、⑻健全な環境を享受する権利。5つの消費者の責任は、⑴批判的意識をもつ責任、⑵改善を主張し行動する責任、⑶社会的弱者に配慮する責任、⑷環境に配慮する責任、⑸連帯する責任、をいう。

生活の基本的ニーズが満たされる権利 ②
情報を与えられる権利 ①
意見が反映される権利 ④
救済を受ける権利 ①
消費者教育を受ける権利 ①
健全な環境のなかで働き生活する権利 ①

消費者教育 ② 消費者としての自覚をうながし、消費者被害を防ぐための教育。インターネットや携帯電話などの架空請求などのトラブルや食品偽装問題などにより、2005(平成17)年以降、学校において消費者教育が重点項目として取り上げられている。

消費者団体 ② 消費者の利益を確保するための団体。代表的なものに、日本消費者連盟や生活協同組合、主婦連合会などがある。

生活協同組合(生協) ① 消費者自身の事業活動によって、暮らしの問題を解決しようとする運動を進めている組合。出資金を出した組合員の協同による生活物品を供給する、購買生協活動が中心である。

消費者庁 ⑪ 2009(平成21)年4月、消費者行政の一元化・一本化を進めるために内閣府の外局として設置された。これまでの消費者行政は、農産物の規格や品質表示などは農林水産省が、食品の添加物などは厚生労働省が所管し、複数の省庁にまたがっており、行政の対応が遅れたため、一元化された。　**消費者行政** ④

消費者保護基本法 ⑧ 1968(昭和43)年、消費者保護の立場から制定された法律。国・地方公共団体・企業の消費者問題における責務と消費者自身の役割、消費者の組織化と消費者保護会議の設置、国民生活審議会の役割について規定している。2004(平成16)年、消費者基本法として改正。

消費者保護〔政策〕 ①

消費者基本法 ⑪ 消費者保護基本法を改正して2004(平成16)年5月に成立した、消費者の権利を明確に定めた法律。消費者は「保護される立場」から「権利をもつ自立した立場」として位置づけられた。この法律で示された消費者の権利は、⑴消費生活における基本的な需要が満たされる権利、⑵健全な生活環境が確保される権利、⑶安全が確保される権利、⑷選択の機会が確保される権利、⑸必要な情報が提供される権利、⑹消費者教育の機会が提供される権利、⑺意見が政策に反映される権利、⑻適切・迅速に救済される権利である。国は消費者基本計画を策定することが責務とされ、消費者団体の役割が明記され、消費者教育の充実も加えられた。　**自立支援政策** ①

国民生活センター ⑩ 1970(昭和45)年に制定された、国民生活センター法にもとづいて設立。その後、2002(平成14)年に独立行政法人となる。目的は国民生活の安定および向上に寄与するため、総合的見地から、国民生活に関する情報の提供および調査研究をおこなうとともに、重要消費者紛争について法による解決のための手続を実施すること。

消費生活センター ⑩ 都道府県・市町村などの地方行政機関の1つ。国民生活センターと連携して、相談受付や消費者への情報提供をおこなう。

消費者センター ①

消費者ホットライン ② 消費者問題で困った時、地方公共団体が設置している身近な消費生活センターや消費生活相談窓口を案内してくれるサービス。番号は188。

再販売価格維持制度(再販制度) ① 出版物の質の安定、文化の振興・普及のために、書籍や新聞などについては指定した価格で販売するようにさせる契約を結ぶ制度。独占禁止法の適用除外制度の１つ。

消費者安全法 ① 2009(平成21)年に公布された、消費者保護のための法律。この法で、内閣総理大臣は消費者安全の確保に関する基本方針を策定するものとされ、地方公共団体には、消費生活相談、苦情処理のあっせんなどの事務を実施するため消費生活センターを設置するようつとめなければならないとされた。

消費者生活製品安全法 ① 消費生活用製品による、消費者の生命または身体に対する危害の防止をはかるために、特定製品の製造、販売を規制し、製品事故に関する情報の収集などをおこなうことで消費者の利益を保護することを目的とする法律。1973(昭和48)年に公布された。

消費者契約法 ⑪ 消費者契約に関するトラブルが急増するなかで、総合的な消費者被害の防止、救済策の確立を目的に、2001(平成13)年４月に施行された法律。消費者が事業者と締結したすべての契約を対象に、消費者が事業者の不適切な行為で、自由な意思決定を妨害されたことにより、結んだ契約を取り消すことができる。2006(平成18)年の改正で消費者団体訴訟制度が導入された。広範囲にわたる被害には、適格消費者団体が事業者に差し止め請求などができるようになった。

消費者賃貸契約 ② 当事者の一方(借主)が相手方(貸主)から金銭その他の代替性のあるものを受けとり、これと同種・同等・同量のものを返還する契約。金銭の貸借に代表される。

消費者団体訴訟制度 ③ 直接の被害者ではない消費者団体が、消費者にかわり、事業者の不当な行為をやめさせるように裁判で請求する制度。消費者被害を未然に防いだり、被害の拡大を防いだりするための制度である。

食品安全基本法 ① 2003(平成15)年に成立。日本国内でのBSE(牛海綿状脳症、狂牛病)発生を契機として、食品の安全性を確保するため、これまでの法令の抜本的な見直しをおこない、食品安全行政を確立するために制定された。「国民の健康の保護が最も重要であるという基本的認識の下」、「食品供給行程の各段階における適切な措置」「国際的動向及び国民の意見に配慮しつつ、必要な措置が科学的知見にもとづき講じられることによる国民の健康への悪影響の未然防止」をおこなうことで、国・地方公共団体・食品関連事業者の責務と消費者の役割を定めている。

食の安全 ① 生産から流通、消費に至る過程で、食品が生物学的・化学的・物理的(危害要因)にみて、人の健康に悪影響をおよぼさない状態にあること。食の安心は、食品の安全を、消費者が承知して摂取できる状態にあることで、日本では食中毒事件や食品表示偽装問題、BSE問題が発生したことで、食の安全に対する国民の関心が高まった。

食品の表示偽装問題 ①

食品偽装問題 ①

食品表示法 ① 食品衛生法、JAS法、健康増進法の３つの法律の食品表示に係る規定を一元化した法律。2013(平成25)年に公布された。

国際消費者機構(CI) ② 1960年結成。本部はイギリスのロンドン。消費者利益のために様々な国際活動をおこなっている団体。アメリカ消費者同盟を中心に、イギリス、オランダなどの消費者協会が参加してつくった消費者団体の国際連絡組織。日本では、日本消費者協会と全国消費者団体連絡会が正会員であり、日本消費者連盟が連絡会員、国民生活センターが政府機関連絡会員である。

地産地消 ⑤「地域生産・地域消費」の略で、「地域で生産されたものをその地域で消費する」ということ。消費者の安全安心志向が高まり、消費者と生産者の相互理解を深める取組みとして進められている。

フード・マイレージ food mileage ② 食料の輸送距離のこと。重量×距離で表す(t・kmなど)。食品の生産地と消費地が近ければ数値は小さくなり、遠隔地から食料を運んでくると大きくなる。1994年にイギリスの消費者運動家ティム＝ラング(Tim Lang、1948～　)が提唱し、2001(平成13)年に日本でも導入された。

狂牛病 BSE ② 牛海綿状脳症(Bovine

Spongiform Encephalopathy）といい、牛の脳のなかに空洞ができ、スポンジ（海綿）状になる病気。この牛肉を食べることで、人が感染することがあるとされている。1986年にイギリスで発生して以来、英俗語の “mad cow disease” の直訳である「狂牛病」の呼び名が一般化している。イギリスで発生したのは、飼料の汚染肉骨粉が感染源と考えられているが、日本では2001（平成13）年９月にBSEの疑いがある牛が発見され、その後、発生があいついだため、食用牛の全頭検査を実施した。2003年末にアメリカで発生した狂牛病問題により、日本は一時、牛肉の輸入を受け入れていなかったが、その後に輸入を再開した。

BSE（牛海綿状脳症）①

トレーサビリティ traceability ⑥ 製品の流通経路を、生産段階から最終消費段階、あるいは廃棄段階まで追跡が可能な状態のことをいう。追跡可能性ともいわれる。

鳥インフルエンザ ① インフルエンザウイルスが鳥に感染することで発症する鳥の病気で、人のインフルエンザとは異なるもの。鶏やウズラなどの家禽に対して強い病原性を有する高病原性インフルエンザに感染すると、その多くが死んでしまう。感染した鳥やその排泄物、死体などに接触することで、まれに人にも感染することがあるが、日本での発症例は確認されていない。

薬害 ① 医薬品の副作用により、健康や生命に加えられた被害のこと。日本ではサリドマイド事件、スモン事件（1995〈平成７〉年頃からキノホルム〈整腸剤〉を使用した人に下半身麻痺やしびれなどの症状が発生した事件）がおこって問題化した。最近では血液製剤による感染被害が、大きな問題となった。

サリドマイド事件 ① 1960年前後、大日本製薬が販売したサリドマイド剤（睡眠剤）をつわり止めとして服用した母親から四肢・聴覚・内臓などに障害をもった子どもが生まれたという薬害事件。1961年にドイツで警告が出され、ヨーロッパ各国ではただちに薬が回収されたが、日本では1962（昭和37）年まで対策をとらなかったため（行政の不作為）、被害が拡大した。

薬害エイズ ② 血友病などの治療用血液製剤（非加熱）により、HIV（ヒト免疫不全ウイルス）感染被害を受けたこと。日本では、血友病患者約5000人のうち、約1400人が感染したとされ、これまでに700人以上が亡くなっている。HIV感染の危険性は、1982（昭和57）年頃から一部で指摘されていたが、代替策が遅れ、被害が拡大した。

AIDS ①　HIV ①　血友病 ①

製造物責任法（PL法） ⑩ 製造物の欠陥により、人の生命、身体または財産に被害が生じた場合、製品の欠陥を証明することにより、その製品の製造者に対して損害賠償責任を負わせることを定めた法律。1994（平成６）年に制定され、1995（平成７）年７月から施行。対象となるのは、製造または加工された製品であり、不動産や未加工農林畜水産物などは対象外となる。製品事故に関し、それまでは、被害者側がメーカーの過失を立証しなければならなかったが、その困難さから損害賠償を受けることが不可能になる場合があった。これを緩和し、被害の原因となった製品の欠陥だけを立証すればよくなったことに意義がある。これにより、事故原因究明機関や紛争処理斡旋機関の設置が進められ、損害賠償の立証が容易になった。

無過失責任 ⑧ 故意・過失の有無にかかわらず、損害が発生すればその賠償の責任を負うこと。公害について、どこまで無過失責任がとれるか問題になったが、1972（昭和47）年に大気汚染防止法・水質汚濁防止法が改正され、事業者の無過失責任が認められた。PL法は、製造物の欠陥に関わる被害について、無過失責任制度を導入している。

無過失責任の原則 ⑤

欠陥の推定 ① 製造物を適正に使用したにもかかわらず、損害が生じた場合は、その損害が適正な使用により通常生じない性質のものである時は、その製造物に欠陥があったものと推定されること。

3 国民の司法参加

裁判所 ⑫ 司法権を行使する国家機関。日本国憲法第76条は、「すべて司法権は、最高裁判所及び法律の定めるところにより設置する下級裁判所に属する」と定めている。
裁判 ⑫ **訴訟** ④

最高裁判所 ⑫ 憲法に定められた日本の司法権の最高機関。上告および特別抗告(こうこく)について裁判し、最高裁判所長官とその他の14人の裁判官で構成される。法令審査権をもつ終審(しゅうしん)裁判所でもある(第81条)。裁判所に関する事務を取り扱う最高機関でもあり、訴訟手続きなどに関する最高裁判所規則を制定し(第77条)、下級裁判所の裁判官は最高裁判所の指名した者の名簿によって内閣が任命する(第80条)。

最高裁判所長官 ④ 内閣の指名にもとづいて、天皇が任命する(天皇の国事行為)。これは、日本国憲法第6条に規定されている。

憲法の番人 ⑩ 憲法判断の終審裁判所としての最高裁判所を、「憲法の番人」という。憲法の最高法規性を確保するために、日本国憲法第81条は「最高裁判所は、一切の法律、命令、規則又は処分が憲法に適合するかしないかを決定する権限を有する終審裁判所である」と規定している。

終審裁判所 ④ 法制度上、その裁判所の判決をもはや争うことができないとされている裁判所。日本の場合、最高裁判所がこれに当たる。

大法廷 ③ 最高裁判所の15人全員の裁判官で審理される合議体。法令などの憲法判断や判例を変更する場合は、大法廷でおこなわれる。

最高裁判所の規則制定権 ④ 日本国憲法第77条で規定された、最高裁判所の「訴訟に関する手続、弁護士、裁判所の内部規律及び司法事務処理に関する事項について、規則を定める権限」をいう。国会の立法権(の独占)に対する例外の1つ。

下級裁判所 ⑪ 日本国憲法は第76条で、下級裁判所は「法律の定めるところにより設置する」とし、これにもとづき裁判所法で定められた高等裁判所・地方裁判所・家庭裁判所・簡易裁判所の4種をいう。

高等裁判所 ⑫ 下級裁判所のなかで、最上位の裁判所。おもに控訴・抗告および上告の裁判をおこなう。東京・大阪・名古屋・広島・福岡・仙台・札幌・高松におかれている。その他、6カ所の支部のほか、知的財産高等裁判所が東京高裁に設置されている。

:知的財産高等裁判所 ⑨ 著作権、産業財産権などの知的財産権に関する訴訟を専門に担当する裁判所。東京高等裁判所の特別支部として、2005(平成17)年に設置された。

地方裁判所 ⑫ 原則的な第一審裁判所。各都府県に1カ所、北海道に4カ所設置されている。

家庭裁判所 ⑪ 家庭事件の審判および調停、少年法で定める少年の保護事件・刑事事件の審判をおこなうために、とくに設けられた裁判所。
少年法 ②

簡易裁判所 ⑪ 最下級の裁判所で、比較的少額軽微な事件を迅速に裁判する裁判所。

特別裁判所 ⑨ 特別の身分をもつ人や、特定の種類の事件について、終審として裁判をおこなう司法裁判所以外の裁判機関。大日本帝国憲法下の軍法会議・皇室裁判所など。日本国憲法第76条では、「特別裁判所は、これを設置することができない」と定めている。
皇室裁判所 ②
軍法会議 ④ **行政裁判所** ③

司法権 ⑫ 三権の1つ。具体的な訴訟について、法を適用し、宣言することによって、これを裁定する国家の権限。日本国憲法第76条は、すべて司法権は、最高裁判所および下級裁判所に属すると定めている。
司法 ⑧ **司法制度** ⑤

司法権の独立 ⑫ 公正な裁判によって国民の権利を守る司法権が、政治性の強い立法権や行政権から分離・独立していること。裁判を担当する個々の裁判官が、完全に独立で外部からのいかなる干渉や圧力にも屈しない(裁判官の独立)ことが必要とされる。

大津事件 ⑤ 1891(明治24)年、日本を訪問中のロシア皇太子が、滋賀県大津で警備に当たっていた警察官の津田三蔵(つださんぞう)(1855〜91)に切りつけられて負傷した事件。政府はロシアの報復をおそれて、皇室に対する罪を適用して死刑にすべきであると担当裁判官に圧力を加えたが、大審院長児島惟謙(こじまいけん)(これかた)(1837〜1908)は政府の圧力に屈せず、普通人の殺人未遂として処すべきであると主張し、司法権の独立の基礎をつくった。
児島惟謙 ⑤

裁判官 ⑫ 裁判所で裁判を担当する国家公務員。最高裁判所長官・最高裁判所判事・高等裁判所長官・判事・判事補・簡易裁判所判事の6種類がある。原則として、司法試験に合格した司法修習生が、裁判官・検察官・弁護士となる。

裁判官の任命 ② 裁判官の任命の仕組みは図参照。

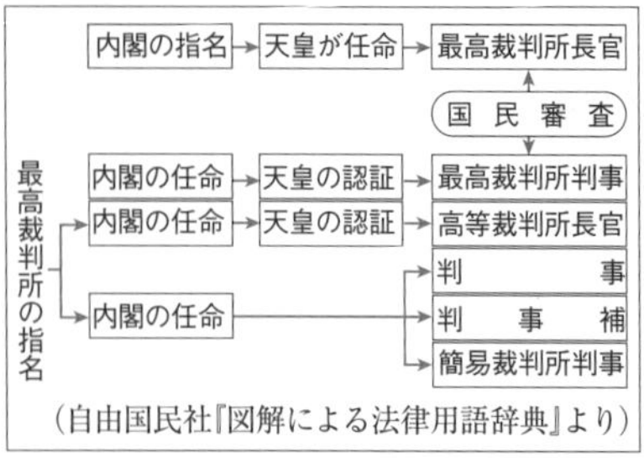

裁判官の任命

裁判官の〔職権の〕独立 ⑪ 日本国憲法第76条で保障された、「すべて裁判官は、その良心に従ひ独立してその職権を行ひ、この憲法及び法律にのみ拘束される」という、裁判官の職権の独立のこと。

裁判官の身分保障 ④ 裁判官が独立して職権を行使できるために、日本国憲法第78条は「心身の故障のために職務を執ることができない」と裁判(分限裁判)で決定された場合と、「公の弾劾」によって罷免される場合を除いて、その意に反して裁判官たる地位を失うことがないとしている。さらに、第80条は定期に相当額の報酬を受け、在任中減額されないとしている。

分限裁判 ①　**裁判官の罷免** ②
罷免 ⑧

国民審査 ⑫ 最高裁判所裁判官について、その任命後にはじめておこなわれる衆議院議員総選挙およびその後10年を経過した後、はじめておこなわれる衆議院議員総選挙の際(その後も同様)に付される審査(日本国憲法第79条)。罷免を可とする票が有効票数の過半数に達した時は、その裁判官は罷免される。直接民主制にもとづくリコールの一種である。現憲法下で、この審査により罷免された裁判官はいない。

最高裁判所裁判官の国民審査 ⑦
国民審査権 ③

違憲審査権 ⑩ 法律・命令・規則または処分が、憲法に適合するか否かを決定する権限。権力分立の原則にもとづき、日本国憲法は第81条で裁判所に違憲立法(法令)審査権を認め、最高裁判所を終審裁判所と規定している。

違憲立法(法令)審査権 ④
違憲審査制 ④　**違憲審査** ④

法令 ② 法律(立法府で制定される)と命令(行政機関が制定する)の総称。憲法・法律・政令・勅令・府省令・規則がこれに当たる。

規則 ④ 法律にもとづく、内部規則・処理などに関わる法令。また、地方自治において、知事・市町村長などが定めるもの。

命令 ⑤ 行政機関が制定する法令。または、判決とは別に、裁判官がその権限にもとづいておこなう裁判。

抽象的審査制 ④ 違憲判断について、具体的訴訟案件を前提としないでなされる制度。憲法裁判所型、ドイツの審査制度などがこれに当たる。

憲法裁判所 ⑥ 憲法裁判をおこなうために、とくに設置された裁判所。ヨーロッパ諸国、韓国やタイなどで採用されている。

付随的違憲審査制 ② 通常の裁判所において、違憲判断について、係属した訴訟案件に付随してなされる制度。アメリカ・カナダ・日本・インドなどで採用されている。日本では、1952(昭和27)年の警察予備隊訴訟(裁判所が司法権を発動するためには具体的な争訟事件が提起されることが必要であるとされた)以来、付随的違憲審査制がとられているとされている。

付随的審査制 ②

違憲判決 ⑫ 裁判所が違憲立法(法令)審査権にもとづいて、ある法律・命令・規則または処分を憲法に適合しないと判断する判決。最高裁判所が違憲判決をくだした事例として、尊属殺人重罰規定違憲判決(→ p.82)、薬局開設に関する距離制限規定違憲判決(→ p.89)、議員定数不均衡違憲判決(→ p.82)、書留郵便免責規定違憲判決などがある。

郵便法違憲訴訟 ①
書留郵便免責規定 ⑥

比例原則 ① 達成されるべき目的と、そのために権利・利益の制約というかたちでとられる手段とのあいだに均衡がなければならないとする原則。

事情判決 ① 行政処分や裁決が違法としても、裁判所がこれを取り消すと著しく公益を害すると判断する時、裁判所が請求棄却をすること。

裁判の公開の原則 ② 裁判の対審および判決は、公開法廷でこれをおこなう(日本国憲法第82条）という原則。これは、裁判の公正を保持し、裁判に対する国民の信頼を確保するための原則である。

裁判の公開 ③　**公開裁判** ②
公判 ③　**公判中心主義** ①

対審（審理） ⑥ 訴訟において、当事者を相対させておこなう審理のこと。公開を原則とする。

判決 ③ 裁判所が法律と規則にもとづいてくだす最終的な判断。

原告 ⑧ 民事訴訟または行政事件訴訟において、裁判所に訴えをおこした側の当事者のこと。

被告 ⑧ 民事訴訟または行政事件訴訟において、裁判所に訴えをおこされた側の当事者のこと。

被告人 ⑫ 刑事裁判（刑事訴訟）において、検察官によって起訴された側の当事者のこと。

弁護人 ⑦ 刑事訴訟において、被疑者・被告人の弁護をする者。原則として弁護士から選任される。被告人が弁護人を選任できない場合、裁判所は国選弁護人をつけなければならない。　**弁護士** ⑦

刑事裁判（刑事訴訟） ⑫ 検察官が起訴した事件について、犯罪の有無、刑罰を科することの当否を確定し、科すべき具体的刑罰を定める裁判。　**刑事司法** ③
刑事事件 ②　**刑事訴訟法** ⑩
刑事法 ③　**刑事手続き** ④

刑事補償請求 ③ 抑留または拘禁された人が無罪の裁判を受けた時に、身柄拘束に関して補償を求めることができる制度。刑事補償法に規定されている。
刑事補償法 ②

遡及（そきゅう）処罰の禁止 ⑤ ある行為をした時にはその行為を規定する法律がなかった場合に、あとで定めた法律でその行為を罰してはならないという原則。

一事不再理 ⑤ 同一の事件については、同じ罪状で再び裁判をしてはならないという原則。

不定期刑の禁止 ① 期間の定めのない刑を禁止すること。不定期刑には「絶対的不定期刑」と「相対的不定期刑」（刑期の最短と最長を宣告し、その範囲内でいつ刑が終了するかは定めないもの）の２つがある。

検察官 ⑫ 刑事事件において、捜査・公訴の提起などをおこなう権限を与えられた国家公務員。検事総長・次長検事・検事長・検事・副検事の５種類がある。検察庁に所属している。　**検察** ④　**検察庁** ①

送致 ① 刑事事件に際し、被疑者を捜査機関（警察）から別の機関（検察庁）に送り届けること。　**送検** ②

法曹三者（裁判官・検察官・弁護士） ④ 法律事務にたずさわる者を法曹といい、とくに裁判官・検察官・弁護士を指す。
法曹 ③

公訴 ⑧ 検察官が刑事事件について裁判所へ起訴状を提出して、裁判を求めること。
証人尋問 ①

刑事被告人 ④ 刑事訴訟において、罪をおかしたとして公訴を提起され、裁判が確定していない者。公訴提起前の者は、被疑（ひぎ）者という。

刑罰 ④ 犯罪をおこなった者に科せられる制裁。死刑・懲役・禁錮・罰金・拘留・科料などがある。刑罰は法律により定められる。

懲役 ② 自由のはく奪を内容とする自由刑の１つ。刑務所など刑事施設に拘置して、一定の労働に服させる刑罰。

禁錮 ② 自由のはく奪を内容とする自由刑の１つ。刑務所など刑事施設に拘置するだけで、一定の労働に服させることは強制されない刑罰。

刑法 ⑫ どのような行為が犯罪となり、どのような刑罰が科せられるかを定めた基本法典。1908（明治41）年施行。

特別予防 ① 刑罰の目的は、犯罪者の再犯を防止することにあるとして、とくに行刑による受刑者の改善・教育に力をおく考え方をいう。

一般予防 ① 特別予防に対し、刑罰の目的は、社会一般への警告による犯罪防止にあるとする考え方。

応報刑論 ① 刑の目的とは、犯罪の予防などではなく、それが犯した罪に対して応報である（みあっている）ということによって正当化される、とする考え方。

目的刑論 ① 刑罰は、犯罪人の再犯防止のために科せられるべきであるとする考え方。応報刑論と対立する考え方。

執行猶予 ② 一定の期間、刑事事件をおこさず無事に経過した時は刑罰権を消滅させるという制度。

法益 ① 法によって保護される利益の総称。狭義には、刑法で保護される社会生活上の利益をいう。

検察審査会 ⑫ 国民が、検察官の不起訴処分が適当であったかを審査する機関。各地方裁判所管轄区域に、少なくとも１つおかれ、有権者のうちからくじで11人が選ばれる。不起訴処分となった事件について、被害者の申立や告訴などを受けて、検察官による不起訴処分が適切であったかどうかを審査する。この時、検察審査会が起訴相当・不起訴不当と議決した場合、検察官は再検討しなければならない。続いて検察官が再び不起訴とした場合でも、検察審査会による再度の不起訴不当の議決、すなわち起訴議決によって、裁判所が指定した弁護士が起訴し裁判にできる。この強制起訴の権限は2009年の裁判員制度導入とあわせて強化された。 **検察審査会制度** ①

不起訴処分 ⑤　**検察審査員** ⑥

起訴議決 ③ 検察審査会が審査により起訴相当・不起訴不当とした場合、検察庁はこれについて再検討するが、それでも不起訴となった時、検察審査会の審査によって11人中８人以上が賛成すれば起訴議決がなされる。この場合、起訴議決を受けた裁判所が弁護士を指定し、この弁護士によって起訴がなされ、裁判となる。

強制起訴 ②

民事裁判(民事訴訟) ⑫ 私人間(しじんかん)の生活関係に関する利害の衝突・紛争に関する民事事件を、国家の裁判権によって法律的・強制的に解決・調整するための裁判。

民事訴訟法 ⑩　**民事法** ①

行政裁判(行政訴訟) ⑨ 不当または違法な行政作用によって、直接に権利・利益を侵害された行政事件について、裁判所が中立的な立場からおこなう裁判。

三審制(審級制) ⑫ 訴訟事件について、上訴(じょうそ)により審級を異にする裁判所の審理を、３回受けることを認める裁判制度。

上訴 ③

控訴(こうそ) ⑩ 第一審の判決を不服として、第二審裁判所へ上訴すること。控訴審は、民事裁判では第一審が簡易裁判所の時は地方裁判所、地方裁判所の時は高等裁判所となる。刑事裁判では、つねに高等裁判所となる。

控訴審 ⑤

上告(じょうこく) ⑩ 民事裁判では、控訴審の判決に対して不服を申し立てる上訴。刑事裁判では、高等裁判所の第一審または控訴審の判決に対する最高裁判所への上訴をいう。

上告審 ②

跳躍(ちょうやく)上告 ② 刑事訴訟法上、地方裁判所・家庭裁判所・簡易裁判所の第一審判決が法律を違憲とした場合、控訴を抜きにして最高裁判所に上告すること。日米安保条約の違憲性が争点となった1959(昭和34)年の砂川事件の訴訟は跳躍上告の例である。

抗告(こうこく) ⑤ 裁判所の判決という形式ではない決定や命令に対して、不服を申し立てて上訴すること。

特別抗告 ② 通常の不服申し立てができない決定や命令に対して、憲法違反・憲法解釈の誤りを理由に最高裁判所へする抗告。

命令・決定 ⑥

再審 ⑫ 確定判決に対して、重大な瑕疵(かし)を理由に判決を取り消し、再度裁判をするように申し立てること、およびその手続き。1983(昭和58)年、はじめて死刑囚が再審によって無罪判決を勝ちとった免田(めんだ)事件、被告人の死後に再審で無罪判決の出された徳島ラジオ商事件などが例としてある。

：**吉田巌窟王(がんくつおう)事件** ① 1913(大正２)年に愛知県でおきた強盗殺人事件の主犯とされ、1914年に無期懲役の判決を受けた吉田石松さん(1879〜1963)が冤罪を主張し、幾度にわたる再審請求の後、1962(昭和37)年に再審が開始され、1963(昭和38)年に名古屋高裁で無罪がいいわたされた事件。再審制度のあり方が問われることになった事件であった。 **再審制度** ⑤

冤罪(えんざい) ⑫ 無実の者が罪に問われること。刑事補償法は、冤罪を救済する手段として、再審制度を規定している。

冤罪事件 ④

白鳥事件 ② 1952(昭和27)年におきた、白鳥警部に対する殺人事件。この事件をめぐる裁判において、最高裁は再審請求を棄却するとともに特別抗告を棄却したが、その際に「再審制度においても『疑わしきは被告人の利益に』という刑事裁判の原則が適用される」という判断を示した。これを「白鳥決定」と呼ぶ。 **白鳥事件再審請求** ①

免田(めんだ)事件 ③ 1948(昭和23)年に、熊本でおきた強盗殺人事件の容疑者として逮捕され、最高裁で死刑が確定した免田栄(めんださかえ)さん(1925〜2020)が、無実を叫び続け、1979(昭和54)年に再審請求が認められ、83(昭和58)年に死刑囚としてはじめて無罪となった冤罪事件。

足利事件 ⑤ 栃木県足利市で行方不明となった女児が殺害された事件。犯人が逮捕され、自白があったが、第一審の途中から否認した。しかし、最高裁では無期懲役が確定した。再審請求が認められ、再審のなかでDNA鑑定がおこなわれ、2010(平成22)年、無罪判決がいいわたされた。

死刑制度 ⑧ 日本においては、刑法第９条で死刑制度を規定しており、第11条では「刑事施設内において、絞首して執行する」と記している。死刑が残虐(ざんぎゃく)な刑罰を禁止する憲法第36条に反しないかの問題について、最高裁判所は死刑合憲の判断をしている。 **死刑廃止論** ② **死刑の合憲性** ②

永山基準 ① 日本の刑事裁判で、死刑を適用する際の判断基準として示されたもの。連続4人射殺事件の被告であった永山則夫(事件当時17歳)に対し、1983(昭和58)年、最高裁が2審の無期懲役判決を棄却した時に示した基準。⑴犯罪の性質、⑵動機、計画性、⑶犯行態様、執拗(しつよう)さ・残虐性など、⑷結果の重大さ、とくに殺害被害者数、⑸遺族の被害感情、⑹社会的影響、⑺犯人の年齢、犯行時に未成年など、⑻前科、⑼犯行後の情状の9項目をあげ、これらを考慮し、刑事責任がきわめて重大で、犯罪予防などの観点からやむをえない場合には、死刑の選択も許されるとした。

陪審制 ⑨ 選ばれた一般の人が陪審員(ばいしんいん)となり、事件の事実関係について審理し、有罪か無罪かを評決して裁判官に答申し、裁判官が量刑判断をくだす制度。日本でも1928(昭和3)年から刑事事件に陪審制度が実施されたが、1943(昭和18)年に停止された。 **陪審員** ②

参審制 ⑦ 国民から選ばれた数人の参審員が、職業裁判官とともに合議体を構成して、裁判の審理に関与する制度。司法に対する民衆参加の形態である点においては陪審制と共通するが、陪審制は陪審員が裁判官から独立して「有罪、または無罪」の判定をくだす点で、参審制と異なる。

司法制度改革 ⑨ 1999(平成11)年に司法制度改革審議会が設置され、2001(平成13)年に最終意見書が首相に提出された。具体的には、⑴法曹(ほうそう)人口の拡大、⑵日本版ロースクールである「法科大学院」の設置、⑶裁判官任用制度の改革、⑷国民の司法参加(裁判員制度)である。

ロースクール(法科大学院) law school ⑥ 裁判官・検察官・弁護士など法曹の養成を目的とする。「法科大学院の教育と司法試験等との連携等に関する法律」により設置される。

日本司法支援センター(法テラス) ⑩ 刑事・民事を問わず、国民がどこでも法的なトラブルの解決に必要な情報やサービスの提供を受けられることを目的として、総合法律支援法にもとづき、2006(平成18)年に設立された法務省所管の法人。法律相談のほか、国選弁護制度における国選弁護人の選定、民事法律扶助における弁護士費用の立てかえなども法テラスのおこなう業務である。

裁判員制度 ⑫ 地方裁判所における第一審のうち、一定の重大な刑事裁判(殺人罪など)で、国民から事件ごとに選ばれた6人の裁判員が、3人の裁判官とともに審理に参加する裁判制度のこと。裁判員は裁判官とともに公判に参加し、評議をおこない、有罪か無罪かの判断をして有罪の場合の量刑の判断をおこなう(評決)。日本では2009(平成21)年より開始された。 **裁判員裁判** ⑥ **事実認定** ②

量刑 ③ 刑罰の内容を決めること。裁判員制度は、裁判員が裁判官とともに量刑判断をおこなう。 **量刑判断** ②

評決 ⑥ 裁判員が裁判官とともに有罪かどうかを判定し、量刑判断をすることを評決という。この時、全員一致とならない場合は多数決となるが、その際被告人に不利な判断をする場合は1人以上の裁判官が多数意見に賛成していなければならない。したがって、たとえば被告人を有罪とする評決が賛成5であっても、そのなかに裁判官が含まれていない場合は無罪の評決となる。

守秘義務 ④ 裁判員には評議で述べられた意見や経過や、事件関係者や裁判員の氏名など、裁判員にしかわからない情報を外に洩らしてはならないという守秘義務がある。これは裁判員裁判終了後も続き、悪質な場合は罰則が科される(6カ月以下の懲役や50万円以下の罰金)。

裁判員法 ② 2009(平成21)年に施行された、裁判員制度を規定する法律。この法によると、裁判員は満20歳以上の日本国民のなかから、衆議院の選挙人名簿より、くじにより、候補予定者名簿を選挙管理委員会が作成し、これをもとに地方裁判所が裁判員候補者名簿を作成する。2016(平成28)年に選挙権年齢が満18歳以上に引き下げられた際は、満18歳および満19歳の者については裁判員の職務につくことができないとされていたが、暫定的措置が撤廃され、満18歳および満19歳の者も2023(令和5)年から裁判員に選任されることになった。 **裁判員** ⑨ **裁判員候補者** ① **選挙人名簿** ①

公判前整理手続 ⑤ 最初の公判期日の前に、

裁判所、検察官、弁護人が、争点を明確にしたうえ、これを判断するための証拠を厳選し、日程を含む審理計画を立てること。裁判員裁判対象事件では、必ず公判前整理手続をおこなうことになっている。

裁判の迅速化 ① 日本の裁判制度について、裁判の期間が長いという批判がある。これを受けて、第一審をなるべく短い期間(2年以内)で終わらせることを目標とする裁判の迅速化に関する法律(裁判迅速化法)が2003(平成15)年7月9日に成立、同年7月16日に施行された。また、ADRの利用促進や公判前整理手続きといった司法制度改革も裁判迅速化の趣旨によるものである。

ADR(裁判外紛争解決手段) ⑥ 訴訟手続きによらない紛争解決。当事者同士で解決できない身近なトラブルについて、弁護士など専門家を第三者としてあいだに入れて解決をはかる方法。2004(平成16)年に、ADRの理念や国・地方公共団体の負う責務、民間事業者のおこなう和解の仲介(斡旋、仲裁、調停)などについて定めたADR法が制定された。

裁判外紛争解決手続き法(ADR法) ③

斡旋・調停・仲裁 ④ ADRでとられる3つの紛争解決。斡旋は、当事者同士での交渉で解決をはかることを目的として斡旋人があいだに入って当事者同士の話しあいを進めて解決をはかること。調停は斡旋と同じく当事者同士の話しあいが主となるが、調停委員が示す調停をもとに解決をはかること。仲裁とは、事前に当事者同士が仲裁を受けることに同意(仲裁合意)した場合に、仲裁人が解決内容を判断すること。仲裁判断では、当事者は仲裁案を拒否することができない。

調停[ADR] ④　**調停委員** ④

和解 ⑦ 民事訴訟で、訴訟の途中で話しあいにより解決すること。

被害者参加制度 ⑦ 犯罪被害者や遺族が刑事裁判に参加して法廷で直接、被告に質問や論告をおこなうことができる制度。2008(平成20)年から施行された。

犯罪被害者参加制度 ②

犯罪被害者保護法 ② 2000(平成12)年に制定された、犯罪被害者の刑事手続における負担の軽減を目的とする法律。2005(平成17)年には、犯罪被害者やその家族、遺族を含む人たちへの権利利益を保護するために犯罪被害者等基本法が施行された。

犯罪被害者等基本法 ④ 2004(平成16)年に成立。犯罪による被害者らが、その受けた被害を回復または軽減し、再び平穏な生活を営むことができるように支援すること。また、その被害に関わる刑事に関する手続きに適切に関与することができるようにするための施策を、国および地方公共団体の責務として規定している。

第2章 政治的な主体となるわたしたち

1 国会と立法

二院制(両院制) ⑫ 国会が2つの合議体から構成される制度。⑴非民選を含む大日本帝国憲法下の日本(貴族院と衆議院)やイギリス型の貴族院(上院)と庶民院(下院)、⑵アメリカ合衆国型の各州代表の上院と国民全体代表の下院、⑶現在の日本のような第一次院の衆議院と第二次院としての参議院といった、機能の違いにより3つの型がある。

一院制 ② 議会が1つの合議体だけで構成される制度。一院制の長所としては、立法や議事の決定が迅速に運び、二院制の場合に生じがちな無用な議事の遅滞を避けることができるという点があげられる。しかし、一院だけでは議事の決定の際に慎重さを欠くおそれがあるという短所もある。

立法権 ⑨ 国家における統治権の作用のうち、法を制定する権限。日本国憲法第41条では、国民の代表者で構成され、最高機関である国会が行使すると定めている。

立法 ⑦

議員立法 ⑩ 議員が法律案を発議しておこなわれる立法作用、またはそれによって成立した法律。日本では、ほとんどの法案が政府提出の内閣立法となっているが、完全な三権分立のアメリカでは、政府は法案の提出権がなく、すべて議員提出法案となっている。

議員提出法案 ②
内閣提出法案 ⑥

唯一の立法機関 ⑫ 日本国憲法第41条は、国会を「国の唯一の立法機関である」と定めている。「唯一の」という意味は、国の立法はすべて国会を通し、国会を中心におこなわれるという国会中心主義の原則と、国会の議決のみで成立するという国会単独立法の原則を内容としている。憲法上、両議院の規則制定権(第58条)、最高裁判所の規則制定権(第77条)、地方公共団体の条例制定権(第94条)などの例外がある。

立法権の独占 ①　**立法機関** ②
立法府 ④　**議院規則制定権** ②
準立法的権限 ①

国権の最高機関 ⑫ 日本国憲法第41条は、国会を「国権の最高機関」であると定めている。三権分立の原則から、国会が内閣や裁

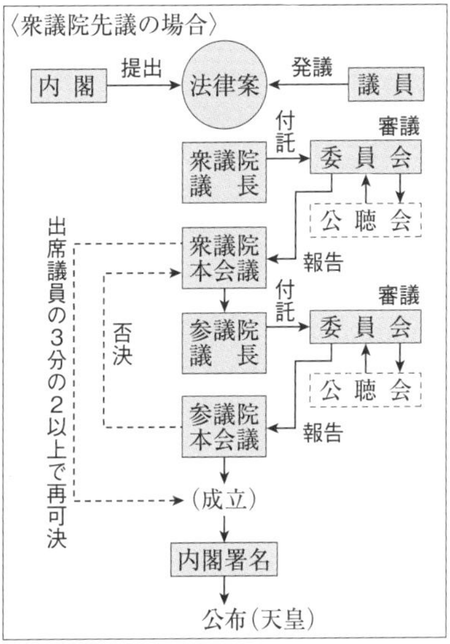

法律の制定

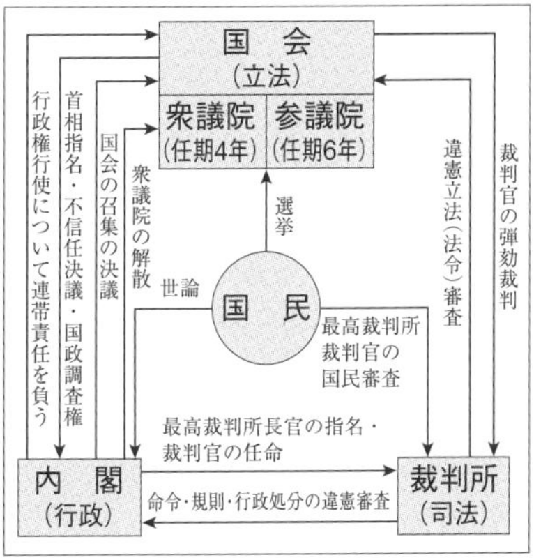

日本の三権分立制度

判所よりも上位の地位を占めることはないが、議院内閣制による行政統制権(第66条)、条約承認権(第73条)、財政議決権(第83条)など、国政全般をコントロールする規定から、国会の「最高機関」性が推定されている。

国会 ⑫ 日本の立法機関。日本国憲法第41条は、「国会は、国権の最高機関であつて、国の唯一の立法機関である」と定めている。衆議院と参議院で構成され(第42条)、両議院は「全国民を代表する選挙された議員」で組織する(第43条)。 **国会議事堂** ③

国会の種類 ⑩ 国会は、召集原因にもとづいて通常国会(常会)、臨時国会(臨時会)、特別国会(特別会)に区別される。また、衆議院の解散中に「国に緊急の必要がある時」は、参議院に対して緊急集会を求めることができる。
常会(通常国会) ⑫
特別会(特別国会) ⑫
臨時会(臨時国会) ⑫
参議院の緊急集会 ⑩

国会の種類

〈名称〉	〈召集時期〉	〈会期〉	〈主要課題〉
常会(通常国会)	毎年1回1月中	150日(延長は1回のみ)	予算・法案審議
臨時会(臨時国会)	内閣が必要と認めた時一方の議院の4分の1以上の要求があった時	国会の議決による(延長は2回まで)	必要な課題
特別会(特別国会)	総選挙の日から30日以内	国会の議決による(延長は2回まで)	内閣総理大臣の決定、院の構成の決定
参議院の緊急集会	「国に緊急の必要がある時」と内閣が認めた場合	ここでとられた措置は、次の国会開会後、10日以内に衆議院の同意が得られない場合は無効	

会期 ⑥ 国会が活動能力をもつ期間。国会は会期ごとに第何回国会と呼ばれ、会期中に議決に至らなかった案件は、つぎの国会に継続しない(会期不継続の原則)。

国会議員 ⑩ 衆議院議員と参議院議員。選挙された全国民の代表で(第43条)、両院の議員の兼職はできない(第48条)。公職選挙法で、衆議院議員は満25歳以上の者、参議院議員は満30歳以上の者に被選挙権がある。 **議員** ⑥

不逮捕特権 ⑨ 国会議員は、院外における現行犯以外は、会期中はその院の許諾がなければ逮捕されないという特権。国会議員が国民の代表として、自由に独立してその職責(しょくせき)を果たせるように、憲法で保障された権利の1つ。

免責(めんせき)特権 ⑨ 国会議員は、院内での演説・討論・表決について、民事上・刑事上の責任に問われないという特権。国会議員が国民の代表として、自由に独立してその職責を果たせるように、憲法で保障された権利の1つ。

歳費特権 ⑤ 議員がその地位にふさわしい生活を維持するための報酬として、国から歳費の支払いを受ける権利のこと。 **歳費** ④

本会議 ⑫ 衆参各議院の総議員で構成する会議をいう。本会議は公開が原則で(第57条)、傍聴(ぼうちょう)は自由とされている。

委員会制度 ⑥ 近代議会制度の特色で、国会活動の中心をなす。各議院で議案が発議または提出されると、原則としてまず委員会に付託(ふたく)し、その審議報告を待って本会議にかけられる。委員会は、常任委員会と特別委員会とに大別され、議員は原則として少なくともどれか1つの常任委員となる。 **委員会** ⑨

常任委員会 ⑧ 国会で常置されている委員会。予算委員会、議院運営委員会、国家基本政策委員会などがある。

予算委員会 ⑤ 常任委員会のうち、国の歳入・歳出の予算を審議する委員会。内閣総理大臣をはじめ、全国務大臣の出席を求め、国政の全般について質疑する。

特別委員会 ⑧ 国会で、常設委員会に属さない案件について、会期ごとに議院の議決により設置される委員会。例として、東日本大震災復興特別委員会、原子力問題調査特別委員会、地方創生に関する特別委員会などがある。

公聴会 ⑥ 常任委員会で、利害関係者・学識経験者などから意見を聞く制度。予算や重要な歳入に関わる案件の時は、必ず開かなければならない。

政府委員 ④ かつて存在した、国会において国務大臣を補佐し、各省庁の所管事項について説明または質疑に対して、答弁をする政府の職員。議長の承認を得て、内閣が任命した。1999(平成11)年に成立した国会審議活性化法で政府委員制度は廃止された。

衆議院 ⑫ 国会を構成する一院。議員定数は小選挙区289人、比例区176人の計465人(2022年10月現在)。被選挙権は満25歳以上。任期4年で、解散あり。国民との直結性が参議院よりも強く、参議院に優越する権能をもつ。

衆議院の優越 ⑫ 衆議院の権限が参議院よりも優先されること。法律案の議決(第59条)、予算の議決(第60条)、条約の承認(第61条)、内閣総理大臣の指名(第67条)のほか、衆議院の予算先議権(第60条)と内閣不信任決議権(第69条)を含めることもある。 **法律案の議決** ⑧

法律案の再議決 ① 日本国憲法第59条第2項では「衆議院で可決し、参議院でこれと異なつた議決をした法律案は、衆議院で出席議員の3分の2以上の多数で再び可決したときは、法律となる」と定められている。

内閣不信任決議 ⑦ 議院内閣制を維持するために、衆議院が内閣に対して有する権限。日本国憲法第69条は、「内閣は、衆議院で不信任の決議案を可決し、又は信任の決議案を否決したときは、10日以内に衆議院が解散されない限り、総辞職をしなければならない」と定めている。

内閣信任決議 ② **内閣信任案** ①
内閣不信任 ② **内閣不信任案** ②
不信任決議権 ①
内閣不信任決議権 ④

予算先議権 ⑦ 衆議院の参議院に対する予算案の先議権のこと。日本国憲法第60条は、「予算は、さきに衆議院に提出しなければならない」と規定している。ほとんどの国で、下院の上院に対する予算先議権を認めている。

衆議院の解散 ⑤ 衆議院議員の全部に対して、その任期満了前に、議員の身分を失わせること。解散は、衆議院の内閣不信任決議に対応する内閣がもつ手段。立法府があまりに強力になるのを防ぐという権力分立的性格と、国の重要事項について国民の審判を求めるという民主的性格がある。衆議院の解散がなされた時は、解散の日から40日以内に衆議院議員の総選挙をおこなわなければならない(第54条)。日本国憲法で衆議院の解散について規定しているのは第69条であるが、現憲法下のほとんどの解散は、天皇の国事行為を規定する第7条によるもの(7条解散)である。

両議院の組織と権限		
	衆議院	参議院
議員定数	465人 (小選挙区選出 289 比例区選出 176)	248人 (選挙区選出 148 比例代表区選出 100)
任期	4年	6年
議員資格	満25歳以上	満30歳以上
選挙区	定数1の289の小選挙区 ブロック単位の比例区	都道府県別選挙区(合区あり) 全国単位の比例代表区
特別の権限	(1)内閣不信任決議 (2)予算先議権 (3)議決の優越など	緊急集会

総選挙 ① **解散** ⑪
議会の解散 ①

参議院 ⑫ 国会を構成する一院。議員定数は選挙区148人、比例代表区100人の計248人(2022年10月現在)。被選挙権は満30歳以上。任期は6年で、3年ごとに半数が改選される。解散や衆議院の優越の規定から、第二院的性格をもつとされる。また、衆議院の行きすぎなどをチェックする意味で「良識の府」とも呼ばれる。

議決 ⑦ 合議体の意思決定。国会の両議院の議事は、総議員の3分の1以上の出席で開き、出席議員の過半数でこれを決し、可否同数の時は議長の決するところによるとしている(第56条)。例外として、憲法改正の発議は、両院の総議員の3分の2以上の賛成(第96条)、秘密会を開く場合(第57条)・議員を除名する場合(第58条)・衆議院で法律案を再議決する場合(第59条)は、出席議員の3分の2以上の多数を要するとしている。

内閣総理大臣の指名 ⑫ 日本国憲法第67条は、「内閣総理大臣は、国会議員の中から国会の議決で、これを指名する」と定めている。各議院で投票総数の過半数で決定し、過半数の獲得者がいなかった場合は上位2人で決選投票をおこない、多数決で決める。また衆議院と参議院が異なる指名をした場合は、両院協議会を開き、一致しない時は衆議院の指名が国会の指名となる。衆議院の内閣不信任決議とともに、議院内閣制の基礎となっている。

予算案の議決 ③ 予算案の議決過程は、右

の図の通りである。　**予算の議決** ⑥
予算の審議・議決 ②

条約の承認 ⑪ 国会のもつ権限の１つ。日本国憲法第73条は、条約の締結について、「事前に、時宜によつては事後に、国会の承認を経ることを必要とする」とあり、条約に対する国会の民主的コントロールを定めている。

国政調査権 ⑪ 日本国憲法第62条で定められた、両議院の「国政に関する調査を行ひ、これに関して、証人の出頭及び証言並びに記録の提出を要求することができる」権限。国会が国政について、十分な情報をもって正しい立法活動などをおこない、結果として国民が正しい判断をおこなえるようにするため、戦後、両議院に認められた。

証人喚問 ① 両議院が国政に関する調査のために、証人を喚問して、証言を要求すること。　**証人** ②

弾劾裁判所 ⑫ 裁判官の憲法違反やそのほかの重大な非行に対して、裁定をくだす裁判所。衆参両議院の議員のなかから選挙された各７人の裁判員で構成し、裁判官訴追委員会（衆参両議院の議員各10人で組織する）で訴追を受けた裁判官に対して裁判をおこなう。　**弾劾裁判** ①
裁判官訴追委員会 ①
裁判官の罷免の訴追 ②

議員の資格に関する争訟 ② 日本国憲法第55条では「両議院は、各々その議員の資格に関する争訟を裁判する。但し、議員の議席を失はせるには、出席議員の３分の２以上の多数による議決を必要とする」と規定している。

両院協議会 ⑫ 両議院の議決が一致しない場合に、両議院の意見を調整するために設置される協議会。各議院で選挙された各10人で構成される。出席委員の３分の２以上の多数で議決した場合は、成案となる。予算の議決、条約の承認、内閣総理大臣の指名で、両議院の議決が異なった場合は必ず開かれる。

国会活性化法（国会審議活性化法） ⑨ 国会の審議をより活発にし、国民にわかりやすい政治をめざすため、1999（平成11）年に成立した法律。おもな内容は、⑴政府委員制度の廃止、⑵国家基本政策委員会の設置（2000年より週１回の党首討論をおこなう）、⑶各省庁への副大臣・政務官の設置（政務次官の廃止）などである。

クエスチョン・タイム（党首討論） question time ⑪ 1999（平成11）年に成立した国会活性化法のなかで導入された、国会における審議の活性化をはかるための制度。イギリス議会の「クエスチョン・タイム」がモデル。日本では、衆参両院におかれた国家基本政策委員会（衆院30人、参院20人）の合同審議会を舞台に、原則として毎週45分、首相と野党党首のあいだで論戦が繰り広げられる。野党から提出された質問にだけ答える従来の質疑とは異なり、首相には反論権も認められている。

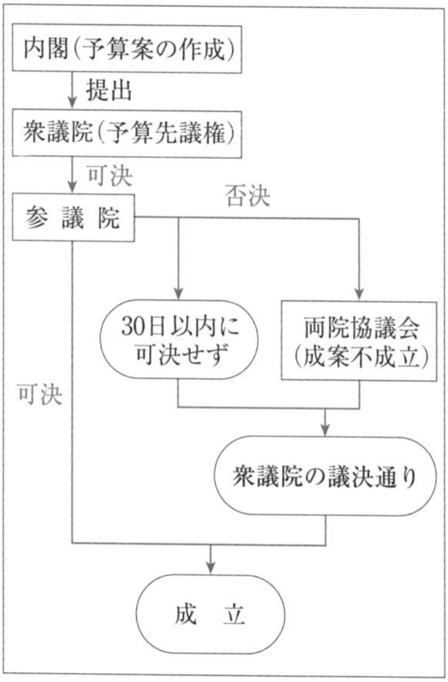

予算案の議決過程

党議拘束 ⑤ 政党の決議により所属議員の評決の活動を拘束すること。日本では所属議員がその党議に従わない場合は、党内懲罰の対象となる。

与党 ⑪ 政党政治において、政権を担当している政党のこと。多党制では、２つ以上の政党が連立して政権を担当する場合がある。この場合を連立与党という。

野党 ⑪ 政党政治において、政権を担当していない政党のこと。政権党の政策に対して批判や監視をおこなう。イギリスでは影の内閣（→ p.64）を組閣し、政権の交代に備えて準備をする。

国対政治 ③ 国会という公式の場における議論によるのではなく、与野党の国会対策委員会(国対)の関係者を中心とした密室での話しあいによって国会が運営されていることを批判していう言葉。

2 内閣と行政

行政 ⑫ 法にもとづいて公益を実現し、法の実現を目的とする政務のこと。三権分立における、立法、司法以外の国家統治や国政に関わる事柄を総称していう。国家行政の担い手は内閣を中心とする。

行政権 ⑪ 国会による立法を具体的に執行していく権限で、内閣がその権限をもつ。

内閣 ⑫ 行政権を担当する最高の機関。首長たる内閣総理大臣およびそのほかの国務大臣で構成される合議体。国会に対しては連帯して責任を負う。 **行政府** ③ **一般行政事務** ⑤ **内閣の権限** ④ **閣僚** ②

内閣法制局 ① 内閣におかれ、閣議に付される法令案の審査や法制に関する調査などをおこなう機関。

閣議(かくぎ) ⑫ 合議体としての内閣の会議。内閣総理大臣が主宰(しゅさい)し、秘密会でその決定は全員一致による。毎週2回(火・金)の定例閣議と臨時閣議、および会議を開かずに各閣僚のあいだをもちまわって賛否を求めるもちまわり閣議がある。閣議で制定された命令が政令である。 **政令制定権** ③

総辞職 ⑪ 内閣総理大臣と国務大臣の全員が、

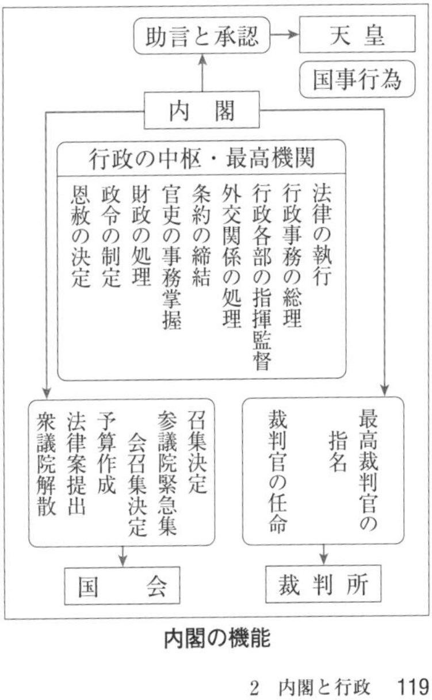

内閣の機能

同時に内閣における役職を辞職すること。憲法は、内閣が総辞職しなければならない場合として、衆議院で内閣不信任案が可決して、10日以内に衆議院が解散されない時(第69条)、「内閣総理大臣が欠けたとき、又は衆議院議員総選挙の後に初めて国会の召集があつたとき」(第70条)と定めている。このほか、内閣みずからの政治判断で、総辞職する場合もある。

内閣総辞職 ③　**内閣の総辞職** ①

衆議院の解散権 ② 衆議院議員の任期満了前にその資格を失わせる権限。日本国憲法に衆議院の解散の規定が示されているのは第69条であり、その権限を有するのは内閣である。また、第7条には天皇の国事行為として「3　衆議院を解散すること」とあり、その行為には「内閣の助言と承認を必要とし、内閣が、その責任を負ふ」(第3条)とあることから、第7条により解散がなされる。7条解散では、そのあり方をめぐって苫米地訴訟がおこった。

議会の解散権 ①　**7条解散** ②

苫米地(とまべち)訴訟 ① 1952(昭和27)年の吉田茂首相による衆議院解散(いわゆる「バカヤロー解散」)により議員の職を失った苫米地義三(ぎぞう)(1880～1959)が「憲法第7条による解散は、解散権の恣意的な運用で憲法違反である」として国を相手どりおこした訴訟。7条解散をめぐり、第69条による解散のみが認められるのかどうかが争点となった。1960(昭和35)年、最高裁は、高度に政治性のある国家行為は裁判所の審査権に服しないという「統治行為論」により憲法判断をしなかった。

苫米地事件 ①

内閣の連帯責任 ② 行政権の行使に、内閣が一体として国会に対して負う政治的な責任。大日本帝国憲法下では、各国務大臣の天皇に対する個別責任だったが、日本国憲法下では、内閣総理大臣を中心とする内閣の統一性と国務大臣の一体性の結果として、内閣の連帯責任が要請されている。

内閣総理大臣(首相) ⑫ 内閣の首長。内閣総理大臣は、文民で(第66条)、国会議員のなかから国会によって指名され(第67条)、天皇に任命される(第6条)。国務大臣の任免権をもち(第68条)、内閣を代表して、行政各部を指揮監督し(第72条)、閣議を主宰する。

首相公選制 ① 内閣総理大臣(首相)を国民の直接選挙で選ぶという制度。日本では、日本国憲法が「内閣総理大臣は、国会議員の中から国会の議決で、これを指名する」(第67条)として議院内閣制を規定していることから、首相公選制は実施されていない。

国務大臣 ⑫ 内閣の構成員で、憲法では内閣総理大臣とそのほかの大臣を指す場合(第99条)と、内閣総理大臣以外の閣僚を指す場合(第68条)とがある。国務大臣は文民(第66条)で、その過半数を国会議員のなかから内閣総理大臣が任命(第68条)し、天皇が認証(にんしょう)する(第7条)。

国務大臣の任免 ④

副大臣 ⑩ 内閣総理大臣が、国会議員から各省庁に任命するポスト(役職)。政府委員制度廃止とともに、2001(平成13)年1月に施行された中央省庁の再編にともない、副大臣と大臣政務官が誕生した。国会活性化法(→ p.118)にもとづいて設置され、それまであった政務次官の権限強化のかたちをとっている。副大臣は大臣の職務を代行でき、政策決定に関わり、国会答弁も担当する。官僚主導の政治から、政治家主導の行政運営体制をとり、首相を中心に内閣主導で政策を決定する仕組みの導入をねらったもの。

大臣政務官 ⑥ 府省の長である大臣をたすけ、政務を処理することを職務とする特別職の国家公務員で、通常は国会議員がその職についた。国会の活性化と政治主導の政策決定を目的に制定された国会活性化法(1999〈平成11〉年)により、2001(平成13)年から従来の政府委員制度が廃止となり、各省庁に副大臣と大臣政務官がおかれた。

政務官 ③　**政府委員制度** ⑥

委任(いにん)立法 ⑫ 法律の委任にもとづいて、立法府以外の機関が法規を制定すること、またはその法規。とくに現代は行政内容が高度化・複雑化しているため、行政府が立法府からの委任を受けて法規を制定することが多い。

政令 ⑧ 内閣が制定する命令。憲法および法律の規定を実施するための執行命令と、法律の委任にもとづく委任命令がある。政令は法律の委任がある場合を除き、罰則を設けたり、または国民に対し義務を課したり、権利を制限したりする規定を設けることはできない。

省令 ⑤ 各省大臣が所管の行政事務について、法律または政令にもとづいて発する命令。

最高裁判所長官の指名 ⑥ 日本国憲法第6条第2項では「天皇は、内閣の指名に基いて、最高裁判所の長たる裁判官を任命する。」と規定している。

予算の作成 ⑦ 内閣の権限の1つ。予算は国会での承認を経て、成立する。

外交 ④ 国家間の諸利益・諸関係を、交渉で調整する政府の活動。国際関係が密接になるなかで、外交の果たす役割はますます重要なものになっている。

外交関係の処理 ⑤

条約の締結 ⑧ 条約は内閣によって締結されるが、事前あるいは事後に国会の承認を得ることが必要である。この意味で、条約の締結は内閣と国会の共働によるものといえる。

批准(ひじゅん) ④ 条約の締結に対する当事国の最終的な同意・確認の手続き。内閣が批准し、天皇が内閣の助言と承認により、国事行為として批准書を認証する。

恩赦(おんしゃ) ① 公訴をやめたり、いいわたされた刑を免除すること。内閣が決定して天皇が認証する。行政権によって司法権が確定した刑罰を変更するもので、三権分立の例外。ある刑罰を許す大赦(たいしゃ)、特定の者の刑を許す特赦(とくしゃ)、減刑・刑の執行の免除・復権がある。

政党内閣 ① 議会のなかで多数を占める政党によってつくられる内閣。日本では初の本格的な政党内閣は、1918(大正7)年に成立した原敬(はらたかし)内閣であり、総裁の原を含め国務大臣の大多数が立憲政友会員で占められた。

内閣法 ③ 内閣の職権、組織、行政事務の分担および行政各部に対する指揮監督の大綱を定めた法律。1947(昭和22)年5月3日施行。

連立政権(連立内閣) ⑦ 単一の政党だけでは安定多数を獲得できない場合、複数の政党が、各党の独自性を維持したまま政策協定を結んでつくる政権。1993(平成5)年の細川護熙(ほそかわもりひろ)内閣(非自民8党派)、94(平成6)年の村山富市(むらやまとみいち)内閣(日本社会党・自由民主党・新党さきがけ)などがその例である。

公務員 ⑧ 国または地方公共団体の公務を担当する者。ただし、国家公務員法や地方公務員法上の公務員には、国会議員や地方議会議員は含まれない。公務員は全体の奉仕者として、守秘(しゅひ)義務や政治行為の制限などがある。

公務員制度 ①

国家公務員法 ③ 1947(昭和22)年に制定された、国家公務員に対する基本法。人事院の設置、信用失墜(しっつい)行為の禁止や政治活動の禁止など、全体の奉仕者としての服務について定めている。

全体の奉仕者 ④ 日本国憲法第15条は、「すべて公務員は、全体の奉仕者であつて、一部の奉仕者ではない」と定めている。公僕(こうぼく)として国民の信託を受け、国民のために国政に従事する立場にあり、大日本帝国憲法下のような天皇のための官吏ではないことを示している。

官僚政治 ③ 官僚が実質的に政治権力を握り、特権的独断でおこなう政治。独善的・形式的・専制的・反民主的な傾向があると批判される。 **官僚主導** ④ **官僚支配** ①

政・官・財のトライアングル ① 許認可行政の弊害の1つとして政治家・官僚・財界(企業)が癒着(ゆちゃく)するさまなどを指していう。行政権の肥大、官僚政治を批判していう言葉。

鉄のトライアングル(三角形) ①

天下り ⑨ 退職した高級官僚が、勤務官庁と関係の深い公社・公団などの政府関係機関や民間企業の幹部として再就職すること。官僚の癒着や利権の温床化、再就職者に対する退職金の重複払いなどの問題が指摘されている。

国家公務員制度改革基本法 ⑤ 国家公務員制度改革の基本理念や基本方針を定め、これを総合的に推進することを目的とする法律。国民のニーズに合致した、効率的で質の高い行政サービスを実現し、縦割り行政や天下りの弊害を除去すること、公務員制度の全般的かつ抜本的な改革を推進することを目的とする。2008(平成20)年成立。

国家公務員倫理法 ④ 公務員の倫理と行動規範に関し、おもに接待や金品の受領の制限と資産公開という観点から、具体的なルールを設定する法律。アメリカでは「政府倫理法」として1978年に立法化されているが、倫理を法律で規定するという試みは先進諸国でも一般的ではない。日本では、1996(平成8)年の厚生事務次官の収賄(しゅうわい)事件を機に、各省庁に「職員倫理規程」がつくられたが、その後も官僚の接待汚職があいつぎ、公務員倫理の立法化が急浮上した。同法は、課長補佐級以上に1件5000円をこえる接待・贈与の報告義務、審議官級以上に株取引・所得の報告・公開義務を課し、人事院に倫理審査会を設けることなどを内容としている(1999〈平成11〉年成立、2000〈平成12〉年施行)。

行政国家 ⑤ 国家の政治の中心に行政機関が位置している国家のこと。現代では、立法府にではなく、行政府へ権力が集中する傾向がある。国民生活の多くの側面に政治が関与するようになればなるほど、行政部門は肥大化する。官僚の専門的知識がつねに必要となり、行政機関の重要性も増す。

行政権の拡大 ②

行政の民主化 ① 行政の肥大化・専門化の弊害を防ぐため、行政に対する国民の民主的統制や権力分立のこと。行政委員会制度やオンブズマン（オンブズパーソン）制度、情報公開制度などがある。

行政改革推進法 ①

政治主導 ④ 官僚中心の行政ではなく、政治家が官僚に頼ることなく主体的に政策の立案・決定などを進めていくこと。

政治家主導 ①

行政機関（執行機関） ④ 法の執行を担う機関。国家行政組織法は、行政官庁と補助機関から構成される府・省・委員会・庁を、国の行政機関としている。

1府12省庁体制 ⑦ 2001（平成13）年1月、中央省庁はこれまでの1府22省庁から、1府12省庁に再編された。官僚主導の行政から、国会議員中心の政治、行政組織のスリム化、内閣総理大臣の指導性を確保し、内閣機能の強化により、国民の視点に立った「総合性」と「機動性」のある政策の立案と実施がめざされることになった。

行政のスリム化 ①
中央省庁等改革基本法 ①
中央省庁 ②　**中央省庁再編** ②
省庁再編 ②　**省庁別縦割り行政** ①

内閣府 ⑦ 2001（平成13）年の省庁再編で設立された首相直属の機関。首相および内閣官房を補佐する。複数の省庁にまたがる重要な政策を総合調整し、行政内での統一をはかるための企画立案を任されるため、ほかの12省庁よりも上に格づけされた。複数の担当大臣と特命担当大臣をおくことができる。経済財政諮問会議（→ p.178）は、予算編成の基本方針を策定する。

環境省 ⑧ 1971（昭和46）年、環境庁が発足。2001（平成13）年、改組して環境省が設置された。

経済産業省 ② 2001（平成13）年、通商産業省の廃止にともない、後継官庁として経済産業省が新設された。

国土交通省 ① 2001（平成13）年、建設省、運輸省、北海道開発庁、国土庁が統合して国土交通省が新設された。

財務省 ② 2001（平成13）年、大蔵省の廃止にともない、後継官庁として財務省が新設された。

法務省 ② 法の整備、法秩序の維持、国民の

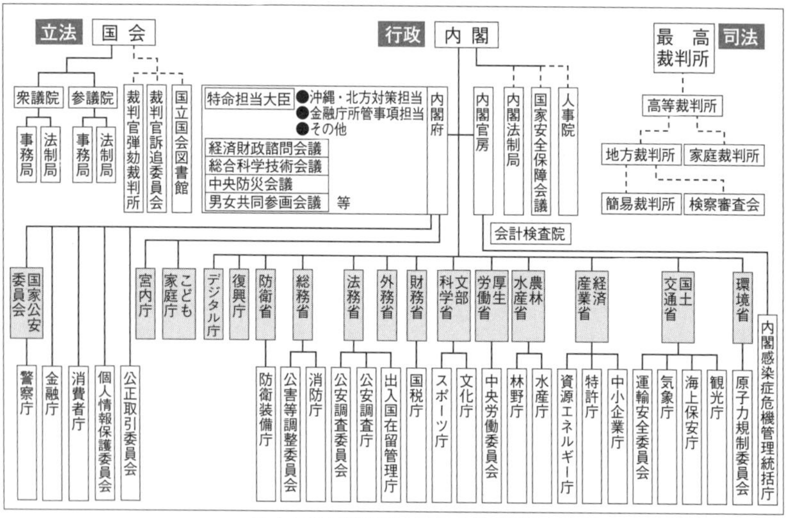

日本の政治機構（2023年10月現在）

権利擁護、出入国管理などを所管する。

文化庁 ① 文化に関する施策の推進、国際文化交流の振興、博物館による社会教育の振興、宗教に関する行政事務を所管する文部科学省の外局。

復興庁 ④ 東日本大震災の復興政策をおこなうために内閣に設置された行政機関。内閣総理大臣が長をつとめ、1人の復興大臣と2人の副大臣をおく。

原子力規制委員会 ② 東日本大震災時の原子力発電所の事故を機に、2012(平成24)年設立。原子力利用における安全確保をはかるため必要な施策を策定・実施する環境省の外局。

出入国在留管理庁 ① 出入国管理、在留管理、外国人材の受け入れ、難民認定などの外国人関連の行政事務をあわせて管轄する法務省の外局。2019(平成31)年、法務省入国管理局が「出入国在留管理庁」に名称変更。

スポーツ庁 ① スポーツ振興その他スポーツに関する施策の総合的な推進をはかることを目的として設置された文部科学省の外局。2015(平成27)年10月1日に設置された。

行政委員会 ⑩ 行政事務のなかでも、高度に技術的・専門的な知識や経験が必要とされるものや、政治的中立が必要とされるものなどについて、一般の行政機関からある程度独立して組織される合議制の行政機関。アメリカで発展し、戦後、日本にも導入された。中央における人事院・公正取引委員会・国家公安委員会・選挙管理委員会・中央労働委員会、地方における選挙管理委員会・教育委員会・労働委員会など。行政委員会のなかには、規則制定などの準立法的機能や争訟の判断などの準司法的機能を有する委員会もある。

行政委員会の準立法的機能 ①
行政委員会の準司法的機能 ①
国家公安委員会 ②

会計検査院 ④ 日本国憲法第90条にもとづき設置される行政機関。国の収支の決算報告を、政府が国会に提出する前に検査する。

行政改革 ⑦ 行政機構やその運営などを、合理的・効率的なものに改めること。とくに1981(昭和56)年の第二次臨時行政調査会(第二臨調)の答申にもとづく、行政の簡素化・合理化、民営化を目標におこなわれた改革などをいう。

行政サービス ① 国や地方公共団体が国民や住民に提供する各種のサービス。各種証明書の発行や医療・教育・福祉など。

縦割(たてわ)り行政 ④ 行政サービスにおいて、各省庁の横の連絡や調整がほとんどなく、縦のつながりだけで成り立って運営されているようなさまを指していう。日本の非効率的な行政のあり方として問題視されてきた。

民営化 ⑧ それまで国・地方公共団体などが担っていた公共的な責務・事業について、その執行・運営を民間の経営にゆだねること。行政改革の流れのなかで進められていった。中曽根(なかそね)内閣時代の1980年代後半には三公社といわれた日本電信電話公社・日本専売公社・日本国有鉄道が、それぞれ民営化されてNTT・JT・JRとなった。さらに、小泉内閣のもとで2005(平成17)年には道路関係四公団が、2007(平成19)年には郵政事業が民営化された。

NTT ②
電信電話公社(現 NTT) ②
JT ②　**JR** ②

小泉(こいずみ)内閣 ⑦ 2001(平成13)年～06(平成18)年に、小泉純一郎(じゅんいちろう)(1942～　)が内閣総理大臣に就任していた内閣。「聖域なき構造改革」を掲げ、日本道路公団の民営化、郵政民営化などの改革をおこなった。

道路関係三公団の民営化 ①
日本道路公団 ③

独立行政法人 ⑨ 各府省から独立し、公共的な事務・事業を担当することを目的に設立された法人。文部科学省所管の日本原子力研究開発機構、理化学研究所、大学入試センター、外務省所管の国際協力機構などがある。1980年代後半に橋本龍太郎(はしもとりゅうたろう)内閣の行政改革の一環として設立された。

石油公団 ① 自主原油開発と石油備蓄を目的として、1967(昭和42)年に政府出資により設立された特殊法人。当初の正称は石油開発公団で、業務は石油開発だけだったが、1978(昭和53)年の法改正から石油備蓄もおこなうようになり、以後石油公団に改称した。2004(平成16)年、石油天然ガス・金属鉱物資源機構になる。

郵政民営化 ⑦ 2005(平成17)年に郵政民営化法が成立し、郵便、郵便貯金、簡易生命保険の郵政三事業が2007(平成19)年から民営化された。小泉内閣が掲げていた重要施策の1つである。　**郵政三事業** ①

郵政民営化法 ①
郵政事業民営化 ①　**郵便貯金** ③

ゆうちょ銀行 ② **かんぽ生命保険** ②

ユニバーサルサービス ① 国民生活に不可欠なもので、全国で、国民のだれもが利用できる料金と条件で、安定して提供されるべきサービス。例として、電気・ガス・水道・鉄道・郵便・福祉や介護など。一部に民営化が進展している。

日本郵政 ① 2007(平成19)年の日本郵政公社の民営化により日本郵政株式会社として設立された持株会社。現在は総務省の所管。

日本郵便 ①

行政指導 ⑥ 行政機関がその所管事務について、業界や下級行政機関に対し、指導・勧告・助言・注意・警告などの法律的強制力のともなわない手段により、一定の政策目的を達成しようとすること。

行政手続法 ⑨ 行政運営の公正・透明性を確保することを目的に、1993(平成５)年に成立した法律。許認可の手続き、不利益処分の手続き、行政指導の手続きなどについて、その方法が定められている。

許認可行政 ② 公正な経済活動、国民の生活や権利を守る名目で、各省庁が許可・認可・免許・登録・届出などで規制をすること。これらの許認可が業界の過保護や官庁の権益の保護を生み、消費者の利益や外国企業の参入をさまたげていると批判され、規制緩和が叫ばれた。近年、規制緩和は徐々に進んでいるものの、依然として許認可を必要とする事業などの数は多い。

許認可制度 ①

許認可権 ③ **許認可** ②

オンブズマン制度 ⑥ 国民の行政に対する苦情を受けつけ、中立的な立場から原因を究明して是正(ぜせい)措置を講じ、問題の解決をはかる担当官。「代理者」を意味するスウェーデン語からきている。北欧など十数カ国で導入されているが、日本は国政レベルでは導入されていない。地方公共団体では、1990(平成２)年に川崎市ではじめて「市民オンブズマン」が設置された。

オンブズマン(行政監察官) ②

市民オンブズマン ①

オンブズパーソン ⑤

パブリックコメント ⑤ 行政機関が政令や省令などを制定する際に、事前に案を示し、その案について広く国民から意見や情報を募集するもの。2005(平成17)年の行政手続法の改正により新設された。

内閣官房 ⑥ 内閣の庶務、重要政策の企画立案・総合調整、情報の収集調査などをおこなうとともに、内閣の首長たる内閣総理大臣を直接に補佐する行政機関。その長は国務大臣である内閣官房長官である。

内閣人事局 ⑥ 内閣官房におかれる内部部局の１つ。国家公務員全体の戦略的人事管理を担う組織として2014(平成26)年に設置された。各省庁の幹部の人事管理を一括しておこなう。

国家公務員人事改革 ①

首相補佐官 ② 内閣官房のなかの役職の１つ。重要政策の企画立案などをおこなう。内閣総理大臣が任命するため、自身に近い側近議員などが就任することが多い。

官邸主導 ② 首相と内閣官房が中心となって様々な政策の決定をおこなうこと。官邸とは首相官邸を指す。

3 地方自治の仕組みと役割

地方自治 ⑫ 地方における行政を、国とは別に地方公共団体を設けて、その権限と責任においておこない、またその事務の処理を地方の住民がみずからの意思でおこなうこと。日本国憲法は、地方自治が民主政治の基礎であるとして、第8章において地方自治は「地方自治の本旨」にもとづいておこなうと定めている。

地方自治の本旨 ⑫ 地方自治の本来のあり方、根本原則。日本国憲法第92条および地方自治法は、「地方公共団体の組織及び運営に関する事項は、地方自治の本旨に基いて、法律でこれを定める」とする。団体自治の考え方と、住民自治の考え方の2つの理念から説明されている。

:住民自治 ⑫ 各地方公共団体の住民の意思にもとづいて、地方公共団体が政治をおこなうこと。

:団体自治 ⑫ 地方公共団体が、国から独立して行政をおこなうこと。

トックビル(トクヴィル) Tocqueville ④ 1805〜59 フランスの歴史家・政治家で、19世紀の社会的民主主義の諸傾向を指摘した1人。『アメリカにおける民主主義』において、階層社会がもっている豊かさと多様性が失われるのを惜しむ一方、社会意識や人間愛が広がること、自由が少数者から多数者へ拡大する可能性があることを歓迎した。しかし同時に、民主主義社会からは、広い範囲にわたる専制が出現する可能性も指摘した。また、地方自治が民主主義に貢献するという考えも示した。

ブライス Bryce ⑩ 1838〜1922 イギリスの政治家・政治学者。グラッドストン内閣の外務次官などの要職を歴任。『神聖ローマ帝国』『近代民主政治』の著作を残した。

:「地方自治は民主主義の学校」 ⑪ ブライスが、その著作『近代民主政治』のなかで述べた言葉。地方自治が住民にとって大切な政治参加の営みであり、この経験が民主主義の理解に役立ち、さらに国や中央の政治に民主主義を実現することにつながるとした。

「民主主義の学校」 ④　**基礎自治体** ①

地方公共団体 ⑪ 都道府県や市町村のように、国土の一部の地域で、そのなかの住民を対象として、その地域内の行政をおこなうために、国からわけ与えられた自治権を行使し、住民の意見にもとづく行政をおこなう団体。地方自治体。都道府県、市町村の普通地方公共団体のほか、特別地方公共団体(東京都の23区など)がある

地方自治体 ⑦
普通地方公共団体 ②
特別地方公共団体 ②
特別区(23区) ①

地方自治法 ⑦ 1947(昭和22)年に制定された、地方公共団体の組織および運営に関する事項などを、地方自治制度の本旨にもとづいて定めた法律。地方公共団体における民主的にして能率的な行政をはかるとともに、地方公共団体の健全な発達を保障することを目的としている。

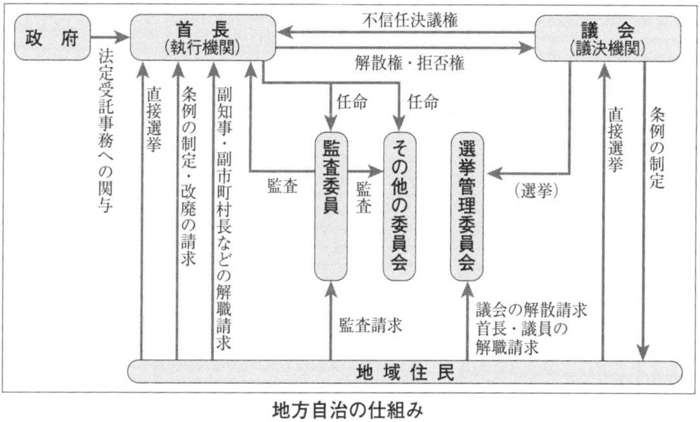

地方自治の仕組み

地方公務員法 ① 一般職の地方公務員に適用され、人事委員会の設置・任用・勤務条件・懲戒などについて規定した法律。地方公共団体の行政の民主的かつ能率的な運営を保障し、それをもって地方自治の本旨の実現に資することを目的としている。

首長 ⑫ 地方公共団体における長。住民による直接選挙で選出される。都道府県における知事、市町村の長がこれに当たる。
知事 ⑥　**市町村長** ⑥　**長** ④

拒否権[地方自治] ⑥ 地方公共団体の長は、地方議会による条例の制定・改廃や予算の議決に異議がある場合には、その議決に対して拒否権(再議権)を行使できる。ただし、議会での再議により出席議員の3分の2以上の賛成が得られた時議決は確定する。
再議 ④

〔地方〕議会の解散権 ⑧ 地方議会の長への不信任決議に対する対抗手段として、長は議会解散権を行使できる。

地方議会 ④ 地方公共団体におかれる議会のこと。その地域の住民の意思を示す機関としておかれる。日本国憲法第93条にいう、地方公共団体の議事機関。都道府県議会・市町村議会がそれに当たる。

首長に対する不信任議決 ② 地方議会のもつ権限で、議会において、総議員の3分の2以上が出席し、その4分の3以上の賛成により、長に対する不信任決議が成立する。　**不信任決議権[首長]** ③

条例 ⑪ 地方公共団体が、その自治のために制定する自主的法律。地方議会の議決によって定められる。日本国憲法第94条は「法律の範囲内で条例を制定することができる」と、地方公共団体に条例制定権を認めている。
条例制定権 ②

上乗せ条例 ① ある事柄について、法律よりもきびしい規制をかけた条例のことをいう。また、ある事柄について法律で規制されていない事項について規制する条例を横出し条例という。

自治立法 ① 地方公共団体が、自治権にもとづいて法を制定すること。地方議会の議決によって制定する条例、長および機関が制定する規則などがこれに当たる。

二元代表制 ⑦ 地方自治において、首長と議員は直接、住民が選ぶことができることを指していう。

行政委員会[地方自治] ① 地方公共団体に設置されている行政委員。都道府県に公安委員会・地方労働委員会などが、都道府県と市町村の両方に教育委員会・選挙管理委員会・人事委員会(公平委員会)・監査委員がおかれている。

直接請求権 ⑪ 地方自治での直接民主制による住民の参政の方法の1つ。住民の意思を地方自治に反映させるために、地方公共団体の行政に、住民が直接参加する権利。地方自治法は、条例の制定・改廃の請求、事務の監査請求、地方議会の解散請求、議員・長・選挙管理委員会および公安委員会の委員などの解職請求を認め、その要件と手続きを規定している。
レファレンダム(国民投票・住民投票)

	必要な署名	請求先	取扱い
条例の制定・改廃の請求(イニシアティブ)	有権者の1/50以上	首長(知事市町村長)	首長が議会にかけ、その結果を公表
事務監査の請求	有権者の1/50以上	監査委員	監査の結果を公表し、議会・首長にも報告
議会の解散請求	有権者の1/3以上※	選挙管理委員会	住民投票に付し、過半数の同意があれば解散する
首長・議員の解職請求(リコール)	有権者の1/3以上※	選挙管理委員会	住民投票に付し、過半数の同意があれば辞職する
副知事・副市町村長などの解職請求	有権者の1/3以上※	首長	議会にかけ、2/3以上の出席、3/4以上の同意があれば辞職

※有権者数が40万人超～80万人→(有権者数－40万)÷6＋40万÷3以上
　有権者数が80万人超→(有権者数－80万)÷8＋40万÷6＋40万÷3以上

直接請求の種類と内容

referendum ⑪ 直接民主制の制度として、国民の意思をテーマとする問題について、投票によって直接賛否を反映させる制度。地方自治において、日本国憲法第95条に一地方公共団体のみに適用される特別法について、その地方公共団体の住民投票が規定されている。 **住民投票** ⑦

地方特別法の住民投票 ④ ある特定の地方公共団体のみに適用する特別法の制定の可否を問う住民投票。特別法の制定には住民の過半数の同意が必要である。日本国憲法第95条に規定されている。国会単独立法の原則の例外に当たるものである。

広島平和記念都市建設法 ①
長崎国際文化都市建設法 ①
地方特別法 ④
地方自治特別法の制定同意権 ①

リコール〔制〕(解職請求) recall ⑫ その地方公共団体の有権者が、不適任と判断した特別職の公務員を罷免・解職できる制度のこと。公務員の選定罷免権を、国民固有の権利とする憲法の理念を具体化した、地方自治法が定める直接民主制の制度である。 **解職** ③

議員や都道府県知事・首長の解職〔請求〕 ③ 有権者の3分の1以上の署名により、選挙管理委員会に議員、または都道府県知事・市町村長の解職を請求できる制度。投票がおこなわれ、有権者の過半数の賛成があれば、該当者は解職される。なお署名数については、有権者が40万人をこえる地方公共団体では、請求に必要な署名数は、40〜80万人の部分については1/6以上、80万人をこえる部分については1/8以上となる(2012年の地方自治法改正による)。

地方議会の解散請求権 ⑤ 有権者の3分の1以上の署名により、選挙管理委員会にその議会の解散を請求できる制度。投票がおこなわれ、有権者の過半数の賛成があれば議会は解散される。地方議会ぐるみの汚職事件などの発生に対して、解散が実現したことがある。なお、有権者が40万人をこえる地方公共団体では、解職請求と同様の署名数の要件の緩和がある。

イニシアティブ initiative ⑫ 地方公共団体に属する有権者が、条例の制定・改廃を地方公共団体の長に請求することができる制度。直接民主制の制度を、地方自治制度に取り入れた制度である。地方自治法第74条は、有権者の50分の1以上の署名で、地方公共団体の長に対して、住民の求める条例の新たな制定や、改廃を求めることができるとする。地方公共団体の長は、議会を招集し、その審議の結果を公表しなければならない。 **直接請求制度** ③
条例の制定・改廃〔請求〕 ⑧

監査請求 ④ 直接請求権の1つ。地方公共団体の機関、または職員に対して、違法または不正な支出が疑われる時は、その地方公共団体の住民は監査委員に監査を求め、その違法行為の防止・是正、または損害の回復のため必要な措置を求めることができる。地方自治法第242条に規定。監査の結果に不服があれば、住民訴訟をおこすことができる。

地方財政 ⑦ 地方公共団体が、地方自治を運営していくための財政のこと。歳入は地方税・地方交付税交付金・国庫支出金・地方債などからなり、歳出のおもな項目は教育費・土木費・公債費・警察費・民生費などである。地方財政法が、地方財政の基本原則を定める法として制定されている。
地方財政政策 ①

三割自治 ⑦ 中央集権的な行政・財政の仕組みによって、地方自治が著しくそこなわれているさまをいう。行政事務の多くが、国からの委任事務で占められていることや、地方公共団体の独自の財源が、総収入のおよそ3〜4割程度で、国の補助金や国庫支出金に頼っていることから、日本の地方自治を揶揄(やゆ)して、「三割自治」という。
四割自治 ③

自主財源 ⑫ 地方公共団体の歳入のうち、自治体が徴収し、自治体の判断で、比較的自由に住民のために使用できる財源のこと。おもなものは地方税であり、そのほか使用料・手数料・雑収入など。自主財源の割合は地方財政全体でみると5割程度なため、不足分は国に頼らざるをえず、地方交付税交付金・国庫支出金など、依存財源が自治体歳入の多くを占めている。
依存財源 ⑤

一般財源 ③ 地方公共団体自身の裁量で自由に使える財源。地方税・地方交付税・地方譲与税など。これに対し、国庫支出金、地方債は使途が指定されている特定財源に当たる。

地方税 ⑫ 地方税法にもとづき、地方公共団体におさめる租税のこと。都道府県税と市町村税とがあるが、細かくは各自治体の条例によって定められている。都道府県税では都道府県民税と事業税が、市町村税では市町村民税と固定資産税がおもな税目である。1999(平成11)年の地方分権一括法の成立により、地方税法にない法定外普通税を新設する場合、これまで自治(総務)大臣の許可が必要だったが、事前協議制にかわり、新税がつくりやすくなった。また、環境保全など税収の使途を定めた法定外目的税も創設され、地方公共団体の課税自主権も拡大した。

住民税 ③ それぞれの都道府県・市区町村に居住する人々に課せられる税。都道府県民税と市区町村民税がある。

入湯税 ① 鉱泉浴場所在の市区町村が課する税金。その使途は、環境衛生施設の整備、鉱泉源の保護管理施設の整備、消防施設その他消防活動に必要な施設の整備、観光の振興などに当てられる。

地方譲与税 ① 本来は地方公共団体が徴収すべきものを、国が国税として徴収し、一定の基準で地方公共団体に配分するもの。地方揮発油譲与税、石油ガス譲与税などがある。

地方特例交付金 ①

地方交付税 ⑪ 国税である所得税・法人税・酒税・消費税の一部を、地方公共団体の一般財源として配分した税。国から使途は指定されない。財源が豊かな地方公共団体とそうでない団体との調整と、財源が不足している地方公共団体へ、必要な財源を配分するために設けられた。また、その給付金を地方交付税交付金という。

地方交付税交付金 ⑤

国庫支出金 ⑩ 国が、地方公共団体に対してその経費の一部、または全部を支出する費用のこと。使途が指定されている補助金。促進されるべき事業の補助金として支出されるものと、国の負担金の性格のものがある。法律用語ではなく、その内容は定義されていない。

特定財源 ②

国庫補助負担金 ①

独自課税 ① 地方公共団体が条例にもとづき、独自に課税できる税金。法定外税ともいう。

地方債 ⑩ 地方公共団体が、財政上の必要から発行する公債のこと。地方債の発行には、総務大臣または都道府県知事の許可が必要だったが、2006(平成18)年から事前協議制となった。

事前協議制[地方政治] ①

機関委任事務 ⑩ 地方公共団体の首長が法令にもとづいて、国から委任された事務のこと。1999(平成11)年に成立した地方分権一括法によって、国からの機関委任事務は廃止され、地方公共団体の仕事は自治事務と法定受託事務に整理された。

法定受託事務 ⑫ 本来は国の事務だが、地方で処理した方が効率的なものを、地方公共団体が委任されておこなうこと。国の指示や統制を受ける。たとえば、国政選挙・パスポート交付・国道管理・国の指定統計などがある。

自治事務 ⑫ 法律の範囲内で、地方公共団体が地域の実情にあわせて自主的におこなう事務。独自の判断が可能。たとえば、病院・薬局の開設許可、飲食店営業の許可、都市計画の決定、学級編制の基準などがある。

住民運動 ⑥ 地域に住んでいる人々が、職業や社会階層の違いをこえて、共通した地域の問題について、自主的な組織をつくって解決に取り組む運動。市民運動ともいう。住民が、みずからの生活防衛のために立ち上がった1960年後半からの公害反対運動などがその先がけ。近年は自然環境保護を主眼とする住民運動も多くみられる。長良川(ながらがわ)河口堰(かこうぜき)の建設をめぐる反対運動、狭山(さやま)丘陵を守ろうという市民運動(ナショナル・トラスト運動、→ p.270)などがある。

市民運動 ⑤

住民投票条例 ④ 地方公共団体の議会が、重要な政策決定について、住民の投票による意思を問うために制定した条例。住民投票条例にもとづく住民投票には法的拘束力がない。この条例をもとに、住民投票を実施した地方公共団体として、原子力発電所建設をめぐる新潟県巻(まき)町(現新潟市)、産廃処理場建設をめぐる岐阜県御嵩町(みたけちょう)、辺野古米軍基地建設のための埋め立ての賛否を問う県民投票をおこなった沖縄県などがある。

シビル・ミニマム civil minimum ④ 市民生活の基準として、国が定めた基準(ナショナル・ミニマム)にかわって、地方公共団体が市民の立場に立って、人間らしい生活の内容を問い直して設定した、健康で文化的な最低生活基準のこと。この基準を設定して、社会資本の整備や福祉の充実を実現しようとする。

地方分権 ⑦ 中央集権に対し、できるだけ多くの権力を地方に分散すること。統治権限が、地方公共団体に与えられていること。政治の機能を地方に分散させること。

地方分権化 ①　**地方分権改革** ①

地方分権改革推進法 ②

地方分権一括法 ⑪ 地方自治法をはじめとする、関連475法を改正する内容の「地方分権の推進をはかるための関係法律の整備等に関する法律」として、1999(平成11)年7月に国会で成立し、2000(平成12)年4月から施行された。国と地方の関係を従来の中央集権型の「上下関係」から、分権型の「対等・協力関係」へ改め、地方公共団体の自主性・自立性を高めるねらいがある。具体的には、(1)機関委任事務の廃止、(2)紛争処理制度の導入、(3)課税自主権の拡大がなされた。これらにより、地方議会が条例を制定して自治事務の手数料などを定めることができるようになり、各市町村で住民へのサービス内容や料金などに差がつくことになった。また、地方公共団体が独自に、税金を設けたり、税率を引き上げたりすることができる課税自主権が拡大された。法定外税(法定外目的税・法定外普通税)の創設がそれに当たる。

広域連合 ① 都道府県・市町村の区域をこえて設立することができる行政機構。議会および長の選出は、構成自治体の議会や長による選挙と、有権者による直接選挙から選択できる。地方分権の受け皿や、独自性の高い行政運営が期待されている。

：**道州制** ② 大きなくくりの広域行政単位で、国により「道」「州」「省」などと呼ぶ。日本にもこのような広域行政単位を設置して、広範な行政機能をもたせて地方分権をはかろうという議論がある。

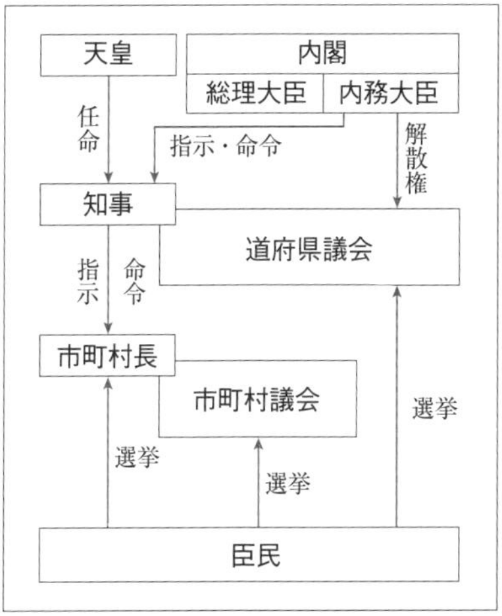

第二次世界大戦前の地方行政

市町村合併 ⑥ 複数の市町村が1つになって、効率的な行政運営や広域的な町づくりをおこない、行政サービスの向上をはかろうとすること。市町村が積極的に合併することによる経済効果は大きいが、広域になることによって、身近に公共施設がなくなるなどの住民に対するサービスの低下や、郷土の特殊性が失われるなど、一部の不満や不安があり、それを乗りこえることが必要となる。

平成の大合併 ④ 1999(平成11)年から2010(平成22)年にかけておこなわれた市町村合併を指していう。市町村の自立をうながし、国から地方への財政支出を減らすことを目的におこなわれた。これにより、市町村数は3,232から1,727へと約2分の1となった。

構造改革特区 ③ 小泉内閣の構造改革の1つとして導入されたもので、地方公共団体などの提案にもとづいて国が一定の市区町村を特区と指定し、特定の地域について規制を緩和するというもの。地域経済活性化を目的とする。 **構造改革特区法** ①

国家戦略特区 ② 安倍(あべ)内閣の時に導入された制度で、地域や分野を限定して規制・制度の緩和や税制面の優遇をおこなうという規制改革制度。それまでの特区と違い、国が積極的に決定に関わっていくのが特徴。2013(平成25)年度に国家戦略特別区域法が公布され、翌年に最初の特区が指定された。 **国家戦略特別区域法** ①

地方創生法 ①「まち・ひと・しごと創生法」の通称。この法律は少子高齢化や人口減少に歯止めをかけ、東京圏への人口集中を是正し、それぞれの地域で住みやすい環境を確保することにより、活力ある社会を維持していくことを目的として2014(平成26)年に制定された。

「地方の時代」 ② 中央集権的な政治・経済・文化的状況に対して、地方の政治・経済・文化的な活性化を訴える主張。1970年代の革新自治体の登場とともに、盛んにいわれた言葉。さらに、首都圏への一極集中に対して地方の復権を、希望を込めていわれている。また、当面の都市問題・環境資源問題などは、地方公共団体抜きには解決ができないという意味でも使われる。 **東京一極集中** ②

地域社会(コミュニティ) ① 人々が、共同体意識をもって生活をしている、一定範囲の地域近隣社会。共属感情や連帯感をもった構成員からなる社会。アメリカの社会学者マッキーヴァー(MacIver、1882〜1970)は、基礎的集団としてとらえた。しかし、近年では共同体意識が薄くなりつつあり、地域社会の崩壊が指摘されるようになってきた。

コミュニティバス ① 地域住民の移動手段を確保するために地方公共団体などが運行するバスのこと。高齢者、学生や児童などの交通手段が失われないよう、市区町村などが費用を負担してバスを運行する。

町づくり(町おこし) ③ 地域社会の連帯などをテーマとしておこなわれている、地域社会の活性化の動き。町の文化や個性を見直し、地域を生き生きとしたものにする運動。祭の復興、地方史の発掘なども取り組まれている。

社会関係資本(ソーシャル・キャピタル) ① 社会や地域コミュニティにおける人々の協調を活性化し、信頼関係や規範、ネットワークなどについて、社会的な効率性を高めるとされているものを指す。例として、住民同士のたすけあい、見守り活動など。アメリカの政治学者ロバート＝パットナム(Robert Putnam、1941〜　)によって提唱された、社会的資源に対する新たな考え方。

三位一体の改革 ⑩ 小泉内閣による地方財政と地方分権に関わる改革。具体的には(1)補助金(国庫支出金)の削減、(2)国から地方公共団体への税源移譲、(3)地方交付税の見直し、である。2007年度から国税(所得税)を減らし、地方税(住民税)を増やすという3兆円規模の税源移譲をおこなったが、補助金や地方交付税の減額によりかえって地方財政が圧迫されたという批判をまねいた。　**税源移譲** ④

財政再建団体 ② 地方財政再建促進特別措置法によって破産状態とされた地方公共団体のこと。2009(平成21)年に自治体財政健全化法が施行されたことにより、財政再建団体は財政再生団体と呼ばれている。財政再生団体になると国の指導・監督のもとで財政再建をおこなうことになり、自主的な地方行財政の執行が困難となってしまうとされる。
財政再生団体 ①
地方財政健全化法 ①
地方公共団体財政健全化法 ①

UIJターン ② Uターン、Iターン、Jターンの総称。Uターンは地方から都市へ移住したあと、再び地方へ移住すること。Iターンは地方から都市へ、または都市から地方へ移住すること。Jターンは地方から大規模な都市へ移住したあと、地方近くの中規模な都市へ移住すること。
Uターン ③　**Iターン** ③
Jターン ②

ふるさと納税 ② 自分が生まれた故郷や応援したい地方公共団体に寄付ができる制度。手続きをすると、寄付金のうち2,000円をこえる部分については所得税の還付、住民税の控除が受けられる。また、地域の名産品などの返礼品も受けとることができる。

自治基本条例 ② それぞれの地方公共団体の地域づくりの理念や目的、自治体運営の基本的ルールなどを定めた条例。ほかの条例や施策の指針となることから、「自治体の憲法」ともいわれる。2001(平成13)年、北海道ニセコ町のまちづくり基本条例が全国初。

集中専門型 ① なり手の少ない町村議会議員に対応するため、少数の専業的議員で構成する議会のこと。

多数参画型 ① なり手の少ない町村議会議員に対応するため、兼業禁止を緩和するなどして多くの非専業議員で構成する議会のこと。

4 政治参加と選挙

選挙 ⑫ 組織や社会集団において、代表者などの特定のポストを投票などによって選出すること。民主政治においては、投票の権利をもつ有権者が、平等に秘密に投票をおこなう。それによって民意、すなわち国民の意思が反映される条件が満たされる。 **有権者** ⑥

選挙公報 ② 公職選挙法第167条に規定されており、選挙の際「立候補したすべての候補者の氏名・経歴・政見、各政党の政見」などを記載した文書で、公費で有権者に配布される。

国家への自由 ① 国家の政治に参加する自由、参政権を指す。

普通選挙 ⑩ 選挙に参加できる権利について、納税額や資産額などで制限しない選挙のこと。また、学歴や信教、性別、社会的身分までも含めていう場合もある。日本では1928(昭和３)年の衆議院議員選挙から納税額による要件が廃止されて、男性の普通選挙が実現した。また、女性の選挙権が認められたのは、1945(昭和20)年の衆議院議員選挙法改正で、1946(昭和21)年の総選挙から実施された。 **普通選挙制** ③ **男子普通選挙制度** ③ **男女普通選挙** ③ **普通選挙権** ① **普通選挙制度** ②

18歳選挙権 ④ 選挙権をもつ年齢は、ヨーロッパの多くの国々では18歳からとなっている。日本では国民投票法(2007〈平成19〉年)の制定にあわせて、満18歳以上の者が国政選挙に参加できるようにするなど、法制上の検討も進められた。2015(平成27)年の公職選挙法改正で、満18歳以上の選挙権が成立し、2016(平成28)年の参院選から適用された。

制限選挙 ⑥ 選挙に参加する権利について、人種・信条・性別・社会的身分・財産・収入などによる制限が存在する選挙のこと。大日本帝国憲法下の衆議院選挙は、教養や財産をもつ名望家である男性に限られていた。 **名望家** ②

平等選挙 ⑪ 有権者が選挙権を行使する場合、その投票権の価値が平等である選挙のこと。全員が１人１票ずつ同じ内容の選挙権を行使する場合は、平等選挙といえる。何らかの特別な資格をもつ場合に、１人２票以上の権利が認められている場合には、差別選挙と呼ぶ。 **不平等選挙** ①

秘密投票 ⑦ 選挙において秘密が守られること。秘密選挙と同義。有権者は投票において、候補者名だけを記載すればよく、自分の氏名を記入しなくてよい。無記名自由投票ともいう。 **秘密選挙** ④ **投票の秘密** ①

公開投票 ② 選挙をおこなった人の投票内容が明らかになる投票の制度。

直接選挙 ⑥ 有権者が直接候補者を選挙する制度。日本では公職選挙法に規定された選挙は、すべて直接選挙である。

間接選挙 ③ 有権者が中間選挙人を選び、中間選挙人が実際の投票をする選挙制度のこと。代表例として、アメリカ大統領選挙がある。

自由選挙 ② 投票を棄権しても罰則がない選挙のこと。 **任意投票** ①

選挙の４つの原則 ① 普通選挙・平等選挙・秘密選挙・直接選挙の４つのこと。

投票率 ⑤ 有権者のなかで、どのくらいの割合の人が投票したかの数値。国民の政治的無関心の進行とともに、投票率は低下する傾向にある。とくに、都市部の地方公共団体の首長や、地方議会議員の選挙での投票率は低い。 **投票率の低下** ⑥

シルバー民主主義 ② 少子高齢化が進むなか、有権者全体のうちで高い割合を占める高齢者向けの政策が優先されること。

棄権 ② 選挙権をもつ者が、投票をしないこと。棄権の自由(任意主義)が日本では認められている。棄権は、消極的な有権者の批判行動でもある。

政治的無関心 ⑫ 国民が政治に対して関心を示さないこと。かつては、政治に対する無知や権威への盲従に由来するものが多くみられた(伝統的無関心)。現代では、政治以外への関心の強さや政治への幻滅のために、政治的関心が失われたり、政治への反感をもつ場合がみられる(現代型無関心)。 **伝統型無関心** ② **現代型無関心** ②

アナウンス効果 ③ 選挙の際、各メディアによる当選・落選予測や世論調査の報道により、投票する人々の行動が変化すること。 **アナウンスメント効果** ②

電磁的記録式投票制度 ① 投票所において、投票者が投票用紙に記入するのではなく、タッチパネル式・ボタン式などの方法で投票する制度。地方公共団体の選挙について、条例により電磁的記録式投票機を用いた投票をおこなうことができるようになった

(2002〈平成14〉年施行)。

選挙制度 ⑩ 議員や首長などを、選挙で選ぶ制度のこと。有権者に関する条件や選挙区制に関する規定を含む。公職選挙法で規定されている。

国政選挙 ⑦ 国会議員を選出する選挙。衆議院議員総選挙と参議院議員通常選挙の総称。

公示日(告示日) ① 選挙がおこなわれることを広く知らしめる日。衆議院議員総選挙と参議院議員通常選挙では公示、衆参補欠選挙と地方公共団体における選挙では告示という。立候補の受付がおこなわれる。

選挙区制 ④ 議会の代表者を選出する場合の基本的な単位のこと。小選挙区・大選挙区・比例代表区に大別される。

選挙区選挙 ②　　**選挙区** ⑦

小選挙区制 ⑫ 1つの選挙区から1人の議員を選出する制度。選挙区の大きさは、相対的に小さくなる。もっとも投票数の多い候補者が当選する、単純多数代表制である。落選者に投票された票数は、ほかの制度に比べて多くなるため、死票が増える。

小選挙区 ④

死票 ⑪ 有効投票ではあるが、当選者以外の者(落選者)に投じられた票のこと。投票者の意思が議席に反映されないため、このように呼ばれる。小選挙区制は死票が多くなる欠点をもつ。

大選挙区制 ⑪ 1つの選挙区から2人以上の議員を選出する制度。選挙区の大きさは、相対的に大きくなる。死票は比較的少なく、少数政党からも代表を出しやすいが、小党分立となり、安定した政権がつくりにくい。中選挙区制といわれた日本のかつての選挙制度も、制度上は大選挙区制の一種である。

公職選挙法 ⑫ 日本の現行選挙制度の基本となる法律。1950(昭和25)年に制定された。「公職」とは、衆参両院議員と地方公共団体の議員と長を指す。選挙制度の確立、公明・適正な選挙の実現、民主政治の健全な発達を目的とし、選挙権と被選挙権、選挙区、選挙管理の方法、選挙違反などについて規定している。同法の改正は随時おこなわれており、近年は投票時間の延長、不在者投票の条件緩和、洋上投票、在外投票など、投票機会の拡大がなされ、投票率の上昇をめざしている。2013(平成25)年にはインターネットを利用した選挙運動が解禁され、また、2015(平成27)年には選挙権年齢が「満18歳以上」に引き下げられた。

選挙権 ⑨　　**被選挙権** ④

国勢調査 ②「日本国内の外国籍を含むすべての人及び世帯」を対象として実施される統計調査。5年ごとに実施される。衆議院選挙小選挙区の区割りなどは国勢調査をもとに決定される。

選挙運動 ⑦ 選挙において、有権者の支持を得る目的で、政党および候補者がおこなう活動のこと。公職選挙法では、運動の期間や方法について制限が加えられている。たとえば、事前運動、複数候補者の立会演説会、署名運動、飲食物の提供、戸別訪問などの選挙運動は禁止されている。制限つきで認められているのは、個人演説会、街頭演説、政見放送、文書図画の頒布などである。また、選挙費用に関しても、帳簿記載や報告書提出などの規定がある。

政見放送 ①

戸別訪問 ⑤ 家を一軒ごとに訪問して候補者への投票を頼んだり、候補者氏名を宣伝したりすること。公職選挙法により禁止されており、違反の場合は当選無効となったり、または1年以上の禁錮または30万円以下の罰金を課せられる。

戸別訪問の禁止 ④

連座制 ⑩ 候補者と一定の関係がある者が選挙違反をした場合に、その選挙違反に直接関与していなくても候補者が当選無効とされたり、選挙への立候補が禁止されたりする制度。1994(平成6)年の公職選挙法改正で、候補者の連座責任の範囲が拡大された(拡大連座制)。選挙の統括責任者、出納責任者、親族や秘書などの関係者が対象となる。連座責任で当選無効となった者は、その選挙区に5年間立候補できない。

文書図画の規制 ② 選挙運動のために使用する文書図画について、インターネットなどを利用する方法により頒布する場合を除いて、公職選挙法に規定された一定のもののほかは頒布することができないという規制がある。たとえばウェブサイトなどに掲載された、または電子メールにより送信された文書図画については、それを紙に印刷して頒布することは公職選挙法違反となる。

文書図画配布の制限 ①

期日前投票 ⑧ 日本の選挙における事前投票制度の1つ。投票日に投票に行けない有権者が、公示日または告示日の翌日から選挙期日の前日までのあいだに、選挙人名簿に登録されている市区町村に設置された「期日前投票所」において投票することができる。

不在者投票制度 ③ 日本の選挙における事前投票制度の1つ。仕事や旅行などで、選挙期間中、名簿登録地以外の市区町村に滞在している者が、滞在先の市区町村の選挙管理委員会で投票ができるという制度。

在外投票 ② 外国に在留している有権者が国政選挙に投票すること。1998(平成10)年に公職選挙法が改正され、2000(平成12)年以降の国政選挙に対して在外選挙がおこなえるようになった。当初、在外投票は両院の比例代表制への投票に限られていた。しかし、2005(平成17)年、在外日本人選挙訴訟で最高裁において違憲判決が出たため、衆議院小選挙区・参議院選挙区への投票も可能となった。

在外選挙制度 ②　**在外投票制度** ①

在外日本人選挙権制限規定 ①

在外日本人選挙権訴訟 ⑤

在外選挙権制限規定訴訟 ①

在外邦人選挙制限違憲判決 ①

インターネット投票 ② インターネットを利用して投票する選挙のこと。インターネット投票が実施されれば、投票所に行く必要がないので投票率も上昇し、投開票に関わるコストも減り、結果の集計も早くなると考えられている。しかし、サイバー攻撃などにより選挙結果が改ざんされる危険性もある。例として、バルト3国のエストニアではインターネット投票が実施されている。

中選挙区制 ⑤ 日本の衆議院議員選挙で、戦後の一時期を除いて1928(昭和3)年以来実施されてきた選挙区制。1選挙区から3〜5人の議員を選出した。制度上は大選挙区制に含まれる。1994(平成6)年の公職選挙法改正で廃止された。

衆議院議員選挙 ②

比例代表制 ⑫ 政党の得た得票総数に応じて、各政党別の当選議員を決定する方法のこと。候補者個人ではなく、政党に投票することになる。比例代表制は小選挙区制に比べて小政党には有利であり、多数の小政党が分立する傾向をもつため、政局が安定しない可能性があるとされる。日本では、拘束名簿式比例代表制(衆議院)と非拘束名簿式比例代表制(参議院)の2つがあり、いずれもドント式で当選者(数)が決定される。

拘束名簿式比例代表制 ③ 比例代表選挙において、政党名での投票をおこない、政党があらかじめ作成した候補者名簿の順位(拘束名簿)に従い、政党別の得票総数に応じて当選者が決定する制度。衆議院の比例代表区で採用されている。参議院はかつて拘束名簿式を採用していたが、2001(平成13)年から非拘束式に改められた。

拘束名簿式 ⑨

非拘束名簿式 ⑧ 2001(平成13)年7月の参議院議員の通常選挙から、参議院の比例代表選出議員の選挙に取り入れられた方式。立候補の届出は、当選の順位が定められていない政党名と候補者名のみを記載した名簿(非拘束名簿)によりおこない、投票は候補者の氏名と政党名のどちらを書いてもよい。当選人の決定は、名簿登載者の投票と政党名の投票を合計して、政党ごとの当選人の数を決め、その政党の名簿から候補者の氏名の投票が多い順に決定される。

非拘束名簿式比例代表制 ⑥

参議院議員選挙 ①

特定枠 ⑤ 2018(平成30)年の公職選挙法改正により導入された、比例代表選挙に拘束名簿式を一部活用することを政党が決められるという制度。参議院の比例代表は「非拘束名簿式」であるが、特定枠とは、この非拘束の候補者の名簿と切り離して、政党が「優先的に当選人となるべき候補者」に順位をつけた名簿を作成する。特定枠の候補者は、個人名の得票に関係なく、名簿の順に当選が決定する。

ドント式 ⑧ 比例代表制で、当選議員の配分が政党の得票総数に比例して決められる方法のこと。各政党の得票総数を、順次、1、2、3、……の整数で除し、その商の多い順に定数に達するまで議席を配分する。1983(昭和58)年の参議院議員選挙から採用された。

ドント方式 ②

議席 ④

小選挙区比例代表並立制 ⑪ 選挙で選ばれる議員のうち、一部を比例代表制で、ほかの一部を小選挙区制で選出する制度のこと。衆議院議員選挙で採用されている。比例代表選挙では政党名を、小選挙区選挙では候補者名を別々に投票する。政治改革の流れのなか成立した細川(ほそかわ)連立政権のもとで、1994(平成6)年に導入された。

衆議院議員総選挙 ④

重複(ちょうふく)立候補制 ⑥ 現行の衆議院議員選挙制度で、小選挙区選挙に立候補しつつ、比例代表選挙の名簿に登載できる制度。重複立候補者は、比例代表名簿で同順位とすることができ、小選挙区選挙で落選した場合でも、名簿の同順位の候補のうち、もっとも惜敗率(小選挙区選挙当選者の得票数に対する落選者の得票数の割合)の高い候補が当選となる(復活当選)。

重複立候補 ③　**復活当選** ④

惜敗率 ⑧ 衆議院議員総選挙では、立候補者が「小選挙区選挙」と「比例代表選挙」に重複立候補できる。この重複立候補者の比例代表名簿での当選順位が同一で届けられている者がいる場合に、当該選挙と同時におこなわれた小選挙区の当該選挙区における最多得票数に対する当該候補者(落選者)の得票数の割合である惜敗率を算出し、この惜敗率のもっとも大きい者から順次、当選順位を決定する。

アダムズ方式 ② 議席配分方法の1つで、第6代アメリカ合衆国大統領ジョン＝クインシー＝アダムズ(John Quincy Adams、1767〜1848)が考案したとされている。具体的な方法は、都道府県ごとに人口を「ある数」で割り、小数点以下を切り上げてそれぞれの定数とする。その後「ある数」を徐々に大きい数にして、定数の合計が小選挙区数と一致するように計算するもの。日本では2016(平成28)年の法改正で導入が決まり、2020年の国勢調査の結果にもとづいて、衆議院小選挙区の定数見直しがおこなわれることになった。

合区 ② 参議院議員通常選挙で、複数の都道府県を1つの選挙区とすること。一票の格差を是正するために2016(平成28)年の参議院議員選挙においてはじめて導入され、鳥取・島根、徳島・高知の各県選挙が合区となった。

選挙管理委員会 ④ 選挙の事務をおこなう行政委員会。選挙事務の専門性および中立性に配慮して、公職選挙法により、中央と都道府県・市区町村におかれる。有権者の政治意識の向上につとめ、投票の方法や選挙違反防止について、啓発をおこなう義務をもつ。

5 政党と圧力団体

政党 ⑫ 共通の政治上の目的をもち、政権獲得をめざして活動する政治集団のこと。政党は、党員から選出された党首の指導のもとに活動をおこなう。政党の基本理念・活動目的・政策を明記したものを綱領と呼ぶ。

綱領 ③

マニフェスト manifesto ⑦ 本来は宣言・声明書の意味。選挙において有権者に対し、政党または首長・議員などの候補者が当選後に実行する政策をあらかじめ確約(公約)し、それを明確に知らせるための声明(書)。選挙時に各政党が政権公約としてパンフレットにし、頒布している。

政治改革 ② 金がかからない選挙、政治資金の規制と公開、国会議員の資産公開、違法な寄付の没収、選挙違反の連座制の強化など、金権政治による政治腐敗への国民の政治不信に対して、政治全般を改革しようとすること。この流れを受けて、1994(平成6)年に衆議院の小選挙区比例代表並立制、拡大連座制の導入などの公職選挙法の改正、政党助成法の制定などがおこなわれた。

政治不信 ①　**政治腐敗** ③

汚職事件 ③ 公務員がその職権や職務を濫用して賄賂(自分に有利になるようにはかってもらうために贈る金品)を受けとるなど、不正な行為をおこなうこと。賄賂を贈ることと受けとることをあわせて贈収賄という。

汚職 ②

ロッキード事件 ⑤ 1976(昭和51)年、アメリカのロッキード社の航空機売り込みに関し、現職の内閣総理大臣・運輸大臣・国会議員に対し、多額の贈収賄がおこなわれた事件。田中角栄元首相が逮捕・起訴される事態となり、田中内閣の金権政治体質に対し、政治家の政治倫理が問われた。

リクルート事件 ⑤ 情報産業への進出をねらったリクルート社による、NTT、労働省・文部省などの官僚・政治家らへの未公開株の譲渡による贈収賄事件。1989(平成元)年に起訴され、労働省の事務次官が有罪とされ、竹下内閣も総辞職に追い込まれた。

佐川急便事件 ① 1992(平成4)年、東京佐川急便社長の逮捕から多くの政治家への政治献金が発覚し、自民党副総裁の金丸信が脱税で起訴され、ゼネコンといわれる大手建設会社の地方公共団体の首長への贈収賄事件にまで拡大した事件。

金権政治(金権腐敗) ④ 一党による長期政権のもとでの、「政・官・財」の権力・利権の癒着構造による政治。中央官庁の許認可(→ p.124)の独占、財界人の見返りをねらった巨額な政治献金、選挙資金の手当てを通じた派閥領袖による議員支配の構造が、構造汚職の金権腐敗政治を生んだ。

政治資金 ⑧ 個人・政治団体・政党などが、おのおのの政治目的を達成するために活動する際に必要となる資金。

政治資金規正法 ⑪ 政党や政治家などに政治資金の収支の公開を義務づけ、献金を制限することで、政治の公明・公正を確保する目的で、1948(昭和23)年に制定された法律。1994(平成6)年の改正により、政治家個人への企業・団体献金が禁止された。

政治献金 ④ 政党・協会などの政治団体や政治家に対する、金銭および有価証券による寄付を指す。 **政治資金団体** ①

政党助成法 ⑩ 国が、政党に対して政治活動にかかる費用の一部を、政党交付金として交付するための法律。政党に対する企業・組合献金を制限するかわりに、国費による助成をおこない、政治資金をめぐる疑惑の発生を防止することを目的に成立した政治改革4法の1つで、1994(平成6)年に成立した。

政党交付金 ⑨ 国が、政党に対して政治活動にかかる費用の一部を政党に付与する交付金。政治資金の透明化をはかるために、政党助成法にもとづき導入された。政党に対する企業や組合の献金を制限するかわりに、国費による助成をおこなう。政党交付金の総額は国勢調査人口に250円を乗じた金額。政党交付金の対象となる政党は、所属国会議員が5人以上の政党と、直近の国政選挙の得票率が2%以上の政党である。日本共産党は、国民の税金を政党にふりわけることは、「思想及び信条の自由」に抵触するおそれがあるとして、受けとりを拒否している。

派閥 ④ 利害・思想・出身地・出身校・職業などの違いによって、集団内に形成される小集団のこと。たとえば、自民党では、党内有力者のもとに複数の派閥が形成されてきた。1つの政党でありながら、派閥間には政策上の相違点もある。また、親分・子分関係の色彩が強く、前近代性の表れとも考えられている。党や政権の人事などをめぐって、派閥抗争が繰り返されてきた。

族議員 ③ 特定の省庁で、政策決定過程に強い影響力をもつ議員のこと。自民党長期政権において現れた。彼らは、特定の政策分野に関わる党の要職と、政務次官など政権内のポストを手にしながら、影響力を拡大していく。また、関係業界との関わりを深めながら利権を獲得していく一方で、特定の分野に関する専門的知識を深めていく。

世襲議員 ① 親や祖父母なども政治家であった議員。選挙で当選するために必要とされる三要素を三バン(ジバン〈地盤〉、カンバン〈肩書〉、カバン〈金〉)というが、このうちの、親族がつくった選挙区での地盤(後援会)をそのまま継承して選挙に当選した政治家のことを指す。

政務調査会 ① 日本の自由民主党の政策部会のこと。

圧力団体 pressure groups ⑩ 特定の利害関係にもとづいて、議会や政府に影響力を行使する団体のこと。利益団体の一種として、政策決定に一定の影響力をもつ。宗教団体も含まれる。議会制民主主義にとって一定の意義をもつが、自己団体の利益を第一に訴える。

利益団体 ②
利益集団 ⑥
全国農業協同組合中央会 ①
主婦連合会 ①

日本経済団体連合会 ④ 2002(平成14)年に経済団体連合会(経団連)と日本経営者団体連盟(日経連)が統合して発足した。統合直後は略称を日本経団連としていたが、現在は経団連といわれる。有力企業が多く加盟しているため、政界・経済界に大きな影響力をもった組織といわれている。

日本経団連 ②

連合(日本労働組合総連合会) ④ 1989(平成元)年に、民間と官公庁のおもな組合が結集して、日本最大のナショナルセンターとして発足した。すべての働く人々のために、雇用と暮らしを守る取組を進めている。「働くことを軸とする安心社会」をめざしている。

日本医師会 ③ 1947(昭和22)年に結成された医師の団体。医学の向上と社会福祉の増進を目的とする。

ロビイスト ① 圧力団体の特殊利益を政治に反映させるために、政府・政党・議員や官僚などに働きかけることを専門とする運動員。ロビーとはもともとアメリカで議員が院外者と面会する控室のことで、ここが政治的な働きかけの舞台となった。

ロビイング①

カウンターデモクラシー①デモや国民投票など、選挙以外の様々な方法によって、政府を監視し、民意を反映させようとすること。

政権交代④政権を担当する政党がかわり、新たな政権党が内閣をつくること。日本では1955(昭和30)年以来、自民党の長期政権が続いていたが、1993(平成5)年、非自民・非共産8党派による細川連立政権が誕生し、政権交代がおこなわれた。

55年体制⑨1955(昭和30)年、左右社会党の統一による日本社会党と、自由党・日本民主党の保守合同による自由民主党の結成がおこなわれた。自社2党による保守と革新の対立のもとで成立した、保守一党優位の政治構造を55年体制という。自社による二大政党制の実現を予想する向きもあったが、実際には日本社会党は自民党の半分程度の議席しか獲得できなかったため、「1と1/2政党制」と呼ばれることもある。1993(平成5)年の政権交代によって55年体制は崩壊したとされる。

日本自由党②　**日本民主党②**
社会党⑤　**日本社会党④**

保守合同③1955(昭和30)年に日本民主党と自由党が合同して、単独の保守政党として自由民主党が結成されたこと。同年におきた日本社会党の左派と右派の統一が引き金になった。結果的に、保守合同によって保守政党による長期政権が続いた。

自由民主党⑧1955(昭和30)年の保守合同によって結成された保守政党。略称は自民党。党首は総裁と呼ばれる。自由主義陣営の一員として、日米関係を基軸とした外交政策を展開してきた。憲法改正や防衛問題などについては、党内に様々な意見がある。有力者を中心とする派閥が、党内党のようなかたちで存在している。　**総裁①**

政党政治⑪政党の主導によって進められる議会政治のこと。近代以降の西欧でみられるようになった政治のあり方で、選挙を通じた政権交代を前提とする。二大政党制と多党制とでは、政権づくりをめぐり、政党政治のあり方は異なる。

無党派層⑨政治には関心を失っていないが、既成政党への不信感をもっている有権者層のこと。1995(平成7)年の東京・大阪の知事選挙で、無所属の青島幸男(あおしまゆきお)(1932～2006)・横山ノック(1932～2007)両知事が当選し、無党派層が注目されるようになった。

二大政党制⑨有力な政党が2つ存在して、議会においてたがいに強い影響力をもつ政党政治のこと。つねに政権交代が現実的な可能性をもつ。多くの場合、2つの政党間には政策の極端な違いはない。アメリカ(民主党・共和党)とイギリス(保守党・労働党)が代表的な例。

保守政党④現状の政治状況に対して体制維持を掲げ、伝統的価値観を守ることを主張する政党。　**保守①**

革新政党③現状の政治状況に対して、改革を主張する政党。　**革新①**

日本共産党②1922(大正11)年に結成。戦前は非合法政党として弾圧された。科学的社会主義を掲げ、国際的には自主独立の立場を確立した。

多党化③政党の数が増加する現象。社会・政治構造の変化が、背景にあるとされる。日本では、1960～70年代を中心にみられた。自社両党と日本共産党に加えて、1960(昭和35)年に民主社会党(のち民社党)が、1964(昭和39)年に公明党が結成された。1970年代にも、1976(昭和51)年に新自由クラブ、1978(昭和53)年に社会民主連合が結成された。　**多党制⑤**

公明党①1964(昭和39)年、創価学会を支持基盤として結党。1994(平成6)年、新進党結成にともない分党したが、1998(平成10)年、新進党の解党にともない、新党平和・黎明(れいめい)クラブ・公明の各党を結集して「公明党」を再結成した。2012(平成24)年より再び自民党と連立政権を組み、与党となっている。

非自民連立政権③自民党分裂後の第40回総選挙は、1993(平成5)年7月におこなわれた。この結果、自民党は過半数を割り、社会党が大敗するとともに、「新党ブーム」から各新党が躍進をとげた。新しく誕生したのが、日本新党代表の細川護熙(もりひろ)(1938～　)を首班とする非自民・非共産の連立内閣である。この構成は社会党・新生党・公明党・日本新党・民社党・新党さきがけ・社会民主連合などの政党・会派であった。この政権交代によって55年体制は崩壊したとされる。

55年体制の崩壊⑦　**日本新党①**
細川内閣(細川連立内閣)⑤
新党さきがけ①

民主党⑤1996(平成8)年、鳩山由紀夫

鳩山由紀夫(1947〜)を中心に、新党さきがけ・社会民主党離党議員などから結成された政党。1998(平成10)年1月には、新党友愛・国民の声・太陽党・民主改革連合・フロムファイブとともに「民友連」を結成。同年4月、新「民主党」として再出発。7月の参院選で野党第一党の地位を固めた。2003(平成15)年9月に自由党が合流し、小沢一郎(1942〜)を党首として2007(平成19)年7月の参院選で自民党をおさえて第一党となる。2009(平成21)年の総選挙で勝利し、政権をとり、鳩山由紀夫内閣が発足した。以降、2010(平成22)年の菅直人内閣、2011(平成23)年の野田佳彦内閣(〜2012〈平成24〉年)と、民主党政権が続いた。2016(平成18)年に民主・維新の両党が合併し、民進党と党名を改めたことで、「民主党」の党名は消滅した。その後、民進党は立憲民主党と国民民主党へわかれていった。

鳩山連立政権 ①

ねじれ国会 ④ 衆議院と参議院とで最大会派が異なる状態。衆議院で議決された議案が参議院で否決されたり、その逆のことも生じるため、国政の運営が困難となる。

「ねじれ」現象 ①

6 メディアと世論

1 情報化とメディア

情報化社会 ① 身近な生活から、経済・産業活動に至るまで、今までの「モノ」が中心であった社会から、「情報」が大きな位置を占めるようになった社会を指す。脱工業化社会(アメリカの社会学者ベル〈Bell、1919〜2011〉による)と同じ。20世紀後半から、先進国の状況を指していう。情報化の進展により、人々の価値観や求められる能力も大きく変化した。

高度情報化社会 ②
高度情報社会 ①
情報化 ②　**情報社会** ②

マス・コミュニケーション mass communication ③ マスコミはその略。「マス」は大量・かたまりを表す語。新聞・雑誌・ラジオ・テレビなどのマス・メディアによる、多数の受け手に対する情報伝達のこと。世論形成の中心的な役割を担うが、情報の提供が一方的になりやすい。また、経営を安定させるために、確実な広告収入を得る必要から、スポンサーの意向に反する内容・情報は提供されないおそれがある。視聴率の獲得競争が重要視され、内容のよしあしは軽視されやすく、こうした営利主義には批判が強い。

マスコミ ①

メディア media ④ 媒体・手段を表す言葉で、一般的には情報伝達の媒体(仲立ち)となるものを指す。単に、データを記録する媒体(ハードディスク・CD・DVD・USBメモリなど)を指す場合もある。

マス・メディア mass media ⑫ マスコミのための様々な手段のこと。ラジオ・テレビ・雑誌・新聞などが含まれる。

世界情報サミット(世界メディアサミット) ① 2009年に中国北京で第1回の会議が開かれ、以後も世界のおもなマス・メディアが集まり、その時々のメディアに関わる問題を協議している。

グーテンベルク Gutenberg ① 1400頃〜1468 はじめて活版印刷をおこなった15世紀のドイツ金属加工職人。彼が実用化した活版印刷術は、従来の手書きによる写本や木版印刷にかわって、聖書の普及など、書物の流通を大きくかえた。

マクルーハン McLuhan ① 1911〜80 カナダの英文学者・思想家。メディアはたんなる情報伝達手段ではなく、メディアの違いによって表現のあり方や情報の内容にも違いが出てくるとして、テレビなどの映像メディアの可能性に注目した。「メディアはメッセージである」という彼の言葉は有名である。

集団的加熱取材(メディアスクラム) media scrum ① マス・メディアの過剰な取材を指す。事件や事故の取材で、当事者や関係者に対して過剰な取材競争をしてプライバシーを侵害したり、心身への悪影響を与えたりしていること。

知識集約型〔産業〕 ③ 情報の生産・伝達などを中心にする産業。具体的にはメディア関係・教育産業・情報機器・情報サービスなどを指し、工業化後にくる社会の中心産業になるとされ、従来の第三次産業にかわって第四次産業とも呼ばれる。

情報通信産業 ①

ソフトウェア ② コンピュータに命令を出すためのプログラムのこと。

ハードウェア ① コンピュータを物理的に構成している回路や装置などを指す。

IC(集積回路) Integrated Circuit ① 小型化された部品が、高密度に集積・配線された、大きさ10mm 四方程度の小さな電子回路。トランジスタが集積されたもの。大規模集積回路(LSI)の場合、トランジスタなど1000個分の回路素子をもつ。さらに超 LSI と呼ばれる高集積度の IC では、素子数は10万個に相当する。IC は様々な機器に組み込まれ、利用されている。

携帯電話 ① 無線技術を使った移動体通信の1つ。日本では自動車電話として1979(昭和54)年末よりサービスが開始されたが、90年代以降、爆発的な普及をみせた。会話という情報に特化した端末器から、本体のもつ機能も高度化し、メールや画像のやりとりが可能なものが主流となった。また、近年はパソコンと携帯電話の機能をあわせもったスマートフォンが普及している。社会現象としては、とくに若者層への携帯電話の普及にともなう新しい若者文化の出現、公共の場での使用マナーをめぐる問題、携帯電話への過度(かど)の依存という新たな病理的現象、などが取り上げられている。

スマートフォン ⑥

携帯情報端末(PDA) ②

インターネット internet ⑩ 1960年代からアメリカ国防総省でおこなわれてきた軍事目的の研究から生まれた、コンピュータ通信のネットワーク(network 情報網)。研究成果の相互交換と利用のため、おもに大学や研究機関で利用されてきた。1990年代には、ネットワークが世界的に整備され、企業や個人のコンピュータをインターネットに接続するプロバイダと呼ばれる接続業者が生まれ、急激に普及した。次世代のインターネットとしては、スマートフォンや家電製品、センサーやカメラなど、コンピュータ以外の機器とつないで利便性をはかるものが研究されている。また、インターネットと企業内など、組織内の情報システムを融合したイントラネット(社内ネット)も普及している。さらに、スマートフォンなどの携帯電話を利用して、メールや画像のやりとりが日常的に定着し、クラウド・コンピューティングの機能を利用してネットワークを最大限に利用しようとしている。

e メール(電子メール、メール) electronic mail ① コンピュータ・ネットワークを通じて文字メッセージを送受信するシステム。コンピュータ、スマートフォンなどの情報端末で作成した文書や画像、動画などを交換することができる。

ウェブサイト ③ インターネット上のウェブページ群がおいてあるところ。

ホームページ ①

SNS ⑫ ソーシャル・ネットワーキング・サービス(Social Networking Service)の略。ウェブサイト上に自分に関する情報や写真、日記などを公開して、会員同士の交流をはかるサービス。

ソーシャル・メディア ⑥

電子掲示板(掲示板) ① 開設された掲示板に利用者が自由に書き込んで交流できるウェブページ。

チャットルーム ① ウェブサイト上で文字を使って会話ができるサイト。

検索エンジン ③ ウェブサイト上でキーワードなどをもとに情報をデータベースから検索できるシステム。

ブログ blog ① パソコンや携帯電話で毎日の出来事や自分の感想・意見などの情報を日記のように日々追加して公開できるサイト。

IT(情報技術)革命 ④ Information Technology を略して IT(情報技術)と呼ぶ。1990年代に入ってからパソコンの性能はますます高度になり、ネットワーク接続の発展によって高度で複雑な作業が可能になっていった。さらに1990年代半ば以降のインターネットの急速な世界的普及などにより、情報化がますます進展し、情報技術の進歩が情報伝達のあり方を大きく変化させ、さらには社会の構造を激変させていった。このことを、18世紀のイギリスに始まる産業革命にならって「IT 革命」という。産業面においては、IT 革命により、ネットワークを利用したeビジネスが発展し、新たな市場を生み出し、拡大している。

情報技術(IT) ③　**情報通信革命** ②
情報革命 ①

ICT(情報通信技術) ⑧ Information and Communication Technology の略。情報通信に関わる技術の総称であるが、とくにコンピュータやインターネットを利用した通信機能を指す。IT にかわって用いられるようになった。 **情報通信技術** ②
ICT 革命 ①

5G ②「第5世代移動通信システム」のこと。「高速大容量」「高信頼・低遅延通信」「多数同時接続」という特徴がある。日本では2020(令和2)年春から商用サービスがスタートし、次世代の通信インフラストラクチャーとして社会に大きな技術革新をもたらすといわれている。 **4G** ①

AI(人工知能) ⑫ Artificial Intelligence の略。コンピュータの性能が大きく向上し、コンピュータ自身が「学習」することができるようになり、その結果、人間のように経験からさらなる学習をする、ということができるようになった(ディープラーニング)。チェス・囲碁・将棋に始まり、自動運転・医療・通信などに AI 技術が大きな役割を果たしている。 **ディープラーニング** ③
アルゴリズム ①
自動運転 ②　**自動運転技術** ②
自動運転レベル5(完全自動運転) ①

シンギュラリティ ⑤「人工知能(AI)」が人間の知能をこえる転換点、または、それにより人間の生活に大きな変化がおこるということ。

Society 5.0(ソサエティ5.0) ⑤ 狩猟社会(Society 1.0)、農耕社会(Society 2.0)、工業社会(Society 3.0)、情報社会(Society 4.0)に続く、新たな社会を指すもので、政府の第5期の科学技術基本計画で提唱された。Society 5.0で実現する社会は、IoT (Internet of Things)ですべての人とモノがつながり、様々な知識や情報が多くの人々に共有され、今までにない新たな価値を生み出すことで、現存する様々な課題の克服をめざす。

IoT ⑦ Internet of Things の略。「モノのインターネット」ともいい、すべてのモノをインターネットでつなげようとすること。スマートフォンなどによる家庭電化製品(テレビ・冷蔵庫・エアコンなど)の操作など、実現しているものもすでに多くある。

eコマース(電子商取引) electronic commerce ⑤ インターネットなど、ネットワーク上で電子的におこなわれる商業取引。EC ともいう。情報・金融ネットワークと物流ネットワークの新たな結合として急成長している。企業間の商取引を BtoB(Bとは business〈企業〉のこと)、企業と消費者のあいだの商取引を BtoC(Cとは consumer〈消費者〉のこと。また、この商取引をeリテールともいう)、消費者間のものを CtoC と呼び、このうち企業間の取引がまず発展している。ネット上での原料調達・販路(はんろ)の確保・決済などがおこなわれ、海外との取引も盛んとなり、今までの商取引慣行が大きくさまがわりしている。このような新たなビジネスのかたち(eビジネス、ネットビジネス)は多くのベンチャー(起業家)を引き寄せ、安定した経済発展を可能にするものと期待されており、IT 革命の核として位置づけられている。
EC サイト ①

電子決済 ① 紙幣や硬貨などの現金を用いることなく、電子的なデータの送受信により、処理する決済方式のこと。クレジットカード決済、デビットカード決済、プリペイドカード決済のほかに、電子マネーや QR コード決済と様々な種類がある。

インターネット決済 ② インターネット上のショップなどで利用されるインターネットを利用した決済手段の総称のこと。オンライン決済ともいう。

モバイル決済 ① スマートフォンやタブレット端末による決済のこと。クレジットカードや電子マネーなどの情報をスマートフォンなどに登録することで、現金やクレジットカードをもたなくても支払いが可能となる。

インターネットモール ② インターネット上において、実際の商店街や百貨店のように複数店舗による商品の情報を1つのサイトにまとめて、様々な商品を販売すること。電子商店街ともいう。
インターネットビジネス ①

インターネット・オークション internet

auction ② インターネット上でおこなわれる競売。e コマースの一形態(CtoC)。

IC チップ ① 小型集積回路のこと。複雑な処理をおこない、大量のデータの記憶をおこなうことができる。このことから従来の磁気カードにかわってクレジットカードなどに搭載されている。

非接触型ＩＣカード ①

電子マネー ⑦ 情報ネットワーク上のデータ処理のみで、現金によらず商取引の代金支払を可能にするもの。

テレワーク ⑨ インターネットを利用して、自宅などの会社以外の場所で働く形態。固定された時間や場所の制約をこえて柔軟に働くことができる。

モバイルワーク ①

サテライト・オフィス ② 企業の本拠地から離れた勤務場所。遠隔勤務ができるよう、インターネットなどの環境が整備されている。サテライト(satellite)とは本拠地(センターオフィス)に対して衛星の意味の役割を果たす。

電子書籍 ① 書籍をデジタルデータ化してタブレット型端末や携帯電話、パーソナルコンピュータなどで閲覧できるようにしたもの。文章だけでなく、音声や画像なども取り込める。

e スポーツ ① コンピュータゲーム、ビデオゲームを使った対戦をスポーツ競技としてとらえる際の名称。「エレクトロニック・スポーツ」の略。

ユビキタス〔社会〕 ubiquitous ② 情報がどこにでも存在し(遍在し)、いつでも、どこでも、だれでも、必要とする情報を利用できるような社会を指していう。ユビキタスとは、もともと「神はあまねく存在する」というラテン語からきた言葉。コンピュータであることを使う人が意識することもなく、コンピュータどうしが連携しあい、人々の生活を支えていくような技術開発や環境整備をめざす。

クラウドソーシング ① 不特定の人々(クラウド)に、仕事を外部委託(アウトソーシング)するという意味の造語。仕事を発注する人がインターネット上で希望者をつのり、条件のあう人に仕事を発注する。

GPS ② Global Positioning System の略。全地球測位システムとも呼ぶ。人工衛星の発する電波を使い、車や携帯電話の受信機から自分の位置を割り出すシステム。

デジタルデバイド(情報格差) digital divide ④ 情報機器の所持の有無、インターネットなどの情報技術を利用できる能力やこれにアクセスできる機会をもつ人ともたない人とのあいだに存在する不平等・不均衡のこと。自由に情報を得てそれを活用できる人と、そうでない人との格差を指す。性別・職業・年齢・所得のほか、先進国と発展途上国・人種・受けることのできる教育などの違いによって生じていくとされる。情報を使用できず、情報社会に参加できないことは民主主義社会形成の観点からも重大な問題をはらむ。日本では、とくに高齢者や障がい者へのデジタルデバイドが問題視されている。 **情報弱者** ①

メディア・リテラシー media literacy ⑪ テレビなどのメディアを正しく読みとり、主体的に活用できる能力。リテラシーは「読み書きの能力」を表す語。コンピュータ・リテラシーとあわせて情報リテラシーと総称される。これはネットワーク情報サービスを使用する基礎能力をいうが、広くはたんなる操作技術だけではなく、必要な情報に行き着くまでの、情報の価値を判断する能力や情報を取捨選択する能力も含まれる。IT 社会・自己決定社会を生きるうえでの必要不可欠の能力と位置づけられている。 **情報リテラシー** ⑩

情報モラル ①

フェイクニュース ⑦ 虚偽の情報でつくられたニュースのこと。マス・メディアやソーシャル・メディアなどにより事実と異なる情報を発信すること。また、誹謗や中傷を目的にした個人発信の情報発信などを含む場合もある。

ファクトチェック ② 事実の検証。社会に広がっている情報・ニュースや言説などが事実にもとづいているかどうかを調べ、それを共有すること。

情報操作 ① 一般には情報を扱い、コントロールすることをいう。高度情報化社会にあっては、世論の誘導・操作、欲望の刺激など、情報のもつ大きな影響力を行使することを指す。大量の情報にふりまわされがちな現代にあって、情報操作の適切性が望まれている。

プロパガンダ(宣伝) propaganda ② とくに、国民を一定の主義・思想へと誘導しようとすることを目的にする宣伝行為。ナチスにおける反ユダヤ主義・反自由主義などの思想統制、情報操作がその例である。

情報受領権(情報を受ける権利) ①「知る権

利」として、おおやけの機関などに対して情報を受けとることをさまたげられない権利。また、積極的に公開を求めていくことも指す。

ネットいじめ ① 電子メールや掲示板などのウェブサイト、携帯電話などを通じておこなわれる誹謗(ひぼう)中傷や脅かし、個人的な情報の公開などがその例としてあげられる。

匿名(とくめい)性 ② 具体的には、情報を発信するにあたって発信者名を明示しないこと。従来、情報の発信源は官公庁や企業などの組織が中心であり、それらが情報の中身に責任をもった。現在では、個人レベルでインターネットなどを通し、情報を広く発信することができる。そのため、情報発信者の責任が明確でない、名前を伏せた情報のたれ流し(たとえば、インターネット上への悪質な個人中傷の書き込み、虚偽の情報など)が問題化している。

ハッカー hacker ③ もともとはコンピュータに詳しく、高度なソフトウェアを創造することができる人々の尊称。現在では他人のコンピュータに侵入・破壊(ハッキング)をおこなう者を指すことが多い。技術を悪用する者は「クラッカー(cracker)」と呼んで、ハッカーとは区別するべきである、とする声もある。 **ハッキング** ①

コンピュータ・ウィルス computer virus ① コンピュータ・ネットワークを利用して他人のコンピュータ内に侵入し、データを破壊したり、ソフトウェアが正常に作動しなくなるようにするプログラムのこと。1999(平成11)年に不正アクセス禁止法が制定され、刑事罰が科せられるようになった。インターネット利用の高度化にともない、被害の拡大が懸念される。セキュリティ(security 安全性)を確保する自衛手段として、ウィルス防止ソフトやファイアー・ウォール(firewall、防火壁)・ソフトなどが不可欠となっている。

違法サイト ①

マルウェア ① 不正かつ有害に動作させる意図で作成された悪意のあるソフトウェアや悪質なコードの総称。コンピュータ・ウィルスはマルウェアの一種である。

フィッシング詐欺(さぎ) ① 企業や会員制のウェブサイトをよそおって、個人の銀行口座番号やクレジットカードの番号などを入力させ、盗み出す行為。預金の引出しやカードの不正使用、架空請求詐欺といった被害にあうだけでなく、個人データの悪用によってみずからが知らずに加害者となってしまうケースもある。

架空請求メール(スパムメール) ①
サイバー犯罪 ③
情報セキュリティ ①

ハイブリッド戦 ① 軍事戦略の1つであり、正規戦・非正規戦・サイバー戦・情報戦などを組み合わせて戦うこと。ハイブリッド戦略ともいう。

ビッグデータ ⑧ ICTを利用したネット上に流れる大量の情報のかたまりを指す。マスとしての大きな動きをつかむことで、市場動向の分析や交通渋滞の解消、災害時の避難対策など、様々な分野での活用が期待されている。一方、もともとは個人データが集積されたものであり、情報の匿名化などの対策が必要とされる。

情報のグローバル化 ① 情報通信技術の発達により、地球上のどこにいても瞬時に最新情報を得ることができること。しかし、情報を厳重に管理していないと、自分の情報や重要な情報が瞬時に世界中に広がることも意味する。

2 世論と大衆社会

世論よろん(せろん) ⑫ 政治・経済・文化などの問題に関して、社会で一般に影響力をもつ意見のこと。全員一致の意見や多数者の意見を意味するとは限らない。社会の様々な集団のあいだにある対立を調整する働きをもつ。

世論形成 ③ 様々な手段を通じておこなわれる意見の集約過程のこと。世論の形成には、マス・メディア、圧力団体、政党、政府などが大きな役割を果たしている。

世論操作 ④ 政治権力や圧力団体などの情報提供者が、マス・メディアを利用して、人々の世論を一定の方向に向けさせようとすること。情報提供者は、事実をゆがめたり、特定の部分を強調したり、公表のタイミングを選んだりして、みずからの意図にかなった方向へ世論の操作をはかる。

世論調査 ⑨ 政府やマス・メディアがおこなう世論に関する調査。政権への支持率や投票行動などの政治分野に関わるもの、景気動向などの経済に関わるもの、国民の意識などの文化・社会に関わるものなどがある。

第四の権力 ⑤ アメリカでマス・メディアにつけられた別称。立法・行政・司法の三権の外にあって、国民の世論形成に影響を与えうる立場にあることから、名づけられた。国の内外を問わず、とくに有力な新聞の社説は世論形成に影響力をもつ。公正な報道を確保するために、マス・メディアの活動をチェックする制度が考えられようとしている(プレス・オンブズマン制度など)。

リップマン　Lippmann ① 1889〜1974　アメリカのジャーナリスト・政治評論家。その著書『世論(よろん)』で大衆社会におけるメディアの働きから、ステレオタイプと名づけた大衆心理が形成されることについて言及した。

『世論』 ①

：**擬似環境** ① リップマンが提唱したもので、現実の環境に対して、マス・メディアなどから伝わるイメージによってつくり出される環境を指していう。

大衆社会 ② 大衆が支配的な社会のこと。現代社会は、大量生産・大量消費、そしてマス・メディアによる情報の大量伝達(マス・コミュニケーション)の社会である。この社会状態においては、同じような生活形態や物事の考え方、行動様式が支配的となる。そのため、現代社会を構成している多くの人々は、「大衆」として、つまり多くの情報と生産物とによって均質化・画一化され、判断力を失った集合体として存在している。大衆社会では、このような標準化された人々が社会の主役となる。

大衆 ②

大量生産 ⑦ 大企業が、大規模な工場で機械を使用して、多数の労働者を雇って、大量に商品を生産すること。大衆社会出現の背景として、20世紀に本格化した大量生産社会・大量消費社会・大量流通社会の出現があげられる。

大量消費 ⑦ 大量生産とともに、大衆社会出現の背景となった、消費のあり方。20世紀アメリカで、大量生産を背景として、大量消費によって支えられた大衆社会が出現した。

商業主義 ① 企業の営利的立場からおこなわれる行動。利潤追求のため、売らんがための誇大広告・過剰サービス・過剰包装などがあげられる。また、マス・メディアの商業主義により、文化の質が低下・俗化していく危険性が指摘されている。企業の社会的責任が欠如しているさまを指して、批判的にいう言葉。

ファストフード　fast food ② 即席料理のこと。一般に、手軽にとれる食事といった広い意味で使用する。ハンバーガーショップ・ファミリーレストランなどのファストフード店の進出によって、現代人の食生活の一部となった。一方で、ファストフードの「早く、便利」という点を反省し、本来の食文化に戻ろうという「スローフード」が提唱されている。

管理社会 ① 社会の構成員が様々な規制などに縛(しば)られており、またそうした意識のなかで生活することをよぎなくされている社会。管理のなかには、はっきりと目にみえないものもあり、そのため、みえない影におびえて管理を受けやすくなっているのが現代人である。合理性の極限までの追求(官僚制)とも関係が深い。

リースマン　Riesman ④ 1909〜2002　アメリカの社会学者。精神分析学や文化人類学、社会調査などの手法で、アメリカの社会変動を分析し、豊かな社会を生きる現代人の生き方を描き出した。

：**『孤独な群衆』** ② リースマンの著書。このなかで述べられた現代の人々の特徴が「孤独な群衆」である。現代人は慣習などから解き放たれた自由さをもつ反面、巨大組織の一員として人間的なふれあいが少なく、個人の自主性や個性を発揮する場面も少ない。このような状態のなか、人々は個性を失い、不安で孤独感をもつ群衆となる。他者との具体的な関係が閉ざされる一方で、現代人は群衆として扱われていくというのである。

：**他人志向(指向)型** ④ リースマンが著書『孤独な群衆』で述べた、現代の大衆社会を生きる人々の行動性格。他人志向型の人間は、マスコミなどによってつくられた流行や同世代のほかの人々の期待・好みに敏感であり、これにあわせること(同調性)をみずからの行動原理とする。彼らは孤独をおそれ、孤独感を和らげるために群衆のなかにまぎれ込んでいき、個性や主体性を失っていく。外部志向型・レーダー型ともいう。

他人志向(指向)型人間 ①

：**内部志向(指向)型** ② リースマンが述べた、近代市民社会の自立した個人の生き方を指す。近代以前の封建社会では、人々は従来の慣習や伝統を指針とする伝統志向型の生き方をするのに対し、近代市民社会では、人々はみずからの信念や良心に従って判断し、主体的に行動する内部志向型の行動をとる。羅針盤(らしんばん)型ともいう。

：**伝統志向(指向)型** ② リースマンが述べた、近代以前の社会における社会的性格。権威に恭順(きょうじゅん)し、慣習に従うことを行動原理とする。したがって、政治は特権的な統治者の仕事であるとして、政治に対する主体的意識や責任感をもたない、伝統型無関心の態度を示す。

「モダンタイムス」 ① チャップリン(Chaplin、1889～1977、喜劇役者・映画俳優)が1936年に製作した映画のタイトル。機械にふりまわされ、その歯車となって働かざるをえない人間の姿を描き、産業社会を風刺した。
チャップリン ②

「独裁者」 ① チャップリンの映画(1940年)。みずからヒトラーをモデルとしたヒンケル総統役を演じ、当時、台頭してきたヒトラーのもつ独裁性を批判し、ナチズムを風刺した。

『職業としての政治』 ① 社会学者のマックス＝ウェーバー(→ p.57)が1919年に大学生に向けて講演した内容をまとめたもの。政治家にとっては、情熱・責任感・判断力の3つがとくに重要であると述べている。そして、政治家には心情倫理だけでなく、行為の結果を予測し、結果について責任を自分でとるべきだとする責任倫理が求められると論じた。

官僚制 ⑤ 役所や企業など巨大組織を運営する仕組みの特徴の1つ。ビューロクラシー(bureaucracy)の訳語。一般に、行政を実際に執行する人々・役人を官僚という。政治学的には、官僚制とは政治の統制が官僚に支配されており、官僚が権力で一般市民の自由を侵害するおそれのある政治形態を指す(ラスキ〈Laski、1893～1950〉らによる)。社会学的には、組織の構成員の役割や上下関係が明確化され、文書主義などによって、複雑な集団が極限まで合理的に組織化された管理運営体となることを表す(ウェーバーによる)。官僚制のもとでは、人々は組織の歯車の1つにすぎなくなり、疎外感を増し、やがて主体性を喪失していく。ウェーバーは、支配の3類型のうちの合法的支配のもっとも典型的な型として、官僚制をあげている。
官僚機構 ①　**官僚** ⑨

官僚主義 ① 官僚制のもつ規則万能主義で、形式的、上から下への監視と一方的な伝達のあり方、これを支える極端な文書主義とものごとを非人間的に処理する傾向、秘密主義などを指していう。
規則万能主義 ①

セクショナリズム sectionalism ③ 集団内の小集団が、それぞれなわばりを主張し、ほかとの連携を拒否すること。派閥主義。官僚制などで、各部署どうしのセクショナリズムが行政サービスの低下という非効率性を生む、といった弊害が指摘される。

事なかれ主義 ① 官僚制などにみられる、失敗をおそれる消極的態度をいう。それまでの慣習を重くみる「前例踏襲主義」も、事なかれ主義を反映したもので、硬直化した組織を生み出しやすい。

ステレオタイプ stereotype ③ 紋切り型。たとえばものごとを、強者―弱者、勝者―敗者といったように、決まり切った型に振りわけてとらえること。

ホワイトカラー white-collar ② 白いシャツを着た人の意味で、ブルーカラー(青い色の作業着を着た人の意味)の対となる概念。事務的職種につく人々で、学歴・収入・昇進などで優位に立ち、企業への帰属意識も強い。しかし、近年の脱工業化・情報化と、ホワイトカラー内部の階層化が進むなかで、職務内容や意識に変化がみられる。

イデオロギー ① 歴史的・社会的な条件によって、制約される考え方の総体。たとえば、「資本主義的イデオロギー」といった場合、資本主義という経済システムを反映し、これに制約された思想の傾向を指す。

ライフスタイル ④ 個人や社会の独特な生き方の形式。たんなる生活様式と異なり、意識的につくられる形式で、独自性が重視される傾向をもつ。

大衆運動 ① 特定の階級・階層ではなく、共通した要求をもつ一群の人々が、要求実現を求めておこなう政治運動。大衆の政治参加の一形態。政策決定に一定の影響力をもつ。

ポピュリズム(大衆迎合主義) populism ⑦ 理性的・知的な市民(エリート層)よりも情緒的・感情的な大衆の支持を得ようとする運動、政治態度のこと。現代では選挙に有利な政策を大衆に迎合するかのように提示し、支持を集めるさまを指しても使われる。人民主義・大衆主義ともいう。

7 防災

ハザードマップ ④ 自然災害による被害の軽減や防災対策に使用する目的で、被災想定区域や避難場所・避難経路などの防災関係施設の位置などを表示した地図のこと。ハザードマップを作成するには、その地域の土地の歴史や成り立ち、災害の素因となる地形・地盤の特徴、過去の災害の履歴、避難場所・避難経路などの防災地理情報が必要となる

リスクコミュニケーション ② 有事の際に、組織内外のステークホルダー(利害関係者)と適切なコミュニケーションをはかること。また、そのための準備を平時から進めること。

情報共通基盤(アラート) ① 地方公共団体などの情報発信と放送局等の情報提供をつなぐ公共情報共有基盤のこと。災害時や復興時に、住民に必要な情報を迅速かつ効率的に伝達する共通基盤の構築が進められている。

災害対策基本法 ① 1959(昭和34)年の伊勢湾台風をきっかけとして1961(昭和36)年に制定された、災害対策関係を規定する法律。阪神・淡路大震災や東日本大震災をふまえ、改正がされている。

自助 ⑧ 災害が発生した際に、まずは自分自身の身の安全を守ること。

共助 ⑧ 災害発生した際に、自身と同じ地域やコミュニティといったまわりの人々が協力してたすけあうこと。

公助 ⑥ 災害が発生した際に、市町村・都道府県・国、消防・警察・自衛隊といった公的機関によりおこなわれる救助や援助のこと。

第3章　経済とわたしたち

1　現代の市場と経済

1　経済とその考え方

経済 ⑫ 人間が生きるために必要な財やサービスを、生産・流通・消費すること。また、この活動を通じて取り結ばれる社会関係の総体を指す。経済の語源はギリシア語のオイコノモスで、家政術を指していた。現在では、家庭のなかの財のやりくりをこえ、国家・社会全体の活動にまで拡大している。日本語の「経済」は「経世済民(世を経おさめ、民を済すくう)」を略したもの。

経済活動 ⑫

自給自足 ② 必要とされるものを、みずからの生産で満たすこと。商品生産を前提としない経済が自給自足的な経済である。

貨幣経済 ③ 貨幣を仲立ちとしてすべての経済活動がおこなわれている経済のこと。たとえば、財・サービスの交換をする時には、交換手段としての貨幣を用いる。物々交換経済では、交換対象の相手をさがさなければならず、複雑で高度化した現代の経済社会では対応できない。

現物経済(物々交換) ③

商品 ⑪ 販売を目的として生産され、交換の場でやりとりされる財・サービス。ものが商品として生産され、流通し、消費される経済体制を商品経済という。商品経済が全面的に展開するのは資本主義においてであり、資本主義成立以前には都市での遠隔地貿易で存在するにすぎなかった。労働力の商品化と農業・工業・商業の社会的分業の完成が、資本主義社会をもっとも高度な商品経済社会とした。

労働力 ⑧ 財・サービスをつくり出す、人間の身体のうちにある肉体的・精神的な活動力の総体。資本主義社会では、労働力は商品として市場で売られることになる。

財ざい〔貨〕 ⑪ 人間にとって有用で、形のあるもの。資本主義経済では市場において取引される有形のもの。

：経済財 ① 市場において商品として取引の対象になり、価値をもつ財。

：自由財 ① 自然における存在量が大きく、希少性がないことから、市場において商品として取引の対象にならないもの。たとえば空気・太陽光線など。

：消費財 ① 財のうち、最終消費を目的として消費される一般消費者向けの商品をいう。食品・衣料品などの非耐久消費財と、テレビ・乗用車・住宅などの耐久消費財とがある。なお、経済活動において、生産を目的として消費されるものは生産財といい、消費財と区別される(たとえば、同じ商品であってもそれが生産のために使われるのならば生産財となる)。

サービス ⑫ 形はないが、人間の欲求を満たす経済活動で、労働・役務など。サービス業として、金融・運輸・商業・レジャー産業などがある。

分業 ⑧ ある製品をつくる際に、生産工程を分割し、それぞれを労働者に割り当てて生産すること。マニュファクチュア段階に発生し、機械制大工業に至って完成した協業きょうぎょうにもとづく労働の一形態。アダム＝スミスは『国富論』のなかで、ピン工場を例にとって、分業がいかに労働生産性を高めているかを論じた。

社会的分業 ② 社会全体の労働が生産部門ごとにおこなわれること。歴史的には、狩猟・採集から農業と牧畜業が分離し、農業から工業、さらに商業が分離して、資本主義社会は高度に社会的分業の進んだ社会となった。そこでは人々は生活に必要とされるものをすべて自分で生産するのではなく、それぞれが財・サービスの一部だけを生産し、ほかの者が生産した財・サービスと交換することによって必要を満たすのである。

交換 ⑩ 経済活動において、財・サービスの所有者がその持ち手をかえること。交換によってそれぞれが必要とする有用な役立ち(使用価値)を得ることになる。また、労働生産物が市場で全面的に交換されることによって社会的分業が成立する。

資源の希少性 ⑤ 生産のために必要な財や労働力などの資源、また生産された財・サービスが、その必要を満たすためには不足していること。そこから、経済的選択の重要性が生まれてくる。また、資源の希少性が市場における財・サービスの価値を決定するという考え方もある。

機会費用 ⑧ 経済的な選択において、ある行動を選択することで、選択することをしなかった機会から得られたであろう便益のうちもっとも大きいものをいう。たとえば、1500円の入場料で映画を見に行くことで、報酬4000円のアルバイトを断念した場合の機会費用は4000円となる。また、大学進学による機会費用は、大学に進学しないで働いた時に得られる4年間の賃金の総額となる。経済的な選択においては、機会費用もあわせた費用の考え方を取り入れて判断する必要がある。

トレードオフ ⑦ 経済的関係において、一方をとれば他方をとることができないこと。たとえば、資源の配分において、その資源をある用途に使えば、そのほかの用途に使うことを断念しなくてはならない関係にあること。

経済循環 ⑥ 家計・企業・政府の3つの経済主体が、たがいに貨幣を媒介(ばいかい)として、財やサービスを生産・流通・消費させる循環過程のこと。

経済主体 ⑫ 生産・流通・消費の各経済活動を営んでいる経済単位。家計・企業・政府(地方公共団体を含む)を指す。

生産の三要素 ⑥ 土地・労働・資本から構成され、地主・労働者・資本家の所得形態に対応したもの。市場経済の仕組みでは、原則として家計部門・企業部門により供給される。 **生産要素** ①

企業 ⑫ 資本主義経済に特有の経済主体。家計より労働力の提供を受け、資本を調達して、利潤の追求をめざして生産活動をおこなう。

生産 ⑨ 人間が自然に働きかけをして、自然にあるものを人間にとって有用なものにつくりかえ、新たな価値(付加価値)をつけ加えること。農林水産業生産・工業生産・サービス生産に大別される。

生産活動 ⑤

拡大再生産 ① 純投資によって、減耗(げんもう)分を上まわる設備拡大をおこない、生産が拡大すること。生産規模が拡大しない場合は単純再生産となる。

コスト ② 経済活動に要した費用のこと。商品を生産する場合、資金や原材料、労働力への支払いなどの生産に要した代価(生産費)および法人税などの諸経費が必要になり、それらを総合していう。 **費用** ③

：生産要素費用 ① 財・サービスの生産のために用いられた労働、資本や土地などの生産要素に対して支払われた費用。

資本 ⑪ 生産の三要素のうちの1つ。生産活動に投下された資金、または生産活動に利用される資金に加え、工場・機械などの生産手段も含め、生産に使われるものの総体を指す。資本主義の社会関係においては、自己増殖する価値の運動体を指す。

土地 ⑩ 生産の三要素のうちの1つ。人間の経済活動は本来、土地などの自然に対し働きかけ、これを改変し、利用する行為であり、その意味で土地は、生産活動に必要な自然の総体であるといえる。

損益計算書 ⑥ 企業の1年間の収益と費用、利益の状態を表すために作成される書類。経営活動における「どれだけ売り上げたか(収益)」「費用を何に使ったか」「利益はどれくらいか」の3つが記載され、財・サービスを販売することによって得られた売上高から費用を差し引くことで、利益が計上される。貸借対照表などと同時に作成され、一定期間の経営成績に関する情報を、株主などに提供する資料となる。

バランスシート(貸借対照表) ⑧ 企業の資産・負債・純資産の状態を示した書類。一般に左右にわかれており、左に資産(資金・土地・建物・機械など)が計上され、右に負債(銀行からの借り入れ・社債など)と純資産(資本金など返す必要のない資産)が計上され、左右が均等になることからバランスシートという。株式会社が上場している場合、貸借対照表と損益計算書は市場に向けて公開しなくてはならない。

家計 ⑫ 経済主体のうち、家庭における経済単位のこと。もっとも基本的な経済単位として、市場に労働力・資本などを提供し、そこから得られる所得により消費財を購入し、消費する。家計の消費に向けられた支出を家計支出といい、その増減が景気指標の1つとされる。

所得 ⑧ 土地・労働・資本などの生産要素の提供に対する対価として受けとる収入・報酬のこと。個人所得(これが家計における所得となる)・企業所得・政府所得にわけられる。

可処分所得 ④ 個人が自由に処分できる所得。個人所得から直接税・社会保険料を除いたもの。

消費性向 ① 可処分所得に占める消費支出の割合を指す。経済の動向を分析するに当たり、重要な指標となる。可処分所得のうち、貯蓄にまわった割合は貯蓄性向という。

エンゲル係数 ③ 家計の消費支出に占める食費の割合を指す。一般に、エンゲル係数が高いほど生活水準は低い(また、所得が上昇するに従い、エンゲル係数は小さくなる)とされる。

政府〔経済主体として〕 ⑫ 家計や企業の経済活動を支える財政分野で活動する経済主体。企業が利潤を追求し、家計が所得の獲得を求めるのに対し、政府の活動は家計から労働力を購入し、企業から商品を購入して、公共財や公共サービスを家計や企業に提供している。中央政府および地方政府(地方公共団体)がこれに当たる。

投資 ⑥ 利潤獲得のために、資本や資金を投下すること。株式や不動産などを買うことも投資に当たる。

2 資本主義の歴史と経済思想

資本主義 ⑥ 私有財産制・経済活動の自由・利潤追求の自由がその原理となる経済体制。18世紀末から19世紀初頭にかけて確立した。資本主義のもとでは各人は私的所有された資本を使って自由に商品を生産し、自由に市場で売ることができる。生産のために必要な生産手段をもたない者は労働者となり、みずからの労働力を提供し、生産手段の所有者(資本家)のために生産活動をおこない、労働力の対価としての賃金を受けとる。

:産業資本主義 ① 産業革命後の19世紀のイギリスで典型的にみられた、多数の小規模生産者による自由競争にもとづく資本主義。政府に対しては自由放任の「小さい政府」を望んだ。

:独占資本主義 ② 資本の集中・集積により形成された少数の大企業が市場を独占する社会経済体制。1870年代の大不況を過渡期として、19世紀的な多数の資本の自由競争を特徴とする経済から移行したもの。産業構造が軽工業から重化学工業中心へ移行し、巨大産業の出現は巨大資本の出現を必要とした。

帝国主義 ④ 政治的・経済的・文化的に他民族の領土や国家を支配し侵略することをめざす主張、または政治体制。レーニンなどは、金融資本が支配的となった独占資本主義段階で、国内で過剰となった資本の投資先を国外に求め、植民地獲得などの政策をとった状況を指して、資本主義の最高の段階としての帝国主義であると論じた。

ガルブレイス Galbraith ③ 1908～2006 現代アメリカの経済学者。慢性的インフレ、私企業生産の増加と公共投資のアンバランスを、巨大産業への依存効果(消費が生産に依存すること)としてとらえ、アメリカ経済の病弊(びょうへい)を指摘した。また、意思決定に関する情報量が増大し、企業が能動的に市場に働きかける必要から計画化の必要が生じた。そのため、専門化した人材が必要となり、意思決定は、経営者個人から集団によって決定されるようになるという、巨大企業の意思決定の変化を説明した。

:『豊かな社会』 ① ガルブレイスの著作。大量の失業者や極貧層が解消され、恐慌(きょうこう)などがみられなくなった先進資本主義社会を論じた。しかし、社会資本の貧困がともなっていることを強調している。

資本主義経済 ⑨ 生産手段が私的に所有されており、資本家は労働者からその労働力を購入し、生産活動をおこない、当初の投下資本より、より多くの貨幣を商品の売却によって得る生産様式のこと。

生産手段 ⑦ 財・サービスを生産するために必要な原材料(労働対象)と、機械・土地・工場・倉庫など(労働手段)の2つを指して生産手段という。生産の三要素のうち、資本と土地のこと。資本主義社会では生産手段は私的に所有されている。

私有財産制 ② **私有財産** ②
生産手段の私有 ④

利潤(りじゅん) ⑪ 企業において、商品を販売したことによる、収入(売上高)から費用を差し引いたもの。また、利潤を費用で割ったものが利潤率である。

:利潤追求 ④ 資本主義経済のもとでは、企業はできるだけ多くの利潤を得ることを目的として経済活動をおこなう。

資本家 ④ 生産手段をもち、労働者を雇用して資本主義的な生産をおこなう人々、階級。かつて資本家は同時に経営者でもあったが、現代では専門的経営者が出現し、両者の分離の傾向がある(所有と経営の分離)。

資本金 ②

アダム＝スミス Adam Smith ⑫ 1723～90 スコットランド(イギリス)生まれの経済学者。「経済学の父」といわれる。国家は経済活動に干渉せず、市場における個々の利益を求める利己的な経済活動にゆだねれば、社会全体としては「見えざる手」に導かれるがごとく、おのずと調和的な発展へ向かっていくとした。主著に『国富論(諸国民の富)』『道徳情操論(道徳感情論)』がある。

：**『国富論』** ⑦ アダム＝スミスの主著。初版は1776年。『諸国民の富』『諸国民の富の性質ならびに原因に関する研究』とも訳される。社会の富の源泉となるのは労働であるとする労働価値説をとなえて、重商主義の考え方を批判し、市場原理にもとづく自由放任主義を主張した。アダム＝スミスはこの著書のなかで、近代市民社会の経済機構の分析をおこなう一方、それがどう封建社会を切り崩し、どのような過程で成立したかという歴史分析を含めて、理論・歴史・政策を総合的に体系化した。 **『諸国民の富』** ③

：**労働価値説** ① 商品の価値は、その商品を生産するために社会的に必要とされる労働時間によって決定されるという考え方。労働力が富の源泉であると考えたスミスやリカード、マルクスなどによってとなえられた。

：**「見えざる手」** ⑪ アダム＝スミスによれば、調和のある経済社会の達成は、個々の経済人のおこなう自由な競争がある市場の原理にゆだねるべきで、個々人が自己の利益を求めて行動しても、市場原理により需要と供給のバランスがとれて価格は安定し、おのずから調和が生まれ、社会全体の幸福も実現されるという。このことを指してスミスは、あたかも「見えざる手」に導かれるようなものであるとした。

古典派経済学 ② 自由主義を基礎において、18世紀後半〜19世紀初めにかけてイギリスで成立した経済学派。アダム＝スミス、リカードらが代表的。

レッセ・フェール(自由放任主義〔政策〕) laissez-faire ⑨ 政府は経済活動に干渉せず、民間の自由な経済活動にまかせるべきであるという主張。政府による保護主義的政策に対し、フランスの重農主義者やアダム＝スミスらが主張した。 **自由放任** ①

小さな政府 ⑪ 政府が提供する行政サービスの規模や、政府による経済活動への規制などの権限を可能な限り小さくしようとする政府。政府の財政支出が小さくなることから安価な政府(cheap government)ということになる。 **安価な政府** ②

産業革命 ⑪ 工場制手工業(産業上の変化)と道具から機械への変化(技術的進歩)による経済・社会の大変革。18世紀後半、イギリスの綿工業に始まり、蒸気機関の発明によって加速し、19世紀半ばまでには先進諸国に波及した。

：**第一次産業革命** ② 18世紀後半に石炭・蒸気機関を動力とする軽工業の機械化。蒸気機関の改良は鉄道や蒸気船を生み出していった。

：**第二次産業革命** ② 19世紀後半から、石油・内燃機関を動力に重化学工業が発展したことを指していう。電気産業、化学繊維、自動車などの部門において技術の進歩がみられた。

：**第三次産業革命** ② 20世紀後半からのコンピュータによる情報革命を指す。

：**第四次産業革命** ③ IoT(モノのインターネット)やAI(人工知能)、ビッグデータを用いた、21世紀の技術革新。生産・流通・消費といった経済活動に加え、医療・公共サービスなどの幅広い分野や、人々の働き方、ライフスタイルや文化にも大きな影響を与えると考えられている。

工場制手工業 manufacture ① 資本家が労働者を雇い、工場で分業にもとづく協業により、生産をおこなった生産方法。マニュファクチュア。道具が人間の手をおぎなうものとして使用されていた。

工場制機械工業 ③ 産業革命の進展により成立した機械を用いた工業。作業機としての紡績機(ぼうせきき)、原動機としての蒸気機関、そして両者を組み合わせた力織機(りきしょっき)の発明により、旧来の人力・畜力または水力に頼った生産が、機械によるものにとってかわられた。

ラッダイト運動(機械打ちこわし運動) ② 19世紀、手工業者や労働者により、生活が苦しい原因は、新しく発明された機械にあるとして、機械や工場が破壊された運動。ラッダイト(Luddite)の名称は、伝説的な指導者のラッド(Ludd)の名に由来している。

技術革新(イノベーション) innovation ⑫ アメリカの経済学者シュンペーター(Schumpeter、1883〜1950)により、新しい技術や管理・経営組織の導入によっておこった、各時代の産業上の変化を示す概念として使われた。ケインズが、需要の側に視点をおいたのに対し、シュンペーターは主著『経済発展の理論』で、供給側にある企業家の野心的な挑戦によって技術革新が促進され、供給側の質的変化が経済の発展をもたらすと説いた。

シュンペーター ⑧

『経済発展の理論』 ②

：**創造的破壊** ⑤ 利潤獲得のために古いものを破壊し新しいものを創造していく資本主義の絶えざる活動を指す。シュンペーターが、イノベーションのもつ意味について、停滞する産業にかわり、先進的な産業がつぎつぎに立ち現れるさまを表現して用いた。シュンペーターは、創造的破壊がおこなわれなくなり、本来の企業家精神が失われた時、資本主義の停滞とその没落が始まると主張した。 **企業家精神** ②

インセンティブ incentive ④ 物事に取り組む意欲を引き出すために、外部から与え、誘因していく刺激のこと。経済活動をうながす外的誘引。

ケインズ Keynes ⑩ 1883～1946 イギリスの経済学者。古典派経済学の自由放任主義に対し、完全雇用を実現するためには、政府による有効需要の創出が重要であるとして、修正資本主義の理論的基礎を確立した。主著に『雇用・利子及び貨幣の一般理論』がある。 **ケインズ主義** ①

ケインズ理論 ①

『雇用・利子及び貨幣の一般理論』 ④

：**有効需要** ⑩ 購買力をともなった、すなわち貨幣の裏づけをもった需要。商品を得たいというたんなる欲求は、経済上の需要にはならず、有効需要とはいえない。

：**有効需要の原理** ④ ケインズが提唱した、国民所得や雇用など経済活動の水準を決めるのは有効需要であるとする理論。ケインズは、完全競争のもとであっても失業者はなくならない(完全雇用は実現できない)と論じ、そのため政府による有効需要の創出が必要であるとして、政府が公共事業など裁量的な財政支出をおこなうべきであると主張した。 **有効需要政策** ②

拡張的財政政策 ① **政府支出** ①

：**乗数効果** ① 投資などによって有効需要を増加させた時に、増加させた額より大きく所得が増加すること。ケインズが発展させた経済理論。

修正資本主義 ⑨ 政府の積極的な介入によって経済を調整するべきであるという資本主義のあり方。第二次世界大戦後、先進資本主義諸国は公共事業などでケインズ政策をとり、政府が積極的に経済に介入し、雇用創出や社会保障の拡充などを実施するようになった。

マクロ経済 ③ 巨視的(マクロ)視点から、政府・企業・家計の経済活動をとらえたもの。国などを単位として、生産・所得・投資などの諸指標をもとに経済を分析する。

ミクロ経済 ② 個々人や個別企業の微視的(ミクロ)視点から経済活動をとらえたもの。

ハイエク Hayek ① 1899～1992 オーストリアの経済学者。景気の安定のためには貨幣の中立を維持すべきであるという中立貨幣論をとなえ、ケインズ派と対立した。経済政策面では最小限の介入と社会保障を容認しながらも、あくまでも自由主義を主張し、新自由主義の指導者として活躍した。

大きな政府 ⑪ 小さな政府の考え方に対し、経済・社会政策について政府による積極的な介入をすべきであるという主張、そのような政府のあり方。財政面からみれば裁量的財政政策をおこなうことから財政規模は大きくなる。 **積極国家** ②

公共事業 ⑩ 国または地方公共団体がおこなう、公共的な土木工事、社会資本の建設・運営などの事業を指す。道路・港湾・通信施設など産業基盤の建設、公園・上下水道・学校・病院・都市計画など生活基盤の建設・整備、治水・防災など国土保全を目的とするもの、があげられる。裁量的財政政策の一環としておこなわれることから、公共事業が重点的になされることで、財政面からは「大きな政府」となりうる。

夜警国家(やけいこっか) ⑨ 国家の機能として、国内治安の維持と外敵からの防衛など、限られた機能しかもたない国家のこと。19世紀にドイツの社会主義者ラッサールが、自由放任の思想を批判して用いた言葉。福祉国家や行政国家と対をなす。

：**ラッサール** Lassalle ④ 1825～64 ドイツの社会主義者。労働者階級の国家理念の実現を主張した。当時の国家の自由放任主義的性格を、皮肉を込めて「夜警国家」と呼んだ。

消極国家 ② 国民生活に介入する範囲を狭く限定した国家。夜警国家と同じ意味に使われる。

福祉国家 ⑪ 経済的弱者を保護するために、社会保障制度の整備を最重要の課題とする国家。そこでは、積極的に国民経済に介入することが認められており、たとえば累進(るいしん)課税や社会保障費の充実によって、所得の再分配がおこなわれる。

世界恐慌(きょうこう) ⑨ 1929年10月24日の、ニューヨーク、ウォール街の証券取引所における株価大暴落(「暗黒の木曜日」)がきっかけとなって始まった、世界史上最大規模の大不況のことをいう。アメリカはこの当時、経済力が強かったため、同国の資本が入り込んでいた国は、アメリカ資本の引きあげにより甚大じんだいな影響を受けた。恐慌中、1935年までのあいだに各国の工業生産率は、最大でアメリカで56%、イギリスで16%、ドイツで47%、フランスで28%低下したとされる。企業倒産もあいつぎ、アメリカでは1933年には4人に1人が失業者となる事態となった。恐慌の影響で、世界経済のブロック化が進み、恐慌におちいった国々のうちイタリア、ドイツ、日本ではファシズム勢力が台頭していった。

ウォール街 ② アメリカ、ニューヨークの証券取引所の所在地。格差是正を求める運動にあって、富の偏在の象徴的な場所としてとらえられ、2011年には「ウォール街占拠」運動がおこった。

ニューディール政策 new deal ⑦ 1933年、アメリカのフランクリン=ローズヴェルト大統領によって実施された、世界恐慌を克服するための政策の総称。TVA(テネシー川流域開発公社)を設立するなど、政府が積極的に経済介入をすることで、失業者を吸収し、有効需要を創出しようとした。さらに農業調整法による価格安定策や、全国労働関係法(ワグナー法)、社会保障法の制定などの社会改革も取り組まれた。

TVA(テネシー川流域開発公社) ①

ローズヴェルト(フランクリン=ローズヴェルト) Franklin Roosevelt ⑦ 1882～1945 アメリカ合衆国第32代大統領(民主党、在任1933～45)。当時の不況を克服するために、ニューディール政策を実施した。第二次世界大戦中は、連合国のリーダー的存在として、ファシズムに対抗するが、ドイツと日本の敗戦前に急死した(1945年4月)。

混合経済 ⑦ 資本主義的な市場経済と社会主義的な計画経済の混合した経済。私的経済部門(民間経済部門)の活動が公的経済部門の活動によって補完されているような(資本主義の)経済。不況や失業を克服するために、政府が公共事業を増加させたり、金融緩和政策をおこなったりする。ニューディール政策などの導入によって資本主義諸国に定着していった。

私的経済部門 ①　**公的経済部門** ①

フリードマン Friedman ⑥ 1912～2006 マネタリズムの考え方を提唱したアメリカの経済学者。貨幣供給量の変化によって経済活動全体の動きが大きく左右されると主張した。

マネタリズム monetarism ① 財政政策よりも、貨幣供給量の変化を重要視する理論および主張。ケインズ理論が財政拡大とインフレーションを引きおこしたと批判し、経済成長にあわせて貨幣通貨量を調整すべきであると主張する。このような考え方をもつ経済理論家をマネタリストという。

社会主義経済 ⑫ 私有財産制度が否定され、生産手段(土地・工場・機械)は国有の協同組合の所有であり、市場経済によらず、商品生産は国家による中央計画経済でおこなわれている経済体制のこと。

生産手段の公有化(国有化) ⑤ 土地・工場・機械などの生産手段の私的所有を認めず、公的な機関が所有すること。社会主義の基礎条件をなす。

生産手段の共有化 ②

計画経済 ⑩ 商品の生産・販売・流通を国家が計画を立てて運営することで、社会主義経済の特徴の1つ。しかし、中国の1978年以降の「改革・開放政策」(社会主義市場経済の導入)、ベトナムの1986年以降の「ドイモイ(刷新)政策」など、社会主義諸国における市場経済化が進んでいる。

世界の工場 ⑥ 世界中に工業生産品を供給している国を比喩的にとらえた表現。産業革命を経験した19世紀のイギリスがこのように呼ばれた。今日では世界中に製品を供給している中国などが「世界の工場」であると表現される。

世界の市場 ③ 世界経済のなかで、とりわけ大規模な購買層をもつ市場、または国家を指す。たとえば、世界の工場となった中国は、約14億人の人口を抱えており、近年の富裕層、中産階級の勃興を背景に、世界のマーケットとしての期待が大きくなっているという意味で「世界の市場」と表現される。

3 市場経済の仕組み

市場しじょう ⑫ 家計や企業の経済生活において、取引のおこなわれる「場」のこと。これは、具体的な場所を示すのではなく、売買関係の成立している「場」を表す。

自由競争 ③ 自由経済、経済的自由主義の根幹にある考え方。自由経済では、商品の売り手と買い手が多数存在して、自由な競争がおこなわれている完全競争市場が想定されている。そこでは政府の干渉を排し、自由に経済活動の競争がなされることで、社会全体が発展していくとされる。ただし、自由競争を保障するためには、有害な取引に対しての規制・取締りは必要である。

自由経済 ②　**経済的自由主義** ①

市場経済 ⑫ 市場において、売り手と買い手の自由な取引によって価格が成立し、売買が成立することを市場機構といい、市場機構に支えられた経済のことを市場経済という。また、そうした仕組み全体を市場経済システムという。資本主義経済は、こうした自由主義経済の仕組みに対応している。社会主義経済の計画経済に対する言葉である。

市場機構(市場メカニズム) ⑨ 市場において、商品の売り手と買い手が自由な取引をおこなうことで価格が決定され、その価格の変動で需要・供給が調整され、資源が効率的に配分される仕組み。

市場原理 ⑤　**資源配分の調整** ④

資源の最適配分 ③　**資源の配分** ④

需要・供給の法則 ① 市場において、財の価格と数量は需要と供給の関係(需給関係)によって決定される仕組みをいう。たとえば、供給される商品の価格が低ければ需要は増大し、取引量は増加する。需要の増加によって価格は上昇し、供給側は供給量を増やしていくが、需要量と供給量が均衡(きんこう)したところで価格は安定し、均衡取引量で均衡価格を形成する。　**均衡取引量** ③

完全競争市場 ⑥ 市場メカニズムが想定している市場のことで、条件として⑴需要者と供給者が多数存在しており、両者が需要量や供給量を変化させて意図的に市場価格を動かすことはできないこと、⑵両者は、市場・商品の情報をすべて知っていること、⑶市場で取引される商品は同質であること、⑷市場への参入・退出は自由であること、があげられる。

均衡価格 ⑪ 市場において、需要量と供給量とが一致する均衡点における価格。完全競争市場においては、需要と供給が一時的に乖離(かいり)しても、最終的には均衡価格に価格は落ちつき、売れ残り(超過供給)や品不足(超過需要)は解消するとされる。

需要 ⑫ 市場における財・サービスに対する欲求の度合いのこと。また、市場における購買側の立場を指していう。

買い手 ④

供給 ⑫ 生産された商品が、市場に提供される量を示す。また、市場における販売側の立場を指していう。　**売り手** ④

需要曲線 ⑫ 需要を価格の関数として、縦軸に価格を、横軸に需要量をとる。この時の曲線を需要曲線という。商品の需要は価格が下がるほど増大するので、右下がりになって表れる。　**需要量** ⑪

供給曲線 ⑫ 供給を価格の関数として、縦軸に価格を、横軸に供給量をとる。この時の曲線を供給曲線という。商品の供給者は、価格が上がるほど供給量を増大させるので、右上がりになって表れる。　**供給量** ⑫

超過需要 ⑧ 需要が、供給を超過していること、またその量。超過需要の状態では品不足が生じて価格が上昇し、最終的には均衡価格に達する。反対に、供給が需要を超過している場合(超過供給)では、売れ残りが生じ価格は下落する。　**需要超過** ②

超過供給 ⑦　**供給超過** ②

価格 ⑫ 価格は商品の価値を表す貨幣による表示であり、すべての商品は価格をもつ。

市場価格 ⑧ 市場において形成された価格のこと。商品は市場で売買され、その時の市場価格が均衡価格よりも高ければ、需要量よりも供給量が大きいため超過供給が生じ、やがて価格は下落(げらく)し、均衡へと向かう。逆に、市場価格が均衡価格よりも安い場合には、供給量よりも需要量が大きいため超過需要が生じ、市場価格は上昇へと転じる。

価格の自動調節機能 ⑩ 自由な競争のもとで、価格が変動して自然と需要量と供給量が一致する機能のこと。すなわち、価格の上昇は、需要を引き下げ、供給過剰になる。反対に、価格の低下は、需要を引き上げ、供給不足になる。需要と供給のバランスを一致させる価格が均衡価格となる。価格機構(プライス・メカニズム)ともいい、この仕組みで需給が調整されることを市場原理という。

価格機構(プライス・メカニズム) ④

市場の自動調節作用 ②

価格弾力性 ② 価格が変化した時の需要量の変化の度合い。価格の変化に対して需要量がより大きく変化する場合(「需要量の変化率／価格の変化率」が1をこえる場合)を、価格の弾力性が大きいといい、奢侈(しゃし)品などがこの例とされる。これに対し、たとえばコメなど生活必需品は価格の変化に対して需要量の変化が大きくないことから、価格の弾力性が小さい商品の例とされる。

公定価格 ① 市場メカニズムによることなしに、政府などによって決定される価格。状況により、最低価格・最高価格・標準価格が設定される。

市場の失敗(市場の限界) ⑫ 市場経済で価格の自動調節機能が働かず、財やサービスが十分に供給されず、効率的な資源配分も達成されない状況のこと。市場の失敗が生じる原因として、(1)独占・寡占(かせん)、(2)規模の経済性の問題、(3)外部性の問題(外部経済・外部不経済)、(4)公共財の存在、(5)情報の非対称性、などがあげられる。これに対し、政府は(a)独占・寡占による市場の支配に対する禁止・規制、(b)公共財(道路・港湾・公園などの社会資本)、国防・警察や上下水道など一般の公共サービスの供給、(c)公害などの外部不経済に対する対策、などの経済政策をおこなう。

独占 ⑫ 市場を、少数の大企業が支配している状態をいう。とくに、ある商品の市場を単一の企業が占めている状態を完全独占という。市場を独り占めしている状態なので、供給量を調節し、価格をつり上げて独占価格が成立し、超過利潤(独占利潤)を得ることができる。

資本の集中・集積 ④ 自由競争による吸収合併の結果、企業の資本規模が拡大することを資本の集中という。また「規模の利益」を求め、投資を追加することで、より資本を大きくすることを資本の集積という。

規模の利益(スケールメリット) scale merit ⑤ 同種のものを多く集めることにより、単体よりも大きな結果が出すことができること。経済活動では、生産・販売・経営などの規模が大きくなることで、経済効率や生産性が向上することを指す。したがって、一般的に大規模企業の方が、小規模企業よりもスケールメリットが働き、有利であるといえる。 **規模の経済性** ①

寡占(かせん) ⑫ ある商品の市場を、少数の企業が占めている状態をいう。市場においては、自由な競争がおこなわれず、寡占価格が成立している。

:寡占企業 ① ある商品の生産販売に関して、市場を占めている少数企業のこと。単独で独占している場合を独占企業という。

独占・寡占企業 ①

独占価格 ① 独占企業が設定する価格。寡占価格ともいう。ほかに競争相手がおらず、価格競争が発生する余地がなければ、独占企業は超過利潤の獲得をめざし、高めの価格設定をおこなう。 **寡占価格** ①

寡占市場 ⑧ 少数の大企業が市場を支配し、価格の決定権を握っている市場。自由な競争がおこなわれないため、不完全競争の状態にある。独占市場の一形態。

不完全競争 ①　**独占市場** ⑥

市場占有率 market share ④ シェアともいう。ある商品、もしくはある企業が市場に占める割合。販売高で示されることが多い。シェアの大きさは、その商品もしくは、その企業の市場支配力の大きさを示す。

マーケットシェア ③

管理価格 ⑩ 寡占市場において、価格支配力をもつ指導的な大企業(プライス・リーダー)が、超過利潤の獲得をめざして設定する価格。独占価格の一種。協定によらず、暗黙の了解のうちに成立し、いったん上昇した価格は下がりにくく、価格の下方硬直性を特色とする。

価格の下方硬直性(かほうこうちょくせい) ⑧ 独占価格(寡占価格)の存在する市場では、価格は上昇することはあっても、下落しにくくなるという傾向のこと。

プライス・リーダー price leader ⑨ 寡占市場において、価格の支配力をもつ企業のこと。価格先導者。もっとも高い市場占有率(市場支配力)を有する企業が、その役割をなすことが多い。プライス・メイカーともいう。プライス・リーダーの価格決定に引きずられるかたちで、市場価格が形成されることが多い(管理価格)。プライス・リーダーによって価格決定がなされていく仕組みを、プライス・リーダーシップという。

価格先導者 ③

プライス・メイカー ①

価格競争 ③ 利潤追求を目的とする自由競争がおこなわれている資本主義経済において、市場占有率を大きくするため、より低価格で商品を供給しようとすること。

非価格競争 ⑪ おもに独占(寡占)価格の支配的な市場で、価格以外の部分で競争をおこなうこと。広告・コマーシャルによる印象度や、デザイン・パッケージ・アフターサービスなどによって品質のよさをアピールし、差別化をはかる。

製品の差別化 ①

:広告 ⑤ 消費者に購買意欲をおこさせるために、その商品についての情報を与える営み。小さいものではチラシ広告から、大きなものではテレビのコマーシャルまで、様々な媒体(メディア)を使っておこなわれる。近年ではネット媒体を使った広告の影響力が大きい。

GAFA ③ 世界的な影響力をもつ、アメリカの巨大IT企業であるグーグル(Google)、アップル(Apple)、フェイスブック(Facebook、現Meta)、アマゾン(Amazon)を総称していう。

プラットフォーマー ③ インターネット上で、利用者とサービス提供者とを結びつける基盤(プラットフォーム)を提供する事業者のこと。インターネット上で大規模なサービス提供をしている企業を指し、GAFAはその典型である。

依存効果 ⑦ 宣伝や広告などによって、消費者の欲望がかきたてられること。大衆消費社会の宣伝・広告の弊害を強調するために、ガルブレイス(→p.147)が用いた。

デモンストレーション効果 ⑥ ほかの消費者がある商品を買うと、つられて同じ商品を買ってしまう現象のこと。

カルテル(企業連合) kartell ⑩ 同じ産業分野の企業が、独立性を保ちながら、販売価格や生産量・市場とする地域、技術・品質などに関して協定を結び、市場の独占的支配をはかろうとする独占の一形態。一定程度の生産の集中が前提となる。1870年代、大不況下のドイツで発達した。

:価格カルテル ① 少数の大企業が、価格協定を結ぶこと。成立した価格は、カルテル価格、または協定価格という。

:合理化カルテル ① 同一業種の各社が合理化のために協定を結ぶ形態。かつては独占禁止法によって認められており、不況などを乗り切るために、一定の要件下で公正取引委員会の許可があれば実施できた。しかし、1999(平成11)年の独占禁止法改正によって、不況カルテルとともに禁止された。

:不況カルテル ① 不況の時に、事業の継続が困難となるような状態がある場合に、必要な限度で、他事業者と生産数量や販売数量などの制限について協定を結ぶこと。1999(平成11)年の独占禁止法改正により、適用除外制度からはずされた。

トラスト(企業合同) trust ⑨ いくつかの企業が、独立性を捨てて合併し、巨大企業を形成する独占の一形態。カルテルより効果的・安定的な競争制限が可能となり、生産設備の更新・廃棄などの合理化が容易になる。1870年代以来、アメリカでもっとも典型的な独占形態として発達し、数々の反トラスト法(1890年のシャーマン法など)を生んだ。

合併・買収(M&A) ⑨ 経営の効率化や高い技術の獲得をめざして、企業がほかの企業を買収すること。1970年代半ばから、アメリカの企業間で盛んになった。日本では1980年代半ばから、企業が海外へ進出するための有効な手段と考えられた。

コンツェルン konzern ⑦ 複数の企業が、株式のもちあいや、融資関係、役員の派遣により結合し、多くの産業分野を支配する独占の一形態。戦前の日本の財閥(ざいばつ)はこの一種。

持株(もちかぶ)会社 ⑦ 事業を直接おこなわず、子会社の株式を保有し、企業グループの中核として子会社を指示・管理し統括する会社をいう。純粋持株会社。ホールディング・カンパニーともいう。本業をおこなう一方で、ほかの会社を支配するものを事業持株会社というが、事業持株会社の場合は、持株会社とは呼ばず「親会社」と呼ばれることが多い。戦前の財閥が純粋持株会社の形態をとっていたため、独占禁止法によって禁止された。しかし、1997(平成9)年の改正によって持株会社が解禁された。

コングロマリット(複合企業) conglomerate ⑩ 利潤獲得を目的に、たがいに関連性のない産業分野・市場で複数の事業展開をおこなう企業のことで、合併により成立する。アメリカでは、カルテルやトラストの規制がきびしいため、同じ市場での独占的行為の立証が難しいコングロマリット化が、企業大規模化の代表的な手法となっている。

企業集団 ② 多くの産業分野の企業が、横のつながりをもつ大企業どうしの系列関係。戦前の財閥は、親会社・子会社の縦の関係を軸とするものであったが、戦後は株式の相互もちあい・社長会・系列融資・集団内取引・共同融資などを通じ、多くの分野の企業が横のつながりをもつ。しかし、近年の不況・国際化などで、かつての六大企業集団(具体的には三菱・住友・三井・三和・芙蓉(ふよう)(富士)・第一勧銀の銀行系の企業集団)は三菱UFJ・三井住友・みずほの三大メガバンクに再編されている。

独占禁止法 ⑫ 私的独占、不当な取引制限、不公正な取引方法の禁止を規定し、事業者の公正かつ自由な競争を促進し、国民経済の民主的で健全な発達を促進することを目的とした法律。独禁法。経済の憲法ともいわれ、1947(昭和22)年に戦後の経済民主化政策の一環として制定された。1953(昭和28)年の改正では不況カルテル・合理化カルテルが合法化されるようになったが、1999(平成11)年の改定でこの条文は削除された。また、1997(平成9)年の改正では持株会社を解禁した。

公正取引委員会 ⑫ 独占禁止法を実施・運用する機関。組織上は内閣府の外局である。独立した行政委員会であり、委員は経済・法律関係の学識経験者(委員長1人および委員4人)で構成され、調査・勧告・審判などの広い権限をもっている。

外部不経済 ⑪ 市場の外で発生する社会的なマイナス効果のこと。市場の失敗の例。具体的には企業活動が市場を通さず、ほかの個人や企業に不利益を与える効果をいう。例として企業活動にともなう煙害や騒音などの公害問題があげられる。住民には様々な被害が生じるだけでなく、企業内においては公害防止の費用が増大し、政府・地方公共団体は多額の対策費用を支出することになる。

外部経済 ⑪ 市場を介さずに個人や企業などが得ることのできるプラスの効果。たとえば、近くに駅ができたために生活の利便性が向上し、住居の資産価値も上がった、など。

外部性 ③

社会的費用 ② 原材料費・人件費などの生産に直接関係する私的費用だけでなく、公害の被害額や公害対策費などの外部費用も加えた社会全体に関わる費用。第三者ないし社会が負担することになる社会的費用は、生産量が増大すると増大していくとされる。したがって、規模の経済性が働くにもかかわらず、私的費用と社会的費用をあわせた費用はかえって増大していくことになる。

公共財 ⑪ 代金支払いの義務がなく、多数の人が同時に消費できる財。具体的には、道路・公園・港湾などの公共施設をいう。公共財は、民間部門では供給されないので、公共部門による財政によって供給されることが多い。

公的経済(公共部門) ②

私的経済(民間部門) ②

公共サービス ⑦ 代金支払いの義務がなく、多数の人が同時に消費できるサービス。具体的には、国防・警察・消防などをいう。

非競合性 ⑧ 同じ財やサービスを複数の人間が、同時に同量を消費できること。ある人の消費がほかの人の消費を減少させることがないことをいう。公共財・公共サービスには非競合性があり、したがって市場による適切な資源配分が難しい。

非排除性 ⑧ 財やサービスの消費において、料金を払わない者をその消費から排除できないこと。公共財・公共サービスには非排除性があり、したがって民間企業による供給が難しい。

対価を払わない者(フリーライダー) free rider ③ 対価を支払わずに、自分のものではない財・サービスを使用・消費する者。私有財は、排除原理(対価を支払った人だけが排他的にその財を消費し得る原理)が適用され、フリーライダーを排除できる。これに対し、公共財の供給において、その非排除性からフリーライダーは排除できないため、民間企業による供給は難しいとされる。

PFI Private Finance Initiative ① 民間企業が事業主体となり、その資金やノウハウを使って、公共施設の建設・運営・管理などの公共事業をおこなうこと。官民が協同して、効率的かつ効果的に質の高い公共サービス提供をするという手法で、1990年代のイギリスで始められた。

情報の非対称性 ⑫ 市場における買い手と売り手に保有する情報に差があること。情報の非対称性があると、価格メカニズムがうまく機能しなくなり、市場の失敗が生じる。アメリカの経済学者アカロフ(Akerlof、1940～)の論文に登場した用語。

:逆選択 ④ 情報の非対称性がある時、判断材料となる情報が不足するために合理的な価値評価ができないことから、買い手は売り手にだまされないようになるべく価格の安いものを選択しようとする。そのため、高価だが優良な商品は売れ残り、安価だが質の悪い商品だけが市場で取引されてしまう現象のこと。

:スクリーニング ① 情報をもたない側が選択肢を提示し、情報をもつ側に選択をうながすこと。逆選択の解消方法の1つ。たとえば保険会社(保険加入者がどのようなリスクをもっているか知らない)が保険加入者(自分のリスクに関する情報をもっている)に対し、いくつかのプランを示して自分にあうと考えるものを選んでもらう。

:シグナリング ① 購入の前に、情報をもつ側がコストをかけて情報提供をすることで、購買者(消費者)に選んでもらうこと。逆選択の解消方法の1つ。たとえば就職を希望する者(情報をもつ者、売り手)がほかの者と比べいかに自分が優秀であるかを示すために、所持している資格一覧を採用企業(購買者)に示す。

：**モラルハザード** ② 責任感が欠けてしまうこと、倫理観の喪失のこと。たとえば、車の保険に入ることによって契約者は「事故がおきても補償される」と考えて、かえって危険な運転をしてしまい事故発生率が高まるといった問題が生じる可能性がある。契約のあとに生じる、情報の非対称性がもたらす問題である(たとえば、この例だと保険会社は契約者の行動を監視し、チェックすることはできないということ)。

私企業 ⑪ 一般の個人や法人などが出資し、経営する企業。民間企業ともいう。資本主義社会にあっては、私企業が企業の中心である。 **民間企業** ②

個人企業 ⑩ 個人が出資し、経営する小規模な企業。資本所有者が、同時に経営権をもつ。

法人企業 ⑩ 権利・義務の主体である法人として、法律により認められた企業のこと。個人ではなく、法律上の権利・義務の主体となるものを法人という。 **法人** ⑧ **法人格** ①

会社企業 ⑩ 法人企業のうち、組合企業以外の形態の企業。株式会社・合資会社・合名会社・合同会社・有限会社を指す。

組合企業 ⑩ 信用金庫・信用組合・農協・漁協・健康保険組合・生活協同組合など、組合員のために事業をおこなう企業。たとえば、信用金庫は組合員以外への貸付に制限があり、信用組合になると預金口座開設にも制限がある。

公企業 ⑪ 国や地方公共団体が経営する企業。第一セクターともいう。国営企業・地方公営企業・特殊法人・独立行政法人が公企業に当たる。 **公共企業体** ①

国営企業 ⑤ 国が運営する企業。かつては、郵政・造幣・印刷・国有林野・アルコール専売の現業が存在したが、現在は民営化・独立行政法人となり(国有林野は一般会計に移行)、国営企業は日本には存在しない。また、独立採算制の公共企業として、三公社といわれた日本電信電話公社・日本国有鉄道・日本専売公社は、電電と専売が1985(昭和60)年4月、国鉄が1987(昭和62)年4月より民営化され、それぞれNTT、日本たばこ産業(JT)、JR7社となった。また2007(平成19)年には、郵政公社が民営化された。 **公社** ②

公庫 ③ 政府が全額出資する金融機関。中小企業や農林水産業者などに資金調達をする日本政策金融公庫などがこれに当たる。

地方公営企業 ⑦ 地方公共団体が経営する公益的な企業。水道・下水道・交通事業・病院事業などで地方公営企業の例がみられる。

公私合同企業 ⑨ 国や地方公共団体と民間企業の共同出資による企業を指す。例として日本電信電話株式会社(NTT)、日本たばこ産業(JT)や日本銀行など。官民共同企業体が地域開発に取り組む企業体となる時、第三セクターとも呼ばれる。 **第三セクター** ④

公益財団法人 ① 行政府から公益性を認められた法人。営利を目的とせず、一定の目的のための財産を運営するためにつくられた。法律で定められた23の公益目的事業(学術や文化の振興、福祉、環境保護の増進など)をおこない社会貢献することを目的とする。

会社法 ⑨ 会社法は、従来は商法・有限会社法・商法特例法などの総称であったが、2005(平成17)年にこれらを再編成する法律として制定された(施行は2006〈平成18〉年)。これによって、合資会社・合名会社は新たに設立された合同会社とともに「持分会社」と総称され、有限会社は株式会社の一種として扱われることになり、新たな設立ができなくなった。また、株式会社設立にあたり最低資本金の規定がなくなり、資本金が1円でも株式会社を設立することができるようになった。 **持分会社** ②

会社 ⑤ 会社法にもとづいて設立された法人のこと。会社には、株式会社と合名会社・合資会社・合同会社の4つの種類がある。有限会社は2006(平成18)年の会社法施行以降は新設できなくなり、既存のものは特例有限会社として株式会社の1つに分類されている。

社員 ② 会社法では、会社に出資したものを指して社員という。

無限責任 ② たとえば、会社が倒産した時などに、会社の債権者に対して債務総額の全額を返済する責任を負うことをいう。 **無限責任社員** ⑦

有限責任 ⑨ 無限責任と違い、会社の債務などの責任が、一定額を限度として債務を支払えばよいとするもの。たとえば、株式会社の場合、会社が倒産して債務返済の必要が生じた時に株主(出資者)が責任をもつのは出資した額までである。有限責任社員は、経営に参加する義務はなく、利益が出れば出資金に応じた配当を受けとる一方で、損失が出た場合には出資金の範囲内の負担ですむ。このため、多数の出資者をつのりやすい。 **有限責任社員** ⑦

合名会社 ⑪ 出資者が無限責任社員となって経営をおこなう持分会社。2006(平成18)年の会社法施行によって、無限責任社員1人からでも設立可能になった。家族経営など小規模の会社が多い。合名会社の社員(＝出資者)および合資会社の無限責任社員は会社の債務に対し、無制限・無条件に責任を負う。

合資会社 ⑪ 出資するだけの有限責任社員と、直接経営にあたる無限責任社員で構成される小規模な会社。

合同会社 ⑪ 持分会社のなかで、社員がすべて会社債務に対し有限責任である会社。2006(平成18)年施行の会社法によって新設された会社形態であり、設立が比較的容易なことなどからベンチャー企業に適している。また合同会社は、剰余分の配当に対して出資比率とは別の自由な設定で利益の配当を実施できるという特徴ももつ(株式会社では配当は出資金に比例しなくてはならない)。

有限会社 ⑥ 50人以内の有限責任社員で構成される会社。合名・合資会社と株式会社との中間的な性格をもち、中小企業などの小規模な会社が多かった。2006(平成18)年に施行された新会社法によって新たに設立することはできなくなった。従来の有限会社は、株式会社に移行するまでは、特例有限会社として、株式会社の1つとして分類される。 **特例有限会社** ③ **有限会社法** ①

株式会社 ⑪ 株式の発行により広く資金を集める会社。会社の中心的形態。株式の所有者(出資者)は有限責任であるため、経営意思のない多数の株主の出資により巨額の資金を調達することが可能である。2006(平成18)年の会社法施行により、資本金が1円でも株式会社を設立することが可能になった。株式の譲渡が原則自由の公開会社と制限がある株式譲渡制限会社がある。また、特例有限会社も株式会社に分類されている。

：**東インド会社** ② 17～19世紀にイギリス、オランダなどが、インド・東南アジアの物産の直接輸入・独占をおこない、植民活動を担う目的で設立した国家的な会社。1602年にオランダで設立された東インド会社が株式会社の起源とされる。

株式 ⑫ 株式会社における資本の構成単位、持分(社員権)、またはこれを表す株券のこと。株式会社は、必要とする資金を細分化して、均一金額の株式を持分の構成単位として発行することで、小額の出資を多数の出資者からつのることができ、巨額な資金調達を可能としている。また、株式の発行によって得られた資金は株主に返却の必要のない自己資本であり、一方で株主にとって株式はいつでも売買できるため比較的に出資が容易であるという、双方のメリットがある。

株式市場 ⑥ 新規に発行する株式や、すでに発行された株式を売買する市場。証券取引所での株式の売買が主である。

株主 ⑫ 株式の所有者。株主は所有する株式の分だけ、会社に対して権利と義務をもち、持ち株相当の配当を受けることができる。

株主総会 ⑫ 株式会社における最高決定機関。事業計画や決算の承認、取締役や監査役の選任・解任の承認など重要事項がおこなわれる。株主は1株につき1票の議決権が与えられる。 **総会** ①

配当 ⑪ 会社が、定期的に所有株式数に応じて利潤を株主に還元する分のことをいう。業績が不振で配当をおこなえない会社を無配会社という。 **配当金** ②

上場 ④ 一定の基準を満たした株式や債券の取引を証券取引所で認めること。上場することにより、その会社は資金調達が容易になることや、社会的信用度が高まるなどのメリットがある。 **上場企業** ③

株価 ⑦ 各企業が発行している株式1株当たりの値段のこと。株価は証券取引所での需要と供給によって変化する。一般に需要が高いと株価は上昇し、供給に比べ需要が少ないと株価は下落する。

日経平均株価 ⑤ 東京証券取引所プライム上場銘柄のうち、日本経済新聞が選んだ225銘柄の平均株価。株価動向の指標の1つである。

投資ファンド ① 投資家から集めた資金を、共同投資の仕組みで運営する基金。証券投資・不動産投資など、多様な種類がある。 **投資家** ①

キャピタル・ゲイン capital gain ③ 資本利得のこと。土地や固定資産・有価証券などの売却によって生じた利益。たとえば、株式の場合で、購入価格よりも売却価格が上まわった場合、キャピタル・ゲインが生じる。バブル経済期の株式投資は、キャピタル・ゲインを目的とするものが多かった。 **株式投資** ①

インカム・ゲイン income gain ① 株式や債券などの資産を保有中に得られる収益のこと。たとえば、株式の場合は配当金が、債券では利子が、不動産では賃貸料がこれに当たる。

所有と経営の分離 ⑪ 株式会社制度のもとでは、株式所有者が分散し、資本所有者と実際の経営者が別になっていること。大株主は会社所有に特化し、株をほとんどもたない専門的経営者が株式会社を経営するようになっている。

経営者 ⑨ 会長・社長・取締役など、会社を経営し、対外的に会社を代表する役員のこと。

最高経営責任者(CEO) ② 取締役会が任命する業務執行役員のトップに立つ人物。日本では会社法により、会社の代表権をもつのは取締役または代表取締役であり、CEOとは、社長や会長と同じ企業の内部呼称で、Chief Executive Officer の略である。

取締役 ⑧ 株主総会で選任・解任される、株式会社の業務を執行する者(機関)を指す。2006(平成18)年の会社法の施行により、取締役は1人でも可となった。任期は原則として選任後2年である。

取締役会 ⑩ 株式会社において、業務の具体的な方針を決め、その執行の責任をもつ意思決定機関を指す。取締役会は、株主総会で選任された取締役によって構成され、この取締役のなかから1人が代表取締役に選任されて会社のトップ(通常は社長)となる。 **代表取締役** ③

監査役 ⑧ 取締役の職務の執行を監査し、監査報告を作成する役職。業務監査と会計監査をおこなう。株主総会で選任される。

株主代表訴訟 ② 取締役などが違反行為をして会社に損害を与えた場合などに、株主が会社を代表して、取締役などに対して法的責任を追及するためにおこす訴訟。

経営者団体 ① いわゆる財界を形成する団体。本来は、地域別団体と業種別団体に大別できるが、現在では公益法人として全国500以上の商工会議所を統括する日本商工会議所が地域別団体であるほかは、区別の意味はあまりない。経済団体連合会(経団連)、日本経営者団体連盟(日経連)、経済同友会(同友会)を含めて、経済4団体と呼んでいたが、2002(平成14)年に経団連と日経連が統合し、日本経済団体連合会(経団連)となった。

自己資本 ⑧ 企業のもつ総資本のうち、株式の発行、社内留保(内部留保)などの借入金でない資本部分をいう。自己資本は貸借対照表では純資産として表記される。返済する必要のない資本部分。 **自己資金** ①

他人資本 ⑧ 企業のもつ資本のうち、銀行からの借り入れ、社債の発行によるもの。他人資本は貸借対照表では負債として表記される。返済する義務がある資本部分。 **銀行借り入れ** ①

社債(しゃさい) ⑪ 事業資金を集めるために、企業が発行する債券。直接金融の1つ(事業資金を銀行融資によって集めるのは間接金融)。社債の保有者は、株式と違い経営に関する議決権はもたないが、約定している利子を受けとることができる。社債の発行は、会社の財産や株主の利益に重大な影響があるため、取締役会のある株式会社では、取締役会の決議事項となる。社債による資本部分は他人資本となる。

内部留保 ⑤ 株式会社において、株主への配当や役員賞与として、配分されないで社内に積み立てられた利潤。利益剰余金のことで、自己資本の一部である。

大企業 ⑨ 一般的には、中小企業基本法で定義された「中小企業」以外の企業を指す。ほとんどは株式会社の形態をもち、資本・設備・生産力・技術開発力などの面で中小企業をしのぎ、産業の中枢(ちゅうすう)を担っている。

定款 ③ 会社の組織・運営・活動を定めた根本規則。会社をつくる際に、必ず作成しなければならず、公証役場で公証人の認証を受けるという手続きが必要となる(ただし、合同会社を設立する場合は、認証が不要となる)。

シンクタンク ① 企業の経営戦略決定のために調査・助言をおこなう研究機関。

証券会社 ⑨ 1948(昭和23)年に制定された証券取引法により登録・許可された株式会社。有価証券の売買・仲介・代理・取次、証券取引所での売買取引の委託・媒介・取次・代理、証券発行の引き受け・売り出しなどを業務とする。近年では、金融の自由化により銀行や保険業務との垣根がなくなり、相互乗り入れの形態が出ている。

証券取引所 ⑤ 株式や債券など有価証券が

売買されることによって資金が取引されている市場。日本取引所グループの東京証券取引所(東証)など。 **証券市場** ③

: **東京証券取引所** ⑥ 東京都中央区日本橋兜町にある、日本最大の証券取引所。2013(平成25)年に大阪証券取引所と経営統合し、日本取引所グループの子会社となっている。2022(令和4)年にプライム市場・スタンダード市場・グロース市場(高い成長性を有する企業が上場する市場)に再編された。

: **東証マザーズ** ① 東京証券取引所が開設する、新興企業(ベンチャー企業)向けの株式市場。2022(令和4)年4月の東京証券取引所の再編により、グロース市場に位置づけられることになった。
新興株式市場 ③ **マザーズ** ①

: **ジャスダック** ② 東京証券取引所が提供する株式市場。マザーズと並び、新興企業向けの市場。2022(令和4)年4月の東京証券取引所の再編により、スタンダード市場とグロース市場とに位置づけられることになった。

ベンチャーキャピタル ① 未上場のベンチャー企業に出資して株式を取得し、その企業が株式を公開(上場)した際に株式を売却することで、値上がりによる大きな利益の獲得をめざす投資会社や投資ファンドを指す。ハイリターンをねらう投資をおこなう投資会社や投資ファンドのこと。

クラウドファンディング ⑨ インターネットを介し、不特定多数の人々から資金を集めること。クラウド(群衆)とファンド(資金)を組み合わせた造語。寄付型、貸付(融資)型(ソーシャルレンディング)などがあり、事業提案者の呼びかけに共感した人から小口資金を効率的に低コストで集められる利点がある。

研究開発(R&D) ③ 新製品などの開発を目的におこなう研究活動。新製品により、他社と差別化するために、需要と技術を結びつけて新しい製品や作業工程などを開発していく。

メセナ mécénat ⑧ 企業による文化・芸術活動の支援を指す。企業による自発的な社会貢献活動の1つ。古代ローマの文芸保護者として知られるマエケナス(仏語Mécène)に由来する。

フィランソロピー philanthropy ⑧ 慈善行為。企業などによる、公益活動や非営利活動を指す。企業が主体となっておこなうものや、従業員のボランティア活動を休暇制度や援助などで支援する形態などがある。

コーポレート・ガバナンス(企業統治) corporate governance ⑪ 株主の代理人として経営者が適切に会社運営をおこなっているかを監視する仕組みのこと。企業が社会や個人のために、どのような活動の方向にあるべきかを示す考え方。企業の運営や活動は、株主をはじめとして、顧客・従業員・取引先・金融機関など、多くの利害関係者(ステークホルダー)によって成り立っている。そのため、経営者の勝手な会社運営を許さないようにするために、相互の利害関係を円滑に調整しながら経営を方向づけていく必要がある。

コンプライアンス(法令遵守) compliance ⑪ コーポレート・ガバナンスの基本原理の1つ。法律や規則といった法令を守るだけでなく、社会的規範や企業倫理を守ることまでも含まれる。法令違反による信頼の失墜(しっつい)が事業存続に大きな影響を与えた事例(公害問題・欠陥商品による消費者被害・食品表示偽造など)が続発し、法令違反を防ぐという観点から重視されている。

ディスクロージャー(情報開示) ⑩ 株式会社は株主のものであるという考え方に立ち、株主などに対して企業が業務内容について公開すること。

企業の社会的責任(CSR) Corporate Social Responsibility ⑪ 企業は利益を追求するだけでなく、その活動が社会全体に大きな影響を与えることについて、責任を負うべきであるとする考え。また、あらゆる利害関係者(ステークホルダー)に対して適切な意思決定をすること。 **企業倫理** ①

社会的責任投資(SRI) Socially Responsible Investment ② 企業の社会的責任の遂行をうながす投資のこと。具体的には、投資先を決める際に、その企業の成長性や財務面を基準にするだけではなく、その企業が社会的責任(CSR)を果たしているかどうかも考慮して投資先を選ぶこと。

SROI Social Return on Investment ① 社会的投資収益率を指し、企業活動からもたらされる社会的リターン(ソーシャルリターン)を数量化して示したもの。

ステークホルダー(利害関係者) stakeholder ⑦ 企業や学校などのあらゆる組織の利害関係者を指す言葉。企業では、株主だけでなく、従業員・顧客・取引先・金融機関なども含まれる。株主だけを指すストックホルダーと区別して使用される。
ストックホルダー ①

ESG投資 ④ ESGは、環境(Environment)、社会(Social)、ガバナンス(統治：Governance)を指し、収益性だけではなくESGに配慮した企業に投資すること。

外注(アウトソーシング) outsourcing ⑤ 業務のうち、専門的なものについて、それをより得意とする外部の企業などに委託すること。自社の中心業務に集中し、外部活用をした方が効率的な場合に有効とされる。

ソーシャル・ビジネス(社会的企業) social business ⑥ 社会問題の解決を目的として、収益事業に取り組む企業。ボランティアやチャリティー活動が、無償による奉仕を基本としているのに対して、事業を通じて環境や福祉、教育などの社会的な目的の達成をめざす。公的資金に依存しないため、柔軟で迅速な活動が可能であるとされる。

4　国民所得と経済成長

国民経済 ⑤ 一国を単位とする、一国のなかだけの経済。同一の貨幣・財政・金融制度・経済政策のもとに営まれる経済。国際経済に対する言葉として使用される。

国民総生産(GNP) ⑪ Gross National Product の略。一年間に、国民が新たに生産した財やサービスを市場価格で合計したもの(海外からの純所得も含む)から、原材料などの中間生産物価格を差し引いたもの。一年間に国民が新たに生み出した付加価値の合計。国民総所得(GNI)と基本的には同一であり、一国の経済力の大きさを示す。近年では、海外経済活動の比重が増大したため、国内総生産(GDP)を景気判断の指標として使っている。

：**国民総所得(GNI)** ⑪ Gross National Income の略。GNPが生産物の付加価値の合計でとらえられるのに対し、これを所得からとらえたもの。2000(平成12)年から日本の国民経済計算が変更されたため、現在では経済指標としてGNPにかわってGNIが用いられている。

：**国民総支出(GNE)** ① Gross National Expenditure の略。国民総生産を、支出面からみたもの。GNP統計をつくる場合、個々の統計の充実や理論的ノウハウの観点から、国民の支出面、つまり需要側からの数字を積み重ねる方法をとる。したがって、通常GNPといわれる数字は、実際はGNEを指す。

付加価値 ⑪ 企業などの生産者が生産活動をおこなった際につくり出された生産額から、原材料や燃料などの中間投入物を差し引いたものをいう。もとのものに何らかの加工をほどこしたりすることで、新たに加わる経済的価値のこと。

中間生産物 ⑨ 最終生産物を生産するために用いられた、原材料・半製品・燃料などのこと。国民総生産を算出する時は、総生産額からこの価格を差し引く。

固定資本減耗 ⑩ 一年間に生産などのために使用した機械設備や工場などの固定資本の減耗額。減価償却費と同じ(国民経済計算では時価で評価されている固定資本減耗を使用する)。企業は年々、固定資本などの減耗分を見積もって商品価格に含め、長期にわたって回収する。国民総生産(GNP)には含まれるが、生産のための費用とみなされるので国民純生産(NNP)や国民所得(NI)には含まれない。
減価償却費 ④　**減価償却** ①

国民純生産(NNP) ④ Net National Product の略。一年間に国民が新たに生み出した付加価値の合計である国民総所得(GNI)から固定資本減耗を差し引いたもの。

国内総生産(GDP) ⑫ Gross Domestic Product の略。純粋に国内で生産された財やサービスを推計したもの。GNPに外国人や外国企業が日本国内であげた所得で、海外に送金されたものを加え、企業が海外の現地工場から受けとった所得などを差し引いて算出する。国民経済の景気変動や経済成長を考える際には、領域を対象としたGDPの方が、GNPよりも正確に景気状況を示すため、1991年7～9月期速報から経済企画庁(当時)はGDPで景気動向を発表している。現在はGDPの算出と発表は内閣府がおこなっている。

海外からの純所得 ⑤ 海外に対して、所得の受け取り分から所得の支払い分を引いたもの。国内総生産(GDP)に海外からの純所得を加えたものが国民総所得(GNI)となる。
海外からの純要素所得 ①

国民所得(NI) ⑨ National Income の略。一年間に新たに生産された、財およびサービスの総価値のこと。国民純生産(NNP)から間接税を差し引き、政府からの補助金を加えて算出する。
補助金 ⑦

：**生産国民所得** ⑧ 産業部門ごとに国民所

得を算出したもの。産業別国民所得ともいう。

：**分配国民所得** ⑧ 生産活動に参加した生産要素に対し、支払われた所得を合計して算出する。労働者に支払われる賃金などの報酬の総額である雇用者報酬、土地や資本などに支払われる地代・配当・利子などの財産所得、企業が受け取る利潤である企業所得に分類される。 **雇用者報酬** ①
労働分配率 ①

：**支出国民所得** ⑧ 国民所得を支出面からとらえて算出したもの。消費支出(民間・政府)・国内総資本形成・経常海外余剰(純輸出に海外からの純所得受取を加えたもの)を国民総支出(GNE)とし、ここから固定資本減耗と(間接税－補助金)を除いたもの。 **民間最終消費支出** ②

三面等価〔の原則〕 ⑩ 国民所得は、生産・分配・支出のどの側面からみても理論的には等しくなる、という原則。

国民純所得(NNI) ② Net National Income の略。海外を含める国民全体の所得である国民総所得(GNI)から、固定資本減耗分を差し引いたもの。

国民純福祉(NNW) ⑥ Net National Welfare の略。国民総生産(GNP)をもとに、生活環境の諸条件を考慮した国民生活の豊かさの指標。家事労働やレジャーなどの価値を加え、公害や都市化にともなう費用を差し引いて算出する。 **国民福祉指標** ①

グリーン GDP ⑦ 国連が示した、環境面を配慮したGDP指標。理念的には、GDPから環境破壊による損失を差し引いたものを指す。たとえば、国内純生産(NDP)から環境対策費用を差し引いて算出する。

国民生活指標 ② 豊かさ指標とも呼ばれる、生活水準・豊かさを総合的に把握するための指標。持ち家比率や実質賃金、高等学校進学率、平均余命などの諸指標を数値化して表す。

GNH(国民総幸福、国民幸福度) ③ Gross National Happiness の略。生態系の豊かさ、伝統文化と精神文化の維持、経済的公平性、よい政治の4つの指標による、豊かさを問い直す概念。ワンチュック国王(Wangchuck、1980～　)を君主とするブータンの憲法にも、この概念が反映されている。

国民経済計算(SNA) ② System of National Accounts の略。一年間の一国の経済活動の各種データを集計し、整理したもの。現在は、日本も国連の基準(2008SNA)に従っており、1993SNA より統計に GNP ではなく GNI を用いるようになった。

内閣府経済社会総合研究所 ① 内閣府のシンクタンクで、経済活動や経済政策に関わる理論研究や実証研究をおこなう機関。

ストック ⑪ これまでの経済活動でどれだけの富が蓄えられているかを示すもの。

資産 ⑥ 貨幣や金銭的価値をもつ財、さらに債権を加えたストックのこと。

国富 ⑪ ストックのうち、一国における一定時点の実物資産(非金融資産)と対外純資産の合計。ある時点での蓄えの量を示すストックの概念である。

：**実物資産** ④ 非金融資産である有形資産。建物・機械・輸送手段などの固定資産と、原材料などの流動資産からなる。

：**対外純資産** ⑤ 日本の政府や企業、個人が海外に保有している債権から、海外に対する債務を引いたもの。
対外純債権 ①　**対外純債務** ②

フロー flow ⑪ 一定期間内にどれだけの経済活動がおこなわれたかを表すもの。ある一定期間に経済主体間を流れる財貨の量のことで、国民所得などがこれに当たる。

経済成長 ⑪ 一国の経済規模が、年々拡大すること。国内総生産(GDP)や国民所得(NI)の増加によってとらえられる。

経済成長率 ⑩ 一国の国内総生産の年々の増加・減少率のこと。一国の経済状態を表す重要な指標である。経済成長率は、(当年のGDP－前年のGDP)／(前年のGDP)×100で算出する。

：**名目経済成長率** ⑧ 物価水準の変動を調整することなしに算出される経済成長率。名目 GDP の値を使って算出された経済成長率のこと。 **名目 GDP** ③

：**実質経済成長率** ⑨ その年の物価で示した名目経済成長率を、物価指数によって修正したもの。GDP デフレーターにより名目 GDP の値を実質 GDP の値に換算して算出する。たとえば、名目 GDP が500億円の時、GDP デフレーターが110であった場合(この場合は物価上昇があった場合)、実質 GDP は(500億円)／110×100＝約455億円となる。 **実質 GDP** ③

景気変動(景気循環) ⑪ 資本主義経済において、好況・後退・不況・回復の4つの局面が繰り返されること。 **景気** ⑦
後退 ⑨　**後退期** ②
回復 ⑨　**回復期** ②

キチンの波 ⑩ 在庫調整の変動を主因とする、約4年を周期とする短期波動。
在庫 ⑨

ジュグラーの波 ⑩ 設備投資の変動を主因とする、約10年を周期とする中期波動。

クズネッツの波 ⑨ 住宅や工場などの建てかえを主因とする、約20年を周期とする波動。

コンドラチェフの波 ⑨ 技術革新や資源の大規模な開発を主因とする、約50年を周期とする長期波動。

好況(好景気) ⑫ 経済活動が活発におこなわれ、経済成長率が上昇する状態。生産の拡大、物価の上昇、雇用の増大、賃金の上昇、金融活動の活発化などが特色。
好況期 ④

不況(不景気) ⑫ 経済活動が停滞し、経済成長率が低下する状態。生産の縮小・物価の低迷・雇用や賃金の停滞・金融活動の不活発化などが特色。 **不況期** ②

恐慌 ⑧ 景気の急激かつ広範囲な後退をいう。たとえば過剰生産(供給過剰、需要の不足)により引きおこされ、商品が市場価格で販売されなくなり、支払いがとどこおり、結果として倒産や信用崩壊、株価暴落、解雇や失業の増大などが拡大し、経済の制御が失われていく。1825年のイギリスにおこった恐慌が初とされ、以降19世紀を通じてほぼ10年周期で発生した。恐慌は資本主義経済に特有の問題であるとされ、経済のグローバル化にともなってその影響は瞬時に世界規模のものとなっていく(世界恐慌)。

景気動向指数 ① 景気に関する総合的な指標のこと。産業・金融・労働など30項目の景気指標をもとに指数が算出されている。

物価 ⑫ 一定範囲における、複数の商品価格の平均値。「経済活動の体温計」といわれる。企業間で取引される商品価格からなる企業物価と、消費者が購入する商品価格からなる消費者物価とがある。

消費者物価指数 ⑨ 消費者が購入する財やサービスなどの物価の動きを把握するための統計指標。基準年の消費者物価を100として比較年の消費者物価を指数で示したもの。総務省が毎月発表している。
消費者物価 ② **物価指数** ①

企業物価指数 ⑤ 企業間で取引される財(商品)の価格を指数化したもの。消費者物価指数と並び、物価動向をみるための代表的統計で、日本銀行が毎月公表している。2002(平成14)年までは、卸売物価指数として発表されていたが、生産者段階での価格調査の割合が高くなったことから、企業物価指数に名称が変更された。
企業物価 ②

インフレーション(インフレ) inflation ⑩ 貨幣価値が下落し、物価が継続的に上昇する現象。社会に流通する商品に対し通貨量が増大するとインフレーションの状態となる。好況時に特徴的な現象であるが、インフレーションとなると賃金が(上昇しないと)相対的に目減りすることになり、生活に影響を与えることになる。また、一般にインフレーションは預貯金には不利となるが、ローンの返済などには有利となる。

コスト・プッシュ・インフレーション ④ 人件費や材料費などの費用(コスト)の増加により物価がおし上げられる(プッシュ)ことによって生じるインフレーションを指す。

ディマンド・プル・インフレーション ④ 景気が過熱するなどの原因により、需要(ディマンド)が増加して供給を上まわり、物価が引き上げられる(プル)ことによって生じるインフレーションを指す。

ハイパー・インフレ ④ 貨幣価値の下落と物価の騰貴が急激かつ極度におこるインフレーション。例として1920年代ドイツのマルク暴落がある。

クリーピング・インフレーション ② 好況・不況に関係なく、物価がじりじりと上昇し続けること。クリーピングは「忍び寄る」の意味。

ギャロッピング・インフレーション ① 年10%をこえるインフレーションが継続する状態を指していう。ギャロッピングは「駆け足」の意味。

スタグフレーション stagflation ⑨ スタグネーション(景気停滞)とインフレーション(物価上昇)との合成語。不況下にもかかわらず物価が上昇する現象のこと。1973年の第1次石油危機以降、先進国で典型的にみられるようになった。景気停滞期において裁量的な財政支出を増大させる「大きな政府」が原因であるとされ、ケインズ主義的な財政政策が批判され、マネタリズムによる「小さな政府」が主張されることとなった。
景気停滞(スタグネーション) ③

デフレーション(デフレ) deflation ⑫ 生産過剰や有効需要不足による需給のアンバランスから、物価の下落が継続しておきる現象をいう。インフレーションと逆の現象であり、景気後退をもたらし、不況期に特徴的な状態である。

デフレスパイラル ⑧ 不況時における物価下落(デフレーション)は企業利益を圧迫し、リストラによる失業増大や生産縮小が生じる。そのため、社会全体の需要がより減少し、不況が深刻化するというように、不況の影響の悪循環が螺旋(らせん)状(スパイラル)に生じることを指していう。

5 金融機関の働き

金融 ⑫ ある経済主体が、ほかの経済主体に貨幣を融通すること。たとえば、銀行などの金融機関が、預金や信託を基礎に、企業に貸付や手形割引などをおこなうことをいう。 **融資** ②

内部金融(自己金融) ② 企業が内部留保や自己資産の売却などによって自社内で資金調達をおこなうこと。

外部金融 ② 企業が経営活動に必要な資金を企業の外部から調達すること。外部金融の方法は直接金融と間接金融とにわけられる。

直接金融 ⑫ 資金を必要とする企業が直接に株式や社債を発行し、これを個人や機関投資家が購入することでなされる資金調達の方式。

間接金融 ⑫ 金融機関が仲立ちとなり、預かった預金を企業に貸し出すこと(融資)によってなされる資金調達の方式。

金本位制度 ⑧ 貨幣の価値が、本位貨幣である金の一定量によって定められ、銀行券と金の交換が可能であることで保証されている貨幣制度。19世紀のイギリスで最初に採用され、その後、多くの先進国が金本位制度を取り入れた。しかし、1930年代の世界不況のなかで大半の国が金本位制度を放棄し、国際金本位制度は崩壊した。 **本位貨幣** ②

兌換(だかん)紙幣 ④ 金や銀などの本位貨幣との兌換が保証されている紙幣。金本位制度のもとでは、本位貨幣である金の一定量と交換可能な紙幣。 **兌換** ③

管理通貨制度 ⑩ 貨幣価値を金などから切り離し、正貨準備の保有量に拘束されることなく、中央銀行が貨幣量の調節を通じて貨幣価値を管理する制度。したがって、管理通貨制度のもとでは不換紙幣が発行される。管理通貨制度においては貨幣の価値を決めるのはその国の信用である。管理通貨制度のもとでは、経済事情に応じて通貨を発行できるため、通貨政策・経済政策の自由度が高いが、調整に失敗するとインフレーションなどをまねく危険性ももつ。

不換紙幣 ③ 管理通貨制度のもとで発行される紙幣で、金や銀などの本位貨幣との兌換が保証されていない紙幣。政府の信用にもとづいて発行される。

信用貨幣 ③ 信用の存在を前提にして流通する貨幣。商業信用にもとづく商業手形や、銀行信用の発展にともなう銀行券が代表的なものである。

貨幣(かへい) ⑫ 商品の売買を媒介(ばいかい)し、その価値を表現するもの。商品交換において普遍的な価値をもち、いかなる商品とも交換可能性をもつものが貨幣となる。歴史的には、金や銀などの貴金属がその役割を担ってきた。

:**価値尺度** ⑤ 貨幣の機能の1つ。財・サービスの価値を、価格という貨幣単位で表示する機能。

:**交換手段** ⑤ 貨幣の機能の1つ。財・サービスの交換の仲立ちをする機能。流通手段。

:**支払手段** ④ 貨幣の機能の1つ。財・サービスの売買の支払いに貨幣を用い、経済取引の決済をする機能。

:**価値貯蔵手段** ⑤ 貨幣の機能の1つ。価値を蓄えておく機能。

通貨 ⑨ 支払手段として、有効に機能している貨幣。現金通貨と預金通貨の2つにわけられる。

現金通貨 ⑫ 法定通貨のことで、日本では、日本銀行の発行する日本銀行券＝紙幣と、政府の発行する(補助)貨幣＝硬貨とがある。 **紙幣** ⑦ **銀行券(紙幣)** ⑤ **補助貨幣** ③ **硬貨** ⑨

預金通貨 ⑪ 銀行預金のかたちで、支払い手段、または購買手段として機能する通貨。具体的には普通預金・当座預金など。 **預金** ⑨

普通預金 ⑨ 預金者による現金の出し入れが自由な銀行貯金。定期預金と比べて金利(利子)は低いが、たとえば、公共料金の口座振替(指定日に普通預金の口座から料金の自動引き落としがされる)など、支払い手段としても広く利用されている。 **口座振替** ③

定期預金 ③ 利用のはじめに預け入れ期間を決めて利用する預金。満期日まで基本的に引出しができないが、普通預金に比べて金利が高いという利点がある。
定期性預金 ①

当座預金 ⑨ 引出が小切手でおこなわれる預金。金銭収支の多い商工業者が利用する営業性預金で、普通預金や定期預金など貯蓄性預金とは異なり無利子。振り出された小切手は、預金通貨として流通し、のちに決済される。

小切手 ④ 銀行に当座預金をもつ預金者が発行することができる有価証券。小切手の持参人に銀行(支払人)は現金を支払わなくてはならない。

CD(譲渡性預金) ② 満期日前に第三者に譲渡することができる定期預金証書であり、銀行が取り扱う、他人に譲渡可能な定期預金。

外貨預金 ① 日本の場合、日本円を外国の通貨にかえて預ける預金。

マネーストック money stock ⑪ 国・金融機関以外の企業や家計など民間部門が保有する通貨の総量。金融機関から経済全体に供給される通貨総量を指し、2008年以降マネーサプライにかわって新たに採用された。

M_1	現金と要求払い預金 (当座預金・普通預金・通知預金)
M_2	M_1＋定期預金
CD	定期預金の一種で、金利が交渉で決まる自由金利商品で、第三者に譲渡できる

中央銀行 ⑫ 一国の金融制度の中心的な機関として、特別法にもとづいて設立された銀行。中央銀行以外の銀行を、市中銀行という。

日本銀行(日銀) ⑫ 1882(明治15)年に設立された日本の中央銀行で、金融制度の中心機関。銀行券の発行、一般銀行に対する預金・貸付業務、外国為替の集中的決済、金融政策の執行、国庫金の取扱いや国債に関する事務などが代表的業務である。

発券銀行 ⑪ 銀行券を発行する権限を認められている銀行。日本では、中央銀行である日本銀行が、紙幣(日本銀行券)を発行する権限を認められている唯一の発券銀行である。

銀行の銀行 ⑪ 日本銀行(中央銀行)の機能の1つで、市中金融機関に対し貸付・預金・手形の割引などをおこなうことから、この名称がある。

政府の銀行 ⑪ 日本銀行(中央銀行)の機能の1つで、国庫金の預かり、支出、公債の扱いなどの業務をおこなうことから、この名称がある。
国庫金 ③

日本銀行券(銀行券) ⑧ 中央銀行である日本銀行が、日本銀行法にもとづいて発行する現金通貨。現行では1万円札・5000円札・2000円札・1000円札が発行されている。管理通貨制度のもとに、日本銀行によって発行量の調節がおこなわれている。

金融市場 ⑪ 社債や銀行からの借入など、資金の貸借をおこなう市場。

短期金融市場(マネーマーケット) ⑧ 期間が1年未満で資金を融通する市場。取引参加者が金融機関に限定されるインターバンク市場と、一般の事業法人が自由に参加できるオープン市場にわけられる。インターバンク市場には、コール市場・手形市場などがあり、短資会社が仲介している。
短期資本市場 ②

コール市場 ⑥ 短期金融市場におけるインターバンク市場(市場参加者は金融機関のみ)の1つ。原則として、1カ月未満の短期資金の貸借をおこなう市場。「呼べば応える」というところから、「コール」という名がついている。コール取引には、担保を必要とする有担保コールと、担保を必要としない無担保コールがある。

翌日物(オーバーナイト物) ① コール市場の代表的な取引で、担保なしで資金を借り、翌日には返済する取引のこと。

無担保コールレート ⑧ 金融機関どうしが、無担保で翌日までの期間で短期資金を貸し借りする際の金利。短期金融市場の金利の基準となり、日本銀行がおこなう公開市場操作において誘導目標となる金利(政策金利)である。
コールレート ⑦

手形市場 ① 短期金融市場におけるインターバンク市場の1つ。手形(一定の金額の支払いを保障する有価証券)を媒介として、金融機関が中長期の相互貸付や借入をおこなっている市場のこと。

長期金融市場(資本市場) ④ 期間が一年以上で資金を融通する市場のこと。株式市場や公債、社債市場がその例。

金融の国際化 ③ 各国の金融機関・企業などが、世界中の金融市場に参加し、各種の通貨建てで資金の調達・運用など、金融取引をおこなうようになってきたこと。

金融機関 ⑫ 貨幣の需要者と供給者のあいだにあって、中心的な媒介の役割を果たしている機関。日本では、日本銀行・公的金融機関(日本政策金融公庫など)・普通銀行・信用金庫・信用組合・労働金庫・証券会社・保険会社・ノンバンクなどがあげられる。 **市中金融機関** ④ **公的金融機関** ①

銀行 ⑫ 代表的な金融機関で、預金と貸出を二大業務とする。民間の余裕資金を預金として吸収し、資金を必要とする企業へ貸しつけ、その貸付利子と預金利子との差額を利潤として獲得する。最近は、債券・投資信託などの証券業務も子会社を通じておこない、銀行と証券会社の垣根はなくなりつつある。

普通銀行 ③ 預金の受入、資金の貸付、手形の割引、為替取引などをおこなう銀行。一般的には、都市銀行・地方銀行・第二地方銀行・インターネット銀行などを指す。

信託銀行 ③ 投資家から預かった資産を保管・管理するとともに、その運用をおこなう金融機関。

信用金庫 ① 一定地域の中小企業や個人を会員(出資者)とする相互扶助的な金融機関。業務は普通銀行と基本的に同じであるが、利潤追求を第一目的としない。

市中銀行 ④ 中央銀行に対する民間銀行を指していう。狭義には、地方銀行に対する全国的規模の都市銀行のことをいう。

保険会社 ④ 金融機関の1つで、各種の保険商品を扱う。生命保険会社・損害保険会社の2つがある。保険事業をおこなうには国の免許が必要である。 **生命保険** ①

ノンバンク non bank ① 預金業務をおこなわず、貸出業務をおこなう金融機関。銀行以外の金融機関のことで、クレジットカード会社や信販会社、消費者金融業者などがある。銀行からの融資を資金として、利用者に貸し出す。ノンバンクから借入をする時には、銀行よりも高利となる。ノンバンクは、不動産向け融資がふくらんだバブル時代に急増し、銀行も系列ノンバンクをつぎつぎと設立した。1990(平成2)年に不動産向け融資が総量規制されてからは、不良債権を抱えて経営を悪化させ、倒産するノンバンクが増えた。

預金業務 ② 銀行の業務の1つ。要求払い預金(普通預金・当座預金)や定期性預金(定期預金)に関わる業務をおこなう。

貸出業務 ② 銀行の業務の1つ。資金の貸付・手形割引・コール市場での貸付などに関わる業務をおこなう。

:**約束手形** ② 一定の金額を支払うべきことを約束した有価証券で、手形の額面として示される金額を、手形の発行者が一定の期日に支払うことを約束したもの。 **手形** ②

為替業務 ② 銀行の業務の1つ。遠隔地間の貸し借りの決済に関わる業務をおこなう。内国為替と外国為替の2つがある。

利ざや ② 借りたお金の金利よりも高い金利で貸し出した場合に得ることのできる利益のこと。銀行においては貸付利子と預金利子との差額、証券取引においては売値と買値の差額によって生じる利益のこと。

利子 ⑨ 貨幣を一定期間貸したことに対して支払われる代金。 **借入**(かりいれ)**金** ①

利子率 ② 貸した元金に対する利子の割合のこと。金利。一般に資金に対する需要が大きければ利子率は上がり、需要が少なければ下がる。その意味で、利子率は資金の価格の機能を果たしている。また、利子率が上がると、企業や個人は資金を借りにくくなり、経済活動が抑制されることから景気の過熱がおさえられることになる。このように、利子率の変動は経済に大きな影響を与える。

単利 ③ 元本(預けた金・借りた金)に対してのみ利息(利子)を計算する方法。 **元本** ③

複利 ③ 元本(預けた金・借りた金)によって生じた利息(利子)を次期の元本に組み入れて計算する方式。そのため、1年複利よりも半年複利のように利息を元本に加える期間が短いほど、また運用期間が長いほど複利効果によって、より多くの利息を得ることができる。資産運用では単利より有利といえるが、借入では複利計算は単利計算より負担が大きくなる。

信用創造 ⑪ 銀行が貸付操作によって、はじめに受け入れた預金の数倍の預金通貨をつくり出すこと。預金創造ともいう。理論的には、信用創造によって最初の預金額×1/支払準備率まで預金を増やすことができる。たとえば、当初預金が5億円で支払準備率が10%の場合、預金総額は5億円×1/0.1=50億円で、信用創造で新たに創出された預金額は50-5=45億円となる。

金融コングロマリット ① 金融持株会社のもとに、銀行・証券会社・保険会社などの金融機関がグループ化した複合企業体。日本では、1998(平成10)年の金融持株会社解禁以降に誕生した。

メインバンク ② 企業がおもに取引する金融機関。日本独自の金融慣行とされ、企業が1つの銀行(金融機関)と長期的に密接な関係を結ぶというメインバンク制は1950年頃に成立したとされる。

メガバンク mega bank ④ 莫大(ばくだい)な預金額を有する巨大銀行のこと。バブル経済が崩壊したあと、不良債権が増加し、国際競争力が低下した銀行は、スケールメリット・多角化・コスト削減効果などを求めて、銀行統合による再編を進めた。

金融庁 ② 日本の金融機能の安定化と、預金者・保険契約者・投資者などの保護とともに、金融の円滑化をはかることを目的として、内閣府の外局として2000(平成12)年に設置された行政機関。金融機関の検査・監督を担当していた金融監督庁と大蔵省金融企画局が統合されて発足した。

金融監督庁 ②

投資信託 ⑦ 投資家から集めた資金をまとめ(プールして)、資産運用の専門家が株式など有価証券に投資・運用する制度。もしくはそのような仕組み。

有価証券 ⑧ 一定の財や貨幣などの財産に対し、その財産としての価値のあることを表示し、その請求権を認めた証書。譲渡が可能な点で、一般の借用証とは異なる。株式・公債・社債などが代表例。

金融資産 ③

機関投資家 ① 投資を専門におこなう企業や団体のこと。個人投資家と比べて扱う資金の規模が違い、株式市場に与える影響が大きい。

投機 ③ 相場の変動を利用して、短期間で利益(利ざや)を得ようとする行為。たとえば、ある株式の株価が安い時に買い、高い時に売ることによって利ざやを得ること。長期的な視点から資金を事業に投じる投資とは区別して用いる。

投機家 ①

投機的資金 ①

金融派生商品 ⑧ 通貨・金利・債券・株式などの金融商品から派生した商品。金融商品の価格変動によるリスクを避けるため、開発された金融商品。デリバティブ(derivative)のこと。代表的なものとして、先物取引・オプション取引・スワップ取引がある。

デリバティブ ③

金融商品 ⑥ **価格変動リスク** ①

先物取引 ② 将来の一定の時期に、契約時に決めた値段で商品を引き渡すことを約束する取引。たとえば、日経平均株価が2万5000円の時に日経平均先物を使った先物取引をし、期限日に日経平均株価が2万7000円だとすると、2000円の利得が生じたことになる。

オプション取引 ② 将来のあらかじめ定められた期日に、ある一定の値段で商品を売買する権利を購入する取引。たとえば、日経平均株価を2万5000円で買う権利を購入し、将来の期日内に日経平均株価が2万7000円になった時にこの権利を行使する選択をすれば、(2000円－権利の購入費用)の利得が生じたことになる。

スワップ取引 ② スワップとは等しい価値のものを交換するという意味。金利変動によるリスクを避けるためにおこなわれる。同じ種類の通貨で異なる種類の金利(固定金利と変動金利など)を取引の当事者間で交換する金利スワップ、異なる通貨間で将来の金利と元本を交換する通貨スワップがある。

リスク ⑪ 想定される損失のこと。リスクを管理(マネジメント)し、想定される損失の回避または低減をはかることをリスクマネジメントという。現代社会において、経済活動におけるリスクマネジメントの重要性は高まっており、個人の資産運用についてもリスクを十分に考慮した行動が求められる。

リターン ⑥ たとえば投資などによって期待される利得。

ハイリスク・ハイリターン ⑤ 利得が大きいことが期待される一方で、想定される損失も大きいこと。とりわけ、変動の激しい経済活動において、株式などの金融商品や金融派生商品への投資はハイリスク・ハイリターンの一例である。

ローリスク・ローリターン ② 投資した財産を失うことや、その価値が減ずる危険性はほぼないが、投資に対して見返りが少ないこと。預貯金・定額貯金・国債・地方債などへの投資がこれに当たる。

信用リスク ① 国や企業などが財政難、経営不振などの理由により、債務不履行(利息や元本などを支払うことができなくなること)がおこる可能性を指していう。デフォルト・リスク(債務不履行リスク)ともいう。

保険商品 ① 保険会社が扱う金融商品。死亡保険・がん保険・医療保険・就業不能保険・学資保険など多岐にわたる。将来のリスクに備える商品である。

デイトレーダー ① 1日のうちに複数の取引をおこない、利ざやを得ること(デイトレード)をおこなう投資家を指す。

分散投資 ② リスクマネージメントの1つで、投資を1つにすることから生じるリスクを避け、資産を複数の投資先に分散させること。

ポートフォリオ ① 金融商品の組合せのこと。リスクマネージメントの1つで、自分の資産の適切な運用を求めて金融商品を組み合わせていくこと。

NISA ① Nippon Individual Savings Accountの略。NISA口座(非課税口座)をつくり、その口座内で、毎年一定金額の範囲内で購入した金融商品から得られる利益が非課税になる制度のこと。通常、株式や投資信託などの金融商品に投資をした場合、これらを売却して得た利益や受け取った配当に対して約20%の税金がかけられるが、これが一定金額内で非課税となることで、より安定的な資産形成がなされることが期待される。

フィンテック ④ 金融(finance)と技術(technology)を組み合わせた造語で、金融サービスと情報技術を結びつけた、様々な革新的な金融商品やサービスの動きをいう。スマートフォンによるキャッシュレス決済などはその身近な例。金融だけでなく、様々なビジネスや私たちの生活にも変革(デジタルトランスフォーメーション)をもたらすと考えられている。

金融技術 ①

暗号資産(仮想通貨) ⑪ 現金通貨などの現物のない電子データ資産。代表的な暗号資産には、ビットコインやイーサリアムなどがある。インターネット上での送金や決済に用いられ、世界中の取引所で法定通貨と、または暗号資産どうしの売買がおこなわれている。法定通貨のように国による価値の保証がないため、すべての暗号資産はおもにブロックチェーンという仕組みで管理されている。

ブロックチェーン ② 暗号資産の安全な運用を支えている仕組みで、参加者が正しい取引をおこなうことができ、悪意ある者による改ざんが非常に困難で、システムが停止しない、多数の参加者に同一のデータを分散・保持させる仕組みをいう。すべての参加者が自律的に記録を保持し続けることで成立している自律分散システムを特徴としている。

TOB(株式公開買付) ③ Take Over Bidの略。買収したい会社などの株式を大量に購入したい時に、一定の価格・期間・取得希望株数を公表し、一挙に株式を購入する方法。

金融政策 ⑫ 中央銀行が、貨幣量の調節を通じて、物価・景気・経常収支などに影響を与える政策。日本銀行法第2条には、日本銀行は「物価の安定を図ることを通じて国民経済の健全な発展に資すること」を目的として金融政策をおこなう、とある。

金融引締〔政策〕 ⑦ 市中の貨幣量を減少させるために、中央銀行がおこなう政策。景気が過熱している時、インフレ傾向の際におこなわれる。

総需要抑制政策 ① 金融政策・増税・政府支出削減などによって、需要を削減すること。インフレ抑制策としておこなわれる。

金融緩和(かんわ)〔政策〕 ⑦ 市中の貨幣量を増加させるために、中央銀行がおこなう政策。不況の際におこなわれるが、内需(ないじゅ)拡大のためにもおこなわれる。

金融政策決定会合 ⑦ 日本銀行の最高意思決定機関である日本銀行政策委員会による会合。金融政策の方針や政策金利の上げ下げなどについて話しあい、決定する。

日本銀行政策委員会 ④ 日本銀行の最高意思決定機関で、日銀総裁、副総裁2人、審議委員6人の計9人で構成される。

基準割引率及び基準貸付利率 ⑤ 中央銀行が市中金融機関に貸し出す利子率のこと。かつての日銀の操作目標(政策金利)であった公定歩合が旧称。日銀は公定歩合を上下させることで、通貨の流通量を制御していた。日本では1994(平成6)年に民間銀行の金利が自由化され、市中金利が公定歩合と連動しなくなり、それにともない、日銀の政策金利が無担保コールレートとなったことから、2006(平成18)年よりそれまでの公定歩合という名称は使わず、「基準割引率及び基準貸付利率」と呼ぶことになった。そのため、名称を含めて、日本では公定歩合操作はおこなわれなくなった。

公定歩合操作 ⑦　**金利政策** ①
公定歩合 ⑧　**金利** ⑥

政策金利 ⑪ 日本銀行が金融政策の方針を示すための金利。現在の政策金利は無担保コールレートになっている。

公開市場操作(オープン・マーケット・オペレーション) open market operation ⑫ 中央銀行(日本銀行)が、市中金融機関とのあいだで有価証券の売買をおこなうことによって、民間資金の調節をはかる金融政策。日本銀行は無担保コールレートを操作目標とし、この金利の誘導目標を公表し、実際の金利が誘導目標に近づくように公開市場操作をおこなう。

売りオペレーション(売りオペ) ⑨ 日本銀行が、市中金融機関に所有する国債などの有価証券を売却することによって、民間の現金通貨を吸収する政策。資金吸収オペレーション。売りオペにより、短期金融市場における資金が減少することで無担保コールレートが上昇し、市中金利が上昇し、企業への貸出が減少する。市中通貨量も減少し、これらのことにより物価が下落し、金融引締効果が生じる。

資金吸収オペレーション ④

買いオペレーション(買いオペ) ⑪ 日本銀行が、市中金融機関から国債などの有価証券を購入することによって、民間へ現金通貨を流出させる政策。資金供給オペレーション。買いオペにより、短期金融市場における資金が増加することで無担保コールレートが低下し、市中金利が低下し、企業への貸出が増加する。市中通貨量も増加し、これらのことにより物価が上昇し、金融緩和の効果が生じる。

資金供給オペレーション ④

預金準備率操作 ⑩ 政府や中央銀行が、預金準備率を操作することによって、貨幣量を調節する金融政策。預金準備率を上げると金融機関の貸出が減少し、金融引締効果があり、預金準備率を下げると金融機関の貸出が増加し、金融緩和効果が生じる。支払準備率操作ともいう。

支払準備率操作 ③

預金準備率 ④ 市中金融機関が、中央銀行へ預け入れることを義務づけられている支払い、または預金準備金の、預金に対する比率のこと。日本では1991(平成３)年10月以降、預金準備率は変更されていない。

日本銀行当座預金 ⑥ 日本銀行が取引先の金融機関等から受け入れている当座預金のこと。預金者への払い戻し準備や金融機関どうしの決済用資金として預けられている。日本銀行は金融機関に対して、受け入れている預金などの一定比率(支払準備率)以上の金額を日本銀行に預け入れることを義務づけており(準備預金制度)、この対象となっている当座預金である。

準備預金 ①

インフレターゲット政策 ③ 政府、中央銀行が物価上昇率(インフレ率)に、ある一定の目標(インフレターゲット)を定め、これを達成するように金融政策をおこなうこと。高いインフレ率を抑制するために、イギリス・カナダ・ニュージーランドなどで導入され、効果をあげた。逆に日本では、デフレスパイラルを断ち切るために、2000(平成12)年前後から論議され、2013(平成25)年の安倍内閣の時に、消費者物価の前年比上昇率を２％にするという物価安定の目標を導入し、金融緩和政策をおこなった。

インフレターゲット(インフレ目標) ⑤

インフレターゲット論 ①

低金利政策 ② 金利を低く誘導することで金融緩和をはかる金融政策。金利を低くすることで、企業などが資金を借りやすくなり、設備投資が増大し、生産が増大するとともに消費も増大することが期待される。このことから、景気浮揚策としてとられる。

ゼロ金利政策 ⑪ 買いオペにより、無担保コールレートを実質０％に誘導する金融政策。1999(平成11)年２月、日本銀行が長期金利の上昇と株安に歯止めをかけ、景気にテコ入れすることを目的に実施した。2000(平成12)年８月の政策委員会・金融政策決定会合で、ゼロ金利政策を解除した。しかし、2001(平成13)年２月には景気低迷とデフレ懸念(けねん)に対し、事実上のゼロ金利政策に復帰し、2006(平成18)年７月に解除、2010(平成22)年10月に再び復帰した。

量的緩和政策 ⑪ 2001(平成13)年３月よりおこなわれた日銀による金融政策。買いオペにより、日銀当座預金残高を５兆円程度に増額させることを目標とした(のちに30～35兆円程度に増大)。日銀当座預金は金融機関どうしの決済に使われるため、これにより金利がゼロになっても資金供給を増加させることが可能となり、銀行に融資(貸付)の積極化をうながすことで経済の活性化をはかろうとした。操作目標を金利から日銀当座預金残高にかえたこの政策は2006(平成18)年３月に解除されたが、2013(平成25)年４月に操作目標を再び金利から量に移す量的・質的金融緩和策が導入された。 **量的金融緩和** ③

当座預金残高(日銀当座預金残高) ②

量的・質的金融緩和〔政策〕 ⑨ 日銀が2013(平成25)年４月から2016(平成28)年１月までおこなった金融緩和政策。買いオペにより、マネタリーベース(日銀が世の中に供給するお金)を年間60～70兆円(のちに

80兆円)のペースで増加させるというもの。消費物価の前年比上昇率2%のインフレターゲットを達成するまでマネタリーベースを拡大するとした。

マネタリーベース ⑧ 日本銀行が世の中に直接的に供給するお金のこと。現金通貨(日本銀行券と貨幣)と日本銀行当座預金(日銀当座預金)の合計値。日銀による量的・質的緩和策で、金融政策の操作目標となる。

マイナス金利政策 ⑩ ゼロ金利政策よりさらに金利を下げ、中央銀行が名目金利をゼロ以下に設定すること。ただし、民間銀行の中央銀行当座預金の金利がマイナスになるのであって、一般の人がもつ民間銀行口座の預金がマイナス金利になるわけではない。マイナス金利政策のもとでは、超過準備に対して民間銀行が中央銀行に利子を支払わなければならない。民間銀行は、資金を貯蔵するよりも、投資先を求め、国内需要への資金の貸出が増加することになる。しかし、マイナス金利は民間銀行の収益性をそこない、国内金融を不安定にさせる危険性もある。2016(平成28)年、黒田東彦(くろだはるひこ)(1944～)日本銀行総裁は、2%のインフレ目標達成のために、超過準備に対して0.1%のマイナス金利を課す「マイナス金利付き量的・質的金融緩和」を導入した。

アベノミクス ⑥ 第2次安倍内閣(2012年12月～14年12月)発足にともなっておこなわれた経済政策の総称。その中心となる、(1)大胆な金融政策、(2)機動的な財政政策、(3)民間投資を喚起する成長戦略、を「三本の矢」とし、これによってデフレ不況を脱し、持続的な経済成長につなげようとするもの。法人税減税などを含むアベノミクスには、大企業や富裕層の支援政策をおこなうことが経済活動を活性化させることになり、富が低所得層に向かって徐々に流れ落ち、やがては国民全体の利益となるというトリクルダウンの考え方があった。

安倍内閣 ⑤
三本の矢 ③ **トリクルダウン** ①

6 政府の役割と財政・租税

財政 ⑫ 国家や地方公共団体がおこなう経済活動のこと。日本の国家財政は、憲法と財政法にもとづく財政民主主義の原則により、予算制度に従って運営される。国家財政とも呼ばれる。 **財政法** ⑩
国家財政 ③

公債 ⑫ 国や政府関係機関・地方公共団体が、財政上の理由から債務者(さいむしゃ)、または債務保証者となって発行する国債・政府保証債・地方債のこと。公債の日本銀行引受は財政法第5条により禁止されている。
国債 ⑫ **債券** ④

国債費 ⑦ 国債の償還と利払いに関わる政府の歳出項目で、2022(令和4)年度では歳出の22.6%(24兆3393億円)にもおよんでいる。

国債残高 ④ 償還されずに残っている国債の総額。東日本大震災の復興債などを加えた国債残高は2022(令和4)年度末で1029兆円となる見通しで、これは対GDP比で186%となる。借入金や地方債などを含めた公債残高はさらに大きくなる。国および地方の長期債務残高は1247兆円(同比225%)となる。 **国債発行残高** ①
長期債務残高 ① **公債残高** ③

建設国債(建設公債) ⑫ 公共事業費と出資金・貸付金の財源といった、資本的経費に当てるために発行される国債。財政法第4条によって、国会の議決を経た範囲内で発行が認められている。

赤字国債(赤字公債) ⑫ 人件費や事務費などの経常経費に当てるために発行される国債。財政法第4条の建設国債発行の原則に従えば赤字国債は発行できないが、1年限りの特例法を定めることで発行することができるため、特例国債ともいう。1965(昭和40)年に戦後はじめての特例国債が発行され、以降1966(昭和41)～74(昭和49)年と1991(平成3)～93(平成5)年の期間を除いて毎年発行されている。2022(令和4)年度では赤字国債は33.4兆円の発行額となる(建設国債は6.3兆円)。
特例国債 ⑨ **特例公債** ②

特例法 ④ 赤字国債を発行する根拠となる法律。財政法上は建設国債しか認められていないため、特例法を定めて国債(特例国債)を発行する。 **財政特例法** ②

国債依存度 ⑦ ある年度の一般会計歳入に占める国債発行額の割合のこと。公債依存度ともいう。2020(令和2)年度は巨額の補正予算を組んだことから、過去最高73.5%を記録した。2022(令和4)年度は35.9%となる見通しである。
公債依存度 ②

財政赤字 ⑤ 財政支出が財政収入を超過すること。多くの場合、その不足分は公債発行によってまかなわれる。

財政危機 ④ 財政赤字を解消することができず、危険な状態になっていること。日本では、第1次石油危機(→ p.175)に際して大量の国債が発行され、また平成不況対策でも累積赤字が増加している。また財政破綻(はたん)した地方公共団体もあり、財政再建が急務の課題とされている。 **財政改革** ①

一般政府債務残高 ① 国が抱える債務の総額。国債・政府短期証券の発行残高と、国の借入金の合計額。2022(令和4)年で1462兆円と推計される。

財政の硬直化 ⑧ 国債費の増額などによって、歳出に義務づけられる経費の割合が増え、財政の弾力的な運用が困難になること。硬直化が進むと、財政本来の役割を果たすことが難しくなる。

市中消化の原則 ⑥ 公債は個人や一般金融機関の資金によって発行しなくてはいけないという原則。公債は民間金融機関に売却されることで発行される。公債を発行する場合、日銀引受をしてはならない(直接、日本銀行が買い取ってはならない)ということが財政法第5条に示されている。これは、国債などを日銀で引き受けると、通貨量を必要以上に増加させてしまい、インフレを引きおこすおそれがあるからである。

プライマリー・バランス(基礎的財政収支) primary balance ⑫ 借金に関わる収入・支出を除いた収支で、実質的な財政状況を示す指標の1つ。プライマリー・バランスは(歳入－公債金収入)－(歳出－国債費)で示される。国債などを除く歳入で、国債費を除く歳出をまかなえない時は、プライマリー・バランスは赤字になる。ごく単純にいえば、借金によらず税収等で一般歳出をまかなえるのであれば、プライマリー・バランスは均衡する。

緊縮財政 ② 景気の過熱をおさえるために、あるいは財政赤字を減らすために、増税ではなく歳出を減らす予算を組み、財政の支出規模を縮小すること。

予算 ⑩ 会計年度(4月1日～翌年3月31日)の財政収入(歳入)と財政支出(歳出)の計画を示したもの。日本では、一般会計予算、特別会計予算、政府関係機関予算、財政投融資計画がある。

補正予算 ④ 本予算(当初予算)の内容を変更するように組まれた予算。予算の成立後に、社会情勢の変化などにより、その予算に不足が生じたり、または内容を改める必要が生じたりした場合に編成される。たとえば、2021(令和3)年度は新型コロナウィルスへの対策などで、補正予算として35兆9895億円を計上し、歳出は当初予算とあわせて142.5兆円となった。

一般会計 ⑧ 通常の国家活動のための収入と支出を経理する会計。一国の財政の基礎となる。年度当初に組まれる予算を一般会計予算という。日本の2022(令和4)年度の一般会計予算は107兆5964億円である。

一般会計予算 ⑥

暫定予算 ① 本予算(当初予算)が会計年度が始まるまでに成立しない場合に、暫定的に組まれる予算。

特別会計 ⑦ 国が、特別な事業や資金の運用を必要とする時に設置される会計。例として、年金特別会計や東日本震災復興特別会計など。年度当初に予定するものを特別会計予算という。 **特別会計予算** ⑥

政府関係機関予算 ④ 政府関係金融機関の予算で、国会の議決を必要とする。これらの機関は、企業的な経営によって効率的な運営がおこなえるよう省庁とは独立した機関となっている。政府関係金融機関は、2008(平成20)年の政策金融改革を経て、2022(令和4)年現在、日本政策金融公庫・国際協力銀行・沖縄振興開発金融公庫・日本政策投資銀行・商工組合中央金庫がある(商工組合中央金庫を除き全額政府出資)。

歳入 ⑪ 租税収入など、一会計年度における財政上の収入。

歳出 ⑫ 社会保障費や防衛費など、一会計年度における財政上の支出。

財政政策 ⑦ 財政を操作することによっておこなう景気調整政策。金融政策とともに景気対策にとって重要な役割を果たす。景気過熱期には、公共投資の縮小や増税などで需要を抑制し、不況期には公共投資の増大や減税で需要を増加させる。フィスカル・ポリシーともいう。政府がある目的をもっておこなうことから、裁量的財政政策ともいう。 **経済の安定化** ③
フィスカル・ポリシー ⑫
裁量的財政政策 ⑦

財政民主主義 ④ 財政活動をおこなう際には、国会など国民の代表の議決が必要であること。納税者(国民)が承認することによって、租税徴収への強制権は正当化される。日本国憲法第83条に「国の財政を処理する権限は、国会の議決に基いて、これを行使しなければならない」とあり、これが財政民主主義の根拠となっている。

資源配分機能 ⑦ 財政の機能の1つ。市場では公共的な財・サービス(公共財)が十分に供給されないことから、政府の財政活動により公共財が供給され、資源の適切な配分がなされるという機能。

公共投資 ⑥ 社会資本への投資のこと。営利目的の民間企業が投資できない分野に、国などが投資をおこなう。これにより、有効需要が増大し、雇用を増やす効果も期待される。

社会資本 ⑨ 国や地方公共団体の財政支出で整備され、経済発展のための基盤となる上下水道・道路・港湾・公園・鉄道・空港・電話などの施設や設備。また、電気通信施設や情報関連施設・医療機関などを含めていう。

インフラストラクチャー(インフラ) ⑥ 産業や生活の基盤となる社会資本。施設・設備に加え、サービスや制度、社会の枠組みをも広く含んで用いられる概念である。

社会インフラ ① 電気・ガス・水道や道路・鉄道などの交通設備、学校・病院・警察や、電話・インターネットといった通信サービスなど、わたしたちの社会や生活を支える公共的な基盤となる設備やサービスのことを指していう。

生活関連社会資本 ②

経済インフラ ① インフラストラクチャーのなかでも、とくに産業に欠かせないものを指す。 **生産関連社会資本** ②

社会的共通資本 ① 豊な経済生活を営み、すぐれた文化を展開し、人間的に魅力ある社会を安定的に維持することを可能にする社会的装置のこと。経済学者の宇沢弘文(うざわひろふみ)(1928～2014)が提唱した概念。

所得の再分配 ⑨ 財政の機能の1つ。累進(るいしん)課税制度や社会保障制度によって、所得格差を縮小しようとする財政の機能。

所得再分配機能 ④

資産の再分配 ⑤ フローである所得ではなく、固定資産税や相続税などのストックである資産への課税による再分配。資産格差を解消するために、課税強化を望む意見もあるが、資産把握の手段や、富裕層の国外移住などの課題もあげられる。

景気の安定化機能 ⑨ 財政の機能の1つ。裁量的財政政策(フィスカル・ポリシー)と、自動安定化装置(ビルト・イン・スタビライザー)により景気を安定させる機能のこと。

景気調整機能 ②

自動安定化装置(ビルト・イン・スタビライザー) built-in stabilizer ⑫ 景気を自動的に安定させる財政制度上の仕組み。歳入面では累進課税制度などの税制、歳出面では社会保障制度がその役割を果たす。たとえば、好況期には、所得が増加するので累進課税により実質増税となり、失業率低下により社会保障費が減少し、結果として有効需要が減少して景気が抑制される。不況期には好況期とは逆に、実質的な減税と社会保障費の増大により有効需要が増大し景気が刺激される。こうして景気は安定するというのである。 **景気の安全弁** ②

ポリシー・ミックス ⑨ 景気安定のために、財政政策と金融政策が組み合わされておこなわれる経済政策をいう。

財政投融資(ざいせいとうゆうし) ⑩ 財政資金による政府関係機関や民間企業への投資や融資。具体的には、社会資本の整備や中小企業の支援など、民間企業には任せられない事業に対し、租税によらず、債券の発行などによって調達した資金を使って、国が投資や融資をおこなう制度。国会の承認が必要であり、また規模も大きいことから第二の予算とも呼ばれる。かつては郵便貯金や年金積立金などからの資金によって融資がおこなわれていたが、2001(平成13)年の財政投融資改革により、財投機関債や財投債の発行によって資金を集める仕組みとなった。

財政投融資計画 ③ **第二の予算** ⑧

財投機関債 ⑥ 特殊法人・独立行政法人・地方公共団体など財投機関が発行する債券。政府による元本・利息の支払い保証はない。

財投債 ③ 財政投融資計画にもとづいて、融資資金の財源にあてるために国が発行する債券(国債)。

政府保証債 ① 政府が発行する、元本および利息の支払いを政府が保証している債券。

租税(そぜい) ⑫ 国や地方公共団体が、国民から強制的に徴収する貨幣または財。

税金 ⑤

租税一覧		
	国税	地方税
直接税	所得税	住民税
	法人税	(都道府県民税、
	相続税	市区町村民税)
	贈与税	固定資産税
	地価税	事業税
		自動車税など

間接税	消費税	地方消費税
	酒税	都道府県たばこ税
	揮発油税	市町村たばこ税
	関税など	入湯税など

国税 ⑪ 国が賦課し徴収する租税。直接税として所得税・法人税・相続税・贈与税・地価税、間接税として消費税・酒税・揮発油(きはつゆ)税・関税などがある。

租税法律主義 ⑤ どのような税金を負担するかを、国民の代表者で構成する国会が法律を制定するかたちで決定するという原則。

国税庁 ① 租税の適正かつ公平な賦課・徴収の実現をはかることを目的として設置されている、財務省の外局。

税制改革 ④ 税制のひずみやゆがみを是正(ぜせい)すること。公平な税負担によらない格差の是正や、直間比率(ちょっかんひりつ)や税率の改定、課税対象・課税標準の改定など、すべて法改正によりおこなわれる。 **税制** ③

課税の原則 ① 経済学者のアダム＝スミスが示した課税における4つの原則をいう。

：公平の原則 ② 国家からの受益に応じた公平な税負担であること。

租税の公平性 ①

：確実の原則 ① 納税の時期・方法・金額が明確であること。

：便宜の原則 ① 納税にあたり、納税者の便宜がはかられていること。

：経費節約の原則 ① 徴税のための費用はなるべく少ないこと。

水平的公平 ⑩ 同じ経済力の者には、同じ税負担を課すこと。たとえば、消費税は消費額が等しければ租税を支払う能力も等しいと考えられることから、水平的公平にすぐれた税制であるといえる。

垂直的公平 ⑩ 異なる経済力の者には、異なる税負担を課すこと。累進制をもつ所得税は垂直的公平にすぐれた税制であるといえる。

所得の捕捉率 ② 税務署がどれだけ納税義務のある者の所得を補捉しているかを表す比率。たとえば、給与所得者(サラリーマン)は所得の9～10割を税務署に捕捉されるのに対し、自営業者は5～6割、農家は3～4割しか捕捉されていないといわれる。このような捕捉率に関する業種間格差に対する不公平感を表して、「トーゴーサン(10・5・3)」や「クロヨン(9・6・4)」という言葉がある。所得税は業種による捕捉率が異なることから、水平的公平に欠ける現状があると指摘されている。

確定申告 ③ 納税の義務をもつ個人が1年間の収入・支出、医療費や扶養親族の状況などから所得を計算した申告書を税務署へ提出し、所得税額を確定すること。年間の所得金額から、所得控除を差し引いた金額がプラスになる場合は確定申告をおこなわなくてはならないが、給与所得者の大部分はおこなわなくてよいとされる。

応益(おうえき)税 ① 便益を受ける国民が税金を負担すべきとする応益原則にもとづく租税(の考え方)。

応能(おうのう)税 ① 所得格差を考慮して能力に応じて公平に負担すべきとする応能原則にもとづく租税(の考え方)。

直接税 ⑫ 納税者と税負担者(担税者(たんぜいしゃ))が同一の税のこと。所得税・法人税・相続税・贈与税・事業税などがこれに含まれる。

担税者 ④

タックスペイヤー(納税者) ⑥

所得税 ⑫ 個人の所得に対して課せられる税。国税のうちの直接税に当たる。

法人税 ⑨ 企業は法律上、法人とされ、この法人の所得に対して課せられる税。国税のうちの直接税に当たる。

固定資産税 ④ 土地、住宅や店舗などの家屋、工場の機械や会社の備品など固定資産に課せられる税。地方税のうちの市町村税で、直接税にあたる。

相続税 ⑤ 財産を相続した時に課せられる税。国税のうちの直接税に当たる。

贈与税 ② 個人から財産をもらった時に課せられる税。国税のうちの直接税に当たる。会社などの法人から財産をもらった時には贈与税はかからず、かわりに所得税がかかる。

地価税 ② 個人または法人が保有している土地に課せられる税。土地投機を抑制するための国税であるが、バブル経済崩壊後の状況を反映し、1998(平成10)年以降は課税されていない。

直接税中心主義 ① 所得税などの直接税の税収を中心とする税制の考え方。第二次世界大戦後、日本税制調査団団長のシャウプは、ドッジ・ラインにそって、1949～50(昭和24～25)年にかけて、税制に関する勧告(シャウプ勧告)をおこない、直接税中心の戦後日本税制の基礎を確立した。

間接税 ⑫ 納税者と税負担者が異なる税のこと。消費税・酒税・揮発油税(ガソリン税)などがこれに含まれる。 **酒税** ②

消費税 ⑫ 一般の商品価格に一定の税率を上乗せさせることによって、消費者が負担する税。大衆課税の性格が強く、逆進性が高い。商品を販売した業者が納税する間接税の1つ。日本では竹下内閣時の1989(平成元)年に税率3％で導入され、橋本内閣時の97(平成9)年に5％に、安倍内閣時の2014(平成26)年に8％、2019(令和元)年に10％(うち地方消費税率は2.2％)に引き上げられた。消費税の徴収手段からみれば、付加価値税となる。

付加価値税 ②

逆進性 ⑫ 所得が低くなるにつれて、税負担が重くなるような課税のもつ性質を指していう。生活必需品に課税される消費税は、低所得者層に相対的に重くなり、逆進性をもっているとされる。

軽減税率 ⑧ 標準税率より低く設定された税率をいう。2019(令和元)年10月、消費税が10％となったことにともない、「酒類・外食を除く飲食料品」と「定期購読契約が締結された週2回以上発行される新聞」を対象に、8％の軽減税率制度が実施された。

直間比率 ⑨ 租税収入における直接税と間接税の比率のこと。日本やアメリカは直接税の割合が比較的高く(直接税中心主義)、ヨーロッパ諸国では間接税の割合が比較的高い。

累進課税制度 ⑥ 所得が高くなるにつれて、租税率が高くなる課税方式。これによって所得の再分配効果が生まれる。所得税・相続税などに適用される。

累進課税 ⑤

源泉徴収〔方式〕 ③ 給与などの支払いの時に、一定率の金額を支払金額から天引きして納税する方式。事業者が源泉徴収をおこなうことで、従業員は確定申告をする必要がなく、毎月の給与から所得税をおさめることになる。

第3章

2 経済活動のあり方と豊かな社会の実現

1 日本経済の歩み

i ―― 日本経済の発展

経済の民主化 ⑥ 第二次世界大戦後に、日本の潜在的軍事力、軍国主義の復活を阻止するためにおこなわれたGHQによる経済諸制度の改革をいう。財閥解体・農地改革・労働の民主化を柱とする。これらは経済三大改革とも呼ばれ、戦後民主化の一環をなした。

経済民主化政策 ②

間接統治 ② 占領国が直接みずから支配する直接統治に対して、被占領国の統治機構(政府)を通じて命令を出して、支配する形態のこと。第二次世界大戦後、GHQ(連合国軍総司令部)による占領を受けた日本では、マッカーサーを総司令官とするGHQが立案した政策が、覚書やメモなどの形式で命令として日本政府に伝達され、その命令を日本政府が法律や政令などの形式で施行する間接統治であった。

労働の民主化 ③ 第二次世界大戦後、日本政府は労働組合法(1945〈昭和20〉年)・労働関係調整法(1946〈昭和21〉年)・労働基準法(1947〈昭和22〉年)を制定し、封建的な労使関係を改善した。マッカーサーの5大改革指令(1945年)のなかには労働組合の助長が含まれ、法制定により労働組合結成が進み、労働条件の改善や地位・所得向上が取り組まれていった。

財閥解体 ⑩ 第二次世界大戦後の経済3大改革の1つ。非軍事化・反独占政策という二側面の性格をもつ。1946(昭和21)年8月、持株会社整理委員会が発足し、指定された83の持株会社(財閥本社)の解散、財閥家族による企業支配力の排除、株式所有の分散化を進めた。また、過度経済力集中排除法・独占禁止法による大企業の分割・再編が検討されたが、一部の分割にとどまった。銀行は集中排除の対象からはずされたため、銀行を中心にのちに六大企業集団が形成された。

:**財閥** ④ 第二次世界大戦前に、日本経済を支配したコンツェルン(→ p.153)の一種。持株会社を財閥家族が支配する。その資本構成や進出分野により、三井・三菱・住友を三大総合財閥、古河・浅野・大倉などを産業財閥、安田・野村などを金融財閥、日産・日窒・日曹・森・理研・中島などを新興財閥と呼ぶ。また、三井・三菱・住友・安田を、四大財閥とする呼び方もある。

株のもちあい ① 複数の株式会社が、たがいに相手方の株式を保有しあう仕組み。経営の安定、会社間の結束力強化、敵対的買収を防ぐためなどの目的でおこなわれる。日本では財閥解体後からその形成が始まったとされる。

農地改革 ⑩ GHQの指令によっておこなわれた、寄生地主制解体のための二次にわたる改革。1946(昭和21)年の自作農創設特別措置法・農地調整法改正により、不在地主の土地すべて、在村地主の1町歩(約1ha)をこえる土地(北海道は4町歩)を買い上げ、小作農へ売り渡した。そして、1950(昭和25)年の自作農の創設に関する政令、52(昭和27)年の農地法により、この措置が継続された。農地改革により、かつての小作地の80%が小作農に売り渡された。

:小作農 ② 土地をもたず、土地所有者(地主)から土地を借り、小作料を払って耕作をする農民。高額の小作料を通して地主とのあいだに支配従属関係がつくられ、さらには生活を支えるための小作農の低賃金の出稼ぎが日本の低賃金構造を支えた。

:自作農 ② 土地を所有している農民。戦後の農地改革により、日本の農民のほとんどは自作農になり、みずから所有する農地を耕作して農業経営をおこなうようになった。

:寄生地主 ① みずからは農業経営をおこなわず、農民(小作農)に土地を貸し、高額の現物小作料をとった戦前の地主。農地改革により消滅した。明治期の地租改正によって、近世以来の永小作が否定され、民法で小作農の権利を物権ではなく債権と規定するなど、地主に有利な法体系が形成されていた。

傾斜生産方式 ⑨ 第二次世界大戦後の1947〜49(昭和22〜24)年まで実施された、生産復興のための政策。限られた資金・資材・労働力を、基幹産業である石炭・鉄鋼・肥料などに集中的に投入し、まずは生産手段の生産に注力するという迂回生産によって国内経済の復興をはかろうとした。

基幹産業 ⑥

復興金融金庫 ④ 日本経済を再建するための資金供給機関として、1947〜52(昭和22〜27)年のあいだに設けられた政府系金融機関。基幹産業を中心に、巨額の資金を供給したが、原資を日銀引受の債券(復金債)発行によったため、悪性のインフレを誘発した(復金インフレ)。

復興金融金庫債(復金債) ①
復金インフレ ①

経済安定九原則 ⑤ 1948(昭和23)年12月、インフレを収束するため、GHQによって示された対日指令。均衡予算・徴税強化・融資制限・賃金安定・物価統制・為替管理・輸出産業のための資材割当て・重要国産品の増産・食料出荷の9項目を指す。

ドッジ・ライン Dodge line ⑧ 超インフレ状態の戦後日本の経済を、自立化・安定化させるためにとられた、デトロイト銀行頭取でGHQ経済顧問のドッジ(Dodge、1890〜1964)による経済安定九原則の実施政策。財政の健全化と単一為替レート(1ドル=360円)の設定を中心とする。超緊縮財政(1949〈昭和24〉年度予算)、対企業の財政の補助金削減(復金融資の廃止)、低米価・重税(前年比5割増税)、低賃金政策などで、インフレは収束したが、安定恐慌と呼ばれる深刻な不況におちいった。

ドッジ ②　**1ドル=360円** ⑤
安定恐慌 ④

シャウプ勧告 ⑦ 日本税制調査団(団長、コロンビア大学教授シャウプ〈Shoup、1902〜2000〉)によって、1949(昭和24)年に出された税制に関する勧告。翌1950(昭和25)年にドッジ・ラインにそって、徴税、国税・地方税の改革が実施された。所得税と法人税また相続税などの直接税を中心とし、酒税などを補完税とする直接税中心主義で、長らく日本税制の基礎となった。

直接税中心税制 ②　**シャウプ** ②

均衡予算 ③ 歳入と歳出とがつりあっている予算のこと。均衡財政、あるいは健全財政ともいう。さらに、収入が総支出を超過して余剰し、その余剰で借入金を償還しようとする予算のことを超均衡予算という。

超均衡財政 ②

特需(特別需要) ⑦ 1950(昭和25)年の朝鮮戦争勃発に際し、朝鮮国連軍の主力をなしたアメリカ軍が、日本で大量に物資などを調達した需要のこと。特需景気により、日本経済は戦争による荒廃から一挙に息を吹き返し、1951(昭和26)年には鉱工業生産は戦前の水準に回復し、高度経済成長への足がかりをつくった。　**特需景気** ②

軍需特需 ①　朝鮮特需 ①

朝鮮戦争 ⑫ 1950年に朝鮮民主主義人民共和国(北朝鮮)軍が南下することで始まった、朝鮮半島全域に拡大して戦われた戦争。国際連合は北朝鮮を非難し、アメリカを中心とする軍事介入をおこなって南の大韓民国(韓国)を支援した。これに対し、ソ連(当時)は北朝鮮を支持し、中国はアメリカ軍の進撃が始まると義勇軍を北朝鮮に送り支援した。日本はアメリカ軍のいわば後方基地となり、さらにこの戦争で特需を得た。1953年に休戦協定が結ばれ、軍事境界線が事実上の国境として受け入れられることになった。

『経済白書』 ⑦ 日本経済の前年の動向に関する分析と、問題点を指摘した報告書。1946(昭和21)年8月に発足した経済安定本部が、1947(昭和22)年に発表した『経済実相報告書』が最初。2001(平成13)年からは内閣府が発表し、『経済財政白書』と名称をかえている。

:**「もはや戦後ではない」** ⑦ 1956(昭和31)年の『経済白書』のなかで、政府は日本の経済復興は終わったとして、「もはや戦後ではない」と宣言した。

高度経済成長〔期〕 ⑪ 高度成長ともいい、きわめて経済成長率が高いこと。一般には『経済白書』が「もはや戦後ではない」と記した1955(昭和30)年から、第一次石油危機の73(昭和48)年までの日本経済を指す。このあいだ、19年間にわたり年平均10%前後の経済成長率を記録し、鉱工業生産指数は10倍、資本主義国第2位の経済水準に達した。しかし、急激な経済成長は、公害や交通事故の激増などの外部不経済現象を顕在化(けんざいか)させた。また、生活関連社会資本の整備の立ち遅れも指摘された。

消費革命 ① 1950年代後半よりおきた消費生活様式の急激な変化。所得向上によって高額商品が消費されるようになった。1959(昭和34)年の『経済白書』ではじめて公式に用いられた。

貯蓄率 ⑧ 所得のうち、預貯金などにあてられる割合。「貯蓄額÷可処分所得×100」で算出する。日本の家計貯蓄率は、高度成長中には20%前後となっており、この預貯金が企業の設備投資資金を支えた。その後、1970年代半ばをピークに低下を続け、2014(平成26)年にはマイナス1.3%まで低下した。2021(令和3)年の貯蓄率は9.6%となった。

貯蓄 ③

神武景気(じんむけいき) ② 1955(昭和30)年11月～57(昭和32)年6月まで(31カ月)の好況期。金融緩和政策による投資需要の拡大で、史上始まって以来といわれる好景気が続いた。神武とは初代天皇とされる神武天皇のことで、「記紀」の建国神話以来の好景気という意味。

池田内閣 ④ 1960(昭和35)年7月発足。「国民所得倍増計画」を政策として掲げた。"10年間で月給が2倍になる"と、国民にアピールした。年率7.2%の経済成長を想定していたが、実際には1961(昭和36)年からの10年間で約4倍の成長を達成した。

池田勇人(いけだはやと) ①

国民所得倍増計画 ⑨ 1960(昭和35)年、池田勇人内閣で閣議決定された社会資本充実と産業構造の高度化を目的とした長期経済計画。1961～70(昭和36～45)年にかけて実施され、10年間で所得を2倍にするとしたが、計画以上の成長を実現した。

設備投資 ⑩ 企業が生産活動をおこなうための投資。建物や機械設備などの有形固定資産だけでなく、商標権・特許などの無形固定資産も対象である。高度経済成長では、活発な民間の設備投資が成長を牽引した。

「投資が投資を呼ぶ」 ② 高度経済成長の時期、重化学工業の「技術革新」をきっかけに、民間企業の設備投資が別の企業の設備投資を誘引したことを指していう。

設備投資率 ②

岩戸景気(いわとけいき) ① 1958(昭和33)年6月から61(昭和36)年12月までの好況期。神武景気後のなべ底不況に対する金融緩和により、神武景気以上の好景気が続いた。神武天皇より前の「天の岩戸」神話に由来する。

耐久消費財 ③ テレビや自動車、家電など長期間使用できる日常生活用品のこと。高度経済成長期の所得向上によって、多くの耐久消費財が家庭に普及した。

三種の神器(じんぎ) ④ 高度経済成長期、昭和30年代に普及した洗濯機・白黒テレビ・冷蔵庫を指す。生活様式が欧米スタイルへとかわり、豊かな生活を実現する耐久消費財として普及した。天照大神(あまてらすおおみかみ)が瓊瓊杵尊(ににぎのみこと)に与え、以後、皇位の象徴として伝えられる鏡・剣・玉の三宝を三種の神器といい、それになぞらえたもの。

オリンピック景気 ① 1962(昭和37)年末から64(昭和39)年にかけての好況期。1964年の東京オリンピック開催に向けて、建設業を中心とした活況がみられた。オリンピック終了後は過剰生産が表面化し、構造不況におちいった。

東京オリンピック ①

いざなぎ景気 ② 1965(昭和40)年10月から70(昭和45)年7月まで(57カ月)の好況期。高度経済成長第2期といわれ、昭和30年代までの国際収支の悪化が景気後退をまねく「国際収支の天井」の状況を脱し、金融緩和政策により、輸出依存・財政主導型の好景気がもたらされた。3C(新三種の神器)が、一般家庭に普及し出したのもこの頃である。神武景気・岩戸景気をしのいだので、神話で「天の岩戸」以前の日本を誕生させた伊弉諾神(いざなぎのみこと)に由来して呼ばれた。

3C ③ 1970年代に家庭に普及した自動車(car)・カラーテレビ・クーラーのこと。

新三種の神器 ①

列島改造 ① 1972(昭和47)年、自民党の田中角栄が発表した国土開発に関する構想。日本の産業構造と地域構造を積極的に改革して、過密と過疎の弊害を解消し、産業・文化・自然とが融和した地域社会を全国土に広めることを目的とした。新幹線と高速道路のネットワークの建設、地方への工業の再配置などをおもな内容としている。

石油危機(オイルショック) ⑧ 1973(昭和48)年と、1979(昭和54)年におきた2度にわたる原油価格の高騰による経済危機。日本では、エネルギー多消費型の重化学工業からの産業構造の転換がなされ、「省エネ」が進められていった。

第1次石油危機(オイルショック) ⑫ 1973年10月におきた第4次中東戦争で、アラブ産油国などのOAPEC諸国が、石油産業の国有化・産油制限・輸出規制・価格の大幅引上げをしたことから引きおこされた世界規模の経済危機。このとき、原油公示価格は1バレル(159リットル)3.01ドルから5.12ドルへと70%引き上げられた。石油危機により、世界経済は深刻な不況とインフレとの同時進行であるスタグフレーションにおちいった。

第2次石油危機 ⑥ 1979年のイラン革命による混乱によって産油国イランの原油生産が激減して原油が不足した。さらにOPECが段階的に原油価格を引き上げたことで世界経済に大きな影響を与えた一連のできごとをいう。イランでは、国王が亡命すると、その保護のもとにあった西洋の石油メジャーは撤退をよぎなくされ、革命政権は石油国有化を実現させた。

狂乱物価 ⑥ 第一次石油危機後の1970年代における20%をこえる物価上昇をいう。1973(昭和48)年の卸売物価の上昇率が年率29%になったことに対して、当時の福田赳夫(ふくだたけお)大蔵大臣が「日本の物価は狂乱状態だ」と発言したことに由来する。すでに列島改造論や積極的財政政策で進行していた物価上昇が、1973年10月に発生した第四次中東戦争による第一次石油危機でいちだんと加速された。国内の消費者物価指数も1974(昭和49)年には23%上昇した。

マイナス成長 ⑪ 国民経済の大きさが縮小し、国内総生産(GDP)が、前年比で減少すること。個人消費や設備投資、公共投資のほか、外需の低迷など様々な要因がある。石油危機の影響による1974(昭和49)年のマイナス0.5%をはじめ、リーマン・ショックによる2009(平成21)年、新型コロナウイルスによる2020(令和2)年などがある。

安定成長 ⑩ 需要・供給が、その可能な能力をバランスよく発揮して、輸入の急増による国際収支の赤字を生じたりすることなく経済成長を続けること。日本では高度経済成長の終了後、1975(昭和50)年から1991(平成3)年まで実質経済成長率はおよそ平均4%の安定成長期であった。

ii —— 日本経済の現状

日本的経営方式 ① 1970年代後半から、国内外で注目を集めた日本経営の特徴。具体的には、終身雇用制・年功序列型賃金・企業別労働組合を指す。

円安 ⑧ 外国の通貨に対して、円相場が下落すること。たとえば1ドル＝100円であったレートが、1ドル＝140円になることが円安(ドル高)である。円安になると、輸入品の価格が高くなる。一方、日本からの輸出品は外国では安くなり(上の例では100円の商品が1ドルから、約0.7ドルになる)、輸出量は増加し、輸出関連企業は好況になることから、輸出に有利であるといえる。

経済大国 ② 国際経済に多大な影響力をおよぼす国家のこと。高度経済成長期を経て、日本は大きく経済力を発展させた。日本の行動が諸国に与える影響は増大し、相応の国際的責任が問われている。

経済摩擦(まさつ) ⑤ 経済の国際化にともない、輸出入をめぐって貿易収支の不均衡がみられ、その結果として発生した経済上のトラブルのこと。急速に経済大国になった日本とアメリカとのあいだで、1960年代末から繊維・鉄鋼・車・電化製品・半導体はんどうたいなどの経済摩擦がおこった。

日米貿易摩擦 ⑤ 第二次世界大戦後、国際競争力をつけてきた日本が、アメリカへの輸出を増大させたことにより発生した様々な問題のこと。当初は繊維・鉄鋼などの2〜3品目で問題となったが、日本の高度経済成長にともない、日本のアメリカ向けの輸出は自動車・カラーテレビ・ビデオテープレコーダー・工作機械・半導体など広範囲の品目に広がり、1960年代以降の日米間での恒常的な貿易不均衡を生み出し、アメリカの貿易赤字の原因となった。たとえば、自動車ではアメリカ国内の自動車産業の不振につながり、関税引き上げや日本による輸出自主規制などの措置が検討された。また、貿易不均衡の是正をめぐり、日本の市場開放、輸入拡大、内需の拡大が要求されるといった問題にまで発展していった。

集中豪雨的輸出 ②

ジャパン・バッシング Japan bashing ② アメリカやヨーロッパ諸国による日本たたきのこと。1980年代に、日本の保護主義が問題視されたことによりおこった。日本車や日本製品を、ハンマーでたたくパフォーマンスが報道された。

スーパー301条(通商法スーパー301条) ① 貿易相手国が、不公平な慣行をおこなっていることが認められた場合、報復措置をとることが可能であることを定めたアメリカの包括ほうかつ通商法301条のこと。アメリカ通商代表部(USTR)は、日本を不公正貿易国として特定し、日米構造協議などを通して圧力を加えた。

輸出自主規制 ③ 輸出国が、みずから輸出数量をおさえること。貿易摩擦などが原因で、相手国から輸入制限(輸出国からみた場合は輸出制限)を受ける前に、みずから輸出量を制限して、総合的な損害を逃れるためにおこなう。

通商白書 ② 1949(昭和24)年から現在の経済通産省が毎年発表する貿易に関する報告書。統計的解説だけでなく、現状分析・問題点・展望などについても論じている。

産業〔の〕空洞化くうどうか ⑦ 企業の海外進出にともない、国内の産業活動、とくに国内製造業が衰弱化すること。1970年代にアメリカで取り沙汰ざたされていたが、日本でも1980年代以降、円高が進行し、自動車や半導体などの輸出産業の現地生産化に拍車がかかり、産業の空洞化が問題となった。

プラザ合意 ⑪ 1985(昭和60)年、ニューヨークのプラザホテルで開催された先進5カ国財務大臣・中央銀行総裁会議(G5)の合意事項。ドル高によってアメリカの貿易赤字が増大し、日本と西ドイツの貿易黒字が増加し、アメリカで保護貿易主義が台頭し始めた。そこで、国際収支の不均衡を是正ぜせいするため、ドル安に誘導する協調介入が合意された。その後ドル安が進み、アメリカ国内にインフレのおそれが出て、1987(昭和62)年の先進7カ国財務大臣・中央銀行総裁会議(G7)でドル安に歯止めをかけるルーブル合意が成立した。

G5プラザ合意 ①　**財務大臣** ①
協調介入 ③

円高不況 ⑩ 円高によって日本の輸出産業やその関連企業、または輸入品と競合している産業が損害をこうむることによる不況のこと。変動相場制のもとでは、たびたび円高不況がおきている。とくに、プラザ合意(1985〈昭和60〉年9月)によるドル安円高誘導によって、86(昭和61)年から87(昭和62)年にかけて、輸出主導型企業の不振が円高不況として政治問題化した。不況対策として、当時としては史上最低の2.5%まで公定歩合を下げる超金融緩和が実施された。

日米構造協議 ⑦ 日米両国による次官級の経済協議。1985(昭和60)年のプラザ合意以降、円高・ドル安の為替調整と、日本側の内需拡大にもかかわらず、アメリカの対日貿易赤字が縮小しないため、アメリカ側の提案によって、1989(平成元)年9月に第1回協議が開催された。以後、2カ月に1回開かれ、1990(平成2)年6月に最終報告がまとめられた。1993(平成5)年夏以降、日米包括経済協議というかたちで、協議が進められた。

日米包括ほうかつ経済協議 ⑥ 1989(平成元)年9月に発足した日米構造協議を拡大させ、1993(平成5)年の日米首脳会議で開始を合意された継続的な経済協議のこと。大局的な経済問題、分野別・構造的障壁に関する問題だけでなく、環境やエイズなどの問題も協議された。

規制緩和きせいかんわ ⑦ 経済活動に対する自由な市場競争を制限する公的規制を廃止したり、緩和したりすること。過去には意義のあった公的規制もその意義が薄れ、規制による既得権益を守るために維持されているものもある。日本では、1980年代まで官僚主導で経済秩序が維持され、細かな許認可権限にもとづく公的規制が設けられていた。これらの規制が企業活動の自由を制約し、消費者の利益にも反するとして、第二次臨調以来、再三提言され、国鉄・電電・専売の各公社が民営化された。政府による規制緩和は、1980年代の世界的な流れとなったが、日本はとくに官僚制的な規制や介入の傾向が根強く、諸外国からの批判もきびしかった。

内需 ③ 国内需要の略で、国内に住む人の消費が、国内で生産されたものやサービスに向けられること。国内総生産(GDP)から輸出などの海外余剰(外需)を差し引いたもので、民間最終消費支出・民間設備投資・民間住宅投資・民間在庫品増加・政府最終消費支出・公的固定資本形成・公的在庫品増加から構成される。

内需主導型経済 ② 国内需要が経済成長を牽引する景気拡大のことで、対外経済摩擦を緩和するために、達成すべき目標とされた。輸出主導型の経済成長が続いていた日本は、巨額の貿易黒字を計上し、アメリカを中心に諸外国からの批判をまねいた。1986(昭和61)年の「国際協調のための経済構造調整研究会」報告書(前川レポート)が、「外需より内需」という考え方を明確に示した。バブル経済では、内需の寄与度が大きかったが、バブル経済崩壊後の不況時には、内需寄与度も下がり、再び外需依存の経済となったとされる。外需と内需の「双発エンジン」による景気回復が望まれている。

内需主導 ①　**外需依存型経済** ①

大規模小売店舗法 ② 中小小売業の事業機会の確保を目的に、店舗面積500m²以上の大型店の出店を規制した法律(1973〈昭和48〉年制定、施行は翌年された)。既存の商店街や大型店の既得権益の擁護であるとして、店舗網の拡大をめざす流通業界から改善が求められ、さらに、1990(平成2)年の日米構造協議において、非関税障壁として撤廃の要求がなされた。そのため、大型店の規制から、大型店と地域社会との融和の促進をはかることに方針が転換し、店舗面積などの量的な調整はおこなわない「大規模小売店舗立地法」(大店立地法)が1998(平成10)年に成立し、2000(平成12)年に施行されたことにともない廃止された。

内外価格差 ② 同じ商品やサービスについて、日本国内での価格と、海外での円で換算した価格の比率のこと。購買力平価を為替レートで割ったもの。たとえば、ある1ドルの商品が日本で100円で購入できる時、為替レートが1ドル＝120円であった場合、この商品ではかった内外価格差は約0.8であり、日本の方がアメリカよりも割安となっている(物価が低い)。

バブル経済 ⑪ 泡(バブル)のように、実体以上にふくらんだ経済のこと。1985(昭和60)年のプラザ合意後の円高不況による低金利政策によって、「金あまり現象」といわれる過剰流動資金が不動産や株式への投資に集中した。この結果、不動産の担保価値が上昇し、これを担保に借り増しした資金を再び株式投資に振り向けるといった循環が続いた。株価は、1985年末の1万3128円から89年末に3万8915円と約3倍に上がり、都市の地価も1985年から1990(平成2)年で約3倍上昇した。家計が得た土地や株式などの資産の値上がり分は、1989(平成元)年で260兆円となった。しかし、1989年をピークに株価は暴落を始め、1990年には、イラクのクウェート侵攻から始まる原油不安や公定歩合引き上げを背景として、株価は89年の半値近くまで急落した。景気も1991(平成3)年頃から減速し、同時期には地価も下がり始め(土地価額は、1990年の2419兆円から92年は2002兆円に低下)、バブル経済は崩壊していった。バブル経済の景気を指して平成景気ともいう。

バブル〔の〕崩壊 ⑩　**バブル景気** ④
バブル ③　**平成景気** ①

:担保 ③ 借り入れなどをした際に、債務の履行を確実にするために、債務者から債権者に提供される財産のこと。バブル期には土地や株式などの値上がりを見込んで担保の市場価格以上の融資がおこなわれ、これがバブル経済崩壊の被害を拡大した。

:抵当権 ② 個人や法人などが、金融機関などから借金をする時に、万が一返済できなくなった時の保証として、不動産を担保として設定すること。

地上げ ① 大規模開発をおこなうため、所有者がわかれている土地を、業者が個別に地権者と交渉してまとめて土地を買収すること。1980年代半ばに、将来の値上がりを見込んで、東京都心などを中心におこなわれた。一部の悪質な業者が、暴力的な手段で借地人らを追い出したり、「土地ころがし」により地価をつり上げたりする行為が問題となった。

地価 ⑨ 土地の価格、すなわち土地の時価ないし売買価格をいう。商品経済の発展につれて、私有・商品化されて売買の対象となって、土地に価格がつけられた。消滅せず永久に収益を上げられるという、ほかの商品にはない特性をもっている。1970年代の列島改造ブームや、1990年代のバブル経済期に地価は著しく高騰(こうとう)した。バブル経済の崩壊後は、地価の下落が問題化した。

資産効果 ① 土地や株式などの資産価格の上昇が、消費の増加につながり、経済に影響を与えること。1985(昭和60)年9月のプラザ合意後の円高による過剰流動資金によって、日本の資産価格が大きくおし上げられた。この結果、土地・家屋の不動産価格や株価の上昇により、企業の手元資金や担保力に余裕が生まれ、研究開発、合理化型の比較的長期の視野に立った設備投資が活発におこなわれた。

資産インフレ ① 土地や株式などの資産の価格水準が上昇を続ける状態。

財テク ② 財務テクノロジーの略称。企業が資金の調達や運用において、高度のテクニックを使い、金融取引による利益の獲得をねらうこと。昭和50年代から、企業によるものが一般化し、国内外の証券投資や自由金利商品に余剰資金がシフトした。個人も株式投資などをおこなう人が増え、バブル経済期には個人株主も2000万人(1988〈昭和63〉年)を数えた。

「失われた10年」 ⑦ 約10年間の経済低迷を指す語で、日本ではバブル経済が崩壊したあと、1991(平成3)年頃から2000年代の10年余りの期間を指す。その後の低迷を含めて「失われた20年」とも呼ぶこともある。日本銀行による急速な金融引締めと在庫調整によるバブル経済崩壊後の急速な景気後退に、世界的な景気悪化などの複合的な要因がつぎつぎに加わり、不況が長期化した。銀行・証券会社などの大手金融機関が破綻して、金融不安を引きおこすなど、日本経済に大打撃を与え、多数の企業倒産や、従業員の解雇(リストラ)、金融機関の統廃合などがあいついだ。「平成不況」や「複合不況」ともいう。

失われた20年 ②　**平成不況** ⑦

いざなみ景気 ②「失われた20年」ともいわれる期間中の2002(平成14)年2月から08(平成20)年2月までの73か月間となる戦後最長の景気拡大のこと。輸出企業は利益を拡大させたが、国内の中小企業はコストダウンを強いられ、労働者は人員削減や非正規雇用への転換が進み、多くの国民にとっては景気拡大の恩恵を受けることができない「実感なき景気回復」であった。その後、2008年9月のリーマン・ショックをきっかけに再びマイナス成長におちいった。

実感なき景気回復 ③

不良債権 ⑧ 金融機関の貸出債権のうち、融資先の倒産などで返済がとどこおっている債権。日本では、バブル経済崩壊後に不良債権問題が発生し、深刻化していった。これはバブル経済期におこなわれていた放漫な過剰貸付が原因であり、回収不能となった債権が巨額の不良債権となり、金融機関の経営を圧迫した。1995(平成7)年には破綻した住宅金融専門会社の処理に約6800億円の公的資金が投入されたが、その後も北海道拓殖銀行、山一證券など金融機関の破綻があいついだ。金融庁によると1992(平成4)年度から2001(平成13)年度までの10年間の不良債権処理累計額は8兆5398億円となっている。2000年代には不良債権問題は正常化したとされるが、2012(平成24)年9月期の全国銀行の不良債権(金融再生法開示債権残高)は11.8兆円であり、2022(令和4)年3月期は8.9兆円と、いまだに残っている。

不良債権処理 ②　**不良債権問題** ①

経済財政諮問(しもん)会議 ① 2001(平成13)年の省庁再編の際に、内閣府に新設された諮問会議。首相を議長として、関係閣僚や学識経験者などで構成される。経済運営や財政運営の基本方針、予算編成方針を決めることがおもな任務である。

利息制限法 ① 1954(昭和29)年制定。高利の貸付を取り締まるため、一定の利率をこえる利息を制限する目的で定められた。2010(平成22)年6月に貸金業法改正などが完全施行され、出資法の上限金利は20%に引き下げられた。一定の例外を除き元本以外の金銭は、手数料や調査料などの名目であっても利息として扱われ、利息制限法が適用されるが、これを「みなし利息」という。

リストラクチャリング(企業再構築) re-structuring ⑧ 事業再構築のこと。元来は、事業構造の基本的組みかえによる経営革新の方式を意味する。具体的には、既存事業のウェイトを減らし、本業をスリム化し、新規事業分野へ経営資源の傾斜配分をおこなう。不採算部門からの撤退、事業所の統合・閉鎖、本社・事業部門の分離、分社化などの手段がとられる。M&A(企業の合併・買収)もその手段として使われる。しかし、一般に合理化、人員削減策として使われることが多い。 **リストラ⑥**

護送船団方式(ごそうせんだん) ⑥ 戦後の復興期から高度経済成長期に、弱小金融機関に足並みをそろえ、金融機関全体の存続と利益を実質的に保証するため、旧大蔵省がとった銀行業界に対する金融安定化・産業保護政策のこと。船団を護衛する時、もっとも速力の遅い船にあわせて航行することから、この名がついた。

金融ビッグバン ③ 1986年10月のイギリスの証券制度改革に際して使われた言葉。ビッグバンは、もともとは宇宙生成時の「大爆発」(big bang)を意味している。日本では1996(平成8)年より、フリー(自由)・フェア(公正)・グローバル(国際化)を掲げた「日本版金融ビッグバン」と呼ばれる金融制度改革が取り組まれた。金融業務の自由化を含む銀行・証券・保険の3分野にわたる改革や、情報通信産業の発達した時代の改革であることが日本の特徴である。

金融業務の自由化①
日本版金融ビッグバン⑤

金融の自由化 ⑨ 銀行・証券会社・保険会社に対する規制を緩和し、金利や金融商品、業務、店舗などについて自由化していくこと。それまでの護送船団方式と呼ばれた政策から、1970年代以降、取り組まれるようになった。

金融の自由化・国際化①
金利の自由化⑥

金融再生法 ② 1998(平成10)年に成立した、経営破綻した金融機関の事後処理手続きについて規定した法律。正式名称は「金融機能の再生のための緊急措置に関する法律」。破綻した金融機関の処理を金融庁がおこなう。破綻した金融機関の処理は、(1)公的費用で全株式を買いとって一時的に国有化する「特別公的管理」、(2)金融整理管財人を派遣して公的管理にする「ブリッジバンク」、(3)金融機関を消滅させる「清算」の3つがある。

ペイオフ ⑨ 破綻した金融機関の預金者に対して、1つの金融機関につき、預金者1人当たり1000万円までの元本と利息は保護されるという制度。1971(昭和46)年に導入されたが、バブル経済崩壊後の金融機関の破綻を受け1996(平成8)年にはペイオフは凍結され、2005(平成17)年に全面解禁された。2010(平成22)年に日本振興銀行が破綻し、はじめてペイオフが発動された。

預金保険機構 ④ 1971年にアメリカ合衆国における連邦預金保険公社をモデルに設立された預金保険法にもとづく認可法人。ペイオフなど預金者などの保護と信用秩序の維持をおもな目的とする。銀行・信用金庫・労働金庫などが破綻した場合、預金者に対して保険料を支払い、経営破綻におちいった金融機関の救済合併については、資金援助をおこなう。

自己資本比率 ⑤ 総資本に対する自己資本(剰余金・準備金・自己株式など)の比率。銀行や信用金庫の自己資本比率は、国際決済銀行(BIS)の規制では、国際業務をおこなう場合、8%を達成することが条件とされる。さらに日本では国内業務に特化した銀行の最低基準は、4%を確保することが求められている。

BIS 規制 ⑥ 国際業務をしている銀行に対して、信用秩序を維持するため、自己資本比率が8%をこえない銀行は、国際業務を禁じるという規制。スイスのバーゼルにある国際決済銀行(BIS)での合意で、BIS基準ともいう。日本ではおもに金融庁が、規制の遵守(じゅんしゅ)状況を監督している。

バーゼル合意③

貸し渋り ⑧ 金融機関が融資基準・融資条件をきびしくした結果、健全な企業までが必要な資金を調達できなくなること。日本の金融機関は伝統的に担保にもとづいて貸出しをおこなってきたが、バブル経済崩壊後の不況や担保不動産価格の大幅な下落で、不良債権が増大し、金融機関は貸出に慎重な姿勢をとった。早期是正措置で求められている自己資本比率規制を達成するため、金融機関が総資産の圧縮をよぎなくされていることも貸し渋りの一因である。

貸し剥(は)がし ③ 銀行などの金融機関が、それまで返済のとどこおったことのない企業に対しても、融資を減額したり、返済期限の到来前に返済をせまったりするなど、融資先の事情を考えずに強引に資金を回収すること。

公的資金 ③ 国の一般会計からの財政資金、または財政投融資資金による低利融資のかたちで、行政が資金を支出すること。バブル崩壊後に、金融機関の不良債権処理のために政府は銀行に多額の公的資金を注入した。

構造改革 ⑦ 財政構造改革・規制改革・特殊法人改革などを指す。「聖域なき構造改革」を掲げて、2001(平成13)年に登場した小泉純一郎首相は、「構造改革なくして景気回復なし」と主張し、これらの改革の必要性を訴えた。財政構造改革では、財政赤字をおさえるため、国債の新規発行額を年間30兆円におさえる方針を打ち出した。

財政構造改革 ②

特殊法人 ⑤ 政府が必要な事業をおこなおうとする場合、その業務の性質が各種の制度上の制約から能率的な経営を期待できない時に、特別の法律によって独立の法人を設け、国家の責任で監督をおこない、できる限り経営を弾力的に認めて能率的な経営をおこなわせようとする法人のこと。独立行政法人・認可法人・特別民間法人のいずれにも該当しないもので、総務省が審査をおこなう。2022(令和4)年4月現在、33の特殊法人がある。例として、日本政策金融公庫・日本放送協会(NHK)・日本年金機構など。

サブプライム・ローン subprime lending ⑩ アメリカにおいて、返済能力が低く、信用力の低い人たちに、住宅を担保として高利で貸し付けたローンのこと。証券化し、市場で売られていたが、住宅価格が低下して返済が困難になったことから証券が暴落し、世界的な経済問題を引きおこした。

リーマン・ショック Lehman shock ⑪ 2008年9月、アメリカの証券会社であり投資銀行でもあるリーマン・ブラザーズが、サブプライム・ローンと呼ばれる住宅ローンで大規模な損失を計上し、破綻したことに端を発した、世界的な金融危機のこと。リーマン・ブラザーズの負債総額は6130億ドルで史上最大であった。この影響で世界のほとんどの国の株式相場が暴落、金融不安をまねいた。

リーマン・ブラザーズ ④

世界金融危機 ⑧ サブプライム・ローン問題をきっかけとした国際的な金融危機のこと。当初は、アメリカや高いレバレッジ投資(少額の投資資金で大きな取引を可能にする投資)をおこなっていたヨーロッパにとどまるという見解もあった。しかし、アメリカの投資家の多くが、リスクの高い新興国株式等品から資金を引きあげたため、新興国では株価や通貨が急落し、ハンガリーやウクライナなどがIMFの緊急融資の対象になるほどであった。また、輸出に依存していた日本も日経平均株価は7000円を割り込み、リーマン・ショック発生から最大で41%下落した。このように、世界同時不況とも呼ばれる深刻な経済危機におちいった。

世界同時不況 ⑥

アメニティ amenity ① 一般的には、快適さ・美しさ・上品さ・喜ばしさなどを意味する。イギリスにおいて、公衆衛生上のミニマム、歴史・自然環境の保存理念、コミュニティづくりにおける環境の質を表す複合概念として成熟してきた。今日の日本でも、「健康で文化的な生活環境」を一言で表現する言葉として、多くの地域で浸透しつつある。

シャッター通り ① 商店や事務所などが閉店・閉鎖し、シャッターをおろした状態で、空き店舗のめだつ、衰退した商店街を表した言葉。市街地の空洞化現象を表している。とくに商店街を指す場合は、「シャッター商店街」という。1980年代後半頃から地方で多くみられるようになった。

大規模小売店舗立地法 ② 1998(平成10)年に成立。大規模小売店舗(店舗面積1000m²超)を設置する者は、設置場所周辺の生活環境を保持するため、施設の設置や運営方法(駐車場の確保、騒音の抑制、廃棄物の保管など)について適正な配慮をするように規制する法律。この法律の施行により、1973(昭和48)年に制定された大規模小売店舗法は廃止された。

地域通貨 ① 日本の円やアメリカのドルなどの法定通貨ではなく、ある特定の地域のなかで、モノやサービスを交換するときのみ、その地域で使われる交換手段のこと。

阪神・淡路大震災 ⑤ 1995(平成7)年1月17日午前5時46分に発生した、淡路島北部を震源とする神戸を中心とする地域を襲ったM7.3の地震。高度に都市集積が進んだ地域を含む直下型地震であり、2007(平成19)年9月時点で、死者6434人、行方不明者3人、負傷者4万3792人、全半壊家屋約25万棟。死者の大半は、倒壊した家屋の下敷きになった。密集市街地の火災のおそろしさや、高速道路などの耐震性の不安、非常時の連絡網の不備などが露呈(ろてい)した。一方で、平静な市民の行動が二次災害の発生をおさえたともいわれる。

被災者生活再建支援法 ① 自然災害の被災者への支援を目的とする法律。1995(平成

7)年の阪神・淡路大震災で住宅を失った被災者が、公的補償を求めていたが、私有財産に対しては自助努力による回復が原則であった。これに対して、著しい被害を受けて経済的理由などによって自立した生活再建が困難な者に、基金を活用した被災者生活再建支援金を支給するための措置が定められた。

過疎(かそ)**〔化〕** ⑦ 地域の人口が少ないために、社会基盤が崩壊し、社会生活が円滑におこなわれなくなった地域のこと。1950～60年代の高度経済成長期にかけて、日本の人口は3大都市圏に大量移動をしたが、それによって、山村や離島では人口が急激かつ大幅に減少した。過疎地域の大部分は、山村・離島・産炭地・豪雪地と重なりあっており、経済的に問題を抱えているだけでなく、結婚難・高齢化や、教育・医療に関わる社会問題に見舞われている。

過密(かみつ)**〔化〕** ⑤ 一定の地域にその地域の適正規模をこえて、人口・産業が過度に集中することをいう。都市に人々が多く集まることによって発生する集積利益を求めて、さらに多くの人や企業が集中することになり、都市問題が発生する原因となる。

都市化 ①

貿易立国 ② 資源の乏しい国が、外国からの原材料などを輸入して国内で加工し、製品を輸出して得た利益で経済を維持する国。日本では、長らく輸出に依存した経済であり「貿易立国」のイメージがあったが、近年では、多くの企業が海外進出し、現地生産が増えてきている。

投資立国 ② 他国に様々な投資をして、その金利や配当などで経済を維持する国。かつて日本は、日本は海外から原材料を輸入して、工業製品を「組み立て」て「付加価値」をつけて輸出して経済を維持する「貿易立国」であった。現在は、直接投資や証券投資から得られる配当などが、貿易収支を上まわっている。組み立て型の加工貿易国から「投資立国」へと移行しているという見方と「貿易立国」と「投資立国」を兼ね備えた国になるという見方がある。

組み立て型 ②　**付加価値型** ②

2 産業構造の変化

生産性 ③ 生産過程に投入される生産要素が、どれだけ生産に貢献しているかということ。技術の進歩があれば、それだけ各生産要素の生産性は向上する。

労働生産性 ⑤ 労働者1人当たりの生産量のこと。または、労働者1人当たりの付加価値額のこと。1人当たりのGDPは後者の例であり、この意味での日本の労働生産性はOECDの平均を下まわっている(2020年でOECD加盟38カ国中28位)。

生産力 ① 生産過程において、ものを生産する能力のこと。労働の主体である、人間や道具・機械などの諸力を総合したもの。

先端(せんたん)**産業(ハイテク)** ① 先端技術や高度科学技術のこと。具体的には、エレクトロニクス・バイオテクノロジー・航空・宇宙・光通信・新素材・第5世代コンピュータなどの分野の技術。多額の研究開発費と努力が必要とされる。

:先端技術産業 ② 高度な先端技術を採用した高付加価値の産業群で、民生用・産業用が中心。情報機器・新素材・バイオテクノロジーなどの分野で、国際的な競争が激化している。航空・宇宙・原子力など従来の先端技術産業は、先導技術産業とも呼ばれる。

半導体(はんどうたい) ③ 電気抵抗の値が、金属と絶縁体との中間である固体物質の総称。低温では絶縁体に近く、温度が高くなるに従って電気伝導性が増す。ゲルマニウム・セレン・シリコン・ガリウムヒ素などがあり、整流器やトランジスタなどに応用される。

マーケティング marketing ① どのような価値を提供すれば市場のニーズを満たせるかを探り、そのような価値を生み出し、顧客に届け、そこから利益を上げることを指す。たんに販促活動だけでなく、生産者から消費者に商品がわたるまでのいっさいの商業活動。企業によるマーケティング手法を考える枠組みに「マーケティングの4P」がある。4Pとは、Product(製品・プロダクト)・Price(価格・プライス)・Place(流通・プレイス)・Promotion(販売促進・プロモーション)のことである。

マーケティングの4P ②

流通 ② 消費者から生産者までのものやサービスをつなげるもの。生産者から消費者へ商品を輸送する機能、商品が生産されてから消費するまでの保管機能、広告や商品になどの情報伝達機能がある。生産者と消費者のあいだに入る卸売り業者や小売店などがその担い手である。

コンビニエンスストア convenience store ③ アメリカで短期間に発達し、日本でも急速に広がっている小規模小売店。食品・日用雑貨などを、セルフサービス方式で販売する。消費者に便宜(コンビニエンス)を与える店という意味から、この名称となった。

セルフレジ ① 小売店や飲食店などの利用客みずからが、精算をおこなうシステムのこと。商品バーコードを利用したPOS(ポス)レジシステムでおこなわれるのが一般的である。POSシステムとは、Point Of Saleの略で、販売時点情報管理システムのこと。商品などにつけられたバーコードをスキャナで読みとることで、商品を販売したと同時に、商品名や金額・販売時刻などがコンピュータに伝達されるシステムである。

産業構造 ⑤ 産業の仕組みと関係のこと。一般的には生産力に着目した、コリン＝クラークの産業分類(第一次産業・第二次産業・第三次産業)により諸産業の生産高や就業人口を構成比で表す。広い意味では、産業の地域的構造(産業の立地)、経営的構造(株式会社・合資会社など企業の形態)、生産要素構造(資本と労働をどう投入するか)などの概念を含めることがある。

産業構造の変化 ① 経済の発展、科学技術の発達により、従来の産業構造が新しい産業構造に変化すること。日本の産業は1970年代の石油危機・マイクロエレクトロニクス革命をきっかけとして、従来の資源多消費型(重厚長大型)産業中心の産業構造から、新技術の採用と省資源・省エネルギー型(軽薄短小型)の知識集約的な先端技術産業へと中心を大きく転換した。第三次産業は比重を一層高め、金融・流通・情報通信などを中心に、経済のソフト化・サービス化が進んだ。

軽薄短小 ④
重厚長大 ③

コリン＝クラーク Colin Clark ① 1905～89 イギリスの経済学者。ウィリアム＝ペティ(William Petty、1623～87)の「農業よりも工業、さらに工業よりも商業の方が、利得が高い」という命題を、産業を三分類化し発展させた。主著『経済進歩の諸条件』。

ペティ・クラークの法則 ⑦ ペティが『政治算術』で指摘し、クラークが実証した産業構造変化の法則。経済が発展するにつれて、産業構造の比重が第一次産業から第二次産業へ、ついで第三次産業へと移るというもの。ドイツの経済学者ホフマン(Hoffmann、1903～71)はさらに製造業を消費財(軽工業)と資本財(重化学工業)にわけ、両者の比率を産業構造の高度化の指標とした。

ペティ ①
『政治算術』 ① **ペティの法則** ①

第一次産業 ⑪ 農業・牧畜業・林業・狩猟業・水産業などの採取産業のこと。

農林水産業 ② **農業** ⑩

第二次産業 ⑪ 鉱業・建設業・製造業など物質的財の生産をおこなう産業のこと。

製造業 ①

第三次産業 ⑪ 卸売業、小売業、金融・保険業、不動産業、運輸・通信業、電気・ガス・水道・熱供給業、サービス業、公務などのこと。第一次産業・第二次産業以外のサービス生産活動を主体とするすべての業種が含まれる。

産業構造の高度化 ⑪ 産業が発展するにつれて、産業の中心が第一次産業から第二次産業・第三次産業へと移行すること。さらに、第二次産業のなかでは軽工業から重化学工業中心に移行し(ホフマンの法則)、加工度の低い素材産業から、より付加価値の高い加工組立型産業へ移行する高加工度化などの傾向がみられる。

労働集約型 ② 労働力に依存する割合の高いこと、またそのような産業(労働集約型産業)。一般には、労働の資本装備率が低いものを指す。日本では、第一次産業と流通・サービス業など第三次産業に多く、また第二次産業でも零細経営企業などにも多い。反対概念は資本集約型である。

経済のソフト化・サービス化 ① 第三次産業の占める割合が肥大化し、ほかの産業にとっても知識・情報・技術蓄積など、目にみえないものの重要性が大きくなってきていること。近年では、知識・情報・技術・企画・デザインなどのソフトな業務が重要な役割を占めるようになっている。第一次産業の農業などもスマート農業など、ソフトが重要になってきている。

経済のソフト化 ⑨ **ソフト部門** ①
経済のサービス化 ⑩

経済財政白書 ① 内閣府による日本経済動向の分析や問題点の報告書で、正式名は『年次経済財政報告』。かつては、『経済白書』(年次経済報告)といい、経済企画庁が担当していたが、現在は2001(平成13)年の省庁再編で発足した内閣府が担当している。

3　中小企業と農業

i ―― 中小企業

中小企業 ⑩ 大企業に対して経営規模が小さく、資本金・従業員数が一定数以下の企業。日本の全企業数のうち99.7%を占めており、従業者の約7割が雇用されている(2016〈平成28〉年)。大企業に比べて労働者の賃金水準が低いこと、労働生産性が低いこと、資本装備率が低いことなど、中小企業問題といわれる日本経済の課題がある。中小企業基本法では、下表のように定義している。

中小企業の範囲		
業　　種	資　本　金	従　業　員
製　造　業	3億円以下	300人以下
卸　売　業	1億円以下	100人以下
小　売　業	5,000万円以下	50人以下
サービス業		100人以下

中小企業基本法 ⑦ 1963(昭和38)年に中小企業の保護・振興のために成立した。企業間格差の是正(ぜせい)、中小企業の生産性の向上、不利益の是正などを目的としている。1973(昭和48)年、1983(昭和58)年、1999(平成11)年、2013(平成25)年に改正。とくに、1999(平成11)年の改正では、中小企業を保護する方針から自助努力を支援する方針に大きく転換された。

中小企業分野調整法 ① 1977(昭和52)年に成立。正式名称は、「中小企業の事業活動の機会の確保のための大企業者の事業活動の調整に関する法律」という。中小企業の得意とする分野へ、大企業が進出することを規制するための法律。

経営承継円滑化法 ① 中小企業の事業承継を支援するための法律(2008〈平成20〉年施行)。経営者の高齢化が進むなかで、会社継承の問題に多くの経営者が直面し、廃業を選択する企業も多い。これに対応するために、遺留分に関する民法の特例、事業承継資金などを確保するための金融支援、事業承継にともなう税負担の軽減などの認定が規定されている。中小企業を継承する相手としては、子どもなどの親族が過半数を占めるが、役員・従業員への事業継承が約30%(2020年版『中小企業白書』)、第三者への譲渡やM&Aなど親族外継承も一般的なものになってきている。

『中小企業白書』 ④ 中小企業の動向を詳細に調査・分析した白書で、毎年中小企業庁から発表される。中小企業を取り巻く経営環境や企業経営、分野別の将来展望、行政施策の分析によって、中小企業の現状や問題点を報告している。　**中小企業庁** ②

日本政策金融公庫(旧:中小企業金融公庫) ② 政府系金融機関の「国民生活金融公庫」、「農林漁業金融公庫」、「中小企業金融公庫」、の3つの機関が統合し、2008(平成20)年に発足した。銀行などの民間金融機関から資金調達をすることが困難な、中小企業や個人事業者に対して融資をすることを目的として設立された。

経済の二重構造 ⑦ 先進技術をもつ近代的な大企業と在来技術による家族的な経営が主となる中小企業が併存し、両者のあいだに設備投資率・労働生産性・賃金・1人当たり販売額などにおいて格差がみられる日本経済の状態のこと。

下請(したう)け ⑨ 生産の一部をほかの企業に分担させること。主として大企業が、中小企業に自社の生産品の一部や部品などを生産させることを指す。親企業は、生産を下請け企業に分担させ、資本の節約、賃金格差によるコスト切り下げ、労組対策、不況期の安全弁などの役割を担わせてきた。最近では、親企業の分工場的な企業や、独自の技術力で複数の親企業と関係をもつ企業、さらに製品開発力を強める企業などもある。

系列企業 ③ 資本関係や融資関係・人的交流などで、同じグループとされる企業群。親会社・子会社・孫会社といった縦の系列関係(社長会などを形成)もあるが、日本の六大企業集団の場合には、銀行を軸とした融資関係による横の系列関係も1つの特徴としてあげられる。

系列化 ② 大企業と中小企業の有機的な縦の企業結合のこと。生産工程間の関係が密接になり、原料・部品などの規格化・均一化が要請されるようになると、中小企業の技術向上、設備の近代化が必要となり、大企業は優良な中小企業を選び、技術・資金援助をおこなうようになった。　**系列** ②
系列取引 ①

下請けいじめ ② 仕事を発注する側の大企業と受注する側の中小企業との力関係で、大企業である発注側がその優越的地位を利用して、受注側で弱い立場の中小企業に不利な取引条件をおしつけたりすること。大幅な値引きをおこなったり、代金の支払いを遅らせたり、無理な納品期日を求めるなど、日本では多くの業界でみられる。下請けたたきともいう。

減量経営 ① 企業が全般的な業績の悪化を契機とし、人員調整・投資縮減・経費節減などをおこない、経営の合理化を進めること。1970年代の世界的不況を乗りきるためにとられた。

ニッチ(隙間)産業 ④ 市場の隙間を埋めていく産業のこと。niche(ニッチ)とは、くぼみ・適所という意味。あまり需要が大きくない市場に対して、大企業は製品を供給しないため、大企業が市場を埋めきれない部分、市場の隙間(ニッチ)が存在する。ニッチは大企業に侵食されることもなく、ある程度安定した市場となるため、そのような市場を対象に、製品供給をしている中小企業のなかには利益率が非常に高い企業も存在する。

ベンチャー企業 ⑦ 積極的な技術開発を中心にして、活発な事業展開をめざす企業のこと。新たな先端技術や従来にない知識集約的なサービスを武器に、ニュービジネスを展開しようとする中堅企業に多い。大企業がベンチャー企業と提携したり、みずからベンチャー・ビジネスに乗り出したりする場合もある。また、近年では大学発の、最先端技術を生かしたベンチャービジネスが注目されている。

ベンチャー・ビジネス ④

ベンチャー・キャピタル ⑤ 株式を上場していない、高い成長率をもつベンチャー企業に出資して株式を取得し、将来的に大きなリターン(株式の値上がり益の獲得)をめざす投資会社や投資ファンドを指す。

社会起業家 ① 教育・福祉・人権などの社会問題への取組を事業として起ち上げる人や、新しい発想やビジネス的アプローチで取り組もうとしている人たちのこと。起ち上げた社会的事業をソーシャルビジネスともいう。経済産業省は、社会問題の解決、利益を上げる事業、新たなビジネスモデル、の3つをソーシャルビジネスの定義としている。

起業 ⑫ 新しく事業をおこすこと。自立心・問題発見能力・想像力・チャレンジ精神など、「起業家マインド」を養成することを求める声が大きくなってきている。

SWOT分析 ② Strength(強み)・Weakness(弱み)・Opportunity(機会)・Threat(脅威)の頭文字をつなげたもので、法律・市場トレンドなどの外部環境と、自社の資産やブランド力などの内部環境を、長短にわけて分析すること。戦略策定やマーケティングの意思決定、経営資源の最適化などをおこなうためのフレームワークの1つ。

地場産業 ⑤ 伝統・在来工業を基礎に、地域集団をなして成立している産業。零細企業なども多い。東京・名古屋・京都・大阪の4大都市圏を中心に多種の日用消費財を生産しているが、地方は単品の産地が多い。近年は、広い意味の地域活性化のための事業などを、地域産業・地場産業と呼ぶことも多い。

ii —— 日本の農業問題

販売農家 ③ 1990(平成2)年から設けられた定義で、経営耕地面積が30a以上、または農産物販売額が50万円以上の農家。販売農家は、主業農家・準主業農家・副業的農家に3区分される。

:主業農家 ④ 65歳未満の農業就労者(年間の自家農業労働日数が60日以上の者)がいる農家のうち、農業所得が農外所得よりも多い農家。

:準主業農家 ④ 65歳未満の農業就労者(年間の自家農業労働日数が60日以上の者)がいる農家のうち、農業所得が農外所得よりも少ない農家。

:副業的農家 ④ 65歳未満で農業従事日数が60日以上の者がいない農家。主業農家・準主業農家以外の農家。

専業農家 ① 世帯内に農業以外の職業をもつ家族がいない農家。

兼業農家 ② 農業を営みながら農業以外からの収入を得ている農家。農業収入が主である第一種兼業農家、農業収入を従とする第二種兼業農家がある。 **兼業化** ②

農業就業人口 ③ 自営農業のみに従事した者、または自営農業以外の仕事に従事していても年間労働日数で自営農業の方が多い者を指していう。2010(平成22)年で約260万人であったが、その後も減り続け、2019(令和元)年には約168万人にまで減少した(農林水産省による)。

棚田 ③ 山腹、山麓、丘陵、扇状地などの傾斜地において、自然の地形を利用して等高線に沿ってつくられた水田の集まりのこと。田面が水平で棚状にみえることから、この名がついている。「千枚田」などと呼ばれることもある。日本の水田の1割を占めている。生産性の低さから、コメあまりによる減反政策が1971(昭和46)年に本格導入されて以来、棚田の転作・放棄がみられた。景観的にも価値があるため、文化財として保護しようとする動きが近年高まり、棚田保全のための団体がいくつもつくられている。

限界集落 ② 山間部などにおいて、65歳以上の人口構成が全体の50%以上となり、公共機関、病院のサービスや、物流などがとどこおり機能していない集落のこと。農作業、冠婚葬祭などの集落としての機能を維持することが困難になっている。過疎化と少子高齢化の進行によるもので、不便性や孤立化が問題となっている。

中山間地域 ② 平野の外縁部から山間地の地域のこと。日本では、国土面積のおよそ7割を占めている。耕地面積・総農家数・農業生産額のおよそ40%で、農業のなかで重要な位置を占めている。

耕作放棄地 ③ かつて農作物を生産していた土地が、すでに耕作地としては使用されておらず、また今後も農地として使用しないと見込まれる土地。中山間地域に多い。耕作放棄地の活用および有効利用について、給付制度や農地法を緩和するなどの方策がとられている。

食料自給率 ⑧ 自国で食料を生産し、供給できる率のこと。重量ベース・カロリーベース・生産額ベースによって自給率は異なる。日本の食料自給率は全体的に低く、2021(令和3)年度のカロリーベースで食料自給率は38%となっている。

減反(げんたん)**〔政策〕** ⑧ コメの作づけの制限や、転作などによって、その生産量を減らすこと。コメの消費は1962(昭和37)年度をピークに減少に転じ、現在、年間一人あたりの消費量は50kg程度である。一方、コメの生産量は生産技術の高まりにより増大したため、コメ過剰時代となり、1971(昭和46)年から作づけ制限と転作によるコメの生産調整、「減反」が本格的におこなわれるようになった。しかし、農林省(現農林水産省)を中心とした生産調整にもかかわらず、米価は下落し過剰在庫も解決しなかった。さらに、「転作奨励」によって、休耕田や耕作放棄の問題も増加した。こうして、2018(平成30)年、安倍内閣において減反政策は廃止された。

農林水産省 ④

食料・農業・農村基本法(新農業基本法) ⑧ 1999(平成11)年に制定。食料自給率の低下、農業従事者の高齢化、農地面積の減少などのほか、農村の活力の低下が進んでいるとして、食料の安定供給の確保、農業の持続的な発展、農村の振興に関する施策を進め、食料・農業・農村基本計画を策定することを目的につくられた法律。

農業基本法 ⑦ 1961(昭和36)年に制定。農業政策の目的と基本方針を示した法律。農業の生産性と所得水準の向上を目的とする。農業生産の需要に応じた拡大(米作から商品作物へ)、農業構造の改善による自立経営農家の育成、協業化の助長、農産物価格の安定などがおもな内容。1999(平成11)年に食料・農業・農村基本法(新農業基本法)制定によって廃止された。

農地法 ② 1952(昭和27)年に制定。農地はその耕作者みずからが所有することがもっとも適当であるとされた。耕作者の農地の取得を促進して、その権利を保護し、また土地の農業上の効率的な利用をはかるため、その利用関係を調整し、これによって耕作者の地位の安定と農業生産力の増進とをはかった。2009(平成21)年に抜本的な改正がおこなわれ、株式会社などの農業への参入を促進し、農地を有効利用するために、一般法人の貸借での参入規制の緩和や農地取得の下限面積の実質自由化などが盛り込まれた。

農業の多面的機能 ② 食料など農産物の供給機能以外の多面にわたる機能のこと。国土の保全、水源の涵養(かんよう)、自然環境の保全、良好な景観の形成、文化の伝承などがある。

食料安全保障 ⑦ すべての人が、必要とする食料を確実に手に入れられる状況をつねに維持すること。不作などにより農産物価格が高騰(こうとう)することがあるため、国際的に協調する動きが広まっている。しかし、食料需給の調整機関は現在のところ存在していない。

農産物の〔輸入〕自由化 ④ 国内の農業生産を守るため、農産物の輸入制限措置を各国とも何らかの方法でおこなっていた。これに対してGATTは、輸入自由化と例外なき関税化などを加盟国に求めていた。対米交渉のなかで、日本は牛肉・オレンジなどの輸入枠の拡大などの自由化を進め、コメの開放も進み1999(平成11)年に関税化した。

牛肉とオレンジの〔輸入〕自由化 ② 1991(平成3)年のGATTのウルグアイ・ラウンド(→ p.252)の農産物自由化交渉で決定した、日本への牛肉とオレンジの輸入自由化のこと。これまでの輸入割当制度の撤廃がおこなわれ、高い関税率を適用し、その後、関税率が徐々に引き下げられて、輸入自由化が実現した。

コメの自由化 ② 1993(平成5)年のウルグアイ・ラウンド農業合意にもとづき、コメも関税化されることになった。日本は、コメの最低限の輸入義務(ミニマム・アクセス)を受け入れることで、2000(平成12)年まで、実施は猶予された(コメの部分的市場開放)。1995(平成7)年以降のミニマム・アクセス数量は年間約77万トン程度で、国産米に悪影響を与えないように国が一元的に輸入販売している。1999(平成11)年に関税化を実施し、1kg当たり341円の関税を払えばだれでも輸入できるようになった。

米(コメ)の部分的な市場開放 ②
米(コメ)の関税化 ③
米(コメ)の輸入関税化 ①
米(コメ)の輸入自由化(関税化) ②
米(コメ)の全面関税化 ①

食糧管理制度 ⑧ 国民の主食であるコメを、政府が責任をもって管理する制度のこと。生産者に対して、コメ作りの安定継続をすること、消費者に対しては一年間を通して買うコメの保証をすることが、基本的な役割であった。具体的には、政府がコメを全量買い上げたうえで、流通と価格を管理した。

食糧管理法 ② 1942(昭和17)年に、食料確保を目的としてつくられた法律。戦後は、主食であるコメ・ムギを直接管理する法律となった。1995(平成7)年に廃止され、新たな食糧法が施行されている。

消費者米価 ① 消費者が小売商からコメを購入するときの価格。 **生産者米価** ①

新食糧法 ⑥ 1995(平成7)年に、主食のコメ・麦を管理することを目的として施行された法律。正式名称は「主要食糧の需給及び価格の安定に関する法律」。自主流通米を基本にし、流通と価格形成を大幅に弾力化し、政府は部分的に管理する。

食糧法 ②

経営所得安定対策 ① 農家の経営安定や食料自給率の維持向上を目的として、農作物を生産・販売する農家に交付金などを支給する制度。諸外国との生産条件の格差から生ずる不利を補正する「ゲタ対策」と、農業者の拠出を前提とした農業経営の対策である「ナラシ対策」が実施されている。「ゲタ対策」は、諸外国との生産条件の格差による不利がある農家に対して、「標準的な生産費」と「標準的な販売価格」の差額相当分が直接交付される。「ナラシ対策」は、販売収入の合計が標準的収入を下まわった場合に、その差額の9割が補填される保険的制度である。

農業法人 ① 農業を営む法人の総称。農協法による農事組合法人と、会社法による会社法人に大別される。農地法の要件を満たした農業法人は農地所有適格法人とされ、農地を所有・賃借できる。法人化のメリットとして、経営管理が徹底されることによる対外信用力向上、幅広い人材確保による経営の多角化、従業員のなかから有能な後継者確保、などがあげられる。

六次産業化 ⑤ 農林漁業が、生産だけでなく、付加価値を与える食品加工、販売を含む流通に参入し、生産・加工・流通(販売)を一体化する取組み。一次産業(生産)×二次産業(加工)×三次産業(流通)により六次産業といわれる。似たような形態に、農商工等連携促進があるが、農林漁業者による新規事業の創出が目的であることが異なる。「六次産業化・地産地消法(平成23年施行)」にもとづき総合化事業計画は増加している。また、加工・直売だけでなく、農家レストランや農業体験など経営の多角化の取組みが増えている。農閑期を加工業務にあてられるなど雇用が創出されることや、地域の風土・伝統などの持続的保全などにより、地域の活性化が期待できる。

森林環境税 ① 2019(令和元)年に成立した「森林環境税及び森林環境譲与税に関する法律」によって、2024(令和6)年から課税されることになった税。地球温暖化防止、国土の保全や水源の涵養(かんよう)など、国民に広く恩恵を与える森林の整備などを進めていくことを目的とする。

栽培漁業 ① 卵から稚魚になるまでのサカナの弱い時期を人の手で守り、稚魚を放流して、成魚をとる漁業。養殖漁業と違い、人為的に育てた魚を自然へ戻すことで、漁業の促進をはかるシステムである。

東京都中央卸売市場 ① 11市場が設置されている東京都の中央卸売市場。2018(平成30)年、築地市場が廃止され、豊洲市場が業務を開始した。 **豊洲市場** ①

4 公害防止と環境保全

環境破壊 ③ 事業活動や人の活動によって、

自然環境・生活環境が悪化したり、破壊されたりすること。

公害 ⑪ 無秩序な生産活動などの人為的要因により、大気汚染・水質汚濁・地盤沈下などにみられる生活環境の破壊や、それによって生じる人間の健康の被害のこと。

公害対策基本法 ⑨ 四大公害の発生を受けて1967(昭和42)年に制定された、日本における公害に対する取組みを規定した法律。公害の定義、事業者・国および地方公共団体の公害防止に関する責務などを定めている。国民の健康保護・生活環境の保全への、国・地方公共団体の責務が明確にされた。1993(平成5)年の環境基本法の施行により廃止された。

典型七公害 ⑥ 公害対策基本法に規定されている7つの公害。事業活動その他によって生じる大気汚染・水質汚濁・土壌汚染・騒音・振動・地盤沈下・悪臭をいう。

大気汚染 ⑧ 工場の排煙や自動車の排気ガスなどに含まれる硫黄酸化物・窒素酸化物・一酸化炭素などにより、大気が汚染されること。喘息などの呼吸器疾患や、アレルギーなど健康への影響がみられる。2004(平成16)年の大気汚染防止法改正によって、揮発性有機化合物(VOC)の規制も導入された。

水質汚濁 ⑧ 工場排水や家庭排水に含まれる有機物質などにより、河川・湖沼・湾などの水が汚染されること。水俣病・イタイイタイ病の原因となり、現在でも赤潮の発生などがある。河川の汚濁指標にはBOD(生物化学的酸素要求量)が、湖沼・海域の汚濁指標にはCOD(化学的酸素要求量)が使用される。

:**生活排水** ① 生活のなかから排出される汚水。とくに有機リン系合成洗剤を含む排水は、河川や湖沼に富栄養化をもたらし、赤潮やアオコの発生の原因となる。

土壌汚染 ⑥ 農薬や廃棄物中に含まれる有害物質によって、土壌が汚染されること。1973(昭和48)年に、東京都江東区の埋立地でみられた六価クロムによる汚染がその例。

騒音 ⑥ 工場・空港・基地・道路・鉄道などからの機械・飛行機・自動車・列車の運転・運行によって発生する音で、周辺住民にとり、不快をもたらす音。大音量など、騒音問題(騒音公害)を引きおこす。

振動 ⑥ 事業活動やその他の人の活動にともなって生じる相当範囲にわたる振動。人の健康または生活環境に関わる被害が生じる。

地盤沈下 ⑥ 地表近くの地層、通常は沖積層が沈下すること。建造物のひび割れや傾き、浸水の多発などをまねき、海面よりも低下したゼロメートル地帯では、水害の危険性が大きい。原因としては、工業用、ビルの空調用におこなわれる地下水のくみ上げがあげられる。

悪臭 ⑥ 大気汚染・水質汚濁などと異なり、嗅覚という人の感覚に直接知覚される感覚的な公害である。苦情件数が増加傾向にあり、サービス業・製造工場なども発生源となっている。

産業公害 ⑤ 産業活動によってもたらされる公害。工場排水による水質汚濁、煤煙による大気汚染、産業廃棄物による土壌汚染などがある。都市公害・生活型公害と対比される言葉。

公害問題 ⑤ 公害の発生がもたらす様々な問題。産業の発展にともなう大都市や工業地帯の産業公害から、排出ガス・ゴミ公害などの生活型公害まで、公害問題は多様化している。

足尾銅山鉱毒事件 ⑥ 利根川支流の渡良瀬川上流にある足尾銅山で発生した、日本の「公害の原点」。明治時代、古河鉱業により開発が進み、ここから流出した鉱毒により、流域農地の汚染などの被害が大規模に発生した。衆議院議員田中正造(1841〜1913)を中心とする操業反対運動は弾圧され、田中正造は議員を辞職し、1901(明治34)年には天皇に直訴するという非常手段に出た。このこともあり、鉱毒問題は社会問題化していった。政府は鉱毒問題を治水問題へとすりかえるなかで、1907(明治40)年谷中村の廃村、遊水地化を強行した。　**田中正造** ③

四大公害 ⑤ 熊本の水俣病、新潟水俣病、富山のイタイイタイ病、四日市ぜんそくをいう。いずれも、1970年代前半の裁判でその発生源となった企業の責任が明確にされ、政府・企業の公害防止への取組が本格的に進むことになった。　**四大公害訴訟** ⑧
四大公害裁判 ①　**公害訴訟** ①

公害病 ① 公害によって健康を害すること。四大公害による四大公害病以外にも、土呂久砒素公害、川崎公害、西淀川公害、六価クロム事件などがある。狭義には、環境基本法に定義される公害が原因となるが、広義には、揮発性有機化合物の吸引によるアトピー・アレルギーや、放射能汚染による人的被害も、公害病と呼ぶこともある。

水俣病 ⑩ 熊本県水俣湾周辺で発生した有機水銀中毒。1950年代から、神経障がいにより、死者を含む多数の患者が発生した。1968(昭和43)年には、国はチッソ水俣工場からの排水が原因との見解を出した。

熊本水俣病 ①

：有機水銀 ④ 水俣病の原因となった物質。工場排水に含まれていた有機水銀が、魚介類の体内に蓄積し、それを食べることで人体内でさらに濃縮(生物濃縮)され、神経障がいを引きおこした。

イタイイタイ病 ⑪ 富山県神通川流域で発生した病気。腎臓障がいと、骨がもろくなるのが症状で、咳をしただけで骨折する例もあり、「痛い、痛い」と患者が訴えたことから、こう呼ばれた。上流の三井金属神岡鉱山から流出したカドミウムが原因とされた。

四日市ぜんそく ⑪ 三重県四日市市で発生した呼吸器疾患。四日市市にある石油化学コンビナートを中心とする工場群からの、排煙中の硫黄酸化物などが原因とされた。

新潟水俣病(阿賀野川水銀中毒) ⑪ 新潟の阿賀野川流域で発生した有機水銀中毒。水俣病と類似するため、この名がついた。上流の昭和電工鹿瀬工場からの排水が原因とされた。

水銀に関する水俣条約 ① 水銀や水銀化合物を使用した製品の製造や輸出入を規制し、国際的に管理することをめざす国際条約。発展途上国で水俣病のような健康被害や環境汚染がおきており、日本が主導して採択された(2013〈平成25〉年、発効は2017〈平成29〉年)。

公害国会 ② 1970(昭和45)年11月の臨時国会。全国各地で問題化していた公害問題に対処するため、公害対策基本法改正案ほか、公害関係14法案を提出し、公害問題に関する集中的な討議をおこなったことから、「公害国会」と呼ばれる。

公害関係法 ②

ハイテク汚染 ③ IC 産業など、時代の先端をいく産業による環境汚染。IC の洗浄やドライクリーニングに使用されるトリクロロエチレンやテトラクロロエチレンなどの有機塩素系溶剤が地下に浸透し、地下水汚染が問題になった。

都市公害 ② 都市生活の諸活動にともなって発生する公害。都市交通の激化からくる騒音・振動・排出ガスなどが例である。

都市・生活型公害 ④

アスベスト健康被害救済法 ① 石綿(アスベスト)を原因とする塵肺・肺線維症・肺ガン・悪性中皮腫などによる死亡者の遺族に対して、救済金が支払われる内容の法で、2006(平成18)年に成立した。しかし、生前に認定の申請がおこなわれていなければ、救済金支給はされない。

アスベスト ⑥

公害防止事業費事業者負担法 ① 公害対策基本法にもとづいて、公害防止事業の範囲や事業者の負担の対象となる費用の範囲などについて1970(昭和45)年に制定された法。1993(平成5)年に、公害対策基本法は環境基本法にかわったが、公害対策基本法の規定は継承され、公害防止事業費事業者負担法は効力を有している。

環境庁 ⑦ 環境問題への関心の高まりを反映して、1971(昭和46)年に環境行政を一本化するために設置された国の役所。環境行政を推進する中心であるが、経済優先の倫理にはばまれている状況がある。2001(平成13)年の中央省庁再編にともない、環境省になった。

環境アセスメント(環境影響評価) ⑦ 環境に著しい影響をおよぼす事業に対して、事前に調査・予測・評価をすること。環境影響評価ともいう。地方公共団体や住民にその結果を公表し、評価に対する意見を計画に反映させて、事業による環境破壊を未然に防止するために、計画変更や修正をおこなうなどの手続きを定めたもの。1977(昭和52)年に全国に先がけて、川崎市が条例を施行した。その後、1997(平成9)年には環境アセスメント法が成立した。

環境アセスメント条例 ①

環境アセスメント(環境影響評価)法 ⑧

環境保全 ② 環境破壊の進行をとめ、生態系の維持をはかり、自然と人間との調和を保つこと。そのためには、環境保護法の制定、緑化など環境保全計画の推進、環境保護運動の実践、環境保全商品の開発など、様々な工夫が考えられる。

環境保護運動 ①

環境基本法 ⑫ 新たな公害・環境問題や地球環境問題の進展などに対処するための、従来の公害対策基本法、自然環境保全法を発展的に解消し、環境政策の基本を示すもの。1993(平成5)年に公布された。国・地方公共団体・事業者・国民の環境保全についての責務を明確にしている。また環境基本計画の作成や総合的な環境行政の推進を義務づけ、人類の福祉に貢献する視点で、地球環境保全への国際協力の推進も明示している。

公害健康被害補償法 ② 1973(昭和48)年に制定。1970(昭和45)年に制定された公害被害者救済法を引き継いだもの。水俣病・イタイイタイ病などの健康被害について、その地域・疾患を指定し、患者の救済と補償をおこなった。1987(昭和62)年の改正で、「公害健康被害の補償等に関する法律」と改称され、大気汚染指定地域の全面解除などがおこなわれた。

大気汚染防止法 ③ 1962(昭和37)年制定の煤煙規制法を吸収し、1968(昭和43)年に制定された法。1970(昭和45)年には「経済との調和」条項が削除され、改正された。1996(平成８)年には従来の環境基準５物質に加え、ダイオキシンなどの有機塩素化合物を中心に指定物質を決め、抑制基準を定める改正がなされた。1999(平成11)年の改正で、生涯リスクの概念の導入や事業者の自己責任による自主管理を促進させ、排出抑制対策が進められることになった。

水質汚濁防止法 ② 1958(昭和33)年に制定された水質保全法と工場排水規制法が、水質汚濁防止の基本法であったが、実効性がないことから、これらにかわって1970(昭和45)年に制定された法。国の排水基準と地方公共団体の基準の上乗せ権限などについて規定している。2012(平成24)年の改正で、有害物質による地下水汚染を未然に防止するため、有害物質を使用・貯蔵などする施設の設置者に対し、地下浸透防止のための構造、設備および使用の方法に関する基準の遵守義務、定期点検および結果の記録・保存を義務づける規定などが設けられた。　**地下水汚染** ②

汚染者負担の原則(PPP の原則) ⑨ 公害を発生させた企業が、損害賠償や補償を含めて、公害防止のための費用を負担しなければならないという、公害法の指導原則のこと。公害発生者費用負担の原則ともいう。英語では“polluter pays principle”といい、通常 PPP の原則と略される。経済協力開発機構(OECD)が採択し、国際的に認められ、日本でも公害防止事業費事業者負担法や公害健康被害補償法などによって法制化されている。

総量規制 ⑧ 有害物質の排出量を、一定量以下とする規制のこと。有害物質の排出規制について、従来は一定濃度以下とする濃度規制が中心であったが、排出量が多ければ有害物質の量がいくらでも増加してしまう欠点があるため、総量を一定量以下とする規制がおこなわれている。　**濃度規制** ⑧

資源エネルギー庁 ② 経済産業省の外局で、石油・電力・ガスなどのエネルギーの安定供給や、原子力・太陽光・風力などの新エネルギーや省エネルギーの政策を担当する。

資源 ⑦ 人間の生産活動に利用される自然界の物質。人的資源として人間を含むこともあるが、一般的には水・生物・鉱物などの天然資源を指す。人間の生活舞台の広がりから、マンガン団塊などの海洋資源や宇宙空間の資源の利用も将来的に考えられている。　**天然資源** ④　**鉱物資源** ②

レアメタル rare metal ④ 希少金属ともいわれ、埋蔵量・生産量・流通量は少ないが、製品の高機能化をはかるうえで不可欠な原料のこと。半導体や特殊合金などの原料に用いられ、携帯電話に代表される情報産業などの先端産業、航空機産業などにも多く使用されている。希土類(レアアース)やプラチナやリチウム、ニッケルなどがその例。生産が特定の国にかたよっており、安定供給の面で問題がおきている。

レアアース(希少金属・希土類元素) rare earth ② 31鉱種あるレアメタルのなかの１つ。自然界ではわずかしかとれないので、その希少さが理由で、戦略物資になっている。先端技術分野には、欠かすことのできない物質。

都市鉱山 ① 都市部で廃棄された携帯電話やゲーム機などから回収して再利用される、「産業のビタミン」といわれるレアメタルなどの金属資源を指していう。これらの製品に使われる量はごく少量でも、多くの人が使用する都市部においては再利用するにたりる量が回収できる。工業製品の再利用の１つのあり方を象徴する言葉である。都市鉱山の資源を有効に活用するため、2013(平成25)年から小型家電リサイクル法が施行された。

バーチャルウォーター virtual water ② 食料輸入国が輸入している農・畜産物を、自国で生産する場合に必要とする水の量を推定したもの。仮想水ともいう。ロンドン大学のアンソニー＝アラン(Anthony Allan、1937〜2021)が提唱した。食料生産のためには大量の水を必要とし、その水資源の不均衡な現状を表す。

仮想水 ①

水不足 ①

確認埋蔵量 ② 現在の技術と経済的コストで採掘可能な地下資源が、あとどれほど地中に残されているかを示す量。技術や経済状況によって、確認埋蔵量は増減する。

枯渇性資源 ②

可採年数 ② 地下資源の採掘可能な年数。埋蔵量を現在の採掘量(消費量)で割ることにより計算できる。しかし、この数字は今後の新しい資源所在の確認や消費量の変化、利用技術の進歩などにより変化するものであることに注意する必要がある。

省資源・省エネルギー(省エネ) ③ 人間の活動、とくに経済活動において資源・エネルギー消費量を節減する運動。石油危機以降、経済性・資源の有限性の観点から先進国で政策として進められるようになった。

省資源 ①　**省エネルギー** ①

エネルギー自給率 ③ 国内における一次エネルギー供給に占める国内産出の割合。日本のエネルギー自給率は2020(令和2)年で11.2%である。

スマートグリッド smart grid ② 電力の流れを供給側・需要側の両方から制御し、最適化できる送電網のこと。次世代送電網ともいわれる。従来の送電網は最大需要をもとにして設けられているために、無駄も多く、停電などがおきた時に復旧に手間取った。スマートグリッドは需給の両者側から制御できるために、スマートな(賢い)送電網といわれる。アメリカのグリーン・ニューディール政策の柱の1つ。

スマートシティ ② ITの先端技術を活用して、エネルギーを効率よく利用しようとする新しいタイプの都市。電気自動車や自動運転の車の利用、自家発電によるエネルギーのやりとりやスマートグリッドの活用などで都市全体を1つのシステムにまとめ、省力化をはかる。2015(平成27)年、スマートシティに関するはじめてのISO規格が策定された。

新エネルギー(新しいエネルギー) ④ 従来の石油や原子力といったエネルギー源にかわるエネルギーを指す。太陽光・風力などの自然エネルギー、石炭液化・燃料電池・超伝導発電・コジェネレーションなど新技術導入によるもの、ごみ処理発電などのリサイクル型技術などがあげられる。

自然エネルギー ①

新エネルギー法 ② 1997(平成9)年に定められた法律で、正式名称は「新エネルギー利用等の促進に関する特別措置法」。太陽光・太陽熱・風力・バイオマスなどの新エネルギー導入の促進などが定められている。

再生可能エネルギー ⑩ 自然エネルギーのような、半永久的に使うことができるエネルギー。太陽光・太陽熱・風力・水力・バイオマス・波力などのエネルギーのほかに、廃棄物による発電や熱利用などのリサイクルのものも含む。2011(平成23)年に風力や太陽光などの再生可能エネルギーでつくった電気を電力会社が買いとることを義務づけた再生可能エネルギー特別措置法が成立し、買取り費用は一般家庭が使用電力量に応じて負担する。2022(令和4)年に業者による再生可能エネルギー電気の調達に関する特別措置法は改正され、利用促進に関する特別措置法となった。

電力買取り制度 ①

固定価格買取り制度 ③

エネルギー資源 ⑤ 人間がエネルギーを獲得するために利用している資源。エネルギー源ともいう。石炭・石油・天然ガスなどの化石燃料、ウラン鉱などがその中心となってきたが、それらの大量消費がもたらす環境破壊などの問題に直面している。

エネルギー革命 ⑥ 使用するエネルギー資源に対する需要上の大きな変革をいう。動力革命ともいう。一般には1960年代にみられた、石炭から石油・天然ガスへとエネルギー源が大きく転換したことを指す。

一次エネルギー ① 自然界から供給される原料、または自然現象そのものから得られるエネルギー。加工されない状態で供給されるエネルギーの総称。石油・石炭・天然ガスなどの化石燃料、ウランによる原子力・水力・太陽熱・風力など。

二次エネルギー ① 一次エネルギーを変形・加工したエネルギーの総称。電力・都市ガス・コークス・液化石油ガスなど。

代替エネルギー ③ 現在のエネルギー消費の中心である石油にかわるエネルギー。石油危機以来、原油の価格、安定供給面に不安がもたれるようになり、代替エネルギー開発が叫ばれるようになった。近年は地球環境保護の観点からも、その必要性が強調されている。

化石燃料 ⑥ 石油・石炭・天然ガスなどのこと。いずれも地質時代の動植物が枯死したものに由来するため、こう呼ばれる。過去に形成されたものを消費していることで、枯渇の問題があることや燃焼によって地球温暖化に関係する二酸化炭素が生じるという問題が指摘されている。

石炭 ⑦ 地質時代の植物が地下に埋もれ、分解し、炭化したもの。産業革命以来、もっとも重要なエネルギー源として利用されてきた。現在、世界的にはその地位は石油にゆずったものの、中国・インドなどでは現在でもエネルギー源の上位を占めている。

石炭火力発電 ① 微粉にした石炭を燃料とした発電。温暖化ガス排出だけでなく、硫黄酸化物・窒素酸化物・灰塵などの有害な汚染物質が発生する。しかし、石炭は、化石燃料のなかでは安価で、安定供給性や経済性にもすぐれている。このために、日本では重要な「ベースロード電源」として改善を進めるとともに、各地に輸出している。

石油 ⑧ 植物の死骸が分解し、化学変化により形成されたとされる炭化水素の混合物。内燃機関の発明とともに燃料としての利用が増大し、燃焼効率にすぐれていることなどから1960年代にエネルギー源の主役の座を石炭から奪った。現代の文明は石油によって支えられているといってもよい。

シェールオイル ③ 地下深くの頁岩層すなわちシェールから採取される原油。水の圧力で岩盤に亀裂を入れる「高圧破砕」と呼ぶ採掘技術が確立され、2010年頃からアメリカを中心に生産が増えた。これにより、アメリカは石油製品の純輸出国に転換した。また、頁岩層から採掘されるガスをシェールガスといい、新しい天然ガス資源として重要視されている。

天然ガス ⑥ 天然に形成されたメタンを主成分とする可燃性のガス。冷却し液化したLNG(液化天然ガス)としての利用が中心である。石油のように特定地域に埋蔵が集中しているわけではなく、大気汚染物質をほとんど含まないクリーンなエネルギーという特性をもつため、需要がのびている。また、近年では、頁岩層から採取されるシェールガスの生産量が増え、注目されている。 **シェールガス** ③

原子力 ② 核反応にともなって放出される多量のエネルギーのこと。核エネルギー、たんに原子力エネルギーともいう。代替エネルギーとして現在はもっとも重要な存在であるが、事故の危険性や廃棄物処理などの問題も多い。日本では発電量の約30%を占めていたが、2011(平成23)年の東日本大震災による福島第一原発事故があり、原子力発電所は停止状態になった。しかし、原子力規制委員会の安全審査が認められた原子力発電所が2015(平成27)年から再稼働を始めた。

: **核分裂** ② 原子核が2つ以上の大きな部分に分裂する現象。原子核に中性子・アルファ線・ガンマ線などが衝突して引きおこされる。分裂の際に莫大なエネルギーが生じ、たとえばウラン1gによって石炭3tが燃えるのと同量のエネルギーが生じる。原爆や原子力発電のエネルギーの源。

原子力発電 ⑧ 原子炉のなかで核分裂反応をおこし、それにより発生する熱を利用して蒸気を発生させ、タービンをまわして電力を得る発電形式で、燃料は違うが原理は火力発電と同様である。火力発電所のボイラーにあたる原子炉で核分裂による熱で、水蒸気をつくりタービンをまわす。火力発電と違い、わずかな量の燃料で大量のエネルギーを生み出し、一度燃料を入れると、1年間は連続運転ができる。また、発電時にはCO_2を排出せず、発電コストも安定しているというメリットがある。しかし、福島第一原発事故以後、安全性などが大きな課題となり、福島第一原発は全6基の廃炉が決定し、廃炉に向けたロードマップにそって作業が進められている。2022(令和4)年現在、日本国内で再稼働している原発は、関西電力大飯原発4号機や高浜原発3号機など10基である。

: **ウラン** ④ 核燃料としてもっとも重要な位置を占めている物質。天然のウラン鉱は全埋蔵量の0.7%のウラン235と、99.3%を占めるウラン238からなっており、核分裂反応をおこすのはウラン235の方である。そのため、通常はウラン235の割合を増やした濃縮ウランを製造して利用する。

核燃料サイクル ① 核燃料を循環して利用可能とするシステム。原子力発電で使用された核燃料を処理し、新たに生成されたプルトニウムと、反応せずに残っているウランを取り出すことにより、再び核燃料として使用する。新しいウランを使用せずにすみ、高レベル放射性廃棄物の量を減らすことができるため、その実現が期待されている。

もんじゅ(高速増殖炉もんじゅ) ① 高速中性子を使い、燃焼した以上のプルトニウム239を炉のなかで増やす高速増殖炉原型炉。しかし、暴走の危険、危険物ナトリウムの冷却材使用、構造上からの耐震性への疑問、燃料が猛毒で核兵器の材料になるなど、危険性が指摘された。「もんじゅ」は動力炉・核燃料開発事業団(動燃)が福井県敦賀つるが市に完成。性能試験運転中の1995(平成7)年12月8日にナトリウム漏れ火災事故が発生し、運転停止となった。2010(平成22)年に15年ぶりに運転を再開したものの、核燃料交換装置の炉内落下により運転休止になった。今までに国費1兆円近くが使われており、2016(平成28)年、政府はおよそ30年かけてもんじゅを廃炉措置にすることにした。

放射性廃棄物 ③ 放射性物質を含む廃棄物。原子力発電所・原子力船などの原子炉や、核燃料製造工場・処理施設などから出される。放射能の強さにより低レベルと高レベルとに分類される。いわゆる「死の灰」は高レベル廃棄物である。廃棄物の処理についてはガラス固化処理などの技術開発がおこなわれているが、安全性・処理能力などに未解決の部分がある。

高レベル放射性廃棄物 ③
低レベル放射性廃棄物 ②

国際原子力機関(IAEA) ⑪ International Atomic Energy Agency の略。原子力の平和利用のための国際機構。核兵器の拡散を防ぎ、すべての国、とくに発展途上国が原子力科学と技術を平和目的に安全に、安心して利用できるようにすることを目的としている。そのため、非核保有国への核兵器転換を禁止し、核査察を義務づけている。イラクや北朝鮮への核査察をおこなった。

チェルノブイリ原発事故 ① 旧ソ連のウクライナ共和国(現、ウクライナ)のキーウ(キエフ)北方にある原子力発電所での事故。1986年4月に4号炉で事故が発生、炉の自動停止装置や安全装置を切るなどのミスが重なり出力が急上昇、暴走状態となり、原子炉だけでなく建物も崩壊する大事故となった。ヨーロッパの広範囲に放射性物質が拡散、世界に大きな衝撃を与え、反原発の動きが強まった。直接の死者は31人だが、長期的には数十〜数百万人ともいわれる。 **チェルノブイリ原子力発電所** ②

東日本大震災 ⑩ 2011(平成23)年3月11日午後2時46分、東北地方太平洋沖を震源とするマグニチュード9.0(最大震度7)の大地震がおこり、それにともなっておきた大津波などで死者1万5900人(災害関連死を除く)、行方不明者2523人(2022年現在)の犠牲者が出た。また福島第一原子力発電所では津波により外部電源がすべて喪失し、原子炉の冷却がおこなえなくなり、炉心の溶融ようゆうがおこり、原子炉建屋が水素爆発した。その結果、発電所周囲約20kmの住民が避難をよぎなくされ、原子炉を冷やすために自衛隊が出動するなどした。

福島第一原子力発電所 ⑧
福島第一原子力発電所事故 ③
放射能汚染 ①

風評ふうひょう被害 ① 根拠のないうわさ(風評)によって被害を受けること。福島第一原発事故後には放射能汚染のうわさによって特定の地域の野菜や果物、魚などの商品が売れなくなったり、観光客の数が減ったりした。そのため、被害を受けた業者や団体が東京電力に補償を求めた。

水力発電 ① 大量の水を落下させることで発電をおこなう方式。ダム式が主力である。無限エネルギーであり、大気汚染もおこさないが、広大な地域が水没することによって環境破壊が生じることや、立地が限られていることなどの問題点がある。近年では、用水路などの水の高低差を利用する出力1000kw以下の小水力発電という小型発電の取組みもある。

太陽光 ③ 太陽エネルギーの形態の1つ。太陽エネルギーの利用として、以前は太陽熱が主であったが、現在はシリコンの薄膜がもつ光電効果を利用して太陽の光エネルギーを直接電気エネルギーに変換する形態が、効率的にすぐれていることもあって中心となっている。 **太陽光発電** ③

ハイブリッドカー ② ガソリンエンジンと電気モーターの組合せなどの複数の動力源をもつ車。動力の効率的な組合せにより低燃費を実現しており、結果として従来のガソリン車よりも省エネルギーで環境負荷が少なくなるとされる。また、非常時給電システムを備えたハイブリッドカーも開発されている。

ゼロエミッション車 zero emission vehicle ② 二酸化炭素を排出しない電気自動車や燃料電池自動車を指す。エミッションは排出するという意味。 **電気自動車** ⑤

燃料電池 ② 従来の乾電池などとは異なり、水素と酸素を化学反応させて電力を取り出そうとするもの。発電から排出するものは水と熱だけなので、環境への負荷も低く、発電の効率もよいので電気自動車や携帯機器への利用が見込まれる。

燃料電池車 ②

太陽熱 ③ 太陽エネルギーの形態の1つ。太陽のもたらす熱によって、発電・暖房・給湯などのエネルギーとして利用されている。

太陽熱発電 ①

地熱発電 ⑤ 地下に存在する高温の熱水から噴出する蒸気の熱エネルギーを利用して、発電をおこなう。ニュージーランド・イタリア・日本などでおこなわれている。日本では大分県にある八丁原(はっちょうばる)地熱発電所が最大規模であるが、地熱発電は日本の総発電量中の0.2%にすぎない。

：**地熱** ③ 火山付近にみられる地球内部の熱。

潮汐(ちょうせき) ① 月と太陽の引力によっておきる海面の昇降現象で、「潮の干満」のこと。潮の干満の差の大きい場所を利用した発電が潮力発電である。

風力 ④ 風によるエネルギー。風車による粉ひき・排水・揚水が昔からオランダなどでおこなわれてきたが、日本でも最近は風の強い地域で風力発電(青森県龍飛崎(たっぴさき)など)が進められている。 **風力発電** ⑤

廃棄物発電 ① ごみを焼却する際の熱で蒸気をつくり、タービンをまわすことにより発電をおこなう方法。初の廃棄物発電施設の導入は、1965(昭和40)年の大阪市西淀工場とされている。

バイオマスエネルギー ④ 動植物に由来する有機性資源で、化石資源を除いたものをバイオマス(biomass)といい、これによるエネルギーのこと。ほかにも遊牧民が動物の糞を燃料としてきた例などがある。

バイオマス(生物エネルギー) ①

：**バイオマス発電** ② 廃材や木材チップ、牛糞のメタンガス、サトウキビやトウモロコシなどの栽培作物をアルコール発酵させ、燃焼しておこなう発電システム。再生可能であること、環境に負荷をかけないことなどから注目されている。バイオエタノールはその1つ。 **バイオエタノール** ①

バイオ燃料 ①

コージェネレーション cogeneration ① エンジンやタービンなどの排熱を利用して、そのエネルギーを動力や熱に利用するシステム。家庭用には都市ガスを利用して電気と給湯システムをつくることなどがおこなわれている。

ゼロエミッション zero emission ① 1994年に国連大学が提唱した、すべての産業廃棄物を再利用することで、廃棄物が出ないもののつくり方をめざす構想。リサイクル工場を集めて廃棄物ゼロをめざすエコタウンも、この構想がもとになっている。

廃棄物 ④ ごみの総称であるが、廃棄物には、家庭・事務所などから出る一般廃棄物と事業者に処理責任がある廃油(はいゆ)や燃え殻(がら)などの市町村の一般処理場では処理できない工場から出る産業廃棄物があり、いずれも年々増加している。埋立地や新規処分場の設立難もあり、他地域の民間処理業者に委託する越境問題も発生している。香川県豊島(てしま)では産業廃棄物がらみの公害調停に発展し、岐阜県御嵩(みたけ)町では産廃処分場建設可否の住民投票を実施した。また、全国の処理場で不完全燃焼によるダイオキシンなど有害物質の発生も問題となった。循環型社会を実現するために分別の徹底とリサイクルによる資源化に加え、過剰包装や使い捨て製品・容器を減らす減量化も重要とされる。また、地域によっては、ごみ収集の有料化やデポジット制など、市場原理の導入もおこなわれている。 **大量廃棄** ④

産業廃棄物 ② 日本では、法律で廃棄物は一般廃棄物と産業廃棄物に大別される。産業廃棄物は産業活動にともなう廃棄物で、安全・適切に処分するには課題が多く、各地で不法投棄など環境破壊の原因にもなっている。1990(平成2)年から種類・性状・数量などを記録した伝票をつけさせるなど、不法投棄を防止するシステムが導入され、さらに1992(平成4)年に廃棄物処理法改正で規制強化された。

一般廃棄物 ①

プラスチックごみ ② 石油からつくられている合成樹脂は、軽量で丈夫、加工もしやすい。その一方で、すぐれた耐久性・安定性ゆえ、自然界で分解されにくいという特徴をもつ。自然界で分解されにくいプラスチックが、自然界に流出すると、海洋汚染になる。ウミガメが、クラゲと間違えて大量に飲み込んだり、クジラが大量に食べた結果、餓死したりするなど海洋プラスチックごみ問題は世界中で大きな問題となっている。

循環型社会(循環型環境社会) ⑥ 大量の廃棄物が出る現代社会の仕組みを、廃棄物を資源ととらえ、リサイクルして資源利用のシステムを構築し、天然資源の消費をおさえ、環境への負荷(ふか)を減らそうとする仕組みにかえる考え方。2000(平成12)年にこの理念を推進する循環型社会形成推進基本法が制定された。

：循環型社会形成推進基本法 ⑦ 廃棄物とリサイクル問題に対処するための基本法。2000（平成12）年に制定され、社会の営みを資源循環という視点でとらえ、環境への重要な要素である、廃棄物の減量・再資源化を優先することを基本的枠組みとする。「３Ｒの原則」が採用された。

３Ｒ ⑧ 持続可能な社会を実現するために、大量生産・大量消費・大量廃棄のフロー型生活から価値あるものを大切に使い続けていくストック（循環）型社会に転換していくことが求められている。そのために、廃棄物を減らす「リデュース（Reduce）」、再利用する「リユース（Reuse）」、再生利用する「リサイクル（Recycle）」への取組みが重視されている。 **リデュース** ⑧ **リユース** ⑧ **リサイクル** ⑧

5 労働問題と雇用

労働基本権 ⑫ 憲法で保障されている、労働者のもっとも基本的な権利。勤労権と、団結権・団体交渉権・団体行動権の労働三権とをあわせた権利をいう。

労働三権 ⑫ 労働者が、使用者と対等な立場で労働条件を確保していくための権利。日本国憲法第28条には、「勤労者の団結する権利及び団体交渉その他の団体行動をする権利は、これを保障する」と規定されている。

団結権 ⑫ 労働者が労働条件の維持や改善について、その使用者と対等に交渉するために労働組合を組織し、加入する権利をいう。これにもとづいて労働組合法がつくられ、使用者による不当労働行為（労働組合に加入していることによる差別など）の禁止をはじめ、具体的に団結権の保障が定められている。

団体交渉権 ⑫ 労働者が自分たちの選んだ代表者（労働組合）を通じて、使用者と労働条件の維持・改善について交渉する権利。使用者が正当な理由なく交渉に応じないと、不当労働行為となる。 **団体交渉** ②

団体行動権 ⑫ 労働者が労働条件の維持・改善を実現するために、使用者に対してストライキなどの団体行動（争議行為）をする権利。正当な団体行動は刑事制裁の対象にはならず（刑事上の免責）、使用者は労働組合に対して損害賠償を請求できない（民事上の免責）。 **争議権** ⑥ **刑事上、民事上の責任が免除** ①

ストライキ ⑧ 一般に賃上げ要求など労働環境の改善を目的としておこなう争議手段の１つ。同盟罷業ともいう。団体交渉を重ねても労使間の主張が一致しない場合などに、労働組合は集団で働くことをやめ、使用者に対して圧力を加え、労働組合の主張を認めさせようとすること。 **同盟罷業** ②

サボタージュ（怠業（たいぎょう）） ② ストライキ同様に賃上げ要求など労働環境の改善を目的としておこなう争議手段の１つ。具体的には、故意に仕事を停滞させるなどして、経営者に対して損害を与えることで労働組合と使用者間の対立の解決をはかること。

デモ ② 公共の場所で集団でプラカードなどを掲げて行進し、みずからの主張や思想を示す行為のこと。

ピケッティング（座り込み） ② 争議行為の参加者が、組合員の脱落防止やスト破りの阻止などを主たる目的として、職場付近で見張りをし、組合員および使用者・非組合員・顧客らの第三者に働きかける戦術のこと。

ロックアウト（作業所閉鎖） ② ストライキなどをおこなっている労働組合の行為に対抗する行為として、使用者が作業所を閉鎖する争議行為の１つ。

民事免責［労働組合］ ③ 労働組合の正当な争議行為により損害を与えても、労働組合は損害賠償などの民事責任を負わされないということ。一般には、債務不履行や不法行為責任などの民事上の責任が免除されることをいう。

刑事免責［労働組合］ ③ 争議行為をおこなう者（労働組合とその構成員、または使用者やその団体）に対し、争議行為をおこなったことを理由として、刑罰・罰金などの刑事制裁を科さないということ。

公務員の労働三権 ② 公務員は職務の公共性から国民や市民生活に大きな支障をきたすおそれがあるため、労働三権の一部が制限されている。警察職員、消防職員、自衛隊員・海上保安庁職員、刑事施設職員は、労働三権すべてが認められていない。一般の公務員は、団結権・団体交渉権は認められているが、争議権については認められていない。身分保障として、民間企業のような解雇はなく（公務員としての服務違反などを除く）、給与については人事院勧告制度（国家公務員）、人事委員会勧告制度（地方公務員）の保障がある。

労働三法 ⑪ 労働者保護のための、労働関係の代表的な3つの法律。労働基準法・労働組合法・労働関係調整法をいう。

労働基準法 ⑫ 労働者にとって不利な労働条件にならないよう、賃金・労働時間・休息・休暇など、労働条件の最低条件を定めた法律。

均等待遇 ② 使用者(雇用する側)が、労働者の国籍・信条・社会的身分を理由として、賃金・労働時間その他の労働条件について差別的な取扱いをしてはならないということ。労働基準法第3条に規定されている。

女性の一般保護規定 ① 労働基準法は、制定当初、女性労働者を生理的・体力的に弱い面のある労働者ととらえ、広範な保護規定を設けていた。1985(昭和60)年、女子(性)差別撤廃条約の批准を契機に、母体保護以外の労働条件については、男女を同一の基盤に立たせるようになった。現在では、母体保護のために、一部の坑内労働と母体機能に有害な業務への就業の禁止、産前産後の保護、育児時間などを定めている。

法定労働時間 ② 労働基準法で定められている労働時間のこと。労働基準法では、「使用者は、休憩時間を除き1日について8時間をこえて、労働させてはならない」、「休憩時間を除き1週間について40時間を超えて、労働させてはならない」「労働時間が6時間を超える場合は45分以上、8時間を超える場合は1時間以上の休憩を与えなければならない」と最低基準を定めている。法定労働時間をこえて労働させるには、「36協定」と呼ばれる労使協定の締結が必要で、時間外労働をさせた場合には、使用者はその分の割増賃金を支払わなければならない。

就業規則 ⑤ 労働基準法第89条の根拠によって、賃金・労働時間・休暇などの労働条件や服務に関する事項などを定めた規則の総称。常時10人以上の労働者を使用する事業所は、就業規則を作成し、労働基準監督署長に届け出なければならない。法律で決まっている最低基準を下まわる内容のルールはつくれないだけでなく、明文化されていないものでも、すでに決まっている部分は今の待遇を保証しなければならない。

労働組合法 ⑫ 日本国憲法第28条で保障された、団結権・団体交渉権・団体行動権の具体的内容を明らかにするとともに、労働組合の組織・内部運営、使用者による団結侵害行為の禁止(不当労働行為の禁止)とその救済、団結活動を通じて獲得した労働協約などについて規定した法律。なお、労働協約は労働契約や就業規則よりも効力が強いとされる。 **労働組合の育成** ②

労働関係調整法 ⑪ 労使関係における紛争処理について定めた法律。1946(昭和21)年、日本国憲法が制定された同じ国会で制定された旧労働関係調整法には、公益事業の争議予告制度、非現業公務員の争議行為禁止などが含まれていた。その後1949(昭和24)年6月に改正され、52(昭和27)年7月の緊急調整制度(内閣総理大臣による緊急調整決定により争議行為が50日間凍結となる)の採用による改正を経て、現行法に至っている。現行法は、総則・斡旋・調停・仲裁・緊急調整・争議行為の制限禁止などから構成されている。斡旋・調停・仲裁は労働委員会がおこなう。

労働基準局 ② 労働基準法にもとづき、労働者保護のために設けられた中央機関。厚生労働省に属し、各都道府県の労働局や労働基準監督署を統括する。

労働局 ④ 一般には、都道府県労働局を指す。厚生労働省が所管する各都道府県に設置され就労関係維持や、企業による労働法違反行為を摘発する機関。労働基準監督署が、企業が労働基準法違反をしないように監督することを目的とするのに対して、労働局は、企業と労働者のあいだに入って、労働者の環境を改善する役割を与えられている。

労働基準監督署 ⑩ 労働基準法など関係法令にもとづき、労働条件の確保や改善指導、安全衛生の指導、労災保険の給付などをおこなう監督機関。各都道府県の労働局によって管轄される。

労働基準監督官 ① 都道府県労働局・労働基準監督署などに配置される監督官。強制的に会社に労働法に違反をしていないか立ち入り調査できる権限、司法警察官として逮捕・送検することができる権限、会社に対して監督指導する通常の行政監督権限だけでなく、取調べや逮捕・捜索差押ができる特別司法警察職員としての権限、などの強い権限を有する。

労働基準監督機関 ① 労働条件を保護するために、法にもとづいて監督権限を行使する機関。民間の労働者については、おもに都道府県労働局や、労働基準監督署がこれに当たる。公務員については原則として人事委員会が監督権限を行使する。

労働審判制度 ⑥ 個々の労働者と事業主とのあいだに生じた労働関係に関する紛争を、裁判所において、原則として3回以内の期日で、迅速・適正かつ実効的に解決することを目的として設けられた制度。2006(平成18)年4月から開始された。裁判官の労働審判官1人と、労働関係の専門家の労働審判員2人とで組織する労働審判委員会が審理し、適宜調停を試みる。調停がまとまらない場合、解決のために労働審判をおこなう。労働審判に対する異議申立てがあれば、訴訟に移行する。

労働審判委員会 ①

総合労働相談センター ① 労働者の相談窓口で、労働局や労働基準監督署などに設置されている。解雇や雇い止め、不当な配置転換、賃金の問題など以外にも、パワハラや嫌がらせなどのハラスメントにも対応している。

労働契約法 ⑩ 2008(平成20)年施行。就業形態の多様化、個別労働関係紛争の増加などに対応し、個別の労働者および使用者の労働関係が良好なものとなることを目的に定められた。2012(平成24)年の改正では、有期労働契約の反復更新のもとでの雇いどめに対する不安を解消し、安心して働き続けることができるように、有期労働契約の適正な利用のためのルールが整備された。

労働契約 ⑩ 労働者が使用者とのあいだで、賃金その他の労働条件について合意して、労働力の提供を約束する契約。民法においては、労働力の売買について、対等な当事者間において自由な意思にもとづいて労務と報酬(ほうしゅう)との交換を約束する雇用契約について定めている。労働条件について、法定の最低基準を設け、これに違反する労働契約は無効としている。現実の労働関係では、当事者間に労働契約がかわされることは少なく、就業規則や労働協約の内容が、実質上の労働契約の内容となっている。

労働条件 ⑥ 労働者が使用者に対し、労働契約にもとづいて労働を提供するに際してのあらゆる条件をいい、雇用条件とほぼ同義に用いられる。賃金をはじめ、労働強度・労働時間・労働内容・職業訓練・安全衛生・福利厚生・労働組合活動の自由などが含まれる。最近では、通勤途上の諸問題から、定年退職後の諸条件までも総称する場合が多い。

福利厚生 ③

賃金 ⑦ 労働者が、使用者に提供する労働に対して支払われる通貨のこと。名目賃金と、名目賃金から物価変動の影響を除いた実質賃金で示される。

名目賃金 ①

実質賃金 ①

最低賃金法 ⑧ 1959(昭和34)年に制定。賃金の最低を保障することによって、生活の安定、労働力の質的向上、事業の公正な競争などを確保することを目的としている。2008(平成20)年以降の最低賃金の引上げは、一般労働者の賃金には大きな影響を与えていないが、パートタイム労働者の賃金に影響を与えている。

労働時間 ⑤ 1993(平成5)年に改正された労働基準法では、原則的な法定労働時間は1日8時間、週労働時間は40時間とするが、フレックスタイム制などの導入を通して、時間規制を弾力化し、1997(平成9)年から完全実施された。2006(平成18)年4月に「労働時間等の設定の改善に関する特別措置法」が施行され、労働時間の短縮を含め、労働者の健康と生活に配慮するとともに、多様な働き方に対応したものへ改善するために、自主的取組みを促進することとした。また、「働き方改革関連法」は、長時間労働の是正や柔軟な働き方の実現に向け企業に様々な対応を義務づけている。

長時間労働 ③

フレックスタイム〔制〕 ⑧ 勤務時間が午前9時から午後5時までのように一定ではなく、企業が示す時間帯のなかで自分の都合にあわせて勤務時間を変更できる勤務形態。フレックスタイム制でも、所定の時間には勤務しなければいけないと決められているコアタイムを採用している企業もある。

コアタイム ①

サービス残業 ⑧ 割増賃金をともなわない時間外労働や休日労働で、手当の支給がない残業。日本人の働きすぎや過労死が国際的にも問題視されるなか、労働者が必ずしも実態通りに残業を申請していない事実もある。働き方改革によって過剰な残業が抑制されるようになってきたが、サービス残業が慢性化している会社は多い。

年次有給休暇 ④ 労働者が人間らしく生きるために、休日以外に、権利として有給で休暇をとることができる制度。年休と略す。日本では、労働基準法第39条で、6カ月間継続して勤務し、全労働日の8割以上出勤した者に、年間6日間、以後1年ごとに1日ずつ加算して、最高20日まで付与することを定めていた。1987(昭和62)年の改正により、最低付与日数は10日間に延長された(1988〈昭和63〉年4月施行)。それでも、ほかの先進諸国と比較して著しく低い水準であるだけでなく、実際の習得率も低い。2019(令和元)年から、年5日以上の取得が義務づけられた。

育児・介護休業法 ⑨ 正式名称は、「育児休業、介護休業等育児又は家族介護を行う労働者の福祉に関する法律」。育児や家族の介護をおこなう労働者の職業生活と家庭生活の両立を支援することを目的とした総合的な内容の法で、すべての事業所に適用される。2002(平成14)年の改正では、育児休業や介護休業の申出や取得を理由とする不利益取扱いの禁止や、勤務時間の短縮などの措置義務の対象となる子の年齢の引上げがなされた。2009(平成21)年の改正では、子育て期間中の働き方の見直し、父親が子育てできる働き方や仕事と介護の両立支援などが盛り込まれた。

介護休業法(改正育児休業法) ③
介護休業 ①　**育児介護休業法** ⑤
育児休業法 ②　**育児休業** ③
育児休業制度 ①　**育児休暇** ②

労働力率 ⑤ 15歳以上の人口に対する労働力人口の割合のことで、国内における労働力の状態判断に用いられる。(労働力人口)÷(15歳以上の人口)×100の数値で示される。日本は、第二次世界大戦以降、70%前後から減少傾向にあり、2021(令和3)年平均で62.1%となっている。

M字型カーブ ⑤ 日本人女性の年齢階級別の労働力率をグラフで表すと、アルファベットのMの形に似た曲線を描く。20代がピークで、出産・育児期の30歳代に落ち込み、40歳代で再び上昇する。その大きな要因は、家事・育児の女性の負担が高いことによる。しかし、近年では、産休・育児休業制度などの整備・進展と、不況によって女性が働かなくてはならない状況が進んだことなどから、M字カーブの底が浅くなってきている。

児童労働 ⑤ 児童による労働。労働基準法では、満15歳未満の児童の就労を原則として禁止している。例外として、新聞配達など非工業的事業では満13歳以上、映画などの子役では13歳未満の児童でも、所轄労働基準監督署長の許可を条件として認められる。

労働災害 ② 労働者が労働に従事したことによってこうむった負傷・疾病(しっぺい)・死亡などを指していう。労働安全衛生法によると、「労働者の就業に係る建設物、設備、原材料、ガス、蒸気、粉じん等により、又は作業行動その他業務に起因して、労働者が負傷し、疾病にかかり、又は死亡することをいう」と定義され、業務上疾病つまり職業病をも含めた広義の概念が採用されている。

過労死(Karōshi) ⑩ 業務上の疲労が原因で死亡すること。サラリーマンが、過労が原因で脳卒中や心筋こうそくに倒れた場合、1987(昭和62)年10月から労働災害の「過労死」と認められ、労災補償されるようになった。従来は倒れたその日に、原因とみられる精神的緊張や肉体的負担がなければ労災とは認められなかったが、発病前1週間に過重な業務があれば、認められることになった。1994(平成6)年に過労死をめぐる行政訴訟で、過労死認定をしなかった労働省(当時)に勝訴するケースがあいついだ。さらに、過労死をめぐる医学的な解明も進んできたため、労働省は認定基準の見直しに向けて本格的な検討を始め、本人の年齢や経験を考慮に入れることや、発症前1週間より前の仕事の内容も、事例によっては判断の対象とするよう、1995(平成7)年2月より改められた。

過労自殺 ③

パワー・ハラスメント power harassment ⑦ ハラスメントとは、「嫌がらせ」や「いじめ」などの迷惑行為のことで、属性や人格などに対して相手に不快感や不利益を与え、様々なものがある。パワー・ハラスメントはそのうちの1つで、会社の上司などがその地位を利用して、部下に対して高圧的・抑圧的にふる舞ったり、人格攻撃をしたりする。略称はパワハラ。

ハラスメント禁止条約 ①

労働者 ⑫ 生産手段をもたず、企業に雇われ労働力を提供するかわりに、その代価として賃金を受け取り、生活する人。

正規労働者 ② 労働者のうち、使用者(労働者を雇う側)とのあいだで期間の定めのない労働契約を締結している労働者を指す。いわゆる正社員。

正規雇用 ②
正規従業員 ①　**正社員** ③

雇用者 ② 労働者を雇っている「雇用主」と、雇われている「被雇用者」の両方の使われ方をする。労働力調査では、会社・団体・官公庁または自営業主や個人家庭に雇われて給料・賃金を得ている者、および会社・団体の役員のことを指す。また、雇用者は、「常雇」「臨時雇」「日雇」にわかれる。

職種と業種 ① 職種とは、個々の雇用者の仕事の分類で、業務内容によってわけられる。一方業種は、「製造業」「流通業」など個々の企業が属している業界の種類を指す。

派遣(はけん)労働者 ⑥ 派遣元の企業と労働契約を結び、その業務命令によって他社に派遣される労働者。派遣社員は使用者との雇用関係や就業条件が不安定なため、突然解雇されるなど問題も多い。形態としては、派遣元企業がみずから雇用する労働者を派遣する常用型派遣と、派遣元企業には登録だけしておいて、仕事のある時に派遣される登録型派遣の2種類がある。

派遣社員 ④　**雇用形態** ②

労働者派遣法 ⑧ 必要な期間だけ、必要な技能をもった労働者を、企業に派遣する事業に関する法律で、1985(昭和60)年に成立した。1999(平成11)年に改正され、派遣業種が限定されていたものが自由化され、ほぼ全業種に派遣労働が可能になった。2012(平成24)年10月には、法の正式名称が「労働者派遣事業の適正な運営の確保及び派遣労働者の保護等に関する法律」に改正され、派遣労働者の保護が明記された。日雇派遣の原則禁止、派遣労働者の無期雇用化や待遇の改善、違法派遣に対する迅速・的確な対処が示された。

労働者派遣事業法 ①

契約社員 ⑦ 雇用期間の定めのある有期労働契約を結んだ社員のこと。労働基準法により最長3年となっている。期間の定めのある点で、正社員とは区別される非正規社員の1つ。

パート労働者(パートタイマー) ⑥ 週の労働時間が同一の事業所に雇用される通常労働者の週の所定労働時間に比べて短い労働勤務で、一般には時間単位で働く労働者をいう。市場の変動に対応するため、調整可能な臨時的労働者を雇用したいという使用者の考えと、様々な理由で常勤を望まない人々の意図が合致して生まれた。近年では、パート労働者は、著しく増加している。

パートタイム労働 ⑤
パート〔タイム〕 ⑤

非正規雇用 ⑩ パートやアルバイト、契約社員、派遣社員などの正社員以外の働き方の総称。2004(平成16)年の派遣労働の緩和(製造業への派遣解禁、派遣期間延長など)もあり、非正規雇用の数とその割合が増えてきている。総務省「労働力調査」によると、2021(令和3)年で、雇用者のうち正規雇用者の割合は63.3%(3,565万人)、非正規雇用者の割合は36.7%(2,064万人)であり、約4割が非正規雇用者となっている。また、非正規雇用者のうち、パート・アルバイトが約7割(1,455万人)を占めている。

非正規雇用労働者 ①
非正規労働者 ⑤　**非正規社員** ②

パートタイム労働法 ④ 1993(平成5)年に成立した「短時間労働者の雇用管理の改善等に関する法律」のこと。短時間労働者の適正な労働条件の確保、雇用管理の改善、通常の労働者への転換の推進などを通じて、短時間労働者の福祉の増進をはかることが目的である。

同一労働同一賃金 ⑨ 同一の仕事に従事する労働者に対しては、等しく同一水準の賃金が支払われるべきだという考え方。同一企業や団体における、正規労働者と非正規労働者との不合理な待遇格差解消をめざして導入された。「パートタイム労働法」「労働契約法」「労働者派遣法」が改正され、2021(令和3)年に中小企業を含めた全企業に適用されることになった。

副業、兼業 ① 労働者がもともと就業していた主たる本業に対して、本業以外の仕事のこと。副業には、メインである本業に対してサブに当たる意味あいがあり、兼業にはその意味あいは弱いが、明確な定義はない。2018(平成30)年に、厚生労働省は「副業・兼業の促進に関するガイドライン」を公表し、労働者の副業・兼業を促進していくことを明確にした。

労働民主化 ② 第二次世界大戦後の民主化改革の一環として、それまで制限されていた労働運動が認められ、憲法と労働三法の制定などを通じて、労使関係の民主化が推進されたことを指す。

労働組合 ⑩ 労働条件の改善や経済的地位を向上させるために、労働者が自主的に結成する労働運動の中核となる組織。1945(昭和20)年に制定された労働組合法によって保障されている。決議機関としての組合大会と、執行機関としての執行委員会からなり、組合員から徴収した組合費によって運営される。

:**産業別労働組合** ③ 同一産業における労働条件などの共通性を基礎に組織される労働組合の形態。労働者の要求と闘争に適した労働組合の組織形態。

:**企業別労働組合** ⑧ 企業または事業所別に組織された組合。日本の組合の大部分がこの形態をとる。企業と労働組合の関係で、利害の一致や組合活動の制約、企業間格差の発生などの問題も多い。欧米諸国ではあまりみられない形態。 **企業別組合** ③

クローズド・ショップ制 closed shop ① 使用者は組合員から労働者を雇用しなければならないという制度。組合から脱退した場合は、解雇となる。日本ではこの制度は採用されていない。

労働協約 ⑧ 労働組合と使用者が、賃金や労働条件・団体交渉・組合活動などについて、団体交渉で合意した労働条件を文書のうえで明確化したもの。ここで定めた労働条件などの基準は、就業規則や労働契約よりも優先する法的効力をもつ。

労使関係 ② **使用者** ⑧

争議行為 ⑥ 労使の利害対立が、団体交渉などによって調整されない場合に発生する両者間の紛争を労働争議といい、その際に組合が要求を実現するための圧力行為として、組合員の就労拒否など業務の運営を阻害する行為をいう。 **労働争議** ④

不当労働行為 ⑧ 使用者が組合活動に干渉したり、組合員に対して差別的な扱いをしたりするなどの行為を指していう。労働組合法第7条で禁止されている。使用者が労働者との団体交渉を正当な理由がなく拒否することや、労働組合に加入しないことを条件に採用することなどがこれに当たる。

労働委員会 ⑨ 労使間の紛争を解決するために、労働争議の調整や不当労働行為の審査などをおこなう行政委員会。国の機関として中央労働委員会、都道府県の機関として都道府県労働委員会が設置されている。戦後、憲法上保障されるようになった団結権に対する侵害の救済機関として、また労使関係の公正な調整をはかるための機関として設置された。労働委員会が扱う労使間の紛争は、使用者による組合結成の妨害などの団結権侵害、あるいは労働争議の調整などといった、労働関係をめぐる争いである。

中央労働委員会 ④
都道府県労働委員会 ②

斡旋(あっせん) ⑨ 労働争議に際し、労使の一方の申請を受けて労働委員会の会長の指名する斡旋員が、労使のあいだに立って双方の主張の要点を確かめ、紛争を解決する方向に歩み寄るよう、助言その他の援助活動をすること。個別労使紛争といわれる個々の労働者と使用者とのあいだの紛争が当事者間で解決できない場合、労働委員会は個別労使紛争の解決に向けた斡旋をおこなっている。

個別労使紛争 ①

斡旋員 ③ 労働争議の調整で、当事者間に入って争議を解決に導く「斡旋」に当たる。原則として公益委員・労働者委員・使用者委員各1人ずつの三者構成となっている。

公益委員 ② **労働者委員** ③
使用者委員 ③

調停 ⑩ 当事者双方の申請、行政官庁の請求などにより、労働委員会の調停委員会が調停案を作成し、その受諾によって争議を解決する手続きのこと。

調停委員会 ⑦ 労働者・使用者・公益を代表する各委員によって構成される。当事者間の合意を成立させるため、当事者双方の話あいのなかで合意を斡旋して紛争の解決にあたる。

仲裁(ちゅうさい) ⑨ 公益委員からなる仲裁委員会が、当事者の合意のもとで、紛争について裁定をくだし、解決をはかること。仲裁裁定は、当事者を拘束し、労働協約と同じ効力をもつ強力な調整方法である。

仲裁委員会 ⑤ 公益委員3人で構成される。当事者および参考人の出席を求め、それぞれの主張や意見を聴取し、必要に応じて資料の提出を求めるなどして事実を調査し、仲裁裁定書を作成する。この内容は労使双方を拘束する。 **仲裁裁定** ③

人事院 ⑥ 内閣の統括(とうかつ)のもとに、一般職国家公務員の給与、その他の勤務条件の改善などの事務をつかさどる中央人事行政機関。国家公務員法により設置された人事院には、行政的権限・準立法的権限および準司法的権限が与えられ、これらの決定・処分は人事院によってのみ審査される。人事院の内部機構は、人事院によって管理され、組織・定員について、予算の範囲内において人事院がみずから自由に定めることができる。人事院規則が公務員の政治的行為の禁止を定めていることの違憲性や公務員の労働条件が人事院規則によって詳細に定められていることなどが問題となっている。準司法的権限として、公務員に対する不利益処分の審査と勤務条件に関する措置要求の判定がある。行政的権限として、人事行政改善のための勧告(かんこく)をもつことが特徴である。

人事院勧告制度 ①
人事委員会 ①

労働問題 ④ 資本主義経済の発達にともなって生じた、労働者を取り巻く諸問題。低賃金・長時間労働や安全衛生の問題、年少労働者・女性労働問題など、労働者のおかれた過酷な労働条件から労働問題は生じた。

労働組合の組織率 ③ 雇用労働者に占める労働組合員数の割合。組織率は1975(昭和50)年以降、減少傾向が続いている。原因としては、サービス経済化の進行、パート労働者の増加、若年労働者の組合離れや未加入などがあげられる。厚生労働省の労働組合基礎調査によると、2021(令和3)年6月末時点で組織率は16.9%、組合員は1007万8千人であった。

春闘 ② 毎年春に、労働組合によっておこなわれる賃金闘争で、春季生活闘争の略。最近は賃上げ要求だけでなく、労働条件の改善を掲げるなど、時代の変化に応じて交渉内容も変化している。

年功序列型賃金〔制〕 ⑪ 賃金が労働者自身の能力や業績にあまり関係なく、年齢や勤続年数に応じて上昇していく日本特有の賃金制度。日本的雇用慣行の1つ(あとは終身雇用制・企業別組合)。終身雇用制とともに、労働者の企業定着度を高める役割を果たしてきた。しかし、最近では職能給や能力別賃金などを採用する企業が増えている。　**年功賃金** ①　**人件費** ②

OJT ① “On the Job Training”の略。職場での実務経験を通して、業務上、必要とされる知識や技術を身につけるトレーニングのこと。職場の上司が実際に作業を通して従業員に伝えることで、従業員が試行錯誤を繰り返しながら自分の技術や、能力を身につけていく。

年俸制 ⑤ 個人の目標達成度や利益への貢献度などの業績で、年間給与を決定していく方式。低成長時代の到来や高齢化の進行などを背景に、画一的な賃金体系を変更する機運が高まり、近年、管理職層を中心に、年俸制を導入する企業が増加している。業績や能力を給与に反映させて社員のやる気を引き出したり、有能な人材を登用しやすくしたりするなどがねらいとされている。　**能力給** ①　**成果主義** ⑤

失業率 ⑤ 労働力人口に占める完全失業者の割合で、完全失業率のこと。満15歳以上を生産年齢人口というが、そのうち、学生・専業主婦・高齢者などの非労働力人口を除いた働く意欲のある人口を労働力人口という。この労働力人口のうち、働く意欲があり、すぐに働けるにもかかわらず仕事がない人(完全失業者)の割合をいう。　**完全失業率** ⑤　**失業** ①　**労働力人口** ②

有効求人倍率 ④ 仕事を求める人の人数に対する有効求人数の比率で、求職者1人に対して何件の求人があるかを示すもの。

労働市場 ⑥ 労働力を商品とする市場。労働市場においては労働者側が供給、使用者側が需要となる。

雇用調整 ① 不況に際して、企業がおこなう雇用量の調整措置。たとえば、残業規制、中途採用の禁止、配置転換、一時帰休、希望退職募集など、様々なかたちをとっておこなわれる。

完全雇用 ④ 働く意思と能力をもった人々が、その時の賃金水準で完全に雇用されている状態。イギリスの経済学者ケインズは完全雇用を実現するために、有効需要の拡大を主張した。

終身雇用制 ⑩ 企業が新規学卒者を正規の従業員として雇い、特別の事情がない限り、定年まで雇用する慣行。日本の大企業や官公庁で広くおこなわれてきた。高度経済成長期以降、長期雇用を見直すべきだとの声もあり、多様な雇用形態がみられるようになった。　**終身雇用** ③

日本的雇用慣行 ⑦ 日本の経済成長を支えたとされる、終身雇用制・年功序列型賃金・企業別組合を指す。日本型経営(日本的経営方式)ともいう。　**日本型経営** ③

メンバーシップ型 ② 年功序列・終身雇用など「日本型雇用」の雇用形態。業務の内容や勤務地などを限定せず雇用契約を結び、部署異動や転勤などを繰り返して、キャリアアップをしていく。

ジョブ型 ② 欧米で多くみられる雇用形態で、業務内容・求められる能力・労働時間・勤務地が明確に定められている。特定の業務に従事し続けるため、スキルアップが期待でき、条件のよいほかの企業に転職することもある。

ワーク・シェアリング work sharing ⑧ 仕事のわかちあいを意味し、従業員1人当たりの労働時間を減らして、その分、雇用を増やしたり、維持したりする仕組みのこと。仕事のわかちあいとともに、賃金のわかちあいも生じる。同じような意味で、フルタイム勤務者1人で担当する職務を2人以上で分担し、評価・処遇を受ける働き方をジョブシェアリングという。　**ジョブシェアリング** ①

ハローワーク(公共職業安定所) ② 職業紹介・職業指導、雇用保険の事務処理など、職業安定法の目的を達成するための業務を無料でおこなう機関。厚生労働大臣が管轄（かんかつ）。職安・職業安定所ともいう。

時間外労働 ② 所定労働時間をこえておこなわれる労働のことで、超過勤務ともいう。早出・残業・休日出勤などがこれに含まれる。

裁量労働〔時間〕制 ⑧ 実際の労働時間とは関係なく、あらかじめ定められた時間を労働時間とみなす制度。日本では、すべての業務に対してではなく、労働時間とその成果や業績が必ずしも対応しない業務において導入されている。裁量労働制には専門業務型裁量労働制(専門性が高い19の業務で適用される)と、企画業務型裁量労働制(企画・立案・調査・分析をおこなう業務で適用される)の2種類がある。

みなし労働時間制 ③ あらかじめ定められた時間分、働いたとみなす労働時間制度のこと。労働基準法では法定労働時間を1日8時間、週40時間と定めているが、事業や業務の性質によっては柔軟に対応した方がよいケースがあることから、みなし労働制が採用される。裁量労働制はその1つで、そのほか事業所を離れた業務(営業、出張など)でも導入される。

高度プロフェッショナル制度 ④ 一定の年収要件(年収1075万円以上)を満たす専門知識などを有する労働者の、労働時間にもとづいた制限を撤廃する制度。「働き方改革法」(2019〈令和元〉年)の長時間労働を防止する健康確保措置(年間104日の休日確保の義務化など)を講じつつ、対象を指定する際は条件や義務が課せられた。ホワイトカラーエグゼンプションともいう。

変形労働時間制 ⑤ 1週間当たりの労働時間が法定労働時間をこえない範囲内において、1週間・1カ月・1年といった一定の期間内に法定労働時間をこえて労働させることを可能とする制度。サービス業など、通常の労働時間の規定が当てはまらない労働者がいることに配慮したかたちの例外的な制度である。たとえば変形労働時間制であれば、業務の忙しい時期には10時間働き、閑散期の時期には6時間とするといった調整が可能となる。広くフレックスタイム制も変形労働時間制の1つとされる。

SOHO(ソーホー) ① Small Office Home Officeの略。パソコンなどの情報通信機器を利用して、自宅など「小規模な事務所での在宅勤務」や「働き方」の総称。情報通信機器の発達や個人事業主の増加、また新型コロナ禍によって増加している。

ワーキング・プア working poor ⑥ 仕事についていて収入はあるものの、生活保護の水準以下の収入しか得られない層の人たちのこと。リストラされた中高年やフリーターの若年層に多くみられ、社会問題化している。

格差社会 ④ 経済的に豊かな層と貧困層に二極化している社会のことを指す。経済格差・所得格差などがある。

格差問題 ①

所得格差 ④ 所得における格差のこと。

世代間格差 ① 人が一生のあいだに受ける年金、社会福祉などのサービスと、税や借金などの負担の差が世代によって異なることから生じる格差のこと。少子高齢化が進んでいる日本では、顕著な問題として対策が求められている。

トマ＝ピケティ Thomas Piketty ③ 1971〜 フランスの経済学者。『21世紀の資本』において、格差社会における不平等の真相を膨大なデータとともに分析した。ピケティによると、資本主義社会の成立以来、一時期の例外を除いて、資産の運用によって得られる収益率(資本収益率)は経済成長率を上まわっている(したがって労働者の所得の伸びを上まわっている)という。そのため、資産をもつ者とそうでない者の格差が拡大してきていることを実証的に明らかにした。

オキュパイ運動 ①「1%の金持ちと99%の貧困」「富裕層に課税を！貧困層に食べ物を」をスローガンに掲げたアメリカから始まった格差反対運動。インターネットを通じた呼びかけで、世界中に広がり、一部では暴動化した。

ジニ係数 ⑨ 社会における所得格差を示す指数。イタリアの統計学者コッラド＝ジニ(Corrado Gini、1884〜1965)が考案した。0から1の数値で示され、0はすべての人が同じ所得であることで完全な平等を意味し、1に近いほど格差が大きいことを意味する。

ローレンツ曲線 ② 世帯を所得の低い順に並べて、横軸に世帯の累積比、縦軸に所得の累積比をとり、世帯間の所得分布をグラフに表したもの。アメリカの経済学者ローレンツ(Lorenz、1876〜1959)が発表した。すべての世帯の所得が同額で、所得格差が存在しない社会の場合、ローレンツ曲線は

45度線と一致する。所得や富の分布に偏りがある場合、ローレンツ曲線は下方にふくらんだかたちになる。この、45度線で示される状態と現実の所得分布との比率がジニ係数となる。

ベーシック・インカム basic income ④ 就労や資産の有無にかかわらず、すべての個人に対して生活に最低限必要な所得を無条件に給付すること。18世紀末に社会思想家のトマス＝ペイン(Tomas Paine、1737〜1809)が『農民の正義』で提唱したとされる。1980年代以降の社会変化を背景に日本でも最近注目されている。

相対的貧困率 ⑧ 経済協力開発機構(OECD)が発表している格差拡大を示す指標。国民一人ひとりの所得を順番に並べた時に、中央値の半分より低い人の割合のこと。この場合の所得とは、収入から税金や社会保険料を差し引いた1人当たりの可処分所得のことである。

相対的貧困 ④　**相対的貧困層** ①

子どもの貧困 ② 生まれ育った環境によって、栄養バランスのとれた食事ができなかったり、教育の機会が得られなかったりする子どもたちがいる。子どもの貧困は連鎖しやすく、また社会保障費増加など社会全体の問題でもある。厚生労働省によれば、2018(平成30)年の日本における17歳以下の子どもの相対的貧困率は13.5%で、就学援助を受けている小学生・中学生は約137万人いる。経済協力開発機構(OECD)によると日本の子どもの貧困率は14.0%であり、これは日本の子ども(17歳以下)の7人に1人が貧困状態ということになる。

子ども貧困率 ③

子ども貧困対策法 ④

子ども食堂 ①

ワーク・ライフ・バランス(仕事と生活の調和) work-life balance ⑪「仕事と生活の調和」と訳される。内閣府の策定したワーク・ライフ・バランス憲章では、仕事と生活の調和が実現した社会は、「国民一人ひとりがやりがいや充実感を感じながら働き、仕事上の責任を果たすとともに、家庭や地域生活などにおいても、子育て期、中高年期といった人生の各段階に応じて多様な生き方が選択・実現できる社会」としている。

働き方改革 ③ 働く人々が、個々の事情に応じた多様で柔軟な働き方を「選択」できるようにする改革。そのための重要課題が、長時間労働の解消、非正規と正社員の格差、労働人口不足である。働き方改革を推進するために、「労働基準法」「労働安全衛生法」「労働時間等の設定の改善に関する特別措置法」「じん肺法」「雇用対策法」「労働契約法」「短時間労働者の雇用管理の改善等に関する法律」「労働者派遣事業の適正な運営の確保及び派遣労働者の保護等に関する法律」の8本の労働法の改正を「働き方改革一括法」でおこなった。

働き方改革関連法 ⑧

ノー残業デー ①

時間貯蓄制度 ① 残業や休日出勤など、職場で定めた契約上の労働時間と実労働時間の差を、銀行預金のように勤務先の口座に積み立て、有給休暇などにふりかえて利用するもの。おもにドイツなどで実施されている。

高年齢者雇用安定法 ② 高齢者の雇用の安定化をはかる法。2012(平成24)年の改正(2013〈平成25〉年施行)で、65歳まで定年を引き上げるか、65歳までの継続雇用制度を導入、または定年制を廃止することが義務づけられた。これにより、労働者が希望した場合には65歳まで働ける環境が整った。さらに2020(令和2)年の「改正高年齢者雇用安定法」が成立し、高齢化の進展と労働人口の減少を背景に、70歳までの就業機会の確保が努力義務化された。

ディーセント・ワーク decent work ③「働きがいのある人間らしい仕事」と訳される。この概念は、1999(平成11)年の第87回ILO(国際労働機関)総会において、ファン＝ソマビア(Juan Somavia、1941〜　)事務局長が、ILO活動の21世紀の目標としてはじめて示した。

外国人労働者 ⑦ ILOによる移民(出稼ぎ労働者)の定義では、「難民、旅行者、巡礼者および遊牧民を除く広義の雇用を目的として、本人の国籍とは異なる国に移動した者」に当たる労働者。移住のかたちは一時的・永久的と様々である。本国での人口過剰、移動先との賃金格差など、経済的理由によるものが多い。また、安価な外国人労働力を求めるという、受け入れ国側の理由もある。経済・社会の国際化にともない、増大している。しかし、結果的に受け入れ国に定住する移民数が増大することから、外国人労働者問題は、たんに適正な雇用・労働条件の労働問題のみならず、地域社会の問題として取り上げていく必要がある。

移民 ⑤ 雇用を目的として、国境をこえて移動する人々で、外国人労働者と同意。ただし、おもに旧大陸から新大陸への、関係国間の協約による人口の移動も移民と表現する。

出入国管理法 ④ 出入国するすべての人に適用される法律で、日本から出国、日本へ入国する外国人の在留に関する許可要件や手続き、不法入国・不法在留の罰則などが定められている。2018(平成30)年の改正で、在留資格「特定技能１号」「特定技能２号」が創設された。従来の入管法では、専門技術や実務経験・技術をもつ外国人のみを労働力として受け入れていたが、産業・サービスの現場で働くことができるようになった。正式名称は「出入国管理及び難民認定法」。 **入管法** ① **特定技能** ⑤

外国人技能実習制度 ② 技能・技術や知識の発展途上国などへの移転をはかり、経済発展を担う「人づくり」に協力することを目的とした制度。具体的には、外国人の技能実習生が、日本において企業や個人事業主などと雇用関係を結び、出身国において修得が困難な技能などの修得・習熟・熟達をはかるというもの(期間は最長５年)。技能先進国である日本の役割として、国際社会の調和ある発展をはかっていくことが求められている一方で、実態は労働力の確保ではないかという指摘もある。
外国人技能実習生 ②
技能実習生 ②

労働運動 ⑤ 労働者階級が、資本家階級から受ける搾取(さくしゅ)と抑圧に反抗して、自分たちの労働と生活の条件を守り、改善するための運動をいう。数世紀にわたる歴史的発展を経て、世界に労働者階級を中心とする勢力が政治権力を握る十数カ国の社会主義国を出現させた。また、資本主義国の帝国主義的支配を受けていたアジア・アフリカ・ラテンアメリカの植民地・従属国における民族解放闘争が発展するなかで、労働者階級が指導的役割を果たす傾向が強まった。さらに、資本主義諸国の内部でも、労働運動の力が強大になり、独占資本の支配に介入し、政治・経済・社会の動向に大きな影響力をもつようになってきた。

国際労働機関(ILO) International Labour Organization ⑥ 労働条件の国際的規制ないしは国際的な労働者保護を通じて社会正義を実現し、世界平和に貢献することを目的とする国際的な公機関。第一次世界大戦の終結にあたり結ばれたヴェルサイユ条約により、1919年、スイスのジュネーヴに42カ国で設立された。国際連盟の発足(1920年)以来、その専門機関の１つとして活動し、第二次世界大戦による国際連盟解消後も単独で存続し、戦後の1946年、国際連合の新設にともない、その社会政策的分野を担う専門機関となった。

> 〈ILO　憲章前文抄〉
> 世界の永続する平和は、社会正義を基礎としてのみ確立することができるから、……
> そして、世界の平和及び協調が危うくされるほど大きな社会不安を起こすような不正、困苦及び窮乏を多数の人民にもたらす労働条件が存在し、且つ、これらの労働条件を、たとえば、１日及び１週の最長労働時間の設定を含む労働時間の規制、労働力供給の調整、失業の防止、妥当な生活賃金の支給、雇用から生ずる疾病・疾患・負傷に対する労働者の保護、児童・年少者・婦人の保護、老年及び廃疾に対する給付、自国以外の国において使用される場合における労働者の利益の保護、同一価値の労働に対する同一報酬の原則の承認、結社の自由の原則の承認、職業的及び技術的教育の組織並びに他の措置によって改善することが急務であるから、……

6　社会保障

エリザベス救貧法 ⑦ 1601年制定。イギリスのエリザベス１世(Elizabeth Ⅰ、1533～1603)が定めた救貧法。救貧税を集めて、病気や高齢などの理由により労働能力のない貧民を救済した。これは公的扶助の考え方の源とされる。一方、労働可能な貧民には強制的に仕事をさせ、浮浪者は犯罪者として取り締まった。 **救貧法** ③

劣等処遇(れっとうしょぐう) ① 福祉サービス利用者の生活レベルは、自活勤労者の平均的生活水準よりも劣ったものでなくてはならない、とする救貧事業上の原則。イギリスで1834年に新救貧法において制定された。

疾病(しっぺい)保険法 ⑤ 1883年、ドイツのビスマルクによって制定された、世界最初の社会保険法。一定条件の労働者を対象とし、医療費の無料化や、傷病手当金の給付などがおこなわれた。

ビスマルク Bismark ⑩ 1815～98 1871年に成立したドイツ帝国の初代首相。鉄血宰相(てっけつさいしょう)といわれた。労働者の貧困化に対するため、社会保険法を制定した。その一方で、社会主義者鎮圧法を制定し、社会主義を抑圧した。これは「アメとムチの政策」と呼ばれる。 **アメとムチ** ④

社会保障法 ⑥ 1935年、アメリカで制定された社会保障関係の法律。ニューディール政策の一環としておこなわれ、社会保障(social security)という言葉がはじめて使用された。

ベバリッジ報告 ⑩ 1942年、イギリスの経済学者ベバリッジ(Beveridge、1879～1963)を議長とする社会保障委員会がおこなった報告。「ゆりかごから墓場まで」というスローガンがとなえられ、このもとで、家族手当法・児童法・国民保険法などの法律が制定され、イギリスの社会保障制度が充実・発展していった。また、この考え方はほかの国にも大きく影響をおよぼした。
ベバリッジ ②
「ゆりかごから墓場まで」 ⑨

フィラデルフィア宣言 ① 1944年、アメリカのフィラデルフィアで開かれたILO第26回総会で採択された宣言。正式名称は、「国際労働機関の目的に関する宣言」。労働と社会保障政策の基本となる原則を明示した。原則の1つに「一部の貧困は、全体の繁栄にとって危険である」という考え方が示されており、社会保障の対象を労働者だけでなく、児童・年少者・婦人の保護、老年および廃疾に対する給付など、すべての人に共通の権利としてとらえ、その改善を訴えた。

オバマケア ② 2010年3月にオバマ米大統領が署名し、アメリカで成立した医療保険改革法。10年間で3000万人以上の無保険者を解消しようとする法律。低中所得者に強制的に医療保険に加入させ、所得に応じて医療費の負担額の上限を設定し、上限をこえた分について政府が負担するというもの。トランプ大統領(Tramp、1946～)が廃止を選挙公約としていたが、代替法案は撤回された。
トランプ政権(トランプ大統領) ⑤

社会保障 ⑫ 国民が傷病や老齢・死亡、そのほか生活上の様々な困難に直面した場合に、国や地方公共団体が現金・サービスを給付して、国民の生活を保障し、社会の安定をはかるための制度。1935年のアメリカの社会保障法で、はじめてこの言葉が使われた。日本では憲法第25条で規定されて以来、一般的に使われるようになった。社会保障はいずれの国でもナショナル・ミニマム(国家が国民に保障すべき最低限度の生活水準)の保障を目的として展開されてきたが、最近はその時代の文化的・社会的水準に即した国民生活の安定を重視する方向へと変化している。

社会保障制度 ⑫ 社会保障を実施するために準備された制度。制度的には、社会保険・公的扶助・社会福祉・公衆衛生の4つの分野から成り立つ。給付内容としては、所得保障・医療保障・社会福祉サービス保障がある。

イギリス・北欧型(租税方式、租税中心型) ③ イギリスやスウェーデンで取り入れられている社会保障制度の呼称。すべての国民に対する平等な最低生活水準の保障を目的としたもの。均一拠出・均一給付で、国民の最低限の生活を保障するもの。財源は国・地方公共団体の租税が中心となる。国民負担率(租税と社会保障負担をあわせた総計の国民所得に対する比率)が大きい高福祉・高負担型であり、国民負担率のうち租税負担率の割合が社会保障負担率の割合よりも大きい。 **北欧型** ③

ヨーロッパ大陸型(保険方式、社会保険中心型) ④ ドイツやフランスなどで取り入れられている社会保障制度の呼称。ビスマルク型社会保険の伝統を受け継いだ、社会保険を中心としたもの。費用はおもに保険料による。給付は所得比例方式を採用している。財源は労使双方の所得比例拠出だが、国庫補助が加わる。
ドイツ・フランス型 ①

アメリカ型 ① アメリカやカナダで取り入れられている、社会保障の規模が小さく、北欧型・大陸型と比べて低福祉・低負担の社会保障制度。たとえば、アメリカは国民負担率が低く(社会保障の規模が小さく)、その内訳は租税負担率が大きいのが特徴である。

社会保障関係費 ① 国の一般会計予算における社会保障のための費用。生活保護費・社会福祉費・社会保険費・保健衛生対策費・失業対策費から構成されている。高齢化にともない社会保障の費用は増え続け、2022(令和4)年度の一般会計予算(107兆5964億円)のうち、社会保障関係費は36兆

2735億円で、一般会計予算の33.7%を占めている。 **社会保障給付費** ⑦

恤救規則 ① 1874(明治7)年、日本ではじめて統一的な基準をもって発布された救貧法。明治政府が生活困窮者の公的救済を目的として制定し、1931(昭和6)年まで存在した。

救護法 ① 1874(明治7)年に制定された恤救規則にかわるものとして1929(昭和4)年に制定された、疾病・貧困などのために生活できない者を、救護する法律。1932(昭和7)年に施行。1946(昭和21)年の生活保護法の制定により廃止された。

社会保険 ⑫ 疾病や失業など、生活困難をもたらす様々な事故に対して給付をおこない、被保険者とその家族の生活安定をはかることを目的とした、強制加入の保険制度。日本では社会保険は医療保険・年金保険・雇用保険・労働者災害補償保険・介護保険の5つからなる。

公的社会保険 ①　**社会保険制度** ④

保険料 ③ 家族や個人の力では支えきれない、様々な生活の不安に対応するための、社会的制度としての保障費のこと。社会保険の負担金は被保険者・事業主・国庫・患者負担などにわけられる。たとえば、医療保険の財源は、被保険者や事業主が支払う保険料が約5割、地方や国庫などの公費が約4割、患者負担が約1割となっている。このように、社会保険(年金・医療・雇用・労災・介護)は保険料を負担することによって成り立っている社会保障制度である。これに対し、生活保護など公的扶助は保険料によらず、全額公費(税金)で負担されている。

国民負担率 ⑦ 国民所得に対する租税負担率(国税と地方税をあわせた租税負担の比率)と、社会保障負担率(年金や医療保険などの社会保障の負担比率)を合計したもの。日本の国民負担率は2020(令和2)年度で47.9%である。

医療保険 ⑫ 将来の疾病に対する費用を軽減するために設けられた保険。労働者の就業形態が、公務員か民間企業か個人経営かにより、共済組合保険・全国健康保険協会管掌健康保険(協会けんぽ)・組合管掌健康保険・国民健康保険などがある。

公的医療保険 ①

健康保険 ⑤ 1922(大正11)年に制定された健康保険法によって実施された医療保険。大企業や企業グループごとに組合を結成して運営している組合管掌健康保険と、中小企業の従業員を対象に全国健康保険協会が運営している全国健康保険協会管掌健康保険(協会けんぽ)がある。保険料は労使の間で折半し、負担している。公務員は、健康保険法ではなく国家公務員共済組合法などにもとづく共済組合でカバーされる。

健康保険法 ②　**共済組合** ③

国民健康保険 ⑦ 被用者を対象とした、医療保険の適用を受けない一般住民を対象とした医療保険。1938(昭和13)年に制定された国民健康保険法による制度。1958(昭和33)年に法律が改正され、市町村に国民健康保険の実施義務を課し、1961(昭和36)年から全国の市町村で実施された。また、2021(令和2)年の改正により短時間労働者の適応拡大などがおこなわれた。

国民健康保険法 ①

国民皆保険〔制度〕 ⑪ 経済的理由で医療を受けられない人をなくすため、国民全体で医療費を応能負担しようと、すべての人がいずれかの医療保険に加入する制度。市町村などが運営する国民健康保険制度の整備により、1961(昭和36)年に国民皆保険が達成された。

民間保険 ④ 生命保険・損害保険・疾病保険などの種類がある。民間の保険会社は、保険業法による免許事業制であり、生命保険業免許をもつ生命保険会社と、損害保険業免許をもつ損害保険会社が存在する。民間保険は自由加入制である。

自動車保険 ①　**火災保険** ①

年金保険 ⑫ 年金保険制度のこと。日本の公的年金制度は、国民皆保険を前提に、現役世代が支払った保険料を高齢者にあてる賦課方式を基本としている。かつては、厚生年金・国民年金・共済組合年金などにわかれていたが、1986(昭和61)年から、「2階建て」の制度として一本化した。現在では、1階部分は満20歳以上満60歳未満のすべてが加入する国民年金(基礎年金)で、会社員や公務員が加入する厚生年金が2階部分となっている。この2階建ての公的年金以外に、任意に個人や勤務先が準備する私的年金があり、公的年金とあわせて3階建ての年金制度といわれる。

年金 ④

年金制度 ⑤　**年金積立金** ①

国民年金 ⑩　**国民年金法** ④

基礎年金 ⑤　**基礎年金制度** ⑥

国民皆年金〔制度〕 ⑩ 原則として満

20歳以上満60歳未満のすべての国民が公的年金に加入する制度のことであり、日本では1961(昭和36)年に達成された。公的年金制度として、国などにより公的に運営されている。 **公的年金制度⑥**
公的年金⑤

マクロ経済スライド③ 高齢化や現役人口の減少などの社会情勢にあわせて、年金の給付水準を自動的に調整する仕組み。日本では2004(平成16)年に導入された。

厚生年金⑧ 民間雇用労働者(被用者)を対象とする年金制度。在職中の報酬に比例して算出され、国民年金を基礎年金とした上乗せ分(「2階部分」という)を担う。この制度は1942(昭和17)年に「労働者年金保険」として肉体労働者のために発足し、1944(昭和19)年にそれまで未適用であった職員や女性を加入させて「厚生年金保険」と改称した。1973(昭和48)年から、全国消費者物価指数の変動にともなって、自動的な年金額の改定をおこなう物価スライド制が導入され、インフレーションによる年金の実質価値の低落に対しての防止策が確立された。 **厚生年金保険⑥**
厚生年金保険法①

共済年金(きょうさい)③ 公務員や私立学校教職員、農林漁業団体職員など、共済組合に加入している人を対象とした老齢年金で、満65歳以降に共済組合から老齢年金として支給されていた。2015(平成27)年に廃止され、厚生年金と一元化された。

恩給制度① 公務員が一定期間忠実に勤務して退職した時や、公務のためにけがをしたり病気にかかり退職したりした時、または公務のために死亡した時に、国が公務員またはその遺族に年金などの給付をおこなう制度。1875(明治8)年に発足した日本でもっとも古い年金制度。

積立方式⑫ 被保険者が、みずから積み立てた保険料を資金とする年金給付の方法。物価上昇にともない積立金が目減りするため、物価スライド制がとられているが、資金不足をまねくおそれもある。

賦課(ふか)**方式**⑫ 現役世代がおさめた保険料を、その時点での高齢者に支払う方式。現役世代が年をとって年金を受給する際には、さらに下の世代がおさめる保険料を財源として年金を支給してもらう。インフレなどの物価変動に対応しやすいが、少子高齢化による現役世代の負担増大が課題となっている。

世代間扶養④ 日本の公的年金制度の特徴の1つ。現在の現役世代がおさめる保険料によって、現在の高齢者の年金給付をまかなうという、「世代と世代の支え合い」で成り立っている仕組みのこと。

社会保険方式① 加入者が保険料を負担し、それに応じて年金給付を受ける仕組み。日本の年金給付は社会保険方式でまかなわれ、給付は保険料の額や支払った期間に応じて決められる。保険料をおさめなければ給付は受けられない。

年金制度改革関連法① 2004(平成16)年の改正では、将来の保険料を一定水準で固定し、給付水準を保険料総額の範囲内で自動的に調整する保険料水準固定方式が導入された。2013(平成25)年の改正では、専業主婦らの年金切りかえ漏れ問題の対応や、厚生年金基金に解散をうながす内容が盛り込まれた。2020(令和2)年の改正では、社会保険の適用拡大や、在職中の年金受給のあり方の見直し、また、繰下げ受給の上限年齢が満70歳から満75歳に引き上げられた。

確定拠出(きょしゅつ)**型年金制度(日本版401K)**③ 国民年金・厚生年金保険などの公的年金以外の私的年金の1つ。企業年金には、確定給付型年金と、拠出すべき掛金を確定し、給付額は掛金と運用益で事後的に決定する確定拠出型年金がある。1980年にアメリカの401条K項として導入した企業年金制度にならい、2001(平成13)年に日本で導入された制度は日本版401Kと呼ばれる。 **企業年金①**

個人型確定拠出年金(iDeCo)③ 公的年金にプラスして給付を受ける私的年金制度の1つ。加入は任意で、申込・掛金拠出・掛金の運用を自分でおこなう。

雇用保険⑫ 労働者が失業した場合に、一定期間の所得保障をおこなうことによって、労働者の生活を保障しようとする保険。労働者・事業主がそれぞれ保険料を負担する。2001(平成13)年の改正によって、離職の理由により失業手当の給付日数に差をつけるようになった。倒産や解雇などによる失業者への給付日数を以前より増やす一方、満60歳以上の高齢者や自発的な失業の場合は、給付日数を以前よりも減らした。 **雇用保険法③**

労働者災害補償保険⑧ 労働者が、業務上または通勤途上における負傷・疾病による治療・休業・障がい・死亡の場合に、必要

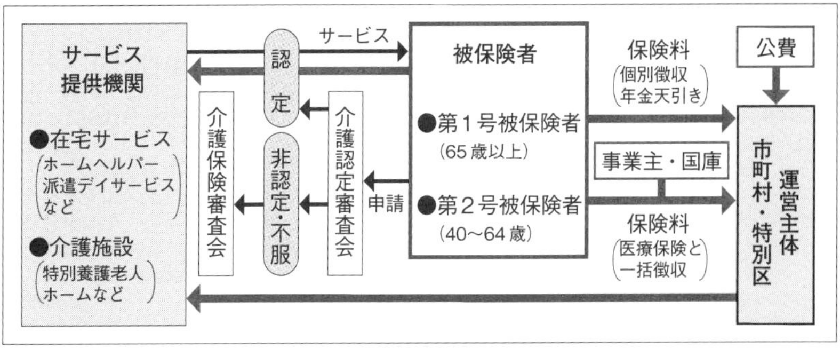

介護保険制度

な保険給付をおこなう制度。保険料は全額会社負担となる。 **労災保険** ⑨

セーフティネット safety net ⑦ あらかじめ予想される危険や損害の発生に備え、被害の回避や最小限化をはかるために準備される制度や仕組み。

介護保険法 ② 公的介護保険の詳細について定めた法律。介護が必要な者の認定、提供できるサービス、保険料の徴収など、介護保険制度全般にわたって規定している。1997（平成９）年に制定され、2000（平成12）年４月から施行された。2017（平成29）年の介護保険法改正で、「世代間・世代内の公平性確保」「介護保険制度の持続可能性」などから、高所得層の負担割合を３割に引き上げた。

介護保険〔制度〕 ⑫ 2000（平成12）年４月から実施された社会保険制度の１つ。被保険者は満65歳以上の高齢者と満40歳から満64歳までの初老期認知症などによる要介護者。保険料は40歳以上の者が支払う。運営は市町村がおこない、申請により要介護と認定された者が給付を受けられる。在宅・施設の両面にわたり、医療サービス・福祉サービスが受けられる。 **被保険者** ②

ナショナル・ミニマム national minimum ⑤「国民的最低限」あるいは「国民生活環境最低基準」と訳される。政府によって国民全員に保障されるべき、最低限の公共サービスの水準を指す。1942年のベバリッジ報告で示された。

公的扶助（こうてきふじょ） ⑫ 貧困におちいった人々に対し、国と地方公共団体が最低限度の生活を保障する制度。1929年にイギリスの救貧法を運営していた機関が「公的扶助委員会」として成立したことから用語が定着した。日本では、憲法25条の生存権と社会保障の整備の国の義務により、生活保護法にもとづいて公費で運用される。生活扶助・教育扶助・住宅扶助・医療扶助・介護扶助・出産扶助・生業扶助・葬祭扶助の８つのほかに、児童手当などの社会手当などがある。 **自助努力** ③

生活保護 ⑥ 健康で文化的な最低限度の生活を保障するため、資産や能力などすべてを活用しても生活に困窮（こんきゅう）する人に対し、国が困窮の程度に応じて必要な保護をおこない、その自立を助長すること。健康で文化的な最低限の生活水準を維持する「最低生活の原理」、国がその責任において生活に困窮するすべての国民に保障する「無差別平等の原理」、困窮の程度に応じて、資産・能力およびほかの制度によって満たされない部分について必要な保護をおこなう「補足性の原理」をもとに運用している。 **生活保護法** ⑨

社会福祉 ⑫ 社会成員の幸福な状態を意味し、社会成員の幸福な状態をもたらすための制度・政策・実践などの根底に共通する目標やそれらの制度的概念。 **社会福祉サービス** ①

児童手当 ① 児童を育てる保護者に対して、おもに行政から支給される手当てのこと。日本では、1972（昭和47）年から開始されている。その後、いくたびか改正され、現在では中学校卒業までの児童を養育している者に支給される。

厚生労働省 ⑤ 社会福祉をはじめ、社会保障や公衆衛生の向上・増進、労働条件の確保・向上、雇用対策などを任務とする国の行政機関。

児童福祉法 ② 1947(昭和22)年に制定された児童とその福祉に関する法律。対象は18歳未満の児童で、乳児・幼児・少年にわけられる。積極的に、児童一般の健全な育成をはかることを目的としている。また、各種の児童福祉行政の中心が児童相談所である。2001(平成13)年に「児童福祉法の一部を改正する法律」が公布。2002(平成14)年10月から許可外保育施設の設置者に、届出などが義務づけられたほか、行政による市民への情報提供などがおこなわれることになった。

障害者基本法 ③ 日本における障がい者のための施策に関する基本的な事項を定めた法律。2004(平成16)年6月に法律の目的、障がい者の定義、基本的理念などに関わる大幅な改正がおこなわれた。この改正により、「何人も、障害者に対して、障害を理由として、差別することその他の権利利益を侵害する行為をしてはならない」ことが基本的理念として明記された。

身体障害者雇用促進法 ② 1976(昭和51)年の改正で、身体障がい者のための適職雇用促進を目的に事業主が雇用すべき身体障がい者の最低雇用率が義務化された。1987(昭和62)年の改正で障害者雇用促進法と名称を改めた。

障害者雇用促進法 ⑥ 身体障害者雇用促進法の改正により1987(昭和62)年に改称・成立した。身体障害者雇用促進法に引き続き、事業主が雇用すべき障がい者の最低雇用率が設定される。法の対象となる障がい者の種類が拡大され、1998(平成10)年には知的障がい者が、2018(平成30)年には精神障がい者が法の適用対象となった。2002(平成14)年には障がい者の職場の拡大をはかるため、障がい者雇用率の算定方式が見直され、障がい者に対する総合的支援策の充実、精神障がい者の雇用促進のための措置を講ずることになった。

法定雇用率 ④ 事業主が雇用すべき障がい者の最低雇用率。2021(令和3)年で民間企業2.3%、国・地方公共団体2.6%、教育委員会2.5%とされる。障がい者雇用率が法定雇用率に満たない場合、たとえば常用労働者100人超の企業の場合、不足1人当たり月額5万円が企業から徴収される。

介護 ⑫ 高齢化や身体的・精神的障がいによって、日常生活に支障をきたす人が、ほかの人の介抱・看護を受けること。日本では2000(平成12)年4月から介護保険制度がスタートした。

母子及び寡婦(かふ)福祉法 ① 1964(昭和39)年に制定。母子家庭および寡婦に対し、その生活の安定と向上のために必要な措置を講じ、母子家庭および寡婦の福祉をはかることを目的とした法律。

公衆衛生 ⑫ 社会的存在である個人や、人間集団の健康を、栄養・運動・休養を柱として増進し、疾病(しっぺい)を予防し、生命を延長し、かつ健康を維持するに十分な生活環境・社会福祉・医療体制を公共的に確立すること。

保健所 ⑦

保険医療 ② 医療保険制度にもとづいておこなわれる医療のこと。

福祉社会 ③ 障がいの有無や年齢にかかわらず、すべての人が人間らしい快適な生活ができるような社会。

高福祉高負担 ② 福祉を充実させ、高い給付水準を保つには、その負担も増大させなければならないこと。北欧やドイツでは、租税負担率が高く、福祉水準も高くなっている。

ノーマライゼーション normalization ⑩ 高齢者や障がい者なども、健常者と同様の生活をおこなえるようにするもので、現代の福祉における根本的な思想。たとえば、施設をつくって、ほかの人々の目に触れないところに分断・隔離することに反対し、街中での普通の生活の実現をはかるなどといった取組みはノーマライゼーションの理念にもとづいたものである。

バリアフリー barrier free ⑨ 障がい者や高齢者が施設を利用する時に、不便がないようにすること。おもに、建物や道路に段差や仕切りを設けないなどの建築関係に使うが、転じて製品に障がい者などが使いやすい工夫をしたりすることにも用いる。

バリアフリー化 ④

バリアフリー法 ③

バリアフリー社会 ②

ノンステップバス ① 高齢者や体の不自由な人のためにつくられた、段差のない床面構造のバスのこと。交通バリアフリー法施行後に、路線バスで急速に普及した。

ユニバーサルデザイン universal design ⑨ だれにでも利用可能なように、建物や環境、製品などをデザインすること。障がい者が生きていく、バリアフリー社会を実現するための基本原則である。

パラリンピック ③ 障がい者を対象とした世界最高峰の障がい者スポーツの総合競技

大会。国際パラリンピック委員会が主催し、4年に一度、オリンピック競技大会の終了直後に同じ場所で開催されている。

福祉六法 ③ 社会福祉の法制上の範囲を確定する6つの法律。生活保護法・児童福祉法・老人福祉法・母子及び寡婦福祉法・身体障害者福祉法・知的障害者福祉法の6つを指す。1990(平成2)年に老人福祉法を中心に改正がなされ、福祉政策を転換し、市町村など身近な自治体で、より地域にあった社会福祉をめざすこととなった。

:社会福祉法 ① 1951(昭和26)年に成立した社会福祉事業法を、改正・名称変更して2000(平成12)年に公布・施行した法律。社会福祉について規定している。

:身体障害者福祉法 ② 1950(昭和25)年に施行。身体障がい者の自立と社会参加を促進するため、援助や保護などを通じて、身体障がい者の福祉の増進をはかることを目的とする法律。障害者自立支援法改正とともに、2013(平成25)年から障害者総合支援法が施行された。

:知的障害者福祉法 ② 1960(昭和35)年に制定。知的障がい者・知的障がい児の福祉向上をはかるための法律。精神薄弱者福祉法を母体として制定。1994(平成6)年に改正し、知的障がい者の自立と社会経済活動への参加を促進し、福祉向上を目的とする。

:老人福祉法 ② 1963(昭和38)年に制定された老人福祉に関する法律。1990(平成2)年に改正され、在宅福祉サービスの積極的推進、住民に身近な市町村で在宅福祉と施設福祉が提供されるような体制整備、社会福祉協議会および共同募金を在宅福祉推進に適したものとするなどと規定した。

福祉事務所 ④ 全国に1000カ所以上設けられている、社会福祉事業法にもとづき設置された福祉の現業機関。社会福祉六法に定められた援護をおこなったり、生活などに関するケースワーク(相談)などをおこなったりする。社会福祉事務所ともいう。

高齢化社会 ③ 人口の年齢別構成比において、満65歳以上の高齢者が占める割合が高い社会。国連の基準では、高齢化率(総人口に対する満65歳以上の老齢人口の割合)が7%をこえる社会をいう。寿命がのびる反面、先進国では少子化が進み、高齢者の占める割合が増加した。

高齢社会 ⑤ 高齢化率が14%をこえた社会のこと。日本では1994(平成6)年に14%をこえ、ほかの先進国と比べて短期間(24年間)のうちに高齢社会に突入した。

超高齢社会 ③ 満65歳以上の高齢者の占める割合が全人口の21%をこえた社会のこと。日本は、2010(平成22)年に高齢化率が23%をこえ、超高齢社会となった。2065(令和47)年には高齢化率は38.4%に達して、国民の約2.6人に1人が満65歳以上の者となる社会が到来すると推計されている(2020〈令和2〉年、内閣府の推計)。

高齢化 ⑩ 満65歳以上の高齢者が、総人口に占める割合が高くなること。産業革命を経て、出生率が低下し、平均寿命がのびている先進国でみられる。とくに日本はそのスピードが速く、また少子化の進行ともあいまって、高齢者の福祉・医療・介護などが問題となっている。

老人保健法 ① 老後の健康保持と適切な医療の確保をはかるため、疾病予防・治療・機能訓練などの保健事業を総合的に実施し、国民保健の向上、老人福祉の増進をはかることを目的とした法律。1982(昭和57)年に制定された。

老人保険制度 ② 1961(昭和36)年に国民皆保険により医療保険が整備され、1963(昭和38)年制定の老人福祉法において満65歳以上の者に対する健康診査などが実施された。1973(昭和48)年の老人福祉法改正により、老人医療費支給制度が創設され、老人医療費の自己負担が無料となった。2000(平成12)年4月に介護保険制度が創設され、2008(平成20)年4月からは満75歳以上を対象とした「後期高齢者医療制度」が創設された。

老人医療無償化制度 ①

後期高齢者医療制度 ⑤ 2006(平成18)年に医療制度改革法が成立したことにともない、医療費の適正化を目的に、2008(平成20)年4月に開始した制度。満75歳以上の高齢者を「後期高齢者」とする、ほかの健康保険などから独立した新しい医療保険制度のこと。 **後期高齢者** ②

介護サービス ⑤ 要介護認定を受けた障がい者など介護を必要とする人が利用できるサービス。利用者の居宅での家事援助などの「在宅サービス」や、通いや宿泊を組み合わせた「施設サービス」、その一種で、介護を必要とする高齢者に介護やリハビリなどをおこない自宅復帰への支援をおこなう「介護老人保健施設」など様々な種類がある。

在宅サービス ①　**在宅ケア** ②

施設サービス ①
介護老人保健施設 ①

ショートステイ〔サービス〕 ③ 自宅での介護が一定期間できなくなった時に、その期間だけ介護を受ける人が老人ホームや介護施設に入所することができるという介護サービスのこと。

デイサービス ④ 通所介護のこと。介護保険施設で、入浴や食事、レクリエーションなどの日帰りサービスを受けるもの。

ホームヘルパー ② 高齢や心身の障がいなどにより、日常生活を営むのに支障のある人々の家庭を訪問し、身体の介護や家事サービスを提供する人のこと。おもな仕事は、食事・排せつ・入浴などの身体介護や、調理・洗濯・掃除などの家事および相談・助言である。

成年後見制度 ⑥ 認知症や知的障がいによって判断能力が不十分な人に対して、「成年後見人」が、本人のかわりに適切な財産管理や契約行為の支援をおこなう制度。支援をする「成年後見人」には、判断能力の程度に応じて、後見・保佐・補助の３類型がある。また、将来的に認知症や障がいの懸念がある場合に、あらかじめみずからが選んだ任意後見人に、かわりにしてもらいたいことを契約する任意後見制度もある。

法定後見制度 ①　**任意後見制度** ①

福祉元年 ① 1973(昭和48)年、田中角栄内閣が、福祉の充実と国際協調の推進をめざした「経済社会基本計画」という福祉政策を打ち出し、「福祉元年」を宣言した。老人医療費の無料化、医療保険の給付率の改善、年金の物価スライド制などが導入された。

家族 ① 血縁(けつえん)をもとに、生計を同じくしている人間の集まり。婚姻(こんいん)や親子・兄弟姉妹関係によって結ばれた基本的な社会集団のこと。かつては、祖父母・親・子などの多世代が同居する直系家族(世代家族)や、これにおじ・おばが加わった複合家族(大家族)が一般的であった。現代では、都市化や住環境の変化などにより、核家族が一般的となり、小家族化が進んでいる。また、近年では、必ずしも血縁関係や同居にとらわれない家族のかたちも現れてきており、家族観は多様化している。さらに、家族の構成に大きな変化がなくても、家族のもつ機能はこれを取り巻く社会の変化によって様々に変化している。

核家族 ① 婚姻によって成立した１組の夫婦と、その未婚の子からなる家族のこと。日本では高度経済成長期以降、核家族化が進み、核家族の割合が1980(昭和55)年には60%になった。近年は単独世帯の増加などにより、割合は低下傾向となっている(2020〈令和２〉年で54.2%、国勢調査による)。

単独世帯 ① １人住まいの世帯。日本における単独世帯の割合は、1975(昭和50)年の19.5%から2020(令和２)年の38.1%と増加しており、そのうち高齢者の単独世帯の増加が目立つ。2020(令和２)年の国勢調査によれば、１人暮らし満65歳以上人口は671万7000人で、これは満65歳以上人口の19.0%に当たる。

ドメスティック・バイオレンス(DV) domestic violence ⑤ 一般に、男性による、妻や恋人に対する暴力を指す。2001(平成13)年10月に、「配偶者からの暴力の防止及び被害者の保護等に関する法律(DV防止法)」が施行され、公式に犯罪として認められた。相談件数は2021(令和３)年で８万3042件におよぶ(警察庁調べ)。

DV防止法 ③

児童虐待の防止等に関する法律(児童虐待防止法) ① 児童虐待を防止する目的で2000(平成12)年11月に施行された法律(2004〈平成16〉年改正)。同法では、親・保護者からの虐待とは、18歳未満の子どもへの身体的暴力、わいせつ行為、ネグレクト(無視、いわゆる長時間の放置など)、心に傷(心理的外傷(がいしょう))を負わせる言動、と定義されている。2020(令和２)年に、児童相談所が扱った児童虐待件数は20万5044件である(厚生労働省)が、その実態を把握することは難しい。

出生(しゅっしょう)率 ⑤ 一定期間における出生人口の総人口に対する比率。発展途上国で高く、先進国で低い。日本は、1960(昭和35)年の17.2‰(パーミル：千分率)から2019(令和元)年の7.0‰と減少している。

合計特殊出生率 ⑨ １人の女性が一生のあいだに産む子どもの平均数。15〜49歳の全女性を対象にし、各年齢ごとの出生数を当該年齢の女性人口で割り、これらの出生率を合計した数値。1989(平成元)年に、合計特殊出生率が1.57人となり、1966(昭和41)年の丙午(ひのえうま、出生率が下がるといわれる年)の水準を下まわる、過去最低を記録した際には「1.57ショック」と呼ばれた。厚生労働省の「人口動態統計」によると、日本女性の合計特殊出生率は

2019(令和元)年で1.36であり、人口の増減がないと予想される率＝2.08を下まわっている。この背景には、結婚観・家族観の変化、人工妊娠中絶の適用(1948〈昭和23〉年の優生保護法により法的に認められ、1996〈平成８〉年に母体保護法となる)、避妊手段の普及など、様々な要因が指摘される。

乳児死亡率 ① １歳未満の乳児の、出生数に対する死亡率。日本の乳児死亡率は2019(令和元)年で1.9‰であり、うち新生児死亡率は0.9‰である。世界で乳児死亡率が高い国は、中央アフリカ84.5‰、シエラレオネ78.5‰、ソマリア76.6‰などである(2018年)。

平均寿命(平均余命) ⑧ ある年に生まれた人が、平均して何年生きることができるかの年数が平均余命であり、一般に０歳児の平均余命が平均寿命となる。日本の平均寿命は、男81.47歳、女87.57歳(2021〈令和３〉年)。

一人っ子政策 ② 14億人以上の世界最大の人口を抱える中国が、1979年から実施していた人口抑制政策。子ども１人の家庭には、奨励金の支給、学費免除や年金割増といった優遇策がとられた。この政策により、中国では、合計特殊出生率が1970年までの約６から、1990年代後半の1.8にまで低下した。死亡率の低下ともあいまって、高齢化への対応が懸念されている。2021年に、中国共産党が３人目の子どもを出産することを認める方針を出し、政策変更がされた。

国際人口開発会議 ② 1960年代の人口爆発にともなう問題に対処するため、国連が主催した会議。1974年、ルーマニアの首都ブカレストで開かれた最初の世界人口会議では、人口抑制を主張する先進国に対し、発展途上国側は経済発展に人口増加は必要であると反発した。1984年にメキシコシティで開催された第２回世界人口会議では、「抑制も開発も」というスローガンに示されるように、発展途上国側も人口抑制の必要性を認め、先進国の技術・財政援助を求めた。1994年、エジプトのカイロで開催された国際人口開発会議では、人口問題と開発問題とが密接に関係しあうことが確認され、とくに女性の地位と能力の向上(エンパワーメント)と、リプロダクティヴ・ヘルス／ライツ(性と生殖に関する健康と権利)の重視が人口問題の柱とされた。

リプロダクティヴ・ヘルス／ライツ reproductive health、rights ④ 妊娠・出産の、いわゆる性と生殖の過程が、身体的・精神的・社会的に良好であることをリプロダクティヴ・ヘルスという。これは、すべての女性・カップルが基本的人権としてのリプロダクティヴ・ライツをもつことを指す。1994年にカイロで開催された国際人口開発会議で、将来への行動計画のなかに明記された。これにより、避妊や人工妊娠中絶が個人の権利であることが広く認識され、支持されるようになった。

人口構成 ② 年齢・性・職業など、人口の属性にもとづく分類。人口政策・人口問題を考える際の重要な基礎資料であり、少子高齢化の問題では年齢構成別人口構成がその資料となる。

生産年齢人口 ⑤ 満15歳以上～65歳未満の人口。日本では2020(令和２)年で全人口の59.4％(総務省人口推計確定値)。一般に労働に従事できる年齢の人口で、高齢者などを扶養する。日本では、1995(平成７)年をピークに減少に転じている。近年の出

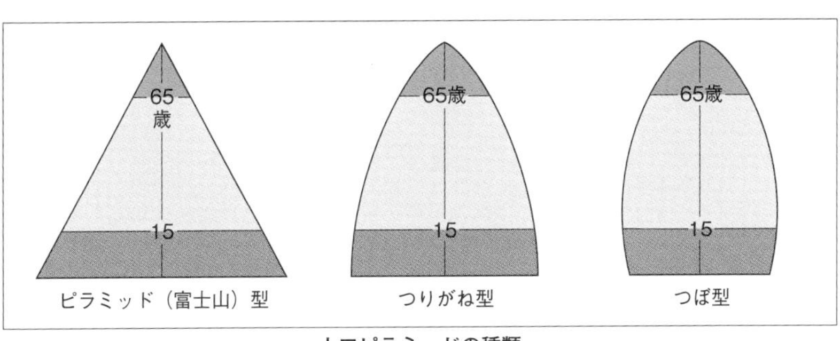

人口ピラミッドの種類

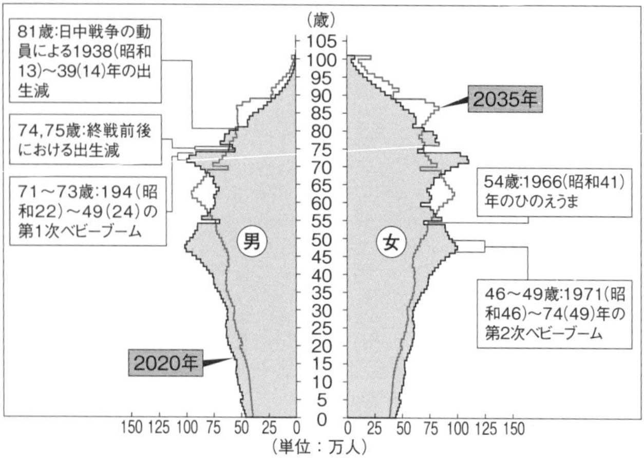

日本の人口ピラミッド(2020年)

生率の低下から、若年労働力、ひいては生産年齢人口の先細りが懸念されている。

老年人口 ② 満65歳以上の高齢者の人口。高齢人口・老齢人口ともいう。高齢化が進む先進国で増大している。日本では、全人口に対する老年人口の割合(高齢化率)は2020(令和２)年で28.6％(総務省人口推計確定値)だが、予測では2036年33.3％に(３人に１人)、2065年には38.4％になるとみられている。

高齢化率 ②
高齢者 ②

人口ピラミッド ④ 年齢別・性別人口構成を表現するグラフ。縦軸に年齢、横軸に年齢ごとの人口数、あるいは率(左を男性、右を女性)を示す。ピラミッド型(富士山型)・つりがね型・つぼ型などの型が、国を単位として作成した場合にみられる。

少産少死 ① 出生率・死亡率ともに低い自然増加の型。現在の西欧・北米・日本が典型的事例で、少子化の進行による人口の減少も心配される。

多産少死型 ① 出生率が高く、死亡率が低い自然増加の型。近年、発展途上国では医療・衛生面の進歩から死亡率は低下したが出生率は依然高く、この型に移っている例が多い。自然増加率がきわめて高くなるため、急激な人口増加がみられる。

多産少死 ①

多産多死型 ① 出生率・死亡率ともに高い自然増加の型。第二次世界大戦直後の発展途上国の大半は多産多死型だったが、現在では内戦や慢性的飢餓が深刻化している国や地域に限定されつつある。

多産多死 ①

人口減少社会 ⑧ 出生数より死亡数の方が多く、継続して人口が減少していく社会。日本の出生率(一定期間の出生人口の総人口に対する比率)は、1960(昭和35)年の17.2‰から2019(令和元)年の7.0‰と減少しており、典型的な人口減少社会となっている。

団塊の世代 ② 出生率が急激に上昇することをベビーブームというが、1947(昭和22)～49(昭和24)年の第一次ベビーブーム(年間約270万人出生)に生まれた世代を指していう。小説家堺屋太一(1935～2019)の命名による。また、1971(昭和46)～74(昭和49)年頃の第二次ベビーブーム期(年間約200万人出生)に生まれた世代を指して「団塊ジュニア」と呼ぶ。

第二次ベビーブーム ②

少子化 ④ 子どもの出生率が激減していることをいい、日本の人口構成の特徴として問題視されている。その理由として、女性の晩婚化や男女のシングル志向・非婚化といった結婚観の変化、子育てにかかる費用の増大、子育て支援の社会的条件の不足、住宅環境の悪さ、フェミニズム思想(生む、生まないは女性の権利である)の高まりなどがあげられる。これに対し、国や地方公共団体は、出産・育児休業制度や休業補償制度の充実、保育所・託児所の拡充など、安心して出産・子育てができるような諸施策の実施に取り組んでいる。1997(平成

9)年には、はじめて幼年人口が老齢人口を下まわり、日本は本格的な少子高齢化を迎えることになった。

少子高齢社会 ③ 出生数の減少、合計特殊出生率の減少にあわせ、高齢化率が高いという少子・高齢化した社会をいう。日本では少子・高齢化が急ピッチで進展し、この結果、1970(昭和45)年には現役世代9.8人で1人の高齢者を扶養して(支えて)いた計算だったが、2020(令和2)年にはそれが2.1人となり、2065年にはさらに減少して1.3人で扶養することになると予測されている(令和4年版高齢社会白書)。働く世代の負担増をどのようにカバーし、社会の活力を維持していくかが大きな課題となっている。 **少子高齢化** ⑫

少子化社会対策基本法 ① 2003(平成15)年施行。家庭や子育てに夢をもち、子どもを安心して生み、育てることができる社会の実現をめざすことを目的とし、国や地方公共団体に対して少子化に対する施策を講じることを義務づけ、企業などに対しては雇用環境の整備をすることとしている。

子育て支援 ②

保育所 ② 児童福祉法において「保育所」という名称で定められている認可保育園。厚生労働省管轄で、国の設置基準をクリアし、乳幼児などを預り保育する、都道府県知事に認可されている児童福祉施設。2022(令和4)年4月で保育所定員は304万人、利用児童数は273万人で、待機児童数は2944人である(厚生労働省)。1998(平成10)年の児童福祉法改正により、親が保育所を自由に選択できるようになり、企業内保育所・駅前保育所など様々なかたちの保育所により、子育て支援がおこなわれている。

認可保育園 ①　**待機児童** ③

晩婚化(ばんこんか) ④ 近年の日本で、初婚年齢が上昇している現象を指す。平均初婚年齢は、1975(昭和50)年で男性26.9歳、女性24.4歳であったのが、2020(令和2)年にはそれぞれ31.0歳と29.4歳になっている。原因として、女性の高学歴化と社会進出による経済的自立、男女の結婚観の変化、パラサイト・シングルの増加などがあげられる。少子化・非婚化と相互関係をもつ現象である。

非婚化 ① 結婚しないことを選択する人が増加していること。1960年代後半の婚姻ブームの後、15歳以上の人口に占める未婚者の割合(未婚率)が上昇している。1970(昭和45)年で、「35〜39歳」の未婚率は男性4.7%、女性5.8%であったのが、2022(令和4)年にはそれぞれ34.5%、23.6%になっている。また「25〜29歳」の未婚率は女性62.4%、男性72.9%である。晩婚化と相互関連し、少子化の原因となっている。

未婚率 ③

孤立死(孤独死) ① とくに、1人暮らしの高齢者がだれからも看とられることなく、自宅で病気などによって死んでいき、死後、時間がしばらくたってから遺体が発見される場合を指していう。近年の家族関係の変化や高齢者の単独世帯の増加により、社会問題として取り上げられるようになった。

高校授業無償化 ② 正式名称は「高等学校等就学支援金制度」で、国公立・私立を問わない高校や高等専門学校などに在学する一部の生徒への支援金を補助する制度。2020(令和2)年4月からは、私立高校の平均的な授業料程度(39万6000円)まで私立高等学校などに通う生徒への支援金額が引き上げられた。とくに、年収590万円未満の家庭では、授業料が実質無償になった。

第4章 国際社会で生きるわたしたち

1 国際政治の動向と課題

1 国際社会における政治と法

国家 ⑫ 一定の領域をもち、その地域に居住する人々によって組織される統治団体のこと。歴史的には、古代における奴隷制国家、中世における農奴制封建国家などがある。独立した国家としての主権国家、民族・言語などが同じ国民が形成する国民国家、多数の構成国からなる連邦国家など、様々な国家の類型がある。

国民国家 ⑤ 18～19世紀に西欧に誕生した近代国家。国民を単一の制度で統一し、言語・生活様式・法制度などで国民としての一体感のある国家のこと。

政府 ⑫ 行政を担当している機関。広義には、立法・行政・司法の三権すべてを含む統治機関全体を指す。市民革命によって、三権すべてが国民に仕える機関と考えられている国家では、広義に使用される。これに対して、日本やドイツなどのように、行政機関と国民代表議会とが歴史的に対抗関係に立つ場合は、内閣とそのもとに組織された行政機関を指す。

国家の三要素 ⑤ 国家の成立要件としてあげられる3つの要素。一定の領域、国民、独立国家としての主権がその3つである。

主権 ⑫ 主権には、(1)人民と領域に対する国家のもつ統治権、(2)対内的に最高で対外的には独立した権力、(3)国家のあり方を最終的に決定する権力、の3つの意味があるとされる。たとえば、国際秩序における主権国家、という場合は、国内における最高権力であると同時に、外部の国家権力から独立した権力であるという意味(上の(2))で用いられる。ヨーロッパの絶対主義時代に、政治勢力間の争いのなかで、自身を正統化するためにとなえられた。また、フランスのボーダン(Bodin、1529/30～96)は『国家論』で君主主権論を展開したが、市民革命以後には、これに対抗する考え方として人民主権論が展開された。 **主権者** ②

主権国家 ⑫ 主権・領土・国民の三要素をもつ、近代の国家形態のこと。主権国家は国民と領域に対する統治権をもち、どこの国にも干渉されず、ほかの主権国家と同等の権利をもつとされる。ヨーロッパでは、三十年戦争を終わらせるために開かれた国際会議であるウェストファリア会議(1648年)が、主権国家を基礎とする国際秩序の原型であるとされる。

領域 ⑫ 主権のおよぶ範囲のこと。領土・領海・領空からなる。

:領土 ⑫ 国家が排他的に支配している土地のこと。領域と同義に使われることもある。

:領海 ⑫ 基線(通常は海岸の低潮線)から、外側に12海里(1海里は1852m)までの海域のこと。船舶の無害通行権は認められているが、領海内の上空を無断で飛行することは認められていない。 **領海基線** ③ **領海12海里** ③

:領空 ⑨ 領土と領海の大気圏内までの上空で、主権国家の領域を構成している部分。 **公空** ①

国民 ⑫ 国家に所属する者のこと。その国の国籍をもつ者をいう。憲法をはじめとして、日本の法律で「国民」という用語が用いられる場合、一般に日本国民を指す。

元首(国家元首) ③ 外国に対して、国家を代表する資格をもつ国家機関のこと。外国と条約を締結すること、外交使節を任免することなどが、元首としての要件と考えられている。イギリスのような君主制の国家では君主が、アメリカのような共和制の国

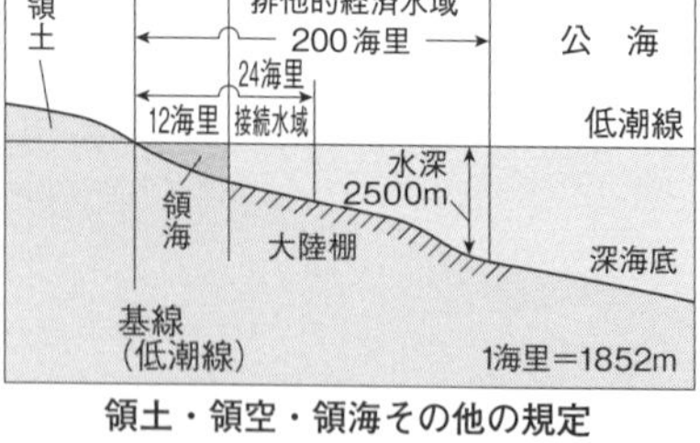

領土・領空・領海その他の規定

家では大統領が元首に当たる。

国際社会 ⑫ 主権国家を主要な構成員とし、その国家群が多角的に国際関係を結んで成立している社会。近代国際社会は、ヨーロッパ各国が、1648年にウェストファリア条約を締結するための会議に参加し、たがいの共通の利益のために、新しい国際秩序を確立したことに始まるとされる。第二次世界大戦後の現代国際社会は、超国家組織や国家間組織による複雑で多様な国際関係を形成している。

ウェストファリア条約 ⑩ 1648年、三十年戦争の戦後処理のために、ウェストファリア（ヴェストファーレン）地方の２つの都市で開かれた会議で締結された講和条約。スイス・オランダの独立などが承認された。この会議が近代国際会議の始まりであり、主権国家を基本単位とする近代国際社会のあり方の原型が成立したとされる。

ウェストファリア会議 ③

三十年戦争 ⑪ 1618～48　17世紀前半のドイツを中心にした宗教戦争。神聖ローマ帝国内における新旧両派の諸侯間の宗教対立がきっかけで始まった。デンマーク・スウェーデンといった新教国が新教側の援助を宣言して参戦したため、国際紛争に拡大していった。最終段階で旧教国のフランスが、同じく旧教側である神聖ローマ帝国打倒を目的に新教側に立って参戦したため、宗教的性格が薄れていき、国家間の勢力争いの性格が現れた。

国際政治 ⑤ 国際社会における各主権国家どうしの利害関係を調整し、その衝突を緩和するための国際的・政治的な動き。国家主権をこえる統一的・強制的な公権力が、国際社会には存在しないため、国際政治は、国益によって大きく左右され、著しく権力政治になりがちとなる。

主権平等の原則 ④ 数多くある主権国家どうしは、そのもつ領土の広さや人口数が異なっていても、国際社会においては平等であるという原則のこと。

民族自決権 ③ 民族は、みずから政治的判断や決定をくだし、自由な独立国家を形成する権利をもつとする考え方。1918年にアメリカ大統領ウィルソンは、平和原則14か条のなかで主要原則の１つとして掲げた。

民族自決 ①

勢力均衡（力の均衡、バランス・オブ・パワー） balance of power ⑪ １国のみが強大になり他国を支配するという状況にない国際社会において、各国が同じ程度の力をもつことを重視し、相互に攻撃ができないような状況をつくり出すことで、国際社会の秩序を保とうとする考え方のこと。具体的には、諸国家が相互に敵対・友好の関係を結んで牽制しあうことで国際平和を維持しようとすること。第一次世界大戦の原因ともなった。

勢力均衡政策 ③

国益 ② 主権国家がもっている国家的利益のこと。主権国家が行動する際の目的とされているが、今日では国家的利益をめぐる価値観が多様化しており、１つの政策に国民がまとまって行動するという事例はあまりみられなくなった。また、今日のグローバル化が進む国際社会において、主権国家が自国の利益をおし通すことができにくい状況になってきている。

国際法（国際公法） ⑫ 国際社会における国家間を規律する法のこと。国際連合のような国際平和維持機構の組織や権限に関する法も含まれる。国際法は、国際慣習法と条約・協定などの成文国際法から構成される。また、内容により平時国際法と戦時国際法とに分類される。

成文国際法 ②

国際慣習法（慣習国際法） ⑫ 長いあいだ、国際社会において慣習的におこなわれてきたために、諸国家がそれを守ることを暗黙のうちに了承してきたもの。外交使節の特権としてのいわゆる治外法権などがこれに当たる。条約・協定などと異なり、国際社会一般に通用する内容と効力をもっている。

外交特権 ③

グロチウス（グロティウス） Grotius ⑫ 1583～1645　「国際法の父」といわれるオランダの法学者。ドイツの三十年戦争の惨禍から、いかなる戦争においても自然法にもとづく法が存在しなければならないとして、『戦争と平和の法』を著し、はじめて国際法の存在を主張した。ほかに『海洋自由論』などの著書がある。

「国際法の父」 ⑫

『戦争と平和の法』 ⑩ 1625年のグロチウスの著書。戦争には正当な戦争と不正な戦争があることや、戦時において諸国家間に存在する法（自然法）の規定について述べている。戦争だからといって、いかなる残虐な行為でも許されるわけではないととなえ、これが国際法の基礎的理念となった。

『海洋自由論』 ⑤ 海洋に関する国際法の基本原則を説いたグロチウスの著作。オランダの海外進出を背景に、公海での航行の自由を主張した。

公海自由の原則 ⑧ 公海はいかなる国の領海にも属さないので、あらゆる国の船舶が航行・漁業の自由を保障されるという原則。グロチウスが1609年に著した『海洋自由論』のなかで主張した。現在では国連海洋法条約(1982年採択、94年発効)により明文化されている。また同法の成立により、排他的経済水域が設定されたため、近年では公海自由の原則も大幅に変質している。 **公海** ⑤

国連海洋法条約 ⑩ 国際連合は、海洋法に関する国際ルール作りを進めるために、1958年から3回にわたって国際連合海洋法会議を開催した。その第3次国連海洋法会議において、10年間にわたる交渉の末、1982年に「海洋法に関する国際連合条約(国連海洋法条約)」が採択され、1994年に発効した。2020年7月現在、167カ国およびEUが締結している。内容は、領海・公海・大陸棚といった、すでに規定されていたものに加えて、国際航行に使用されている海峡および排他的経済水域といった新しい規定、国際海底機構、大陸棚の限界に関する委員会および紛争を解決するための国際海洋法裁判所といった新たな国際機関の設立をともなう規定など、多岐にわたっている。

国際海洋法裁判所 ③ 1996年に国連海洋法条約にもとづいて設立された裁判所。同条約の解釈および適用に関する紛争や申し立てを、司法的に解決するための機関。日本が当事者となった事件としては、1999(平成11)年のみなみまぐろ事件や2007(平成19)年の第88豊進丸事件、第53富丸事件がある。所在地はドイツのハンブルク。

先占の法理 ① 近代の国際法で、ある国が領有の意思を最初に表明して実効的に支配しているのならば、その土地を領土と認めるという解釈のこと。

領土の不可侵 ① 他国に対して侵略行為をおこなわないことを国際的に約束させるという原則。国際法が定められた近代国際社会では、戦争防止が最大の目的であったために、このような原則が優先して確立された。

沖ノ鳥島 ④ 東京都小笠原村に属している日本最南端の島。水没しないように、消波ブロックが設置され、護岸工事がほどこされている。

国内法 ⑤ 1国内において、あらゆる構成員がその施行を知る、知らないにかかわらず、必ず服さなければならない法規範。国内法は、すべての国民を超越し、その規範力をおよぼすための公権力機関(立法・行政・司法)によって運用される。

条約 ⑪ 文書によって明示された国家間の合意のこと。条約・協定・規約・憲章・宣言・議定書・取極・往復書簡など、様々な表現で呼ばれる国際成文法を指す。条約の締結は、当該国の署名批准・批准書の交換、または寄託の手続きを経て成立する。日本やアメリカなど、批准の段階で国会(議会)の承認を要する国も多い。

協定 ②　**規約** ①　**憲章** ②

国家主権の原則 ② 国家間の関係を定める原則の1つで、国家は国内的に最高の権力であるとともに、外部の力にも従属しないという考え方。

国家平等の原則 ② 国際法が適用する場合に平等でなければならないという原則。国家が条約を締結した場合、そこから発生する権利や義務が等しくなければならないという原則。また、国際会議において投票する場合、すべての国の一票が同じ価値をもたなければならないという原則。

国内問題不干渉の原則 ② 国家における自国内の政治・経済・社会体制について、国民の意志にもとづいて自由に決めるべきであり、外国が干渉してはならないという原則。

内政不干渉 ⑤ 各国の国家主権の絶対性が認められている国際社会において、1国の国内政治・経済・社会体制には、外国が干渉してはならないとする原則のこと。国連憲章第2条7項にもうたわれている。

保護する責任 ④ 国際社会がもつ、国民を保護する責任。国家には自国民を保護する責任があるが、内戦や軍による抑圧などによりその責任が果たせない時は、国際社会がその国の国民を保護する責任があるとする考え方。この考え方に対し、内政干渉に当たるという批判や、利害国の介入により状況をより悪化させるおそれがあるなどの問題点も指摘される。複雑化する国際社会における深刻なジレンマともなっている。

国境 ④ 国家と国家の境のことで、それぞれ国の主権がおよぶ範囲が線として表される。

:自然的国境 ② 国家の主権のおよぶ範囲を、河川や山脈などを利用して決めた国境のことをいう。

:人為的国境 ② 国と国との主権のおよぶ

第4章

範囲である境界線が、経線や緯線、または万里の長城などのような人工物でつくられた国境のことをいう。

200海里 ⑪ 国連海洋法条約（日本は1996〈平成8〉年に批准）により定められた、排他的経済水域の範囲。領海基線から200海里（約370km）と定めている。ただし、これには12海里までの領海の範囲は含まれていない。他国の船は通ることは可能だが、漁をするには許可が必要。

無主地の先占 ② どの国の領域にも所属することなく、国家主権がおよんでいない場所について、最初にみつけて所有意思を明らかにした者に帰属するという考え方。

南極条約 ① 1959年に日・米・英・仏・ソ（当時）など12カ国で採択され、1961年に発効した条約。2019年12月現在、締約国数は54。おもな内容は、南極地域の軍事基地の創設や軍事演習の禁止を定めた平和的利用、科学的調査の自由と国際協力の促進、南極地域における領土権主張の凍結、条約の遵守を確保するための監視員制度の設定、南極地域に関する共通の利害関係のある事項について協議し、条約の原則および目的を助長するための措置を立案する会合の開催などがある。日本はこの条約の原署名国である。

南沙（スプラトリー）諸島 ⑤ 南シナ海に浮かぶ小島と岩礁で形成されている島々のことをいう。漁場・石油・天然ガスで有望視され、海上交通の要の場所でもあることから、中国・台湾・ベトナム・ブルネイ・マレーシア・フィリピンが領有権を主張している。 **西沙（パラセル）諸島** ②

排他的経済水域（EEZ） ⑫ 領海の基線から200海里以内の水域においては、沿岸国に対して漁業および鉱物資源の排他的管轄と海洋汚染を規制する権限を認める制度。国連海洋法条約によって制度化された。この結果、現在の公海の40〜50％が、どこかの沿岸国の管轄に属することになる。漁業に関する部分を漁業専管水域という。領海は主権のすべてがおよぶ水域であり、国連海洋法条約により、最大12海里まで設定することができる。また、公海はどこの国にも属さない海域のことである。排他的経済水域は、公海にも領海にもあてはまらない第3の概念である。

大陸棚 ⑥ 大陸の一部と考えることができる浅海底のうち、きわめてゆるやかな傾斜をもつ部分。国連海洋法条約で、沿岸国の200海里までの海底とその下をその国の大陸棚であると定めている。漁場としてもすぐれているが、石油などの資源の探索・開発が進んでいることからその重要性が増している。

接続水域 ⑤ 国連海洋法条約によって、領海から12海里（基線から24海里）以内の排他的経済水域内で、国内法の違反を防止するために沿岸国の規制を認めた水域のこと。具体的に、関税・財政・移民（出入国管理）・衛生上のことに関する国内法令違反の防止を想定している。

パスポート（旅券） ④ 海外渡航のために、国民であることを証明する身分証明書。外務大臣、もしくは在外の領事が発給する。国内では、在住の都道府県の旅券事務所で交付を受けることができる。世界のほとんどの国が、外国人の入国・滞在を許可する条件の1つとして、パスポートの携帯および提示を求めている。また、日本国外務大臣の名前で「日本国民である本パスポートの所持人を通路故障なく旅行させ、同人に必要な保護扶助を与えられるよう、関係の諸官に要請する」という保護要請文が記載されている。

戦時国際法 ② 戦争開始から終戦までのあいだ、各交戦国が守らなければならない国際法規のこと。交戦国相互間に適用される交戦法規と、交戦国と中立国とのあいだを規定した中立法規とにわけられる。敵側に交渉におもむく使節が白旗をもつこと、捕虜の虐待の禁止などが代表的な例。

平時国際法 ③ 戦時国際法に対して、戦時以外の国際間の取決めをいう。戦争が違法とされた現在では、戦時・平時の区分は少なく、むしろ平時の国際法が国際法の中心となっている。

世界人権宣言 ⑫ 1948年の第3回国連総会で採択された、前文と30条からなる国連加盟国が達成すべき共通の人権基準の宣言。国連人権委員会が起草し、人権の尊重が世界の自由・正義・平和の基礎であるとし、自由権・参政権・社会権について宣言した。「すべての人民とすべての国とが達成すべき共通の基準」を宣言したものであり、人権の歴史において重要な地位を占め、国際人権規約をはじめとする、国際的人権条約の基礎となった。1950年の第5回国連総会において、毎年12月10日を「世界人権デー」として、世界中で記念行事をおこなうことが決議された。

国際人権規約 ⑪ 1966年の国連総会で採択された人権に関する国際条約。世界人権宣言を具体化し、その実現を義務づけるために法的拘束力をもたせた。「経済的、社会的及び文化的権利に関する規約」(A規約、社会権規約)と「市民的及び政治的権利に関する規約」(B規約、自由権規約)およびB規約の2つの選択議定書からなっている。日本は、1978(昭和53)年に署名したが、公務員のストライキ権、祝祭日の給与保障、高校・大学の教育の無償化の3項目は留保して、1979(昭和54)年に批准(ひじゅん)した。その後、2012(平成24)年に高校・大学の教育の無償化の留保について撤回した。

国際人権規約A規約(社会権規約) ④ 国際人権規約の「経済的、社会的及び文化的権利に関する規約」のこと。「A規約」ともいう。締約国の発展段階の相違に応じて、漸進(ぜんしん)的な実施が求められている。

経済的、社会的、及び文化的権利に関する国際規約(A規約、社会権規約) ②

国際人権規約B規約(自由権規約) ⑤ 国際人権規約の「市民的及び政治的権利に関する規約」のこと。「B規約」ともいう。締約国に即時実施を求めている。B規約には第1選択議定書、第2選択議定書がある。

市民的及び政治的権利に関する国際規約(B規約、自由権規約) ②

自由権規約の選択議定書 ②

B規約第1選択議定書 ② 国際人権規約の「市民的及び政治的権利に関する規約」の目的をより実効的なものにするためのもので、人権を侵害された被害者個人による、自由権規約委員会への救済申し立てを認めるというもの(個人申し立て制度)。日本は未批准。

死刑廃止条約 ⑧ 国際人権規約の自由権規約(B規約)に含まれる第2選択議定書のことであり、締約国は死刑を廃止するというもの。日本は未批准である。

B規約第2選択議定書 ③

ジェノサイド genocide ⑦ 国民や民族的・人種的・宗教的集団を迫害し、殺害すること。集団殺害・集団殺戮。これらを防止し、また処罰するために、1948年に国連で集団殺害罪の防止及び処罰に関する条約(ジェノサイド条約)が採択された(日本は未批准)。ジェノサイド条約では、集団殺害を国民的・人種的・民族的または宗教的集団を全部または一部破壊する意図をもっておこなわれた行為で、(1)集団構成員を殺すこと、(2)集団構成員に対して重大な肉体的または精神的な危害を加えること、(3)全部または一部に肉体の破壊をもたらすために意図された生活条件を集団に対して故意に課すること、(4)集団内における出生を防止することを意図する措置を課すること、(5)集団の児童をほかの集団に強制的に移すこと、と定めている。

戦争の違法化 ③ 戦争を違法状態であるとする国際的取組みのこと。1928年に署名された不戦条約において、自衛権の行使を除く国家による戦争が禁止された。しかし、この条約では、戦争に至らない武力の行使が禁止の対象外になっていた。1945年の国連憲章では武力による威嚇(いかく)または武力行使の禁止が加盟国すべての義務であるとして明記され、安保理決議による武力制裁と自衛権、集団的自衛権の行使以外の武力の行使が国際法上違法になっている。

国際人道法 ①

常設仲裁裁判所 ③ 1899年の第1回ハーグ国際平和会議で採択された国際紛争平和的処理条約にもとづいて、1901年にオランダのハーグに設立された世界初の国際裁判所。「常設」という名前がついているが、裁判官名簿が常備されているだけで、裁判所自体は存在しない。裁判官は加盟国が任命し、紛争当事者が選任した裁判官の仲裁裁判により紛争解決を試みる。裁判の内容は、国家間の紛争にとどまらず、国・地域・私人・法人といった主体の紛争も扱う。

国際司法裁判所(ICJ) ⑫ 1945年に設置され、オランダのハーグに本部をおく、国際連合の主要機関。国際連盟時代の常設国際司法裁判所を引き継いだ機関である。裁判官は15人、総会および安保理事会で選ばれる。当事国の同意により、国際間の法律的紛争が裁判の形式で争われ、判決は当事国を拘束することになる。

国際刑事裁判所(ICC) ⑫ 集団殺害犯罪・人道に対する犯罪・戦争犯罪・侵略犯罪といった国際社会全体に関わる重大な犯罪をおかした個人を、国際法にもとづいて訴追・処罰するための歴史上初の常設国際刑事裁判機関。1998年7月にローマで設立のための条約が採択され、2002年に発効した。ICCは、各国の国内刑事司法制度を補完するものであり、関係国に被疑者の捜査・訴追を真におこなう能力や意思がない場合などにのみ、ICCの管轄権が認められ、これを補完性の原則と呼んでいる。日本は、ICCの最大の分担金拠出国である。ただし、アメリカ・ロシア・中国は未加盟である。

戦争犯罪 ③ 交戦国間の関係を定めた法規に違反する行為、禁止された兵器の使用、降伏した者の殺傷(さっしょう)、平和を乱す罪、人道に反した行為に対する罪などのこと。

人道に対する罪 ① 1998年に国際刑事裁判所ローマ規程において定義された罪。文民たる住民に対する攻撃であって、広範または組織的なものの一部として、そのような攻撃であると認識しつつおこなう殺人、絶滅させる行為、奴隷化すること、住民の追放または強制移送、国際法の基本的な規則に違反する拘禁、その他の身体的な自由の著しいはく奪、拷問、強姦、性的な奴隷、強制売春、強いられた妊娠状態の継続、強制断種、その他あらゆる形態の性的暴力、人の強制失踪、アパルトヘイト犯罪などと定義されている。 **人道上の犯罪** ②

欧州司法裁判所 ② 欧州連合の基本条約や法令を適切に解釈し、適用することを目的として設置されている裁判所。欧州連合の法律などを欧州各国が国レベルで判断してしまうと、共通の解釈ができなくなってしまうため、欧州司法裁判所が統一的な法解釈をおこなうことで秩序を保っている。

戦争 ⑫ 国家および地域間でおこる武力による闘争。宣戦または条件付最後通牒(さいごつうちょう)によって開始され、戦時国際法が適用される。現代の国際法では、戦争そのものが禁止されている。国連憲章では、自衛、安全保障理事会において認定された「国際社会の平和と秩序への脅威」に対する強制行動、地域的安全保障枠組みにおける強制行動の場合に国連加盟国の個別的・集団的自衛権の行使を認めている。

北方領土問題 ⑧ 北方領土は、歯舞・色丹・国後・択捉の4島をいう。北方4島の存在を早くから認識していた日本は、ロシアよりも早く統治を確立していった。1855年に調印された日ロ通好条約(日露和親条約、下田条約)では、択捉島とウルップ島のあいだにある国境がそのまま確認されており、北方4島が外国の領土となったことはない。1945(昭和20)年8月に、ソ連は日ソ中立条約に反して対日参戦すると、同年8月28日から9月5日までに北方4島を占領した。その後1946年にソ連は4島を自国領として編入し、日本人全員を強制退去(1949年までに)させた。ここから現在に至るまでソ連およびロシアの不法占拠が継続している。アメリカ政府は一貫して北方領土は日本固有の領土であるという日本の立場を支持している。
領土問題 ⑦ **北方領土** ⑨
北方四島 ⑤ **択捉島** ⑩
国後島 ⑩ **色丹島** ⑪
歯舞群島 ⑪

日露和親条約 ⑥ 1855年に日本とロシアのあいだで結ばれた条約。択捉島とウルップ島のあいだを国境とすることを確認した。
日ロ通好条約 ②
ウルップ島 ② **南樺太** ⑤

樺太・千島交換条約 ⑦ 1875(明治8)年に日本とロシアのあいだで結ばれた国境画定条約。北方領土については日露和親条約で国境を定めていたが、樺太は日ロ両国共有であり紛争が絶えなかった。そこで樺太・千島交換条約により、樺太をロシア領、千島列島を日本領と定めることにした。

ポーツマス条約 ⑧ 1905年、アメリカのポーツマスで調印した日露戦争の講和条約のこと。日本は韓国の指導・監督権、ロシアが経営する長春以南の東清鉄道と付属利権、樺太南半分、関東州租借権、沿海州・カムチャツカ半島の漁業権などを得た。

ヤルタ協定 ② 1945年、クリミア半島のヤルタで、ローズヴェルト・チャーチル・スターリンが会談し、対独処理方針・国際連合問題などを討議した。対日秘密協定で、ソ連の対日参戦と千島・南樺太領有を了承した。

千島列島 ⑦ 北海道本島東端からカムチャツカ半島にのびる列島。日本はサンフランシスコ平和条約(1951〈昭和26〉年)において千島列島を放棄したが、ここにいう千島列島のなかにいわゆる北方4島は含まれていないとの見解を示している。

東京宣言 ② 1993(平成5)年に、日本で、細川首相とエリツィン大統領(→ p.231)が署名したもの。領土問題を、北方4島の島名を列挙して、その帰属に関する問題と位置づけた。また、領土問題解決のための交渉指針も示された。同時に、日ソ間のすべての国際約束が、日ロ間でも引き続き適用されることを確認した。

共同経済活動 ① 2016(平成28)年の日ロ首脳会議(プーチン・安倍)において、平和条約締結に向けた取組みの一環として協議を開始することが確認された、北方4島における共同経済活動をさす。

竹島 ⑫ 隠岐諸島の北西約157kmの日本海上に位置する群島。日本は鬱陵島にわたる漁採地として竹島を利用し、17世紀半ばに領有権を確立している。日本政府は17世紀には鬱陵島への渡航を禁止するものの、竹島に向かう渡航は禁止しなかった。また、1905(明治38)年には竹島を島根県に編入して、同島を領有する意思を再確認した。サンフランシスコ平和条約起草の過程で、韓国は日本が放棄すべき領土に竹島を含めるように要請するものの、アメリカは竹島が日本の管轄下にあるとして拒否している。1952(昭和27)年には、韓国が李承晩ラインを引き、竹島を韓国領であると主張するに至った(李承晩ラインは1965〈昭和40〉年の日韓漁業協定によって廃棄された)。1954(昭和29)年に、竹島の領有権問題を平和的に解決するために、国際司法裁判所に付託することを日本政府は韓国に提案したが、韓国はこの提案を拒否した。1962(昭和37)年、2012(平成24)年にも国際司法裁判所に付託することを提案したが、韓国は受け入れていない。現在、韓国の警備隊が常駐し、韓国による実効支配が続いている。 **李承晩ライン ②**

竹島の日 ② 2005(平成17)年に島根県が定めたもの。竹島帰属の告示から100年が経過したことから、県が2月22日を竹島の日と定めた。

尖閣諸島 ⑫ 沖縄県石垣市に所在する、魚釣島などを中心とする島々の総称。明治政府のもとで沖縄県に編入されていたが、サンフランシスコ平和条約(1951〈昭和26〉年)で南西諸島の一部としてアメリカの施政権下に入った。1971(昭和46)年に沖縄返還協定が日米間で結ばれ、アメリカが南西諸島の領有権を放棄することで尖閣諸島は日本の領土に復帰したが、同年より中国、台湾が領有を主張するようになった。とくに中国は、尖閣諸島は台湾に所属しており、ポツダム宣言受諾により日本による尖閣諸島領有も放棄されたと主張している。2012(平成24)年には尖閣諸島の国有化が閣議決定された。日本政府はそもそも尖閣諸島には領土問題自体が存在しないという立場を示している。しかし、この地域・海域での日中間の緊張は高まっている。 **魚釣島 ④**

パワー・ポリティクス(権力政治) power politics ① 力の政治と訳され、軍事力が政治のゆくえを左右するというもの。近代の国際政治では安全保障が最大の目標であり、最後に頼るべきものは軍事力であるという考え方が背景にある。

国際協調主義 ③ 各主権国家が対等な立場で外交・安全保障政策上の諸問題を解決しようという考え方。対立を武力ではなく、話しあいや協力しあうことにより解決し、よりよい国際社会の構築をめざそうとする考え方。日本は国際紛争を解決する手段として、戦争を放棄し、「平和を愛する諸国民の公正と信義に信頼して、われらの安全と生存を保持しよう」とする考え方を憲法前文で明確にしている。

子どもの権利条約(児童の権利条約) ⑧ 国連総会で1959年に採択された、児童の権利宣言を具体的に実現させるため、同じく1989年に国連総会で全会一致で採択された、子どもの人権を包括的に定めた条約。締結国は、規定された内容を保障する義務を負う。満18歳未満を「子ども」としての適用範囲とし、教育を受ける権利、表現の自由、思想・良心の自由をはじめ、虐待・搾取・薬物使用からの保護など、全54条からなる。日本は1994(平成6)年に批准した。

チャイルドソルジャー child soldier ④ 紛争地域などで、戦闘に従事している満15歳以下の子どものことをいう。子どもの権利条約では、満15歳に達しない子どもの徴兵を禁止している。

人種差別撤廃条約 ⑩ 国連総会で1965年に採択された、あらゆる種類の人種差別の撤廃と人種間の理解を目的とする条約。この条約履行のために、人種差別撤廃委員会がつくられている。日本は1996(平成8)年に批准した。 **人種差別 ⑤**

アパルトヘイト(人種隔離政策) apartheid ⑨ 南アフリカ共和国において続いていた、白人以外の人種に対する極端な人種差別・人種隔離政策。居住地の隔離や公共施設の区分などがあり、国内での反発や、国際社会の非難をあびた。1989年にデクラーク政権は改革路線を実施し、1991年に人種隔離政策を全面的に廃止する政策をおこない、アパルトヘイトの終結を宣言した。

ネルソン=マンデラ Nelson Mandela ④ 1918～2013 南アフリカ共和国の黒人解放運動家。アフリカ民族会議設立に参加し、黒人初の弁護士として活躍。1964～90年まで通算27年間を獄中で過ごした。アパルトヘイト撤廃運動を展開、1993年にノーベル平和賞を受賞。1994年、南アフリカ共和国最初の黒人大統領に選出された。
マンデラ大統領 ②

国連人権委員会 ① 1946年に国連に設置された経済社会理事会の補助機関。人権問題を監視・研究することが目的。世界人権宣言・国際人権規約・子どもの権利条約などを起草した。

国際婦人年 ① 第27回国連総会で男女平等社会が全世界に実現することをめざして、国際婦人年と決議された1975年のことをいう。内容は、男女平等の促進、経済・社会・文化の発展に向けての女性参加の確保、国際友好と世界平和に対する女性の貢献の重要性の認識などがある。

女性差別撤廃条約(女子差別撤廃条約) ⑪ 1979年12月、国連総会で採択、81年9月に発効。人類の発展と真の平和を実現するためには、男女平等が不可欠であるとし、女性差別や性役割論の克服を掲げている。条約参加国は、女性差別撤廃のための立法や、男女の社会的・文化的な行動様式を修正し、家庭教育における男女の共同責任を確立するような措置などが義務づけられた。日本は1980(昭和55)年7月に署名、85(昭和60)年に批准した。なお、日本ではかつて母性保護の観点から、女性労働者の時間外労働の規制(年間上限150時間)、休日労働の禁止、午後10時から午前5時までの深夜業の原則禁止という女性の保護規定があったが、1999(平成11)年の改正労働基準法により廃止された。

障害者権利条約 ⑤ 2006年に国連総会で採択された「障害者の権利に関する条約」。2008年に発効。条約では、障がい者の人権や基本的自由の享有を確保し、障がい者の固有の尊厳の尊重を促進するための取組みを締約国に対して求めている。日本は2007(平成19)年に署名している。

良心の囚人(しゅうじん) ② 暴力を行使していないにもかかわらず、言論・思想、宗教、人種、性などを理由に、不当に逮捕された人々のこと。良心の囚人を支援、救済する運動をおこなうNGOとしてアムネスティ・インターナショナルがある。

ガルトゥング Galtung ③ 1930～ ノルウェー出身の平和学者。平和を、戦争がない状態を指す「消極的平和」と、人間の幸福や福祉や繁栄が保障されているという「積極的平和」とに区別した。また、平和に対立する概念である暴力についても、戦争・殺人などの「直接的暴力」と、抑圧や搾取がおこなわれている状態である「構造的暴力」とにわけてとらえることを提唱し、この2つが克服されることが平和に向けての課題であると主張した。
構造的暴力 ④

積極的平和 ④ 戦争のない状態であり、かつ政治・経済の安定、公正な法の執行、人権の尊重、福祉の充実などが満たされた状態を、平和であると定義する考え方。

消極的平和 ④ 人為的な暴力がなく、戦争のない状態が平和であると定義する考え方をいう。たとえば、ある発展途上国で先進国への輸出を優先するあまり、国内に飢えと貧困が生じた場合でも、先進国の人々は暴力を加えて食料を奪ったとは考えない。このように、直接的暴力がなければ平和である、とする考え方である消極的平和に対して批判がある。

2 国家安全保障と国際連合

『永遠平和のために』 ② 1795年、カント(→ p.37)が71歳の時の著書。世界の恒久的平和はどのようにすれば実現するのかというテーマが中心となっている。常備軍の全廃、諸国家の民主化、平和のための国際的な連合の創設などを提起している。
『永久平和のために』 ②
永久平和 ②

ハーグ ② オランダの都市。この地で、恒久平和の手段を探るためにハーグ万国平和会議が1899年と1907年の2回にわたり開催された。これは当時最大の国際会議であった。恒久平和の維持には失敗したが、一定の戦争を制限する国際法を成立させた。

第一次世界大戦 ⑧ 1914～18 ヨーロッパ列強による帝国主義的対立が発展した国際戦争。勢力均衡の考え方のもと、ドイツ・オーストリア・イタリアの三国同盟と、イギリス・フランス・ロシアの三国協商とが対立を深めたことが原因となった。参戦各国は、戦時体制をしいての総力戦となり、甚大(じんだい)な被害を与えたが、三国協商国側の勝利に終わり、1919年のパリ講和会議で終結した。
三国同盟 ②
三国協商 ②

ウィルソン Wilson ⑧ 1856～1924 アメリカ合衆国第28代大統領(民主党、在任1913～21)。連邦準備銀行制を進める。第一次世界大戦終結時に平和原則14か条を提唱し、国際連盟設立のために力を尽くした。

平和原則14か条 ③ 1918年にアメリカ合衆国大統領ウィルソンが発表したもので、第一次世界大戦終結に向けての宣言。外交はつねに国民の目の届くところで進めなければならず、秘密の国際的合意は廃止する。海洋の自由、民族自決の原則、自由貿易、具体的な盟約のもとで国際平和を実現する機構がつくられなければならない、といった内容が含まれている。 **平和14か条** ①
14か条の平和原則 ②

集団安全保障 ⑫ 安全保障を実現する方法の1つ。国際平和維持機構をつくり、そのもとですべての加盟国はたがいに相互不可侵を約束し、一部の加盟国がほかの加盟国を侵略した時には、ほかのすべての加盟国がこの侵略行為を止めるために集団的制裁を加えるという考え方。第一次世界大戦後に勢力均衡という考え方にかわる方法としてとなえられ、国際連盟、国際連合の基本原理とされた。
集団安全保障体制 ③

国際連盟 ⑪ アメリカのウィルソン大統領が提唱した平和原則14か条にもとづき、第一次世界大戦後の国際平和秩序維持と国際協力を目的に、1920年に設立された史上初の集団安全保障機関。本部はジュネーヴ、原加盟国は42カ国。モンロー主義(孤立主義)を理由としたアメリカの不参加、全会一致の原則など問題点が多く、1939年の第二次世界大戦の勃発と同時に事実上解体した。

全会一致の原則 ③ 国際連盟は、意見をまとめる際に、反対者がいない状況下ではじめて採用するという満場一致方式をとっていた。しかし、国際連盟規約第15条には、紛争当事国は除外してもよいということが書かれている。 **全会一致制** ⑤

不戦条約 ④ 1928年、パリで締結された戦争放棄に関する条約。締結国は、国際紛争を平和的手段によって解決し、国家政策の手段としての戦争を放棄することを誓った。戦争の全面禁止を書き込んだはじめての条約。日本も批准した。しかし、自衛戦争を認めたり、条約違反に対しての制裁事項を欠いていたりしたために、その精神を徹底させることができなかった。この条約は今日でも有効である。提案者の名前をとって、ケロッグ・ブリアン条約という場合もある。

枢軸国 ① 第二次世界大戦当時、日本・ドイツ・イタリアが中心となった同盟諸国のこと。イギリス・フランス・アメリカ・ソ連・中国などの連合国陣営と対立した。

4つの自由 ② 1941年の年頭教書において、ローズヴェルト米大統領が述べたもの。民主主義を守るために、⑴言論・表現の自由、⑵信仰の自由、⑶欠乏からの自由、⑷恐怖からの自由を、人類における普遍的な自由として、人々に広めたいというメッセージを送った。

ヤルタ会談 ③ 1945年2月、クリミア半島のヤルタでおこなわれた、ローズヴェルト(米)・チャーチル(英)・スターリン(ソ)らによる連合国首脳会談。第二次世界大戦の戦後処理についての方針が話しあわれ、ソ連の対日参戦に関する秘密協定も結ばれた。この時、話しあわれた第二次世界大戦後の世界の枠組みを、ヤルタ体制という。また、ヤルタ会談では国連の安全保障理事会における評決方法(拒否権制)の決定もなされた。
ヤルタ体制 ①

チャーチル Churchill ① 1874〜1965 イギリスの政治家。保守党から政界に入るが(1900年)、保護関税政策で意見が対立し、自由党に移籍した(1904年)。第一次世界大戦後、保守党に戻り、1940年に首相となった(〜45年)。その後、「鉄のカーテン」(→ p.227)という言葉を用いて、ソ連に対する警戒の必要性を説いた。1951年から55年まで再度首相となり、その後は政界から引退。

国際連合(国連) ⑫ 第二次世界大戦後の1945年に発足した、国際社会の安全と国際平和維持を目的とする国際機関。集団安全保障の考え方にもとづく機構。本部はニューヨーク。総会・安全保障理事会・経済社会理事会・信託統治理事会・国際司法裁判所および事務局があり、その他多くの補助機関・専門機関で構成されている。原加盟国は51カ国、2022年8月現在、193カ国が加盟している。日本が加盟したのは1956(昭和31)年である。現在の国連は、平和・開発・人権や人道・環境・民主主義の促進・テロリズムとの戦いなど、グローバルな課題に取り組んでいる。一方で、加盟国の分担金の滞納問題が深刻化している。

国際連合憲章 ⑫ 国際連合の組織と基本原則を定めた基本法。1943年10月、アメリカ・イギリス・ソ連・中国の代表がモスクワに集まり、平和を確立するための国連設立の一般原則を決めた。この原則にもとづいて、1944年10月、4カ国の代表がアメリカのダンバートン・オークスで一般的国際機構設立に関する提案をつくり、1945年6月、サンフランシスコに50カ国が参加し、調印された。前文および第1章から第19章まで111カ条で構成されている。武力による威嚇またはその行使をつつしむこと、侵略などの行為に国連がとりうる措置についての定め、国家の自衛権についての規定などが盛り込まれている。

サンフランシスコ会議 ②

旧敵国条項 ① 第二次世界大戦における連合国の旧敵国が侵略行為をおこなおうとした場合などにとられる強制行動について、安全保障理事会の承認を必要としないという定め。

国連事務局 ⑧ ニューヨークにあり、国連の政策やプログラム運営を担当している。また、世界各地の情報を収集し、分析をおこなっている。

国連事務総長 ⑥ 国連の行政職員の長。安全保障理事会の勧告により国連総会が任命する。任期は5年が慣例とされており、各地域の出身者が交代で就任している。国連憲章によると事務総長は、国際の平和および安全の維持を脅威すると認める事項について、安全保障理事会の注意をうながすことができるとされている。また、総会、安全保障理事会、経済社会理事会および信託統治理事会のすべての会議において事務総長の資格で行動し、これらの機関から委託されるほかの任務を遂行している。

国連分担金 ⑧ 国際連合に加盟する国が、支払わなければならない分担金のこと。加盟国は、それぞれその支払能力・国民所得・人口にもとづいて、分担割合が3年ごとに決められており、集められた分担金は国連の通常予算と平和維持活動予算の2種類に使われている。滞納(たいのう)金額が過去2年間の分担金総額以上になると、総会での投票権は剥奪(はくだつ)される。アメリカが最大の滞納国となっている。

安全保障理事会(安保理) ⑫ 国際連合において、総会と並ぶもっとも重要な機関。国際平和と安全の維持を中心に、事務総長の指名まで、広範な任務をもっている。全加盟国にかわってその任務をおこない、その決定は全加盟国に対して拘束力をもつ。平和と安全の維持に関する安保理で取扱中の問題については、国連総会であっても勧告はできないことになっている(安保理の要請がある場合は別)。理事会はアメリカ・イギリス・フランス・ロシア・中国の5カ国の常任理事国と、加盟国のなかから総会で選ばれる任期2年の非常任理事国10カ国からなる。常任理事国に任期はなく、恒久的であり、拒否権を有している。

非軍事的措置 ①　**軍事的制裁** ①

安保理改革 ③ 冷戦終結後の1990年代後半以降、安全保障理事会の問題点として、拒否権が国連加盟国の主権平等の原則に反していること、また安保理の構成国の地域的かたよりがあることなどがとくに指摘されるようになった。2004年以降に日本・ドイツ・インド・ブラジルのG4による働きかけで安保理拡大案が出されたが、コンセンサスグループ(韓国・イタリア・パキスタンなど)、アメリカ・中国の反対もあり、2005年には廃案となった。G4による外相会合は継続されているが、改革に向けての明確な進展はない。

常任理事国 ⑫ 国際連合の安全保障理事会の理事国の地位につねにある、アメリカ・イギリス・フランス・ロシア・中国の5カ国のこと。安保理の実質事項における意思決定では、常任理事国すべての賛成が必要である。常任理事国は1カ国でも反対すれば、ほかの理事国すべてが賛成したとしても、決議は成立しないという拒否権をもっている。

非常任理事国 ⑪ 15カ国で構成されている国連安全保障理事会のうち、常任理事国(5カ国)以外の国。任期は2年で、加盟国のなかから毎年総会で5カ国ずつ、交互に選ばれる。2期連続の選出はない。国連安保理で重要な問題を決議するには、常任理事国すべてを含む9カ国以上の賛成が必要であるので、すべての常任理事国が賛成しても7カ国の非常任理事国が反対すれば、決議案は成立しないことになる。地域ごとの配分は、アフリカから3カ国、アジア、ラテンアメリカ、西ヨーロッパからそれぞれ2カ国、東ヨーロッパから1カ国となっている。

拒否権[国連] ⑫ 国際連合の安全保障理事会においては、常任理事国であるアメリカ・イギリス・フランス・ロシア・中国の5カ国が、一国でも実質事項について反対すれば、決定できないという権利。しかし、棄権は拒否権の行使ではない。国連憲章第27条には「安全保障理事会の決定は、常任理事国の同意投票を含む9理事国の賛成投票によって行なわれる」と定められている。 **大国一致の原則** ⑥

実質事項 ② **重要事項** ③

手続き事項 ④ 安全保障理事会における手続き事項は15理事国中の9理事国の賛成によって表決される。ここでは拒否権は適用されない。

国際連合総会(国連総会) ⑪ 国際連合の主要機関で、全加盟国の代表が意見を述べて結論を出す唯一の機関。全加盟国が議席をもち、1国1票の投票権をもつ。定期総会は年1回、通常は毎年9月の第3火曜日に始まり、会期は議事が多い時には翌年にかかる。また、安全保障理事会、または全加盟国の過半数の要求にもとづいて、臨時総会が開催される。 **通常総会** ①

一国一票の原則 ② 国連総会では、各国は1票の投票権をもっている。この原則は、国の大小や豊かさの差にかかわらず、すべての国に適用される。たとえば、中国の人口は10億人をこえるが、投票できるのは1票だけである。一方で、人口が約1万8000人と国連加盟国のなかでもっとも小さい部類に入るパラオも1票の投票権をもっている。このように、各国の投票権は1票であるが、代表団は、たいてい数人の人々で構成されている。

国連大学 ① ウ＝タント(U Thant、1909～74)元国連事務総長の構想により、1973年の国連総会で国連大学憲章が採択され、誕生した国際連合大学のこと。本部は東京。人類の存続・発展および福祉に関わる緊急でかつ世界的な問題を理解し、解決するための研究が進められている。とくに発展途上国支援を目的とした持続可能な開発の分野で、様々な研究を展開している。

国連軍 ⑪ 国連憲章第7章第42条で、安全保障理事会は国際の平和および安全の維持または回復に必要な行動を、国際連合加盟国の空軍・海軍または陸軍によってできることが規定されている。これらの軍隊は、憲章第43条の手続きに従って、あらかじめ安全保障理事会と加盟国とが協定を結び、安全保障理事会の要請があれば提供することになっている。しかし、この協定はまだ結ばれていないので、憲章第43条の手続きによる国連軍が組織されたことは一度もない。朝鮮戦争(1950～53年)時に安全保障理事会は国連軍の派遣を勧告し、国連軍司令部の設置や国連旗の使用を許可しているが、国連憲章第7章に規定された手順とは異なる派兵であったため、正式な国連軍ではないと考えられている。

平和のための結集決議 ⑪ 国際連合安全保障理事会の運営が、拒否権のため平和維持機能が果たせない時に、要請から24時間以内に国連総会の特別緊急総会を招集して、議決をおこなうことができるという制度。この特別緊急総会では、出席者の3分の2以上の賛成で、平和と安全のための軍事的措置を勧告することができる。朝鮮戦争の時にソ連が安保理を欠席したため適切な対応をとることができなかったことをきっかけとして、1950年11月3日に、賛成52、反対5、棄権2で採択された。

緊急特別総会 ⑥ 国連の安全保障理事会の意見がまとまらなかった場合などに招集される総会のこと。決議に関しては、法的拘束力はない。1956年の第2次中東戦争に際し、英・仏・イスラエル軍の即時停戦と撤退を求める決議案を採択したのが第1回目に当たる。 **特別総会** ①

多国籍軍 ⑥ 国連憲章で規定されている正規の国連軍とは異なり、安全保障理事会の決議を受けて、各国が任意に提供した軍隊から組織され、国連の指揮のもとではなく、アメリカなどを中心とした軍事力提供国の責任において戦争をおこなう軍のことをいう。朝鮮戦争(1950年)では、国連軍を名乗って、アメリカ軍を中心にほかの16カ国の軍隊から構成され、湾岸戦争(1991年)でもアメリカ軍を中心に29カ国の軍隊からなる多国籍軍が編制された。

国連平和維持活動(PKO) ⑫ 国連がおこなう、政治・外交的措置と軍事制裁措置の中間に当たる活動。第二次世界大戦後の東西対立のなかで、国連憲章が想定した国連憲章第7章に定める集団安全保障制度が十分に機能しなかったために、国連が紛争地域の平和の維持をはかる手段としておこなってきたものである。第2代国連事務総長ダグ＝ハマーショルド(Dag Hammarskjöld、1905～61)は国連憲章のなかに規定がないため、これを「憲章6章半」の措置と呼んだ。国連の停戦勧告を受け入れた紛争当事国における、国連平和維持軍(PKF)、停戦(選挙)監視団の活動がこれに当たる。国連が紛争当事者のあいだに立ち、停戦や軍の撤退監視などをおこなうことで、事態の沈静化や紛争の再発防止をはかり、紛争当

事者による対話を通して紛争解決の支援をおこなっている。 **国連 PKO** ①
停戦監視団 ⑥ **選挙監視団** ⑤

国連平和維持軍(PKF) ⑧ 国連平和維持活動において、紛争当事者間の兵力引き離しや非武装地帯確保、停戦監視などをおこなう、自衛のための軽武装のみの軍隊。1956年のスエズ戦争に派遣されたのが最初。日本国憲法第9条との関連においては、国連PKOに参加する場合、武器使用は要員の生命などの防護のための必要最小限のものに限られている。そこで、停戦合意が破れた場合、日本国部隊は業務を中断、撤収することができるというPKO参加5原則の前提がある。そのために、政府は憲法で禁じた武力行使をおこなうことには当たらないという見解を表明している。

文民警察 ① 国連が、治安悪化が予想される国や地域の選挙などに際して、警察活動を目的として派遣する要員のこと。

ソマリアPKO ① PKOは当初、当事国の同意、中立保持、自衛をこえる武力を行使しないこと、を3原則としていた。しかし、PKOの役割が変化するなか、当事国の受け入れ合意なしに武力強制措置の行使を許可されたPKOがソマリアに派遣された(1993～95年)。この派遣に国際社会から大きな批判がおこり、ソマリアPKOは失敗に終わった。

人道的介入 ④ どこかの国家あるいは地域において、重大な人権侵害および人道的危機が発生した場合に、国家あるいは国家機構の決定がもととなって武力行使がおこなわれることを人道的介入という。たとえば、1999年のNATOによるコソボ空爆は人道的介入の名のもとでおこなわれた。いわゆる「保護する責任」の行使の1つだが、紛争をさらに拡大させてしまうおそれも指摘される。

経済制裁 ⑤ 国際法違反国に対して、軍事力ではなく、経済力によって制裁を加える外交手段。通商貿易の削減、海外資産の凍結措置などがある。国連憲章では第7章第41条の非軍事的措置として規定されている。 **制裁** ②

経済社会理事会 ⑩ 国際連合の主要機関。貿易・輸送・工業化・経済開発などの経済問題や、人口・子ども・住宅・女性の権利・人種差別・麻薬・犯罪・社会福祉・青少年・人間環境・食料などの社会問題を担当し、勧告している。総会によって選ばれる54カ国で構成されている(任期は3年)。常任、非常任の区別はない。毎年、18カ国ずつ入れかわることになっている。

FAO(国連食糧農業機関) ⑤ 1945年に世界経済の発展や飢餓(きが)からの解放をめざして設立された国連の機関。世界各国民の栄養水準および生活水準の向上、農産物の生産や流通の改善、農村にいる人々の生活条件の改善などを目的にしている。

WFP(世界食糧計画) ④ 1961年に国連の食糧援助機関として設立された。飢餓と貧困の撲滅(ぼくめつ)をその使命としている。各政府からの拠出(きょしゅつ)金や民間企業などの募金で、活動資金をまかなっている。

国連人権理事会(UNHRC) ⑦ 2006年に、国連にそれまであった人権委員会にかえて、新しく設置された組織。国連の人権問題に対する、対処能力向上を目的としている。理事会は47カ国で構成され、その地域的配分は、アジア13、アフリカ13、ラテンアメリカ8、東欧6、西欧7となっている。おもな任務は、人権と基本的自由の保護・促進およびそのための加盟国への勧告など。 **人権委員会** ①

国連人権高等弁務官 ① 1993年の世界人権会議における「ウィーン宣言及び行動計画」により設置が勧告され、同年の国連総会で設置が決定されたポスト。国連人権高等弁務官は、国連事務次長の地位を有しており、国連事務総長の指揮および機能のもとで、国連の人権担当部門として機能している。

信託統治理事会 ⑦ 信託統治地域に住む人々の、社会的前進を監督するための国連機関。国連創設当時に多数あった未解放の地域を信託統治地域として、毎年1回信託統治地域が独立するか、それとも民族自決をおこなえるような指導を受けているかどうかをチェックする。1994年10月に、アメリカの施政権下にあった最後の信託統治地域のパラオが自治を達成したため、同理事会は活動の停止を決定した。

国連教育科学文化機関(UNESCO、ユネスコ) ⑦ 教育・科学・文化・通信を通じて国際間の協力を促進し、世界の平和と安全をはかることを目的とする専門機関。ユネスコ憲章を1946年に採択し、前文は「戦争は人の心の中で生まれるものであるから、人の心の中に平和のとりでを築かなければならない」と宣言している。
ユネスコ憲章 ②

：ユネスコ無形文化遺産 ② 人類の文化遺

産を守る仕組みの1つ。「口承による伝統及び表現」「芸能」「社会的慣習」「儀式及び祭礼行事」「自然及び万物に関する知識及び慣習」「伝統工芸技術」といった形のない文化遺産が対象となる。ユネスコは、2003年の総会で採択された条約にもとづき、人類の無形文化遺産の代表的な一覧表作成を進めている。

国連児童基金(UNICEF、ユニセフ) ④ 発展途上国の児童への食料・医療品・医療などの援助を目的として、1953年に設立が決議された補助機関。自然災害や戦災に見舞われた母子への緊急援助もおこなう。本部はニューヨーク。

国連人口基金(UNFPA) ② 1969年に設立された人口関連の技術援助機関。世界人口会議の準備・開催に中心的な役割を果たした。そのほか、世界人口行動計画の推進・監視を担当し、「世界人口白書」を発表している。

世界保健機関(WHO) World Health Organization ③ 1948年に設立された国際連合の専門機関。すべての人々が可能な最高の健康水準に到達することを目的に、保健衛生問題に取り組んでいる。本部はジュネーヴ。

たばこ規制枠組み条約 ① 2003年に世界保健機関において採択された条約。たばこの消費が健康におよぼす悪影響から人々を保護することを目的としている。たばこに関する広告やパッケージの表示など、たばこの規制に関して定めている。日本は2004(平成16)年に批准している。

国連改革 ⑤ 国連の財政問題の解決や安全保障理事会など国連の機能を向上させるために取り組まれている改革。国連では、1993年以降、総会により「安保理改革」「財政改革」「平和のための課題」「開発のための課題」「国連システム強化」といった作業部会が設置され、改革論議が始められた。とくに安保理改革では、国連発足当時51カ国であった加盟国数が193カ国に増加したにもかかわらず、意思決定方法がかわらないことが課題だと指摘されている。また、アジア地域には、世界総人口約80億人のうち、約40億人以上が生活しているにもかかわらず、安保理理事国は3カ国であることや、アフリカの加盟国は全国連加盟国の4分の1をこえているが、常任理事国はなく、非常任理事国3カ国が選出されているだけといったことで、改革の必要性が訴えられている。

国連NGO ③ 国連への協議資格が認められたNGOのこと。国連が招集する会議に参加することができる。国連憲章の理念を共有し、自発的に非営利活動をおこない、その社会貢献活動について多くの人々に伝える手段をもっていることなどが条件となっている。

NGO(非政府組織) Non-Governmental Organization ⑪ 地域、国家、あるいは国際レベルで組織された、非営利で自発的な活動による社会貢献活動をする市民ボランティア団体のこと。市民の重大な関心事を政府に提示し、政策を監視すると同時に、コミュニティ・レベルの政治参加を進めている。国連では、1500以上のNGOが国連広報局(DPI)と提携関係を結んでおり、重要な役割を果たしている。軍縮・飢餓救済・開発援助・人権・環境保護・保健といった専門的な分野を取り扱う団体も多数ある。

アムネスティ・インターナショナル ⑥ 1961年に発足した国連NGO。良心の囚人の支援・救済、難民の保護・救済活動や死刑の廃止・人権擁護などへの啓発運動などに取り組む。1977年にノーベル平和賞を受賞した。

世界経済フォーラム ① 1971年にスイスの経済学者クラウス・シュワブ(Klaus Schwab、1938〜　)によって設立された非営利団体(NPO)。様々な経済問題に取り組むため、各分野における指導者層の交流を目的として活動をおこなっている。

:ダボス会議 ② 世界経済フォーラムが毎年1月にスイスのダボスで開催する年次総会のこと。幅広い分野からビジネス・リーダー、政府・国際機関のリーダー、メディア、学者といった各国の要人が参加する。世界各国の競争力を指数化して発表するなど世界経済に大きな影響を与えている。

特定非営利活動促進法(NPO法) ⑦ 1998(平成10)年施行。ボランティア団体や市民活動団体に、法人格取得を認めた法律。これにより、団体としての法律行為が認められるようになった。それまでは、法人格の取得に当たっては、社団法人・財団法人・社会福祉法人などを設立するしか方法がなく、多額の資金と複雑な手続きが必要であった。

ガバナンス ① 財政状況がきびしい行政府にとって、NPO団体のような非営利組織の市民活動団体と協働で様々な公共政策をおこなうことが求められている。このように、政府と市民活動団体が、たがいをパートナーとして認めあいながら協働によって公共政策を実施することを、ガバナンスと呼んでいる。

国連ミレニアム・サミット ③ 2000年9月の第55回国連総会の冒頭で、開催された記念イベント。「21世紀における国連の役割」をテーマに、加盟国首脳などが幅広く意見を交換した。

国連ミレニアム開発目標(MDGs) ⑪ 2000年の国連ミレニアム・サミットに参加した147の国家元首を含む189の国連加盟国代表が採択した国連ミレニアム宣言と、1990年代に開催された主要な国際会議やサミットにおける開発目標をまとめたものを「ミレニアム開発目標」という。前者は、21世紀の国際社会の目標として、より安全で豊かな世界作りへの協力を約束するというものである。国連ミレニアム開発目標は、国際社会の支援を必要とする課題について、2015年までに達成するという8つの目標と21のターゲット、60の指標をあげた。この目標は、持続可能な開発のための2030アジェンダに引き継がれ、SDGsが定められている。

国連ミレニアム宣言 ③

世界サミット(国連首脳会合) ①

国際機関人事センター ① 国際機関に就職することをめざしている日本人および、すでに国際機関で働いている日本人をサポートする外務省の機関。

3 国際政治の歩み

冷戦(冷たい戦争) Cold War ⑫ 実際に軍事力を行使する戦争にまでは至らないが、軍拡競争やイデオロギー対立をおこしている状況。第二次世界大戦後、アメリカと旧ソ連がほかの国々を圧倒する力をもつ超大国の地位を占め、両国が社会体制とイデオロギーの相違から、直接の戦争(熱戦、Hot War)こそなかったが、激しく対立して軍拡競争などをおこない、緊張状態が生じたことを指す。

東西冷戦 ④

冷戦構造 ③ **東西対立** ①

代理戦争 ⑤ ある国が、直接に戦争をしないで、ほかの国などにかわりに戦わせる戦争のこと。冷戦下の朝鮮戦争(1950〜53)やベトナム戦争(1965〜75、戦争開始の時期について諸説ある)がその代表例。

鉄のカーテン ① 1946年3月にイギリスのチャーチル前首相が演説で、「北はバルト海のシュチェチンから、南はトリエステまで鉄のカーテンがおろされている」と述べ、ヨーロッパの緊張状態を表すために用いた言葉。

資本主義諸国(西側陣営) ⑤ 社会体制として資本主義経済のシステムをとるアメリカ、西ヨーロッパ諸国、日本などを指す言葉。第二次世界大戦後に、ソ連を中心とする社会主義諸国に対抗するため、アメリカが中心となって陣営を形成した。

資本主義陣営(西側) ③

トルーマン・ドクトリン ② 1947年3月にアメリカのトルーマン大統領(Truman、1884〜1972)が発表した反共対外援助政策。イギリスにかわりギリシア・トルコに援助する立法措置を議会に要請し、さらに全世界的規模での共産主義への封じ込め政策の必要性を訴えた。東西冷戦をはじめて公式に認める声明でもあった。

封じ込め政策 ① 第二次世界大戦後におこなったアメリカの対ソ連外交政策の1つ。ソ連の対外進出をとめるため、トルーマン・ドクトリンの発表、マーシャル・プラン(欧州復興援助計画)の実施、北大西洋条約機構(NATO)設立などがおこなわれた。

ジュネーヴ4巨頭会談 ③ 1955年にスイスのジュネーヴで開催された会談。アメリカのアイゼンハワー大統領(Eisenhower、1890〜1969)、ソ連のブルガーニン首相(Bulganin、1895〜1975)、イギリスのイーデン首相(Eden、1897〜1977)、フランスのフォール首相(Faure、1908〜88)が参加して、平和共存への道を探った。東西冷戦が始まってから米ソ首脳が同じテーブルで会議をおこなったはじめての会談となった。

雪どけ ②

社会主義諸国(東側陣営) ⑦ 社会体制として資本主義を否定し、社会主義経済のシステムをとる国々を指す。冷戦期はソ連とその強い影響下にあった東ヨーロッパ諸国は東側陣営と呼ばれた。

東側陣営 ①

コミンフォルム(共産党情報局) Cominform ① 共産党および労働者党情報局のこと。東西対立が深まりつつあった1947年に結成された。ソ連・ユーゴスラビア・ブルガリア・ルーマニア・ハンガリー・ポーランド・チェコスロヴァキア・フランス・イタリアの共産党・労働者党がたがいに情報交換することを目的としていた。ソ連の非スターリン化を受けて、1956年に解散した。

経済相互援助会議(COMECON) ② 1949年、社会主義経済を建設するため、経済協力関係の必要性と、西側の経済封鎖に対して設立された東側の経済ブロック。ソ連を中心に、キューバ・モンゴル・ベトナムなどが参加して10カ国からなる。社会主義諸国の経済協力によって、各国の生産力を高め、経済水準の平準化を目標として、域内の貿易拡大もはかった。しかし、東ヨーロッパ諸国の民主化による共産党政権の崩壊で、1991年に解散した。

社会主義 ⑥ 生産手段の公的所有を基礎に、社会的正義と福祉、社会的平等の実現をめざす理論。ソシアリズム(socialism)。19世紀、ヨーロッパの資本主義経済の諸問題に対する危機感や問題意識によって発展していった。社会主義の１つであるマルクス主義の立場では、社会主義は共産主義の前段階とされる。

生産手段の社会的所有 ②
社会主義国 ③

共産主義 ② プロレタリア革命によりつくられた、人類の発展史における最終段階の体制と考えられている。財産の私有は否定され、生産手段や生産物といったすべての財産を共有することにより、貧富の差がなく階級が消滅する社会をつくるという考え方。

共産主義諸国 ①

社会民主主義 ① 暴力的な革命を否定し、議会制を通して変革することにより、社会主義を実現させようとする思想のこと。

社会主義者鎮圧法 ① 1878年、ドイツのビスマルクが制定した法律。社会主義的な結社の禁止、集会や出版の制限などが特徴。同時に労働者保護政策がとられ、「アメとムチの政策」と呼ばれている。

共産党 ④ 共産主義の実現を党の目的とする政党で、一党独裁による政治の実現をめざした。1918年のロシア共産党の成立に始まり、国際的な共産主義運動の展開とともに、各国に共産党が組織された。1956年のコミンフォルムの解散以後、各国の自主性が尊重されるようになり、独自路線をとる党が増えた。

ロシア革命 ④ 1917年、ロシアに世界初の社会主義政権を成立させた革命のこと。三月革命(ロシア暦二月革命)と十一月革命(ロシア暦十月革命)がある。第一次世界大戦において、ロシア国内は危機的状況におちいった。外国資本がつぎつぎと引きあげ、農民が戦争にかり出されたため、生産高が激減し、食料危機に見舞われた。1917年の食料危機をきっかけに、首都で革命がおこり(三月革命)、ロマノフ朝の支配が終了した。臨時政府は、イギリス・フランスとの関係を優先して戦争を継続したが、労働者・農民・兵士たちはソビエトに平和を求めて結集した。この状況下で、レーニンが11月に臨時政府を打倒して(十一月革命)社会主義政権をつくり上げた。

レーニン Lenin ① 1870〜1924 ロシア革命の指導者。1898年に結成されたロシア社会民主労働党において、党内の多数派(ボリシェヴィキ)を率いて、社会主義革命を成功に導いた。人民委員会議長(政府代表)となり、対ドイツ単独講和・戦時共産主義政策を実施した。1921年からはネップ(新経済政策)を採用し、国内経済の再建につとめ、他方で1919年にコミンテルンを結成し、各国革命運動へ援助をおこなった。主著『国家と革命』『帝国主義論』がある。

スターリン Stalin ② 1879〜1953 旧ソ連の政治家。レーニンの死後、一国社会主義論を主張。農業集団化を徹底的に進めた。1941年、人民委員会議長に就任。ドイツと不可侵条約を締結するが、ドイツによる奇襲から独ソ戦となった。1945年、ヤルタ会談に出席。死後、共産党の指導者となったフルシチョフらはスターリン体制下の指導者崇拝や、不法な処刑・抑圧を批判し(1956年のスターリン批判)、のちにゴルバチョフはスターリン主義が誤りであったとした。

トロツキー Trotskiy ① 1879〜1940 ウクライナ生まれ。革命家でソ連共産党指導者。のちにスターリンと対立、メキシコで暗殺される。

ソビエト社会主義共和国連邦(ソ連) ⑤ 1922年12月から、1991年12月のソ連崩壊まで、ユーラシア大陸北部に位置した世界最初の社会主義国のこと。15の共和国からなる、多民族国家として成立した。首都はモスクワ。計画経済により、豊富な地下資源の開発と工業生産をおこなった。農業もコルホーズ・ソフホーズで大規模におこなわれた。1957年には、人類初の人工衛星「スプートニク１号」の打上げを成功させている。

ソビエト政権 ①
ソビエト連邦 ③

平和共存 ② 1956年のソ連共産党第20回大会において、資本主義国と社会主義国との平和的関係を促進させるために、フルシチョフが表明したソ連の外交政策。彼は、核戦争の脅威から平和共存を唱導したが、ブレジネフ(Brezhnev、1906〜82)はそれをさらに発展させて、西側諸国との経済協力を含む、国際的な緊張緩和政策をとなえた。

中華民国 ① 1912年1月に成立した共和国。孫文(1866〜1925)が臨時大総統に就任。ついで袁世凱(1859〜1916)が大総統となったが、袁の死後には軍閥間で内戦がおこった。1928年に蒋介石(1887〜1975)により中国統一を達成した。1949年、大陸側に中華人民共和国が成立し、中華民国政府は台湾に渡り現在に至っている。

李登輝 ① 1923〜2020　第4代中華民国総統(在任1988〜2000)。中華人民共和国が大陸を支配している状況を認め、二国論を主張した。

中ソ対立 ⑥ ソ連の対米平和共存路線やユーゴ評価、中ソ国境紛争などが原因で、繰り広げられた中ソ論争。ソ連のスターリンの死後、フルシチョフのとったアメリカとの平和共存路線を、中国の毛沢東(1893〜1976)は「修正主義」と批判した。一方のソ連も、中国は現実をみていないと批判し、対立は深まった。1979年頃から中国側のソ連見直し論の出現や89年のゴルバチョフ書記長の訪中によって、中ソ和解が成立した。

鄧小平 ① 1904〜97　中国共産党の指導者の1人。文化大革命で失脚したが、毛沢東の死後に復権した。国防・工業・農業・科学技術のいわゆる「四つの現代化」を進め、社会主義市場経済制度を導入した。最高実力者として、その後の中国の国家体制の基盤をつくった。

ベルリン封鎖 ① 第二次世界大戦後、敗戦国ドイツはイギリス・アメリカ・フランスが西ドイツを、ソ連が東ドイツを占領していた。東ドイツ内のベルリン市も西ベルリンをイギリス・アメリカ・フランスが、東ベルリンをソ連が管理していた。1948年、西側陣営がソ連に通告することなく、西ドイツの通貨改革を実施したため、西ドイツと西ベルリンに人・金・ものが集まり始めた。このことに危機感をもったソ連が、西ベルリンと西ドイツをつなぐ交通を全面封鎖したため、西側が空輸で食料や燃料などを西ベルリンに運び、東西に危機感が高まった。この封鎖をベルリン封鎖と呼ぶ。

分断国家 ②

ベルリンの壁 ⑥ 1961年に西ベルリンへの交通を遮断するために、東ドイツが構築した壁のこと。東西冷戦の象徴的存在だった。東欧革命の動きのなかで、1989年11月に市民の手で壊され、翌90年の東西ドイツ統一へのきっかけとなった。

ベルリンの壁撤去(崩壊) ⑥

恐怖の均衡 ⑤ チャーチル英首相が述べたもので、世界の平和が、敵対する国の相互の核保有によって保たれていること。核戦争をおこした双方が、その法外な破壊力のために滅亡してしまうという恐怖心から、核兵器の使用を思いとどまるという考え方。相互の不信感がさらなる核兵器の保有と開発に向かうという、矛盾のうえに成り立っている。

キューバ危機 ⑧ 1962年、アメリカのケネディ大統領が、キューバにおけるソ連のミサイル発射基地の建設に脅威を感じ、海上封鎖を命じたことが発端。米ソ核戦争の危機的状態におちいり、世界中を震撼させた。ソ連のフルシチョフ書記長がミサイル撤去を命じたことにより、核戦争の恐怖が回避された。

ケネディ　Kennedy ⑥ 1917〜63　アメリカ合衆国第35代大統領(民主党、在任1961〜63)。冷戦のなか、部分的核実験禁止条約に調印し、国際平和をめざした。宇宙開発や人種差別問題、キューバ危機など、様々な課題に積極的に取り組むなか、遊説中に暗殺された。

フルシチョフ　Khrushchev ② 1894〜1971　ソ連の政治家。ソ連共産党中央委員会第一書記。スターリンの死後に、その思想を批判することにより、独裁政治や恐怖政治にかわる自由化路線の諸潮流をもたらした。アメリカをはじめとする西側諸国との平和共存外交を展開して、東西冷戦緩和をめざした。その一方で、中国との関係が冷え込み、東側内部での紛争をまねいたとされる。

ホットライン　hot line ③ キューバ危機の教訓から、米ソが国際的な危機を回避するために設けた、直接対話を目的とする直接通信回線のこと。1963年、ジュネーヴでホットライン協定が調印され、ワシントンのホワイトハウスとモスクワのクレムリンとの直接通信回線が開通した。

スターリン批判 ② 1956年の第20回ソ連共産党大会にてフルシチョフの秘密報告に始まる、スターリンに関連するソ連邦の共産主義運動や政策、体制に対する党内外からの批判をいう。それ以前までは、スターリンは偉大なる指導者と認識されていたため、世界の共産主義運動に多大な衝撃を与えた。また、これが中ソ対立の原因ともなった。

デタント(緊張緩和) détente ⑧ ソ連のフルシチョフが提唱した緊張緩和政策を、西側諸国がフランス語でデタントと翻訳(ほんやく)したことで、使用されるようになった。デタントの動きは1950年代の核兵器の異常な発達による、人類滅亡のおそれを背景にしたものであり、米ソ首脳会談がおこなわれた。1970年代は雪解けムードのなかで、戦略兵器制限交渉も結ばれた。

プラハの春 ② 1968年の春から夏にかけてチェコスロヴァキアでおこった自由化政策を中心とする変革運動のこと。ドプチェク党第一書記(Dubček、1921〜92)は、着任早々に検閲の廃止や政党の復活といった政策を打ち出した。しかし、この施策も1968年8月にソ連・東欧軍のワルシャワ条約機構軍が侵攻し、チェコスロヴァキア全土を占領下におくことで終焉(しゅうえん)した。

反ソ暴動 ② ソ連からの自立を求める東欧の動きを総称していう。1956年のポーランドとハンガリーの反ソ暴動、1968年のプラハの春とワルシャワ条約機構軍の介入など。ポーランドは自主管理労組の「連帯」が闘いを再燃させ、1989年の共産党政権崩壊の火種(ひだね)となった。

多極化 ⑦ 国際政治の表舞台の中心が、アメリカ・ソ連の二大勢力からEUや日本・中国・第三勢力などに広がってきたことをいう。1960年代以降、東西両陣営のなかから国力をつけてきた国が、世界に影響をもたらすような諸問題について、指導性を発揮し、重要な決定にも参加する傾向がみられるようになった。

アフガニスタン侵攻 ⑤ 1979年、ソ連によるアフガニスタンへの軍事介入のこと。アフガニスタンを、ソ連の衛星国にすることが目的。背景として、1978年4月、アフガニスタンで親ソ派の人民民主党が政権を握り、反政府勢力との対立が激化したことがあげられる。ソ連軍は1989年に完全撤収した。

アフガニスタンへの軍事介入 ②
アフガニスタン紛争 ①

新冷戦 ⑤ 1979年、ソ連がアフガニスタンに侵攻したことによって始まった、東西のさらなる国際的対立のこと。デタントが終わり、東西による旧東側諸国に対する覇権問題やアメリカによる世界の一極支配に対する両陣営の軍事費拡張が続いた。

サッチャー Thatcher ④ 1925〜2013 イギリス初の女性首相(在任1979〜90)。低迷していたイギリス経済の建直しをはかり、国有企業の民営化、社会制度の見直しなど、経済再生策をおこなう一方、対外的にはフォークランド紛争で強硬な態度をとるなどして、「鉄の女」と呼ばれた。

フォークランド紛争 ① 大西洋にあるフォークランド諸島の領有をめぐるイギリスとアルゼンチンの紛争。アルゼンチンの敗北に終わるが、1989年に敵対関係の終結が宣言されている。

ゴルバチョフ Gorbachev ⑧ 1931〜2022 最後のソ連共産党書記長(在任1985〜91)、ソ連邦大統領(在任1990〜91)。社会主義を再生するために、ペレストロイカ(改革)・グラスノスチ(情報公開)を進める一方、世界政治の状況改善のために、ノーヴォエ・ムイシレーニエ(新しい思考)による外交をとなえ、冷戦終結に貢献した。その意図に反して、社会主義は再生されず、国内の政治状況を混乱させた。1991年12月に大統領を辞職し、ソ連邦は消滅した。

ペレストロイカ perestroika ⑦ ゴルバチョフソ連共産党書記長が、社会主義の再生のためにとなえたスローガン。ロシア語で刷新を意味する。停滞からの脱出を目標に、大衆の政治参加、企業活動の活性化、科学技術の発展、文化活動の育成、社会正義の実現をめざした。政治の民主化としては、共産党以外の候補者・政党が認められ、複数立候補制・複数政党制が実現し、統制された選挙は自由選挙にかわった。

グラスノスチ glasnost' ④ 情報公開のこと。ペレストロイカの基本理念の1つ。新聞・雑誌など、マス・メディアの活動への制限が大幅にゆるめられると同時に、芸術家たちの表現の自由も認められるようになった。

新思考外交 ④ ゴルバチョフ大統領が推し進めた、東西緊張緩和をめざす外交のこと。この結果、1987年に中距離核兵器全廃条約の受け入れ、88年にはアフガニスタンからの撤退(てったい)、89年にはヨーロッパの戦術核を削減するなどの成果がみられた。

マルタ会談 ⑩ 1989年12月、ブッシュ米大統領とゴルバチョフソ連書記長が、地中海のマルタ島沖の洋上で開いた米ソ首脳会談。

この会談で、米ソ冷戦の終了を宣言するとともに、米ソ関係が対立の時代から協調の時代に入ったことを確認した。
冷戦の終結 ⑧　**冷戦終結** ②
ヤルタからマルタへ ①
冷戦の終了宣言 ①

ブッシュ(ジョージ＝ハーバート＝ウォーカー＝ブッシュ) Bush ① 1924～2018 アメリカ合衆国第41代大統領(在任1989～93)。副大統領から、共和党3期連続の大統領として当選。外交面では、冷戦体制の崩壊、湾岸戦争などのなかで、一定の成果をあげた。内政面では、レーガン時代の財政赤字を解消できず、経済も回復軌道に乗せられなかった。このため再選に失敗した。
ブッシュ ①

平和の配当 ① 財政資金が、平和目的に振り替えられて、使われるようになること。冷戦終結の結果、米ソ両国の軍事部門の予算が、民生部門などの平和目的に振りかえられることが期待された。実際にはブッシュ(父)アメリカ大統領が軍拡を進めたため、ロシアも期待されたように民需に資金を振りかえることはできなかった。

東欧革命 ② 冷戦の終結を受けて、1989年にソ連の影響下にあった東ドイツ・ポーランド・ハンガリー・チェコスロヴァキア・ルーマニア・ブルガリアの共産党政権がつぎつぎに崩壊していったことを指す。

ドイツ〔の〕統一 ⑤ 1990年10月3日、国歌が響くなか、ベルリンの旧帝国議会議事堂前に、「ドイツの旗」が掲げられて、東西ドイツが統一した。すでに約1年前の1989年11月にベルリンの壁が崩壊し、東西の往来が自由化されていた。社会主義国東ドイツが西側に対抗する力はなく、西ドイツに吸収されるかたちで統一がおこなわれた。
東西ドイツ ②

ソ連の解体 ④ 1991年8月の保守派クーデタの失敗以後、急速に進んだ連邦解体の動き。前年からバルト3国では独立宣言がおこなわれ、連邦解体の動きは現れていたが、クーデタ失敗とその後の8月革命により、各共和国の権限が強化された。同年12月に11の共和国首脳が、アルマアタで連邦消滅を宣言し、ソ連は69年の歴史に幕を閉じた。
旧ソビエト連邦(ソ連) ③

独立国家共同体(CIS) ④ ソ連崩壊時に、ソ連を構成していた15カ国のうち、バルト3国とグルジアを除く11カ国によって結成された国家共同体。1991年12月に、カザフスタン共和国の首都アルマアタで創立が宣言された。単一の政治・経済圏の形成を目標とする。ロシア・ベラルーシ・ウクライナの3共和国が調印した議定書に、グルジアを除くほかの8つの共和国が参加するかたちをとった(グルジアは1993年に加盟)。その後、2009年にグルジアが脱退、2014年にウクライナが脱退を宣言した。

エリツィン Yeltsin ② 1931～2007 ロシア連邦の政治家で同国の初代大統領(在任1991～99)。ソ連期の1981年に、ソ連共産党中央委員となる。1990年に、ソ連共産党を離脱。1991年12月31日にソ連が解体し、ロシア連邦の大統領となった。

プーチン Putin ② 1952～ 第2代・第4代ロシア連邦大統領。1991年にソ連が崩壊すると、サンクトペテルブルク市副市長に就任し、その後、ロシア連邦保安長官などを経て、1999年に首相になる。エリツィンに大統領代行に指名され、翌年の大統領選挙で当選を果たして第2代ロシア連邦大統領に就任する。2008年にはみずからが後継者として指名したメドベージェフ(Medvedev、1965～　)大統領のもとで、プーチンは首相となった。そして、2012年には第4代大統領に再任された。

クリミア〔半島併合〕 ④ 2014年、ウクライナの親ロシア派政権が崩壊したことをきっかけに、ロシアがクリミア半島に侵攻し、空港や軍事拠点などの要所を掌握したうえで住民投票をおこない、一方的にクリミアを併合した。これを受けてG8はロシアの参加資格を停止し、EU・アメリカ・日本などによる経済制裁が実施された。ウクライナ東部では親ロシア派の武装勢力とウクライナ国軍との衝突がおき、このことがのちのロシアによるウクライナ侵攻(2022年)のきっかけとなった。

軍事同盟 ① 外国からの脅威や仮想敵国に対抗するため、2カ国以上の国家がたがいに軍事上の援助義務があることを定めた条約のこと。

ワルシャワ条約機構(WTO) ⑧ 旧西ドイツの再軍備とNATO加盟に対抗して、1955年にソ連と東欧7カ国が参加した集団安全保障体制。1991年7月に解散。

北大西洋条約機構(NATO) ⑧ 1949年、ソ連に対抗して、アメリカや西ヨーロッパ諸国を中心に、12カ国(2022年で30カ国)が参加した集団安全保障体制。冷戦終了後、東欧諸国の加盟問題もあり、兵力削減・核兵器削減を進め、東西対立型からアフガニスタンへの兵力派遣など、域外への対応も含む緊急対応型の体制へと変容した。

OSCE(欧州安全保障協力機構、欧州安全保障協力会議) ② 1975年に発足した全欧安全保障協力会議(CSCE)が改組されてできた機構。57カ国が加盟し、欧州、中央アジア、北米で構成されている世界最大の地域安全保障機構である。1994年にCSCEを発展的に改組し、95年1月より「欧州安全保障協力機構」として常駐機構化された。軍事的な面での安全保障だけでなく、経済から人権まで広い分野でルールを確立し、予防外交につとめるなどしている。

民族主義(ナショナリズム) nationalism ⑨ みずからの民族を、政治・経済・文化などの主体ととらえたうえで、民族の統一・独立や国家形成を目的とする思想や運動のこと。民族の存在や独立、さらには優越性を確保し増進しようとする思想でもある。第一次世界大戦後の民族自決主義にもとづくヨーロッパ中小諸国の独立、第二次世界大戦後のアジア・アフリカ諸国の植民地支配からの独立、1980年代末の旧ソ連・旧ユーゴスラビア解体から近年のウクライナ紛争まで様々な形態で展開されてきた。

民族的アイデンティティ(一体感) ①

ベトナム戦争 ⑨ 第二次世界大戦後のベトナムの独立と統一をめぐる戦争。南ベトナム解放民族戦線が、北ベトナムの支援を背景に、南ベトナム軍とこれを支援するアメリカ軍と戦った。1964年、アメリカの駆逐艦がトンキン湾で北ベトナムの攻撃を受けたとして、翌1965年からアメリカ軍は北爆を開始した。国際的な非難が高まるなか、1969年に臨時革命政府が樹立された。1973年に和平協定が成立して、アメリカ軍は撤退した。1975年には北ベトナムの総攻撃により、南ベトナム政府が崩壊して、翌76年に南北ベトナムの統一が実現した。

ホー=チ=ミン Ho Chi Minh ① 1890～1969　ベトナムの政治家、革命家。植民地時代からベトナム戦争までの政治を指導した。ベトナム民主共和国の初代主席。ベトナム労働党中央委員会主席。

第三世界 ⑩ 1950年代の東西対立の時代に、国際社会に登場してきたアジア・アフリカ・ラテンアメリカの新興諸国を、西側の第一世界、東側の第二世界に対して第三世界(第三勢力)と呼ぶ。第三世界の国々は、非同盟運動・新国際経済秩序樹立宣言などを通して超大国に対抗し、国内外の秩序の変革をおこなってきたが、一方で、第三世界国間の経済格差の拡大による南南問題も生じるようになった。

平和五原則 ① 1954年、インドのネルー首相と中国の周恩来首相とのあいだで確認された五原則をいう。領土主権の原則・相互不可侵・内政不干渉・平等互恵・平和共存を確認した。

ネルー Nehru ① 1889～1964　初代インド首相(在任1947～64)。カシミール出身で、イギリスのケンブリッジのトリニティ大学を卒業。1929年、全インド労働組合会議と国民会議派の議長となり、ガンディー(→ p.54)とともにインド独立運動を推進した。1947年8月、インドがパキスタンと分離・独立した時に、首相兼外相の地位についた。米ソどちらのブロックにも加盟せず、非同盟主義をとるとともに、アジア諸国の連帯を強化。朝鮮戦争やインドシナ戦争を斡旋・調停し、平和五原則を発表した。

周恩来 ① 1898～1976　江蘇省出身の中国の政治家。1919年の五・四運動や、27年の北伐軍に呼応した上海の労働者の蜂起を指導した。1934年、長征に参加し、36年の西安事件では蔣介石に国共合作を約束させた。1949年の中華人民共和国成立後は、国務院総理兼外交部長の要職につき、50年の中ソ友好同盟条約、54年の平和五原則をネルーとともに共同声明するなど、外交面で活躍した。

バンドン会議(第1回アジア・アフリカ会議) ⑥ 1955年4月、インドネシアのバンドンで、アジア・アフリカの29カ国が参加して開かれた発展途上国の会議。この会議で、基本的人権と国連憲章の尊重・主権と領土の保全・人権と国家間の平等・内政不干渉・自衛権の尊重など、平和十原則が採択された。

平和十原則 ②

非同盟主義 ④ インドのネルーやユーゴスラビアのティトー(Tito、1892～1980)らがとなえた、中立の立場で平和維持をめざそうとする考え方。彼らは中道主義をとなえるだけでなく、米ソ両大国の核軍縮交渉や紛争の調停・停戦などについても、積極的に働きかけたことに特徴がある。

非同盟中立 ①　**非同盟** ①

非同盟諸国首脳会議 ③ 第二次世界大戦後の米ソ冷戦時に、どちらの陣営にも加わらなかった非同盟諸国による首脳会議のこと。1961年、25カ国が参加して開かれたユーゴスラビアのベオグラードで第1回の会議が開かれている。国際社会に非同盟諸国の基本的な考え方や要求を宣言する場として重要な役割を果たしている。

非同盟諸国会議 ①　**非同盟諸国** ②

宗主国 ① 他国に対して、その相手国の内政・外交を支配・管理する権限(宗主権)をもつ国のこと。支配される側の国は従属国・保護国などといわれる。一般的には植民地とそれを支配している国の関係において、植民地を支配している国を指す。

植民地 ④ ある国がほかの国や民族を経済的に収奪し、政治的・社会的に支配する地域のこと。発展途上国といわれる国の多くは、植民地であった。

植民地独立付与宣言 ③ 1960年の第15回国連総会で、アジア・アフリカ諸国の提案で採択された、あらゆる形態の植民地主義は無条件に終結される必要があるとする宣言。民族自決が、国際社会で権利として認められることとなった。

アフリカの年 ② 1960年に17カ国のアフリカ植民地が新興独立国となったことから、この年を「アフリカの年」と呼ぶ。独立した国には、モーリタニア・チャド・ニジェール・コートジボワール・トーゴ・中央アフリカ共和国・コンゴ・ガボン・マダガスカルなどがある。

開発独裁 ⑥ 発展途上にある国で、急速な発展と近代化を進めるために、少数の指導者が強圧的な手段を用いて支配する体制。福祉や自由の尊重よりも、工業化や資源開発を先行させる場合が多い。

開発独裁体制 ②　**独裁政権** ④

スハルト政権 ② 1968年から98年まで、インドネシア共和国第2代大統領スハルト(Suharto、1921～2008)が、長期にわたり担当した政権。インドネシアが多くの島で構成され、植民地時代に分割統治されていたことを背景に、強権体制をしいた。この結果、経済は成長したが民主主義はおさえられ、貧富の差が広がり、汚職や腐敗が蔓延した。1997年のアジア通貨危機をきっかけに、政権への不満が高まり、長期政権は幕を閉じた。

軍事政権 ① 軍事力を背景とする政治権力のこと。多くの場合、クーデタによって政権を奪取したあと、政権を維持するために軍事力を誇示する。その多くが民主化を阻害する。アジア・アフリカ・ラテンアメリカ諸国でみられる。　**軍部独裁** ①　**軍部** ①

アウン＝サン＝スー＝チー Aung San Suu Kyi ① 1945～　ミャンマー(ビルマ)生まれ。ビルマ独立運動の指導者であるアウン＝サン将軍(Aung San、1915～47)を父にもつ。留学ののち、海外を転々とするが、1988年に帰国。当時の民主化運動の波に乗って、国民民主連盟(NLD)を立ち上げ、90年の総選挙で圧勝するが、軍事政権はこの事実を認めず、無視。1989年から自宅軟禁を受けるなか、91年にノーベル平和賞を受賞。2007年9月に反政府デモが広がるが、2010年まで断続的に軟禁状態が続いた。2012年におこなわれたミャンマー連邦議会選挙に立候補して当選。2016年、ミャンマー政権の事実上のトップである国家顧問に就任した。2021年のミャンマー国軍によるクーデタのあと、軟禁状態となっているとされる。

国民民主連盟(NLD) ① ミャンマーの政党。1988年におこった民主化要求運動をきっかけにアウン＝サン＝スー＝チーらが結成した。1990年には総選挙で圧勝したにもかかわらず、軍事政権の弾圧を受けた。2015年の総選挙でも圧勝し、政権が交代した。しかし、2021年の軍によるクーデタのあと、同党は激しい迫害、攻撃を受けている。

UNTAC(国連カンボジア暫定統治機構) ② 1992年にカンボジア和平協定にもとづいて設置された、国連の平和維持活動機関。日本の自衛隊にとっては、ペルシア湾派遣に続く2度目の派遣となった。1993年9月に任務を終了した。

パレスチナ問題 ⑩ パレスチナ(Palestine)の古名はカナン(Canaan)で、西アジアおよび地中海の東岸一帯を占める地域を指す。パレスチナは1517年よりオスマン帝国の統治下となった。イギリスが第一次世界大戦中にフランスと「戦後の中東を両国で分割する」ことを約束しながら(サイクス・ピコ協定、1916年)、アラブ人にはパレスチナの独占を認めた(フセイン・マクマホン協定、1915～16年)。さらには、ユダヤ人に対してパレスチナでのユダヤ人国家の建設を支援する約束をする(バルフォア宣言、

1917年)。この結果、アラブ人とユダヤ人の対立が深まったことで様々な問題が発生し、これらをパレスチナ問題と呼ぶ。問題が複雑化したために、1947年にイギリスは問題解決を国連にゆだね、同年に国連はパレスチナをパレスチナ人とユダヤ人の国家に分割したうえで、エルサレムを国際管理下におくというパレスチナ分割決議を採択した。この決議をアラブ人は拒否したが、1948年にユダヤ人は当事者間合意のないなか、イスラエルの建国を一方的に宣言し、これに反対するアラブ諸国とイスラエルとのあいだで4次にわたる中東戦争が始まった。1993年にはオスロ合意がなされ、またそののちに国連があいだに入ってロードマップと呼ばれる和平案を提示したが、両者の衝突は続いている。

パレスチナ ⑥　**パレスチナ人** ③
フセイン・マクマホン協定 ②
バルフォア宣言 ②

シオニズム運動 ② 19世紀の後半からおこった、かつて古代ユダヤ王国があったパレスチナに移住し、ユダヤ人の独立国家を建設しようとする運動。シオニズムの名称は、ユダヤ人にとっての聖地エルサレムにあるシオンの丘に由来する。

聖地エルサレム ③

嘆きの壁 ② 古代イスラエル王国の神殿の遺構で、ユダヤ人のシオニズム運動(パレスチナの地に帰還しようとする民族運動)のシンボル。

聖墳墓教会 ① エルサレム旧市街にあるキリスト教の教会。イエス=キリストが処刑されたゴルゴタの丘の跡地といわれている所に、4世紀前半、コンスタンティヌス帝(Constantinus、274?〜337)によって建設された。キリスト教の各派が聖地としている。

岩のドーム ② エルサレム旧市街にあるイスラームの聖地。一部の地域が「嘆きの壁」と呼ばれていてユダヤ教徒の管理下にある。イスラームの開祖ムハンマドが昇天したとされる聖なる岩がまつられている。

イスラエル ⑨ 1948年に、中東のパレスチナで独立を宣言した共和制の国家。1948年、56年、67年、73年に周辺アラブ諸国と4度にわたる戦争がおこった。1979年にエジプトと平和条約を締結、1994年にヨルダンと平和条約を締結した。パレスチナ解放機構(PLO)とは、1993年に相互承認をおこない、暫定自治原則宣言(オスロ合意)に署名している。この結果、ヨルダン川西岸とガザ地区で、パレスチナ人による暫定自治が認められた。その後、対パレスチナ強硬派のシャロン首相(Sharon、1928〜2014)の公選(2001年)以降、イスラエル・パレスチナ間で再び紛争となり、2003年の「ロードマップ」を受けて、2005年にイスラエルはガザ地区から撤退したが、依然として、両者のあいだではテロと報復攻撃が繰り返されている。

パレスチナ解放機構(PLO) ⑤ 1964年5月に設立された、パレスチナ民族を代表する政治組織。最高議決機関であるパレスチナ民族評議会(PNC)は、諸ゲリラ組織や職業団体の代表で構成される。1974年11月には国連総会でオブザーバー資格を承認され、100以上の国に代表部または事務所を設置している。最高指導者はアッバス議長(Abbas、1935〜　)。

アラファト Arafat ① 1929〜2004　エルサレム生まれ。PLOパレスチナ解放機構の議長兼パレスチナ暫定(ざんてい)自治政府長官。1993年、ワシントンにてPLO・イスラエル「暫定自治原則宣言」に署名。1994年、ノーベル平和賞を受賞。1996年、暫定自治政府の長に選出される。

中東戦争 ⑦ アラブ諸国とイスラエルとのあいだでおきた4回にわたる戦争。第1次中東戦争(1948〜49年)は、イスラエル建国をめぐっての戦争。第2次(1956〜57年)は、エジプトのナセル大統領(Nāṣir、1918〜70)によるスエズ運河国有化宣言を契機とした軍事衝突。第3次(1967年)は6日戦争とも呼ばれ、イスラエルがアラブ諸国に勝ち、多くのアラブ難民が生まれた。第4次(1973年)は、10月戦争ともいわれ、第1次石油危機の原因にもなった。

第3次中東戦争 ②
パレスチナ紛争 ①

第4次中東戦争 ⑤ 1973年10月におきた、アラブ諸国とイスラエルとの戦争。アラブ諸国はアメリカなどのイスラエル支持外交政策を後退させるため、石油の減産、輸出制限、価格引上げなど、いわゆる石油戦略を発動し、第1次石油危機のきっかけとなった。

国連パレスチナ難民救済事業機関 ① 1948年の第1次中東戦争により、難民となった多数のパレスチナ人を救うために、設立された国連の機関(1949年成立、50年より活動開始)。おもな活動内容は、教育、医療・保健、救済・福祉などであり、日本も「顔が見える支援」として、小学校の建設、下水道網整備などに取り組んでいる。

パレスチナ難民 ②

オスロ合意 ⑥ 1993年にイスラエルとパレスチナ解放機構が合意した、ヨルダン川西岸・ガザ地区におけるパレスチナ人による暫定的な自治実施に関する協定をいう。具体的には、パレスチナ人による5年を期限とする暫定自治の試行、ガザとイェリコからイスラエルが撤退して行政権をパレスチナ暫定政権に移行すること、暫定政権の選挙を国際監視下のもとおこなうこと、暫定自治開始から2年後に、占領地の最終地位交渉を始めることなどをイスラエルとPLOが相互確認をした。さらに、その最終地位交渉には、エルサレム帰属問題、難民問題、国境問題、安全保障問題、入植地問題などを扱うとした。

パレスチナ暫定自治協定 ④
パレスチナ暫定政府 ②

パレスチナ自治区 ② パレスチナ人による自治がおこなわれている地域のこと。ヨルダン川西岸地区とガザ地区からなる。

パレスチナ自治政府 ③

オブザーバー国家 ① 国際連合に正式加盟していないが、国連総会に出席して発言が認められている国家のこと。バチカン市国とパレスチナ。国連での議決権はない。国連憲章に記載はなく、慣習にもとづいて定められている。

ヨルダン川西岸 ⑦ パレスチナ自治区の大部分を形成している、ヨルダン川よりも西側の地域を指す。

分離壁(ぶんりへき) ④ 2002年にイスラエル政府が、ヨルダン川西岸地区に建設した高さ約8m、全長約700kmの「テロ対策用防護フェンス」をいう。別名アパルトヘイト・ウォール、セキュリティ・フェンスとも呼ばれている。壁の建設は、イスラエルとパレスチナの境界につくられるだけでなく、パレスチナ町中に侵入しての建設もあり、2004年に国際司法裁判所は、占領地での壁の建設は違法であるとの判断をくだしている。

ガザ地区 ⑦ 1993年のオスロ合意にもとづいて、ヨルダン川西岸地区とともにパレスチナ自治区となった地域。地中海に面し、世界でもっとも人口密度が高い場所の1つとされる。現在ガザ地区では対イスラエル強硬派のハマスが多数派となり、イスラエルとの軍事衝突が続いている。

ハマス Hamas ① パレスチナのイスラーム急進派組織。パレスチナ全土が神からイスラーム教徒への信託地であると考え、イスラエルを承認することや和平に対して反対している。イスラエルに対して武装闘争を展開する反面、医療の提供といった福祉部門では幅広い活動をおこなっており、貧しい人々を中心とした支持基盤は固い。

インティファーダ Intifadah ② 1987年、ガザ地区でイスラエル人のトラックがパレスチナ人の車に衝突し、パレスチナ人の死者が出たことをきっかけに広がった、投石などによる民衆蜂起。オスロ合意で沈静化(第1次インティファーダ)。2000年にはリクード党のシャロンがアル・アクサ・モスクに強行入場したため、第2次インティファーダと呼ばれる民衆蜂起がおこった。

ロードマップ(和平行程表) roadmap ① 2003年にアメリカ・EU・ロシア・国連の4者が、イスラエルとパレスチナの平和的な共存をめざして、イスラエル側・パレスチナ側の双方が実施しなければいけない措置を段階にわけて行程表のかたちで整理してまとめた文書のこと。2005年末までの問題の最終的解決をめざして、そこまでの段階を3段階にわけている。イスラエル・パレスチナの双方はこの提案を受け入れたが、その後も両者間で暴力の応酬が続き、第1段階さえ達成されていない状況が続いている。しかし、中東和平実現に向けてイスラエル・パレスチナ双方が受け入れた基本文書であることに意義があるという指摘もある。

地域紛争 ⑤ 一国家、あるいは複数国家にまたがる特定地域における宗教・民族・領土などの要因による紛争。米ソ中心の冷戦体制が続いていた時は、その代理戦争としての地域紛争が、国際平和の実現に大きな障害となっていた(ベトナム戦争が代表的)。冷戦終結後も、ボスニア・ヘルツェゴビナ紛争やパレスチナ占領地闘争など、深刻な地域紛争が世界各地で多発している。局地紛争・局地戦争ということもある。

イラン革命 ② 1978年、ホメイニ(Khomeynī、1902〜89)を最高指導者として勃発し、翌79年に親米政権であったパフレヴィー朝を倒した革命のこと。ホメイニはシーア派のイラン・イスラーム共和国を成立させ、イスラーム的規律と民族意識の強い内外政策を強行した。 **イスラーム共和制** ①

シーア派 ⑤ イスラームの分派で、第4代カリフのアリー(Alī、600頃～661)とその子孫だけをムハンマドの後継者とし、イスラーム共同体の指導者(イマーム)として認め、忠誠を誓う人々をいう。多数派であるスンナ派と対立関係にある。イランなどで多数派だが、イスラームの信者全体でみるとシーア派の信者数は1割ほどとされる。

イラン・イラク戦争 ① 1980～88年、ペルシア湾岸地域における覇権(はけん)をめぐっておこったイラン・イラク両国による地域紛争。イラン革命(1978～79年)以後、続いていた領土的・宗教的・政治的対立が戦争に発展した。紛争地域が石油の供給地であることから、米ソを含む国際社会を巻き込んだ地域紛争に発展した。

湾岸戦争 ⑧ 1990年8月のイラクによるクウェートへの軍事侵攻(湾岸危機)に端を発し、翌年1月に始まった戦争。1990年11月の国連安保理決議を受けて、アメリカやイギリスを中心に多国籍軍が編制され、91年1月、イラクへの空爆によって開戦した。大規模な多国籍軍の攻撃を受けて、イラクはクウェートより撤退(てったい)した。原油の流出による海洋汚染(おせん)や油田の炎上による大気汚染などの環境破壊もおこった。

サダム=フセイン Saddam Hussein ① 1937～2006　1979年にイラクの大統領に就任。翌年にイラン・イラク戦争がおこった。1990年にはクウェートに侵攻し、湾岸戦争に発展した。1994年からは首相も兼任。2003年からのイラク戦争で、アメリカ軍により拘束され、06年に処刑された。
フセイン政権 ①

同時多発テロ ⑥ 2001年9月11日、テロリストグループが民間の旅客機4機をハイジャックし、アメリカ・ニューヨークの世界貿易センタービルに2機、国防総省に1機が突っ込んだほか、1機がピッツバーグ近郊に墜落(ついらく)し、約3000人の犠牲者を出した。ブッシュ米大統領は、ビン=ラディンが事件の首謀者であると断定し、彼が率いるイスラーム原理主義過激派組織アル・カーイダの本拠地があるとされるアフガン空爆に踏みきった。
「9・11」事件
(アメリカ同時多発テロ事件) ⑥
アメリカ同時多発テロ ④
世界貿易センタービル ⑤
「対テロ戦争」 ④

ブッシュ(ジョージ=ウォーカー=ブッシュ) Bush ① 1946～　第43代アメリカ合衆国大統領(在任2001～09)。アメリカでは“Bush41”・“Bush43”として、父のブッシュ大統領(→ p.231)と区別することが多い。2001年9月の同時多発テロ事件後に、世界的な「テロとの戦い」を発表し、タリバン政権打倒とアル・カーイダの壊滅、ビン=ラディン逮捕を指示。イラク戦争中、大統領に再選されたが、その後は支持率の低下が続いた。

テロ ⑥ テロル(terror)、テロリズム(terrorism)の略。テロとは、政治的に対立する者を暴力をもって威嚇(いかく)すること。テロリズムは、その政治的目標を達成するために、暗殺や暴力などを認める考え方のこと。テロリストは、この考え方を行使する人およびその実行者のこと。
テロリズム ③　**テロリスト** ③

国際テロ組織 ⑦ 国境をこえて活動しているテロ組織で、高度に発達した情報通信技術や国際交通網などの現代社会の特性を最大限活用していることに特徴がある。

アル・カーイダ Al-Qaida ④ 1990年代にアフガニスタンに侵攻したソ連軍と戦ったアラブの様々な組織が合体して、アフガニスタンで結成された連合体。中東を中心に活動しており、反アメリカという共通の理念をもつ。アル・カーイダは、アラビア語で「基地」を意味する。2001年のアメリカ同時多発テロの主犯組織とされた。

ビン=ラディン Bin Ladin (Laden) ① 1957～2011　サウジアラビア有数の大富豪出身のイスラーム過激派テロリスト。アフガニスタンに侵攻したソ連軍と戦うために、義勇兵として参加。その後、湾岸戦争の際にサウジアラビアにアメリカ軍が駐留する事態に直面して、反米テロ組織としてのアル・カーイダを組織したといわれる。2011年にパキスタンでアメリカ海軍特殊部隊による軍事作戦で、殺害されたと報道されている。

タリバン政権 ③ Taliban アフガニスタンのイスラーム原理主義勢力で、「神の道を求めるもの」を意味する。伝統的なイスラーム国家をつくることを目的としており、ムハマド=オマル(Mohammed Omar、1960～2013)を最高指導者として、アフガニスタン全土制圧をめざした。2001年のアメリカ・イギリスによるアフガニスタン攻撃で政権は崩壊するが、2021年にタリバンは再びアフガニスタン全土を制圧した。
原理主義勢力 ②

イスラーム過激派 ④
イスラーム過激派テロ組織 ①

イラク戦争 ⑫ 2003年3月、アメリカが主体となり、イギリスやオーストラリアが加わった軍がイラクと戦った戦争。湾岸戦争停戦に際して、イラクは停戦条件として大量破壊兵器の破棄を義務づけられたが、これを監視する国連の武器査察団のもつ問題を指摘・批判し、また申告漏れや隠匿(いんとく)などもあったため、アメリカ・イギリスはこれらを理由に開戦。これについて、実際には国連の要求通りに、ほぼ廃棄され脅威ではなくなっていたことがのちに明らかになり、ブッシュ米大統領もこれを認めた。約1カ月半の攻撃ののち、5月にブッシュ大統領は戦闘終結宣言をした。

ユニラテラリズム(単独行動主義) unilateralism ③ ある1国が、一方的に独善的な外交姿勢をとる立場のこと。対立する概念は国際協調主義。アメリカがとっている包括的核実験禁止条約の批准の拒否、ABM制限条約とパリ協定からの離脱や国連軽視といった行動の総称として使われていることが多い。2003年のイラク戦争も、アメリカのユニラテラリズムであると批判された。

アラブの春 ⑫ 2011年のチュニジアにおけるジャスミン革命から始まった、中東や北アフリカ地域でおきた一連の民主化運動。チュニジアやエジプト、リビア、イエメンでは政権が交代した。

ジャスミン革命 ② 2011年に北アフリカにあるチュニジアでおきた民主化運動。ジャスミンはチュニジアを代表する花。チュニジア青年が政府に抗議して焼身自殺したことがきっかけで反政府抗議デモが全土に拡大し、20年間以上独裁を続けていたベンアリ政権が崩壊した。 **ベンアリ** ①

ムバラク Mubārak ① 1928〜2020 エジプト＝アラブ共和国大統領(在位1981〜2011)。1981年国民投票で大統領に選出されるが、2011年に始まったアラブの春による影響がエジプトにも伝わり、長期政権に対する不満などが原因で辞任に追い込まれた。

シリア内戦 ⑤ 2011年から続いているシリアの内戦。背景としてアラブの春があり、アラウィー派のアサド大統領による、親子で約40年にわたる独裁などに対する抵抗運動、武装蜂起によって事態が深刻化した。反政府勢力にはサウジアラビア・アメリカ・フランスなどが支援をし、アサド政権にはイランやロシアが支援をしている。この内戦により約568万人の難民が発生したとされ、その数以上の人々がシリア国内で避難生活を送っているとされている。
アサド政権 ②

イスラーム国(IS) ⑧ イラク、シリアで活動しているイスラーム過激派組織。イスラーム国と自称しているが国際的には国家として承認されていない。シリア内戦の混乱に乗じてシリア内やイラク北部で勢力を拡大した。アメリカやロシアによる攻撃もあり、2019年にはシリアなどの支配地域を失ったが、その勢力はいまだ脅威とされている。

カダフィ政権 ② カダフィ(Qaddafi、1942〜2011)はリビアの最高指導者(在任1969〜2011)。呼称はカダフィ大佐。アラブの春の影響を受け、2011年に政権は崩壊した。

サレハ政権 ① イエメンで30年以上続いた独裁政権。アラブの春の影響で反政府デモが発生し、2012年にサレハ大統領(Saleh、1942〜2017)が辞任に追い込まれた。

4 軍備競争と軍備縮小

核兵器 ⑨ 核分裂・核融合(ゆうごう)によって放出されるエネルギーを利用した兵器。原子爆弾(核分裂)と水素爆弾(核融合)がある。アメリカのオッペンハイマー(Oppenheimer、1904〜67)らによるマンハッタン計画により、第二次世界大戦中の1945年7月16日、人類史上初の原爆実験がおこなわれ、8月6日と9日に日本の広島と長崎に原爆が投下された。 **マンハッタン計画** ①

通常兵器 ② 非核兵器、非生物・非化学兵器を総称したもの。自動小銃や地雷、ミサイル、戦車・戦闘機・軍艦などがある。

大量破壊兵器 ⑥ 無差別大量殺戮(さつりく)が可能な兵器のこと。具体的には、炭疽菌(たんそきん)や天然痘などの生物兵器、サリンなどの化学兵器、核兵器、放射能兵器などがある。

原子爆弾 ③ 核分裂という現象を使った、強力な破壊力をもつ兵器。アメリカのマンハッタン計画により、1945年にはじめてつくられた。1945(昭和20)年8月6日にウランを用いたものが広島に、8月9日にプルトニウムを用いたものが長崎に投下された。
広島原爆ドーム ②
平和祈念式典 ①
高校生平和大使 ② **水爆実験** ③

核弾頭 ③ ミサイルの先端に取りつけられた、

原子爆弾や水素爆弾のこと。

ストックホルム・アピール Stockholm appeal ③ 1950年、スウェーデンのストックホルムで開催された平和擁護世界大会第3回常任委員会における決議。核兵器の禁止、原子力の国際管理、最初の核兵器使用政府を戦争犯罪者とすることなどを声明した。このアピールに対し、世界各地から5億人の署名がよせられた。

第五福竜丸 ⑧ 日本の遠洋マグロ漁船。1954(昭和29)年にマーシャル諸島で操業していたところ、アメリカがビキニ環礁でおこなっていた水爆実験による大量の死の灰を浴び、乗組員1人が死亡した(第五福竜丸事件)。 **ビキニ環礁** ④

原水爆禁止運動 ③ 1954(昭和29)年の第五福竜丸事件をきっかけにおこった、原子爆弾や水素爆弾の開発や使用禁止を求める世界規模の市民運動。1955(昭和30)年に広島で第1回原水爆禁止世界大会を開いた。政治的対立から、現在は分裂している。

原水爆禁止世界大会 ⑤

アインシュタイン Einstein ③ 1879～1955 一般相対性理論をとなえた、ドイツ生まれの物理学者。ユダヤ人としてナチに追われ、アメリカで科学者の良心から平和運動や核兵器禁止運動に取り組んだ。1921年にノーベル物理学賞を受賞。

一般相対性理論 ①

ノーベル物理学賞 ①

ラッセル・アインシュタイン宣言 ③ イギリスの思想家バートランド＝ラッセル(Bertrand Russell、1872～1970)が、世界中の人類が生存するためには、核兵器廃絶運動をする必要があり、科学者はその先頭に立つべきだと、アインシュタインに提案したことがきっかけで、1955年にロンドンにおいて提示された宣言。アインシュタインにとっては、この署名後の運動が最後の公的な運動となった。

パグウォッシュ会議 ⑦ 1957年、カナダのパグウォッシュで開催された、核戦争回避のための「科学と国際問題に関する会議」。1955年のラッセル・アインシュタイン宣言を受けて、科学者の平和に対する責任と国際協力を明らかにした。以後、世界各地で開催されているが、「パグウォッシュ会議」の呼称はかわらない。

核の冬 ① 核戦争によって生じる地球の寒冷化。大規模な核戦争がおきた場合、核爆発で放出されるちりが太陽光線をさえぎり、大幅な気温低下が多くの地域でおこると予想されている。国連報告によれば、核戦争後、1カ月間に気温が15℃から20℃も低下し、食料不足により10～40億人の死者が出るおそれがあると警告された。

核実験 ④ 原子爆弾や水素爆弾を実際に爆発させて、どのくらい破壊力があるのかを確認する実験。第五福竜丸事件やキューバ危機を背景に、1963年、アメリカ・イギリス・ソ連が部分的核実験禁止条約を結び、大気圏・宇宙空間・水中での核実験は禁止され、地下核実験だけが認められた。1996年に包括的核実験禁止条約(CTBT)が国連で採択されたが、核保有国ではイギリス・フランス・ロシアが批准しただけで、まだ発効していない。

部分的核実験禁止条約(PTBT) ⑪ 1962年のキューバ危機をきっかけに、1963年にアメリカ・イギリス・ソ連3国が調印した条約で、大気圏内・宇宙空間・水中における核実験を禁止するというもの。この条約では地下実験は許されており、すでに地下核実験の段階にあった米ソに有利であるとの理由でフランス・中国は未署名である。

軍拡競争(軍備拡張競争) ② 2つ以上の国、または2つ以上のグループが、兵器の技術革新と性能の高い兵器の大量生産・大量配備によって、軍事的に優位な立場に立とうとするためにおこなう競争のこと。

核軍拡競争 ④ 核兵器の保有と、核の運搬手段であるミサイルなどの開発・配備の競争をいう。核兵器はもっとも強力な兵器であり、第二次世界大戦後、米・ソを中心に多額の軍事予算を投入しながら競争がおこなわれた。一方では、これに対して核軍縮の動きもみられる。 **地下核実験** ③

終末時計 ③ アメリカの科学雑誌『ブレティン・オブ・ジ・アトミック・サイエンティスツ』の表紙に載るアナログ時計のこと。核戦争によって、人類が滅亡するまでの残り時間を示している。

軍産複合体 ② 軍と軍需産業が一緒になって、軍備拡大をしようとする国内政治の構造。1961年にアメリカ大統領アイゼンハワーが演説のなかで警告した。軍縮の動きのなかで、軍需産業の民生化や軍の縮小が課題となっている。

核抑止力〔論〕 ⑪ 核保有がもたらす力のことをいう。具体的には、他国が核攻撃を思いとどまらせるほど大きな力をもつ、自国の核保有がもつ力を指す。

共通の安全保障 ② 核戦争による共倒れを避けるために、敵と協力をしてでも核戦争を回避し、安全を保障することが共通の利益につながるという考え方。東西冷戦のなかで生まれた考え方。

相互確証破壊 ① 核兵器を保有しているある国が、戦略核兵器を別の国に向けて発射した場合、その別の国がその事実を察知して、その攻撃から逃れる一方で、反撃の戦略核兵器を発射することにより、どちらの国が核兵器を使用しても双方が必ず破滅するという状態のこと。これにより、両国は核兵器の使用が不可能になる。

核廃絶 ③ 地球上のすべての核兵器を根絶させることにより、地球上から核戦争の脅威をなくそうとする考え方のこと。1978年に、はじめての国連軍縮特別総会が開かれ、核兵器の廃絶を軍縮の最優先課題とすることになった。この流れが、米・ソによる1987年のINF全廃条約、91年の第1次START、93年の第2次START、96年の包括(ほうかつ)的核実験禁止条約につながった。また、これ以外にも、アメリカのスチムソン・センターが核廃絶までの4段階にわたる措置を提案し(1995年)、日本でも1999(平成11)年に当時の橋本首相が東京フォーラムを設置し、核廃絶に向けての提案をしている。2017年、国連本部での会議において核兵器禁止条約が採択された。この条約では、核兵器・その他の核爆発装置の開発・実験・生産・製造・取得・備蓄・使用などが禁止されている。アメリカ・ロシアといった核保有国、同盟国、朝鮮民主主義人民共和国は話し合いには加わらなかった。

核のない世界 ①　**核軍縮** ④

SALT(ソルト)Ⅰ ④ 1972年に調印された、第1次SALT条約(攻撃用戦略核兵器の数量制限条約)。これにより、ICBMとSLBMが当時の水準に凍結され、ABM(弾道弾迎撃ミサイル)制限条約が成立した。1979年のSALTⅡは、ソ連によるアフガニスタン侵攻により発効に至らなかった。

SALT(戦略兵器制限交渉) ⑤

戦略兵器制限交渉 ①　**戦略兵器** ①

ICBM(大陸間弾道ミサイル) ② 慣性誘導方式により、ロケットエンジンで推進する射程距離4000マイル(6400km)以上の戦略核兵器。装備される核弾頭は、1970年代以降、MIRV(複数個別誘導弾頭)が取り入れられた。射程距離2400～6400kmの弾頭ミサイルを、IRBM(中距離弾道ミサイル)という。

SLBM(潜水艦発射弾道ミサイル) ② 原子力潜水艦から発射される弾道ミサイルのこと。ICBMと異なり、原子力潜水艦は探知しにくいので、戦略核兵器のなかでは核戦争時にもっとも残存性が高い。アメリカのトライデントⅡ型やロシアのSSN20などが代表的。

中距離核戦力(INF)全廃条約 ⑪ 1987年にレーガン米大統領とゴルバチョフソ連共産党書記長とのあいだで調印された、地上発射の中距離核戦力(INF)の全面的廃棄についての条約。1991年までに両国あわせて2692基のミサイルが破棄されたが、2019年に失効した。

INF(中距離核戦力) ③

レーガン政権 ⑤ アメリカ合衆国第40代大統領レーガン(Reagan、1911～2004)による政権(共和党、在任1981～89)。「強いアメリカ」の実現をめざし、戦略防衛構想を打ち出した。また、規制緩和策により自由主義経済を強めた政策理論は、レーガノミクスと呼ばれたが、財政赤字と国際収支の2つの赤字という「双子の赤字」をまねいた。

レーガン大統領 ①

軍縮大憲章 ① 1946年、国連総会で採択された宣言。国際平和のために、加盟国が軍備の縮小をおこなうことを求めている。

国連軍縮特別総会(SSD) ④ 1978年、149カ国が参加した国連総会において、本格的な軍縮問題の討議がおこなわれ(第1回国連軍縮特別総会)、軍縮委員会の設立が決定した。1982年に第2回軍縮特別総会、88年に第3回軍縮特別総会が開催された。第3回特別総会ではNGO(非政府組織)にも発言の機会が与えられた。

STARTⅠ(第1次戦略兵器削減条約) ⑧ SALTⅠ・Ⅱ以後、軍縮をさらに推進するために、1982年より始まった米・ソ間の戦略兵器削減交渉。1991年に第1次戦略兵器削減条約が調印され、戦略核運搬手段1600基、核弾頭6000発の上限が設定された。

戦略兵器削減交渉 ③

STARTⅡ(第2次戦略兵器削減条約) ③ 1993年に、米・ロのあいだで調印された戦略核兵器の核弾頭を削減する条約で、戦略兵器を10年間で約3分の1まで削減することなどが定められた。2002年に、アメリカが弾道弾迎撃ミサイル制限条約を脱退したことを受けて、ロシアが無効を声明した。

戦略攻撃兵器削減条約（モスクワ条約） ③ 2002年、ロシアのサンクトペテルブルクでおこなわれた米・ロ首脳会談において、戦略攻撃能力を削減する内容が書かれた批准書を交換したことにより発効した条約。戦略核兵器の削減に法的拘束力をもたせたもの。

新戦略兵器削減条約（新 START） ⑦ 2011年に発効した、米・ロ間唯一の核軍縮条約。STARTIの後継条約として位置づけられる。2021年に2026年まで延長することが発表された。

核態勢の見直し（NPR） ①

核拡散防止条約（NPT） ⑫ 核保有国を、それまでに保有していたアメリカ・ソ連（ロシア）・イギリス・フランス・中国の5カ国以外に拡大させないための条約。1968年に調印され、1970年に発効した。新たな核保有国の増加は、核戦争の危険を拡大することになり、核の技術移転などを禁止している。1995年に、この条約の無期限延長が決まったが、1998年には条約に加入していないインド・パキスタンが核実験をおこない、核保有を宣言した。2003年には北朝鮮が脱退している。

核保有国 ⑦ 公式に核兵器の保有を認めている国は、アメリカ・ロシア・イギリス・フランス・中国である。そして、1998年にインドとパキスタンが加わり、ほかにも北朝鮮が保有を公にしている。また、核兵器を保有している可能性のある国として、イスラエルがあげられる。核保有国の増加が、核戦争の危機を増すものとして問題になっている。

非核保有国 ③

包括的核実験禁止条約（CTBT） ⑪ 1996年に国連で締結された。調印するすべての国が、地下核実験を含むあらゆる核実験をおこなわないとする条約。NPTとともに、核拡散の防止を目的とするもの。採択の時に、5大国の核独占体制を認めるものとして、インドは反対した。なお、アメリカなどは臨界前核実験をおこなっており、批判されている。さらに、量的抑制として、核物質の生産および他国への輸出禁止をめざすカットオフ条約（FMCT）の審議も始まっているが、調整は難航している。

未臨界実験 ②　**臨界前核実験** ①

カットオフ条約 ①

地雷禁止国際キャンペーン（ICBL） ④ 対人地雷の廃絶を目的に、1992年にスタートした非政府組織（NGO）のネットワーク。約200の団体が、対人地雷の使用・生産・貯蔵・販売・移転・輸出の禁止や人道目的の地雷除去、被害者のリハビリ支援、そして対人地雷禁止条約の署名、批准（ひじゅん）に向けての活動を続けている。地雷の禁止を訴え続け、対人地雷全面禁止条約（1997年採択、オタワ条約）を生む原動力となる。地雷禁止国際キャンペーンのコーディネーターであるジョディ＝ウィリアムズ（Jody Williams、1950～　）は、1997年にノーベル平和賞を受賞した。

対人地雷全面禁止条約 ⑧ 対人地雷の全面禁止を約束した国際条約。1997年に調印された。日本も1998（平成10）年に批准した。ICBLなどのNGOのキャンペーンが各国を動かして締結に至ったことは「オタワ・プロセス」と呼ばれる。アメリカ・ロシア・中国・インドなど軍事大国が未調印であることや、残された地雷を除去するための活動などが課題になっている。

対人地雷禁止条約（オタワ条約） ③

対人地雷 ②

クラスター爆弾 ⑥ 大型の親爆弾のなかに多数の子爆弾を搭載し、投下されるとなかの子爆弾が散布され広い範囲に落下しながら爆発する爆弾。不発率が高いのが特徴で、戦闘終了後に一般人に多大な影響を与えることが問題となっている。

クラスター爆弾禁止条約（オスロ条約） ⑪ 2008年に署名、2010年に発効したクラスター爆弾の使用や製造および保有を禁止する条約。NGO、ノルウェー政府の働きかけにより締結に至ったことは「オスロ・プロセス」と呼ばれる。日本は2009年に批准した。アメリカ・ロシア・中国・インドなど軍事大国の多くが未調印。

クラスター弾に関する条約 ①

戦略爆撃機 ① ICBM・SLBMとともにアメリカの核戦略の3本柱の1つ。これらを大量に配備することにより敵国の本土をいつでも攻撃できる態勢をつくった。

生物兵器禁止条約 ③ 生物・毒素兵器を包括的に禁止する唯一の多国間の法的枠組み。化学兵器および生物兵器の戦時における使用を禁止した1925年のジュネーヴ議定書を受け、生物兵器の開発・生産・貯蔵などを禁止し、すでに保有されている生物兵器を廃棄することを目的としている。1972年に署名、1975年に発効。

生物兵器 ⑤

化学兵器禁止条約（CWC） ③ 正式名称は「化

学兵器の開発、生産、貯蔵及び使用の禁止並びに廃棄に関する条約」。イラン・イラク戦争、湾岸戦争がきっかけとなり、アメリカを中心に条約締結が進められた。1993年に署名、97年に発効し、化学兵器禁止機関がオランダのハーグに設立された。すべての化学兵器の開発・生産・保有・使用を禁止している。化学兵器禁止機関には、抜き打ち査察をおこなうことが認められている。2018年現在の締約国は193カ国。未加盟の国は、北朝鮮・イスラエル・エジプト・南スーダン。 **化学兵器 ⑥**

武器貿易条約 ④ 2013年の国連総会において採択された、通常兵器の不正な取引などを防止するために通常兵器の輸出入などを規制するための措置について定めた条約。

AI兵器 ① 人工知能の技術を活用した兵器のこと。遠隔操作をおこなうことによって自国兵士の安全を確保するとともに、敵地に奥深くに侵入して攻撃する、無人攻撃機や無人戦車などがある。人がコントロールする兵器だけでなく、自律して動く兵器が登場することに対する問題点が指摘されている。

自律型致死兵器システム(LAWS) Lethal Autonomous Weapons Systems ① 人工知能を搭載しており、人がコントロールすることなく標的を察知して攻撃する兵器。 **ドローン(小型無人機) ④**

死の商人 ② 殺戮(さつりく)兵器を製造・販売することによって、利益をあげようとしている者のこと。

信頼醸成措置(CBM) ④ 敵対している国が、たがいに信頼を高めるための措置のこと。不必要な軍拡競争を避けて、たがいの誤解が原因でおこる紛争を避けるための措置。軍事演習の事前通告や国防に関する資料の公表など。

囚人のジレンマ ⑥ ゲーム理論の1つ。2人の人間が、それぞれ意思の疎通ができないという前提のもとで構成された仮説。2人ともたがいに協力すれば、協力しないよりもいい結果を得られるという状況のなかで、協力しない方が利益を得られる状態になれば、たがいに協力しないことを選択してしまうというジレンマのことをいう。この考え方を説明するために、2人の囚人が別々の部屋で尋問される例が取り上げられることから囚人のジレンマと呼ばれている。右の図で、AとBがともに黙秘を続けた場合はともに1年の刑となり、Aが黙秘を続けてBが捜査協力のために自白をした場合はAは8年の刑、Bは0年に減刑となり、Aが捜査協力のために自白をしてBが黙秘を続けた場合はAは0年に減刑、Bは8年の刑となり、ともに自白した場合はともに5年の刑となるとする。AからみるとBが黙秘した場合自白を選択した方がよく、これはBが自白した場合でも同じである。Bからみても同じことが成り立ち、したがって両方ともに自白を選ぶ。2人の刑は合計10年であり、合理的に判断したのにもっとも不合理な選択をしてしまったことになる。この例は安全保障のジレンマにも応用される。つまり、相互の疑心暗鬼から、もっとも不合理な安全保障上の選択をしてしまうというジレンマである。これが安全保障のジレンマについても当てはまるという。 **ゲーム理論 ①**
安全保障のジレンマ ③

非核地帯 ④ 国際条約によって、核兵器の生産、取得、保有および管理が禁止された地帯のこと。南半球の大部分が非核兵器地帯となっている。 **非核兵器地帯 ③**

非核兵器地帯条約 ③ 複数の国による核兵器のない地域を形成するために締結された条約のこと。トラテロルコ条約・ラロトンガ条約・バンコク条約・ペリンダバ条約・セメイ条約などがある。

ラテンアメリカ及びカリブ核兵器禁止条約(トラテロルコ条約) ② 1968年に発効した、世界ではじめての非核兵器地帯条約。1962年のキューバ危機がきっかけで、中南米で構想が進められた。締約国領域内において、核兵器の実験・使用・製造・生産・取得・貯蔵・配備などを禁止している。

南太平洋非核地帯条約(ラロトンガ条約) ② 1985年に署名され、86年に発効した南太平洋非核地帯条約のこと。締約国の核爆発装置の製造・受領・取得・配備・実験や、放射性廃棄物の海洋投棄の禁止を定めている。フランスによる南太平洋地域での核実験の再開や、日本の放射性廃棄物投棄計画が背景にある。

A＼B	黙 秘	自 白
黙 秘	(−1、−1)	(−8、0)
自 白	(0、−8)	(−5、−5)

囚人のジレンマ

モンゴル非核兵器地位 ① モンゴルだけの非核兵器地域。1992年にモンゴルが非核兵器地帯化を宣言し、1998年に国連総会で承認された。

東南アジア非核地帯条約(バンコク条約) ② 東南アジア地域における平和と安定、非核化を定めた条約。1997年発効。

中央アジア非核兵器地帯条約(セメイ条約) ② カザフスタン・キルギス・タジキスタン・トルクメニスタン・ウズベキスタンの中央アジアにある5カ国が非核化を定めた条約。2009年に発効。

アフリカ非核地帯条約(ペリンダバ条約) ② アフリカ大陸における非核化を定めた条約。2009年発効。

ノーベル平和賞 ④ アルフレッド＝ノーベル(Alfred Nobel、1833〜96)の遺言により創設された賞。多国間の友愛関係、常備軍の廃絶か縮小、平和交渉の開催・進行に大きく貢献した人物・団体に与えられる。物理学賞や化学賞などはスウェーデンで授与されるが、平和賞はノルウェーで授与される。毎年10月前半に決定されている。

オバマ Obama ③ 1961〜　アメリカ合衆国第44代大統領(在任2009〜17)。民主党所属。2009年にノーベル平和賞を受賞した。アフリカ系アメリカ人として、ハワイ州出身として、そして1960年代以降の生まれとして、いずれもはじめての大統領である。

オバマ政権 ①

核なき世界 ② 2009年、オバマ米大統領はプラハで演説をおこない、核兵器廃絶に向けて現実的かつ具体的な措置に取り組むとし、核のない世界をめざすと宣言した。核兵器を使用した唯一の国として道義的責任を表したもの。この演説を受け、2009年に安全保障理事会は「核兵器のない世界」をめざす決議をした。これらの功績により、オバマ元大統領は2009年にノーベル平和賞を受賞している。

オバマ大統領のプラハ演説 ②

「核兵器のない世界」をめざす決議 ②

総合安全保障 ① 外交や国防などの軍事的な分野だけではなく、経済援助・文化交流・人的交流を進めながら、資源・エネルギー・経済・食料・環境など、立体的な視野から安全保障を確保すること。

核兵器禁止条約 ⑪ 2017年に国連で採択された、未来の核廃絶全廃をめざし、核兵器を包括的に法的禁止とするはじめての国際条約。非核保有国とNGOのICANなどが連携して実現に至った。2021年に発効。しかし、核保有国、NATO諸国は、核抑止力は不可欠であり、核保有国が参加しない条約に実効性はないとして条約に反対し、不参加となっている。日本も同様の立場をとり、条約に不参加である。

ICAN(核兵器廃絶国際キャンペーン) ④ 核兵器を禁止し廃絶することを目的として活動しているNGOの連合体。事務局はスイスのジュネーヴ。

5　異なる人種・民族との共存

自民族中心主義(エスノセントリズム) ethnocentrism ⑨ 自民族の政治的・経済的優位を主張する考え方。とくに多くの民族が複雑に入り組む社会・国家においては、本来、固定的ではない「民族」という概念が経済的対立や宗教的対立と結びつき、社会不安・内乱などの諸危機を生み出している。

多文化主義(マルチカルチュラリズム) multiculturalism ⑨ それぞれの人種・民族がもつ固有の文化や世界観(価値観)の多様性を尊重し、少数派(マイノリティ minority)であってもその存在を否定されることなく、たがいに独自性を保ちつつ、相手を認めあいながら共存していく、という主張。たとえば、アメリカは今や「人種の坩堝」ではなく「人種のサラダ」といわれる。それは、それぞれの人種が同じ場所に共生しつつも、それぞれが自己主張をしている、という表現である。一方で、過度の多文化主義は、人種・民族間の対立を強調させることになる、という危険性も指摘されている。

多文化共生社会 ⑤

多文化共生主義 ①　**多文化共生** ①

ハラル ④ アラビア語で「許されている」という意味で、イスラーム教徒が宗教上、食べることを許されている料理を指す。

ハラルメニュー ①

難民 ⑫ 戦争や政治的・宗教的な迫害により、住んでいた国を離れざるをえない人々。1951年の難民の地位に関する条約と1967年の難民議定書によって、難民と認定された人々には、一定の保護を与えることになっている。外務省によると、2019年末時点で2600万人が難民であるとされている。

難民問題 ⑧ 人種・宗教・政治的信条などの理由で、居住する国の政府から迫害を受ける可能性のある人々を救済する問題。日本政府は、経済的困窮からの「難民」は対象外としてきたが、一部インドシナ難民の定住を認めている。

難民の地位に関する条約(難民条約) ⑪ 自国に滞在する難民の庇護(ひご)と定住を確保し、難民の権利を保障することを定めた国際条約。1951年に採択、1954年に発効した。日本は1981(昭和56)年に批准した。

難民の地位に関する議定書 ③

ノン・ルフールマンの原則 ⑤ 難民を、迫害される可能性のある国に追放・送還しない義務のことをいう。難民条約第33条に定められている。

経済難民 ④ 経済的な貧困が原因で、難民となった人々のことをいう。難民条約では、経済難民は難民の定義に含まれない。

国内避難民 ⑨ 国外に出ず、国内で避難生活を送る人々を指す。難民条約の定義では難民とされないが、多くのたすけを必要とする人々が紛争のおきた国のなかに存在する。

ボートピープル ① 紛争や圧政から逃れるために小さい船に乗って外国への脱出を試みる人々。インドシナ難民がその一例。

インドシナ難民 ⑤ 1975年のベトナム戦争終結の前後に、インドシナ3国(ベトナム・ラオス・カンボジア)で発足した新しい政治体制になじめない多くの人々が、数年にわたって国外に脱出した。これら3国の難民を総称してインドシナ難民と呼ぶ。この流出は1979年がピークで、その後はインドシナ3国の安定化により減少し、難民の大部分は第三国へ定住し、一部は本国に帰還してインドシナ難民問題は一応の終息を迎えている。日本のインドシナ難民の受け入れは、人道上の国際協力、アジアの安定という面からも難民条約とは異なった立場において実施されていた。そのため、個別に難民性の審査はおこなっていないが、国内での処遇は難民条約に準じている。受け入れは、1978(昭和53)年から2005(平成17)年までおこなわれた。

シリア難民 ④ アラブの春以降にシリアを逃れて国外に逃れた人々のこと。EU による受け入れの提案がある一方で、受け入れそのものに難色を示す国もある。

難民キャンプ ② 紛争や迫害によって難民が発生した時、難民受け入れ国の要請に応じて支援団体が設置する難民の滞在施設。

出入国管理及び難民認定法 ④ 日本に出入国するすべての人を、公正に管理するため、そして難民の手続きを整えるために規定した法律。9章78の条文で構成。1981(昭和56)年に出入国管理令を改正することにより成立した。

国連難民高等弁務官事務所(UNHCR) ⑫ 1951年に設立された、国際的難民を保護するための国連機関。本部はジュネーヴ。難民に国際的な保護を与え、本国への自由な帰還や第三国への定住を援助している。日本にも駐日事務所が設置されている。

緒方貞子(おがたさだこ) ⑤ 1927〜2019 日本の国際政治学者、国連官僚。第8代国連難民高等弁務官(在任1991〜2000)。2001年よりアフガニスタン支援政府特別代表に就任し、アフガニスタン復興支援国際会議議長をつとめた。2003年、国連安保理改革などを議論するために設置する「ハイレベル・パネル(諮問委員会)」のメンバーに参加した。国内でも国際協力機構(JICA)の理事長をつとめた。

赤十字国際委員会 ② 1863年に設立。スイスの実業家アンリ゠デュナン(Henry Dunant、1828〜1910)は戦場での負傷者や病人は、敵味方なく救護されるべきであり、そのために、国際的な条約を結んでおく必要があると主張した。協力を申し出た4人で構成された「5人委員会」がきっかけとなり結成された。第一次世界大戦・第二次世界大戦などでの貢献により、ノーベル平和賞を受賞している。

JICA(ジャイカ) ⑦ 1974(昭和49)年に国際協力事業団として設立。日本政府の発展途上国支援を実施する機関。上下水道や道路といった生活を支える社会資本の建設や低利の融資、専門的な知識をもつ人々の派遣、担当者を日本にまねいた医療や防災などの研修の実施などをおこなっている。もっとも開発が遅れている地域には、井戸や病院、学校を建設するための資金を融資している。2003(平成15)年10月に独立行政法人化された。

国際緊急援助 ① 海外で発生した自然災害や建築物の倒壊など人為的災害に対しておこなう人的支援を指す。日本の国際貢献の1つで、被災国の要請に従い、JICA の調整のもと「救助チーム」「医療チーム」などの国政緊急援助隊が組織される。

民族 ⑨ ある文化を共有することによって、歴史的に形成されてきた人々の集団を指す。言語・宗教・儀礼・芸術・生活様式など、文化的特性によって区分される。

少数民族(マイノリティ) ④ 国家または地

域において、人口比率の小さい少数派の民族のこと。多数を占めている民族とは異なる言語や慣習や信仰、文化的伝統をもっている。

先住民族 ③ ある地域に先に居住していた民族。のちに移住してきた民族が、支配民族になった場合に民族差別や同化政策の対象とされる場合が多い。国連は、1993年を「国際先住民年」に指定し、問題をアピールした。 **人種問題** ④

民族問題 ④ 同一民族間、または異なる民族間で生じる様々な問題のこと。前者の例としては、同じ民族における宗教上の対立やイデオロギーの対立がある。後者の例としては、多数派民族による少数派民族の支配(この逆もある)、支配民族と被支配民族の摩擦(まさつ)などがあげられる。

民族浄化(みんぞくじょうか) ② 諸民族が混在している場所で、住民構成を純化するために、異民族を排除しようとすること。手段としては、強制移住・追放・大量虐殺(ぎゃくさつ)などがある。

多民族国家 ③ 複数の民族で構成される国家。ほとんどの国家がこれに当たる。民族のあいだで、文化・人口・経済力・政治支配の関係などで差異がある場合、民族対立が生じやすい。

民族紛争 ⑥ 1国家内、または複数国家にまたがる地域でおこる民族対立が地域紛争にまで発展したもの。宗教的対立など、様々な要素が入り組んでいるので、解決が困難である。エスニック紛争ともいう。キプロス紛争・パレスチナ紛争・北アイルランド紛争などのように、紛争が長期化しているものが多い。ルワンダのように、部族間の対立から内戦が発生した部族紛争もみられる。 **民族分離運動** ①

北アイルランド問題 ① 北アイルランドのアルスター地方におけるカトリック系住民が、分離・独立を求めてプロテスタント系住民やイギリス政府とのあいだで展開した紛争。カトリック系過激派アイルランド共和国軍(IRA)やプロテスタント系過激派アルスター防衛協会(UDA)などによる、無差別テロのかたちで進展した。1992年7月から、プロテスタント・カトリック両派代表とイギリス・アイルランド政府代表による四者間交渉が開始され、1998年に和平合意(ベルファスト合意)が成立した。

旧ユーゴスラビア ⑦ もともとは、ユーゴスラビア社会主義連邦共和国。社会体制は社会主義だが、非同盟中立路線を歩んだ。冷戦中はティトー大統領のもとで、6つの共和国(スロベニア、クロアチア、ボスニア・ヘルツェゴビナ、セルビア、モンテネグロ、マケドニア)がまとまっていたが、ティトーが死去すると民族間の対立が徐々に高まり、1991年にスロベニアとクロアチアが独立。1992年にボスニア・ヘルツェゴビナがこれに続き旧ユーゴスラビア連邦は崩壊した。1997年にはセルビア共和国のコソボ自治州の独立問題に発展した。2002年3月、憲法改正案が認められ、国名はセルビア・モンテネグロに変更され、1929年から続いていたユーゴスラビアという国名は姿を消した。その後、2006年にモンテネグロが分離独立した。2008年にコソボ議会はセルビアからの独立を宣言している。

ユーゴスラビアの〔国家〕解体 ①
スロベニア ②

ボスニア・ヘルツェゴビナ紛争 ② 旧ユーゴスラビア解体にともなうボスニア・ヘルツェゴビナの独立をめぐり、セルビア人(セルビア正教)・クロアチア人(カトリック)・イスラーム教徒のあいだで始まった内戦。これらの民族間の対立は、歴史的にも根が深く、それに宗教問題がからんで、内戦は複雑・深刻な情勢となった。1995年12月、和平協定が調印され、戦闘は終結した。

ボスニア・ヘルツェゴビナ ③
ボスニア内戦 ②

コソボ ⑤ 第二次世界大戦後、ユーゴスラビア社会主義連邦共和国(旧ユーゴ)のもとで、セルビア共和国の自治州となった。1998年にコソボ解放軍(アルバニア系)とセルビア治安部隊とのあいだで紛争が激しくなり、コソボ内において人道的惨事がおこる危険性が高まったため、NATOがユーゴを空爆した(1999年)。同年に、国連の暫定統治下におかれたが、2008年にセルビアからの独立を宣言し、コソボ共和国となった。セルビアは独立を認めていない。

コソボ自治州 ②
コソボ紛争 ⑤　**セルビア人** ③

アルバニア ④ バルカン半島のアドリア海に面する小国(日本の四国の1.5倍ほど)。人口284万人ほどの共和国である。言語はアルバニア語で、宗教はイスラーム6割、東方正教1割、ローマ・カトリック1割。2000年にWTOに加盟、また2009年にはEU加盟を申請し、2014年にEU加盟候補国の地位を獲得している。

ソマリア内戦 ⑤ 1991年、バーレ独裁政権崩壊後のソマリアで始まった、モハメド暫定大統領派とアイディド将軍派との内戦。激しい部族対立を背景に、約400万人が飢餓の危機に直面した。1992年、国連安保理はアメリカを中心とする多国籍軍を派遣したが、両派の武装解除は実現せず、国連の平和維持活動(PKO)は失敗した。1995年3月をもって完全に撤退した。

ソマリア ②

人道的支援 ① 緊急事態またはその直後における、人命救助、苦痛の軽減、人間の尊厳の維持および保護のための支援のこと。災害予防・救援、復旧・復興支援も含まれる。

チェチェン紛争 ② 1991年、ロシア連邦内のチェチェン共和国が独立を宣言し、これにロシアが大規模な軍事行動をとった。1996年に停戦は実現するが、完全独立をめぐり対立した。2002年には、チェチェンのイスラーム武装勢力によるモスクワでの劇場占拠事件がおこり、多数の犠牲者が出た。

チェチェン ②

ルワンダ内戦 ③ 東アフリカのルワンダで、多数派のフツ族と少数派のツチ族の対立から発生した内戦。1993年に和平協定が締結されたが、翌94年にフツ族の大統領が暗殺され、内戦は激化した。国連は、国際戦犯法廷を設置して、内戦時の大量虐殺事件(フツ族によるツチ族の大量虐殺)の責任を追及しており、虐殺に関与した首相をはじめ、大臣や県知事、市長などが有罪判決を受けている。

ルワンダ紛争 ②
ルワンダ大虐殺 ①
ルワンダの奇跡 ①

ツチ族 Tutsi ④ ルワンダ共和国で、約1割を占める民族。牛牧畜を生業とする。

フツ族 Hutu ④ アフリカの中央部に住んでいる民族のなかでもっとも大きな集団の1つ。ルワンダ人の約8割を占めている。

ダルフール紛争 ③ 2003年から続いている、スーダン西部における紛争。国連は「世界最悪の人道危機」と表現している。2003年にアラブ系政府の政策に不満を募らせたダルフール地方の住民が、反政府勢力をつくり、武装蜂起したことがきっかけとなっている。

ダルフール ②

南スーダン共和国 ① 内戦を経て、2011年にスーダン共和国から独立してできた国。スーダンではもともと北部にアラブ系住民が、南部にキリスト教や伝統宗教を信仰する人々が集まって住んでいたという背景があった。

カシミール紛争 ⑤ カシミール地方の領有権をめぐる、インドとパキスタンの紛争。イギリス領インドが、第二次世界大戦後にヒンドゥー教徒を主体とするインド連邦と、イスラーム教徒によるパキスタンにわかれた。その際に、カシミールの藩王がヒンドゥー教徒であったため、住民の多くがイスラーム教徒であったにもかかわらず、インドに帰属を求めた。このことがきっかけで紛争が始まり、両国の争いは、核開発競争にまでおよんでいる。

休戦ライン(軍事境界線) ② 戦争状態にある国と国とをわける最前線。1953年に休戦協定を結んで以来、休戦状態にある韓国と北朝鮮の休戦ラインがその典型で、この軍事境界線を中心に幅2kmの地域は非武装地帯と呼ばれ、軍を配備することが禁止されているだけでなく、一般の人々が入り込むことも禁止されている。

: **板門店の休戦ライン** ② 北緯38度線にある朝鮮半島の軍事境界線上にある村の名前をとったもの。1953年の休戦協定が結ばれた地であり、現在では南北赤十字会談所などがある。

ASEAN地域フォーラム(ARF) ① アジア・太平洋地域の政治・安全保障に関するフォーラム。1994年に開始された。アジア太平洋地域の安全保障の環境を向上させることをめざしている。2000年7月の第7回閣僚会合において、北朝鮮が新しく参加したことで注目を集めた。信頼醸成の促進、予防外交の進展、紛争へのアプローチの充実という3段階のアプローチを設定している。

人間の安全保障 ⑫ 国家が国民を守るための視点の1つ。従来は、政府が国民の生命や財産を守るという「国家の安全保障」という考え方が中心であった。今日では、これに加えて、人間一人ひとりの人権を保障する取組みが人間の安全保障として重要視されるようになった。具体的には、人間の生存・生活・尊厳に対する脅威から個人を守るために、人間一人ひとりの視点を重視する施策が展開されている。

グローバル・パートナーシップ global partnership ① 地球規模での協力関係を意味する。世界平和や地球環境問題などの国際社会に関わる諸課題を解決するために、協力関係を築くことを指す。

人間の安全保障基金 ② 1999年に、日本の主導で国連に設置された信託基金のこと。国連関係の国際機関によるプロジェクトを、人間の安全保障の観点から進めるための基金。

人種 ⑪ 皮膚の色、毛髪の形状や色、平均身長や身体の各部の形状など、遺伝的身体の特性によって、便宜的に人類を区分したもの。人種間の混血が進めば、意味をなさなくなる。今日では、人類を人種によって分類したり、人種間に優劣の差があると考えたりすることは、科学的に根拠がないとされている。

白色人種(コーカソイド) ①
黒色人種(ネグロイド) ①

先住民族の権利に関する国連宣言 ② 2007年に、国連総会で採択された宣言。先住民族は、集団または個人として、国際連合憲章、世界人権宣言および国際人権法に認められたすべての人権と基本的自由の十分な享受に対する権利を有すると書かれている。

先住民族の権利 ①

アボリジニー Aborigine ② ヨーロッパ人が移り住む前から、もともとオーストラリア大陸に移住していた民族。元来、ヨーロッパ人の言葉で先住民という意味である。オーストラリアには、500の部族と200以上の言語が存在していたといわれ、狩猟・採集の生活をしていたと考えられている。

クルド人 Kurd ⑥ イラン・イラク・トルコ・シリア、ロシアのカフカス地方にまたがって居住する半遊牧民族。国家をもたない世界最大の民族集団といわれており、各地で分離・独立運動を続けている。トルコ共和国は、単一民族主義のもとで、クルド人の迫害を続けてきた。

クルディスタン ⑤ イラクやトルコにまたがる地域。クルド人が約3000万人いるといわれている。

ロヒンギャ問題 ④ ミャンマーで、イスラーム系少数民族であるロヒンギャ族が不法移民であるとみなされて国籍を与えられず、迫害や差別を受け続けている問題。

国境なき医師団(MSF) ⑥ 戦乱や災害に際して、国境をこえて緊急の医療奉仕につとめる医師のNGO組織。フランスの医師ベルナール=クシュネル(Bernard Kouchner、1939～)らによって1971年に結成され、各地で活動している。

ペシャワール会 ③ 1983年、パキスタンで医療活動に取り組むために結成された非政府組織。日本の中村哲(なかむらてつ)(1946～2019)医師が中心で、事務局は福岡県。アフガニスタンでも活動し、医療、水源の確保、農業事業などをおこなっている。

6 国際社会と日本

外交三原則 ⑥ 1957(昭和32)年に発表された日本政府の外交の基本方針。国際連合中心主義、自由主義諸国との協調、アジアの一員としての立場の堅持(けんじ)が三原則である。しかし、東西対立のなかで、とりわけアメリカとの協調に中心がおかれ、自主的な外交の推進に欠けているといわれる。

日本の外交の三原則 ④

国連中心主義 ⑩ 戦後日本の外交基本原則のなかの1つ。国際連合を中心として、世界平和と繁栄に貢献することを、外交の基本方針にするという内容。1957(昭和32)年の岸内閣時代に発表された『外交青書』には、日本の戦後外交の基本原則として、国連中心主義、自由主義諸国との協調、アジア重視の3つがあげられている。

アジアの一員 ⑨ 1957(昭和32)年に日本政府が表明した外交三原則(国連中心、自由主義諸国との協調、アジアの一員)のなかの1つ。日本はアジアの国々と地理的、歴史的、文化的、精神的紐帯(ちゅうたい)によって深く結ばれており、日本は進んで協力の手をさしのべ、アジア全体が自由と正義の原則のもとに独立性と共同性を高めて繁栄を勝ち得るよう貢献する、との立場を明らかにしている。

日韓基本条約 ⑪ 1965(昭和40)年6月、日韓国交の基本問題を規定した条約。この条約で、外交関係の開設、旧条約の失効、国連憲章の尊重、貿易・海運・通商・航空協定の締結交渉の開始などが締結され、日韓関係の正常化がはかられた。同時に締結された日韓請求権協定において、大韓民国の賠償請求権は日本による有償無償の援助におきかえられ、放棄された。

日韓請求権協定 ②
日韓新漁業協定 ③　**慰安婦** ①
徴用工 ①　**戦後補償** ②

日中国交正常化 ② 1972(昭和47)年の日中共同声明発表により日本と中華人民共和国が国交を結んだことをいう。

日中平和友好条約 ⑨ 日中共同声明後、日中間の恒久的な平和友好関係を発展させる目的で締結された条約。1974(昭和49)年から始められた交渉は、第2条の覇権(はけん)に関する条項をめぐり難航し、1978(昭和53)年8月に調印された。平和五原則を基礎とすること、両国は覇権を求めず、また他国による覇権確立の試みに反対すること、経済、文化、民間交流をいっそう発展させること、この条約が第三国との関係に影響を与えるものではないこと、条約の有効期間を10年として、その後はどちらか一方の1年前の予告で終了させることができることが定められた。

拉致(らち)問題 ⑧ 1970～80年代にかけて朝鮮民主主義人民共和国(北朝鮮)の工作員らによって、日本人が北朝鮮に拉致された問題。2002(平成14)年に北朝鮮は日本人拉致を認め、同年に5人の被害者が帰国した。日本政府が認定した拉致事案は12件で、拉致被害者は17人とされている。また、韓国をはじめ、タイ・ルーマニアなど日本以外の国でも北朝鮮に拉致された可能性のある人たちがいることがわかっている。

日本人拉致 ② **日本人拉致問題** ④

国際人権法 ① 人権を守るための国際的なルールを総称していう。国際人権規約・拷問禁止条約・女性差別撤廃条約・難民条約などがある。

日朝首脳会談 ③ 2002(平成14)年に小泉首相と朝鮮民主主義人民共和国(北朝鮮)の金正日(キムジョンイル)朝鮮労働党総書記(1942～2011)が、ピョンヤンでおこなった会談。日朝ピョンヤン宣言に調印した。過去の植民地支配時代の清算や、拉致問題の解決について話しあった。この会談のあと、日本人拉致被害者の5人が帰国している。

日朝ピョンヤン会談 ①

日朝ピョンヤン宣言 ③ 2002(平成14)年9月に、日本の小泉首相と金正日朝鮮労働党総書記がピョンヤンで会談をおこなった。両首脳が日朝間の不幸な過去を清算して、懸案事項を解決し、実りある政治・経済・文化的な関係を樹立することが、双方の利益に合致するとともに、地域の平和と安定に大きく寄与するものとなる、との共通認識を確認した宣言。

国連調査委員会(COI) ① 2013年に国際連合人権理事会が決議して設立された、朝鮮民主主義人民共和国における人権に関する調査委員会。

外国人旅行者(インバウンド) inbound ③ 外国人が訪れる旅行のこと。2003(平成15)年から促進された、観光立国作りという日本の政策を背景に登場した用語。

クールジャパン ③ 世界から「クール(かっこいい)」ととらえられる(その可能性も含む)日本の魅力のことをいう。食・アニメ・ポップカルチャーなど範囲は多岐におよぶ。

ビジット・ジャパン ② 官民が共同で取り組んでいる、外国人旅行者を積極的に増加させようとするキャンペーンの総称のこと。2003(平成15)年に国土交通省を中心に実施本部が設けられた。

2 国際経済の動向と課題

1 国際経済の仕組み

国際経済(世界経済) ⑫ 各国民経済間の相互で営まれる経済のこと。複数の国家・地域間でおこなわれており、基本的な取引は国内でおこなわれるものと同じであるが、外国為替や関税などの影響を大きく受ける。国家単位での取引に加えて、近年ではEUなどの経済圏を単位とした取引も多大な影響を与えている。 **国際貿易体制** ①

国際分業 ⑪ 国と国とのあいだの分業のこと。初期の段階では、鉱物資源の存在や動植物の生育など、自然条件にもとづく各国の特産物を交易した。産業革命以後は、先進工業国が工業化の遅れた国々から原料を輸入、工業製品を輸出(垂直分業)し、また同じ工業先進国のあいだではたがいに生産費の低い工業製品を交易(水平分業)した。 **国際分業の利益** ⑥

垂直的分業 ⑥ 発展段階が異なる国とのあいだでおこなわれる分業をいう。具体的には、先進国と発展途上国とのあいだで、工業製品と一次製品を交換する場合を指す。

水平的分業 ⑥ 発展段階が同じ程度の国のあいだでおこなわれる分業をいう。先進国どうしでの工業製品の交換や、発展途上国どうしでの原材料の交換、または工業製品の交換などがある。

工程間分業 ① 生産工程を国際間に配置する分業のこと。グローバル化によって広範囲におこなわれるようになった。

比較生産費説(国際分業の理論) ⑫ イギリスの経済学者で、古典派経済学を完成させたリカードがとなえた学説。国際分業が生じ、国際貿易がおこなわれる原理を説明している。各国は、自国のなかで相対的に低い生産費で生産できる商品に特化して、それを輸出し、相対的に生産性の高い財を外国から輸入する方が、双方(そうほう)の国とも利益があるとする説。 **特化** ⑨

比較優位 ⑨ 各国が、国内で相対的に安く生産することが可能な財のことを、比較優位をもつ財という。

絶対優位 ③ 2国2財1生産要素を前提にしたモデル。もしもある国がもう一方の国に比べて小さいコストである財を生産できるとしたならば、そのある国はある財の生産について絶対優位をもつという。

リカード Ricardo ⑫ 1772〜1823 イギリスの経済学者。国際分業による自由貿易の促進が、当事国双方に利益をもたらすという比較生産費説を主張。主著に『経済学および課税の原理』がある。 **『経済学および課税の原理』** ⑦

貿易 ⑫ 1国の企業や個人が外国の企業や個人とおこなう商品の売買のこと。

輸出 ⑫ 国内で生産された品物・技術・文化などを、外国に送り出すこと。

輸入 ⑫ 外国の品物・技術・文化などを、自国内に引きとること。

自由貿易〔主義〕 ⑫ 貿易に関して、国家や政府の干渉がなく、自由におこなわれる貿易のこと。アダム＝スミス、リカードらが主張し、19世紀のイギリスで盛んとなった。

保護貿易〔主義〕 ⑫ 国家が貿易に干渉し、とくに輸入の制限をおこなって、国内産業を保護する貿易のこと。ドイツの経済学者リストは、イギリスの工業力から国内産業を守るために、輸入商品に高い関税を課すことを主張した。

リスト List ⑪ 1789〜1846 ドイツの経済学者。国民の発展段階を、原始的未開状態、牧畜状態、農業状態、農工業状態、農工商業状態の5段階にわけた。この経済発展段階説をもとに、当時、後進工業国であったドイツが、貿易でイギリスに対抗するためには、国家による干渉が必要であると考え、保護貿易を主張した。 **保護主義** ② **保護貿易政策** ②

垂直貿易 ⑤ 貿易構造の1つ。発展途上国は生産した原材料を輸出し、先進国はそれに価値をつけて工業製品にして輸出するという国際分業の構造をいう。

水平貿易 ⑤ 貿易構造の1つ。先進国で生産された工業製品を、先進国どうしで輸出入をおこなうという、国際分業の構造。世界の貿易構造は、垂直貿易から水平貿易に移りつつある。 **企業内貿易取引** ③

重商主義 ② 16世紀から18世紀にかけて、おこなわれてきた経済政策のこと。保護貿易の立場をとる。輸出産業を国家が保護・育成して、貿易差額を取得し、国富を増大させようとする経済政策のこと。

輸入制限 ③ 自国内の産業保護を目的とした政策の1つ。世界貿易機関(WTO)は、貿易自由化交渉のなかで、特定産品の輸入が予測をこえて急増し、国内産業に多大な損害が発生する場合に、関税措置や輸入数量制限をおこなうことを認めている。

関税 ⑫ 輸入品に対して課される税金。この目的には、財政収入の確保と国内産業の保護・育成(保護関税)の2種類がある。現在では、後者が主流である。また、何を基準にするかによって、従価税(じゅうかぜい)と従量税(じゅうりょうぜい)とにわけられる。従価税は価格に対し、従量税は数量(個数・重量・長さ・容積など)に対して課される。 **関税化** ②

非関税障壁 ⑧ 貿易の抑制や促進を目的にしておこなわれる、関税以外の様々な手段や制度をいう。たとえば、投資や工業製品に対する政府の補助・政府調達・輸入手続き、各種基準(健康・安全基準、表示規則ほか)など。現在、先進諸国間貿易に関して、関税は貿易阻害(そがい)の要因でなくなりつつあり、国際貿易を拡大するため、関税以外の非課税障がいの軽減・撤廃が重視されるようになった。 **輸入数量制限** ①

加工貿易 ② 日本のように、原材料を輸入し、それを国内の設備・技術・労働を利用して加工し、その製品を輸出するような貿易形態をいう。加工貿易は、資源の乏しい国が、工業化の重要な手段として用いることが多い。 **加工貿易型** ②

逆輸入 ① もとより国内から海外に輸出していた製品を、生産国コストが安いなどの理由で海外で生産、製品化して輸入することをいう。日本の自動車メーカーが海外の工場で生産し、それを日本国内で販売するといった例がある。

間接投資 ② 企業の経営参加などを目的としない証券投資のこと。投資家は、有価証券の利回りなどを期待して投資している。

対外直接投資 ② 海外で事業活動をおこなうための企業買収や、工場建設など生産設備に投資することで、海外直接投資ともいう。資本の輸出ととらえることができる。経営支配を目的とした株式や有価証券の購入は対外直接投資となり、投資家が配当やキャピタルゲインを得るための株式や有価証券の購入とは区別される。プラザ合意(1985〈昭和60〉年)による円高不況によって輸出主導型経済が行き詰まりをみせた時期から、日本の対外直接投資は本格化した。 **海外直接投資** ② **国際資本移動** ①

貿易創出効果 ① 関税同盟により、同盟国内の貿易が活発になることをいう。 **貿易創造効果** ①

貿易摩擦 ⑥ 貿易をめぐる経済上の摩擦のことをいう。自国内の産業保護政策や海外に対する競争力強化、貿易収支の不均衡(ふきんこう)などが原因としておこる。日本では、戦後、繊維摩擦(せんいまさつ)から始まって、鉄鋼・カラーテレビ、そして自動車および半導体、高度通信システムなど、日米間を中心とする様々な貿易摩擦があり、深刻な問題となった。

ダンピング(不当廉売) dumping ① 不当に安い価格で商品を販売すること。公正な競争をさまたげることになる。製品輸出国が自国での販売価格よりも安い価格で外国市場で販売することがこれに当たる。

アンチ・ダンピング anti-dumping ① ダンピングによって、被害が出ることが予想される自国の産業を守るために、相手国の物品に関税を課すことをいう。WTOで認められた、貿易救済措置の1つである。WTOは、(1)ダンピング、(2)損害、(3)因果関係が認定された場合に、不当廉売関税を課すことを認めている。

国際収支 ⑪ 1年間におこなわれた国際的な経済取引を貨幣額で表したもの。(1)財・サービス・所得の取引などを記録する経常収支、(2)対外金融資産・負債の増減に関する取引を記録する金融収支、(3)生産資産(財貨、サービス)・金融資産以外の資産の取引や資本移転を記録する資本移転等収支、で構成される。IMF国際収支マニュアルによる2014年からの新形式では、国際収支は(経常収支＋資本移転等収支－金融収支＋誤差脱漏＝0)となるように計上されている。

経常収支 ⑪ 2014(平成26)年から見直された新しい国際収支の基準では、貿易・サービス収支、第一次所得収支(雇用者報酬、投資収益など)、第二次所得収支(個人間移転)の3つをあわせたものを経常収支としている。

：**貿易・サービス収支** ⑩ 経常収支のうち、商品の輸出入による貿易収支と、輸送・旅行などのサービス収支をあわせたもの。

：**貿易収支** ⑧ 商品の輸出と輸入による、外国との支払い、受けとりの収支。輸出総額よりも輸入総額が多ければ貿易赤字が、輸入総額よりも輸出総額が多ければ貿易黒字が発生する。貿易立国の日本にとって重要な指標となる。

：**サービス収支** ⑩ 経常収支のうち、輸送・旅行・その他サービス(通信・建設・保険・金融・情報など)の外国との取引を示す数値。

：**第一次所得収支** ⑩ 対外金融債権や債務から生じる利子・配当金や、海外の企業からの給料など所得の収支。

所得収支 ①

：**第二次所得収支** ⑩ 居住者と非居住者とのあいだで、対価をともなわない資産の提供についての収支。具体的には、官民の無償資金協力、寄付、贈与の受払などがある。

無償資金援助 ③　**経常移転収支** ①

資本移転等収支 ⑩ 対価の受け取りをともなわない固定資産の提供、債務免除などを指す。たとえば、外国へのインフラの無償援助は資本移転等収支になる。

金融収支 ⑪ 直接投資、証券投資、金融派生商品、その他投資および外貨準備を合計したもの。金融収益は有価証券を売却したときの利益や受けとった配当、利息がある。金融支出は有価証券を売却した時の損や利益の支払いがある。

：**直接投資** ⑩ 金融収支の1つで、企業買収など経営権を確保する目的でなされる投資、海外の工場建設、不動産取得に向けた投資の収支。

：**証券投資** ⑩ 金融収支の1つで、証券市場において、株式・債券・投資信託など有価証券になされた投資の収支。

：**外貨準備** ⑨ 金融収支の1つで、通貨当局が為替介入に使用するためや、通貨危機などによって他国に対して外貨建て返済が困難になった時に使用する準備資産の収支。財務省(外国為替資金特別会計)と日本銀行が保有しており、その多くはアメリカ財務省証券やドル預金として運用されており、その総計は財務省が「外貨準備等の状況」で毎月公表している。

外貨準備高 ②

誤差脱漏(ごさだつろう) ⑩ 国際収支統計を作成するうえで生じる不整合をまとめたもの。

貿易赤字 ③ 輸出額よりも輸入額が大きく、貿易収支が赤字になること。

サービス貿易 ⑥ 外国の業者を利用して、運送サービス・通信サービス・金融サービス・流通サービスなど、物品をともなわないサービスを受けた時に発生する貿易。WTOは、サービス貿易をつぎの4つの形態にわけている。⑴ある国の業者が、自分の国に居住したままで外国の客にサービスを提供する場合、⑵外国に行った時に現地の業者からサービスの提供を受けた場合、⑶ある国の業者が、外国に支店などをつくってサービスを提供する場合、⑷社員を外国に派遣して、その外国の客にサービスを提供する場合。

2　国際経済体制の変化

外貨(外国通貨) ④ 外国で使われる貨幣のこと。

為替(かわせ) ⑤ 現金以外の手形・小切手などを送ることによって、決済する方法のこと。遠隔地の相手に現金を輸送することなく、安全に、かつ簡単な手続きで決済することができる。

〔外国〕為替レート ⑪ ある国の通貨と外国通貨との交換比率。為替レートの表示方法は、自国の通貨で表す邦貨建(支払勘定建)と、外国の通貨で表す外貨建(受取勘定建)とがある。

交換比率 ⑥　**外国為替** ⑧
為替相場 ④　**外国為替相場** ⑤

外国為替手形 ② 輸出業者が、他国の輸入業者に、指定した銀行に商品の代金を支払うように指示したもの。

為替手形 ④ 振出人が第三者にあてて手形を所持している人に、ある金額を払ってくれるように委託した証券のこと。振出人みずからが支払うことを約束する約束手形に対して、この為替手形は、第三者に支払いを委託するところに特徴がある。

外国為替市場 ⑨ 外貨の取引をおこなう市場のこと。1998(平成10)年に施行された新外国為替法で、銀行以外の企業の取引への参加が認められた。これによって、外貨の取引は個人や企業が銀行と取引をおこなう場合と、銀行どうしが取引をおこなう場合があり、後者を外国為替市場(別名インターバンク市場)と呼んでいる。

内国為替 ① 国内の債権者や債務者あてに、銀行の口座振替を用いて送金をおこなう決済の仕組みを指していう。

円高 ⑨ 外国為替相場において、円の価値が外国通貨よりも高くなった状態のこと。たとえば、1ドル＝120円の為替レートが1ドル＝100円になった場合、日本の120円は1.2ドルとなり、円高となる。ドルからみれば1ドルあたり日本円で20円、価値を減じていることになる(ドル安)。円高は一般的に自国(日本)からみた場合、輸入には有利であるが、輸出には不利である。

円高・ドル安 ③

ファンダメンタルズ(経済の基礎的条件) fundamentals ① 1国の経済活動の状況を示す基本的な条件のこと。経済成長率、物価指数、国際収支、失業率など、マクロ面でのデータを総合して判断する。

固定相場制 ⑦ 自国の為替相場を、あらかじめ定められた水準で、特定の外国通貨(基軸通貨)に固定する制度。たとえば、第二次世界大戦後のブレトン・ウッズ体制では、アメリカのドルを基軸通貨とし、さらにドルと金の交換を保証するという金ドル本位制にもとづく固定相場制(ただし上下1%の変動幅は認める)がとられた。この時、日本は1ドル=360円の単一為替レートをとった。 **固定為替相場制** ⑤ **単一為替レート** ④

変動相場制 ⑦ 為替相場が固定されていないで、外貨の需要と供給により自由に変動する為替相場制度のこと。1976年にIMFで承認され、これをキングストン合意と呼ぶ。 **変動為替相場制** ④

外国為替市場介入(為替介入) ② 変動為替相場制において、為替相場を安定させるため、中央銀行が中心となって為替市場に介入すること。日本では、日本銀行が財務省の指示のもとでおこなっている。外国為替平衡操作が正式名称。 **外国為替平衡操作(市場介入)** ① **公的介入** ①

管理フロート制 ① 政府、中央銀行が為替レートの取引に介入して、レートを一定の範囲内に管理する制度のこと。

ブロック経済(経済ブロック) ⑧ 複数の国家でブロック(領域)を形成して、ブロック内では経済交流を促進させ、ブロック外に対しては輸入制限や関税を高くしたりして、閉鎖的な差別をおこなうこと。とくに1929年に始まる世界恐慌後に形成され、第二次世界大戦の原因の1つとなった。イギリスのポンドを使ったスターリング・ブロック、アメリカが中心のドル・ブロック、フランスの旧植民地を中心としたフラン・ブロック、ドイツのマルク・ブロック、日本の円・ブロックなどの例がある。

ブレトン・ウッズ体制 ⑤ ブレトン・ウッズ協定により創設された、国際通貨基金、国際復興開発銀行と、これに続いて締結された「関税及び貿易に関する一般協定」にもとづく体制のこと。1944年7月に、アメリカのブレトン・ウッズで、戦後の国際経済を再建するため、為替の安定と為替制限の撤廃、復興開発資金の供与、自由貿易制度の確立を実施するために、国際機関の設置が合意された。前二者からはIMFとIBRDが設立された。後者は自由貿易のために、国際貿易機構(ITO)の設立をめざすが、各国の利害一致ができず、GATTが設立されたという背景がある。 **IMF・GATT体制** ⑥ **ブレトン・ウッズ協定** ⑩

基軸通貨 ⑨ 国際通貨制度の中心となる国際通貨のこと。ほかの通貨と自由に交換でき、通貨価値が安定し、国際的に信用され、国際取引に広く使用され、その国の金融市場が国際的に開かれていると、基軸通貨として流通する。第二次世界大戦後のブレトン・ウッズ体制ではアメリカのドルが基軸通貨とされた。 **国際通貨制度** ①

国際通貨基金(IMF) ⑪ 1944年のブレトン・ウッズ協定にもとづいて、1945年に設立された国際通貨と金融に関する協力機構のこと。国際経済の安定・発展のために、国際貿易の拡大を実現することを目標に設置された。為替レートを安定させるため、金本位制にかわる固定した為替レートを求め、金1オンス=35ドル(1944年7月時点)の割合で金兌換(だかん)が保証されるという金ドル本位制度をとった。しかし、1971年のドルと金の交換停止により、固定為替相場制から変動為替相場制へ移行した。 **金ドル本位制度** ⑤

コンディショナリティ conditionality ② IMF、世界銀行が発展途上国などに融資をおこなう際に、経済再建をめざすように課す一定の条件のこと。具体的には、規制緩和や通貨価値の維持、支出の削減などがあり、いずれも赤字体質からの脱却をめざしたものである。

国際復興開発銀行(世界銀行、IBRD) ⑪ 1944年7月のブレトン・ウッズ協定にもとづいて、IMFと同時に設立された。第二次世界大戦後の復興と開発のため、加盟国への融資を目的とした国際機関。現在、国際金融公社(1956年設立)、国際開発協会(1960年設立)などとともに世銀グループと呼ばれ、発展途上国に対する多角的国際援助機構となっている。

アジア開発銀行(ADB) ① 1966年に設立された、アジア・太平洋地域を対象とする国際開発金融機関。67の加盟国(うち48カ国はアジア・太平洋地域)をもつ。アジア・太平洋における経済成長および経済協力を助長し、その経済発展に貢献することを目的とする。

関税及び貿易に関する一般協定(GATT) ⑪

関税その他の貿易障がいを大幅に軽減し、差別貿易を廃止し、自由・無差別の国際貿易を促進することを目的に、関税の引下げ、数量制限の撤廃などをおもな内容とした国際協定。自由無差別貿易を推進し、世界貿易に貢献してきたが、1970年代後半から貿易制限的措置が多くなり、貿易交渉(ラウンド)を重ねて制限撤廃を進めてきた。日本は1955(昭和30)年に加盟。1995年より、世界貿易機関(WTO)に移行した。

自由・無差別・多角主義 ⑥ GATTの3原則。自由とは、関税軽減と非関税障壁の撤廃などにより自由貿易をめざすこと。無差別とは加盟国に対して待遇に差をつけないことで、具体的には最恵国待遇と内国民待遇を指す。多角とは、2国間ではなく多国間の貿易交渉(ラウンド)をとるということである。

最恵国待遇(さいけいこくたいぐう) ⑥ GATT第1条に定められているもので、加盟国が貿易相手国に与えた貿易上の利益を、すべての加盟国に与えなければならないというもの。現在、WTO(世界貿易機関)は、例外として自由貿易協定の締結を認めている。

最恵国待遇協定 ①

内国民待遇 ③ 加盟国からの輸入品に対して、国内品と同じ待遇を与えること。たとえば、ドイツから輸入したビールに国内製ビールより高い酒税率をかけることは内国民待遇の原則に反する。

多角的貿易交渉(ラウンド) ⑩ 貿易における自由・無差別の原則を実現させるために、複数の国で関税引下げや、輸入制限の撤廃を協議する交渉のこと。GATTは、もともと2国間の貿易問題を仲裁してきたが、貿易の複雑化により、多国間での調整が必要になった。

多角主義 ④

ジュネーヴ・ラウンド ① 1947年に、スイスのジュネーヴで23カ国により開催された、第1回目の多角的貿易交渉。

ケネディ・ラウンド ⑥ 1964〜67年にかけておこなわれたGATTの第6回の多角的貿易交渉のこと。それまでの国別・品目別の関税の引下げにかわって、一括一律の関税引下げの交渉がおこなわれ、すべての工業製品の関税を、35%引き下げることが合意された。

東京ラウンド ⑥ 1973〜79年にかけておこなわれたGATTの第7回の多角的貿易交渉のこと。関税引下げとともに非関税障壁の軽減がおもな交渉内容となった。補助金と相殺(そうさい)関税、ダンピング防止、政府調達、技術規格、関税評価、輸入許可手続き、発展途上国に対する優遇処置の枠組み、民間航空機に関する8つの国際規約と、食肉と酪農品に関する協定が結ばれた。さらに、工業製品に対して平均33%の関税削減に合意した。

ウルグアイ・ラウンド ⑨ 1986〜94年にかけておこなわれたGATTの第8回の多角的貿易交渉のこと。サービス貿易・知的財産権・海外投資などの新分野に加えて、15項目が交渉の対象となった。とくに、農業問題は最大の争点となり、農業貿易の自由化や農業保護措置の廃止が主張され、「例外なき関税化」で、日本のコメも対象となった。

ミニマム・アクセス ⑦ 最低輸入義務量のこと。ウルグアイ・ラウンドで農作物について原則関税化(数量制限などができなくなること)とされたが、輸入量が少ない、またはゼロに近い農作物に関しては、経過措置としてミニマム・アクセスをとることが認められた。この時、日本はコメについてミニマム・アクセスを受け入れた(1995〈平成7〉年から6年間)。

ドーハ・ラウンド ⑨ 2001年11月におこなわれた第4回ドーハ閣僚会議で、新しいラウンド開始が合意されたことによって始められた多角的貿易交渉。交渉の焦点として、農業問題、アンチ・ダンピング措置(ダンピングが明らかになった時に輸入国が関税引上げなどをすること)の濫用防止、環境問題などがあげられている。しかし、各国の主張が対立しあい、2022年現在合意に至っていない。

ドーハ開発アジェンダ ②

債権国(資本輸出国) ② 対外資産残高が対外負債残高をこえている国。発展途上国の累積(るいせき)債務問題に対して、パリ・クラブのような債権国会議も開かれている。

世界貿易機関(WTO) ⑪ ウルグアイ・ラウンドの合意のもとに、GATTの国際貿易の自由化とその規則を強化して、新しく組織し直して1995年1月に発足した国際機関。自由・無差別・多角的通商体制を、基本原則としている。ネガティブ・コンセンサス方式(ある提案について、全加盟国が異議をとなえない限り採択される方式)という、強い紛争処理能力をもっている。

セーフガード(緊急輸入制限措置) safeguard ⑧ 関税を引き上げるか、輸入数量

第4章

を制限することにより、国内の生産者を保護する措置のこと。WTO(世界貿易機関)は、輸入が急増したり、価格が暴落するなどの緊急時に、セーフガードの発動を権利として認めている。

一般セーフガード ①

報復関税 ③ ある国の輸出品に相手国が不当に高い関税をかけた場合、その報復として、その相手国からの輸入品に高い関税をかけることをいう。WTO 協定にもとづく場合には、WTO の紛争解決機関による承認があり、WTO 協定の目的を達成するために、必要であるという条件を満たした場合に、報復関税を発動することができる。

ドル危機 ⑥ 基軸通貨としてのドルの価値が下落すること。具体的には、1960年代以降にアメリカが軍事支出の増大(ベトナム戦争などによる)や、対外援助により、経常収支が赤字となったことから、各国によってドルから金への交換が進み、大量の金がアメリカから流出してドル危機が深刻化した。このことは、基軸通貨としてのドルへの信頼がゆらいだ結果であり、1971年にはアメリカは一方的に金ドルの交換を停止することを表明した(ニクソン・ショック)。

ドルと金の交換停止 ⑥ 1960年には、各国のドル保有額が、アメリカの金準備を超過し、その結果、アメリカはドル防衛策(国際収支の赤字解消、ドルの過剰供給停止)をとらざるをえなくなった。そして、1971年に「金とドルの交換停止」(ニクソン声明)を宣言して、ブレトン・ウッズ体制は崩壊した。このできごとはニクソン・ショックと呼ばれる。

ニクソン・ショック ⑨
ドルショック ①
ニクソン大統領 ⑥　**対外債務** ③

スミソニアン協定 ⑧ ニクソン・ショック後の1971年に、ワシントンのスミソニアン博物館で開かれた10カ国蔵相会議で合意された協定。ドル引下げを内容とする、固定為替相場制を維持するもの。この時、1ドルが308円となった。しかし、わずかな期間しか続かず、1973年より主要国は変動為替相場制へと移行した。

キングストン合意 ④ 1976年にジャマイカのキングストンで開かれた、IMF 暫定(ざんてい)委員会での合意事項。金の公定価格の廃止、変動為替相場制への移行の承認、SDR(特別引出権：これを配分された分だけ、参加国から通貨を引き出すことができる)を通貨価値の基準とする内容をもつ。

キングストン体制 ①

IMF 特別引出権(SDR) ⑤ 国際収支が不均衡となった加盟国が、外貨を潤沢(じゅんたく)に保有している加盟国から外貨の融資を受けることができるという権利。SDR は共通の表示単位で、それぞれの加盟国の出資割当額に比例して IMF から配分されている。

主要先進国首脳会議(サミット)　summit ⑪ 1975年以来、毎年1回開催される先進諸国による国際会議。一般経済情勢・通貨問題・通商問題・南北問題・エネルギー問題・地球環境問題・難民問題・麻薬問題などが取り上げられてきた。参加国は、日本・アメリカ・イギリス・フランス・イタリア・ドイツ・カナダの7カ国。1997年からロシアが参加して「主要国首脳会議」と称されるようになった。2014年以降、ロシアは参加資格を停止され、「先進国首脳会議」と称されている。

G20(20カ国・地域首脳会合) ⑩ G7(アメリカ・日本・フランス・ドイツ・イギリス・イタリア・カナダ)に加え、EU・アルゼンチン・オーストラリア・ブラジル・中国・インド・インドネシア・メキシコ・韓国・ロシア・サウジアラビア・南アフリカ・トルコの20カ国・地域の首脳が参加して毎年開催される国際会議。アジア通貨危機(1997年)をきっかけに始まった G20 財務相・中央銀行総裁会議が、2008年の世界金融危機を機に首脳会議に格上げされて始まり、国際経済の協力連携を協議する場として位置づけられるようになった。

G20サミット ③　**金融サミット** ②

双子の赤字 ⑦ 1980年代に、アメリカのレーガン政権のもとで、莫大な貿易赤字と財政赤字が並存したことを指していう。レーガン政権は、スタグフレーションを解消して「強いアメリカ」を復活させることをめざし、小さな政府をつくるべきとする新自由主義の立場に立つ経済政策をおこなった(レーガノミクス)。規制緩和や減税策により投資を拡大させ、経済成長をねらったが、ソ連によるアフガニスタン侵攻(1979年)やイラン・イラク戦争(1980年)に介入したことなどにより軍事支出が増大し、結果として巨額の財政赤字を生み出すことになった。また、高金利政策によってインフレを抑制しようとしたため、マネーサプライが減少してさらに金利が上昇し、これが外国からのアメリカへの資金の流入をまねき、ドル高となり、国際収支が赤字(貿易赤字)となった。アメリカが直面したこの事態を指して、「双子の赤字」という。この問題を解消するために1985年にプラザ合意がなされることになった。

ドル高 ⑥　**ドル安** ③

G5(先進5カ国財務相・中央銀行総裁会議) ⑨ アメリカ・ドイツ・イギリス・フランス・日本による先進5カ国財務相・中央銀行総裁会議のこと。通貨の安定策や政策協調について話しあう。1985年9月にニューヨークのプラザホテルで開かれたG5では、当時進行していた過度のドル高(これがアメリカの「双子の赤字」の原因となっていた)を是正するために、日本・アメリカ・ドイツの通貨当局による為替の協調介入が合意された(プラザ合意)。その後日本では円高が進行し、円高不況と呼ばれる状況になった。

G7(先進7カ国財務相・中央銀行総裁会議) ⑨ アメリカ・ドイツ・イギリス・フランス・日本のG5に1986年からイタリア・カナダが加わり、G7となった。1987年2月にパリで開かれたG7では、プラザ合意によって進展したドル安がアメリカにおけるインフレを引きおこしたことから、ドル安に歯止めをかけるために各国が政策協調することが確認された(ルーブル合意)。

ルーブル合意 ③ 1987年、パリのG7で為替相場の当面の水準での安定、世界経済の成長促進、各国のインフレなき安定成長などの内容を合意。プラザ合意以降の、ドル安に関する対応策として位置づけられた。ところが、ドルの下落はこの後も続いた。

G8(主要国首脳会議) ③ 主要国首脳会議もしくは先進国首脳会議、サミットを指す。1998年にG7(サミット)にロシアが加わりG8(主要8カ国首脳会議)となったが、2014年のロシアによるクリミア半島併合によりロシアは参加停止となった。2014年以降、サミットはロシアを除く7カ国とEUの首脳によるG7となっている。

新自由主義 ⑪ 政府による市場介入と福祉国家的なあり方を批判し、市場にすべてをゆだねようとする市場原理主義を掲げて経済活動の自由と小さな政府の実現をめざす考え方・主張をいう。1980年代には、イギリスのサッチャー政権、アメリカのレーガン政権が、減税や規制緩和、民営化、さらには福祉支出削減によって小さな政府の実現をめざす新自由主義的な改革に着手した。新自由主義は大企業の経済活動を活発化させたが、一方で構造的な格差や貧困の問題を生み出したとされる。日本でも1980年代の中曽根政権、2000年代の小泉政権と新自由主義的な政策がおこなわれた。

市場原理主義 ①　**中曽根政権** ②

レーガノミクス Reaganomics ① レーガン米大統領の名前とエコノミクスをあわせた用語。1980年代前半のレーガン政権初期の経済政策のことをいう。おもな政策に、(1)大幅な減税、(2)産業界への規制緩和、(3)軍事支出の増加、などがある。

3　経済のグローバル化と金融問題

グローバル化 ⑫ 国際情勢の変化や情報ネットワークの発展により、従来の国境をこえた規模で、政治・経済・国民生活など、様々な分野での交流が進んでいること。グローバリゼーション(globalization)。とくに1990年代以降、経済面でのグローバル化が強調され、日本でも社会構造や生活意識に大きな変化をもたらしている。また、環境破壊や貧困・戦争など、地球規模の問題解決に向け、「一つの地球」「かけがえのない地球」という意識や行動が高まったこともその背景にある。同時に、グローバリゼーションは世界が均質化していく過程としてもとらえられている。

グローバリゼーション ③

:経済のグローバル化 ⑨ 経済に関するグローバル化、また世界の経済・市場が単一なものに向かっていく様子を指していう。企業レベルにおいては、以前から多国籍企業による国境をこえた企業活動がおこなわれていたが、EU統合、ソ連の崩壊と社会主義経済圏の消滅による世界的な単一市場の出現などが、グローバル経済をさらに一般化させた。資金や原材料の調達、労働者の雇用、生産と立地、販売活動がそれぞれ国境をこえておこなわれている。

反グローバル主義 ② 経済のグローバル化が、貧富の差の拡大や環境破壊といった社会問題を発生させているとする主張。1999年、アメリカのシアトルで開催された世界貿易機関(WTO)閣僚会議の抗議デモに約5万人が参加し、一部の暴動につながったことから注目されるようになった。

ボーダーレス化 borderless ③「境界がない」という意味の言葉。従来の国と国との隔てがなくなった状態を指す。情報の国際化、政治・経済・文化における国際交流の場が拡大し、あらゆるものが国境に関係なく自由に移動し、交通している状態をいう。グローバル化と同じような意味で使われる。

グローカル ① グローバル(global)とローカル(local)をあわせた言葉。地球規模でみるという国境をこえた視野と、地域の視点からみるという草の根の視点をあわせもつことで、課題を解消していこうとする考え方のこと。

新型コロナウイルス ⑤ コロナウイルスの1つ、COVID-19。2019年に中国武漢市で発見され、全世界に感染拡大した(世界的大流行、パンデミック)。各国で人々への移動制限や、経済活動の停止ないし縮小が取り組まれ、経済生活はもとより、人間社会に大きな影響を与えている。
パンデミック ②

サプライチェーン supply chain ⑥ 供給連鎖のこと。ある製品の原材料や部品の調達から、製造、在庫管理、配送、販売、消費までの流れ全体をとらえたもの。この流れは、自社だけでなく他社を含んだ一連の流れを意味している。

グローバル・バリュー・チェーン ① 製品・サービスを市場に提供するうえで不可欠となる国境をこえた活動および調達のこと。

グローバルスタンダード global standard ③ 国際的な基準・規格。グローバル化の進展により、工業製品などはだれもが同じ基準で使用できることが求められている。国際的に通用するもの、といった広い使われ方もする。

:デファクトスタンダード de facto standard ① グローバル化の進展により、工業製品の規格や企業の経営システムなどが国際的に標準化されていくこと。現実的には、一部の支配的な国の規格などが事実上の世界的標準となり、他国を規定していくこと。

国際標準化機構(ISO) International Organization for Standardization ② 1947年に発足した、国際規格の制定や普及活動をおこなう非政府組織。ISO の指針(ガイド)にあわせ、日本でも JIS 規格を国際一致規格として対応させている。

多国籍企業 ⑪ 複数の国に工場や研究開発(R&D)部門、販売拠点などをもち、国際的な視点で意思決定をおこなう企業のこと。

アグリビジネス agribusiness ② 農林水産業を中心に、農業生産および農業生産資材を供給している企業活動全体をいう。とくに、多国間で活動をしている企業体を指す場合もある。

通貨危機 ④ 為替レートの異常な変動により、通貨が大幅に下落すること。

アジア通貨危機 ⑨ 1997年、タイ中央銀行が、事実上ドルに連動していた為替政策を放棄し、管理変動相場制に移行したことがきっかけで、タイの通貨バーツが大幅に下落し、その影響が ASEAN 諸国の通貨にもおよんだ政治・経済的危機。タイのバーツ暴落の背景にはヘッジファンドによる大量の資金操作(為替相場が高い時に通貨を売り、低くなった時に買い戻すという空売り)があった。
バーツ危機 ①

ヘッジファンド hedge fund ⑧ 富裕層や機関投資家などから資金を集め、様々な金融商品を組み合わせて、多様な方法で投資をおこない、ハイリスク・ハイリターン傾向のある諸条件のもとで運用している投資信託(ファンド)のこと。

ユーロ危機 ⑤ ユーロの通貨価値が、崩壊に直面するという危機。2009年にギリシアでおこった政権交代がきっかけで、同国の過去10年以上にわたる巨額の財政赤字が表面化し、ギリシアの国債が暴落した。このことからユーロの信用力が低下し、多くの国々の経済に多大な影響を与えた。
ユーロ圏危機 ①
ギリシアの財政危機 ③
ギリシア危機 ①
ギリシアの財政赤字問題 ②

タックスヘイブン(租税逃避地) tax haven ⑦ 海外企業誘致を目的として、企業に税制上の優遇措置を与えている国や地域のこと。租税回避地と訳される。具体的には、モナコ公国、サンマリノ共和国、イギリス領のマン島・ジャージー島、カリブ海地域のバミューダ諸島・バハマ・バージン諸島・ケイマン諸島、ドバイ、バーレーンなどがある。

トービン税 Tobin tax ① 1981年にノーベル経済学賞を受賞したトービン博士(Tobin、1918〜2002)が1970年代に提唱した、外国為替取引税のこと。投機的な為替取引に、1％の国際税を課すというもの。この税金は、発展途上国の貧困対策や地球環境保護のために使われる。

国際決済銀行(BIS) Bank for International

Settlements ② 1930年に設立され、各国の中央銀行で構成される。BISのもとで運営されているバーゼル銀行監督委員会による、民間銀行の自己資本比率に関する統一規制(BIS規制)が注目されている。

米中貿易摩擦 ① 2016年にアメリカが「対中貿易赤字の解消」「貿易の不均衡の解消」政策を実施し、2018年には中国からの輸入品に25%の関税率をかけると宣言したことがきっかけで、中国が報復関税を実施。その後、米中の貿易をめぐって関税の報復合戦が始まり、米中貿易摩擦に発展した。

米中貿易紛争 ①　**米中貿易戦争** ①

グローバル・インバランス global imbalances ① 2000年以降にみられる現象で、日本や中国といった東アジアや中東などの原油輸出国における経常収支黒字が増大する一方で、アメリカの経常収支赤字が拡大するといった世界的な経常収支不均衡の現象を指している。

4　地域経済統合と新興国

地域的経済統合 ⑤ 国をこえた一定地域内で、商品や資本、労働力などの移動を自由化して、1つの大きな自由市場を形成して、その地域内における経済的な結びつきを強めることをいう。このような統合の動きは、1980年代に始まって、90年代に加速した。おもな目的は、域内の労働力や資本、技術その他の生産資源を流動化して、効率的に活用すること、そして関税のない自由で大きな市場を成立させて、財やサービスの流通を活発にすることである。さらに、自由で公正な競争により、すぐれた商品や競争力のある産業を育てることにある。地域的経済統合は、その統合度の弱いものから、「地域協力」(経済統合の前段階、たとえばAPECなど)、「自由貿易協定(FTA)」、「経済連携協定(EPA)」、「関税同盟」、「共同市場」、「経済同盟」(EUはこの段階)、そして完全な経済統合へとなる。

地域経済統合 ⑤　**地域経済圏** ①
地域統合・地域経済化 ②
経済統合 ⑤　**地域協力** ②
地域貿易協定 ①

関税同盟 ④ 域内の関税を撤廃し、域外諸国に対して共通の関税を課すという協定を結んだ同盟のこと。

共同市場 ③ 域内の関税や非関税障壁などの貿易障壁を撤廃し、あわせて域内での労働力・資本などの移動について自由化された地域統合のあり方をいう。EUはこの例でもある。

貿易障壁 ④

経済同盟 ③ 地域的経済統合のあり方で、域内の経済政策について各国間の調整・統合が進んでいる段階をいう。

FTA(自由貿易協定) ⑫ 自由貿易を促進するため、特定の2国間または複数国間が関税や通商規則、サービス貿易の障壁(しょうへき)を撤廃する国際的な取決めのこと。世界貿易機関(WTO)は、多国間でルールを決めるのに対し、自由貿易協定は特定の国や地域で交渉するという違いがある。日本は、WTOでの交渉を中心に進めてきたが、2002年のシンガポールとのFTA・EPA以降、自由貿易協定も進める方針に転換しつつある。その場合、最大の問題点として、日本の農業問題などがあげられる。

EPA(経済連携協定) ⑫ FTAを柱としつつ、対象を人の移動や投資といった分野にまで広げた協定のことをいう。

貿易転換効果 ① FTAやEPAにおいては、関税障壁の撤廃や削減が域内に限定されるために、関税が課される域外国からの輸入は、関税が撤廃・削減される域内国からの輸入に転換される効果が生じる。これを貿易転換効果という。また、域内において同盟国間の貿易が活発になることを指して貿易創出効果という。

経済協力開発機構(OECD) ⑩ 1961年、ヨーロッパ経済協力機構(OEEC)を改組して発足した国際機関。目的は、通貨の安定維持と経済成長の達成、発展途上国の健全な経済発展の支援、多角的・無差別的な世界貿易の拡大などである。発展途上国への援助については、開発援助委員会(DAC)が設けられている。2021年現在、38カ国が加盟し、先進資本主義国は、すべて加盟している。日本は1964(昭和39)年に加盟。

マーシャル・プラン Marshall plan ② 第二次世界大戦後、アメリカがおこなったヨーロッパ復興計画。提案者であるアメリカの国務長官の名がつけられた。本来、戦後の飢餓(きが)・貧困・混乱などに対する援助であったが、ソ連と東欧諸国が受け入れを拒否したので、西ヨーロッパ16カ国に対して、経済の復興と貿易赤字、ドル不足解消を目標として、120億ドル(1948〜51年)の援助が、OEECを通じておこなわれた。

シューマン・プラン ② 1950年にフランスのシューマン外相(Schuman、1886〜

1963)が提唱した、フランス・西ドイツの石炭・鉄鋼を共同で管理する計画のこと。フランスとしては、ルール地方とザール地方の炭田を国際管理することがねらいであった。実際の立案者ジャン＝モネ(Jean Monnet、1888～1979)の名をとってモネ・シューマン・プランともいう。この提案をもとにしてECSCが結ばれた。

ルール地方 ①　**ジャン＝モネ** ②
ロベール＝シューマン ②

ヨーロッパ石炭鉄鋼共同体(ECSC) ⑥ フランス外相シューマンによる、フランスと西ドイツの対立を和解させ、ヨーロッパ連邦の基礎を築くために、フランスと西ドイツの石炭と鉄鋼を超国家的機関に管理をゆだねる案にもとづいて成立した。1951年にフランス・西ドイツ・イタリア・オランダ・ベルギー・ルクセンブルクの6カ国によって、パリ条約(ECSC設立条約)が調印され1952年に発足した。

ヨーロッパ原子力共同体(EURATOM) ⑥ ヨーロッパ石炭鉄鋼共同体(ECSC)およびヨーロッパ経済共同体(EEC)の構成6カ国からなり、1957年のEURATOM設立条約にもとづいて1958年に設立された。最初の目標は、原子力発電の促進であったが、石油の安定供給が確保されたので、各分野での原子力利用の共同開発計画が進められた。そして、アイソトープによる食品研究・基礎物理学研究・核融合などの研究が促進された。

ヨーロッパ経済共同体(EEC) ⑥ ヨーロッパ石炭鉄鋼共同体(ECSC)の成立後、石炭鉄鋼以外の経済領域の統合を目標に設立。1957年、ローマ条約(EEC成立条約、EURATOM設立条約と同時調印)が調印され、1958年に発足した。1967年にはヨーロッパ石炭鉄鋼共同体(ECSC)とヨーロッパ原子力共同体(EURATOM)とともに、ヨーロッパ共同体に統合された。

ヨーロッパ共同体(欧州共同体、EC) ⑫ 1967年にヨーロッパ石炭鉄鋼共同体(ECSC)、ヨーロッパ経済共同体(EEC)、ヨーロッパ原子力共同体(EURATOM)の3共同体が統合して成立した。原加盟国はフランス・西ドイツ・イタリア・ベルギー・オランダ・ルクセンブルク。1973年にはイギリス・アイルランド・デンマークが参加、のちにはギリシア・スペイン・ポルトガルも加盟した。域内の統一関税や共同市場を促進してきたが、さらに非関税障壁を撤廃することによって、労働・商品・資本・サービスなどの自由移動を認める統一市場(欧州経済領域、EEA)が1994年1月に成立した。

シェンゲン協定 ① ヨーロッパの諸国家間において出入国検査をすることなく自由に国境をこえることを許可する協定。1985年に調印。

ヨーロッパ連合(欧州連合、EU) ⑫ ヨーロッパ各国の政治・経済統合を目的に発足した超国家機構のこと。1993年にヨーロッパ連合をめざすマーストリヒト条約が発効し、ECは欧州連合(EU)となった。1995年にオーストリア・フィンランド・スウェーデンが加盟し、2004年5月にバルト3国・ポーランドなど東欧諸国やマルタ・キプロスをあわせ10カ国が、2007年にはブルガリア・ルーマニアが、13年にはクロアチアが加盟して28カ国体制となった。2012年に、第二次世界大戦後の欧州地域の平和安定および協調路線をはかる取組みが評価されてノーベル平和賞を受賞している。2016年、イギリスにおいてEUを離脱するべきかどうかを決める国民投票がおこなわれ、離脱する意見が残留する意見を上まわった。この結果を受けて、イギリスは2020年1月31日に正式離脱した。

ヨーロッパ連合条約(マーストリヒト条約) ⑫ 1992年にEC12カ国が調印した条約。ヨーロッパ経済・通貨同盟(EMU)とヨーロッパ政治同盟(EPU)からなり、経済的統合から政治的統合を経て、ヨーロッパ統合を目標とした。経済的統合は、ヨーロッパ連合(EU)域内の統一通貨(ユーロ)の流通と中央銀行(ECB)を設立し、完全な経済統合の実現をめざす。1997年にはアムステルダム条約が調印され(発効は99年)、共通外交、安全保障政策の基盤を強化した。

EURO(ユーロ) ⑫ 1999年1月1日に登場したヨーロッパの共通通貨。EU加盟国の中の11カ国で取引がはじめられ、その後導入国は増加している(2023年1月時点で20カ国)。補助の通過はセントで、100セントが1ユーロとなっている。金融政策はヨーロッパ中央銀行がおこなっている。米ドルにつぐ重要な通貨として、その需給動向が注目されている。

共通通貨 ⑤
域内通貨 ①

ヨーロッパ中央銀行(ECB) ④ 1998年に発足。ユーロの番人といわれ、ヨーロッパ全体の金融政策を決定する中央銀行。物価を安定させることが最重要課題である。

通貨統合 ② 複数の国の通貨を1つの共通したものに統一すること。ヨーロッパ連合(EU)は、単一通貨ユーロを導入し、2002年1月より通貨統合を実現させた。これは、アメリカにつぐ大きな市場となり、経済が活性化するという利点があるが、一方で各国独自の通貨政策がとれないなどの問題も指摘されている。

ニース条約 ① EUの基本条約を改正するもの。EUの意思決定手続きの効率化や機構改革を目的としている。2001年に調印され2003年に発効。

リスボン条約 ⑧ 2009年12月に発効したEUの新しい基本条約のこと。EU加盟国の首脳会議でもあるヨーロッパ理事会の常任議長(EU大統領)と、1国の外務大臣の役割に当たる外務・安全保障政策上級代表の2つのポストを新設した。それまでの議長は常任ではなく、EU加盟国の首脳が半年交替で就任していたために、EUの重点課題が半年ごとにゆれ動いたり、本国の国政とのバランスをとるのが難しかったりするといった課題が指摘されていた。

欧州理事会常任議長(EU大統領) ⑤ EUの最高意思決定機関である欧州理事会の常任議長として、議事の進行、欧州議会への報告などの職務を遂行する。また、安全保障・防衛政策について、EUの対外的代表もつとめる。任免は、欧州理事会の特定多数決によりおこなわれる。任期は2年半で、1回のみ再選可能。自国内の公職兼務は禁止されている。

欧州理事会 ③ 欧州連合(EU)加盟国首脳によるEUの最高決定機関。加盟国の国家元首または政府の長と欧州理事会議長、欧州委員会委員長で構成。年に4回開催される。

欧州委員会 ① EUの行政府にあたる、政策の発議・執行機関。EUのなかでの立法権ももつ。

外務・安全保障政策上級代表(EU外相) ② EUの外交・安全保障・防衛政策を担当する、外務大臣に相当する役職。任免は欧州理事会の特定多数決により、欧州委員会委員長の合意を得ておこなわれる。任期は5年。通称、EU外相・EU外務大臣。

欧州議会 ③ EU(欧州連合)の主要機関の1つ。EU加盟各国から直接選挙で選出された議員によって構成される議会。EUの政策運営について討議・検討する。立法権・予算審議などについての権限を有する。

欧州人権条約 ① 西ヨーロッパの社会・文化的統合を進めていた欧州審議会が人権の集団的保障を確保する手段として作成した条約。1950年に調印、53年に発効した。

ESM(欧州安定メカニズム) ① ギリシア危機を受け、ユーロ加盟国を対象に資金支援を実施するため2010年に設立された欧州金融安定ファシリティ(EFSF)を引き継ぎ、2012年に設立された危機対応メカニズム。財政危機におちいったユーロ加盟国や銀行への融資、ユーロ圏の金融安定化を目的とする。

イギリスのEU離脱(ブレグジット) ⑫ イギリスの欧州連合(EU)からの離脱のこと。2016年6月に離脱の是非を問う国民投票が実施され、わずかの差で離脱支持が多数を占めた。2020年1月31日に正式離脱した。

発展途上国条項 ② GATTにおいて、自由貿易の例外的措置や特別規定を認めた条項のこと。GATTがめざしている自由貿易体制が、発展途上国にとっては受け入れがたいものであったという背景がある。

北米自由貿易協定(NAFTA) ⑩ 1994年に発効した、アメリカ・メキシコ・カナダによる自由貿易協定。2020年にアメリカ・メキシコ・カナダ協定(USMCA)となった。

USMCA(アメリカ・メキシコ・カナダ協定) ⑨ 2018年にNAFTAを見直すことを目的にしてアメリカ・メキシコおよびカナダの3カ国が署名し2020年に発効した自由貿易協定。

東南アジア諸国連合(ASEAN) ⑫ 1967年、インドネシア・マレーシア・フィリピン・シンガポール・タイの5カ国に、84年ブルネイ、95年ベトナム、97年ラオス・ミャンマーが加わり、99年からはカンボジアを含め10カ国体制となった地域組織。域内の経済発展、社会の進歩、文化の発展の促進、共通の利益への協力と相互扶助の推進、地域内の安定確保などを目的としている。

ASEAN自由貿易地域(ASEAN自由貿易圏、AFTA) ⑥ 1992年のASEAN首脳会議で合意された、ASEAN諸国内の域内経済協力の拡大を進めるための自由貿易圏。EUやNAFTAのように、域内の関税の引下げなどを内容とする。

ASEAN＋3 ③ ASEANに日本・中国・韓国を加えた、アジアにおける地域協力の枠組み。1997年のアジア通貨危機をきっかけに、同年に首脳会議が開かれて始まった。

ASEAN共同体(AC) ① 2003年にASEAN諸国により合意された構想で、2015年に発足した。政治安全保障共同体(APSC)、経済共同体(AEC)、社会文化共同体(ASCC)の3つから構成される。

AEC(ASEAN経済共同体) ASEAN Economic Community ⑤ 東南アジア諸国連合(ASEAN)に加盟する国で構成された経済圏。ものやサービスの自由化を進めることで経済発展をめざしている。

RCEP(東アジア地域包括的経済連携) Regional Comprehensive Economic Partnership ⑤ 東南アジア諸国連合(ASEAN)を中心にした諸国家が参加している広域的自由貿易協定のこと。日本・中国・韓国・ASEAN10に、オーストラリア・ニュージーランドを加えた15カ国が参加している。世界のGDP、貿易総額、人口の約3割を占める地域の経済連携として2022年に発効した。

世界の成長センター ① 今日のアジア・太平洋地域のことを指す。ASEAN・APEC・USMCA(新NAFTA)といった組織が大きな存在となり、世界経済に大きな影響を与える存在になりつつあるという背景がある。

MERCOSUR(南米南部共同市場、メルコスール) ⑫ 1991年、ブラジル・アルゼンチン・ウルグアイ・パラグアイの4カ国が結成した、域内関税の原則撤廃と域外の共通関税のための関税同盟。1995年発足。2006年にベネズエラが加盟したが、2016年に資格停止となった。

アジア太平洋経済協力会議(APEC) ⑪ 1989年、オーストラリアのホーク首相(Hawke、1929〜2019)の提案で、日本・アメリカ・カナダ・ニュージーランド・オーストラリア・韓国・ASEAN諸国の12カ国で発足した、アジア太平洋地域における地域経済協力をめざす蔵相(財務相)・外相会議。その後、メンバーが拡大し、2022年9月の時点で、21カ国・地域(中国香港などを含むので21の「エコノミー」という表現を使用する)で構成されている。

FTAAP(アジア太平洋自由貿易圏) ① アジア太平洋地域において、関税や貿易制限的な措置を取り除くことで、ものやサービスの自由な貿易や、幅広い分野での経済上の連携の強化をめざすというもの。2006年のAPEC首脳会議で、研究を進めることで一致した。2010年に横浜で開催されたAPEC首脳会議において、ASEAN＋3、ASEAN＋6、環太平洋パートナーシップ(TPP)協定など、現在進められている取組みを基礎として、さらに発展させることで、包括的な自由貿易協定として追求することを確認した。

日欧EPA ① 2019年に発効した、日本とEUとのEPA。これにより、世界GDPの約3割、世界貿易の約4割を占める経済圏が誕生することになった。日欧EPAにより、高いレベルでの関税撤廃・削減や知的財産権をめぐってのルール構築がおこなわれることになっている。

地域主義(リージョナリズム) regionalism ⑦ 利害関係が一致する国や地域が、関係を強化することによって利益を追求するという考え方。IMF＝GATT体制やWTOの最恵国原則とは考え方が異なるが、これをグローバリズムに対する考え方ととらえる見方と、グローバリズムをめざす1つの通過点であるとする見方とがある。

TPP(環太平洋経済連携協定、環太平洋パートナーシップ)協定 ⑫ 太平洋周辺の国々で、ヒトやモノ、サービス、カネの移動を、ほぼ完全に自由にするという国際協定のこと。2010年にP4協定(環太平洋戦略的経済連携協定)参加の4カ国(シンガポール、ニュージーランド、チリおよびブルネイ)に加えて、アメリカ・オーストラリア・ペルー・ベトナムの8カ国で交渉が開始された(同年にマレーシアも参加)。日本も2013(平成25)年、TPP交渉に参加することが発表された。2016年には参加12カ国が署名したが、2017年にアメリカが離脱を表明した。その後、残された11カ国による協定発効に向けた協議をおこない、2018年に署名された。この参加11カ国による協定の名称は「環太平洋パートナーシップに関する包括的及び先進的な協定(TPP11協定)」といわれている。

TPP11協定 ⑨　**CPTPP** ①

アフリカ連合(AU) ② アフリカにおける政治・経済の統合をめざし、紛争の予防・解決にむけての取組みを強化するため、アフリカ統一機構(OAU)から発展改組された連合。2002年発足。

アメリカ・ファースト ③ アメリカ自国の建て直しを優先し、国際社会に対する関与をひかえるべきだとする考え方。トランプ政権で強調された主張。

アメリカ第一主義 ①
自国第一主義 ②

GCC(湾岸協力会議) ① 1981年に発足した、アラブ王制産油国(クウェート・サウジアラビア・バーレーン・カタール・アラブ首長国連邦・オマーン)が参加している地域協力機構。経済協力、軍備統一、治安に関する情報交換を目的としている。

南北問題 ⑫ 日本・北アメリカ・西ヨーロッパなど、北半球に多く位置している先進国と、南半球に多数位置する貧しい発展途上国との経済格差の問題をいう。南北問題は、第二次世界大戦以前の先進国による植民地化政策によって、発展途上国がモノカルチャー(単一栽培)経済から脱却できないことに起因するのが多い。 **経済格差** ⑦

南南問題 ⑫ 発展途上国間の経済格差の問題。1970年代に入って、発展途上国のなかでも、サウジアラビアやクウェートなどの産油国や、韓国・香港・シンガポールなどの新興工業経済地域(NIES)などのように、経済成長をとげる国が現れた。一方では南の諸国のなかでも、石油輸入国の経済は悪化して、発展途上国間の経済格差が拡大した。

累積債務問題 ⑦ 1国の対外債務で、その国の返済能力からみて、あまりにも多額な水準にまで累積された借入残高のことを累積債務という。1970年代後半から、メキシコやブラジルなどで返済が困難と考えられるほどの対外債務が累積して、国際金融上の大きな問題となった。 **累積債務** ②

重債務国 ② 1996年に、IMF(国際通貨基金)と世界銀行が認定した、世界でもっとも重い債務を抱えている発展途上国のこと。1人当たりのGNPが695ドル以下で(1993年)、債務合計額が年間輸出額の2.2倍以上、もしくはGNPの80%以上(1993年)であるという基準がある。 **重債務貧困国** ②

ワシントン・コンセンサス ① アメリカ政府、国際通貨基金(IMF)、世界銀行のあいだで成立した政策上の合意のこと。自由な市場を擁護し、小さな政府をめざすという考え方が共有されている。救済のための融資の条件として一律に債務国におしつけたため、かえって中南米諸国の経済混乱をまねいたとの批判がある。

デフォルト(支払い不履行) default ④ 債務国が、債務に関する支払いができなくなってしまうこと。

債務返済の繰り延べ(リスケジューリング) ⑤ 1980年代の累積債務問題でデフォルトの危機が生じたため、IMFは緊縮財政をおこなうことなどの条件(コンディショナリティ)を課したうえで債務軽減と返済繰り延べ(リスケジューリング)を認めた。

発展途上国 ⑩ 先進国に対する用語で、経済がまだ十分発展していない国々のこと。1人当たりの実質国民所得が低い国、開発途上国ともいう。 **先進国** ⑨

後発発展途上国(LDC) ⑪ 発展途上国のなかでも、とくに発展の遅れた国をいう。1991年の国連総会で認定基準が承認され、2022年現在で46カ国が認定されている。近年では、2007年にカーボヴェルデが、2011年にモルディヴが、LDCから卒業している。また、2012年に南スーダンがリストに追加された。 **最貧国(LDC)** ②

絶対的貧困 ② 生活することができる最低水準を、下まわる収入しか得られず、人間らしい生活からかけ離れている状態のこと。1993年に、世界銀行は1日当たりの生活費1ドルを貧困の線として設定している。これより低い水準で生活している人を、絶対的貧困層とした。南アジア、サハラより南のアフリカに多い。

絶対的貧困層 ②

オックスファム・インターナショナル ① 貧困と不正を徹底的に絶やすために持続的な支援活動をおこなっている団体。90カ国以上で活動をおこなっている。

モノカルチャー経済 monoculture ⑩ 単一栽培といわれ、1～2種類の一次産品の栽培に頼っている経済をいう。ブラジルのコーヒー、マレーシアの天然ゴムのように、18～19世紀の植民地化政策のもとで定着した経済構造を指すことが多い。

モノカルチャー ①

プランテーション plantation ③ 熱帯・亜熱帯地域にある植民地で、先住民や移民の安価な労働力を使って、綿花やタバコ、ゴム、コーヒー、紅茶といった生産物を栽培する、大規模な農園のことをいう。

〔第〕一次産品 ⑧ 自然から採集した加工されない産物。農産物のほかに、水産物や鉱物資源がある。

国際開発協会(IDA、第二世界銀行) ① 1960年、世界銀行の発展途上国に対する開発資金を、融資する目的で設立された。本部はアメリカのワシントン。

マイクロクレジット microcredit ⑤ 絶対

的貧困層に対して、無担保で小額の融資をおこなう貧困層向け金融サービスのこと。ムハマド＝ユヌスが創設したグラミン銀行が有名。５人１組のグループをつくること、そして、そのメンバーのなかでだれか１人でも返済できなければ、ほかの４人はいっさい借りられなくなるというシステムを構築した。このことで、自分たちが借りられるように仲間を助けるという行為がみられるようになり、さらに仲間のおこなった危険な投資を未然に防げるようにもなった。グループの構成員も、安全な投資をする者どうしが組むようになり、高い返済率を実現した。

マイクロファイナンス ⑤

グラミン銀行 ⑧ バングラデシュのマイクロファイナンス機関。創始者はムハマド＝ユヌス。農村部で貧困層を対象に低金利の無担保融資をおこなった。融資を希望する人は５人のグループをつくり、担保は必要ないが、そのかわりに返済については連帯責任となるシステムで、高い返済率を実現させた。ユヌスとともに2006年のノーベル平和賞を受賞している。

：ムハマド＝ユヌス Muhammad Yunus ⑥ 1940〜　バングラデシュの経済学者。マイクロクレジットの創始者。グラミン銀行総裁。マイクロファイナンスを考案して、多くの人々を貧困から救った功績によって、2006年にノーベル平和賞を受賞した。

ハンガーマップ hunger map ② 国連世界食糧計画が、小中高校生を対象に作成した、世界の飢餓について学習するための教材。FAO(国連食糧農業機関)の統計をもとに、世界地図のなかでどの国や地域で栄養不足が深刻な問題となっているのかを、色わけして示している。裏面には、その原因と解決方法が説明されている。

世界食糧サミット ② 1996年にローマで開かれ、発展途上国における食料問題に関する会議。ローマ宣言を採択した。おもな内容として、2015年までに栄養不足の人口を半減させること、環境保全に配慮した継続的な農業と農村の開発を進めること、などが話しあわれた。

ローマ宣言 ① 1996年の世界食糧サミットで出された宣言。2015年までに栄養不足人口を半減させるという目標が設定された。

フードロス ④ 食品ロスともいう。本来食べられるのに捨てられてしまう食品を指していう。総務省によると、2020(令和２)年の日本のフードロスは522万 t(うち家庭系食品ロスは247万 t)におよび、国民一人当たりで年間約41kgになるという。

人口問題 ③ 人口増加など、人口をめぐる状況によっておこる社会問題。時代と地域により、内容は異なるが、発展途上国にみられる人口の爆発的増加、先進国にみられる高齢化、両地域に共通してみられる人口の都市集中などがあげられる。

人口爆発 ⑤ 人口が爆発的に増加すること。一般には、発展途上国を中心に、第二次世界大戦後からみられる世界の人口急増を指す。抗生物質の普及など、医療の進歩などがこの状況をもたらした。一方、食料不足などの問題を生み、経済発展の障がいになるとして、人口抑制政策をとる国もみられる。

食料問題 ③

国連貿易開発会議(UNCTAD) ⑫ 先進国と発展途上国の通商・経済協力を中心に、南北問題全体を検討するために設置された国連総会の常設機関。1964年の第１回会議は、スイスのジュネーヴで開かれ、2016年のケニアのナイロビ第14回会議まで、ほぼ４年おきに開かれている。本部はジュネーヴ。

プレビッシュ報告 ⑤ UNCTAD 初代事務局長プレビッシュ(Prebisch、1901〜86)が、GATT の自由貿易制度を、発展途上国側からの視点で批判した報告。1964年の UNCTAD 第１回総会に提出された。発展途上国の一次産品輸出の停滞や交易条件の悪化による開発の行き詰まりを指摘し、その解決のために先進国の関税、貿易諸障壁の緩和・撤廃や発展途上国の製品に対する特恵関税制度の採用などが必要であることを主張し、南北問題解決のために先進国が責任をもつことを示した。

一般特恵関税 ⑤ 発展途上国から輸入する場合、低関税とする関税制度を特恵関税制度という。プレビッシュ報告にもとづき、先進国が発展途上国からの輸入品に低い関税で一方的に優遇するという一般特恵関税が1968年に導入された。

特恵関税制度 ②

援助より貿易を ② 1964年に開催された第１回 UNCTAD(国連貿易開発会議)で発表された、プレビッシュ報告のなかで示されたスローガン。プレビッシュは、「援助よりも貿易を」というスローガンを掲げて、発展途上国の貿易を促進することにより、経済開発をおこなうという戦略を表明した。

援助も貿易も ①「プレビッシュ報告」では、「援助より貿易を(発展途上国の自立促進を)」というメッセージが発信されて、世界から注目された。その一方で、発展途上国の経済発展が進まない問題に直面してしまった。そこでこの考え方は、1972年の第3回会議で、「援助も貿易も」と変更された。

国連開発計画(UNDP) ⑪ 発展途上国の開発促進のため、技術援助実施を目的に、1965年11月の国連総会決議にもとづき1966年に発足した。雇用創出・環境問題・弱者救済などの分野で、幅広く活動している。本部はニューヨーク。1990年以来、人間開発指数(HDI)を公表している。

人間開発報告書 ①

HDI(人間開発指数) ⑦ その国の、人々の生活の質や発展の程度を示す指数で、平均余命・教育・GDPの各指数より算出される。日本は2021(令和3)年で第19位となっている。

人間の基本的ニーズ(BHN) Basic Human Needs ② 人間として生きていくために最低限必要な衣服・食料・住居や、保健・教育などの社会サービスのニーズを指す。

資源ナショナリズム ⑩ 豊富な資源を有する国が、自国の資源を自分たちで管理しようとする動きのこと。多くの先進国が、産業革命以降に、植民地の資源を開発してきたことが背景にある。

国連資源特別総会 ④ 資源ナショナリズムの高まりを背景に、1974年に開催された国連会議。資源はその産出国が永久に主権をもつことの確認と新国際経済秩序樹立宣言が、発展途上国の一致した要求にもとづいておこなわれた。

新国際経済秩序(NIEO) ⑧ 資源ナショナリズムを背景に、北側の先進国中心の自由・無差別を原則とする戦後の世界経済体制を、公平原則にもとづく新しい秩序に改革しようとする南側の発展途上国の要求。1974年の国連資源特別総会で提出され、天然資源の恒久主権、生産者同盟の強化、発展途上国債務の一括救済など、新国際経済秩序樹立宣言となった。

新国際経済秩序樹立宣言 ②
資源に対する恒久主権 ②

オイル・マネー(オイル・ダラー) oil money ② 産油国が、石油の輸出代金として受けとるドルをいう。1973年の第4次中東戦争で、アラブ産油国が原油輸出価格を4倍に値上げし、産油国の外貨収入が急増した。

国際石油資本(メジャー) ④ 石油の探鉱・開発・生産から精製・輸送・販売まで、世界規模で展開する欧米の多国籍企業。近年、資源ナショナリズムの動きにより、その地位は低下している。以前はアメリカ5社・イギリス1社・イギリス・オランダ1社をセブンシスターズ、フランス1社を加え8大メジャーとも呼んだ。1998年末に、エクソンとモービルが合併、2001年にはシェブロンとテキサコが合併し、4社にまで再編が進んだ。今日では、主要産油国に対する影響力はあまりなく、国際石油市場に与える影響力は低下しつつある。

石油輸出国機構(OPEC) ⑨ 1960年に結成された、石油輸出国のカルテル組織。2度の石油危機をもたらした原油価格引上げの実施などで、世界経済に大きな影響を与えた。その後の石油供給過剰、価格支配力の弱まりなどから、影響力は低下しているともいわれる。2022年現在、加盟国は13カ国。

アラブ石油輸出国機構(OAPEC) ③ アラブ諸国による石油輸出国の組織で、1968年に結成された。1973年の第4次中東戦争の際、イスラエル支持の先進国に対し、石油供給の削減・停止を宣言し、外交の修正をせまる、いわゆる石油戦略をおこない注目をあびた。

産油国 ④ 石油を国内に産出する国。一般には、輸出能力をもつ石油供給国を呼ぶが、とくにサウジアラビアなどの、OPEC加盟国を指す場合が多い。

NIEs(新興工業経済地域) ⑩ 発展途上国のなかでも、アジアのシンガポール・韓国・香港・台湾や中南米のアルゼンチン・メキシコ、そしてヨーロッパのポルトガルのように、急速に経済発展をとげた国や地域をいう。とくに、アジアNIESの発展はめざましく、OECD(経済協力開発機構)は上記の4つの地域にタイ・マレーシアを含めた6つの地域を、ダイナミック・アジア経済地域と呼んでいる。

アジアNIEs ② **アジアNIES** ③
新興国 ② **新興市場国** ①

輸出志向工業化 ④ 発展途上国が、世界市場への進出をめざして工業化を進める際に、外資系企業に進出してもらい、生産・輸出をおこなうという政策。外国企業が進出しやすいように、保護政策を撤廃するなど、国内の基盤整備が必要になる。また、自国通貨を低めに誘導して輸出拡大をめざすという政策もおこなう。アジア NIES は1980年代以降、輸出志向工業化政策によって成長をとげた。

輸入代替工業化 ③ 外国からの輸入に頼っていた工業製品を、国内工業部門による国産化をめざすことで、代替していくことをいう。自国通貨を高めに誘導して、原材料・部品輸入を容易にする政策をとる。中南米 NIEs は輸入代替工業化政策により経済成長をとげたが、1980年代からは累積債務問題に苦しむようになった。

BRICS ⑫ 1990年代以降、経済発展が顕著な、ブラジル・ロシア・インド・中国のそれぞれの頭文字をとって、BRICs と呼ぶようになった。2011年4月に北京でおこなわれた4カ国首脳会議に、南アフリカ共和国がはじめて参加し、それ以降、正式名称が BRICs から BRICS となっている。

新開発銀行(BRICS 銀行) ① ブラジル・ロシア・インド・中国・南アフリカ共和国の5カ国が運営している国際金融機関のこと。

改革・開放政策 ⑥ 中国で1978年以降、鄧小平を中心に取り組まれた経済改革政策。経済特区を設けて外資誘導を積極的におこない、市場経済システムを大々的に取り入れる改革が進められた。

社会主義市場経済 ⑩ 中国では、1993年の全国人民代表大会で、経済体制に関する憲法改正がおこなわれ、「国家は社会主義市場経済を実施する」ことが明記されるようになった。政治体制は、これまでの社会主義であって、経済に分権化と市場原理を導入した。分権化は、決定権を中央政府から地方政府・国有企業・農家などにゆだねることであり、市場原理の導入については中央政府の生産計画・価格決定・流通分配・労働力分配などを市場経済、すなわち需給関係にゆだねることとした。

一国二制度 ③ 1つの国のなかに、資本主義と社会主義の2つの社会制度が存在することを認めた制度。イギリス植民地であった香港とポルトガル植民地であったマカオで実施されている。香港は1997年から2047年までの50年間、資本主義の制度をとり続けることになっているが、2020年に全国人民代表大会で、反体制的な言動を取り締まる「国家安全維持法」の導入が採択され、制度そのものが岐路に立たされている。

経済特別区(経済特区) ⑤ 1979年以来、中国は開放政策により、土地・建物・労働力を提供して、外国資本や技術を導入し、合弁企業化の促進をはかった。そのために指定された深圳(シェンチェン)・珠海(チューハイ)・汕頭(スワトウ)・厦門(アモイ)の4都市と、1988年に省に昇格した海南(ハイナン)島を指す。輸出入関税免除・所得税の優遇措置などをおこない、輸出産業を育成した。 **経済開発特区** ①

一帯一路〔政策〕 ⑧ 中国を起点としてユーラシア大陸全域や南太平洋を結ぶ経済圏構想のことを指す。2013年に習近平(しゅうきんぺい)(1953〜)が提唱。「一帯」は、中国から陸路でバルト海、地中海、インド洋を結ぶ3つのルートを、「一路」は海路でインド洋からヨーロッパ、南太平洋を結ぶ2つのルートを表している。

アジアインフラ投資銀行(AIIB) Asian Infrastructure Investment Bank ⑧ 中国が主導する、アジア向けの国際開発金融機関のこと。2015年に発足した。57カ国を創設メンバーとしている。アジア新興国に向けてインフラ開発のために融資をおこなうことを主たる業務にしている。

エマージング・マーケット(新興国市場) emerging market ② 新興国市場のことをいう。アジア・中南米・東ヨーロッパなど、新興諸国の金融市場のことを指す場合が多い。高い経済成長率を背景に、投資の魅力が期待できる市場でもある。

頭脳流出 ① 高度な知識・技術をもつ人々が海外に流出してしまう現象をいう。とくに国際連合開発計画(UNDP)は、インドのコンピュータ技術者が、アメリカに移住することによって、多額の損失が生じている可能性があると発表している。

5 ODA と経済協力

国際協力 ② 政治・経済・文化・交通・通信・保健など、様々な分野で各国が協力しあうこと。日本の経済力の発展とともに、国際社会のなかで日本への期待が高まり、国連などの国際機関での役割が高まっている。

青年海外協力隊 ⑤ 1965(昭和40)年に発足した、発展途上国援助のために青年が派遣されるボランティア活動。現地の住民と生活をともにし、稲作などの農業技術からコンピュータの技術まで、様々な指導・援助をおこなって、社会の発展に協力する。隊員の募集は年に春と秋の2回。訓練・派遣は国際協力機構がおこなう。

NPO(非営利組織) Non Profit Organization ⑩ 教育・文化・医療・福祉・国際協力など、様々な分野の社会的活動をおこなう民間の非営利組織。組織としての体裁をもち、政府の一部分ではなく独立した運営をおこない、利潤を配分しない団体を指す。行動の原理として、寄付やボランティアといった自発性の要素がある。

NPO法人 ③

政府開発援助(ODA) ⑫ 政府またはその援助実施機関によって、発展途上国の経済開発や福祉向上を目的としておこなわれる、資金援助、技術協力、国際機関への出資・拠出や条件のゆるい借款のこと。二国間援助はJICAを通じておこなわれ、多国間援助は世界銀行、ユニセフなどに対する資金協力となっている。日本は1991～2000(平成3～12)年で世界1位のODA額となっており、現在も世界有数の援助国である。しかし、供与額のGNIに対する比率はDAC(開発援助委員会)加盟国の平均以下であり、国連の目標とする対GNI比0.70%にはおよばない(2018年で0.22%)。

二国間援助 ①　**多国間援助** ①

贈与 ④ ODAの二国間援助で、贈与は無償資金協力と技術協力とからなる。日本のODAは円借款(政府貸付)が大きく、贈与比率が低いことが指摘されている。

技術協力 ①　**無償資金協力** ④

贈与比率 ④

有償資金協力(円借款) ② ODAの二国間援助で、日本政府から発展途上国の政府に向けて、インフラストラクチャー(社会資本)整備を目的として貸しつける長期・低金利の資金協力のこと。財源は、税金・国債・財政融資資金借入金・自己資金などがある。おもな支援の内容として、電力・ガス・運輸・通信・農業などが対象となる。

政府貸付 ①　**借款** ①

タイド援助 ① 援助供与国が援助受入国に、供与国がおこなうプロジェクトに用いる資材や役務などの調達を限定したり、要求したりする援助形式のこと。ひもつき援助ともいう。

アンタイド率 ① ODA資金を使って物資を輸入する時に、輸入国を限定しない額の割合のこと。

グラントエレメント grant element ③ 政府開発援助(ODA)などで発展途上国に向けての援助がおこなわれる際に、資金援助条件がどれほどゆるい条件であるかを示す指数。資金援助のなかに占める贈与的な要素がどのくらいかを示すものであり、贈与の場合は100%となる。金利が低く、融資期間が長いほど、グラントエレメントは高くなる。日本のODAの資金援助はグラントエレメントが25%以上であることと定められている。

要請主義 ① ODAの供与は、発展途上国からの要請があって、はじめて供与するという考え方。この考え方の根底には、発展途上国の自助努力という概念がある。しかし、大規模プロジェクトの成果が、現地貧困層に届きにくいという現状があった。1997(平成9)年のODA白書では、援助国側から対象候補の提案をおこなうという、共同形成主義に移行しつつある。

開発援助委員会(DAC) ⑩ 先進国で形成するOECDの下部組織として1961年に発足した。発展途上国援助を各国間で調整し、促進する役割をもつ機関。OECD加盟国のうち、主要な援助供与国とEUがメンバーである。

ODA大綱 ⑤ 1992(平成4)年に策定された、政府開発援助に関する日本政府の基本方針のこと。⑴環境と開発の両立、⑵軍事的用途への使用回避、⑶発展途上国の軍事支出や兵器の開発・製造、武器の輸出入などに注意すること、⑷発展途上国における民主化の促進や基本的人権、自由の保障に注意する、など4つの原則を掲げている。2015(平成27)年に、政府は大綱の改定を閣議決定し、名称を、より幅広い概念を示す「開発協力大綱」に変更した。新大綱では従来のODAに加え、日本の安全保障や経済成長に役立つ対外協力に積極的に取り組む姿勢が打ち出されている。

開発協力大綱 ③

TICAD(アフリカ開発会議) ④ Tokyo International Conference on African Development ④ アフリカ開発を中心テーマにした国際会議のこと。1993年以降、日本政府が主導して、国連・国連開発計画(UNDP)・世界銀行・アフリカ連合委員会(AUC)と共同で開催している。

技術移転 ② 先進国で開発された技術を、発展途上国に移すなど、高い技術力を低い場所に移すことをいう。企業間・産業分野間での移転もある。移転する際には、相手側の条件にあわせた移転が求められている。

フェアトレード fair trade ⑫ 公正取引という意味。貧困に追いやられた発展途上国の自立を支援する活動の1つで、適正な価格で商品取引をおこなう仕組みのこと。発展途上国の人々の、経済的な自立を目標としている。フェアトレード商品を購入することによって、国際理解も深まり、また輸出国の文化も守られるという利点がある。

国際フェアトレード認証ラベル ③ ある製品が、フェアトレード認証製品として、完成までのすべての工程で、国際フェアトレードラベル機構が定めた、国際フェアトレード基準が守られていることを証明するラベル。

6 地球規模の課題

グローバル・イシュー global issue ② 今日の世界で、人類が取り組まなければならない、地球規模の課題のこと。核兵器や大量破壊兵器の問題、戦争やテロの問題、世界経済の不安定化の問題、飢餓や貧困の問題、抑圧されている人権の問題、地球環境問題などがある。

グローバル・ガバナンス ①

環境問題 ⑤ 人間の経済活動の発展にともない、引きおこされてきた環境破壊・環境汚染などの問題。人間の活動の規模が大きくなり、自然の復元力をこえることによって生じてきた。

地球環境問題 ⑥ 人間の活動が地球の環境全体に大きな影響をおよぼしていることを総称していう。たとえば、かつては局地的だった環境問題が、温暖化、オゾン層や緑の破壊、海洋汚染などのように、全地球的規模に拡大し、全人類の課題として、解決がせまられていることを指す。

地球環境 ②

ISO 14001 ① 環境マネジメントシステムの仕様(しよう)を決めたもの。ISO は、企業などの組織の活動が環境への悪影響を減らすことを持続的におこなう必要事項を定めている。別名は環境 ISO ともいわれる。

環境 ISO ①

共生 ② 異種の生物が行動的・生理的な結びつきをもち、同じ所で生活していることを意味している。これを国際社会に当てはめれば、民族の差異を認めあう文化多元主義、国境をこえた地球市民社会で生きていくこととなる。また、地球環境では多種な自然環境の構成要素の差異を尊重し、理解して、豊かな自然を保持していくことが求められる。

生態系(エコシステム) ecosystem ⑤ ある一定地域の、そこで生存している生物群とそれを取り巻く環境(自然環境)とがつくり出しているシステム。人間の経済活動の発達が、多くの合成物質・廃棄物(はいきぶつ)を生み出し、生態系を崩していると問題になっている。

:**生態系(エコロジー)** ecology ② 生態系の構造・機能などを調べる学問。人間は生態系の一員であり、その活動が生態系を崩し、環境破壊のかたちで人間の生命にも影響が出ている状況のなかで、この学問の重要性が認識されている。

『沈黙の春』 ③ レイチェル＝カーソンが1962年に著した書物。DDT などの農薬の使用が、生物濃縮によって生態系を崩していく危険性をもつことを警告した。

:**レイチェル＝カーソン** Rachel Carson ③ 1907～64 アメリカの海洋生物学者。1962年に『沈黙の春』を著し、農薬使用の危険性を警告した。環境問題を一般に認識させるうえで重要な役割を果たした。

残留農薬 ①

ダイオキシン Dioxin ⑤ 有機塩素化合物。猛毒で発ガン性や催(さい)奇形性があり、ベトナム戦争の枯葉剤にも混入。ごみ焼却時にも発生し、規制が進む。DDT などとともにホルモン分泌や生殖機能に異常を引きおこす環境ホルモンの一部ともされる。

:**ダイオキシン類対策特別措置法** ① ダイオキシン類の人体への1日摂取量の基準や環境基準、排出規制、罰則などを定めた法律で、1999(平成11)年に成立した。人に健康上影響をおよぼさない1日当たりの摂取量を 4 pg/kg 以下とした(1 pg は1兆分の1 g)。

異常気象 ⑤ 平常(過去30年の平均)の気象と大きく異なる気象。異常な高温(熱波)、低温(寒波)、降水(豪雨・洪水)などが農業生産はもとより都市生活などの人間活動に大きな影響をもたらす。近年の異常気象の多発は、エネルギー消費の増大など、人間活動の影響によるという意見がある。

温室効果 ② 大気中の水蒸気や二酸化炭素が地表からの太陽放射を吸収すること。二酸化炭素などの温室効果ガスは、太陽光線はよく通すが、逆に地表から熱を宇宙空間に放射する赤外線は通さず、熱を逃がさないため地球をあたためる効果をもつ。

温室効果ガス ⑨ 温室効果をもつガス。化石燃料の燃焼によって生じる二酸化炭素が代表的なもの。ハイドロフルオロカーボンなどの代替フロンガスやメタンガスも温室効果をもつ。過去30数年間で70%も増え、地球の平均気温を上昇させた。

メタン ①

二酸化炭素(炭酸ガス) ④ CO_2のこと。温室効果をもつ代表的気体。地球温暖化への懸念から、2005年に発効した京都議定書では、2008年から2012年のあいだに、先進国全体で1990年比で少なくとも5%の削減目標を掲げ、さらに2012年以降の削減についてもその後の締約国会議(COP)で検討された。日本は世界全体の排出量の2.8%を占めている(2019年)。

二酸化炭素(CO_2) ②

環境税 ④ 二酸化炭素など、環境に悪影響をおよぼす物質を排出する石油製品などに税を課し、排出を抑制しようというもの。化石燃料使用にともなう規制である炭素税や、窒素酸化物の規制をおこなう課徴金などがその代表例である。

温室効果ガス排出規制 ①

地球温暖化対策税 ② 2012年に日本で導入された環境税。化石燃料の利用に応じて負担することとされ、現行では、すべての化石燃料に対し、CO_2排出量1tにつき289円となっている。税収は主として再生エネルギーの導入に使われている。

炭素税 ③ 化石燃料に炭素の含有量に応じた税金を課し、化石燃料やそれを利用した製品の製造、使用の価格を引き上げて需要を抑制し、結果としてCO_2排出量をおさえることを目的とする政策手段。1990年にフィンランドで始まり、オランダや北ヨーロッパでは二酸化炭素の排出量に応じた課税を実施している。

低炭素社会 ② 二酸化炭素の排出が少ない社会のこと。具体的には、人為的な二酸化炭素排出量を減らし、二酸化炭素吸収量とバランスをとることがめざされる社会。

海面上昇 ③ 地球温暖化の影響で生じる海水の増加により、現在の水準より海面が上昇すること。気温の上昇により極地の氷がとけることでおこる。海面下の土地が広いオランダ、サンゴ礁の島国ツバルやモルディヴなどは、とくに津波・高波の増大などに深刻な影響を受けることが予想されている。

：ツバル Tuvalu ③ 南太平洋上に位置するサンゴ礁でできた9つの島からなる人口約1万人の国。海抜2mに位置するため、地球温暖化の影響を受け、水没する可能性がある国といわれる。

地球温暖化 ⑨ 人間のエネルギー大量消費による地球大気の温度や海水の温度が、長期にわたって上昇する現象。その結果、海面上昇による水没や気温の上昇による植生の変化、虫害の増加、異常気象による災害などが心配される。

IPCC(気候変動に関する政府間パネル) ③ Intergovernmental Panel on Climate Change の略。国連環境計画(UNEP)と世界気象機関(WMO)によって、1988年に発足した国際会議。科学的知見、影響評価、適応策や対策について検討する。現在、温暖化のメカニズム、温暖化の環境や社会・経済への影響、温暖化対策のあり方についての意見を集め、報告書を発表している。このまま温暖化ガスの排出量が増えれば、21世紀末には世界の平均気温は最大で4.8℃上昇し、食料危機や生物種の大量絶滅がおこるとしている。2007年に「人為的におこる地球温暖化の認知を高めた」として、ノーベル平和賞を受賞した。

気候変動枠組み条約 ⑤ 1992年の地球サミットにおいて、リオ宣言の採択とあわせて調印・署名が始まった条約。(地球)温暖化防止条約とも呼ぶ。大気中の温室効果ガス濃度を安定させることを目的とし、各国が「共通だが差異ある責任」を果たすという考え方にもとづいて、1990年代末までに先進国に対し、CO_2排出量を1990年レベルまでに戻すという取組みを課した。1995年から毎年、締約国会議(COP)が開催されている。

共通だが差異ある責任 ①

京都議定書 ⑧ 1997年12月に開催された地球温暖化防止京都会議(COP3・第3回締約国会議)で採択された議定書。1992年の気候変動枠組み条約(温暖化防止条約)に法的拘束力がなかったため、「枠組み条約から議定書へ」という流れのもとで採択された。2008〜12年のあいだにCO_2などの温室効果ガス6種の排出量を、先進国全体で少なくとも5%削減することを目標とする(1990年基準比：主要国の削減目標は日本6%、アメリカ7%、EU8%)。発展途上国には削減義務はない。削減に向けてルールの合意が検討されていたが、森林評価(森林をCO_2の吸収源とみなし、吸収量の一部を削減量として認める)や排出量取引などで合意に至らず、2001年3月には、CO_2の最大排出国であるアメリカのブッシュ大統領が突然、議定書からの離脱を宣言したため、議定書の発効が危ぶまれた。その後、2004年にロシアが批准したことにより、2005年2月16日に議定書は発効した。 **地球温暖化防止京都会議** ⑥

気候変動枠組み条約第3回締約国会議(COP3) ⑤

京都メカニズム ① 1997年に気候変動枠組み条約第3回締約国会議で採択された、京都議定書にある温室効果ガス削減のための経済メカニズムのこと。先進国どうしでの二酸化炭素の「排出権取引(ET)」や先進国による温室効果ガス削減の発展途上国への技術移転が先進国の削減分に認められる「クリーン開発メカニズム(CDM)」、先進国どうしが共同で温暖化対策をおこない、その削減量を当事国間でわけあうという「共同実施(JI)」からなる。

共同実施(JI) ①

: **排出権取引** ③ 1997年の京都議定書において取り入れられた京都メカニズムの1つ。先進国に定められた二酸化炭素排出量の削減目標について、それ以上に削減(増加)が進めば、その削減分(増加分)を金銭と引きかえに他国へ売る(買う)ことができるというもの。排出量取引ともいう。

二酸化炭素排出権取引 ①

排出量取引 ① **国際排出量取引** ①

: **クリーン開発メカニズム** ② 京都議定書により定められた制度。先進国による発展途上国での温室効果ガス削減プロジェクトの実施などをおこなうもの。先進国はこれを実施すると、自国での削減分とみなすことができる。

: **ポスト京都** ① 京都議定書の内容の期限である2012年以降の温暖化防止策の対応状況を指す。先進国のさらなる削減とまだ削減義務のない発展途上国を加えた枠組みが話しあわれ、その結果、2015年のCOP21において発展途上国も参加する、平均気温上昇をおさえる目的のパリ協定が採択された。

: **締約国会議(COP)** ② 条約や議定書を批准した国が集まる会議。Conference of the Parties の略。京都議定書の採択を受けて、温暖化防止のための締約国会議は2022年度の段階で27回開かれている。

国連気候変動枠組み条約締約国会議(COP) ①

パリ協定 ⑩ 2015年に開催された国連気候変動枠組み条約第21回締約国会議(COP21)で採択され、2016年に発効した、2020年以降の気候変動問題についての国際的な枠組み。2020年以降に、平均気温上昇を産業革命前から2℃未満におさえ、さらに1.5℃未満となるよう努力するという目標を掲げた。京都議定書では一部の先進国に温室効果ガス排出削減が限られていたが、パリ協定は先進国だけではなくすべての国においての取組みがめざされている。ただし、締約国には5年ごとの削減目標の提出が義務づけられているものの、京都議定書と異なり目標達成義務はない。なお、アメリカはCOP25開催直前(2019年)にパリ協定からの離脱を正式に表明したが、バイデン政権のもとで2021年に協定に復帰した。 **COP21** ⑤ **COP25** ①

気候変動サミット ①

グレタ=トゥーンベリ Greta Thunberg ② 2003〜 スウェーデンの環境活動家。2018年におこなった「気候のための学校ストライキ」、2019年のニューヨーク国連本部で開催された国連気候行動サミットにおける「怒りのスピーチ」で世界中から注目された。

酸性雨 ⑥ 大気汚染により生じる酸性の強い雨。雨水は空中の二酸化炭素をとかし通常pH5.6の弱酸性を示すが、それより強酸の雨をいう。排気ガスや排煙中の硫黄酸化物や窒素酸化物が雨にとけ硫酸や硝酸が生じ、酸性雨・酸性霧・酸性雪となる。ヨーロッパで被害が顕著になったが、日本でも日光連山・丹沢などでは、酸性雨(霧)の影響でブナ林などの立ち枯れがみられる。

: **シュバルツバルト(黒い森)** schwarzwald ① ドイツのバーデン地方に広がる森。密集して生えるさまから暗く(黒く)みえることがその由来である。酸性雨により、多くの木々が立ち枯れた。

: **硫黄酸化物** ② 酸性雨の原因となる物質の1つ。水と反応することにより硫酸となる。化石燃料を燃焼させた際に生じるが、脱硫技術の進歩により、窒素酸化物よりも対策が進んでいる。亜硫酸ガスが代表的である。 **硫酸** ②

: **窒素酸化物** ② 酸性雨の原因となる物質の1つ。化石燃料を燃焼させた際に生じ、工場・火力発電所の排煙、自動車の排気ガス中に含まれ、とくにディーゼルエンジン車の排気ガス中に多い。水と反応することによって硝酸となる。

大気汚染物質 ② 大気中の汚染物質で、日本で規制の対象となっている物質は、硫黄酸化物・煤塵（ばいじん）などの煤煙・粉じん・自動車排出ガスその他の特定物質などで、自然発生のものと、人為的活動によるものとがある。 **黄砂** ②

PM2.5 ① 大気中に浮遊している直径2.5 μm（マイクロメートル）以下のきわめて小さい粒子のこと。吸い込むと病気のリスクを高めると指摘されている。ものの焼却やガソリン車の運転、ストーブの燃焼から発生する。火力発電所や工場から排出される硫黄酸化物などが、大気中で化学反応をおこして発生することもある。

長距離越境大気汚染条約 ① 1979年に国連ヨーロッパ経済委員会で採択された、酸性雨などの原因となる越境大気汚染を防止する枠組みを定めた条約。

オゾン層の破壊 ⑥ 地球上空約10〜50kmの成層圏にあるオゾン層で、オゾンが減少すること。人間の使用したフロンによるとみられるオゾンホール（オゾン層の穴）が両極地方で観察され、大きな問題となっている。1985年にはオゾン層保護のためのウィーン条約が採択され、各国が適切な対策をほどこすことになった。 **オゾン層** ⑤

オゾンホール ozone hole ④ フロンガスなどの使用により、空気中のオゾン濃度が減り、オゾン層の一部が穴のあいたような状態になること。オゾン層が破壊され、紫外線が強くなると、ガンの増加などの人体への影響が懸念（けねん）される。

：オゾン ② 普通の酸素より酸素原子が1個多い物質。成層圏下部に多く存在し、有害な紫外線を吸収して地球上の生命を守る役割を果たしている。 **地球の宇宙服** ①

：ウィーン条約 ④ オゾン層を保護するために1985年に結ばれた条約。オゾン層破壊物質の研究や破壊につながる経済活動の規制、各国の情報交換などが決められた。1987年にはオゾン層を破壊する物質に関するモントリオール議定書が採択された。これにもとづき、オゾン層破壊に関係が深いとされる特定フロンは1996年以降に全廃となり、2007年に開かれた締約国会議で、代替フロンも先進国では2020年までに、発展途上国では2030年までに全廃する規制強化策を決定した。

フロンガス ② **特定フロン** ③

：代替フロン ② オゾン層を破壊する原因となるフロン（クロロフルオロカーボン）のかわりに冷蔵庫の冷却材などに使われる物質。ハイドロフルオロカーボンやハイドロクロロフルオロカーボンなどがそれに当たる。代替フロンはオゾン層を破壊しにくいが、温室効果には二酸化炭素よりも数百倍から数万倍の影響を与えるといわれている。

モントリオール議定書 ⑤ 1987年9月、カナダのモントリオールで開かれた国連環境計画会議で採択された、フロン規制の協定。10年間にフロンを50％削減する予定であったが、規制強化の必要性が認識された。1989年にヘルシンキで開催されたモントリオール議定書の締約国会議では、20世紀中にフロンを100％削減することが宣言された。1990年6月のロンドンでの議定書締約国会議では20世紀中のフロン全廃の方針が採択された。1995年末には先進国では生産などが全廃された。

森林破壊 ⑥ 森林伐採や森林火災などにより、世界各国の森林面積が減少している現状を指していう。森林破壊により、二酸化炭素の吸収量が減り、地球温暖化を促進してしまうこと、森林が育む生物多様性がそこなわれ生態系に深刻な影響を与えること、森林による環境保全機能が奪われて自然災害の二次災害が甚大なものになるおそれがあること、などが指摘されている。全世界の森林面積は減少を続けており、1990年以降の30年間で1億7800万 ha（日本の国土の約5倍）の森林が失われたとされる。

国連森林フォーラム（UNFF） United Nations Forum on Forests ① 1992年の地球サミットをきっかけに、国連で開催された森林についての政府間対話の結果、国連経済社会理事会の下部機関として設立された話しあいの場。

熱帯林の減少 ④ 近年、世界各地で熱帯林の急激な減少がみられること。人間による過伐採や焼畑農業などがおもな原因と考えられる。国際連合食糧農業機関（FAO）の調査では、2000年から2010年にかけて年平均1300万 ha が減少した。地球温暖化の原因となる二酸化炭素の増大や局地的な異常気象につながることなどが指摘されている。 **熱帯雨林** ②

熱帯雨林の破壊 ① **過伐採** ①

：焼畑（焼畑農業、焼畑農耕） ③ 熱帯で一般にみられる粗放的な農業形態。森林を焼き払い、耕地をつくり、その際に生じる灰を肥料として作物を栽培する。地力が衰えると他所に移動し、10〜20年間休閑した後再び利用する。人口の増加とともに、休閑期間の短縮など、無理な利用が増加し、地力の消耗をまねいて森林破壊につながっている。

砂漠化 ⑦ 土地の生産力が低下し、砂漠(不毛の地域)が拡大すること。要因としては降水量の減少もあるが、地力の限界をこえた牧畜(過放牧)・農耕、薪の伐採などの人為的な要因も大きい。世界では毎年6万 km^2 の土地が砂漠化していると指摘されている。

：**過放牧** ④ その地域で飼育できる頭数をこえて家畜が飼われること。多すぎる家畜が草を食べ尽くし、砂漠化を進める要因となる。人口の増加が飼育頭数を増やす理由である。

：**過耕作** ② 休耕期間を短縮しておこなわれる耕作。地力低下をもたらし、砂漠化の原因となる。

砂漠化対処条約 ② 1994年に採択された、砂漠化防止と干ばつの影響をおさえるための国際協調をうたった条約(発効は96年)。

干ばつ ③

塩害 ② 乾燥地域で、地表に塩分が集積し、農耕が不可能になる現象。灌漑地域では地表での水の蒸発が多いため、毛細管現象により塩分を含む地下水が上昇しておこると指摘されている。

土壌の塩性化 ①　**灌漑** ①
灌漑用水の過剰供給 ①

海洋汚染 ⑤ 海洋が化学物質や油、廃棄物の投棄などによって汚染されること。日本では海洋汚染防止法によって船舶から油、有害液体物質、廃棄物を排出したり海底の下に廃棄したりすることが原則として禁止されている。

マイクロプラスチック ④ 直径5mm以下の小さなプラスチックのこと。いつまでたっても自然分解されることなく細かなプラスチック片として残り、海中のごみとなることが問題になっている。

宇宙船地球号 ① アメリカの経済学者ボールディング(Boulding、1910〜93)によって1960年代に一般化された言葉。地球環境は宇宙船のような閉ざされた有限な世界であって、そのなかに住む80億人以上もの人間が同じ宇宙船の乗組員という意識で、様々な問題に取り組む必要があるということ。

ボールディング ①

人間中心主義 ② 環境倫理で使われる考え方で、すべての価値判断の中心に人間をおくこと。したがって、自然は人間が利用するためにあるとして、経済的な効率から自然を利用するという考え方が出てくる。地球環境保護の視点から、従来のような人間中心主義の主張に対し再考がせまられている。

環境難民 ② 砂漠化や海面上昇、森林伐採などの環境変化で居住できなくなった人々のこと。ツバル(→ p.266)では海面上昇により全島水没のおそれがあり、みずからを環境難民として全島民の移住を計画している。

『成長の限界』 ① 1972年に、ローマ・クラブが出した報告書。人口の増加と経済成長が今後も続いた場合、資源の有限性、環境の悪化などから、破滅的な結果をもたらすと警告し、人口・経済成長の減速を主張した。

国連人間環境会議 ③ 1972年にストックホルムで開催された、環境をテーマとする最初の国際的会議。「かけがえのない地球(only one earth)」がスローガンとなり、人間環境宣言が採択された。また、この会議により国連環境計画(UNEP)が設立した。

人間環境宣言 ②
ストックホルム宣言 ①

：**「かけがえのない地球」** ② 1972年のストックホルムで開催された、国連人間環境会議のスローガン。人間の生活舞台である地球が宇宙で唯一のものであり、地球環境の保全が全人類にとって重要であることを示している。

国連環境計画(UNEP) ⑥ United Nations Environment Programme の略。1972年のストックホルム国連人間環境会議での決議にもとづいて設立された環境保護を目的とする国連機関。環境問題が深刻化するとともに、その活動が重要視されている。本部はケニアのナイロビ。

国連環境開発会議(環境と開発に関する国連会議、地球サミット) ⑦ 1992年にブラジルのリオデジャネイロで開催された国際会議。リオ宣言・気候変動枠組み条約・生物多様性条約・アジェンダ21などが採択された。

：**リオ宣言** ③ 国連環境開発会議で採択された宣言。正式には「環境と開発に関するリオ宣言」という。

：**アジェンダ21**　Agenda21 ③ 国連環境開

発会議で採択された、環境保護について21世紀に向けての行動計画。

地球環境サミット、持続可能な開発に関する世界首脳会議(ヨハネスブルグ・サミット) ② 2002年に南アフリカ共和国のヨハネスブルグで開かれた、国連主催の環境問題に関する国際会議。環境・開発サミットともいう。1992年にブラジルのリオデジャネイロで開かれた環境と開発に関する国連会議(地球サミット)を受け、その際定められたアジェンダ21の実施状況の点検やその後の課題などが検討され、アジェンダ21実現のための行動計画を含んだ「ヨハネスブルグ宣言」が採択された。

環境・開発サミット ②

持続可能な開発(発展) ⑤ 1987年、「国連・環境と開発に関する世界委員会(ブルントラント委員会)」が提起した地球サミット(1992年)の基本姿勢。次世代のために自然の再生可能な範囲で資源を利用する開発理念。

持続可能な社会 ③

持続可能な開発委員会 ②

持続可能な開発のための教育の10年(ESD) ① Education for Sustainable Development の略。持続可能な開発を促進するため、2005年から2014年まで政府や国際機関、NGO などが教育・啓発活動をおこなっていくというもの。2002年に国連で採択された。

国連サミット ④ 2015年にニューヨークの国連本部において開かれた、環境問題と持続可能な開発に関する国連主催の国際会議。持続可能な開発のための2030アジェンダが採択され、持続可能な開発目標(SDGs)が位置づけられた。

SDGs(持続可能な開発目標) ⑫ 2001年に策定されたミレニアム開発目標(MDGs)の後継として2015年の国連サミットで加盟国の全会一致で採択された「持続可能な開発のための2030アジェンダ」に記載された目標のこと。2030年までに持続可能でよりよい世界をめざすというもの。17のゴールと169のターゲットで構成され、地球上の誰一人取り残さないことを誓っている。

「誰一人取り残さない」 ⑤

持続可能な開発のための2030アジェンダ ①

バーゼル条約 ① 有害な廃棄物の国境をこえた移動を規制する条約。1989年に制定された。

Think Globally, Act Locally ③ 地球環境全体の問題として考え、実行は身近なところからという意味で、地球環境問題に私たちがどう考え、どう行動すべきかの指針としてあげられる言葉。

生物多様性条約 ② 1992年の地球サミットで採択された、生物の多様性を保全することを目的とする条約。開発のなかで失われる生物資源の保全と利用および、遺伝資源から得られる利益の公正な分配を目的とする。

生物多様性保全条約 ①

生物多様性 ③　**遺伝資源** ①

野生動物の種の減少 ①

野生動物の減少 ①

名古屋議定書 ① 遺伝資源の取得と利用、その利益の公正な分配に関する取決め。2010年に名古屋でおこなわれたCOP10で採択された。遺伝資源利用は提供国の事前承認が必要で、その利益も利用国・提供国で公正に分配すること、監視体制や法の整備を進めることなどを定めている。

世界遺産 ① 1972年に採択された「世界の文化遺産及び自然遺産の保護に関する条約」で、人類にとって顕著な普遍的な価値をもつものとして、その保護がめざされた文化財や自然景観。日本では自然遺産として白神山地(青森・秋田)、屋久島(鹿児島)、知床(北海道)、小笠原諸島(東京)などが、文化遺産として、石見銀山(島根)、平泉(岩手)、富士山(静岡・山梨)、富岡製糸場(群馬)、明治日本の産業革命遺産(鹿児島など)、宗像・沖ノ島(福岡)、潜伏キリシタン関連遺産(長崎・熊本)、百舌鳥・古市古墳群(大阪)、縄文遺跡(北海道・北東北)など25カ所がある(2022〈令和4〉年時点)。

世界遺産条約 ②

文化遺産 ②　**自然遺産** ③

釧路湿原 ③　**複合遺産** ②

無形文化遺産 ①　**和食** ②

コモンズ(共有地)の悲劇 ⑦ アメリカの生態学者ハーディン(Hardin、1915~2003)が発表した、共有地で利用ルールをつくらずに、各自が自分の利益を最大限になるよう行動すると、すべての資源が枯渇し、共倒れになってしまうという考え方。地球も大きな共有地と考える(グローバル・コモンズ、global commons)と環境問題への対応や生物多様性を守る必要が認識できる。

ナショナルトラスト national trust ② 国民または地域住民から寄付金や会費を集めて土地や建物を買いとったり、寄贈を受けたりすることで、貴重な自然や歴史的に価値のある建物などを守ろうという活動。1895年にイギリスで設立された民間組織名からきている。日本では、1964(昭和39)年の神奈川県鎌倉市の鶴岡八幡宮裏山の保存をめぐる運動が最初とされる。そのほか、和歌山県田辺市の「天神崎市民地主運動」、北海道の「しれとこ100平方メートル運動」、埼玉県狭山丘陵のトトロの森など、各地で運動を展開している。

里山 ①　**トトロのふるさと財団** ①

南方熊楠 ② 1867〜1941　植物学者・微生物学者。日本民俗学の創始者の1人。大英博物館で『大英博物館日本書籍目録』の作成に貢献。柳田国男とともに日本民俗学を発展させ、70種の新粘菌種を発見。明治政府のおこなった神社合祀政策に反対し、鎮守の森を守る活動を展開したが、これは日本におけるエコロジー運動の先がけともいえる。　**神社合祀令** ①

鎮守の森 ②　**エコロジー運動** ②

ビオトープ ② 生物の生存空間を表す語。生物が住みやすいように環境を改変することを指して用いる場合がある。

ラムサール条約 ④ 1971年、イランのラムサールで開催された会議で採択された条約。水鳥の生息地として国際的に重要な湿地とその動植物の保全を目的とする。日本では釧路湿原(北海道)、琵琶湖(滋賀県)、中海(島根、鳥取県)などの53カ所が指定され(2021年現在)、1993年の締約国会議は釧路で開催された。

ワシントン条約 ④ 正式名称は「絶滅のおそれのある野生動植物の種の国際取引に関する条約」で、絶滅のおそれがある野生生物の国際取引を規制することで保護をめざす。ゴリラやジャイアントパンダなどの生きている動物に加え、はく製なども対象。1973年に採択され、日本は1980(昭和55)年に批准した。

レッドリスト Red List ① 絶滅のおそれがある野生生物の種名リスト。国際自然保護連合(IUCN)では、絶滅の危機に瀕しているとして約2万種の野生生物名をあげている。日本では環境省が1991(平成3)年以来、哺乳類・鳥類・植物など10の分野にわたって公表しており、3716種が絶滅のおそれがある種とされている(2020〈令和2〉年現在)。

自然環境保全法 ① 1972(昭和47)年に成立した、開発による環境破壊から自然環境を守ることを目的とした法律。

グリーン・コンシューマー green consumer ④ 地球環境にやさしい商品を優先して購入していこうとする消費者。1980年代後半、イギリスの環境NGOや消費者グループがこの語句を用いはじめ、環境負荷の小さい製品やサービスの選択を呼びかけるガイドブックが出版されるようになって一般化した。そして、「環境にやさしい」商品を消費者が選択するための「環境ラベリング」も広がり、消費者の立場から環境保全運動という新しい流れとしてグリーン・コンシューマリズムと呼ばれるようになった。

グリーン・コンシューマリズム ①

環境基本計画 ① 日本政府が環境基本法にもとづき策定する環境保全の計画。1994(平成6)年の第1次計画から2012(平成24)年に策定された第4次計画までがある。

グリーンピース Greenpeace ③ 国際環境NGO。環境問題を根本的に解決することをめざしている。もともとは、1971年にアメリカの地下核実験に反対して、「船で実験場の近くまで行って抗議しよう」と集まった人々が、環境を守る「グリーン」と反核・反戦・平和の「ピース」を結びつけて、「グリーンピース」と名乗ったのが始まり。

環境倫理 ⑤ 人間が環境との関わりのなかでどう考え、行動していったらよいのかという考え方。有限な地球のなかでの個人と地球との関係や現在の世代だけでなく将来の世代のことも考えに入れて、よい環境を維持するために行動するといった、従来の生き方にない新しい視点がある。

自然の生存権 ① 人間以外の動物や植物、景観など自然そのものにも生存の権利があるという考え方。日本でも1995(平成7)年に、奄美大島のゴルフ場開発に対して自然の権利を守るために、人間だけでなくアマミノクロウサギなど4種の野生動物が原告に加わるという訴訟がおこされた(奄美自然の権利訴訟)。しかし、2001(平成13)年に鹿児島地裁は原告適格を否定し、訴えを却下した。

動物の権利 ① オーストラリア出身の哲学者、倫理学者ピーター＝シンガー(Peter Singer、1946〜　)による主張。シンガーは「ある存在が苦しみを感じることができる限り、その苦しみを考慮しないことは道徳的に正当化できない」と主張し、動物の権利を擁護した。　**シンガー** ②

地球全体主義 ① 地球を一種の閉じた有限の世界と考えるとらえ方。地球有限主義ともいい、環境倫理学の３つの基本的原理のうちの１つ(ほか２つは自然の生存権、世代間倫理)。有限で閉じられた世界であるからこそ、地球はすべての価値判断を優先して尊重されるべきであるという主張につながる。

土地倫理 ① 人間は生態系という共同体の一員にすぎないという考え方にもとづき、人間と自然との関係を「支配・被支配」ではなく、生態系のなかで平等関係にあるとする倫理。アメリカの生態学者のアルド＝レオポルド(Aldo Leopold、1886〜1948)が提唱した。

世代間倫理 ④ 現在の世代は将来の世代のために責任を負うという考え方。現在のわたしたちはまだみぬ他者世代にも責任を負うという倫理である。とくに環境問題に対する考え方・判断・行動に求められている。

ヨナス Jonas ② 1903〜93　ドイツ出身の哲学者。生命科学や科学技術をめぐる考察を通じて、世代間倫理の重要性を論じた。

第4章

索引

1. 本書の本文に扱われている基本項目と：印を付した関連項目、解説文末尾に項目と頻度数のみを記した羅列項目、副見出し項目〔項目のすぐ後の(　　)内の語、たとえば「アイデンティティ(自我同一性)」の自我同一性〕を五十音順に配列し、各項目のつぎの頻度数①～⑫と掲載ページを示したものである。
2. 欧文表記の用語は、(　　)内の慣用読みに従って配列した。欧文略語については、わ行のつぎに「欧文略語索引」としてまとめ、アルファベット順に配列した。
3. 書名には『　　』、美術作品や引用文には「　　」を付した。
4. ページ数を太字で表記したものは本文中に解説のあるもの、細字の斜体で表記したものは解説のないものである。

《あ》

《い》

《う》

《き》

《く》

《け》

索引

《さ》

《す》

《せ》

《そ》

《た》

《ち》

《と》

《な》

《に》

索引

《へ》

《ほ》

《ま》

《み》

《む》

《め》

《も》

《や》

《ゆ》

《よ》

《ら》

索引

欧文略語索引

《A》

《B》

《C》

《D》

《E》

《F》

《G》

《H》

《I》

索引

《J》

《L》

《M》

《N》

《O》

《P》

《Q》

《R》

《S》

《T》

索引

《U》

《W》

画像提供　日本玩具協会／日本工業標準調査会ホームページ／農林水産省

公共用語集

2023年 3 月　　初版発行

編　者　　公共教科書研究会
発行者　　野澤武史
印刷所　　明和印刷株式会社
製本所　　牧製本印刷株式会社
発行所　　株式会社　山川出版社
〒101-0047　東京都千代田区内神田 1-13-13
電話 03（3293）8131（営業）　03（3293）8135（編集）
https://www.yamakawa.co.jp/
装　幀　　水戸部功
本文デザイン　中村竜太郎

ISBN978-4-634-05526-1　　NMII0102